中國教育史

下冊

陳青之著

民國滬上初版書·復制版

中國教育史

下

陳清之 著

上海三聯書店

中國教育史

下冊

陳青之著

中華民國二十五年四月初版

第三十三章　中明教育家及其學說

第一節　概論

明代開師門講學的風氣，始於正、嘉之際，成、弘以上雖有講學，各皆謹守繩墨未嘗以此相號召。自正、嘉至於隆、萬，百年之間，士論龐雜，學風大變，雖然良莠不齊，而明代學術界的光彩確在這一個時期足足放射出來。這一個時期，我們稱之爲中明。在中明時期，我們選擇陳白沙、湛甘泉、王陽明、羅整菴、呂涇野五人及王門弟子數人。除王門弟子外，此五人中，約分着三派：（1）白沙與甘泉爲一派，（2）陽明爲一派，（3）整菴與涇野又爲一派。此三派中，以陽明學派的勢力最大，所揭『致良知』之旨，直捷簡易，一掃宋儒以來程、朱之繁重，使社會耳目一新，於是風靡了全社會，而全社會讀書分子差不多被此說所鼓動。第一派議論在朱、王之間，勢力也非同小可，而王學之產生，亦由第一派有以開其先河。以上兩派，皆是朱學末流的一種反動。但在王、湛兩家風靡天下之際，居然有羅、呂二氏出來擁護程、朱與炙手可熱的敵黨抗爭，可謂疾風中的勁草；不過他們所講的已非程、朱之舊了。在這五人中，除白沙外，對於心性二字皆有論列；陽明謂心即理，整菴與涇野均謂性即理，甘泉則謂心性同爲一體，——陽明與甘泉屬於唯心論者，整菴與涇野屬於惟性論者。在修養方面，白沙主靜，要從靜中養出個端倪來；甘泉以敬爲主，以隨處體認天理爲工夫；陽明則主省察克治。在教育理論方面，只有陽明與涇野二人注意過，所論也極有價值。陽明以致良知三字爲教育主義，以知行合一爲學習工夫；兒童教育尤在於培養其活潑的天性，養成愛動愛唱愛遊戲生氣盎然的兒童——此種種議論，從前教育家很少說過，與朱子的訓練主義更不可以比擬。涇野關於教育理論有兩點：學習重下學工夫，教授主個性發展，——他最喜孔子的教法，也是朱子的呆板方式。至於王門弟子，人數雖多，喜言本體略卻工夫，對於教育方面絕少貢獻。但在教育生活方面，此數人者皆不愧爲一代的教育家，各人有各人的精神。

第二節　陳白沙(1427——1500)

一　生活小史　吾人敍述明代教育家已四人了，他們都是篤信程、朱，謹守繩墨，愈講愈陳腐，內中看不出一點生氣來。能在思想上表現一點生氣，表現一點自我精神的，則要始於陳白沙。陳氏是儒家的精神，是禪門的工夫，是老、莊的態度，是集合各家的學說而形成他自己的人格的一個人。他的思想極其圓通與高明，不是一孔之儒所能比擬，胡氏疑他誤入於禪，劉蕺山說他作弄精魂，皆屬己見，而白沙不能承認的。白沙在儒家中，似周濂溪與陸子靜之間的人物，天資聰慧異常，用過苦工，經過訓練幾二十年，所以卒能求得一貫之理，既非空疏，又不支離，當然非薛、胡諸人所能及了。但白沙所以形成這樣一個偉大人物，於他所處的環境不無關係。

陳氏是廣東新會人，名獻章，字公甫，所居白沙里，故世稱白沙先生。白沙距海不遠，在海岸所生長的人材，天資思想較在內陸當有不同。陳氏生於宣宗宣德二年，是一個平民家庭，在他出世的前一個月，他的父親已死去了。他的母親抗節鞠養，所以他後來對於母親極盡孝誠，終身不肯留京做官，一方由於性情恬淡，一方爲不忍遠離他的母親。他以英宗正統十二年舉廣東鄉試，第二年赴京會試，結果不佳。過了數年，離京南下，往崇仁從學於吳康齋。從康齋時，陳氏年已二十七歲，康齋乃程、朱學派，性情嚴毅清苦，白沙與他不合，所以不到一年，他就告辭老師回到他的故里了。回家以後，築陽春臺爲書室，攻苦研究，費盡十餘年的工夫，前數年謹守舊法，毫無所得，其後乃自靜中自求而得之，他的一生學問也成功於此時自得上面。後來遭遇家難，於憲宗成化二年由家來京，復遊太學。當此之時，陳氏年已四十，受入學試驗，以詩和楊龜山的『此日不再得』爲題，大爲祭酒邢讓所賞識，謂眞儒復出，由是白沙之名震動京師，京師學子紛紛及門受教，而陳氏的教育生活從此開始了。不久南歸故里，專門講學，以他思想的精到及娓娓不倦的精神感人最深，所以四方學者來學的日多。賀欽爲給事中，乃辭官還家，奉白沙肖像於別室，朝夕瞻拜，其崇拜之深可想而知。陳氏活了七十三歲，死於孝宗弘治十三年，平生不肯著作，與象山相似，著名弟子有李承箕、張東所、賀欽、湛若水諸人。

二　學習論　白沙平生不肯著述，我們要研究他的思想，只有從他所與朋友的幾封信札及幾篇語錄裏面去尋。在這些上面最關重要的有兩點：一爲原理論，卽描寫道之性質與作用；一爲方法論，卽說明求道的工夫。前者屬於哲學範圍，此時勿庸討論；後者可以屬於教育範圍，正是我們所要敍述的。白沙關於教育方面的發表也只有一種研究的方法——求道的工夫，我們名之曰學習論。『白沙之學，以虛爲基本，以靜爲門戶，以四方上下往古來今穿紐湊合爲匡郭，以日用常行分殊爲功用，以勿忘勿助之間爲體認之則，以未嘗致力而應用不遺爲實得』。（白沙學案）黃氏這一段話描寫白沙研究的工夫可謂透澈，但還不如白沙自己所說的切實。在他答覆趙提學的書信上有這一段話：

「僕年二十七，始發憤從吳聘君學，其於古聖賢垂訓之書，蓋無所不講，然未知入處。比歸白沙，杜門不出，專求所以用力之方，旣無師友指引，惟靠書册尋之，忘寢忘食，如是者亦屢年，而卒未得焉。所謂未得，謂吾此心與此理未有湊泊脗合處也。於是舍彼之繁，求吾之約，惟在靜坐。久之然後見吾此心之體隱然呈露，常若有物，日用間種種應酬，隨吾所欲，如馬之御銜勒也。體認物理，稽諸聖訓，各有頭緒來歷，如水之有源委也。於是喚然自信曰，作聖之功，其在茲乎；有學於僕者，輒教之靜坐，蓋以吾所經歷粗有實效者告之，非務爲高虛以誤人也』。（白沙文集卷三）

由這一段話看來，白沙當初發憤爲學也是讀書窮理，用過了下學的工夫。因爲研究數年沒有結果，乃改變方法，從靜坐體認入手。靜坐是收斂精神，統一意志，去掉一切胡思亂想的念慮。迨意志統一了，心地清明了，則頭腦纔可以冷靜，成見纔可以掃除，心中纔無掛礙。然後以客觀的態度從日用常行中察見人情物理。必須從日用常行中察見人情物理，是一種體認的工夫。能夠從此體認，則合于人情物理的卽合乎天道，懂得人情物理的卽懂得天道，於是學問庶有成就，而入聖之功亦不遠了。但這種體認的工夫，殊非易事，但亦不能看得太難了，只在日用間隨時體認，自然有得，著意理會反不成功。這種工夫不能把捉太緊，但亦不能過於散漫，只要勿助勿忘，久之自然有得。這種工夫，不能由書本內尋求，亦不可以言語傳授，只在學者各人深思而自得。在體認的過程中，必有幾次懷疑的時期，

——近代所謂學習高原期。有了高原期就是進步的徵兆，陳氏也承認，且極贊許。他說：『前輩謂學貴知疑，小疑則小進，大疑則大進。疑者覺悟之機也，一番覺悟，一番長進，更無別法也。即此便是科級學者須循次而進，漸到至處耳』。（與張廷實書）

由這樣看來，白沙求學的工夫，第一步須靜坐，要從靜坐中養出個端倪來。端倪養出來了，纔可以商量第二步的工夫。（註一）這是從周濂溪『主靜以立人極』而來的。（註二）這裏所謂端倪，即他在別處所說的『大本』或『大總腦』。從靜坐中養出個端倪，即抓住了爲人的大本，學問的大總腦。他說：『學問大總腦要見，見則便自快活，更肯向前，下面節節推去，無非一個道理』。（語錄）是要有大總腦的。又說：『文章功業氣節果皆自吾涵養中來，三者皆實學也。惟大本不立，徒以三者自名，所務者小，所喪者大，雖有聞於世，亦其才之過人耳，其志不足稱也。學者能辨乎此，使心常在內，到見理明後，自然成就得大』。（書漫筆後）是要立大本的。這種論調，與象山所提倡孟子『先立乎其大者』的一句話相同；至于由靜坐入手，則又是兼採宋儒諸家的下手工夫；所以說白沙是融和諸家的一位『極高明』的學者。但他雖然教學者從靜坐入手，卻不是靜的教育家，他是極盡活潑與自然的一位教育家。

（註一）（白沙文集卷三與賀克恭書）爲學須從靜坐中養出個端倪，方可商量處。

（註二）（白沙文集卷三與羅一峯書）伊川先生每見人靜坐，便歎其善學。此一靜字，自濂溪先生主靜發源，後來程門諸公遞相傳授，至於豫章、延平，尤專提此教人，學者亦以此得力。晦翁恐人差入禪去，故少說靜，只說敬，如伊川晚年之訓，此是防微慮遠之道。然在學者須自度量如何，若不至爲禪所誘，仍多着靜方有入處。若平生忙者，此尤爲對症之藥。

第三節　湛甘泉(1466——1560)

一　生活小史　湛氏名若水字元明，是廣東增城的人，學者稱爲甘泉先生。生於憲宗成化二年，死於世宗嘉靖三十九年，先陽明六年而生，後陽明三十二年而死，完全與陽明同時，而享壽可大他三十八歲，僅差五年到一百歲。自二十七歲中了廣東弘治五年的鄉試之後，卽拜白沙爲老師，研究心性之學，不願作政治生活。迨後以母命勉遊南京，入國子監讀書，隨同會試，中了弘治十八年的進士及第第二名，而先生年已四十歲。這個時候，陽明在吏部講學，先生與呂涇野等學者互相倡和，在先生與陽明個人的講學生活始於此時，而明代講學之盛門戶之分也從此大開風氣。迨後奉命出使安南，不久以母喪歸葬，在南方住了七八年。世宗卽位，宣他進京，派爲侍講，第二年陞南京國子祭酒，始正式擔任國家教育。湛氏本無心於政治，但他的官運卻也很好，後來歷任南京吏、禮、兵三部尚書，到七十歲時纔以老故謝絕政治生涯。總計湛氏自四十歲以後，五十五年間，無日不講學，無日不授徒，不愧爲『志篤而力勤』的一位教育家。我們要把他的教育生活分着數段時，當四十歲以後爲第一期，在北京講學；當五十歲以後爲第二期，在家鄉講學；當六十歲以後爲第三期，在南京講學。自七十歲以後二十五年間，謝了政治生活，專門從事於私人教育，他於是周游各郡，講學變成流動式的，因之他的及門弟子亦遍天下。湛氏爲白沙的高足弟子，足跡所到，必建書院紀念白沙，對於其老師可算崇拜盡致了。他的講學方法，頗有特別。當他在鄉居喪時，築西樵爲講舍，凡生徒來齋從學時，先令習禮，過了三天然後允許聽講。當開講之初，還須澄心靜坐片刻，把精神收斂，把注意集中，纔開口講書，這與昔日陸子在象山講學時方法略同。湛氏與陽明交情頗深，自在北京訂交後，雖彼此以講學相倡和，而兩家宗旨各異——陽明以致良知爲主，甘泉以隨處體認天理爲宗，所以當時學風分王、湛二派，雖湛門之盛不及王門，亦猶昔日陸之與朱了。

二　心性說　甘泉在南京講學時，作了一幅心性圖說，一方面說明心之本體，一方面也含了駁倒陽明論心的意思。他說『蓋陽明與吾看心不同：吾之所謂心者，體萬物而不遺者也，故無內外。陽明之所謂心者，指腔子裏而爲言者也，故以吾之說爲外』。（答楊少默書）『體萬物而不遺』一句話，卽甘泉說明心體的一句總語。吾心不僅在腔子內，也不是在腔子外，牠是與天地萬物一體的。宇宙只是渾然一氣充塞流行，這種一氣之渾然，就是心，沒有內外，沒有終始。這個心體『洞然而虛，昭然而靈』，內中沒有一物，而不遺一物，所以與天地萬物同體。這個心體是具有生理的，生生不息的，此中生理謂之性，其實心性只是一物；故曰『性也者心之生理也，心性非二也』。（心性圖說）譬如穀種，其體謂之心，其所具生意謂之性。這種生意發表出來謂之情，發出而得其正，則有惻隱辭讓羞惡是非種種情緒，這幾種情緒就是仁、義、禮、智諸德目之造端。由這看來，心卽自然之渾體，藏着無限的生意，生生不息，流行不已，就謂之性；心與性實爲一物，故心性皆是至充至沛至明至善的。但吾人後來爲物欲所蔽，有時遂『窒然而塞，憒然而昏』了。雖然昏塞，而本體之虛靈固無不在，要回復本體，不假外求，只要吾人一朝覺悟，把物欲減去，而本體之虛靈自見，此甘泉所論心性的大意。

三　修爲論　湛氏平生講學揭出『隨處體認天理』之旨，他的修爲主義亦可以『隨處體認天理而涵養之』一句話包括。什麼叫天理?他說:『人心一念萌動卽是初心,無有不善。如孟子乍見孺子將入於井,便有怵惕惻隱之心,怎見處亦是初心復時也。……若識得此一點初心眞心便是天理,由此平平坦坦持養將去,可也』。語錄 又說:『古今宇宙只是一理,生生不息,故曰動靜無端,陰陽無始,見之者謂之見道』。同上 我們由以上兩段話,再參以他的其他語錄,代爲解釋如下:吾人本心之所以充滿善機,無限仁義,以有生生之理在。此生生之理卽是天理;具於吾心謂之初心,充乎天地謂之元氣,而牠是無時或息無往不在的;所以他又說『若見得天理,則耕田鑿井,百官萬物,金革百萬之衆,也只是自然天理流行』。語錄 宇宙只是天理一氣之流行,草木所以能遂其生,就是涵有此天理,吾人所以求爲聖賢,亦在乎涵養此天理之正,但平日往往爲私欲所蒙蔽,所以應當體認出來。體認的工夫,要使吾人對於天理默識心通,使此心與所感觸之事物,契合爲一,就是天理流行。這種工夫,雖不難,亦不易;要勿忘,亦勿助,順其自然之勢而體認之。體認天理,要使心中無一事,而天理自見,不是着意想像的,想像則陷入於安排了。體認天理,不是靜的工夫,空守其心,牠是合動靜的。體認天理不僅認識天理而已,還要能夠實行,牠是兼知行的。但天理是整個流行的,無微不至的,凡一草一木,莫不有天理的存在,一語一默,莫不有天理的功用,所以要『隨處體認』。他說:『自意心身至家國天下,無非隨處體認天理』。語錄 『自一念之微至事爲之著,無非用力處也』。語錄 『所謂隨處體認天理者,隨已發未發,隨動隨靜,皆吾心之本體,蓋動靜體用一原故也』。語錄 此卽隨處體認天理之意,隨時隨處把天理體認出來了,再加以涵養的功夫,則心廣體大,修養純全,纔是聖學,纔可以學爲聖賢。

湛氏旣揭出『體認天理』一語爲求學的要旨,他的門人又給他定出三個步驟——立志、煎銷習心、體認天理。但他以爲這只是一事。他說：『此只是一事。天理是一大頭腦，千聖千賢共此頭腦，終日終身只是此一大事，更無別事。立志者，立乎此而已；體認是工夫以求得乎此者；煎銷習心以去其害此者，心只是一個。……志如草木之根，具生意也；體認天理如培灌此根，煎銷習心如去草以護此根，貫通只是一事』。

湛、王兩家皆講格物，但湛氏謂王氏訓『格物爲正念頭』之意，容易陷入空虛，表示反對。他自己訓『格物爲體認天理』，體認兼知行，所以必須學問思辨行之功，從學問思辨行中隨處體認，較從正念頭切實多了。湛氏不僅『格物』二字當作體認天理解釋，連『愼獨』二字也當着體認天理解釋，甚至一切工夫皆以體認天理四字來解釋，這種絕對的一元論，只有唯心的學者纔說得出來。孫夏峯評論他『所論以自然爲本體，以勿忘勿助爲工夫，大抵得之師門爲多』。（理學宗傳湛甘泉）自是正論。但湛氏最反對靜的工夫，他說：

『古之論學未有以靜爲言者，以靜爲言者皆禪也。故孔門之教皆從事上求仁，動靜着力。何者？靜不可以致力，纔致力卽已非靜矣。故論語曰，執事敬，易曰敬以直內，義以方外，中庸戒愼恐懼愼獨，皆動以致其力之方也。何者？靜不可見，苟求靜焉，駸駸乎入於荒忽寂滅之中矣。故善學者必令動靜一於敬，敬立而動靜渾矣，此合內外之道也』。（答余督學書）

白沙論修養以靜爲要，甘泉則以敬爲主，謂敬可以包動靜，單主靜不僅支離亦且不通，——這是師弟不同的一點。

第四節　王陽明(1472——1528)

一　生活小史　自朱子死後二百七十二年，中國又出了一位偉大的教育家曰王陽明。王子生於明憲宗成化八年，卒於世宗嘉靖七年，是明朝中葉的人物，是十五、十六兩世紀之間的人物。他的學問，近則淵源於周、程，遠則脫胎於孟軻。他的思想略近於象山，但其偉大精深的成就則非象山所能企及。他平生很佩服晦翁的精神，但二人卻有顯然的差異；晦翁是重經驗的，陽明則重直觀的；晦翁是二元論者，陽明則爲一元論者；晦翁所採的歸納法，陽明所用的演繹法。但論到硏究的精深，門徒的衆多，及影響於思想界的遠大，陽明可謂晦翁以後第一人。晦翁一生著作宏富，陽明不肯著作與象山同；但以學者而兼軍事家，在軍事方面能奏奇績，樹立偉大的勛業，則又非朱、陸二人所能及了。但陽明在明朝雖建樹了非常的偉業，開闢了嶄新的學說，在當時只落得謗毀滿身，以僞學相目的結果，與程、朱暮年同一慘淡，道高毀來，不禁古今有同慨！

王子名守仁，字伯安，陽明是學者對他所稱的外號。他生於浙江餘姚，在當時算得一個很名貴的家庭。他的曾祖父槐里公以明經貢入太學；祖父竹軒公以處士封翰林修撰，在學術方面頗有著作。他的父親龍山公以成化辛丑年的進士及第第一名，屢爲侍講，做官至南京吏部尚書。史稱龍山公『氣質醇厚，平生無矯言飾行，仁恕坦直，不立邊幅，與人無衆寡大小待之如一』，(海日先生行狀)我們就可以知道是一個很有修養的道德君子，寬弘大量的上品公卿。王子生長在這種名貴的家庭，勿論先天的遺傳或後天的環境都較一般兒童格外優厚，所成就的機會自然較多。他的思想特殊，一生奇蹟非常之多；生到六歲時，纔能言語，如果他眞正走入宗教界，一定會成一個聖者，是可以想像的。在他一生之中，思想屢變，行爲亦屢變。當少年時代，氣概不凡，有呑牛之志，很想做一個義俠，或做一個軍事家。他之走入儒家裏面研究宋儒學說，實在結婚之後。平生沒有一定的師傳，在十八歲時，從洪都婚後回浙，經過廣信，由婁一齋的啓示，知聖人可學而至，纔有志於聖賢之學。陽明後來的成就，雖在當時非任何人所能範圍，但一齋爲吳聘君的高足弟子，思想學說近於陸象山，陽明的思想受了他的暗示，是無可疑的。不過此時他的意志猶未安定，爲學亦沒有得到切實的門徑，所以出入辭章、佛、老，反覆數次，一直到三十四歲，與湛甘泉定交於京師，對於儒家學術始有堅決的信仰，立志做聖賢的功夫了。（註一）當這個時候，武宗昏憒，國家政權，爲宦官劉瑾所把持，王子以進士出身爲兵部主事，因仗義執言，觸犯了劉瑾，遂被貶謫到貴州的龍場驛當驛丞。龍場在萬山叢棘中，苗猺雜處，瘴癘蟲毒交侵，爲人情所不能堪。陽明以士大夫之身，被竄到此，就是宦官想給他一條死路罷了。此時王子已三十七歲。在是年以前，他還是謹守朱子的循序格物之說。但這個刺激，這種環境，也許時勢有意造英雄，在困衡動忍之際，九死一生之中，因以大澈大悟，創造一種新的學說出來。這種新的學說，卽歷史上有名的『良知說』，而王子以後遂成就爲一個極端的唯心論者——唯心的一元論者。王子初抵龍場爲武宗正德三年春季，約計住了二年，於四年末了纔離開此地，五年三月到廬陵知縣任所。在廬陵僅治七個月，成績卓著。於是年十二月又陞爲南京刑部主事，時年三十九歲。自此以後，官運漸佳，屢次陞調，時而南京，時而北京。到四十五歲，派出爲地方封疆大吏——巡撫南贛汀、漳等處，他的豐功偉績與他的良知論從此一日煊赫一日，而他之受毁受謗，遭怨遭尤的事情也就不能使他一日安居了。由正德十二年正月前赴任所，轉徙征調，合計在江西過了五年的生活。在五年之內，勦滅山洞諸賊，討平宸濠叛藩，功業過於煊赫，爲小人所妬忌，幾遭陷害。此時王子急想勇退，屢次請求回籍省親，藉得休養，到正德十六年九月始被批准。過了不久，昏憒的君王死了，繼位者爲世宗皇帝，比較武宗稍覺賢明，而王子業已年逾五十，成了一幅衰老的身體，可是他的學問之大成及他的及門弟子之極盛，卻在此時期以後。在越共計講學六年，到五十六歲時，病體日衰，而政府偏要他帶兵去征思田，不能使他安享暮年，我想是時王子的心裏是很苦的。嘉靖六年九月，王子由越中出發的前夕，且與他的高足弟子證道於天泉橋上，作爲臨別的贈言。是年十一月到梧州，第二年二月就平定了思田。當時大病日劇，王子一面呈請告老，一面扶病北旋，行到南安，不能久留，這位教育界的明星，思想界的泰斗，乃與此世長辭了。靈柩運回原籍時，所經過的地方，士民老少莫不遮道痛哭；會葬之時，門人自遠方而來的一千餘人，足以想見其教育感人之深。政府方面因此對他更加妬忌，說他所講的盡是僞學，且下詔禁止，這又與朱子當年的景況有不期然而自同了。王子享年五十七歲，平日著作不多，後世收集的王文成公全書三十八卷，以論學理論爲多，其中以傳習錄爲其思想的結晶。

二　教育生活　王子自三十四歲講學起，到老死爲止，合計講學了二十三年，但純粹講學時期只有從五十歲以後回鄉的六年。除了六年的純粹講學時期，其餘十七年全是從事於政治生活，於從政之餘隨時講論，所以弟子亦隨着老師周遊以問道。王子在這十七年中，或竄夷荒，或任小官，或遷調兩京，或總領師干，勿論淸閒與繁忙，不問憂患與安樂，而講學的工作未嘗一日停止。因爲他的講學生活是整個的，不是分裂的，我們要分做幾個段落，只有按照他的思想之變遷爲標準。王子是一個思想最敏銳不肯安於陳說的教育家，所以在求學時代思想凡三變，在講學時代思想也是三變。不過每變更一次，他的思想更深進一層。我們且舉他的講學三變：（1）自龍場至滁州一變爲第一期；（2）自南京至江西又一變，爲第二期；（3）自討平宸濠至退居越中又一變，爲第三期。第一期由三十七歲到四十二歲共計五年。在此時期，發明了良知之旨，力講知行合一之說。且體段較高，以默坐澄心爲學的，排去一切枝葉，使學者自悟性體。第二期由四十三歲到四十九歲共計七年。在此期中，深悔從前過高之失，力矯從前空虛之弊，所以只教學者存天理去人欲爲省察克治實功——格物致知之功。第三期由五十歲到五十七歲，共計八年，專倡『致良知』之說，蓋自平宸濠以後，所受激刺過多，王子一本天理良心勇往直前，不顧毀譽利害，卒能戰勝難關，他以爲這由於推行良知的效能，所以教人爲學之方又一變了——這一變也可說成了他的晚年定論。（註一）王子當五十歲時，纔揭出致良知三字，較從前格物致知更其簡易。自此省親回鄉，年事已高，造詣日精，且因在野較閑，所以遊學之士四方咸集，凡餘姚附近寺廟皆是王門弟子的臥鋪，環坐聽講的常三百餘人，一時之盛，眞可與昔年考亭比隆。

王子性情極瀟灑，頗有濂溪的態度，曾點的風味。常藉山水名勝之區，作他的講習之會。這種情況，在他共有兩次：一在滁州，一在會稽。我們把陽明年譜裏頭的兩段話抄來，也足以令千載下的人們景慕不置。『滁州山水佳勝，先生督馬政，地僻官閑，日與門人遨遊瑯琊瀼泉間，月夕則環龍潭而坐者數百人，歌聲振山谷，諸生隨地請正，踴躍歌舞，舊學之士皆日來臻，於是從遊之衆自滁始』，這是在滁州講學的一段佳話。『中秋月明如晝，先生命侍者設酒碧霞池上，門人在侍者百餘人。酒半酣，歌聲漸動，久之，或投壺聚算，或擊鼓，或泛舟，先生見諸生興劇，退而作詩，有鏗然舍瑟春風裏，點也雖狂得我情之句』這是在會稽天泉橋上的一段佳話。而天泉橋尤足爲陽明學說的一大紀念地，蓋先生於出征思田的前夕，率錢、王二弟子證道的地方，所謂有名的天泉證道問答。在這晚上，王子自知病體已重，恐怕一去不返，很高興的給他們以自己平生學問的結晶，所以說這一次可爲王子的臨別贈言，亦可爲他的臨終遺囑。

三　心卽理說　從前陸子『心卽理也』一句口號，自然要被絕對的唯心論者，王子所採用；王子不僅採用這一句口號，並且把牠的意義更擴大了。他說：『夫物理不外於吾心，外吾心而求物理，無物理矣。遺物理而求吾心，吾心又何物耶。心之體，性也，性卽理也。故有孝親之心卽有孝親之理，無孝親之心卽無孝親之理矣。有忠君之心卽有忠君之理，無忠君之心卽無忠君之理矣。理豈外於吾心耶』。答顧東橋書這是解釋『心卽理』一個名詞的。凡萬物之理皆包含於吾心之中，吾心之中卽具有萬物之理；外了吾心卽無物理，舍了物理亦不成其爲心了，所以說心與理是一件東西。不僅心與理是一件東西，凡天地萬物與心皆是一件東西。他說：『夫在物爲理，處物爲義，在性爲善，因所指而異其名，實皆吾之心也。心外無物，心外無事，心外無理，心外無義，心外無善』。與王純甫書這一段話，說得更擴大，更簡當。一切東西皆是心境，皆是心之幻像，可以說『心在則有天地萬物，心滅天地萬物也滅了』。

王子於陸子『心卽理』之外，又援用孟子的『良知』說，自己引伸一句口號——『良知卽天理』。既謂心卽理，又說良知卽天理，則『心卽良知』了。心既是良知，則心無不善，而心性爲一，故性無不善；於是心、性、理、良知等名詞皆成了一件東西，不過所說不同，故命名各異。如果要分別這些名詞，還是引王子自己的話來解釋。他說：

『性一而已；自其形體也謂之天，主宰也謂之帝，流行也謂之命，賦於人也謂之性，主於身也謂之心』。（答學生陸澄）

『知是理之靈處，就其主宰說便謂之心，就其稟賦說便謂之性』。（答學生惟乾）

『良知是天理之昭明靈覺處，故良知卽是天理』。（答學生歐陽崇一）

就以上三段，我們總結起來：心是一種渾體，廓然大公寂然不動的渾體。但是極其靈覺，一感便通；極其昭明，無物不照，極其廣大，無遠不屆。就此渾體之本身說謂之性；就其能够作吾人的精神主宰說謂之心；就其昭明靈覺處說謂之知；就其純粹至善說謂之良知；就其動靜咸宜自然恰當之點，說謂之天理，——其實只是一個心。

大學上所載『格物、致知、正心、誠意』幾個字，王子與朱子所解釋亦不盡同。朱子以前兩種屬於外感方面，後兩種屬於內心方面；王子則把牠們全屬於內心方面來說。他答程、朱學派羅整菴的書上說：

『理一而已：以其理之凝聚而言，則謂之性；以其凝聚之主宰而言則謂之心；以其主宰之發動而言則謂之意；以其發動之明覺而言，則謂之知；以其明覺之感應而言則謂之物』。（文集卷三）

答他的學生徐愛說：

『身之主宰便是心，心之所發便是意，意之本體便是知，意之所在便是物』。（傳習錄中）

把『心、意、知、物』全屬於內心方面，當着精神作用，自宋、元以來只有王子這樣講過，到後來劉蕺山更說得微妙了。總之，吾人的精神作用，以心爲主宰，心卽天理之本體；這個本體只要不爲私欲所蒙蔽，由牠所發出來的無不恰當，無不合於天理。我們要求事事物物皆合於天理，也只有在吾人本心上求，這個本心如同規矩尺度，一切皆以牠爲準則，應用沒有窮盡。（註三）良知既爲一切的準則，應用無窮，所以發而爲事父則爲孝，發而爲事君則爲忠，發而爲萬事則無往而不當。

四　致良知主義的教育論　王子講學第一期多講格物、致知，第二期多講省察、克治的實功，第三期則專講『致良知』三個字——立論雖前後不同，主張卻是一貫的。不過他的學力與年俱進，所以愈講愈精進愈直接；我們就可以把這『致良知』三字包括他一生講學的宗旨，也可當看他的教育主義。王子嘗說，心之昭明靈覺處便是『知』；因爲昭明靈覺，所以能知是非，辨善惡。此昭明靈覺之點卽天理之本體，由這一點所發出來的，無不合於天理，故曰『良知』。這個良知，以其本體說，就是天理，以其狀態說，就是未發之中。（註四）牠的性質，非動非靜，常呈一種定性；無內無外，只是一點極其活潑的元氣；牠含着無限的生意，具有純全的美德。這個良知，自聖人以至愚夫愚婦莫不相同，凡嬰兒初生時，此心只有一片天理流行，更無別物，所以沒有一個不知愛牠的父母。聖人之所以爲聖，只是良心常在，天理純全，一切行動無一不由其良心上發出，而所發出來的無一不合於天理。至於一般人，或爲習俗所染，或爲私欲所惑，此心失了昭明靈覺，所以就不良了，所以做出許多不善的行爲來。教育的目的在學爲聖人，卽在恢復各人固有的良知，推行於人倫日用上，所以教育宗旨，就在致良知。（註五）致良知卽把各人固有的良知設法擴充，便可以至於聖人。但出世以後，除聖人以外，多少有些私欲滲雜在裏面，良知常爲所蔽而不明，在擴充之前還須加以洗刷之功。所以致良知的『致』字，實包含消極積極兩方面：消極方面是去人欲，積極方面是存天理。換一句話，致良知卽是去人欲存天理的工夫。怎樣去人欲？怎樣存天理？他說：

『省察克治之功則無時而可間。如去盜賊，須有個掃除廓清之意。無事時將好色好貨好名等私逐一追究，搜尋出來定要拔去病根，永不復起，方始爲快。常如貓之捕鼠，一眼看着，一耳聽着，纔有一念萌動，卽與克去，斬釘截鐵，不可姑容與他方便，不可窩藏，不可放他出路，方是眞實用功，方能掃除廓清。到得無私可克，自有端拱時在』。（傳習錄上）

『此間講學，卻只說個必有事焉，不說勿忘勿助。必有事焉者，只是時時去集義。若時時去用必有事的工夫，而或有時間斷，此便是忘了，卽須勿忘。時時去用必有事的工夫而或有時欲求速效，此便是助了，卽須勿助。工夫全在必有事上，勿忘勿助只就其間提撕警覺而已。……所謂時時去集義者，只是致良知』。（答聶文蔚）

『君子之學無間於動靜。其靜也常覺而未嘗無也，故常應。其動也常定而未嘗有也，故常寂。常應常寂，動靜皆有事焉，是之謂集義』。（答方叔賢）

所引前一段是去人欲的工夫，後二段是存天理的工夫。前者如捕盜賊，務必求其廓清，不留絲毫餘地；後者卽是集義，時時刻刻存一『必有事焉』，無間於動靜，這種工夫雖分兩層，其實是一貫的，革盡人欲而天理自然存在，復得天理而人欲也就退聽了。利根之人只要時刻存個天理在心中，日日長養，而人欲自消；鈍根之人，去人欲尤先於存天理，非先下一番克治的實功不能培養良知。所以他說：

『吾輩用功只求日減，不求日增。減得一分人欲，便是復得一分天理，何等輕快脫洒，何等簡易』。(傳習錄上)

他又指責他的學生孟源好名之病說：

『此是汝一生大病根。譬如方丈地內種此一大樹，雨露之滋土脈之力只滋養得這個大根。四旁縱要種嘉穀，上被此樹遮覆，下被此樹盤結，如何生長得成。須是伐去此樹，纖根勿留，方可種植佳種。不然任汝耕耘培壅，只滋養得此根』。(同上)

王子自謂致良知，是從心髓入微處用工夫，是有根本的學問。學問在根本上用力，積日累月，逐漸擴充，自然應用無窮；也只有在根本上用力纔有效果。在根本上用力就是下學工夫，下學工夫做到了，自然上達，上達用不着做工夫，也不能做工夫，且做出來亦沒有用處。關於所謂下學工夫——根本的學問，王子有兩段話說得最有價值。

『立志用工如種樹然。方其根芽，猶未能幹；及其有幹，尙未有枝；枝而後葉，葉而後花實。初種根時，只管栽培灌漑，勿作枝想，勿作葉想，勿作花想，勿作實想。懸想何益，但不忘栽培之功，怕沒有枝葉花實』。(傳習錄上)

『是故君子之學，惟求得其心，雖至於位天地育萬物，未有出於吾心之外也。……譬之植焉，心其根也，學也者，其培擁之者也，灌漑之者也，扶植而刪鋤之者也，無非有事於根焉耳矣』。(紫陽書院集序)

教育只從心上栽培灌漑，待得良知純全了，擴充起來自然睟面盎背，自然篤實光輝，自然事父而能孝，事君而能忠，自然不計利害一本良心行事，這與孟子的培養主義同一功用。所以他極反對世儒義外之學，他以爲他們教人只在事事物物去尋討，沒有根本的學問，雖暫時外面修飾得好看，終必歸於萎謝。(註六)王子這種工夫不是靜的，死板的，空虛的，牠是極其活潑實在的，且必從日用倫常方面着力纔能驗其效果。王子一生的學問就是從他的功業上體驗出來的。我們再引一段話來結束這個題目：

『我何嘗教爾離了簿書訟獄，懸空講學。爾既有官司之事，便從官司的事上爲學，纔是眞格物。如問一詞訟，不可因其應對無狀，起個怒心；不可因其言語圓轉，生個喜心；不可惡其囑託，加意治之；不可因其請求，屈意從之；不可因自己事務煩冗，隨意苟且斷之；不可因旁人譖毀羅織，隨人意思處之。這許多意思皆私，只爾自知。須精細省察克治，惟恐此心有一毫偏倚，杜人是非，這便是格物致知。簿書訟獄之間，無非實學，若離了事物爲學，卻是著空』。（傳習錄上答某屬官）

五　知行合一論　在實踐派的意見，所謂學習，並不是讀書，是學做爲人，怎樣做一個道德純全的聖賢——尤其王子是這樣主張。王子雖不反對讀書，他絕不以讀書爲學問，讀書不過是收歛心思，在學習過程中佔很小一點地位。學習既是學做爲人，總不離於躬行實踐，所以他提倡『知行合一』的口號出來。這一個口號，在普通有兩種解釋：一是知與行同時並進，一是知與行是一件事情。第一種解釋，知行雖說并進，猶是兩件東西，所以一元論的王子是主張第二種解釋的。他說：

『凡謂之行者，只是着實去做這件事。若著實做學問思辨工夫，則學問思辨亦便是行矣。學是學做這件事，問是問做這件事，思辨是思辨做這件事，則行亦便是學問思辨矣。若謂學問思辨之然後去行，卻如何懸空先去學問思辨得，行時又如何去得個學問思辨的事。行之明覺精察處便是知，知之眞切篤實處便是行。若行而不能明覺精察便是算行便是學而不思則罔，所以必須說個知，知而不能眞切篤實便是妄想便是思而不學則殆，所以必須說個行。原來只是一箇工夫』。答友人問

這是說知而不行謂之妄想行而不知謂之冥行，所以知行合一起來，纔是學習的實功。他又與學生徐愛有一段問答關於知行合一的解釋：

愛問：『今人只有知事父當孝事兄當弟者，卻不能孝不能弟，知行分明是兩件』。曰：『此已被私欲間斷，不是知行本體。未有知而不行者，知而不行，只是未知。聖人教人知行，正是要復那本體，故大學指個眞知行與人看。說「如好好色，如惡惡臭」。見好色屬知，好好色屬行，只見好色時已自好了，不是見後又立個心去好。聞惡臭屬知，惡惡臭屬行，只聞惡臭時已自惡了，不是聞後別立個心去惡』。傳習錄上

以惡惡臭好好色來解釋知行合一，較前更切實。知如刺激，行如反應，一感便應，知行成了一個極迅速的感應弧。所以他又說『知是行的主義，行是知的工夫。知是行之始，行是知之成』。同上王子提倡這個口號，一方固在教人免蹈妄想冥行的毛病，他方便注意於行爲的動機。他對黃直說：

『今人學問只因知行分作兩件事，故有一念發動雖是不善，然卻未曾行，便不去禁止。我既說個知行合一，正要人曉得一念發動處便卽是行了。發動處有不善就將這不善的念克倒了，須要徹根徹底不使那一念不善潛伏在胸中。此是我立言宗旨』。傳習錄下

行爲論者，以爲雖有惡念只要未曾去做，不得謂之病。王子是動機論者，他以爲一念之差雖未曾見於行爲，也

算是大病了，因爲罪大惡極之人，均是起於一念之差。所以動機就是行爲，行爲即寓於動機裏面，吾人如不肯爲惡就要不許有絲毫惡念存在，能够徹根徹底把私欲完全克治去了，良知復明，天理純全，自然不會爲惡了。

因知以堅其行，從行以實其知，合知行的全部謂之學習，這是王子有名的發明。但此不過是他的學習原則，關於學習方法也有幾點可取的地方。（1）學習要有頭腦，即立定一個中心去學習，學習有了中心，如衣之有領，一舉便張，以免支離之弊；如舟之有舵，一提便醒，以免猖狂之失。這個中心就是致良知，吾人處世爲人，處處以致良知爲主，則無往不宜。（2）學習要鞭辟近骨切己用力實幹。吾人作一件事，須把全幅精神放在那件事情上面，左敲右擊，前攻後打，如貓之捕鼠，不獲不止。王子最注意這一點，平日屢屢對他的弟子極力的提醒過。『諸公在此，務要立個必爲聖人之心，時時刻刻須是一棒一條痕，一摑一掌血，方能聽吾說話句句有功。若茫茫蕩蕩，譬如一塊死肉，打也不知得痛癢，終恐不濟事，回家只尋得舊時伎倆而已，豈不惜哉！』傳習錄上 這樣沈痛醒人的話，陸子也嘗講過。（3）學習要各隨分限所及。逐步漸進，不可躐等以求速效。他說：『我輩致知，只是各隨分限所及。今日良知見在如此，只隨今日所見擴充到底，明日良知又有開悟，便從明日所知擴充到底。如此方是精一工夫』。傳習錄下 知一步行一步，隨知隨行，仍是知行合一的原則。

六　教授法　王子一生不忘格物致知，所以他平日所講不出大學的範圍。但亦按照學生的程度分爲兩級。凡初入門聽講的，授以大學問以指示聖學之全功，使他們知道爲學的路徑。到了從遊日久有了相當程度時，則隨時指點，或提舉最簡當的口號，使他們自家揣摩。對於程度最高的學生，只加一番點化之功，給一種暗示，使其自己了悟，（註七）甚至於點化都不用。他說：『學問也要點化，但不如自家解化者，自一了百當。不然，亦點化許多不得』。（傳習錄下）即或有時授給也要隨人能力所及，使他們容易了解；若不察其能力，授以過當的知識，不能消化，反是害了。他說：『與人論學，亦須隨人分限所及。如樹有這些萌芽，只把這些水去灌溉；萌芽再長，便又加水。自拱把以至合抱，灌溉之功皆是隨其分限所及。若些小萌芽，有一桶水在，盡量要傾，便浸壞他了』。（同上）

七　兒童教育論　王子提倡培養主義，不僅對高等教育，即對於兒童教育也是一樣；不過在前者從學理方面講培養，在後者以興趣方法講培養。他是要養成一般愛動愛唱愛遊戲，天機活潑，生氣盎然的兒童，這樣的兒童纔是有用的人材，培養成這樣的兒童，纔是有價值的教育。他說，從前教育兒童，本來是根據兒童心理，發展他們的個性，極其活潑有興趣的。譬如兒童愛唱，教他們以歌詩；兒童愛動，教他們以舞蹈；兒童愛遊戲，教他們以習禮。這樣，兒童視學校如樂園，視師長如父母，莫不樂於來學，樂於受教，日日在歡欣鼓舞裏面過生活，身心不期然而自發育，如草木萌動之初，日日在春風雨露之中，不知不覺潛滋暗長起來。到後來教育日壞，教者全不顧及兒童的心理與個性，只知督責課誦，嚴加管束，見有不守法的兒童，則鞭撻繩縛，如待拘囚。這樣一來，兒童視學校如牢獄，視師長如寇仇，視讀書如畏途了。這種教育，把純全活潑的兒童，不是養成死板的樣子，就是養成偷惰或欺詐的習慣。要矯正這種毛病，一方須採取古代教育的優點，一方面還須適合時代的情況，所以王子對於兒童教育有一個系統的計劃。

（1）訓練標準　孝、弟、忠、信、禮、義、廉、恥八目。

（2）教材大綱　詩歌、習禮、讀書三類。詩歌之意：可以表現意志，陶冶性情，舒暢鬱氣。習禮之意：可以訓練秩序，活動血脈，鍛鍊筋骨。讀書之意：可以開發知識，收斂心思。

（3）日課　每日功課分為五節：一考德、二背書誦書、三習禮或作課藝、四復誦書講書、五歌詩。考德一節以談話式舉行，猶現今小學課前談話之意。歌詩分班每日舉行一次，習禮分班每二日舉行一次。

（註一）（湛若水陽明墓誌銘）初溺於任俠之習，再溺於騎射之習，三溺於辭章之習，四溺於神仙之習，五溺於佛氏之習，正德丙寅始歸正於聖賢之學。

（理學宗傳王子）冬歸越，過廣信，謁婁一齋諒。諒故游吳康齋門者，為語聖人必可學而至，深契焉。……乙丑在京師，乃專志講學。與湛甘泉定交。嘗謂初至此學，幾仆而興，既得友甘泉而後吾志益堅，毅然不可遏。

（註二）（陽明年譜）先生曰，吾年來欲逞末流之卑污，引接學者多就高明一路，以救時弊。今見學者漸有流入空虛，為脫落新奇之論，吾已悔之矣。故南畿講學，只教學者存天理去人欲，為克察克治之功。

（陽明學案）自龍場以後，盡去枝葉，一意本原，以默坐澄心為學的。有未發之中始能有發而中節之和；視聽言動大率以收斂為主，發散是不得已。江右以後，專提致良知三字，默不假坐，心不待澄，不習不慮，出之自有天則。

（陽明年譜）先生五十始揭致良知之教。

（註三）（傳習錄中）夫良知之於節目時變，猶規矩尺度之於方圓長短也。節目時變之不可預定，猶方圓長短之不可勝窮也。故規矩誠立，則不可欺以方圓，而天下之方圓不可勝用矣；尺度誠陳，則不可欺以長短，而天下之長短不可勝用矣；良知誠致，則不可欺以節目時變，而節目時變不可勝用矣。

（註四）（傳習錄中）良知即是未發之中，即是廓然大公寂然不動之本體，人人之所同具者也。但不能不昏蔽於物欲，故須學以去其昏蔽。

（註五）（文集卷三答歐陽崇一）良知是學問大頭腦，是聖人教人第一義。

第五節　羅整菴(1465——1542)與呂涇野(1479——1547)

一　緒言　程、朱之學，自明代中葉以來，已成爲強弩之末了。當是時，陽明以「致良知」爲提倡，甘泉以「隨處體認天理」相號召，議論新出，功夫簡單，適足以救程、朱支離之弊；於是二家學說風靡了全國，全國知識分子不歸於王則歸於湛。其能篤守程、朱之說不爲時代所轉移且敢與王、湛抗衡的只有羅整菴與呂涇野二人。(註一)呂氏之學出於薛門，以「窮理實踐」爲主，態度平易，無所不容。羅氏所講格物致知之學，乃由自己苦研得來，博洽精深，筆鋒又極尖銳，時常駁倒王學，誠爲當時王學一大勁敵。

(註一)〈明史儒林呂柟傳〉時天下言學者不歸王守仁則歸湛若水，猶守程、朱不變者，惟柟與羅欽順云。

二　羅整菴　羅氏名欽順，字允升，號整菴，是山西吉縣的人。生於憲宗成化元年，死於世宗嘉靖二十六年，是八十三歲的高壽。二十八歲中壬子鄉試第一，二十九歲就舉了進士第一甲。第二年派爲南京國子司業。當時祭酒爲張楓山，張氏亦講學之士，二人相互提倡，所以太學一時稱極盛，而羅氏講學時期即從這個時候開始。研究學問的人對於政治生活常覺淡薄，不久羅氏請求辭職還鄉養親，反觸了宦官劉瑾的怒氣，把他的一切官職都奪了。世宗即位，劉瑾被誅，羅氏以原官起任，不久遷爲南京吏、禮二部尚書，此時他已五十八九歲了。在部不過二年，因父死歸葬，以後遂不肯再出作官。此後二十餘年間，一方研究，一方講學，完全老於家鄉。羅氏性情嚴整，行爲端正，而生活亦極簡素，所以在當時有「如精金美玉，無得致疵」之贊揚。在三十歲以前，他曾用心研究過佛學，自三十歲以後，始由佛轉入於儒，又苦心研究數十年，直到六十歲而始自信有成。所以他的學問，不但擅長儒術，且精於佛學，在儒家中對於佛學研究最深而攻擊中肯的，要以整菴爲第一。但羅氏雖爲儒家中的程、朱學派，他的思想亦不與朱子盡同，平生所篤信的最是程伯子，除程伯子以外，凡宋、元以來的各大家無一不受他的批評，而批評象山尤多，所以對於當時陽明之學指摘不遺餘力。他的學問最精粹的爲理氣論，其次則爲心性說，兩者均屬於哲學範圍，而後者於教育較有關係，所以我們不得不略敘一下。

羅氏說：『心性至爲難明，是以多誤。謂之兩物又非兩物，謂之一物又非一物，除卻心卽無性，除卻性卽無心。惟就一物中剖分得兩物出來，方可謂之知性』。（困學記）由此一段話看來，羅氏對於心性兩個字頗費了研究的工夫。在他的解釋，心性二字是同一件東西而各有分際。性如易所謂『至精』之處，心如易所謂『至神』之處。因爲至精，所以『無有遠近幽深，遂知來物』；因爲至神，所以『寂然不動，感而遂通天下之故』，其實是一體。羅氏又說：『蓋虛靈知覺，心之妙也；精微純一，性之眞也』。（困知記）心性爲同一體，此體之虛靈明覺處謂之心，此體之精微純一處謂之性。譬如視覺器官爲目，目是一個體。此體未視時，卽無所感時，則寂然不動。一有所感，卽有所視。目之所以視，由於目體之虛靈明覺，目之所以能視，由於目體之精微純一。所以同一目體，自其虛靈明覺處說謂之心，自其精微純一處說謂之性。換一句話說：就其司視說，謂之心；就其能視說謂之性，其實只是一個物體，不過在一體上有兩個分際，故有兩種說法，但這種分際不能以體用二字來區分。所以他說：『夫心者人之神明，性者人之生理，理之所在謂之心，心之所有謂之性，不可混爲一也』。（困知記）一般人所以別體用，是以動靜狀態說，當靜止狀態時謂之體，當活動狀態時謂之用。羅氏亦嘗說體用，說動靜，不過他是以情意欲爲動的，心性爲靜的，所謂用當指情意欲等名詞說，而心與性還是一體。

羅氏論性，是主張程、朱的「性卽理」說，所以他反對陸子的「心卽理」說，又反對王子的「良知卽天理」說。他以陸子的「心卽理」是不知性爲何物，王子的「良知卽天理」是誤解了良知。孟子所謂良知是不學而知的一種知覺，卽近世本能之知，非良善之知，若謂良知是良善的知覺卽天理，那就錯了。且孟子所謂「愛親敬長」的「愛敬」二字卽天理，「知愛其親，知敬其長」的兩「知」字是不慮而知的良知。天理是體，良知是用，以良知卽天理，是以用爲體，實在是大錯。（註一）況知只有一種，知惻隱羞惡與知視聽言動同是心的妙用，若以前者爲天理之良知，後者爲知覺，別知爲二，更是錯誤。（註二）他以爲陸、王所講的都是心學，卽虛靈明覺的一點，他們只求到虛靈明覺而止，以爲明心可以見性，不必別用工夫。這種頓悟的直覺的學問，當然是程、朱學者所反對的，所以羅氏爲學，費盡思考之功，平日教人亦重思考一方面。他以爲一切學問知識由直覺而得的很少，由思考而得的特多，除了聖人生知安行以外，沒有不經過困知勉行而能夠成功的。所以他說：「夫不思而得，乃聖人分上事，所謂生而知之者，豈學者之所及哉。苟學而不思，此理終無由而得。凡其當如此自如此者，雖或有出於靈覺之妙，而輕重長短類皆無所取中，非過焉斯不及矣」。（困知記）又說：「良心發現，乃感應自然之機，所謂天下之至神者，固無待於思也。然欲其一一中節，非思不可，研幾工夫，正在此處」。（答允恕弟）

（註一）（羅文莊文集答歐陽少司成）夫謂良知卽天理，則天性明覺只是一事，區區之見，要不免於二之。蓋天性之眞乃其本體，明覺自然乃其妙用。天性正於受命之初，明覺發於既生之後，有體必有用，而用不可以爲體也。

（註二）（文集答黃筠溪）人之知識不容有二，孟子但以不慮而知名之曰良，非謂別有一知也。今以知惻隱知羞惡知恭敬知是非爲良知，知視知聽知言知動爲知覺，是果有二知乎。

三　呂涇野　呂氏是陝西高陵人，名柟，字仲木，學者稱爲涇野先生。生於憲宗成化十五年，死於世宗嘉靖二十一年，完全與羅整菴同時，而壽命差不多短他二十歲。呂氏在兒童時當過縣學生，即有志聖賢的學問。二十三歲中弘治辛酉年的鄉試，第二年以會試落第補入太學，當過幾年太學生；到正德三年再應科舉，乃取得進士第一名，授官修撰。呂氏爲人廉正，學問道德且傳播於國外。做官三十餘年，安守清貧如故。從政之暇，即以講學爲事，所以他的教育生活也是三十餘年。綜計呂氏一生講學可以分做四個段落：一在家鄉高陵，二在解州貶所，三在南京官所，四在北京國子監。在高陵講學，年約四十二三歲，是得罪宦官劉瑾，辭職還鄉的一個時期。在此學期，先築東郭別墅以會四方學者；後來學生發達，別墅容不了，添築東林書屋一所，可以想見其學生之盛了。在解州講學，由四十六歲到四十八歲，是以議大禮得罪了世宗的一個時期。在此時期，他是被謫貶爲解州判，兼管州事，於從政之餘，一方面施行社會教育，一方面從事書院教育。在解州三年，『民俗士習，翕然改觀』。三年之後，調入南京，解州士民哭泣相送，人格感化的成績到處可見。因爲有這樣的成績，纔有陞遷的機會，自此以後呂氏的政治生活漸漸順適。在南京九載，『與湛甘泉、鄒東廓共主講席，東南學者盡出其門』。（學案）迨後調入北京，爲國子祭酒，掌管國家最高教育機關，此時呂氏年已五十多歲了。以正心修身忠君孝親爲宗旨，以四書五經及儀禮等書爲教材，愛學生如子弟，而管束極嚴，爲明代有數的祭酒。

呂氏爲渭南薛思菴的門人，思菴爲薛敬軒的學侶，所以他的學問是接敬軒之傳的。呂氏態度平和，雖然篤守程、朱學說，而對於別派並不攻擊。他說：『不同乃所以講學，既同矣又安用講耶』，這是與羅整菴不同的地方。他平日所講的也是格物致知，對於性理方面很少發表，即以格物爲窮理一點也是老生常談，毫無新的貢獻。他之所以吸引學子及其成就，實在是他的人格感化的一點。但我們要取他關於教育方面的言論稍足敍述的約有兩點：一爲學習法，二爲教授法。關於學習，他是主張下學工夫的，不尙空談，不務高遠，要從切身近處做起，要從語默作止處驗來。（註一）求學即是作事，作事即是求學，能於作事中去求學，纔見得學問眞實，方爲有用的學問。且一切學問或修養要從動處磨鍊，纔能成功，而世人分求學與做事爲二，那就錯了。（註二）關於教授方面，他是提倡個性教育的，所謂因材施教。他說：『人之資質有高下，工夫有生熟，學問有淺深，不可概以此語之。是以聖人教人，或因人病處說，或因人不足取說，或因人學術有偏處說，未嘗執定一言』。答學生問陽明良知教人 若不隨學生資質學力所到斟酌誘進，而規規於一方，刻數字以必人之從，縱不失敗也太偏了。所以呂氏最佩服孔子教人的方法，對於陽明單一以『良知』教人表示反對，即對於朱子老是以『誠意正心』四個字教導皇帝的辦法也認爲大錯特錯。下面一段話，他說得最好：

或問朱子以『誠意正心』告君，如何？曰，『雖是正道，亦未盡善。人君生長深宮，一下手就教他做這樣工夫，他如何做得，我言能如何入得。須是或從他偏處一說，或從他明處一說，或從他好處一說，然後以此告之，則其言可入。若一次聘來也執定此言，二次、三次聘來也執定此言，如何教此言能入得。告君要有一個活法，如孟子不拒人君之好色好貨便是』。語錄

呂氏關於教育學理的兩點，尤以第二點爲有價值，其餘則無可述了。

（註一）〔河東學案下〕先生謂諸生曰，我欲仁斯仁至矣。今講學甚高遠，某與諸生相約，從下學做起，要隨處見道理，事父母這道理，待兄弟妻子這道理，待奴僕這道理，可以質鬼神，可以對日月，可以開來學皆自切實處做來。

（註二）〔涇野語錄〕章詔云近日多人事，恐或廢學。先生曰，這便可就人事上學。今人把事做事學做學，分做兩樣看了。須是即事即學，即學即事，方見心事合一體用原一的道理。

第六節　王門弟子

一　緒言　陽明爲唯心派的一元論者，一生講學雖只二十餘年，但在程、朱學派衰微之後，以單刀直入法警醒天下人心而天下人心卒被他的學說所鼓動，於是門徒之盛遠駕程、朱。黃太沖著明儒學案，羅輯王門弟子之著者按照地域，別爲浙中、江右、南中、楚中、北方及粵閩六處，合計不下七十多人，而止修、泰州兩處尚別立爲學案。在浙中學案裏，以徐橫山、王龍谿、錢緒山等人爲選；在江右學案裏，以鄒東廓、羅念菴、歐陽尚野、聶雙江、劉雨峯等人爲選；在南中學案裏，以王心齋、黃五岳、朱得之、戚南玄、周道通、馮南江爲選；其餘各處皆有選首。陽明平生講學凡三變，最後歸本於『致良知』三個字，意在修明本心，講求根本之學，以救程、朱末流支離的毛病。那知弟子衆多，品彙不齊，多喜專言本體，忽卻工夫，甚至放誕無歸，如同野狐禪一流，王學到了末流，遂爲天下所詬病；只有江右一派，篤守師

說，傳授王學不失師門的正宗。

王門弟子中年齡最長的，有董蘿石，入門最先的有徐橫山，性行最特異的有王心齋。董氏名澐，字復宗，號蘿石，是浙江海鹽人，其年齡且長於老師數歲。晚年，聽了陽明良知之說，恍然大悟，歎爲不虛此生。在歲盡雨雪之時，離開了家庭，從陽明講學至七十七日而死於書舍，這也算是師門中的一個異人。徐氏名愛，字曰仁，號橫山，餘姚之馬堰人。生於憲宗成化二十三年，死於武宗正德十二年，只活了三十一歲。他享年雖短，而資性聰慧，學力已到解悟的程度，爲王門中的顏子，對於王學之宣傳頗有功績。自他死後，陽明常想念不置，師弟的情感亦如當年孔門之顏淵。王氏名艮，字汝止，號心齋，泰州之安豐場人。幼年貧困，嘗從他的父親經商；在經商時，懷着孝經、論語、大學刻苦發奮，逢人質疑，日久若有所領悟。在三十八歲時，因友人的介紹，始往江西拜見陽明。當請謁之初，氣勢岸然登上坐與陽明相抗辨，經兩次折服，纔下拜稱弟子，王氏可爲孔門中之子路了。其後拱衞師門學說，行爲奇特，也與子路相似。王氏對於教育學理雖沒有貢獻，但倡出淮南格物論，以安身安心爲要旨，矩吾身而規天下國家，持論超出師門的範圍，發前人所未發，自屬一種創論。

二　錢緒山　錢氏名德洪，字洪甫，浙之餘姚人。生於孝宗弘治九年，死於神宗萬曆二年，享年七十九歲。當陽明平濠歸越時，錢氏年正二十六歲，約了同邑弟子數十人，會陽明於中天閣，同請學爲弟子。王門中自徐橫山死後，以錢氏與王龍谿二人爲最高足，此二人師事陽明歷時最久，於師門關係亦最深。當是時，凡四方好學之士，遠來王門求學的，皆先由錢氏與龍谿「疏通其大旨，而後卒於文成，一時稱爲教授師」。當陽明出征思田時，留他們二人居守越中書院，迭主講席。第二年，陽明死於道路，錢氏服心喪三年之後，纔赴廷對，取得進士，派出爲蘇州教授。後求召進京來，補國子監丞，尋陞刑部主事，稍遷員外郎。其後以得罪權貴過了一次的監獄生活，在監獄中仍不忘講學。出獄以後，不復仕進，在野三十年無日不講學，凡江、浙、宣、歙、楚、廣名區奥地皆有他的講舍。七十歲以後，以年老氣衰，始不出外遠遊。

有名的天泉證道問答話於陽明出征思田之前夕。當是時，師門教法每提如下四句：

『無善無惡心之體，有善有惡意之動，知善知惡是良知，爲善去惡是格物』。（龍谿學案）

緒山以爲定本不可稍易，龍谿以爲這是權法，他說：

『體用顯微，只是一機，心意知物只是一事。若悟得心是無善無惡之心，意亦是無善無惡之意，知亦是無善無惡之知，物亦是無善無惡之物』。

前者謂之四有論，後者謂之四無論。二人相論不決，因乘陽明將要啓行之便，相與踵門請求解答。陽明喜他們來意之佳，謂二者皆有至理，前者爲中根以下的人說法，後者爲上根人說法，宜互取爲用。由兩論看來，亦可以推知錢、王二氏的性格與學力，所以黃氏謂『龍谿從見在悟其變動不居之體，先生只於事物上實心磨鍊，故先生之徹悟不如龍谿，龍谿之修持不如先生』。（緒山學案）由是王學分兩派，亦以錢、王二氏爲代表。

錢氏切實不蹈空虛，但平日所論仍是多說本體，少說工夫，對於教育方面的理論則絕少。所言本體，在發揮『良知』說，所言工夫在說明『致』之工。他以心之本體乃純粹至善的東西，良知爲至善之著察，故良知亦至善。

至善之體，卽虛靈之體，不可以惡名，亦不可以善名，故曰『無善無惡』。此體自然流行不息，通晝夜之道。『良知不假於見聞，故致知之功從不覩不聞而入。但纔說不覩不聞，卽著不覩不聞之見矣。今只念念在良知上精察，便是是非非無容毫髮欺蔽』。（會語）但這一類的話全屬哲學範圍，可勿庸多述。

三　王龍谿　王氏是浙江山陰人，名畿，字汝止，號龍谿。少於緒山二歲，自孝宗弘治十一年至神宗萬曆十六年，享有八十六歲的高齡。龍谿與緒山師事陽明同時，出處進退亦常相共，同爲師門中的助教者，同爲師門中的傳道者。但兩人的性情各不相同，若以緒山爲狷者，則龍谿好似狂者。龍谿自陽明心喪期滿之後，與緒山同赴廷對，取得進士，官至郎中。但仕途淡漠，在林下四十餘年，無日不講學，自兩都及吳、楚、閩、越、江、浙皆有講會，與緒山同爲天下學者所宗仰。

陽明說：『吾教法原有此兩種：四無之說爲上根人立教，四有之說爲中根以下人立教。上根者卽本體便是工夫，頓悟之學也。中根以下者須用爲善去惡工夫，以漸復其本體也』。（龍谿學案）龍谿近於上根之人，所以他平日持論趨歸於四無。四無之說，凡意、知、物皆歸於心，工夫卽在心之本體上，從心上立根卽先天之學。心卽良知，由心而發，無往不善。所以他說：

『吾人一切世情嗜欲，皆從意生。心本至善，動於意始有不善。若能在先天心體上立根，則意所動自無不善，世情嗜欲自無不容，致知工夫自然易簡省力。若在後天動意上立根，未免有世情嗜欲之雜，致知工夫轉覺煩難。顏子先天之學也，原憲後天之學也』。（語錄）

修養從心體上立根，教育也是從心體上培養。他又說：

『古人之學，一頭一路，只從一處養。譬之種樹，只養其根，根得其養，枝葉自然暢茂，種種培壅灌溉，條枝剔葉；刪去繁冗，皆是養根之法』。語錄

但這一番話，仍是師門的舊說，並非由他自己創論。王門弟子雖盛，除王心齋淮南格物略有創獲外，其餘皆是推衍師說，或超出範圍；對於教育理論太覺隔閡，所以我們不多舉了。

本章參考書舉要

（1）明史的各家本傳

（2）明儒學案的各家本案

（3）陳白沙集

（4）湛甘泉集

（5）王陽明全集

（6）傳習錄

（7）羅整菴文集

（8）困知記

第三十四章　晚明教育家及其學說

第一節　概論

王學初出，雖能一新社會之耳目，但到了末流，則放誕無所歸宿，驅天下盡爲矯誣不學，任性自適之徒；社會無一切實學術與精神，將何以維持久遠。放誕之極，而東林諸子以起。東林諸子雖不完全篤守程、朱，但個個尙氣節，講實在，確能一掃王學之陋習，是王學末流的一大反動。迨後來，劉蕺山講學於證人書院，有弟子黃黎州、全謝山、萬氏兄弟，有宏城孫徵君，崑山顧炎武，莫不提倡氣節，以講求實學爲宗旨，明朝雖亡，而士氣之壯烈，確受了這一般講學豪傑之士的影響。我們在本章，除東林諸子外，只錄劉蕺山一人爲本期的殿將，其他諸子，皆死於淸初已定之日，爲有淸一代學術界之先河，故留在下期另述。東林諸子中只取顧憲成、高攀龍及孫愼行三人，合蕺山爲四。此四人中，當以蕺山學力最深，所論心理教育創獲最多，爲陽明以後第一人。東林諸子，也談心性，談修養，較王門諸子個個切實。如顧氏之識性，高氏之復性，孫氏之心性氣一體，皆有獨到的地方，不過缺乏教育學理論。陽明派以良知爲本體，程、朱派的羅整菴以良知爲作用，而顧氏則以良知介乎體用之間，這一點也是與前人不同的。總之，對於心性的解釋，及修養的論證，較從前均有進步，不過全是對成人說法，爲學力有相當程度的人說法，對於兒童教育則沒有人能注意到，是一種缺點。

第二節　東林學派

一　緒言　東林書院在江蘇、無錫，是宋儒楊龜山講學的地方。五百年以來，這個書院久已破廢，到明神宗萬曆年間，由本地學者倡議修復，他們卽借此地重開講席，東林書院之名由此大著。倡議修復的爲顧氏兄弟，講學同志有高氏、孫氏、錢氏一般學者。這一般學者皆是以講學挽回世道人心的；換一句話，他們皆是以『教育救國』爲目的的。論他們的地位，全是士大夫階級；論他們的品格，全不失爲正人君子。他們個個以學問而兼氣節，不是書生派的教育家，乃是豪傑風的儒者，有血性，有氣概，有操守，講學不肯忘卻政治的學者。因爲不肯忘政治，所以往往以時政爲講學的資料，而他們本人也不時出入於政海，於是無錫之東林書院不知不覺在北京政府裏頭佔一部分勢力了。當是時，正是神宗晚年，他們眼看見朝政日非，小人勢力日長，愈發爲激烈的言論，忌恨他們的小人們遂指爲東林黨，因運時會的人又從而附和起來，於是東林黨的名聲宣騰於天下。其實，在東林講學的不過數人，因爲與在朝小人對立，所以凡屬言論正直一點的士大夫皆被目爲東林黨人，而東林書院當初不過一私人講學的機關，後來竟變成政治團體了。但這一派人所講的學問是王學的反應，所負的氣節是時政的反應。他們都是擁護程、朱學說，對於王學加以攻擊的，但他們彼此之間的主張各有不同，亦不是與程、朱學說完全一致的，所以我們稱之曰『東林學派』。劉蕺山說：『東林之學，涇陽導其源，景逸始入細，至淇澳而集其成矣』。（東林學案）我們在本節裏頭亦列舉這三人爲代表。

二　顧憲成　顧氏名憲成，字叔時，涇陽是他的別號。他是無錫人，昆仲有四個，本人行三。第四弟名允成，字季時，學問品格與他相似，倡議修復東林書院即他們兄弟二人，可謂難兄難弟了。涇陽生於世宗嘉靖二十九年，死於神宗萬曆四十年，享年六十有三歲。他以萬曆四年中鄉試，八年登進士，時爲三十一歲，從此出入於朝野，轉調於政治生活，生來一幅忠肝義膽，敢發讜論，不避權貴。當三十八歲時，以上疏得罪了執政大臣，謫貶到桂陽州當判官。第二年，移理處州，後來又轉調泉州。考其政績，稱爲公廉第一，於是又調進京擢爲考功司主事。在萬曆二十二年，又以好說話得罪了執政大臣，遂被削奪官職，放歸田里了。此時顧氏已四十四歲，以直言被廢，聲名益高，他也乘此機會到處講學，思以在野之身喚醒士民，挽救危亡。東林書院之修復，在他削籍的第十年，內中辦法一律遵守白鹿洞規，其實他的講學成績自此以前已振振有聲了。

顧氏是一個熱心於世的憂國分子，所以他平日講學亦以有益於實用爲目的，不是徒尚空談的。『官輦轂，念頭不在君父上；官封疆，念頭不在百姓上；至於水間林下，三三兩兩，相與講求性命，切磨道義，念頭不在世道上；即有他長，君子不齒也』。（東林學案）由他這幾句話看來，可以想見其爲人了。我們把他的學說，可以提出兩點來說說：一關於性善的，二關於修養的。

顧氏以性爲本體，以情爲用，以良知爲才，——介乎體用之間。本體之性爲天所賦予，是至善的，所以發而爲用之情與才也是至善的。『孩提之童，無不知愛其親也；及其長也，無不知敬其兄也。親親仁也，敬長義也』。由孟子這一段話所指：仁義爲性，愛敬爲情，知愛知敬爲才。性是『無爲』，而才與情是『有爲』；情是『有專屬』，而才是『無專屬』；所以才介乎體用之間。良知卽才，所以良知也是介乎體用之間，但其質爲善的，三者是一樣。性不但是善的，而性卽善性與善是一不是二，所以他說：『語本體只是性善二字』。（小心齋劄記）善並沒有特別意義，不過是萬德之總名；性乃純一之天理，萬德皆備，故曰性善，——卽性與善是一致的。性與善旣一致，則不善的東西必不是性；換一句話，凡吾性所本有的謂之善，凡吾性所本無的便謂之惡了。（註一）心乃根柢於性，性卽心之體，所以心也是善的。不過有時心爲私欲所引誘，多趨於惡，但本體未嘗不善。由此論證，所以他認陽明『無善無惡心之體』一句話落於禪宗，有違儒家的說法，辨難不遺餘力。

『喫緊只在識性。識得時不思不勉是率性，思勉是修道。識不得時，不思不勉是忘，思勉是助，總與自性無干』。（小心齋劄記）顧氏一生爲人的工夫就在『識性』二字。識得性時，着意是好的，不着意也是好的。怎樣識性，『當下卽是』，因爲『合下具足，所以當下卽是』。『合下』以全體言，凡現在過去及未來皆包括在內。『當下』以對境言，只論現在，不論過去及未來。凡整個時間，無論古今或一瞬一刻，皆具有至理。皆是天理流行，所以『合下具是』。但吾人多爲私欲所蒙蔽，雖然人人『具足』，未必人人『卽是』；雖未必『卽是』，亦不害於『具足』。只要吾人於現時此地看得清白，識得性來，朝着天理行走，吾人的行爲就是至善的，就合乎天理，所謂『當下卽是』。在平時隨時隨地如此用力；在變時，也隨時隨地如此用力。平時用力，是在源頭上探索；變時用力是在關頭上打通。探索得源頭則關頭亦通，打通得關頭則源頭自淸。（註二）

（註一）（東林學案顧東野商語）夫善者指吾性之所本有而名之也，惡者指吾性之所本無而名之也。又（與李孟白書）自古聖人教人，爲善去惡而已。爲善爲其固有也，去惡去其本無也。本體如是，工夫如是，其致一而已矣。

（註二）（東林學案顧涇陽當下繹）故就源頭上看，必其無終食之間違仁，然後能於富貴貧賤造次顛沛處之如一。就關頭上看，必其能於富貴貧賤造次顛沛處之如一，然後算得無終身之間違行耳。

三　高攀龍

在這個時候，海內大儒，以高、劉並稱，高氏所成就雖不及劉蕺山之大，但出處進退之雍容，及修養工夫之純熟二人實無高下可分。高氏名攀龍，字存之，別號景逸，與顧涇陽同鄉，也是無錫的人物。他生於世宗嘉靖四十一年，較顧氏晚生十二歲。當二十五歲時，還聽過顧氏的講授，他們似有很淺的師生關係。高氏以萬曆十七年登進士，二十年入官爲行人。當時以一疏打倒張世則的大學古本初義，對於程、朱之學曾極力擁護過。第二年，以直言得罪閣臣，被貶到揭陽爲添註典史。揭陽一謫，幫助他的學問之進修確實不小，差不多與陽明的龍場之謫同其功用。當此之時，高氏年僅三十二歲，在途中走了二月，在謫所住了半年。我們觀他自序求學工夫，艱苦嚴密，應該有後來的成就。在謫半年後歸家，而顧氏已放歸田里了，於是二人相與講學於東林書院。東林書院雖由顧氏倡議復修，而內中一切規程多由高氏手訂，且在內中講學時期，後者亦較前者爲長。高氏自被貶以來，在林下以講學爲生，共計二十八年，一直到熹宗即位纔起用爲光祿寺卿，這時年已六十歲了。在京作官不到五年，因與在朝奸黨不合，遂被削籍還爲平民。當是時，東林黨之名已成爲奸黨的眼中釘，東林書院即是他們的怨府，高氏被削之後且封鎖他的書院，教育之被摧殘可見一班。第二年，奸黨大捕東林黨人，正人君子逐一受害，高氏不忍辱身於賊手，乃於飲酒後，投於後園池中，從容自殺。自殺時曾有遺書給他們的門生，內中有這一句話：『平生學問至此亦少得力』，我們可以想見其工夫了。

高氏之學，以復性爲宗，以格物爲要，以居敬爲工夫，以靜坐爲入德之門；他平日教人亦不外這標準。換過來說，『復性』是他的教育宗旨，『格物』是他的學習方法，『居敬』與『靜坐』是修養的工夫。他以性爲本體，認牠爲天理，爲至善，爲天所稟賦，完滿無缺的，與顧氏的意見相同，不過說的更複雜，更精透。同時並指出心、氣、情等名詞及與性的關係來。他說：『中者心之所以爲體，寂然不動者性也。和者心之所以爲用，感而遂通者情也』。未發說這是以性爲體，以情爲用，總名曰心。又說：『心氣分別，譬如日，廣照者是氣，凝聚者是心，明便是性』。會語這是認心、性與氣三者爲同一物，不過作用不同。又說：『氣之精靈爲心，心之充塞爲氣，非有二也』。講義這又認心與氣爲同一物了。又說：『存養此心純熟，至精微純一之地，則卽心卽性，不必言合』。論學書是又以心與性爲同一物了。又說：『性者天理也，外此以爲氣，故氣爲老氏之氣；外此以爲心，故心爲佛氏之心。聖人氣則養其道義之氣，心則存其仁義之心，氣亦性，心亦性也。……性形而上者也，心與氣形而下者也』。心氣說若全合乎天理，則心、性、氣三者是一樣的，不過性屬於形而上的，心與氣屬於形而下的。我們歸納起來，吾人生命的活動全靠精神作用，這種精神作用充塞於全身的謂之氣，團聚於中而能主宰一切的謂之心，表現於外發而有喜、怒、哀、樂的謂之情。凡此三者之所充塞所主宰所發現，有條不紊，極合於道理的謂之性，所以性爲一切精神作用的本體；這個本體是善的，所以由他所生的心、氣、情等精神作用也是善的。反轉來說，若心、氣、情不是由性所生，難免不爲惡，惡卽無有源頭的東西，——隨着環境猖狂的東西。吾人的精神作用所以隨意猖狂不本於性，由於本性爲私欲所蔽，失了作用。吾人要有好的行爲，卽有規則的精神活動，必要回復天然自有之本性，所以『復性』爲教育宗旨。怎樣復性？在於格物。格物卽窮理，窮得理明，則私欲自去而性卽可復。『但程、朱之格物，以心主乎一身，理散在萬物，存心窮理相須並進。先生謂纔知反求諸身，是眞能格物者也，是與程、朱之旨異矣』。（學案）

至於修養居敬的工夫亦與程、朱稍異。程子說：『主一之謂敬，無適之謂一』。高氏則謂『心無一事之謂敬』。他是要以心中無一點事情爲極功的，到得心中無一點事時纔謂之敬。如何能使心中湛瑩無一事，則有賴於修養工夫。修養第一步莫如靜坐。靜坐是『喚醒此心卓然常明，志無所適』的工夫。志無所適，則精神收斂，雜念自去，昏氣自淸；於是心地澂澈空明，本體自然呈現。此時所呈現的仍是毫無一物，此之謂敬。到得敬時，『遂與大化融合無際，更無天人內外之隔了』。但做到這個地步殊不容易，必有數十年涵養之功纔行。他說：『大聖賢必有大精神，其主靜只在尋常日用中。學者神短氣浮，便須數十年靜力方得厚聚深培』，（自序）所以他以靜坐爲初學入門法。

四　孫愼行　孫氏名愼行，字聞斯，號淇澳，是常州武進縣的人。生於世宗嘉靖四十四年，死於崇禎八年，享年七十有一歲；我們所舉東林三人中，以孫氏出世較晚，而年壽最高。孫氏以萬曆二十三年成進士，時僅三十一歲。初授翰林院編修，逐次擢升至禮部侍郞，並署部事，時爲萬曆四十一年，而孫氏年已四十九歲。第二年辭職回籍，在鄉閑住了七年。天啓初又以禮部尙書召他來京供職。孫氏亦豪傑風的學者，眼看朝政日非，往往直言抗爭，不顧利害，聲色震撼宮庭。當時朝廷有三案之爭，孫氏爲紅丸事，彈劾宰輔尢力，而卒以此得罪奸黨。奸黨已下令要把他充軍到寧夏，巧逢莊烈帝繼位，得以不行。過了八年，莊烈帝很想起用他，召至京來，未及視事而死了，與高景逸比較總算

幸運

孫氏學力與高氏不相上下但他不是程、朱信徒，似乎是直接孟子的另一派學者。他的特異處，在論理、氣、心、性三點。他以爲：天命只有一種而沒有不齊，性只有一種而沒有不善，心亦只有一種而亦無不善。而世人往往說『天命者除理義外，別有一種氣運之命，雜糅不齊；因是則有理義之性，氣質之性；又因是則有理義之心，形氣之心』，這全是觀察錯誤。他說，理義之命固然齊一，而氣運之命未嘗不齊。在表面上看，雖有寒暑錯雜，治亂循環，死生得喪種種不一，但天道福善禍淫，全是一段至善，此至善者，一息如是，終古如是，在萬有不齊之中有此一點眞主宰，萬古常存，可見氣運之命也是齊的。他又說：『性如一粒種子，生意是性，生意默默流行便是氣，生意顯然成像便是質。如何將一粒分做兩項，曰性好氣質不好』。（湛澳學案困知鈔）這一段話說得極好；由這一段看來，所謂性、氣、質皆是一體的三現象，全是至善的。一般人既分理義之性與氣質之性爲二，又說氣質之性不善，不但支離，且根本錯誤。至於孟子所說肥磽雨露人事不齊，因之所生麰麥顯有差異，乃是孔子所謂『習』，而世誤以爲氣質，故有『氣質之性有不善』的謬解。他又說：『人心道心非有兩項心也，人之爲人者心，心之爲心者道，人心之中只有這一些理義之道心，非道心之外別有一種形氣之人心也』。（同上）理義之性以外更無氣質之性，故理義之道心外更無形氣之人心，蓋性與心同爲天命所賦與，即爲理義之實，沒有不善；所有不善者皆是後天之習。若於道心之外別有一種形氣之人心，也是以習慣爲本然，與前者陷於同一誤謬，不可不辨。孫氏對於心性的辨證大概如此，其他更與教育無關，我們只好從略。

第三節　劉蕺山(1578——1645)

一　生活小史　明末大儒雖高、劉並稱；而劉氏的學問比較高氏的更爲精深。在劉氏之後，雖教育家繼起有人，但在思想界上要以劉氏爲殿將。劉氏在明代可謂陽明以後第一人。劉氏名宗周，字啓東，號念臺，學者稱爲念臺先生。他是以孤童起家，家庭極其貧寒，但父母兩家都是很講學問的。他的父親劉坡是一個諸生，他的母親章氏是理學家章穎的女兒。章氏懷念臺僅五月，而劉坡已死了。念臺既生，他的母親以家貧不能生活，把他帶到外祖家撫養，但此時他的祖父母尚在。到了十多歲，以祖父母衰老之故，遂歸家奉事兩老，一切家中事務皆由他自己一人去作。母親章氏看到他的兒子體質孱弱，非常擔心，以致憂慮成疾，而又無錢診治，此時母子二人的心情殊覺可憐。劉氏一面讀書，一面奉事二老，而母氏對他亦抱很大的希望。迨念臺舉了進士，成名歸家時，而他的母親已去世了。舉進士時爲萬曆二十九年，他年已二十四歲，於是居家守喪，一面奉事二老，過了七年纔補行人。自此以後，他就出入於政治生活，在外做到京兆府尹，在內做到御史大夫；但每次皆以好爲直言，不能久於其位，忽然而入朝，忽然而還鄉。劉氏生當明朝末年，當時權奸壞亂朝政，把國家弄到不可收拾；而清軍日逼關外，明朝的宗社一天危險一天，明朝的領土一天削小一天。劉氏目視這種時局，更是激動他的國士之懷，忠義之氣，愈發爲讜論而愈不見用於政府。迨杭州失守，他決意以身殉國，投入水中，因水淺被人救起，後乃絕食二十三日而死。死時爲福王宏光元年，距生於神宗萬曆六年，享年六十有八歲。

劉氏幼小時從學於外祖章頴，年長乃師事許孚遠，後來與東林高景逸諸教育家共相講論，北京首善書院他也參與過。他一生做官的次數雖多，時間不長，還鄉以後卽從事於教育事業，講學授徒。他的學問非朱非王，以居敬爲主，以愼獨爲要，頗近於周、程。他不反對陽明的良知之說，可是反對陽明派的良知的流弊，而攻擊得很厲害。他是浙江山陰人，嘗在他的家鄉與門人弟子組織證人會，築起蕺山書院，講論所以爲人的道理，所以後人又稱他爲蕺山先生。他幼年體質雖弱，但因修養得力，所以到後來身體反強了。他絕食期間，無日不與弟子講論，氣象一如平日，雖學力有素，也是正氣鼓動，千載下猶當景仰其爲人！

二 心理說

劉氏關於心理的解釋，比較以前一般學者都進步，雖然缺乏科學的說明，但有許多獨見的地方。我們可把他的解釋別爲四步敍述於下：

（1）心之本質 心是什麽？劉氏以爲從前的人有兩種見解：一種人以心爲性，而心成了極玄妙的東西；一種人以血氣之屬爲心，而心成了極可仇視的東西：這都是錯誤。原來心與性及血氣不可分開，但不能把性及血氣認爲心。充滿天地間皆是一氣之流行，此流行之氣因凝聚而有種種形體，謂之萬物。人不過萬物中的一物，所以與他物不同的，因其體最靈。人體所以最靈，因爲宅虛而氣淸，此宅虛而氣淸之處名之曰『心』。心爲一身之主，統全身之氣，但牠的地位不過方寸。此方寸之心，中空而四達，其象如太虛，所以最靈。心有種種性質，此性質卽謂之性；心有種種機能，此機能卽謂之性。所以心與性實爲一物，但不可把性當心。我們若要強分，不過說心具有形體，而性乃虛位，所謂心是形而下的，性是形而上的。心如鐘一樣，因其中空，所以能鳴，而鳴的機能謂之性。心如鏡一樣，因其體明，所以能照，而照的機能謂之性。心如水一樣，水源本清，清卽水之性，此心與性的關係，亦是心與性的區別。凡人心所同然的謂之理，此所同然之理乃是生而有的，不是因習而成的，謂之性，故曰性卽理。但只可說性卽理，不可說性爲心之理，若說性爲心之理則又別心與性爲兩件東西了。心也是一氣，所以不同於血氣之屬的，前者乃寂然不動，至誠無僞的本體，而後者多雜物感不免有偏執，而其爲氣則兩者是同一的。吾人之身統於心，心爲生生之主，人類一切活動宇宙一切妙用，莫不由此心所發生，心是至神至靈的東西，所謂『極天下之尊而無以尙享天下之潔淨精微純粹至善而一物莫之或攖者，其爲人心乎』！原學

（2）心之內容　心之內容卽是說明心的構造，心的種種機能。心雖只徑寸，可是其大無限；雖爲虛體，可是其妙無窮。劉氏說：『統而言之則曰心，析而言之則曰天下國家身心意知物。惟心，精之合意知物，粗之合天下國家與身，而後成其爲覺』。語錄從粗一方面說，是心與『天下國家及身』四種爲一體；從精一方面說是心與『意知物』三種爲一體，此處所謂心之內容是從精一方面說的。試舉一球體強爲比喻：凡此球的總體謂之心，蘊藏於心中而有好善惡惡的機能者謂之意；進一層蘊藏於意中而有知善知惡的機能者謂之知；再進一層，蘊藏於知中，純粹至善體物而不遺的謂之物。故物在知中，知在意中，意在心中，球面層層而擴大，球心步步而入微，其實是一件東西，所區別的不過最初一點機能。此不過就心之未發時說明牠的本體之內容，若就已發時說則有種種表現。心是渾然之體，牠的機能在『思』，因爲能思所以常是醒而不昧。致思而有得謂之『慮』，慮稍帶已發的性質，與『思考』一詞相同。思考之後有兩種結果：一是貫通了曰『覺』，一是認識了曰『識』，認識之後再加以憶起謂之『想』，

故想與思的程度不同。心本寂然，受了外物的刺激而爲之一動謂之『念』，此動初起而卽能把持，好像有主宰存裏面的謂之『意』，雖動而能主持到底不爲外物所遷移的謂之『志』。心旣是活物，必有種種機能，凡機能之出於自然而不能禁止的謂之『欲』，欲非壞的東西，欲之所以壞乃縱欲而過的關係。若隨其自然，全其自然，沒有過與不及的毛病，則謂之『理』了，謂之『性』了，故曰性卽理。凡『情』是欲之顯著處，『才』又是情之顯著處，至於『氣』與『質』則更顯著了。因爲更顯著，則不能無習，所以各人的氣質萬有不齊，但推溯其本源仍是虛靈一體的心，此虛靈之體是萬古不變的。

由此看來，心的機能極多，妙用無窮，但最可注意的爲『意』與『念』兩種機能，意是好的，念是壞的。他說：『心意知物是一路，不知此外何以又容一念字。今心爲念，蓋心之餘氣也。餘氣也者動氣也。動而遠乎天，故念起念滅，爲厥心病，還爲意病，爲知病，爲物病。故念有善惡而物卽與之爲善惡，物本無善惡也。念有昏明，而知卽與之爲昏明，知本無昏明也。念有眞妄，而意卽與之爲眞妄，意本無眞妄也。念有起滅，而心卽與之爲起滅，心本無起滅也。故聖人化念還心，要於主靜』。語錄 又說：『意者，心之所以爲心也。只言心，則只是徑寸虛體耳。著個意字方見下了定盤針，有子午可指。然定盤針與盤子終是兩物。意之於心只是虛體中一點精神，仍只是一個心』。語錄 念是浮氣，起滅無常，爲害心的東西；意爲心之主宰，凡心之所以爲心以其有意在；所以念當化而意要誠。

（3）心之活動　徑寸虛體的心，性最靈而氣最清，生意周流無間。內中有一個主宰名曰『意』，意之於心好似指南針之於羅盤一樣。心中具有喜、怒、哀、樂四氣，當其未與外物接觸時，此四氣相爲循環，不能截然劃分，只是一點機能。一旦受外物的刺激，則隨感而應，受了那一種刺激卽以相當之氣反應，所謂『當喜而喜，當怒而怒』。此喜、怒、哀、樂四氣只是程度的差異，不是性質的分別，所以喜、怒、哀、樂中各有喜、怒、哀、樂。當其未發時，四氣仍然存在，所謂靜而無靜；當其已發時，四氣並非表露，所謂動而無動；只是一點元氣生生不已，周而復始的狀態。心之官主思，心之主爲意，倘能主常存在，官不失職，則四氣的流行隨感而應，不假絲毫做作，無往而不合於中和之道，所謂『天理流行』，正是這樣意思。在這種現象之下，謂之至善也可以，謂之至誠也可以，此中原沒有什麼惡的成分，一般人所謂惡者就是此四氣當外發時有過與不及的程度。過與不及就失了中和，所謂『偏至之氣』。此偏至之氣初一萌動時只爭一些子，所謂『樂而淫，哀而傷』。倘若於未萌時不加存養，在已萌時不加善反之功，則一切罪惡由此而出，偏至不已，其結果之相差『容有十百千萬倍蓰而無算者』。到了此時，謂之習了，早已失去心之本性了。所以到這步田地的，只因官失其職，心沒有主，若是求諸無有一毫的偏至之氣或暴氣時，莫如致思而誠意。

三　愼獨的修養論　劉氏以『愼獨』二字爲修養的極功。獨是什麼？他說，『夫人心有獨體焉，卽天命之性，而率性之道所從出也』。（證人要旨）又說，『獨卽天命之性所藏精處』。（語類五）又說，『獨體只是個微字』；『就知中指出最初之機，則僅有體物不遺之物而已，此所謂獨也』；『靜中養出端倪，端倪卽意卽知卽獨卽天』。（俱見語錄）可知獨乃心體中最中之物，此物只有一點端倪，其體極微，其質極精，這個東西卽天命之性。其實就是心靈中最靈的一點，極微極精，非從靜中體認則看不出來，卽體認出來了亦只一點端倪，實無一物。但這點端倪，具有喜、怒、哀、樂四氣，吾人所有活動皆從這裏面發源。倘若此端倪壞了，喜、怒、哀、樂所發必不正，於恐懼好惡憂患忿懥種種不和的情緒都發生了，所以吾人要加『愼』的工夫。怎樣叫做愼呢？他說，『無事，此愼獨卽是存養之要；有事，此愼獨卽是省察之功』。語錄 愼獨就是存養省察，存養是無事時的愼獨，省察是有事時的愼獨。獨體至微，平日若無一點事，倘能時時不忘存養，自有端倪發現，自能由中道和。但獨體又至神，偶一感動，念頭卽起，眞有『一觸卽發，稍縱卽逝』的神情。倘能於念頭一萌之頃，卽下省察的工夫，而本體亦自清明，所謂『愼獨之工，只向本心呈露時隨處體認去，便得全體瑩然，與天地合德』。語類六 愼獨是一種靜的修養法，所以劉氏對於周濂溪，李延平及朱晦菴諸人關於靜的修養極表贊同。對於濂溪，則曰『周元公主靜立人極之說，尤爲愼獨二字傳神』。天命章說 對於延平，則說『自濂溪有主靜立極之說，傳之豫章延平，遂以看喜、怒、哀、樂未發以前氣象爲單提口訣。夫所謂未發以前氣象，卽是愼中眞消息，但說不得前後際耳。蓋獨不離中和，延平姑卽中以求獨體，而和在其中，此愼獨眞方便門也』。語錄 對於朱子，則說『朱夫子嘗言學者半日靜坐，半日讀書，如此三年，必有進步可觀。今當取以爲法。然除卻靜坐工夫，亦無以爲讀書地，則其實亦非有兩程候也』。讀書記 愼獨雖然從靜中微中做工夫，但此工夫不外一『敬』字，我們看他證人要旨上一段話：『夫一間居耳，小人得之爲萬惡淵藪，而君子善反之，卽是證性之路，蓋敬肆之分也。敬肆之分，人禽之辨也，此證人第一義也』，說得何等厲害，簡直以敬肆二字爲分人禽的關頭。再看他臨死時的兩句話，『爲學之要，一誠盡之矣，而主敬其功也；敬則誠，誠則天』。由此看來，敬是修養的第一工，也是爲學的第一義。

四　證人主義的教育論　在證人要旨的開頭，劉氏有這樣一句話：『學以學爲人，則必證其所以爲人；證其所以爲人，則必證其所以爲心而已』。語類一 教育的目的，卽在令學者做一個人，『證其所以爲人』，是學習做人的方法；『證其所以爲心』，是方法的主腦。人卽聖賢，聖賢乃完全人格的象徵，聖賢之所以完全由於他的心之完全。『完全之心』並沒有什麼特殊，不過『一元生意周流無間』。證其所以爲心卽在養此一元生生之氣周流無間而已。養到這步田地，卽是完全了，卽是聖賢了，這是劉氏的教育目的。

目的既定，卽要立志，立志是做人的第一步。劉氏謂吾人生在社會中，如舟泛大海，倘不立志，則四顧茫茫，不知怎樣行駛；如能立得志定，則有目標可指，有方向可尋，前途雖遠，必有達到的一日，所謂『志立而學半，君子早已要厥終矣』。志立以後，還有三個程序。第一步要堅守。堅守有兩種意義：一種要有毅力能堅持，雖中途遇着困難也不可折回；一種是要認清路線了死守這條路，其他雖有捷徑亦不可貪圖便宜，隨意變更。第二步要安定。吾人既已上了我所認清的路線，既已在中途朝着前面駕駛，就當把全副精神放在這裏，隨時體認，就地研究，但得安然行其所事，而不爲事情所拘執。第三步則要達到目的地了，工夫已漸成熟了，物無定而我有定，一切似爲我所化了，內中一元生生之意自然周流無間了。所謂『優焉游焉，弗勞以擾也，厭焉飫焉，弗艱以苦也，瞬存而息養，人盡而天隨，日有孳孳，不知年歲之不足也，庶幾滿吾初志焉，則學之成也』。（證學雜解）這是劉氏關於學習進程的解釋，卽孟子的『盈科而後進』的意思。

劉氏最反對一般徘徊歧路的學者。他說：『這等學者，上之不敢爲堯、舜，下之不屑爲桀、紂，卻於兩下中擇個中庸自便之途，以爲至當，豈知此生早已落桀、紂一途矣』。（第一義說）人間只有兩條路，不爲堯、舜便是桀、紂，不爲君子便是小人。痛快地說，不做人，便是禽獸，決沒有中立的地方讓你徘徊，讓你取巧，稍一徘徊便走進禽獸一途了。這一般人所以徘徊不決的，由於內中私欲太多，把他一點生氣罨得死死地，把他一副眞面目蒙蔽得盡盡地，所謂『凡一切悠悠忽忽，不激不昂，漫無長進者，皆是看來全是一團人欲之私，自封自固，牢不可破』。（同上）這都是由於不立志不發憤的原因，倘能立志發憤做一個人，從苦處打去，則『起腳便是長安道，不患不到京師』。（同上）劉氏是一個立志做人的人，所以對於當時一般不肯做人及徘徊歧路的人們非常痛心，常常發爲大聲疾呼的論調。

教育既是令學者學做一個人，當然是爲己不是爲人，所學一定是向內着力，不是向外馳求。可是現在一般學者完全與這個意思相反，一意向外馳求，求富貴，求功名，甚至於氣節也是有所爲而爲，把自己的身心性命抛到九霄雲外，這還算是一個人嗎？這還算是受了教育的嗎？劉氏自己覺得非常痛心，有很沈痛的一段話，意義亦很淺近，我們不妨直接抄在下面：

『今爲學者下一頂門針，即「向外馳求」四字便做成一生病痛。吾儕試以之自反，無不悚然汗浹者。凡人自有生以後，耳濡目染，動與一切外物作緣，以是營營逐逐，將全副精神都用在外，其來舊矣。學者既有志於道，且將從來一切向外精神盡與之反覆身來，此後方有下手工夫可說。須知道不是外物，反求即是，故曰我欲仁斯仁至矣。無奈積習既久，如浪子亡家，失其歸路，即一面回頭，一面仍往舊時緣，終不知在我爲何物。又自以爲我矣，曰吾求之身矣，不知其爲軀殼矣。又自以爲我矣，曰吾求之心矣，不知其口耳矣。又自以爲我矣，曰吾求之性與命矣，不知其爲名物象數也。求之於軀殼外矣，求之於耳目愈外矣，求之於名物象數外之外矣，所謂一路向外馳求也。所向是外，無往非外，一起居焉外，一飲食焉外，一動靜語默焉外；時而存養焉外，時而省察焉外，時而遷善改過焉外，此又與於不學之甚者也。是故讀書則以事科舉，仕宦則以肥身家，勳業則以望公卿，氣節則以邀聲譽，文章則以腴聽聞，何莫而非向外之病乎。學者須發眞實爲我心，每日孜孜汲汲，只幹辦在我家當。……如此體認親切，自起居食息以往，無非求在我者。及其求之而得，天地萬物無非我有，絕不是功名富貴氣節文章，所謂自得也』。（向外馳求說）

學者所以向外馳求，所以徘徊歧路，由於志不立。所以志不立，由於私欲蒙蔽，外面的習染日深，內面的本心虧欠日多，漸漸不能認識自己，不能分辨人禽了。吾人要立志去私欲的蒙蔽，莫如復其本性，使心有主，心有主則外面攖心的東西自然不敢近來，而吾人自不外求了。所以他又說：『此心不能不囿於血氣之中，而其爲幾希之呈露，有時而虧欠焉，是以君子貴學也。學維何？亦曰與心以權，而反之知，則氣血不足治也』。（原學）

五　讀書法　關於讀書一層，劉氏也極力主張，且取法朱子的半日靜坐半日讀書法。他說：『學者誠於靜坐得力時，徐取古人書讀之，便覺古人眞在目前，一切引翼提撕匡救之法皆能一一得之於我，而其爲讀書之益有不可待言者矣』。（讀書法）借聖賢的格言以證實吾心，由吾心以推到聖賢之心，纔知聖賢與吾是同一樣的心理，此心理卽天理，而吾人做人更有把握了。這是讀書的益處，但必於靜中體驗方能有得於心，否則書自書而我自我，兩不相干。但他又以爲朱子先格物而後致知，好似先讀了書而後反正於吾心，未免把讀書與正心誠意分爲兩事，近於支離，不若於讀書時當下講求讀書之理，則此心卽明於讀書之下，較爲直接。（見學言下）但以上全是講的大學教育，卽讀書法也是要到程度較高時纔能學得。劉氏另有關於一般人讀書法的一段意見，卽把所讀的書分爲三個階段：第一階段先讀小學，次讀大學，再次讀中庸，再次讀論語，再次讀孟子。小學是兒童的基礎知識，大學是綱領，中庸較爲精蘊，再照着論語、孟子的話躬行實踐。第二階段，於以前五部書讀完了再讀五經——易、詩、書、禮及春秋，這五部書全是發揮心的機能的。第三階段所讀的爲四書及綱目，讀四書所以溯其源流，讀綱目所以考其世變的，到了這一步，凡聖賢的道理皆一一領會於心，心中自有一種自得的妙趣。除此以外，如有餘的工夫，對於諸子百家也可以涉獵，不過對於異端曲學是要絕對排斥的。至於每讀一書所用的程序，不外中庸上所說：「博學、審問、愼思、明辨、篤行」五個步驟。這是劉氏對於他自家的兒童所教訓的一段話。

本章參考書舉要

（1）明儒學案的東林學案及劉蕺山學案

（2）明史的儒林列傳

（3）理學宗傳的各家本傳

（4）劉子全書

第五編　半封建時代後期的教育

第一期　清(1644——1911)

第三十五章　滿清帝國之政治與教育

一　高壓的政治　明朝自萬曆以來，因帝王的惛憒宦官宵小的亂政，致使全國社會皆被糜亂，盜匪遍地起來，朱明政府失了統治的機能，於是滿洲以新興的民族利用時機起而替代了。所以本期教育的背景，只是政權的移轉，統治民族的變更，於農村經濟不發生絲毫影響，而變形的封建社會依舊保持原來的狀態。滿洲民族征服了內外蒙古、中國本部及西藏、回疆等地，支配了漢、蒙、回、藏全民族，在東亞組織一大帝國。他們當初尚未完全脫離游牧生活，亦曾知道自己以後進的民族統治一切必不爲先進民族——尤其是漢族——所能心服，乃不惜逞其戰勝的威力，施行種種高壓手段，而漢、蒙、回、藏等民族終久屈伏了。他的高壓手段，除對於其他被支配民族單純以兵力外，對於漢族則用種種政策。我們舉其較爲顯著的計有三種：一爲防守政策，二爲變俗政策，三爲屠殺政策。關於第一種，凡各省重要地帶卽設立駐防將軍，防制漢人的反動。關於第二種，一則變易漢族原來的衣冠爲滿洲的衣冠，一則強令漢族男子倣照滿俗薙髮結辮，倘有反抗的，格殺勿論。關於第三種，凡稍涉反動性的文字，或被他們認爲有嫌疑的文字，卽大肆屠殺，往往株連幾十幾百以至幾千人。中國帝王的專制，到明朝已經是登峯造極，那知到了此時又加一層種族的界限，壓制更甚於前，這種政局直至二百年後纔漸漸鬆懈。

二　籠絡的教育

滿洲民族比較人口不及漢族十分之一，比較文化更是不能望其項背，以低級的民族極少數的人口來統治高級的民族極多數的人口，決不是單憑武力能夠收效的，他們的統治者也看到這一層，於是在政治方面雖施行高壓手段，但在教育方面則採用籠絡手段。他們的籠絡手段是看透了漢人的心理，利用了漢人的弱點，所施行的一種教育。中國社會的勢力全在一般士大夫階級及士豪手中，這一般人大都知識階級，也卽是社會的優秀分子。滿清統治者知道他們最崇拜的是孔、孟，所以建都北京之初，卽倣照明朝開設學校，崇祀孔、孟，且以祀孔的典禮與尊祖敬天並重。又知道明末王學已不爲他們所重視，漸有回到宋儒程、朱的舊路的傾向，所以康熙大帝首先提倡朱子學說，並把朱子列入十二哲裏面，配饗孔子，及刊行他的著作朱子全書。又知道他們最愛科名，所以極力提倡科舉，授以各級學位，及給予領有學位者以特別榮譽與權利。還有一般明末遺老，或負有氣節的士君子，對於故國的觀念非常強烈，未必肯於屈就這種常套。滿清統治者於是又破除常格，另開特科，來網羅這一般人物，藉以收拾民心。社會知識分子最容易引用到書籍裏面，滿清統治者於是極力獎勵著作，或誘引他們在宮廷裏面編輯類書，使他們常年埋頭於故紙堆中，自然沒有反抗的精力。總之他們的教育政策，一切皆是籠絡的，意在使漢族除了不敢反抗外，並且要使一般人皆樂於就他的範圍；這一種政策，結果也是收了成功，但他們的教育不但對於漢族採用籠絡手段，卽對於蒙、回、藏各族也是一樣。例如對於蒙、藏，則崇拜喇嘛教，對於回族則崇拜穆罕默德教，依然是蒙古帝國之『因其俗以柔其人』的辦法。滿淸統治者一方面利用被統治民族的弱點以籠絡他們，一方面保持其本族固有的優點，如勇敢善戰樸實耐勞的精神，常作爲訓練的資料，如本族語言亦列爲一般學校的教材。但他們自入關以來，不久就被漢族文化與習俗所同化，也學漢人作八股、詠詩詞，不僅昔日勇敢善戰樸實耐勞的精神完全喪失，卽本族語言亦被廢棄，這一點恐怕是滿淸開國諸君所不及料的。

第三十六章　清代學風之復古

滿清三百年間，爲中國學術史上極燦爛的一個時期，也是中國舊學總結束的一個時期。其學術勢力較大足以演成學風的，計有四派：一爲性理學派，二爲考證學派，三爲今文學派，四爲古文派。第一派流行於清初，著名人物有孫夏峯、李二曲、湯潛庵、張楊園、陸桴亭、陸稼書等人。前三人兼採朱、王，後三人則極力崇朱而黜王。第二派倡導於清初，稱霸於清之中葉，到末年猶有餘風。開山老祖爲顧亭林，繼起人物有閻百詩、胡朏明，到中葉而大盛。此派到了中葉，乃分吳、皖兩系：吳系以長洲的惠定宇爲盟主，門下有余蕭客、江聲等人；皖派以婺源的戴東原爲盟主，門下有段玉裁、王氏父子等人。其餘或出入於吳、皖兩系，或獨樹一幟。到末了，還有俞曲園、孫仲容、章太炎等人，作此派的中流砥柱。第三派發生於中葉以後，到末年而此風大熾，代表人物有莊存與、崔東壁、康有爲等，而以康氏爲中堅。第四派倡導於清初之方望溪，成熟於中葉之姚姬傳、惲子居，到末年有曾滌生等人爲他們大張其軍。這四派中，以第二派勢力最大，由清初到清末，延長三百年的時間，尤以在中葉爲極盛，橫絕一世，差不多佔了當時學術界的全面積，所以梁啓超稱他們爲清代學術界的正統派。第四派的人們以文章擅長，可以說是藝術的；只因他們平日喜談義理，崇拜程、朱，常以『文以載道』的題目來號召，知識界上附和的人們很多，確能自成風氣，所以我們也列在這裏。此外還有顏習齋、李恕谷、王崑繩等人，以實行爲號召，反對一切空談及記誦之學，可稱爲實行主義者。但他們重苦行，所實行的盡是一些古禮古法，與時代潮流不合，所以再傳之後就消沈了。此外還有專講史學的，在清初有萬氏兄弟，在乾、嘉之際有章實齋，以勢力過弱，未能演成學風。黄黎洲雖有史學特識，而學術宏博，不限於一派，其所以傳世的尤在於性理學與經世。

滿清帝國承明末王學空疏之後，學術界上遂發生一大反動；所以當帝國初年，一般學者力排王學，推尊程、朱，其學風乃由明以返於宋，——即我們所說的第一派。反動潮流既起，迨後愈演愈劇，遂不可制止，於是有第二派學者產生，舍棄程、朱、陸、王而專講賈、馬、許、鄭，其學風又由宋以返於漢了。這一般學者，抛開了所謂微言大義，專從古代制度名物上做工夫，以懷疑的態度，科學的方法，把所有古代的經籍一一從新估價與整理，於是發現了許多僞品，理出了許多條理，而二千年來懷疑莫決眞僞難分的問題也由他們給以鑿實的解決。這種治學的工夫，直接成功了考證學業，間接給予後來研究學術者以不少的懷疑精神，懷疑不已，於是今文學者起，更由東漢以返於西漢，甚至由兩漢以返於周、秦，直達孔、孟的眞面目；把後世一切傅會臆造的學說完全解除。如繭抽絲，層層向內，愈內愈解放，這是清代學者治學的方式。此所以梁氏以本期學術界運動的方式比之歐洲十四、十五世紀的文藝復興運動，是一種解放運動，並且是以復古爲解放的運動。到末了，歐風東漸，國人思想漸漸改變，遂舍棄古董舊學而致力科學，這與本期性質完全不同，我們留待後一期另述。

本期學者有講學二十年的，有講學三十年的，甚至畢生從事於講學的，他們的治學途徑雖然不同，而多以教授爲生，把他們列入教育家當可無愧。關於教育理論，以性理派學者發表最多，且有許多進步的貢獻，爲前代性理學家所不及；其次則爲古文派的學者。考證學派除了戴氏外，均無理論，而戴氏對於性理的解釋，特別出新而又近於情理，且超過宋、明以來一切性理學者的見解。今文學派以政治活動爲職志，影響於教育界上的只在於他們的開闢的思想與革命的膽量。其餘可以從略了。至於國家教育的傾向，重科舉而輕學校；及一般淺嘗之士舍棄一切實學而日讀八股習小楷，以獵取科第，則較明代更甚。

本章參考書舉要

（1）國朝先正事略

（2）漢學師承記

（3）清朝學案小誌

（4）耆艾獻徵錄

（5）清代學術概論　梁啓超

第三十七章　清代教育制度及其實況

第一節　概論

清朝的教育制度完全採取明朝的辦法，學校與科舉相輔而行。不過明朝初年對於學校教育看得格外重要，辦理也很嚴格，到中年以後，一般讀書的人們趨重在科舉，學校教育差不多等於具文，於是演成重視科舉而忽視學校的趨勢。這種趨勢，直演到清朝二百多年而更厲害，所以學校教育之在清朝可說完全是一個具文。

滿清帝國雖包括五大民族，但他們的心目中只看到滿、蒙、漢三個民族較爲重要，所以他們的教育政策亦多半注意在這三個民族上面。滿族立於統治者的地位，蒙族與他們接近被認爲同調的民族，所以他們對於這兩族的教育極力以保存國俗爲宗旨，例如繙譯漢文爲滿、蒙的語言，加重騎射的訓練，皆是提倡民族固有的精神的。（註一）對於漢族的教育完全以籠絡爲政策，以養成御用的知識分子聽從呼喚指使的官僚階級爲宗旨。例如順治九年所頒發全國學校的一塊臥牌，在序文上有這樣幾句話：

『朝廷建立學校，選取生員，免其丁糧，厚以廩膳，設學院、學道、學官以教之，各衙門官以禮相待，全要養成賢才以供朝廷之用。諸生當上報國恩，下立人品』。

臥牌上的教規計有八條，第二條則曰：

『生員立志當學爲忠臣清官』。

但在消極方面，還要防止學生的反動，於是在臥牌第八條又規定這樣幾句：

『生員不許糾黨多人立盟結社，把持官府，武斷鄉曲；所作文字不許妄行刊刻，違者聽提調官治罪』。

這是多麼周密的防閑。到了康熙時，中原完全征服以後，乃施行一種柔化政策，又頒下聖諭十六條於各學校，無非提倡忠孝節義，教天下學子以敦本勵行的一番教訓。（見後第三節）這十六條聖諭，到雍正即位時，又特別申述了一道，謂之聖諭廣訓。這一部書，從此以後，就成了清朝的聖經，教育上訓練的標準，全國臣民思想的重心了。每逢歲科考試，學政必令生員敬謹默寫一道，看你們熟讀了沒有。每逢令節或其他機會，地方官吏必要對着軍民人等敬謹宣講一次，看你們遵守了沒有。（註二）這種強制的教育政策，與回教祖『左手捧經，右手拿刀』的辦法，毫無二樣，但是柔弱的漢族被他們這種教育政策已征服得不少了。

此期的學校，在中央有國子監，有宗學，有旗學。國子監一方爲國家最高的學校行政機關，一方爲大學生讀書的地方。宗學又分宗學及覺羅學二種，清廷貴冑學校以這爲最高。旗學一類的學校種類很多，有設在中央的，有設在滿、蒙等處的，內中大小繁簡也不一致，大致爲滿、蒙八旗及漢軍八旗子弟讀書的機關。以上宗學及旗學二類成一特殊系統，多不屬於國子監管轄。在地方學校分二級：第一級爲府學及直隸州學，第二級爲州學及衛學。但此不過就地方行政來分級，而學校本身全屬於中等性質，各不相屬，直接受本省的學政管轄，間接受中央的國子監管轄。此外還有地方的義學、社學及小學，有時開辦，有時停辦，毫沒定規，等於具文。

書院制度較明代稍覺普遍，且一律由政府接辦，由政府監督，差不多等於地方大學性質。此制起於五季之亂，歷八百多年至此而漸改形色了。科舉是清廷牢籠漢人的唯一妙計，完全因襲明朝的辦法，且較前代提倡尤力，社會人士趨向尤重，其弊害也較大。關於教育行政機關，明、清兩朝差不多完全相同。在中央，主管學校的爲國子監，主管科舉的爲禮部。在地方，每省設一提學道，以提學使主持之。不過到雍正以後，地方制度殊有變更，卽裁撤提學道，改提學使爲提督學政，其性質在各省爲客體，三年一任期，其地位與督撫對敵，較從前提學使的地位崇高多了。

（註一）（大清文獻通考學校攷宗學）順治十一年諭宗人府：朕思習漢書入漢俗，漸忘我滿清舊制。前准宗人府禮部所請，設立宗學，令宗人子弟讀書其內，因派員教習滿語。其原習漢語，各聽其便，今思既習滿語，卽可將繙譯各項漢書觀玩，著永停其習漢字諸書。

又（選舉考二）康熙二十八年，奉諭旨：滿洲以騎射爲本，原不礙讀書，考試舉人進士亦令騎射，倘將不堪者取中，監箭官及中式人一併從重治罪。旋經奏准，奉天八旗考試亦如之。

（註二）（學部奏咨輯要奏編國文必讀課本分別試行摺）伏維我聖祖仁皇帝御製聖諭十六條，我世宗憲皇帝御製聖諭廣訓，先後頒行天下，凡士子歲科試敬謹默寫，著在令甲，久經遵行，而地方官吏敬謹宣講，以曉軍民，亦復垂爲故事。

第二節　國子監

國子監本是掌管全國學校的最高行政機關，可又是直接辦理大學的教育機關，以國立中央大學而兼教育部，明、清兩代大致相同。清代國子監自順治皇帝建都北京的第一年，卽行成立，本節專就大學的性質來說，把他的內容分段敘述於下。

一　入學資格及手續　本學學生的資格全由地方各學學生考選進來。考選時，分貢生及監生二類，而貢生又分拔、副、優、歲、恩五貢。拔貢生每十二年考選一次，凡各學生員於歲科考試時，得過了兩次優等，而又文行兼優者，方有被選的資格。歲貢生大約每年選送一次，以各學廩膳生員食餼年久的，依次送補。恩貢生沒有一定的歲期，凡國家遇着慶典吉事，特發恩旨，即以本年的歲貢作爲恩貢生，貢入太學。優貢生亦無定期，或三年舉選一次，或五年一次，凡廩增二等生員於歲科考試得了最優等者，即可送到太學，謂之優貢生。以上四貢，全限於府、州、縣學生員，初選由各直省學政舉辦；取中後，造册送到中央禮部，經過覆試，果所選不濫，纔送到國子監，爲太學生。副貢生每三年舉選一次，不經學政的手續，凡鄉試取得副榜的人員，即貢送到國子監。不過這一等人被送到中央以後還須經禮部覆試一次，優者派官，次優者送學，這一點是與拔貢生相同的。監生又名優監生，與優貢生所經的手續完全相同，不過在原學資格爲廩增上等者准作貢生，稱爲優貢生，在原學資格係附學及附生二等者，准作監生，稱爲優監生。太學生的資格除五貢一監外，另有功貢生、廕監生、及准貢生、准監生四種。凡地方各等人民有從軍得過功績的，他們的子弟不論學業，即可升入太學，謂之功貢生。凡家庭先輩有勳勞於國家的，子孫不必有生員的資格，按特例准作監生，謂之廕監生。至於准貢及准監二種，更無生員的資格，乃係用金錢買得來的，謂之納粟貢、監。凡廕監、准貢及准監等生，其目的只在取得太學生的資格，可以直接應鄉試，不必進到太學裏面讀書的。

二　名額　太學生總計人數若干，清代典章沒有顯明的規定，只有大清會典國子監一欄裏面：

「在學肄業者百五十六人，在外肄業赴學考課者百二十八」。這樣一句話。由這一句話，勿論在學或在外，合計尚不到三百名，但我們不相信本期的太學生竟少到這步田地。我們再查學校一欄內，有這樣詳細的說明：除京師及盛京二處的八旗貢生特殊規定外，只就直省統計。全國十八直省合計一百八十四府，六十四州，十六廳，一百五十屬州，十屬廳，一千三百零一個屬縣。拔貢生每府學選一人，每州縣學各選一人，再以十二平均，除去一二等直接派官外，常年在校學生至少有一百名。歲貢生每府學選一人，每州學三歲選二人，縣學二歲選一人，平均起來，至少有六百五十名。副貢、優貢及優監雖無定額，合計至少有一百五十名。至於八旗貢、監及順天府各縣學所選的貢、監，合計不下十名。總計起來，常年在學學生至少應有九百名，而國子監所說的數目何以三百人尚且不足？或者清朝政府原視學校爲具文，不過照例設此一機關發給學位，以籠絡希求榮名的讀書分子罷了。若拿此數目以與明代比較，實在相差懸遠，由此可以觀察兩代學校教育之趨勢。

三　編制及課程　太學編制分爲六堂，卽率性、修道、誠心、正義、崇志及廣業。每堂設助教一人，學正一人，擔任教課事宜。此係完全抄於明朝的，但辦法尚不及以前的詳備。至於課程，則倣宋朝安定的辦法，分經義及治事二科。經義科以御纂經說爲主要教材，兼教諸家的學術。治事科教兵刑、天官、河渠、樂律一類的材料。每生各習一項，務求綜斷其源流，詳論其得失。修業期限，分坐監實際的日數，與共計修學日數。坐監實際的日數以各生原來資格的高下定爲短長，例如恩貢生須坐監六個月，歲貢生坐監八個月，選拔貢生內如係廩膳生者坐監十四個月，如係增附生者坐監十六個月，其他等級尚多。合計實際坐監及在外日數大約以積滿三十六個月爲畢業期間。但貢生積滿了十四個月，監生積滿了二十四個月，如有願就儒學的教職及州縣的佐貳者，准由監移送吏部，分班考選。在監修滿三十六個月以後大概經一番畢業試驗，取中前列的，即時保薦錄用，次等的册送移吏候補。如未曾修滿三十六個月，而又不願就教職的，遇了鄉試之年，可隨同舉人在順天府應鄉試。

四　教授及考課　在太學直接擔任教課的，有博士、助教、學正、學錄等教官。有講書、覆書、上書、覆背諸課，內容不外四書、五經、性理及通鑑等書，每月舉行三次。祭酒司業則於每月朔望兩日舉行釋奠以後，則各升堂講經一次。平日則由助教、學正、學錄課以制義——八股文及策論。除此以外，凡監生每日務必練習楷書六百字以上，且須端楷有體。

考課分月考與季考；月考一月舉行一次，由司業主試；季考三月舉行一次，由祭酒主試。凡月考列在一等者給與成績一分，列在二等者給與半分，以下無分。但如有『五經兼貫，全史精熟，或善摹鍾、王諸帖』者，雖作文不及格，亦准給予一分。在一年之內，積滿八分者爲及格，但名數每年不得過十八。及格以後，由監按照原有資格分別咨送吏部，在吏部歷滿考職後，按照成績分別補用。在一年之內，如積分不及格而願留監再學者，得聽其自便。

五　管理及待遇　滿清政府對於學生管理極嚴，與明朝相同。在順治初年，即頒發國子監的規制十八條，除考課教授及修學期限已述於上外，對於謁廟典禮及師生相見典禮也有規定，對於給假及防止學生越軌行動也有規定。茲扼要抄錄數條如下：

（一）祭酒司業職在總理監務，嚴立規矩，表率屬員，模範後進。

（一）監丞職在繩愆，凡教官怠於師訓，監生有戾規矩，並課業不精，悉從糾舉懲治。

（一）博士、助教、學正、學錄職在教誨，務須嚴立課程，用心講解，如或怠惰致監生有戾學規者，堂上官舉覺罰治。

（一）監生入監後，遇有省親、定婚及同居伯、叔、兄長喪而無子者，許告假歸里，立限給以假票，違限遲曠，本監行文提取計日倍罰。

（一）監生有不守監規，及挾制師長，出入衙門，包攬錢糧等事，按律治罪。

滿清國子監卽明朝國子監的舊所，原有號房五百二十一間，凡監生均可在監寄宿，凡膳食、文具均由政府供給，亦與明朝大致相同，但待士之優厚與明廷比較相差很多。

第三節　地方學校

一　學校類別

滿清帝國直轄的領土，包括中國本部、滿洲全部、內外蒙古，及青海、新疆、西藏等地，比較明代差不多大了一倍。地方行政區劃也分兩類：我們以中國本部及滿洲一部分爲第一類，以其他的地方爲第二類。第一類的行政分爲參互的四級：最高級爲直省，省以下爲道，道以下爲府及直隸州，府及直隸州以下爲屬州及屬縣。但學校區劃只有下層的二級，而省與道二級則不設學校，在府稱府學，在州稱州學，在縣稱縣學，總名曰「儒學」。此二級三類的儒學，不相統屬，其性質與近代中等學校相似。在省道之下還有特殊地方，取名直隸廳及屬廳二級的，所立儒學與州縣學相等。第二類的行政分爲若干部落，每一部落統轄若干旗，多半爲滿、蒙、回、藏等民族住地，學校教育尙屬幼稚，我們本節所述的大概完全關於第一類。此外另有兩京——京師與盛京及兩直府——順天府與奉天府所屬的屬縣，亦設有儒學，與第一類情形相同。滿清盛時有府一百八十四，有直隸州六十四，有直隸廳十六，有屬州一百五十，有屬廳十，有屬縣一千三百零一，每一治地設儒學一所，統計共有儒學一千七百二十五所，比較明代不相上下。但省會地方雖不設學，確有書院，到中葉以後，道亦設書院，於是書院遍天下，而儒學反寂然不足輕重了。

二　名額及資格　各學學生資格別爲三等，初次考進去的曰附學生員，進學以後由附生補爲增廣生員，再由增生補爲廩膳生員。士子未曾進學以前，稱爲童生。每次錄取生員的名數，隨各地情形不等，但每次皆有定額。京師地方，滿、蒙二族共定爲六十名，漢軍三十名。盛京地方，滿、蒙二族共定爲十一名，漢軍八名。直隸省的順天府所屬大興、宛平二縣縣學，均定爲二十五名。直隸省的其餘各府府學定額二十三名，大州州學及大縣縣學與府學名額相同。其次州次縣的儒學又分三等：大學十八名，中學十五名，小學十名。江南、浙江二省的府學均定額二十五名，大州大縣名額相同。其次州次縣的儒學亦分三等：大學二十名，中學十六名，小學十二名。其餘各直省所屬府學及大州州學大縣縣學，均定額二十名，其次州次縣亦分三等：大學十五名，中學十二名，小學八名。全國有儒學一千七百二十五所，每所平均十六名，合計有生員二萬七千六百名，加上兩京學生一百零九名，總計全國地方生員約有二萬七千七百名之譜，以與明代比較差不多短少二倍。至於廩增二等生員的名額也有規定：京師地方滿、蒙二族共爲六十名，漢軍三十名；盛京地方，滿、蒙二族共六名，漢軍三名；各直省府學定額四十名，州學三十名，縣學二十名。衛學十名。以上定額，凡廩增二等人數相同。此外各府州縣另有武學生員，附屬於儒學內，仍由學政監管，名額不定。

三 入學手續 凡童生入學，經過三次考試：初次由本州或本縣的長官考錄，册送到上轄之府或直隸州；再由府或直隸州的長官考錄，册送到本省學政；最後由學政於歲科二試時考錄優秀若干名，送入儒學，謂之附學生員。這是就各直省所屬說的，至於兩京的滿、蒙二族及漢軍各旗，則由本旗佐領考錄，册送到學政覆試；順天府所屬大興、宛平二縣，由知縣考錄，册送知府，轉送學政覆試。由學政考取以後，纔有入學的資格，俗呼『秀才』。這一次歲科俗名『小試』，等於現今之入學試驗。關於童生入學試驗的內容，頭場考試書藝二道，二場考試書藝一道及論一道。論題以孝經或小學爲範圍，書藝即八股文。但考取滿洲生員，則以騎射爲主，意在保持他們固有的國俗。

四 教材及考課 地方儒學所規定教材，據大清會典所載：爲『御纂經解性理、詩、古文辭及校訂十三經、二十二史、三通等書』。據皇朝文獻通考所載：爲『四子書、五經、性理大全、資治通鑑綱目、大學衍義、歷代名臣奏議、文章正宗等書』。前者係大部書，後者係小部書，總之不外儒家學術、宋明學說一系的材料。這些書，由政府頒行於各直省儒學，並許書賈刻板流行。『若非聖賢之書，一家之言，不立於學官者，士子不得誦習』。大清通典 至於淫詞小說，他們認爲有傷風化，不但不准士子誦習，即坊肆刊行或民間流藏，也須一律查禁。諸生自初次取中以後，雖名曰入學，實際不留學肄業，不過於相當時期應應考課就是了。此項考課，分二種：一爲歲考，一年一舉行；一爲科考，間歲一舉行，皆由中央所委派之學政主試。歲考的內容爲書藝二道，經藝一道，若在冬日則減試書藝一道。科考的內容，爲書藝經藝及時務策各一道。歲考等於現今學年考試，試卷分爲若干等級，列入優等的則有獎賞，如附生補增生，增生補廩生，列入劣等的則依次遞降。最優的或入學食廩最久的，則升入中央太學，如拔貢、優貢之類。科考等於現今畢業考試，試卷亦分若干等，列入優等的則許以應鄉試的資格，但科考也有分等給獎的。至試卷的內容，字須正楷，文須模倣聖賢的語氣，如代古人說話一樣，理解要清晰，格律要雅正，否則不取。

五 待遇及升格 清朝對於學生的待遇，比較明朝相差得多，除升格以外，只有補給廩膳一種。至於地方儒學生員的升格，也是仿照明朝的辦法，但又複雜一點。綜計升格有三條路：一是住書院，二是貢成均，三是應鄉試。貢成均即升入中央太學，又別爲五類，茲先列表於下，再加以說明。凡府州縣三學統稱儒學，爲國家教育的最低級，亦

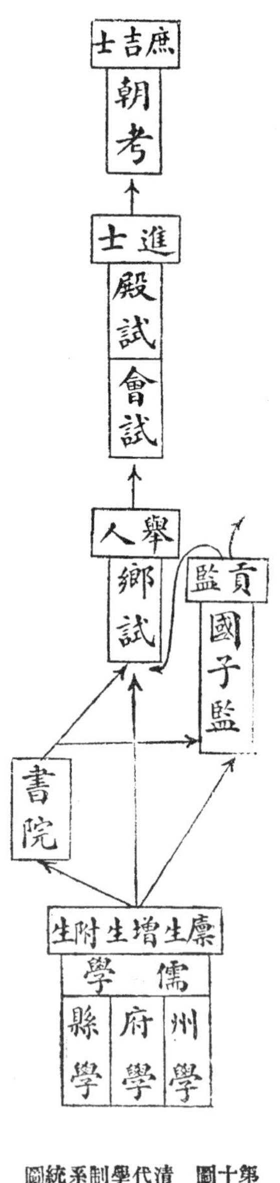

第十圖 清代學制系統圖

爲最基本的一級。由此出身，可以住書院，可以升太學，可以應鄉試。書院不算一級，等於一種補習學校性質，所以沒有學位，其升太學或應鄉試，與儒學同。國子監雖屬大學性質，須有儒學生員優等資格方能應選，但遇鄉試之年仍

與儒學生員一律應鄉試。惟由鄉試到會試而殿試，得選後，其資格纔最高。除書院外，每一級一系，皆賞給學位，以資獎勵。但此數種並非一條直系，乃各自成系統，不過自國子監及書院以下，皆屬學校性質，自鄉試以上纔是科舉性質。

六　學規　滿清政府對於漢族的教育，以養成『忠臣清官』爲宗旨，前已敘述過了。他們對於地方儒學的學規，亦不外乎這一意義。茲將雍正九年所頒的臥牌及康熙三十九年所頒的聖諭十六條，抄寫在下面：

（一）臥牌文八條　（1）生員之家，父母賢智者子當受教，父母愚魯或有爲非者，子既讀書明理，當再三懇告，使父母不陷於危亡。（2）生員立志當學爲忠臣清官。（3）生員居心忠厚正直，讀書方有實用，出仕必作良吏。（4）生員不可干求官長，交結勢要，希圖進身。（5）生員當愛身忍性，凡有司官衙門，不可輕入。（6）爲學當尊敬先生，若講說皆須誠心聽受。如有未明，從容再問，毋妄行辨難。爲師亦當盡心教訓，勿致怠忽。（7）軍民一切利病，不許生員上書陳言，如有一言建白，以違制論。（8）生員不許糾黨多人，立盟結社，把持官府，武斷鄉曲，所作文字不許妄行刊刻，違者聽提調官治罪。

（二）聖諭十六條　（1）敦孝弟以重人倫，（2）篤宗族以昭雍睦，（3）和鄉黨以息爭訟，（4）重農桑以足衣食，（5）尙節儉以惜財用，（6）隆學校以端士習，（7）黜異端以崇正學，（8）講法律以儆愚頑，（9）明禮讓以厚風俗，（10）務本業以定民志，（11）訓子弟以禁非爲，（12）息誣告以全良善，（13）戒窩逃以免株連，（14）完錢糧以省催科，（15）聯保甲以弭盜賊，（16）解讎忿以重生命。

第四節　其他學校

除以上中央國子監及地方各儒學外，還有學校三類：一爲宗學，二爲旗學，三爲各種特殊學校。內中辦法，爲清廷的特異，茲略一說明於下。

一　宗學　此類學校一望而知其爲宗室貴族子弟讀書的地方。但清室皇族姓覺羅氏，於宗學外還有覺羅學，乃貴族中之貴族者。此兩學之內容爲：

（1）宗學　此學開辦於順治九年，到雍正二年始有較詳的學制。凡王、貝勒、貝子、公、將軍及閑散宗室子弟，如年齡在十歲以上十八歲以下，皆可送進去讀書。但如年齡已超過十八歲而平日已經讀過了書的貴族子弟，亦有入學的資格。校址在京師左右兩翼官房，每翼立一滿學，一漢學，共有宗學四所。每學派王公一人爲總管，其下設正教長一人，教長八人，皆以宗室中行尊年長者充當。再下設教習若干人，直接擔任教課事宜。課程分三科：一爲清書，每學有清書教習二人，二爲漢書，每學十人有漢書教習一人；三爲騎射，每學設騎射教習二人。考課分月考與季考兩種：月考每月舉行一次，分別等第申報註册；季考於春秋二季由宗人府來人親與主試。每月所用文具及冬夏冰炭等物均由學校供給。修學以三年爲期，期滿及格，分別引見皇帝錄用。此學屬於宗人府，一切奬懲大權均由該府執行。

（2）覺羅學　當初只有宗學，皇族子孫一律與其他宗室子孫同入一學。到後來，他們以皇族子孫逐年增加，勢難兼容，乃於雍正七年於宗學外又創辦一種專為皇族子孫讀書的覺羅學。入學年齡與宗學大致相同，課程亦分清書、漢書及騎射三科。每旗設滿、漢學各一所，每學設統管一人，由王公充當，副管二人由覺羅中的老成練達品行端方者充當。其下設清書教習一人，騎射教習一人，漢書教習每學學生十人設一人。待遇與宗學同。此學初僅設在京師地方，到乾隆二年於盛京地方也設立起來了。

二　旗學　旗學即八旗學校，名目很多，有八旗官學、八旗義學、景山官學、咸安宮官學、盛京官學、黑龍江官學、八旗蒙古唐古特官學等等。內中辦法很簡單，彼此相差不多，我們只舉出二三種說說就够了。

（1）八旗官學　京師八旗分為四處，每處設官學一所，專教親貴以外的八旗子弟。創辦於順治元年，到康熙時纔規定生員名額，滿州、蒙古各四十名，漢軍生員由四十名減為二十名。（按此學名額係根據皇朝文獻通考所載與大清會典頗有出入）課程與宗學大致相同，不過此學屬國子監管轄，故每十日須赴監考課一次。春秋二季特重騎射，每五日演習一次。雍正二年，於本學外又添設八旗蒙古官學，每旗設立一所，專教蒙古語言。

（2）八旗學堂　本學近於半官立性質，似為八旗貧苦子弟讀書之所。八旗分左右兩翼，每翼各於公所內設立學堂二所，一漢學，一滿學。漢學設漢書教習二員，滿學設滿書教習二員，聽八旗貧苦子弟的志願自由選入。

（3）八旗義學景山學咸安宮學　此等學校的辦法，與宗學大致相同。內中設滿、漢教習若干人，以進士舉人及恩拔副貢生充當。修業期限定為三年，期滿得分別錄用。

三　算法館及鄂羅斯學館　此處所謂特殊，係與當時一般學校內容的特殊，不是近代所謂的特殊學校。茲舉算法館及鄂羅斯學二種爲例：

（1）算法館　這是清代研究自然科學的唯一學校，隸屬於國子監。但內容簡單，僅設漢助教一人，專司教課，學生名額沒有明文規定，可以想見當時人們對於科學的興趣。

（2）鄂羅斯學館　此學也隸國子監，專教鄂羅斯子弟的。內容也極簡單，只設滿、漢助教各一人，分任教課。清代國外派遣學生來國留學的，據典章所載只有琉球一國，至於安南、朝鮮與中國差不多同文同種，子弟來學是一件普通事，所以未曾特書。至於特爲鄂羅斯設立一學，專教他們的子弟，則清初中、俄關係之密，可以想見。

第五節　書院

書院之在清代初年，並不注重，到中葉以後，纔逐漸趨重起來。不過本期的書院性質，與以前不同：在宋、元、明三代，書院多由名儒學者私人設立，政府不過從旁加以獎勵與維持；在清代，則成爲完全官立的教育機關。我們只看乾隆元年所詔各省整飭書院的一段話，便可以知道牠的性質：

「書院之制所以導進人才，廣學校所不及。我世宗憲皇帝命設之省會，發帑金以資膏火，恩意至渥也。古者鄉學之秀始升於國，然其時諸侯之國皆有學。今府、州、縣學並建，而無遞升之法，國子監雖設於京，而道里遼遠，四方之士不能胥會，則書院卽古侯國之學也」。

由這一段話看來，當時書院似相當於省立高等學校或大學，爲本省各儒學生員升學的機關。其實不然。因爲書院不給學位，住過了書院的生員與沒有住過的生員同樣可以應鄉試，同樣可以貢成均，我以爲不過是一種補習機關。但當初一省只有一所，設立在省會，到後來書院遍設於全國，一省往往有數所之多，於是有省書院及道書院等名目。內中所聘教習，皆地方名儒碩學；平日有官課，有私課，辦理較爲認眞，成績亦日著。於是各府、州、縣學學生皆願進書院讀書，書院變成教育士子的學校，而原有之儒學則名存實亡，僅爲春秋二季祀孔時一個釋奠習禮之地了。

第六節　科舉

一　緒言　清代科舉以國家情形複雜，故科名也較明代複雜。我們可別爲三類：第一爲特科，第二爲常科，第三爲繙譯科。特科如山林隱逸科、博學鴻詞科及經濟特科，大半在網羅明末遺老以消滅他們恢復故國的思想所特設的。此類不限一定的程式，亦沒有定期，舉行的次數也很少。繙譯科竟在提倡滿洲、蒙古文字，藉以保存他們的國俗，這是滿洲統治階級所特有的，其程式確與常科同，但只限於特別情形。清代科舉所最重要而最普通的，仍是常科一類。此類又分文科、武科兩種，所以表示文武並重。（註一）但在事實上還是右文左武，也是積習使然，到末了武科更屬無用，所以取消時較文科爲早。茲先敍常科，後敍繙譯科，特科從略。

（註一）（皇朝通志卷七十二）國家選舉人材共襄治理，文武允宜並用，今科中式武舉應照文進士例，一體殿試，朕將親行閱視。

二　常科之手續　清代常科手續差不多與明代完全相同。考試時也是分三步：第一曰鄉試，舉行於順天府及各直省；第二曰會試，舉行於京師；第三曰殿試，舉行於天子殿廷。三年舉行一次，舉行的年月，應試者的資格，及獎給中式的學位，與明代初無二樣。殿試放榜以後，還是有朝考考選庶吉士，及入館讀書，也是一樣。不過有兩點與明代不同的：（１）明代鄉試有『充場儒生』一例，清代則非儒學生員不能應試。（２）國子監的貢、監生在明代地位較高，可以直接應會試，但在清朝只能與生員一律應鄉試了而後應會試。

三　常科之內容　鄉、會兩試一律分爲三場。每場考試的內容，不僅順治與乾隆兩時不同，卽皇朝通典、通考及大清會要三書所載亦有不同。我們若是根據會要所載，則鄉會試第一場試書藝三道，論一道，第二場試經藝四道，五言八韻排律一首，第三場試時務策一道。舉子平日可以自由選修，各占一經，考試經藝則按照本經出題。對於解經的標準，四書以朱子集註，易經以程、朱二傳，詩經以朱子集傳，書經以蔡氏傳，春秋以胡氏傳，禮記以陳澔集說爲主。由這一點看來，可知清廷教育完全以宋儒學說——尤其以程、朱學說爲標準。鄉會試試驗律詩，始於乾隆二十年。按順治年間的規定，鄉會試第二場有判五道，詔誥表內科一道，沒有律詩，——這是清代科舉的一小小變更。殿試時由天子御製策問，令貢士條舉以對，試目較爲簡單。總之凡三試，關於經書文以雅正爲佳，關於詩的作品以清華爲尙，關於策對以切實爲主。

武科鄉、會試的年月，與文科完全一致——鄉試定於子午卯酉年，會試定於辰戌丑未年。不過考試的內容大有不同：分術科與學科兩類，尤以術科爲主，第一、第二場考試術科，第三場考試學科。第一場術科試騎射，第二場試步射。學科試論二道，試策一道。論題一道以論語、孟子爲範圍，一道以孫子、吳子及司馬法爲範圍。

四　繙譯科　清廷除常科外，對於八旗滿、蒙子弟另有一種鼓勵的法子：卽如能將漢文譯成滿文或蒙古文者，一律給以秀才、舉人及進士等名號，與常科同。我們無以取名，因名曰繙譯科。每三年之內，考取秀才二次，舉人一次，進士一次。考試繙譯秀才的內容，滿洲人初試馬步箭，正式試驗則譯四書直解三百字爲滿文；蒙古人不試術科，只將清字日講四書限三百字，譯成蒙文。繙譯滿文的鄉會試仍分三場：第一場將四書釋義、易經解義、性理精義、孝經衍義、大學衍義、古文淵鑑、資治綱目等書限二百字內出題三道，譯成滿文；二場由漢主考官或判論或表策自擬二篇令舉子繙譯；三場繙譯於入場後，取現到通本一道爲題。但開始照例必考試馬步箭，方准入場。繙譯蒙古文的鄉會試較爲簡單，第一題繙譯清字日講四書三百字，第二題繙譯清字奏疏一道。總之滿洲繙譯科是譯漢文爲滿文，蒙古繙譯科是譯滿文爲蒙文。兩科鄉會試均合爲一闈，一在東文場考試，一在西文場考試，而出榜時也是一榜張掛。此繙譯科只是滿清政府的一種特殊科舉，其內容仍不脫離宋儒學術以外，則知清廷之推崇程、朱已由手段而變爲目的了。

第七節　結論

清代教育以科舉爲重，全國知識分子——勿論士族的或庶民的——莫不趨向於科舉一途，地方儒學不過爲『科舉入門』——取得應科舉的資格罷了，可說是科舉的初步。儒學既等於具文，平日不負實際教育的責在，那末在未入學以前的一段教育怎樣辦呢？這一段教育完全由民間自由處理，政府毫不過問。所謂由民間自由處理，卽是由有子弟的父兄自由選擇良師，教育他們的子弟，名曰『私館』。富貴之家，私館卽設在他們的家庭裏面，一家聘請一教師貧寒之家，則聯合一村或數村開設一私館，聘請教師來教，或由教師自開私館，令附近子弟自由來學。此項私館分兩級：低級是專教兒童的，又名『私塾』；高級是專教成人的，又名『經館』。私塾中的課程分讀書及習字二類：讀書以三字經、千字文及四書等書爲教材，而以三字經爲最初入門人人必讀的一本書，若是女生，則讀女兒經。兒童年齡稍大一點，或將以上各書都讀過了，預備將來加入士族階級，則加讀五經及千家詩，不預備加入士族階級，只求爲一稍識字的庶民，則加讀幼學及各種實用雜字。習字最先寫『上大人』，其次寫『六十花甲』或『五言絕句』，其次則寫『百家姓』。兒童初入私塾，由教師用硃筆開一紅影本，教兒童執筆在上塡黑，迨後則用墨筆開黑影本，令他們以白紙蒙上，照樣寫就。教法只有課讀與背讀兩樣，講解時很少。每日上午讀書一次，下午讀書一次，中午時每日寫字紙一張。此項私塾的兒童，多半走讀，寄宿的很少。其師資不過地方粗識字義的自由農民，還沒有走上士族階級一途，只藉此爲生活而已。修學的長短，隨兒童家長的志願，教師沒有限制的權利。在一年之內，分三個學期，或五個學期，放假大概在淸明、端陽、重陽等節氣前後。至於經館，則地位大不同了。師資至少在秀才以上，或地方的碩學經師，差不多他們都是已經列入士族階級了的知識分子或豪紳。學生則由兒童而入於成人時期，年齡有至三十歲以上不等，他們入館讀學大概是預備將來投考儒學，從事科舉的，或投考失敗而再來補習的。內中課程分讀書、講書兩類：如五經、古文觀止及選印墨卷等書，皆須讀熟成誦的；如四書味根錄、五經合纂大成、御批通鑑輯覽及其他詩文，是由教師講解的。他們沒有習字，以作文代習字，作文不外練習『制義』，卽八股。作文的時間，大概每月六篇，每逢三七日須作文一篇，但亦不定。此項經館學生，少則七八名，多至二三十名，他們都是成年人，他們皆是將來的士族階級，而經師已爲士族階級了，所以他們在社會上很有一點勢力。經館在一地方，形成了一個土豪劣紳的集團，他們除了讀書之外，卽實演其豪紳的行爲——包攬詞訟，欺壓民衆，一切作奸犯科的事情，他們都作得出來，所以某地有了經館，不是該地方的幸福，實是該地方的災害。經館的修業無限期，聽學生自由出入，或三年五年，甚至一年半載，也可以走的。在一年之內，分三個學期，或兩個學期，大概隨各地方習慣去定。以上種種情形，卻不限於清朝一代，我想自有科舉以來，卽有同樣的罪惡，不過以前史書記載缺乏，而清代尚可從故老口中探求出來。國家實際上所負的教育責任，只有書院一種，清代書院的性質，卽等於前代學校的性質。國子監初雖規定坐監月數，到後來也只是具文。

本章參考書舉要

（1）大清會典

（2）大清通禮

（3）皇朝通典

（4）皇朝文獻通考

第三十八章　清代教育家及其學說（一）

第一節　概論

本章所舉教育家五人，除陸稼書一人完全爲清代學者外，其餘都沒有臣服過清廷，可以說是明末的遺民。但他們皆是性理學派，他們的學說影響於清初的力量較大，又皆及見清廷第二代帝王康熙大帝而後死，所以我們敍述清代的教育家，以他們五人爲首。此五人中，又可分着兩派：孫夏峰與李二曲二人，是折衷於朱、王兩家之間的，他們的學說含着明末思想的成分很豐富，所以排在最先；張楊園、陸桴亭及陸稼書三人是反對陽明崇拜程、朱的，到了稼書反王尊朱的旗幟尤爲鮮明，已經在攻擊明學以回復宋學之舊了，所以排在次首。至於這班人的教育主張之特點：（1）一律提倡實學，要從人倫日用上切實做工夫，不尙空談，不主浮誇。（2）多半注意到兒童教育，以兒童教育爲成人教育的基礎，要成就一個良好人材及培養良好風俗，務必自教育兒童始。（3）對於教法及讀書法，也有相當的注意。（4）尤其是桴亭對於小學教育與大學教育的理論及讀書的主張，處處有價值，足以打破歷來學者抄襲陳舊的煩悶，令吾人讀了耳目一新，——足爲本章的特色。其餘關於教育宗旨及性論等項，所論不多，亦極平常，不過因襲前人的說話而已。

第二節　孫夏峰(1584——1675)

一　生活小史　孫氏生於明萬曆十二年，死於清康熙十四年，享有九十二歲的高齡。假使他在六十一歲時便死，那完全爲明朝的人物，乃鼎革以後又活了三十一歲。他的思想是融和考亭與姚江爲一的，且近於甘泉一派，恰是明末思想界的產品，不過他的教育生活影響於清朝初年很大，凡清初的北方學者，差不多大半受其洗禮，我們援江漢之例，所以列入清初教育家第一人。

孫氏名奇逢，字啓泰，號鍾元，是河北容城縣人。燕、趙地勢高亢，往往產生慷慨悲歌之士，先生少年尙節義，喜任俠，或亦北方之強者。他的祖父兩代皆取得科名，列入士族階級；他有昆仲四人，兩兄一弟皆爲邑庠生，己則於十七歲時領得鄉薦。他們雖不很闊綽，總算是容城裏較大的士紳家族，因此得與鹿伯順論交，得與左、魏諸公爲友，無形中受了他們忠義之氣的感化，所以能够成就他這一幅急公仗義的身手。當熹宗天啓五六年間，魏閹亂政，先生年已四十一歲，乃冒大危險，舉旛擊鼓，以營救左、魏諸公，義聲震於海內，那知後來折節爲理學，氣質一變而爲極和氣極平易的教育家了。其實先生自二十八歲以後，就開始研究理學，而氣質的變易則在四五十歲以後。初年篤守程、朱學說，迨後纔傾向陽明學，這個傾向也是受了鹿伯順的影響，因爲鹿氏是信仰陽明的。先生自四十歲以後，名聲早已雀起，明廷屢次請他出山任事，他總不肯出；到了清朝，也是屢請不出，綜計前後共徵十一次，而他終守清貧，作一個自甘淡泊的教育家，所以時人皆稱他爲「徵君」。

先生講學生活，自二十九歲起，到老死為止，綜計六十餘年。在京師講學二次：一自二十九歲至三十二歲，約五年；一自三十八歲至三十九歲，約二年。在易州雙峯及百樓間往來講學，共六年。自五十五歲至六十歲。到了晚年六十七歲時，慕蘇門百泉的勝景，又遷到夏峯，隱居講學了二十五年。除此以外，或在故里，或在江村，往來講學，約計二十餘年。雙峯地勢可以避盜賊，先生因明末盜賊蜂起，來此避亂，一方守禦，一方講習，自此門人反日益多了。（註一）夏峯在河南輝縣，有田廬數頃，是衞河使馬玉笋贈與的。先生晚年得此機遇，遂為終老之計，率子弟躬耕，而自己則講誦不倦，有親友來從遊時，他亦給田他們耕耘，不數年此地遂成一小小村鎮。清初理學家而兼名臣的湯潛菴，就是在此時從學於先生的，夏峯先生的稱號也是此故。『其持身務自刻砥，與人無町畦。有問學者，隨其高下淺深，必開以性之所近，使自立於庸行。上自公卿大夫，及野人牧豎，工商隸圉，武夫悍卒，壹以誠意接之，因此名在天下，而人無忌嫉者。山中花放，鄰村爭置酒相邀，咸知愛敬』。這是江元度編先生事略所稱先生的一段話，我們由此可以想見此老之為人及晚年的生活一般。至其求學的精神，到老不倦，且隨年齡而加進。嘗自述：『七十歲工夫較六十而密，八十工夫較七十而密，九十工夫較八十而密』，（本傳）氣魄之壯，確是超人一等。

二　教育要旨　夏峯教子家訓有這樣一句話：『古人讀書取科第，猶第二事，全為明道理做好人』。『明道理做好人』六個字，恐怕就是他的教育宗旨。好人是什麼樣的人？自低一層說，做到忠厚和平，循循規矩的士紳階級，便是好人。他們只讀他的孝友堂家規及教子家訓兩篇言論，卽可以看得出來。自高一層說，好人就是聖人，請看他在四書近指序上開首的一段話：

『或問學何爲也哉曰「學爲聖人而已」。曰：「聖人可學而能乎？」曰「可」。孟子曰：「乃所願，則學孔子也。」曰：「仲尼日月也，猶天不可階而升也烏能學？」曰「日在天之上，心在人之中，天與日月不可學，亦學吾之心而已。心以天地萬物爲體，欲在日用飲食之間，故曰不離日用常行內，直造先天未畫前。盡心知性以知天，而聖人之能事畢矣」』。

人心即天地之心，愚民與聖人莫不相同。不過聖人天理常存，能盡此心，愚民多半被物欲充塞，不能盡此心。假令吾人能够明得道理，就可以盡心知性；能够盡心知性，就可以知天，就可以與天通，就可以學到聖人。『故爲天地立心，爲生民立命者，聖賢之事也』。語錄

吾人雖渺小，而此身關係很重，『前有千古，以身爲承；後有千古，以身爲垂』。語錄 此身既然有這樣重的關係，所以教育爲必要。受了教育纔能擴大吾人之身，在空間能與天地萬物合爲一體，在時間能與上下古今聯爲一氣，做到第一等人，纔不愧天地父母生我一場。且退一步說，要扶持名教，有益於社會，也須教育造就一般好人。再一退步說，要回復個人的善性，矯正不好的習氣，也須借教育的力量。其實三種功用只是一種，把他在九十一歲時答門人的一段話來證明：『學問原是全體大用，一了百當之道，學者只從事於此一事，更無不盡，所謂一事者復性而已』。年譜

但教育雖爲必要，而兒童教育尤關重要，因爲吾人一生之爲好爲壞全在兒童時期所受的教育如何。且兒童初生，原來本好，因得不着好的教育，所以學壞了。他教誨他的孫子說：

『孩提知愛，稍長知敬，此性生之良也。知識開而習操其權，性失初矣。古人重蒙養正以愼所習，使不漓其性

耳。今日孺子轉盼便皆長成。此日蒙養不端，待習慣成性，始思補救，難矣』。(家訓)

『爾等未離孩提稍長之時，正在知愛知敬之日。爲兄者宜愛其弟，爲弟者爾愛其兄，大家和睦，敬聽師言，行走語笑，各循規矩。程明道謂灑掃應對皆精義入神之事，莫謂此等爲細事也。聖功全在蒙養，從來大儒都於童稚時定終身之品，爾等勉之！』(家訓)

關於教人的方法，孫氏採取兩種——誘掖與磨鍊。對於初學的人，施行誘掖法，『但據現在一念，多方接引，絕不苛求，如孔子成就互鄉童子，孟子引齊宣王』之類。對於學力較深的人，則施行磨鍊法，『通照其平時細加簡點，毫不假借，如孔子成就及門諸弟子，孟子謂樂正子徒哺餟』之類。(語錄)

三　修爲論　修爲論就是討論做人的工夫，也可以說是求學的工夫。夏峯對於這個工夫講論的很多，約之不外『隨時隨處體認天理』八個字。這八個字的表面雖與湛甘泉所舉相同，但闡發義蘊的地方，不盡相同。我們先將夏峯的原文引兩段出來，再加以解釋。他說：

『問學下手處？曰日用食息每舉一念，行一事，接一言，不可有違天理拂人情處，便是學問。隨時隨處體認此心此理，人生只有這一件，所謂必有事也』。(語錄)

『學人用功，莫侈言千古，遠談當世，喫緊處只要不虛當下一日。自子而亥，時雖不多，然事物之應酬，念慮之起滅，亦至變矣。能實實省察，有不處非道富貴之心，有不去非道貧賤之心，常常不放，則自朔而晦，而春而冬，自少而老，總此日之積也。一日用力而力足一日，一日不用力而心放矣。澄心靜觀，自子而亥，至者幾時，放者幾時，此際

戒愼之功，豈容他人着力』。語錄

由這兩段看來可謂發揮盡至了。所謂『隨時』就是當下一日，『隨處』就是眼前一着，『體認天理』就是切實省察自己的行爲，以求無違天理與拂人情之處。在當下一日的眼前一着，打點淸楚，不使有絲毫放肆，不使有絲毫不合於天理人情。但這種工夫，不是靜的觀察，是動的體認，是要從『日用食息』上面切實體驗出來。在日用食息上隨時隨處用力，終身行之而不懈，這纔是夏峰的修爲工夫。若是離開了日用食息，或是侈言千古，遠談當世，或是悠悠忽忽，空言一貫，皆與夏峰的意旨不合。這種工夫，尙實際不尙理想，重躬行不重口說。理想雖高，口說雖巧，而未曾躬行實踐過，就不是實在的學問，所成就的人材就非有用之材。『古人喫飯著衣，便是盡性至命，吾人談天論地，總非行己立身！』勵學文 這兩句話，便足以概括他的修爲主義。

（註一）（先正事略孫夏峯事略）時畿內盜賊數駭，先生率弟子門人入易州五公山，結茅雙峯，戚族相依者數百家，乃飭戎器糗糧，部署守禦。又以其暇賦詩習禮，絃歌聲相聞，盜賊屏跡，時以方田子春之在無終山焉。

第三節 李二曲（1627——？）

一 生活小史 李二曲名顒，字孚中，是明末的遺民，是淸初的大儒，是學兼朱、王的一位教育家。他以明天啓七年生於陝西盩厔縣，十六歲就死了父親，（父名從信，以壯武從軍爲材官，於崇禎十五年討賊殉難于河南襄城）家境貧寒，母子二人生活且難維持。是時二曲只粗解大義，以無力繳學費，從師數人皆被拒絕。賴有賢母彭氏親自教導，縱令日不舉火，也不令他失學，而他因此更加發憤，家中無錢買書，乃向人借書來讀，凡經、史、百家以至佛、老之書，無不觀閱，其結果竟成一代大儒。他的父親以忠君死難，他的母親以節義自守，且日以『忠孝節義』的話勉他，因此鑄成他的人格，天性至孝，感情極富，節義之概溢於面背，一生誓死不肯臣事清廷。自三十歲以後，他已從事於講學生活，在四十歲以前，他的學行業已響鳴於天下了。當時清廷爲康熙大帝，屢開特科，藉以羅網一般明末遺民，二曲亦在羅網之列。承宣大吏嘗以威嚇利誘的手段逼他就範，但他誓死不屈，卒能保持其初衷。康熙九年，他的學生駱鍾麟爲揚州守，乘他在襄城掘骸之便，請來常州講學，所以東南人士遂得仰見其風采，親聆其講說。每到一處，從游極衆，在常州一帶日夜講演了三個月，卒以思親心動，匆匆北返了。自此以後，足跡不大遠行，常築一堊室自居，自名『二曲堊室病夫』，所以學者稱他爲二曲先生。二曲死於何年，史書沒有明文可考，但看他於康熙二十七年在其父親忌日，猶率兩子設饌祭過了一次的，則他至少活了六十二歲。此六十多年的老翁，純粹是一個平民，講學生活至少有三十年之久，康熙大帝很欽佩他的學行，親贈以『關中大儒』四個大字，李氏可以當之而無愧。

二　靈原論　李氏論性也是遵守孟子的性善說，也是折衷程子的性兼氣質說，毫無新的貢獻，對於性與心的區別及關係，未嘗談及。不過在學髓裏面曾擬設了一個本性圖，且再三說明此圖之意義。大意是：人生最有價值的只是一點『靈原』，這一點東西是絕對的渾然一體的，又是純粹至善無一毫人欲之私的。『與天地合其德，與日月合其明』，與時間同其長久，吾人初生即具此靈原，吾人既死而牠依舊永存。當牠念頭未起時，極其精微，具有萬理，吾人一切感覺及能力皆由此發生。當牠念頭初起時，又極其危險，非常活動，所有善的、惡的、公的、私的，莫不由此顯現。念頭初起，合於天理便是善的念頭，起於人欲，便是惡的，但勿論念頭如何，吾人本來的一點靈原未嘗不善。本來既然是善的，何以能發生人欲之念而有惡的行爲呢？他答覆如下：

『天地之性，人爲貴。人也者，稟天地之氣以成身，即得天地之理以爲性。此性之量本與天地同其大，此性之靈本與日月合其明，本至善無惡，至粹無瑕。人多爲氣質所蔽，情欲所牽，習俗所囿，時勢所移，知誘於物，旋失厥初，漸剝漸蝕，遷流弗覺，以致卑鄙乖謬，甘心墮落於小人之歸。甚至雖具人形，而其所爲有不遠於禽獸者，此豈性之罪也哉』。（悔過自新說）

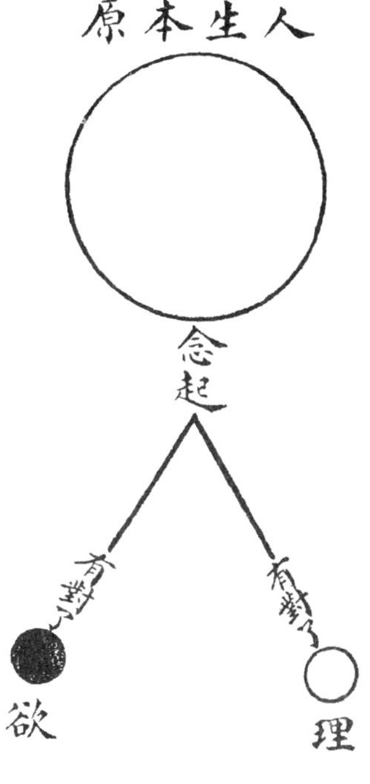

第十一圖　二曲本性圖

吾人所以發生惡念，其原因有二：一方由於先天的氣稟，一方由於後天的物誘。稟受之初，倘是氣質已偏了，再加以環境的引誘，引誘不已，因之成爲小人，因之近於禽獸。但結果雖然這樣壞，而其本來的一點靈原，仍然完存，未嘗絲毫損壞。譬之明鏡，外面雖蒙些塵垢，而光體未嘗不在，只要把一些塵垢洗剔乾淨，這個鏡子依然透明可照。由此看來，李氏以吾人本性只是一點靈原，純粹至善的，因『氣稟』與『物誘』的原故，纔有種種惡的行爲發生，而惡之形成不過起於最初之一念，所以這一念最是吃緊，教育的工夫就當在這一點上着力。

三　悔過自新與講學　『悔過自新』四個字，是李氏對於教育的意義之解釋。吾人本性如同明鏡，當其原始之初，意念未起之時，一塵不染瑩澈無瑕，而又能明照萬物，所以又名靈原。倘能永遠保持原狀，雖有意念而所起無不善，則他的行爲自然合於天理，也是一塵不染，瑩澈無瑕。只是聖人纔有這樣程度，至於一般人多半受了物誘的引誘，環境的習染，有了塵垢，有了瑕疵，就與原狀不相同了。這種塵垢或瑕疵，李氏謂之『過』。過悔而新自常，猶如垢去而明自見，所以教育的意義就是教人悔過以自新。但吾人的過失勿論大或小，全是起於一念之頃，一念不善，滋長起來，就爲害無窮，可以悔過的工夫須於『起心動念處』下手。他說：

『同志者苟留心此學，必須於起心初念處潛體密驗，苟有一念未純於理，卽是過，卽當悔而去之；苟有一念稍涉於懈，卽非新，卽當振而起之。若在未嘗學問之人，亦必且先檢身過，次檢心過，悔其前非，斷其後續，亦期至於無一念之不純，無一息之稍懈而後已』。（悔過自新說）

但過與善界在幾微，非至精至明不能剖析，吾人一向紛紜煩擾，如何能夠於動念初起處卽覺察而悔改之，所以悔過的初步還須一段靜坐的功夫。靜久則精神自能收斂，收斂時則心自明澈，可以察覺其隱微，可以主持其動念。在此念頭初起之頃，是善的，則用力存養，是惡的，則用力克去。存養善念固然是新，克去惡念而新亦自見。但悔過的初步雖須靜坐，卻不是空虛的，是要從日用常行中用力，不是高談的，是要從極淺極近處用力。（註一）於日用常行中極淺極近處澄心體察，切實改悔，『悔而又悔，以至於無過之可悔，新而又新，以至於日新之不已』。如此用力，繼續不已，到了最後，人欲全消，所發無非天理，功夫纔算成熟，教育纔是成功。到了此時，可以窮理盡性，以至於命，可以優入聖人之域。

關於教育宗旨李氏是主張培養『明體適用』的通儒的。明體而不適用，謂之腐儒；適用而不明體，謂之霸儒；既不明體又不適用，謂之異端；通儒是既明體而又能適用的。怎樣謂之明體適用？他說：

『窮理致知，反之於內，則識心悟性，實修實證；達之於外，則開物成務，康濟羣用，夫是之謂明體適用』。（盩厔答問）

換一句話，『明體』即是『窮理盡性』，『適用』就是『至於命』，能窮理盡性以至於命了，纔是明體適用，纔是有德有能的通儒，而功夫仍不外於『悔過自新』四字。關於明體所應讀的書，則『先觀象山、慈湖、陽明、白沙之書，闡明心性直指本初，以洞斯道之大源，然後取二程、朱子及康齋、敬軒、涇野、整菴之書玩索，以盡踐履之功』。（先正事略關於適用所應讀的書則有大學衍義、文獻通考、資治通鑑、綱目大全及農田水利等書，以為經國濟民之工具，由此亦可以知二曲之不偏於一家之說了。李氏一生以昌明聖學為己任，所以對於講學看得非常重要。『講學』二字也可以當做『教育』解釋，故他認為教育是很關重要的。他說：

『天下之大根本莫過於人心，天下之大肯綮莫過於提醒天下之人心。然欲醒人心惟在明學術，此在今日為匡學第一要務。洪水猛獸其為害也止於身，學術不明其為害也根於其心，非大有為之君子以擔當斯道，主持名教為己任，則學術何自而明，心害何自而極。天下之治亂由人心之邪正，人心之邪正由學術之明晦，學術之明晦由當事之好尚』。（匡時要務）

這一番沈痛的語句，不是明明以天下治亂的責任放在教育上面嗎？有了好的教育，纔有好的學術，有了好的學術，纔有好的人心，人心正了而天下自治。所以他又說：

『立人達人全在講學；移風易俗全在講學；撥亂反正，全在講學；旋乾轉坤，全在講學；爲上爲德，爲下爲民，莫不由此。此生人之命脈，宇宙之元氣，不可一日息焉者也』。（匡時要務）

四　反觀自省的教學法　二曲旣以悔過自新爲工夫，這種工夫須自己體驗，自己省察，方能辦到，所以他的教學法採用『反觀自省法』。病痛只有自己纔知道，知道自己的病痛之所在了，當下施以克治工夫，則病痛自去。非他人所能代辦，也無庸他人代辦。且各人所受的病痛也不一樣，有好聲色的，有好貨財的，或好名好高的，若教者施以同一藥方，這等於庸醫殺人，不如教以一個原則，令受病者各因病自治，比較可靠多了。關於這種教學法，他有一段說得很痛快：

『問入門下手之要可得聞乎？先生曰，我這裏論學本無定法，本無一定下手之要，惟要各自求入門自圖下手耳。……只要各人迴光返照，自覺各人受病之所在，知有某病卽思自醫某病，卽此便是入門，便是下手；若立一個入門下手之程，便不對症矣。』（兩庠彙語）

教育就是治病，病去了則身心纔能復原，纔能健全。苟所病不除，卽『終日講究祇成畫餅，談盡藥方仍舊是一個病夫』，所以他有這一番慨嘆。病要『自克自治自復其元』，教者不過略施提撕喚醒的力量，不是代人爲謀的，這種自發活動的教學頗有相當的價值。

李氏在關中書院講學很久，訂有會約，分講授規程及自修學程兩部，無妨節錄於下：

（一）講授規程　（1）每年四仲月會講一次。（2）開講以擊鼓爲號，退席以擊磬爲號，各擊三聲。（3）講前及講後各對孔子及先賢舉行四拜儀式。（4）座次以年齡爲序。（5）開講之初，須靜坐片響，把心志收斂了，然後申論。（6）講後如有懷疑，或肯於研究者，可到講者私寓問難。

（二）自修學程　（1）每日須早起。（2）每日默坐三次：早起一次，午飯後一次，夜晚就寢時一次，每次以焚香一炷爲限。（3）每日讀書亦分五節：早飯前讀經書，早飯後讀四書，午飯後讀大學衍義及衍義補，申酉之交如精神疲乏之時，則擇詩文之痛快醒發者從容朗讀，以振作精神，夜晚燈下閱資治通鑑綱目或濂、洛、關、閩及河會、姚涇語錄。（4）公置功過簿一本，逐月記載同學的言行之得失，公同評判。（5）每月初一及十五兩日開會一次，相與討論功課，及評判得失。

（註一）〔傳心錄〕請問自新之功當從何處着力？先生曰：最上道理只在最下修能，不必驚高遠，說精微，談道學，論性命，只就日用常行綱常倫理極淺極近處做起，須整頓精神，中常惺惺，一言一動並須體察，必使言無妄發，行無妄動，表裏精神無一或苟，如是則潔淨透脫，始可言功。

第四節　張楊園（1611——1674）

一　生活小史　張氏名履祥，字考夫，是浙江桐鄉縣的人，他所住的村莊名楊園村，所以學者稱他爲楊園先生。楊園可算明末清初的一個貧苦教育家，生於明朝萬曆三十九年，死於清朝康熙十三年，一共活了六十四歲，在明、清兩朝差不多各有一半的生世。他在明朝僅一縣學生員的資格，當明統滅亡之年，他將進三十四歲，自此以後卽不復求活動，隱居江、浙間，爲私人講授生活以終老。他始終維持民族固有的人格，死守忠臣不事二君的信條，照他的志願應列爲明末處士一流。但他的思想是反王學而崇朱學的，卽反明學而復宋學的，實開淸代學術復古運動之先聲，所以在哲學史或教育史方面，則當認爲本期的人物無疑。楊園幼年本是一個孤童，九歲就死了父親，由祖父及母親訓育成人，十歲以前完全在家庭受教育，十一歲以後纔出門求學，一共從師五人。從劉蕺山先生問學時，年已三十四歲，正當北京陷落福王監國之年，但受教不過四五月，蕺山殉國，而楊園亦避亂以歸隱了。他的講學生活，始於二十三歲，以至老死，合計不下四十年，設館差不多有十處之多，不外浙江、江蘇各縣近海一帶。一面講學，一面躬親操作，是學者，是紳士，又是自耕農民，與吳康齋差不多同一行徑。雖一度從過劉蕺山，但他是程、朱的信徒，平生極端反對王學的。對於程子則尊守『存心致知』四字，對於朱子則尊守『居敬窮理』四字。他說：

『程門四字教，曰存心，曰致知。朱門四字教，曰居敬，曰窮理。居敬所以存心也，窮理所以致知也，一也，而朱益緊切矣。學者舍是更無學法，未有入室而不由戶者』。（初學備忘上）

他平日是主張實事求是的，是提倡實學的教育家，所以力講篤實踐履，最反對廣交游、盜虛聲的一般虛僞學者。講學四十年，及門之士也很多，但沒有一次正式舉行師弟子之儀式，他認爲這是明末士大夫所常蹈的交游氣習，藉講學以相號召，把講學的眞義完全失掉，所以力加矯正。張氏中年求學格外勤苦，一面講學，一面自修，嘗終夜不就枕席者十餘年，所以精力早衰。平生短篇著作很多，思想總不脫離程、朱的範圍，死了後由門人編輯成書，名曰楊園全集。

二　教育論　張氏平日是『祖述孔、孟，憲章程、朱』的，（註一）所以他的思想即是孔、孟的思想，他的方法即是程、朱的方法，對於教育並沒有特殊意見。私設講壇四十年，所以諄諄訓練學生的，不外『辨心術』、『求實學』兩點，前者是爲人的始基，後者是爲人的工夫。他說：

『讀書先要正其心術，心術者爲木之根、穀之種。根先壞，千枝萬葉總無着處，種稂莠，栽培滋養適爲害耳』。初學備忘下

『學者起足第一步須是路途不錯，此處一錯，無所不錯』。願學記二

『心術』即『思想』，吾人的行爲隨心術爲轉移，即受思想的支配。如果思想純正，所聞所見皆以充實此純正之思想，則所行所爲自然純正。如果思想不純正，所聞所見適以助長此不純正之思想，則所行所爲盡屬壞事。所以兒童開始受教時，即學者開始爲人時，就當教他們辨別心術，何者爲正，何者爲不正，對於正與不正辨別清楚了，即從正的一點立根。從此一點立下根基，譬走路一樣，路途正所走皆是正路；譬如種穀一樣，種子良，所生必是嘉禾。那一種心術纔算正，那一種纔算邪呢？據他的意見，不外善惡義利之分。吾人存心向善爲義，則謂之正的心術；吾人存心向惡爲利，則謂之邪的心術。所謂向善爲義，就是肯作一個有道的君子；所謂向惡爲利，必然走入自私自利的小人一路，所以這一點關係極其重要。辨心術也可以說就是『立志』，開始立一個什麼志向，就可以做一個什麼人，所謂『凡初爲學先須立志，志大而大，志小而小，有有志而不道者矣，未有無志而有成者也』。初學備忘上心術辨正以後，即志向立定以後，務須脚踏實地作去。所謂『人既有志，正須下篤實工夫，方得稱志』。願學記二所謂『此志一定，卻須

堅確不移。凡平日誦讀講習，與夫目之所見，耳之所聞，其爲我志所願，勉而求之，其爲非我志所願，決而去之；自能向上』。（初學備忘上）實學卽切己爲人之學，用苦喫苦掙的精神，實下進德修業的工夫。這種工夫，不是如名士之純盜虛聲的，也不是如學究之博聞強記的，也不是如怠惰者之悠悠忽忽的，更不是如禪家學者之一幾而頓悟的。這種工夫，卽孔子下學而上達的工夫，卽朱子居敬窮理的工夫，以不敢一刻少懈的精神，從人倫庶物上點點做去，不要浮誇，不要等待，不要間斷，要綿密，要堅實。今日如此用力，明日也是如此用力，時時刻刻莫不如此用力，迨日久純熟，自然一旦豁然貫通，卽是成德的君子。這種學問，就與爲人一致，這種教育就與生活一致，誠所謂無一念非學問，無一事非學問了。

以上兩點，是他看爲最重要，平日對學生諄諄訓誨不忘的。此外還有幾點：（1）關於訓練方面，他嘗舉幾個德目以開示學者。『立身四要：曰愛、曰敬、曰勤、曰儉』，（訓子語上）這是陶冶品性的標準。『教子弟只四語，是綱領：入則孝、出則弟、言忠信、行篤敬』，（備忘二）這是處世爲人的標準。至於『辨心術、明義理、治性情、正容德、謹言語、愼事爲』，（備忘一）六條中，除一二兩條已說明於上外，其餘四條皆是關於品性陶冶的。（2）關於教材方面，不外宋儒學術，而以小學及近思錄二書爲入門必讀之書。『學者不從二書爲門庭戶牖，積漸以進，學術終是偏枯，立身必無矩法』，這是他在初學備忘錄所指示於他的門人的話，可以知道他對於這兩書的注意了。除此以外，如顏氏家訓、如白鹿洞規、如二程全書、如宋儒各家語錄，皆是必讀的書。他在三十三歲時，編了一部書名經正錄，是取朱子訓學齋規、白鹿洞規、司馬溫公居家雜議及朱子增損呂氏鄉約四種編輯而成的。在這書的凡例裏面，並敘了這幾句話：

『齋規爲小學之事，蒙養以正作聖之基，故居於首。洞規大學之事，由小學而及於大學，不躐等也。師舍是無以教，弟子舍是無以學，二者所以修身也。雜儀齊家之事，故次之；鄉約御邦家之事，故以終焉』。（年譜）

由這幾句話，不僅知道他平日教授學生的程序，即訓練學生的標準也可推見一班。（3）關於師資方面，他也有兩點意見：一爲選擇師資，『須擇老成之士有品行有學識者，方能造就得子弟』。（備忘一）二爲教師須負全責教誨弟子，善於教導。若『子弟教不率從，必是教之不盡其道，爲父兄師長者但當反求諸己，未可全責子弟也』。（備忘一）至於藉設教以相號召，或無教導的能力者，皆不是良教師。（4）讀書法　張氏謂讀聖賢的書，當要以聖賢的言行作爲吾人立身的規矩準繩，須時刻照着去行。以這種態度來讀聖賢的書，所以第一步務必讀熟，不要貪多，不要求速。第二步提取書中的要領，慢慢地涵泳其意味。涵泳之時，一方『體之於心』，一方『驗於身』，務求古人的言行與日用行習貼切，務求日用行習與古人的言行一致。倘此中發現有未安的，則『靜以思之，詳以問之』，終必『見得聖賢所說道理無非先得我心之所同然』。由此積漸以厚，則讀書纔有用處，方是實學。

（註一）（楊園全集訓門人語）辛亥三月門人姚瑚同弟至語溪力行堂候先生，先生以爲學當祖述孔、孟，憲章程、朱，諄諄數十語。

（學案小識）嘗云：三代以上折衷於孔、孟，三代以下折衷於程、朱。

三　修養論

張氏爲人，是主張居敬窮理的，所以他的修養也是本着這種精神，——苦喫苦掙的精神，須當『夙夜匪懈』，須當『無終食之間違仁』。換一句話，一日存在須當做人一日，一息存在須當一息不敢少懈，所謂『言有教、動有則、晝有爲、宵有得、瞬有存、息有養』的工夫。這種工夫他自己確實能够做到，史稱他「平居雖盛暑，方巾深衣，端拱若泥塑，或舟行百步，坐不少欹」，（先正事略名儒篇）我們就可以想見這位道學大家的古怪樣子。但他關於修養論所說的確是透闢痛快，有精神、有血脈，足以訂頑貶愚，而言詞又極淺近，吾人無妨直接抄錄二段於下。他嘗說：

「吾人自著衣至於解衣，終日之間，所言所行，須知有多少過差。自解衣至於著衣，終夜之間，所思所慮，須知有多少邪妄。有則改之，此爲修身第一事」。

> 這自然是極呆板的道學的行徑，凡朱學的教育，大半有這樣子，當否自當別論。

又嘗說：

「吾人一日之間，能隨時隨事提撕警覺，便不到得汨沒。當睡覺之初，則念雞鳴而起爲善爲利之義，平旦則念平旦之氣好惡與人相近否，日間則念旦晝之所爲不至梏亡否，以至當衣則思不下帶而道存之義，臨食則念終食不違之義，及暮則思嚮晦瞑息，以及夜以繼日記過無憾之義。如此，則庶幾能勿忘乎。若其稍忘，卽自責自訟不已」。（均見學案小識）

由上兩段話看來，張氏夙夜匪懈的工夫，眞有如昔日顏子之無終食間違仁及曾子之一日三省的遺風，其行爲雖不免呆板，但亦不愧爲篤實人格者。

第五節　陸桴亭(1611——1672)

一　略傳　陸桴亭是明末一個處士，與張楊園的行徑相同，始終未臣服過淸朝。但楊園在明朝猶取得縣學生的資格，其生平事蹟有年譜可考，而桴亭處境更窮，名尤不顯，直到滿清乾隆以後，經海內學者闡發幽光，纔與陸清獻並稱爲清初朱學正宗的二陸。因爲這個原因，所以關於他的生活史無多事跡可述。桴亭名世儀，字道威，是江蘇太倉縣人。雖篤守程、朱學說，可是志氣豪邁的一位學者，與楊園之迂拘古板自有不同。在明末北京陷落時，曾上書當道，建平寇的計策。南京陷落以後，感故國淪亡之痛，遂鑿一地穴，在裏面建一所亭子，取名桴亭，自己隱處其中，故後世稱他爲桴亭先生。康熙庚子年間他已五十歲了，曾講學於東林書院數年，到丙午年又講學於毘陵，後來又歸而講學於其里中。我們把他的生活分析起來，在明亡以前，其前半生尙有志於功業；在淸廷建設以後，其後半生則始專力於講學，以教育寄其懷抱。他與楊園同年生，早死二年，享壽六十有二歲，對於教育學理的貢獻，極爲切實合理，且有些地方格外新色可取，已開了近代教育思想之端，比較以前一般教育學者要進步多了。至於他做人爲學，都是非常切實，寸步而進，終身不息的，眞有昔日朱子居敬窮理的精神，亦足令人景仰。

二　本性之研究　陸氏自二十七歲始從事於本性的研究，到四十九歲方得到一個定論。在此二十二年中，對於本性的認識，經過了四次轉變，卽達到了四層的進步，可算爲用心之勤了。在二十七歲以前，他只跟隨當時教師的談說，承認性有兩種，『有義理之性，有氣質之性』。並喜歡同禪家及別家討論人生以上或未生以前的性體。自二十七歲以後，開始研究程、朱學說，對於『性』之一字，纔想自己立定主張，探出一個究竟。此時所得力的，爲『理先於氣』一句話。這句話的解釋，卽『理居先，氣居後，理爲主，氣爲輔』，自以爲理氣二物，分得條理清晰，不相紊亂了。這是他對於本性的研究之第一層的進步。迨後他又覺得照這樣說法，未免將理氣分得太開，未能融合爲一。再下工夫，纔悟到『理一分殊之旨』理與氣是一貫的，不過理只一個而氣有千萬不同。這是第二層進步。追後，他又懷起疑來了，既是理一而分殊，則人與萬物之性有何同異，如何同異？因讀朱子『論萬物之一原，則理同而氣異；論萬物之異體，則氣猶相近而理絕不同』兩句話，於是又識得『天地萬物本同一體處』的道理，則人與萬物之所以同，及所以異，又瞭然了。這是第三層的進步。到了這一步，對於性的認識，如理與氣，及人與物，似有相當的明澈，但於『性善』二字仍守陳說，是就『繼之者善』說的。照這樣說法，則性與氣質仍舊是可以分離的。到四十九歲以後，再加玩索，又有一番覺悟。性是不離氣質的，一說到性便屬於氣質了，若離氣而言性，則性無着落，亦不成其爲性了。孟子所謂『性善』，是就『成之者性』說的，是就有生以後說的，是合了氣質而言的。於是得到一個結論：

『性爲萬物所同，善惟人性所獨，性善之旨正不必離氣質而觀也』。

這是他最後的進步。拿這個結論，遍與宋儒諸家的性說比較與參證，於是對於自己的主張，相信益堅，但猶不敢發表。到了五十六歲以後，人已漸漸老了，在康熙丙午年間，講學於毘陵時，纔以二三十年所研究的結果公布於社會，並將他的思想之變遷的經過也一一說明。這種研究的精神及有系統的敍述，是從來論性的人所未曾有的。見學案小識

凡宇宙萬象莫非一氣之流行，流行之所以然謂之理。此『理與氣在天爲天之命，在人爲人之性』。性與命是一體。都是包攝理氣的。吾人稟受天命而爲『性』，既有是性則由性生『情』，由情生『意』，意之堅決處謂之『志』，志之浩然盛大處謂之『氣』，合情意志氣等要素，再加以擴充了謂之『才』。此六種不是並立的，是遞生

的、演成的，其原始則謂『性』，其集成則謂『心』；所以心是統性、情、意、志、氣、才六種而言的，是合神與形而名的。見答友人問 如果我們以圖表示，則有以下之圖：

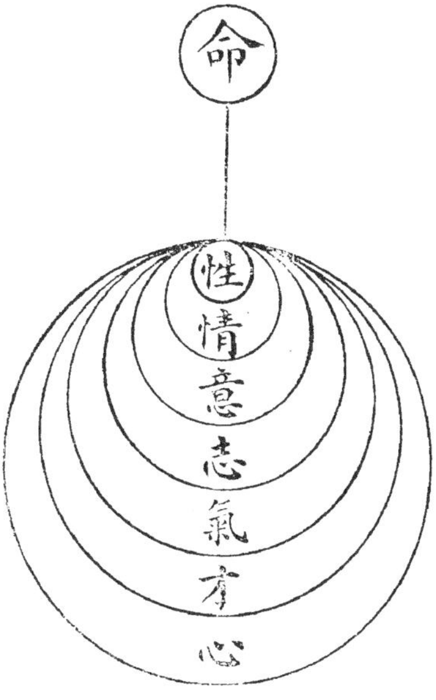

命
性
情
意
志
氣
才
心

第十二圖　桴亭性命圖解

三　小學教育　陸氏的教育理論，以關於小學爲最進步。他定小學教育爲十年，以五歲至十五歲的兒童爲受小學教育時期。在此時期的兒童生機活潑，一片天籟，且富於可塑性，最易被人引誘。教者應當順着他們的天性與興趣，依照正常的軌道，因勢利導，將來纔可以成就一個『人』。古代『人心質樸，風俗淳厚』，兒童至七八歲時知識尚未大開，所以定八歲爲入學始期。近代人心風俗皆較以前複雜，兒童的知識發達亦較早些，若仍遲至八歲始入小學，與兒童發達不相合，施教必感困難，所以應定以五六歲爲入學始期。

關於兒童的訓練，宜主寬不宜主嚴，蓋這個時候正是他們身心發達時期，過於嚴了，阻喪了他們的意志，有礙發育，不如持以寬和的態度，逐漸誘導，較有效力。他又以朱子的『去其外誘，全其眞純』八個字爲訓練的綱領。外誘如『樗蒲、博奕及看搬演故事之類』，皆爲不正當的事情，而最易引誘兒童。兒童一被引誘，卽放蕩而不習正業了，所以應當杜絕外誘。杜絕了，眞純自然可全。但要杜絕兒童的外誘，首先就要爲父兄師長的自己沒有外誘，能夠以身作則，而兒童且無親外誘的機會，他們自然易就正軌，以全其眞純。

關於兒童的教材，陸氏似若分爲兩期：在十歲以下爲第一期，在十歲以上爲第二期。第一期的教材，有讀物、歌舞及寫字三項；第二期有讀本及禮樂二項。從前小學教師多以朱子所輯小學一書爲初學兒童讀物，他認爲很不適宜。他的理由是：該書內容盡屬高深學理，不是兒童所能懂的；內中所引禮節多爲古禮，與時代不合，不能應用；且開卷難字太多，尤不便初學。若以此書爲初學兒童讀物，只是令他們茫然不曉，徒足以耗費時光而已。在陸氏的意見：當五六歲的兒童初入學時，語音尚未清朗，不能誦讀長句，應編一種字句很短的韻語，作爲兒童讀物。該讀物的內容，須選擇適合於兒童興趣及不與時代相背的材料，以韻語的格式，淺近的文字，編成三字一句或五字一句，取名節韻幼儀。照這樣辦，兒童纔容易通曉。年齡稍長，加課以小學、四書等書。兒童天機活潑，最喜歌舞，教師宜乘時教導，以發展其天能，以鼓舞其興趣；且歌舞卽禮樂的初步，此時習會了歌舞，將來升歌習禮更有根底。兒童習字，宜做宋人教小兒習字法，先令兒童影寫趙子昂大字千字文。年齡稍長，再令習智永千字文。字數由少而多，初爲影寫，後乃臨寫，每日如此，練習久了自然運筆如飛，不至走樣。且寫字時不僅教他們寫得好，也可以多識生字，而收記誦之功。兒童到了十歲以後，所讀的內容更豐富了，不僅四書、五經在所必讀，卽天文、地理、史學、算學之類也宜選擇較有價值的編成韻語，令他們誦讀。陸氏以兒童在十五歲以前，記憶力最強，此時是他們誦讀的時期，也是記憶的時期，宜選擇人生必需的教材，令他們多讀熟記，不可錯過。至於禮樂一項的教材，也須重編，宜參酌古今之制，把冠、昏、祭及鄉飲、鄉射諸禮的內容編輯成一部禮書，又把文廟樂舞及宴飲、升歌諸儀編成一部樂書，與讀本同時學習，遇了令節，或重典，或閒暇的日子，特別演習。升歌習禮的價值，不僅是模倣古人，且可以『涵養氣質，薰陶德性』，無形中增加訓育的效能最大。

關於小學教法，陸氏主張『即讀即教法』，即是『知行並進法』，尤其對十歲以下的兒童必需採用。他說：

『如頭容直，即教之以端正頭項；手容恭，即教之以整齊手足；合下便教他知行並進，似於造就人才之法更爲容易』。

這種教法我們可名爲『知行並進訓教一致』的辦法，頗合於教育原理。關於禮樂的教法，他主張『由粗以及精，因年而進』之法，亦有價值。

除以上各條外，陸氏對於小學教育還有兩點意見：一爲家庭教育，二爲女子教育。他認家庭教育是輔助學校教育的；不僅居在輔助的地位，且居在並行的地位。當兒童未入學以前，或出學門以後，均在家庭生活，倘家庭沒有相當的教育，隨他們作惡習非，甚至於家人『戲教以打人罵人及玩以聲色玩好之具』，氣習先已教壞了，再入學校，想圖矯正，殊不容易，所以家庭教育至關重要。如灑掃、應對、進退等事，亦家庭所應當教的。至於女子教育，他也看得很重要，女子也必須受教，但他對於女子教育的觀念則不同男子。他說：

『教女子只可使之識字，不可使之知書義，蓋識字則可理家政治貨財，代夫之勞，若書義則無所用之』。

又說，『「無非無儀，惟酒食是儀」一語，眞教女子良法』。原來他主張女子教育是只令識些文字了，可以料理家務，作一個無材便是德的賢妻良母罷了。至於書義勿庸多讀多懂，因爲沒有用處，不僅沒有用處，且恐壞事哩。法人盧梭著愛彌兒(Emile)一書，提倡自然主義教育，處處表現不朽的價值，而對於女子教育則輕視極了，其主張很與陸氏相似。由此，你們可以得到一個結論，凡未曾脫離封建時代思想的人物，勿論他的教育理論如何進步，而對於女子教育總是畸視的。（均見思辨錄小學類）

四　大學教育　陸氏說：『予以爲古人之意，小學之設是使人由之，大學之教，乃使人知之』，（思辨錄小學類）這是他對於小學與大學兩段教育的解釋。兒童在十五歲以前，智力尙未發達，小學教育不過指導他們如何動作，如何讀書，如何生活。到了十五以後，進了大學，纔教以學理的研究，及研究一切之所以然。教育宗旨在教學生怎樣做『人』，換一句話，卽教他們學做一個聖賢。但這個宗旨在小學時代不能講明，因爲他們不能聽懂，所以課幼儀、授小學，用知行並進的法子，不過矯正他們的行動與習慣，引導他們向着聖賢路上走就是了。到了大學時代，一方面教以怎樣爲聖賢，一方面教以所以爲聖賢；且一方面由聽講而得，一方面更要由自己研究而得。但『人』不是容易做的，『聖賢』不是容易學的，在這時期所以進學之始便須立志。他說：

『學者欲學聖賢，須是立志第一。志是入道先鋒，先鋒勇，後軍方有進步，志氣銳，學問乃有成功』。（思辨錄立志類）

意志決定了，卽着手做工夫，不要期待，不要選擇，『只在這所在這時候做去』。做人的工夫是什麼？不外『居敬窮理』四個字。（註一）勿論千聖千賢的道理，總不出此四字的範圍，所以吾人應當依此四字做去。但此四字中，居敬是工夫的主宰，窮理是工夫的進步，以居敬的態度來窮理，在窮理的進程中不忘居敬。照這樣作去，思想纔純一，工夫纔切實，這纔是實學，這纔是程、朱的教法，這纔可以爲聖賢。

大學校址宜擇一國中勝地，風景佳美，遠離城市，纔宜於研究學問。學校之旁還須多建房屋，爲學生寄宿，一則可以朝夕聽講，二則可以互相觀摩。大學的課程宜做湖州學的辦法，分科教授。如經義一系，則又分爲易、詩、書、禮、春秋等科；治事一系則又分爲天文、地理、河渠、兵法諸科。每科設一科長，聘請專門名家充當，另設學長一人，以總其成，如此辦法，則大學纔有成績，人材即可從此養成。否則學生散處四方，教師不過濫竽充數，如明末學校的情形，學校徒有其名，怎樣望其有成功。

（註一）（思辨錄居敬類）居敬窮理四字，是學者學聖賢第一工夫，徹上徹下，徹首徹尾，總只此四字。或問居敬窮理是吾子宗旨否？予曰：儀亦不敢以此四字爲宗旨，但做來做去，覺得此四字爲貫串周匝，有根腳，有進步，千聖千賢道理，總不出此。

五　讀書法　他的思辨錄格物編裏，關於讀書方法，講論頗詳，很有些可取的地方。我們無妨分條敘述於後：

（1）讀書分年　陸氏把吾人讀書生活分做三節，每節十年，共計一生可讀三十年的書。第一節，自五歲至十五歲，這十年謂之誦讀時期。第二節，自十五歲至二十五歲，這十年謂之講貫時期。第三節，自二十五歲至三十五歲，這十年謂之涉獵時期。十年誦讀之書，爲小學、四書、五經、周禮、太極、通書、西銘、綱目、古文、古詩及各家歌訣。十年講貫之書，爲四書、五經、周禮、性理、綱目、本朝事實、本朝典禮、本朝律令、文獻通考、大學衍義、衍義補、地理書、水利農田書、兵法書及古文古詩。十年涉獵之書，爲四書、五經、周禮、諸儒語錄、二十一史、本朝實錄及典禮律令諸書、諸家經濟類書、諸家天文、諸家地理、諸家水利農田書、諸家古文、諸家詩。以上各書，力能兼的則兼習，不能兼習則涉獵諸書可以從略。

(2) 讀書分類　以上各書，只是分期學習，可未曾分類，而分類也要緊。分類之法，如研究史學，凡關於史學諸書列爲一類；如研究經學，凡關於經學諸書，別爲一類。這樣分類讀法，『不惟有益且兼省心目』。

(3) 讀書分等　書籍愈傳愈多，吾人一生不能遍讀，務必分別輕重，那些書是非讀不可的，那些書可以讀可以不讀的。陸氏分別輕重爲三等：(一)如四書、五經、性理綱目等書，最重要，這是終身所當誦讀不忘的。(二)如水利、農田、天文、兵法諸書，爲次要，亦須一一尋究，得到內中的要領。(三)其餘子史百家等書，性質更次，不過觀其大意而已，不必一一誦讀。

(4) 讀書須窮理　讀書不在背誦文字，誇示博雅，若以此態度讀書，陸氏所謂『玩物喪志』。吾人讀書，須要窮理，所謂窮理要求得書中的義理，與己身相合，又與事實相合。求與己身相合，須拿書中所說的放在自己的身心上體貼；求與事實相合，須按照書中所說的切實做去。如此讀書，纔能嚼得出滋味來，纔覺得古聖賢所說的句句親切，纔能因讀書以指導其行爲，因讀書以涵養其品性。

(5) 讀書要開闊　讀書要不爲書所困，能使書爲我用，這非有開闊的心胸不能辦到。陸氏關於開闊心胸的一段話，寫得極好，我們可以直接抄錄出來：

『凡人讀書用工，或考索名物，或精研義理，至紛賾難通，或思路俱絕處，且放下書册，至空曠處游衍一游衍，忽地思致觸發，豁然中解，有不期然而然者，此窮理妙法。又或發憤下帷，三冬兩夏，滿腹中詩書義理盈溢充足，卻出來游衍一兩日，眞覺得水流花放，雲行鳥飛，滿空中是活潑地景象。此孟子所謂生矣境界，不知手之舞之足之

錄之者也』。（思辨錄大學類）

（6）讀書要寧靜　在鬧市的地方讀書，殊不相宜，地方越寧靜越好。陸氏主張在山中讀書，果能離家入山，把一切俗事抛開了，而讀書纔能寧靜，纔能專一。在這時候，計算應讀何書，計算讀書幾年，然後分年來讀，每年讀一項，每項作一結束。如此讀法，不僅十年，卽三五年之後，亦必有相當的成績。

第六節　陸稼書（1630——1692）

一　生活小史　前二節所述楊園、桴亭二人，尙不離爲明末的處士，至稼書則完全爲淸初的人物了。稼書生於明崇禎三年，死於淸康熙三十一年，一共活了六十三歲。當鼎革之際，他不過年方十四歲的一個少年而已。這個少年，姓陸氏名隴其，稼書是他的別號。他是浙江平湖人，屢代爲官宦之家，在幼年時代曾受過很好的家庭教育。他的政治生活，亦不算怎樣發達，當四十一歲時纔中進士，以進士的資格補過兩次知縣，拜過八次御史。知縣生活共有九年，一在嘉定二年，一在靈壽七年，以淸廉爲本，兩處成績卓著，尤以在嘉定的治績評爲天下第一。至入都拜御史時，他已六十一歲了，爲期不久，不過年餘之譜，便罷官歸了故鄉。綜計陸氏一生政治生活，不過十一年，而他的教育生活則有三十一年——自二十一歲開始設帳，到老死爲止，除去服官時期外，全爲私人講學時期。但在服官期內，亦未嘗離開教育生活，如在靈壽當知縣時，且規定講學條例，編有松陽講義，可說從二十一歲起到老死爲止，此四十餘年中無日不在講學。不過陸氏講學的時期雖長，而講學的聲勢並不大，因爲他是一位提倡實學的教育家，不肯呼朋引類，虛張聲氣以爲號名的。

二　性格及思想　『平湖陸稼書先生，以名進士兩爲邑令，八拜御史。其正學清德，惠政嘉謨，浹洽于人心，流傳于士口，稱之爲醇儒、爲循吏、爲直臣，至有目之爲聖人者』。這是他的門人侯開國在三魚堂全集序上贊揚他的幾句話。陸氏『積誠勵行，風清格高』，所作一事，即盡瘁一事，確不愧爲本色的賢士大夫，如他的門人之所贊揚。但我們以爲陸氏時代的價值還不僅此，他是以提倡實學，振飭學風，擁護朱子爲宗旨的一位大教育家。清初程、朱的忠實信徒，世人皆以二陸並稱，但桴亭雖力闢王學，態度尙屬和緩，而稼書則處處以尊朱黜王相號召，旗幟鮮明，詞氣嚴峻，眞有非打倒王學不止之氣概，眞有如昔日孟子『闢楊、墨，閑先聖』之遺風。陸氏以學術關乎風教，風教關乎國家的興亡。明朝之所以遭破亡，由於士風太壞，一般人失了正常的教化；而風教之壞由於陽明及其門徒倡爲放誕詭異的學說，援儒入墨，以僞亂眞。王氏以有力者的地位，登高一呼，而其學又極簡易，所以天下讀書人莫不樂於趨從；天下讀書人皆口談王學，漸漸放棄規矩，師心自用，甚至於禮法也不遵守了。讀書人爲民衆的領袖，而皆不講實學，不守禮法，教化安得不壞！這種學術之敗壞人心，等於清談之禍晉，明朝安得不亡！（註一）要挽救人心，當然從振飭學風着手；要振飭學風，當然力尊朱子，以朱子的實學矯正王學的空疏，以朱子的繩墨矯正王學的放誕。所以他對湯潛菴說：『今之學者必尊朱子而黜陽明，然後是非明而學術一，人心可正，而風俗可淳』。在他的外集經學篇裏面亦說『今之論學者無他，亦宗朱子而已。宗朱子者爲正學，不宗朱子者即非正學。漢儒不云乎，諸不在六藝之科，孔子之術者，皆絕其道勿使並進，然後統一可紀，而法度可明。今有不宗朱子之學者，亦當絕其道勿使並進。

朱子之學尊，而孔子之道明，庶乎知所從矣』。以朱學爲教育標準，以此標準來振飭學風，挽救人心，把關係說得這樣重大，而提倡又盡畢生的熱誠，陸氏對於朱子可謂眞正的忠實信徒。至於效董子之『學術一尊』主義，已含了一種學閥的風味，但總不失爲一個熱心於風俗教化的教育家。

（註一）（稼書文集上湯潛菴書）自陽明王氏援儒入墨，以僞亂眞，天下靡然響應，皆放棄規矩而師心自用，學術壞而風俗氣運隨之，比之清談之禍，晉非刻論也。

（學術辨上）故愚以爲明之天下，不亡於寇盜，不亡於朋黨，而亡於學術，學術之壞，所以釀成寇盜朋黨之禍也。

三　兒童教育之重要

『崇尚實學，培養湻風』，爲陸氏的教育宗旨。要培養社會的湻樸風氣，須社會上有一般循規蹈矩講求實學的讀書分子爲表率。要使社會上的讀書分子循規蹈矩，講求實學，須平日有這種習慣；這種習慣的養成，其關鍵全在童子時代，所以童子教育最關重要。陸氏推論當時風俗敗壞而未已的，都是由於當時兒童沒有受過好的教育。當童子時代，爲父兄師友的，平日既不教以灑掃、應對日用倫常之事，朱子所集小學一書棄而不讀，即或每日課以四書，亦不過藉此爲應科舉取利祿的階梯。至於孔、孟之如何教人爲人，是不管的。迨他們年齡稍長，爲父兄師友的則教以如何應科舉，如何取利祿，如何立奇異，挑動他們專用機詐的心機，獎勵他們崇尚浮華的趨向，至於學問之實在不實在，行爲之正道不正道，是不問的。科舉考試的日子來了，一旦僥倖獲取，便自以爲學問已成，無所不能，不復知人間尚有當讀之書及當爲之事。這一般人自已既莫明其妙，以他們去領導社會，表率羣倫，則風俗怎樣不壞，社會怎樣不亂。我們一推論其原因，則由於昔日童子時代的教育受壞了，所以當今最要緊的莫如童子教育。童子應當教些什麼呢？他說：

『教之道必以小學爲基址，以濂、洛、關、閩之書爲根本，以先王渾醇原樸之文爲彀率。使自孩提有識，卽浸灌於仁義中正之中，游衍於規矩準繩之內，如水之汪洋浩渺而不得越乎其防，則文章不期正而自正，風俗不期厚而自厚矣』。（歷科小題永言集序）

陸氏又說：

『吾每教童子作文，未嘗不戰戰兢兢，惟恐一言之病中於其心，異日將碩大蕃滋，鬯茂修達，不可救藥。蓋今之聰明，當擴充於範圍之內，不當擴充於範圍之外』。（歷科小題永言集序）

由這兩段話看來，陸氏教兒童是當立一標準，要他們遵守的，定一範圍要他們在裏面活動，不可踰越的。他的標準就是程、朱，他的範圍就是宋儒學說，凡能謹守繩墨的纔是好學生，否則便是不好的學生。當兒童時代能謹守繩墨，到了成人時代便是循規蹈矩的士君子，纔是講求實學的人材；這種人材必不放誕猖狂，犯上作亂。影響所及，風俗自然淳樸，國家自然安定，這是陸氏的教育理想。所以他平日教人『必授以小學及程氏讀書分年日程，俾學者循序致功』，（先正事略）以期達到他的理想。吾人以爲陸氏的教育理想固高，但他的頭腦究竟腐敗，尤以不許踰越範圍，未免過於束縛兒童的智力之發展，所有教育理論以與桴亭所論的比較，相差遠了。

本章參考書舉要

（1）清儒學案的各家本案

（2）先正事略的各家本傳
（3）夏峯全集
（4）李二曲先生集
（5）張楊園先生全集
（6）思辨錄
（7）論學酬答
（8）陸稼書集
（9）三魚堂全集

第三十九章　清代教育家及其學說（二）

第一節　概論

本章的教育家也不少，我們爲避免重複計，只選取黃梨洲、顧亭林及顏習齋、李恕谷四人作代表。黃、顧二人不是理學家，是有志用世的經世學者，我們可以稱他們爲經世學派。他們是富有豪傑氣的學者，最稱熱血的志士，種族觀念非常強烈，中年皆參與過民族復興運動，事雖不成，但終身是不肯與滿清政府合作的。他們對於學風的趨向，皆由反明以達於宋，但梨洲因其門戶關係，尚未直接攻擊王學，而亭林對於王學則攻擊詆毀，不遺餘力。他們對於學術的興趣，皆趨重在經學方面的研究，但梨洲作明儒學案尚喜談心性，而亭林則絕不願講求這一套腐話，並提出『經學卽理學』的口號，謂『舍經學而言理學者，乃墮於禪學而不自知』。（先正事略本傳）總之注重博學多識，以反明學之空疏，注重經世致用之學以反宋、明理學家之腐敗，則兩人是走在一條路線上的。關於教育方面，在學理上兩人毫無特殊的研究，不過對於教育制度皆提出了改良的意見，——經世學者往往只能如此。梨洲的特點，在以學校爲監督政府的機關，爲社會輿論的中心，而立於一種特殊地位。亭林的特點，在採用科學的方法，研究學問，重客觀而不取主觀，重創造而反對因襲，一掃明末八股的陋習，而開清代考證學的先鋒。

顏、李二人則較黃、顧更進一步。他們不僅反對王學，連朱學也反對；不僅反對朱學，且反對一切後儒之法，直接模做孔、孟的教法。他們以詩書、六藝爲教材，以習禮、習樂爲教法，不空談性命，完全重在實習實行，故我們稱這一派爲實用主義者。他們自身皆能喫苦耐勞，以身作則，所演習的禮節雖不脫古代的儀式，而以動作易口說，面目爲之一新，也是本期教育史上的一點特色。

第二節　黃梨洲（1610——1695）

一　生活小史　黃氏名宗羲，字太冲，號梨洲，是浙江餘姚人。他是忠臣黃尊素的長子，生長在明末很有身分的一個家庭。尊素與楊、左諸人爲同志友，同死於魏閹之亂，且亦理學名家，曾與劉蕺山相往還，可知梨洲在幼小時所受家庭教育已與一般人不同。『初錮之爲黨人，繼指之爲游俠，終廁之於儒林，其爲人也蓋三變而至今』，年譜——這是梨洲自題的幾句話，自是的當。他的父親尊素之遇害，梨洲年僅十七歲。當十九歲時，袖長椎入京，手刃父仇，忠義慷慨之氣在此時已大露頭角。當二十歲時，正式游學於蕺山之門，邀約吳、越知名之士六十餘人，相與切劘，對於其師之學敵石梁陶氏之說施以猛烈的攻擊。當三十五歲時，北京陷入於闖賊了，即在吳中糾合同志，召募義勇，且率家人子弟共赴國難，自此從事於勤王的生活，奔走播遷了五六年。當此之時，先生一心以勤王保族爲職志，終不得逞，而魏閹餘黨且時施搆害，屢遭危險，然先生忠義之氣不爲少挫，且於得閒時一面著述，一面講學。先生講學生活，雖始於三十歲以後，而在四十歲以前完全爲黨人游俠一流。自四五十歲以後，看破清廷統治力太強，明室恢復之無望，纔折節斂氣，復舉證人書院爲講會，專門於教育生活，發揮其先師蕺山之緒餘，而變做一位名理派的儒者了。雖然爲一儒者，而昔日豪氣依然存在，講學於江、浙間，好以師門爲標榜，大江以南門弟子徧天下，差不多在當時爲東南思想界之中心。

先生生於明萬曆三十八年，死於清康熙三十四年，享年八十又六歲，綜計講學生活不下五十年。先生學問賅博，於各家書籍無不窺閱，在劉氏之門最稱高足弟子。雖爲劉氏高足弟子，終以經學、史學擅長，而對於史學尤有特識，開清代研究史學者之先鋒。平生著作宏富，合計三十餘種，八百多卷，而以明儒學案及宋元學案爲有系統之學術史，影響於教育思想者不少。至於明夷待訪錄一書，內中除關於教育主張外，盡量發揮其民本主義的政治哲學，對於二百餘年後之排滿革命思想之啓示，影響尤大。

二　言心與性　蕺山之學在明末雖自成一派，究不出陽明心學的範圍。梨洲爲蕺山的忠實信徒，平日對於政治與教育的主張雖標榜『通經致用』，而對於心與性的解釋依然偏於陽明一派。他以心爲一切主宰，充塞乎宇宙，心之活動變化不測，此宇宙形色所以萬殊。吾人修養只在心之本體上用工夫，所謂『窮理』即窮此心之萬殊，非窮萬物之萬殊；迨此心本體通達靈明，萬物莫不畢照，蓋心如規矩，有了規矩自然能範圍一切方圓。（註一）

天地萬物莫非一氣之流行，吾人耳、目、口、鼻之運動，惻隱羞惡之表現，亦此大氣流行之一。大氣在天地，有春、夏、秋、冬之運轉，而秩然有條不紊者，名之曰理。大氣之在吾人，有耳、目、口、鼻之運動，惻隱、羞惡之表現，亦秩然有條理者，名之曰性。故曰『理是有形之性，性是無形之理』。（與友論學書）換一句話，在宇宙者謂之理，在人類者謂之性，其實莫非此一氣之流行。性既爲氣之秩然有條理者，所以吾人以善名之；此性之善無人不有，無時不存。所以他說『夫性之爲善，合下如是。到底如是，擴充盡才而非有所增也，卽不擴充盡才而非有所減也，不爲堯存，不爲桀亡』。（致陳乾初論學書）

（註一）（明儒學案序）盈天地皆心也，變化不測，不能不萬殊。心無本體，工夫所至卽其本體，故窮理者窮此心之萬殊，非窮萬物之萬殊也。

三　教育主張　先生論心學雖採陽明、蕺山之說，但論教育則力闢明代學者的空疏無用。他的主張是要博通經史，明之於心，致之於實用。『讀書不多無以證斯理之變化，多而不求諸心則爲俗學』。（先正事略名儒本傳）卽由博而約的工夫，其目的則在致之於實用。先生志在用世，所以平日教學者亦以經世相期許，而對於當時空疏無用的學風，曾有一次很痛切的攻擊：

『儒者之學，經緯天地，而後世乃以語錄爲究竟，僅附答問一二條於伊洛門下，便廁儒者之列，假其名以欺世。治財賦者則目爲聚斂，開閫捍邊者則目爲粗才，讀書作文者則目爲玩物喪志，留心政治者則目爲俗吏；徒以生民立極，天地立心，萬世開太平之闊論鈐束天下。一旦有大夫之憂，當報國之日，則蒙然張口如坐雲霧。世道以是潦倒泥腐，遂使尙論者以爲立功建業別是法門，而非儒者之所與也。』（贈編修弁玉吳君墓誌銘）

這一段話固然是對於當時王學末流之空疏無用痛下針砭，也就是他底教育主張，講學宗旨。黎洲不僅不滿意於當時的學風，且對於當時的教育制度亦表示不滿，並在積極方面提出自己的意見。他底教育意見分學校與取士兩類，於學校則主張擴大其意義，於取士則主張廣開其門徑。吾人試按照明夷待訪錄上所載分類敍述於下：

（1）學校　據黎洲先生的主張，學校不僅爲養士之機關，且爲政府與社會衡論一切是非的場所，學校是超政治的一種組織，同時又是監督政府的最高機關。負學校行政責任的首領，在太學稱『祭酒』，在郡縣學稱『學官』，他們的地位應尊於一切政府官吏。太學祭酒推擇當世大儒充當，或就退休的宰相充當，其重要與宰相相等。除平日處理學校政務及製造輿論外，再逢朔日，公開講演一次，此時祭酒南面講學，天子率領百官咸就弟子之列，北面聽講。講學以外，凡關一國政治的得失，祭酒可直言陳述，令負有責任者採納改良。郡縣學官不由政府選除，由地方公議推請名儒主持，其資格不限階級，自布衣以至宰相之謝事者，只要學行相稱，皆可充當。學官的權限非常擴大，在學校以內，如教師的聘請，學生的考試及升降，校舍及校產的管理；在學校以外，如書籍的檢定，出版的審查，名勝古蹟的保管，先賢陵墓祠宇的修飾與表彰，民間吉凶儀式的規定及風俗的改良，一切地方的學校教育與社會教育，皆在學官職責範圍以內。除此以外，每逢朔望等日，舉行公開講演一次，凡一邑的縉紳士子，皆須到會，郡縣官吏亦就弟子之列，北面聽講。在這個時候，凡關於地方政治的得失，亦得直言糾繩，貢獻主張於地方政府。

在學官之下，郡縣學設有五經師及兵法、曆、算、醫、射等科教師，皆由學官擇聘。郡縣學多設在郡縣城內，凡城外人口稠密之大市鎮，亦得設學，置經師。凡經師所教，皆屬於高等學校性質，其外還設立小學，爲民間兒童受教的地方，充當小學教師的謂之蒙師。除原有學宮外，凡地方寺觀庵堂，勿論在城在鄉，一律取消，大的改爲書院，小的改爲小學，所有產業卽撥充學校經費。

由以上看來，先生對於學校的性質，是擴充到極大，對於學官的地位與職權又提升到極高。但同時對於學生的權利亦非常注重，學官有品行不良及不稱職的，學生可由公決而更換之；郡縣長官年少無實學，且亂施壓力於學官及各儒者，學生可羣起而驅逐之。學校是社會的中心，學生可以在規律之內發揮民權，這種教育思想含着極重大的革命意義。

（2）取士　明代政府取士只科選一途，而既取之後任用太驟。黎洲先生深致不滿，乃立一改良的標準，『寬於取士而嚴於用人』。所謂『寬於取士』即爲士子多闢幾條出路，而國家得以盡量收羅人才。先生所擬出路共有八條：一爲科舉，二爲薦舉，三爲太學，四爲仕子，五爲郡邑佐，六爲辟召，七爲絕學，八爲上書。出路既多，士子進升的機會多，凡有一技一能者，庶不致湮沒無聞，國家得以治理，社會得以安定——先生以爲但一方雖廣闢門徑，一方還要防止浮濫，所以又有『嚴於用人』的限制。在嚴於用人的原則之下，八條門徑皆有規定，而以改良科舉之法爲較詳。改良科舉的辦法，係採取朱子的貢舉私議，以分年分科考試爲原則。每次分四場：第一場試經，第二場試子，第三場試史，皆分年各考試數種；第四場試時務策三道，不分年。試經仿唐代墨義的辦法，而稍爲變通，即凡答經文者須先條舉注疏大全及漢、宋諸儒之說，然後以己意申加案語，作結論——或折衷諸家之說，或自由發表創見，不要拘守一家的說法。黎洲謂照這樣辦法，既可以免掉空疏的毛病，又可以養其自由研究的精神。

第三節　顧亭林(1613——1682)

一　生活小史　崑山亭林先生名炎武，字寧人，生於明萬曆四十一年，死於清康熙二十一年，享年七十歲，與黃黎洲完全同時。兩人皆爲明末遺老，不肯臣事清朝者，但黎洲豪邁，而先生耿介絕俗。先生狀貌奇特，雙瞳子中白而四邊黑，三歲因病又眇一隻右眼，其貌似不足稱，但其博學多識，志大氣剛，差不多推爲清初第一人。他底家世雖不及梨洲高貴，但也算是縉紳之家的子弟。七歲入蒙學，十一歲讀資治通鑑。嗣母王氏頗有學識，當十七歲時，以其嗣父的未婚妻資格自請歸來守節，作寡婦生活，性情亦算特別。平日以古今忠臣烈士的傳記訓誨先生，當南京陷落，絕食死難時，她又遺囑以勿事二君爲勗勉，則先生的性情爲嗣母王氏所陶鑄者爲不少了。先生是一位明體達用的通儒，富於民族思想的志士，一生遍游關山險要，以寄其懷抱。四十五歲以前，多在江南一帶，四十五歲以後，足跡遍北方各省，凡邊塞地方尤所注意。到晚年乃卜居於陝西的華陰，卽以此終老。

先生精力絕倫，最精於經學與音韻學，爲清代考證學的開山老祖。一生極不滿意陸、王空疏虛誕的學法，對於陽明學派攻擊尤烈。他說：

『今之君子，聚賓客門人數十百人，而一皆與之言心言性，舍多學而識以求一貫之方，置四海困窮不言而終日講危微精一之說，我弗敢知也』。（答友人論學書）

試過細玩索這一段話，該是何等痛切。所以他平日不言理學，不談性命，只講求實用，講求通經致用的學問。亦不肯多開講會，號召門徒，他以爲這是學者純盜虛聲的手段，徒足以鼓動人心，敗壞風俗，——這是與梨洲相左的地方。（註一）平生著作宏富，以日知錄一書尤爲畢生精力會萃之作。關於教育論文，除日知錄外，散見於亭林文集中，留待下面另述。

（註一）（亭林文集與友人論門人書）伏承來教，閔其年之衰暮，而悼其學之無傳，其爲意甚盛，然欲使之效曩者二三先生，招門徒、立名譽，以光顯於世，則私心有所不顧也。

二　教育思想　亭林先生看出明末社會有兩大毛病：一爲學者徒尙空談而無實用，二爲流入狂禪而不講氣節。後者爲王學末流所演出的現象，前者除了王學的影響外，還有教育制度的關係。當今社會以士族階級爲中堅，倘這一般人既空疏無用，而又寡廉鮮恥，失了中堅的資格，結果必致於亡國以亡天下。亡國不過「易姓改號」，其禍尙小；亡天下則「仁義充塞，而至於率獸食人，人將相食」，其禍最烈。他是具有極大抱負的一位賢士大夫，既看出當時兩大毛病，而這毛病已演出極不良的結果，所以不惜大聲疾呼以圖挽救。挽救的方法，對於前者則提倡能夠致用的實學，對於後者則提倡尊廉尙恥的美風。觀其與友人論學書處處以有用之學及移風易俗爲言；觀其日知錄世風篇內屢屢以名教廉恥爲倡，可以知其宗旨之所在了。我們歸納起來，他的言論，不外「博學於文，行己有恥」八個字，這八個字就是他的教育原則。他說：

「愚所謂聖人之道者如之何？曰，博學於文，曰行己有恥。自一身以至於天下國家，皆學之事也；自子臣弟友以至出入往來辭受取與之間，皆有恥之事也。嗚呼！士而不先言恥，則爲無本之人；非好古而多聞，則爲空虛之學。吾見其日從事於聖人而去之彌遠也」。與友人論學書

以「博學於文，行己有恥」爲原則，其目的在養成「成德達材，明先王之道，通當時之務，出爲公卿大夫，與天子分猷共治」亭林文集生員論上的治術人材。這種人材，有學有行，有爲有守，在朝可以治國安民，在野可以移風易俗，不必高談心性，而心性之理自在辭受取與之間。

三　對於教育制度的建議　亭林先生對於當時的科舉制度，深表不滿。他所視爲毛病的有四點：（1）考試的程序太多，非常特異之才無由拔出。（2）考試的範圍太狹，則淺學無識之徒稍一預備皆可僥倖中式，難以培養實學。（3）程文的格式太板，一則違反作文的原則，二則徒以養成抄襲勦說，及浮誕無根的習慣。（4）取士太濫，而任用又太驟，結果生員遍天下，皆爲害民亂政的蟊賊。四點毛病中，尤以第三、第四兩點爲最。（註一）改良的方法亦有四：（1）取消歲貢與舉人二法，以辟舉及生儒兩制爲取士的途徑。辟舉之制，不問生員與否，只要學行優良，皆得由地方政府薦之於中央。生儒之制，平日養之於學校，迨學業有相當的成就，即可由地方政府遴選送入中央，直接應禮部試驗，不必經鄉試一道手續。（2）生員養於郡縣學校，待遇從優，而名額從減，每人挑選亦極嚴格，在禮部取中以後，雖成進士，所授不過簿尉親民之職，則士子倖進速成之心自然可以消弭。（3）試題範圍須擴大，『凡四書、五經之文皆問疑義，使之以一經而通之於五經；又一經之中亦各有疑義。四書、五經皆依此發問，其對者如朱子所云通貫經文，條舉衆說，而斷以己意。其所出之題，不限盛衰治亂，使人不得意擬，而其文必出於場中所作，則士之通經與否可得而知，其能文與否亦可得而驗矣』。（日知錄科舉）（4）取消八股程文，令士子自由創作，而俊異之才自然可出。總之，政府以實學爲教，士子則以實學爲學。政府取士力求嚴格，而士子亦必束身自愛，奮勉有加，行之數年，則眞材實學自然養成。按亭林先生這種改良意見，與梨洲所見大同小異，不過梨洲偏重在學校方面，而先生偏重在科舉方面。

（註一）（日知錄科舉）愚以爲八股之害等於焚書，而敗壞人材有甚於咸陽之郊所坑者。（亭林文集生員論中）廢天下之生員，而門戶之習除，廢天下之生員，而用世之才出。

〔日知錄科舉〕今則遐陬下邑，亦有生員百人，即未至擾官害民，而已爲游子之徒，足稱五蠹之一矣。〔又〕其中之劣惡者，一爲生員，即思把持上官，侵噬百姓，聚黨成羣，投牒呼譟。至崇禎之末，開門迎賊者生員，縛官投僞者生員，幾於魏博之牙軍，成都之突將矣。

四 研究方法 亭林所以推爲清代考證學的祖師，他的學術思想所以影響於後代的，一方由於其實學之提倡，他方更在於其科學的研究方法。他平日頗推崇朱子，不僅所謂『博學於文』，秉着朱子的『下學上達』之教，即研究學問的精神亦與朱子近似。我們把他底科學研究法列舉數條於下：

（1）貴有創造 先生謂著書之所以難，在能『自成一家言』，即是從研究中有心得，有創見，以自己所有的心得與創見自由發表而爲文章，纔能『自成一家言』。例如『司馬溫公的資治通鑑、馬貴與的文獻通考，皆以一生精力成之，遂爲萬世不可無之書』。（日知錄藝文）創造的反面即因襲或剽竊，這是亭林所最痛惡的。他說，『有明一代之人，其所著書無非竊盜而已。……今代之人但有薄行而無雋才，不能通作者之意，其盜竊所成之書必不如原本，名爲鈍賊何辭』。（日知錄藝文）所以在他的改良科舉意見裏面有這樣說法：『蓋救今日之弊莫急乎去節抄剽盜之人』，『今日欲革科舉之弊，必先示以讀書學問之法』。（日知錄科舉）所以他自己一生著作，完全按照這種精神，決無一語蹈襲古人，尤以日知錄一書爲最好的例子。『愚自少讀書，有所得輒記之，其有不合時，復改定，或古人先我而有者，則遂削之』，由他自序其日知錄的一段話，即可以看出他力避蹈襲的精神了。

（2）多方實證 每著一篇書，或研究一個問題，必從多方搜取證據。證據分本證與旁證兩類：『列本證、旁證二條，本證者詩自相證也，旁證者採之他書也。二者俱無，則宛轉以審其音，參伍以諧其韵』。音論這是他自述治音韻學所用的法則，關於其他著述也是一樣。亭林不僅從書籍裏面尋找證據，並從地理或社會方面實地考察。全祖望說，『凡先生之遊，載書自隨，所至阨塞，即呼老兵退卒，詢其曲折，或與平日所聞相合，即發書而對勘之』。鮚埼亭集亭林先生神道表天下郡國利病書及肇域志等書，莫不本此精神作成，這種客觀的實證法，值得贊美。

第四節　顏習齋(1635——1704)

一　生活小史　實用主義的教育之提倡者，當推博野的顏習齋先生。先生對於宋、明理學諸家一律反對，除了胡安定一人外；他的主張是要直接倣照孔子的教法，以詩書六藝爲教的。既是以實用主義相號召，所以他都是以身作則，能夠喫苦耐勞，能夠節制嗜欲，作一個實行者，凡宋、明學者的雍容自得的態度，靜坐讀書的習慣，完全破除了。他的這種思想，雖因看不慣明末性理之學的空疏所起的反動，但他的性質卻於他所處的環境及幼年所受的教育很有關係。

習齋名元，字渾然，生於明崇禎八年。他的父親名昶，原籍博野，以貧無聊賴，投入蠡縣某胥吏朱家爲養子，遂爲蠡縣人。在習齋年將四歲時，顏父因與朱翁感情不相融洽，乘清兵入關的當兒亡命遼東，以後不知下落。過了數年，朱翁續配生了一個兒子，待遇顏氏母子更薄，顏母又難安於其家，因此改了嫁。當此之時，先生纔十二歲，所以少年時代是很孤苦的。先生年將弱冠時，朱翁經過一次訟案，家產蕩盡，凡一家生活費用全由他擔負。先生一面讀書，一面耕田種菜，勞苦淬礪，以奉養他的恩祖父母。在這困苦憂患中自然經過很大的磨練，逼得他對於人生社會上另有一種認識。加以幼年時所從的塾師爲一異人——善於騎射劍戟及百戰神機之術，而又以治醫爲生之人。所以在他三十歲以前，性質特殊，興趣屢變，忽而學仙，忽而學醫，忽而學兵，後來又研究理學，到最後纔歸於實用。

習齋先生自二十三歲至三十四歲的十年間，專心研究宋、明性理之學——初喜陸、王，後信程、朱。將他的書屋取名思古齋，自稱思古人，對於程、朱的信仰是極高的。當三十四歲時，遭恩祖母的喪事，從喪禮中感覺朱子家禮之不合人情，由此大悟宋、明性理之學及講學之法皆錯了，皆不是孔、孟的舊說。於是翻然改悔，舍棄宋、明學者的一切成法，直接以孔、孟之學爲學，直接以孔、孟教人之法爲法，把思古齋改爲習齋，特別注重一個『習』字，所以世稱習齋先生。先生教書生活始於二十四歲，當初自然謹守程、朱成法，至十年之後，特標異幟以來，很能引起社會上的注意，所以從遊的人也很多。康熙三十四年，先生已五十七歲，南遊洛陽，與理學諸家開了一次辯論。三十三年，肥鄉郝公聘請主教漳南書院，再三推辭不了，纔應命前往，在這裏即實行他的教法，習樂習禮起來，計劃也很大，但不到半年，因水災之故遂辭職歸里。再過十年，先生乃終老，享壽恰近七十。先生以養子的地位，十七歲取得縣學生員的資格，終身未曾作官，以耕田而兼教書的生活，堅苦奮鬬一生，其教育主張雖在當世特放一異彩，但不再傳而即淹沒，可知習俗之力的偉大。

二　論性質　習齋先生反對宋儒之說有二：一爲性的解釋，二爲講學的方法。我們暫把第二點放在以後討論。先生認性與氣質是一件東西，性固然是善，氣質也是善的。氣質爲二氣四德所結聚而成。二氣即程、朱所謂『氣』，四德卽程、朱所謂『理』卽『性』，是氣卽性之質，性卽氣之理，既說性善，又說氣惡，此乃不通之論。那末，惡是怎樣來的？他以惡是從外面所生的，卽由外面環境的引誘，吾人的感官被牠蒙蔽了，失了正常的作用，於是有惡之名。不過環境之所以引誘，由於氣質之本然力量未曾養得純熟的緣故，否則惡亦引誘不來。先生並以視覺器官及視覺來說明氣與性之關係，有一段話解釋得極好：

『譬之目矣，眶皰睛氣質也，其中光明能見物者性也。將謂光明之理專視正色，眶皰睛乃視邪色乎？余謂光明之理固是天命，眶皰睛皆是天命，更不必分何者是天命之性，何者是氣質之性。只宜言天命人以目之性光明能視，卽目之性善；其視之也，則情之善；其視之詳略遠近，則才之強弱：皆不可以惡言。蓋詳且遠者固善，卽略且近者亦第善不精耳。惡於何加？惟因有邪色引動，障蔽其明，然後有淫視，而惡始名焉。然其為之引動者性之咎乎，氣質之咎乎？若歸咎于氣質，是必無此目而後可全目之性矣，非釋氏六賊之說而何』。（存養編）

先生後來並以衣水及牆壁等實物來比喻性與氣質之關係，總不外認氣為性之體，性為氣之用，二者實是一物，原來皆善，惡是後來習染一類的話，我們勿庸多引。至於宋儒『學以變化氣質之說』，他也認為有毛病。氣質既然是善的，何用變化。所謂『變化』二字，只可當着培養解釋，將嫩濯的氣質培養到壯盛，將枯槁的氣質培養到豐潤，如『德潤身睟面盎背施于四體』一樣。若謂『變化氣質之惡以復性』，乃是不通之論。譬如衣服謂之氣質，蔽體禦寒等作用謂之性。衣服原無汚穢，後來所着汚穢，當然是由外面染上的，教育不過洗濯後來所染的汚穢，於衣之本質毫無變化，當不難明了。

三　習行主義的教育論　宋、明諸儒既以氣質爲惡，所以全部的教育都在變化氣質上面做工夫，這種工夫又偏於講論，所講論的不外性命之理。性命之理勿論講得如何通透，終是鏡花水月，難以捉摸，卽有所捉摸不過高談元妙而已，於實際生活無關，結果盡教成一班無用之腐儒。習齋先生的教育宗旨是要造成全體大用的通儒，這種人材，五官健全，氣象活潑，能耐勞苦，具有實在學力而能實用的。吾人要培養這一等人材，須一洗宋、明理學家的陋習，直接模倣周公、孔、孟的教法。所謂周公、孔、孟之教重實習，不重講論；重力行，不重涵養；重活動，不重靜坐；卽或有所講論，也只可以講明性命之作用，不能講論性命之理由。所謂性命之作用，卽詩書六藝之類。詳細些說，性命之作用卽堯、舜之六府三事，周公之三物，孔子之四教，及兵、農、錢、穀、水、火、工、虞一類的知識。總之應以社會國家實用的知識爲教材，教學生如何習行，在習行的進程中遇着不懂時纔加以講說，所講亦不過佔習行的時間十分之一二。以這樣爲教，注重一個『習』字，體格也鍛鍊了，氣象也活潑了，知識又切實，自然能够教成一般有用的通儒。先生關於教育很有價值的一段話，我們寫在下面：

『僕妄謂性命之理不可講也，雖講人亦不能聽也，雖聽人亦不能醒也，雖醒人亦不能行也。所可得而共講之共醒之共行之者，性命之作用，——如詩書六藝之類而已。卽詩書六藝亦非徒列坐聽講，要惟一講卽教習，習至難處來問，方再與講。講之功有限，習之功無已。……惟願主盟儒壇者，遠溯孔、孟之功如彼，近察諸儒之效如此，而垂意於習之一字，使其爲學爲教，用力於講讀者一二，加功於習行者八九，則生民幸甚，吾道幸甚』。存學篇

先生一方面提出自己的主張，一方面攻擊宋、明諸儒的教法。他說，『宋、元來儒者卻習成婦女態，甚爲可羞，無

事袖手談心性，臨危一死報君王，卽爲上品矣』。存學篇這都是看不慣明末王學末流的空疏，而發此過激之論的。先生謂卽或講性命之理也當放在作用之後，若先講理而後講作用，未免難易倒置，於教育原理不合。卽先把性命之理講懂了，後來亦無法教以六藝之術，一因爲自以爲高明不肯作此瑣繁事，二因強不知以爲知，三因筋骨已嬌脆，亦不能日日習禮習射了。最後他以學琴一事爲譬，更見明快：

『譬之學琴然，詩書猶琴譜也，爛熟琴譜，講解分明，可謂學琴乎？故曰以講讀爲求道之功，相隔千里也，更有一妄人指琴譜曰「是卽琴也，辨音律，協聲韻，理性情，通神明，此物此事」，譜果琴乎？故曰以書爲道，相隔萬里也』。存學篇

所以先生於宋儒中只取胡安定，以安定分科設教重實學不重空言。至於教育目的，仍是學爲聖人，所謂『全體大用之儒』，就是『聖人的本領』，沒有新意。

四　教法　先生旣以習爲學，所以平日教諸生也特重一個習字。所習的什麼？年齡幼小的，教他們學習灑掃、應對、進退等儀節；年齡較大的，教他們分日習禮、習樂、習射、習御、習書、習數，此外所要研究的，不外兵、農、水、火、錢、穀、等類有用的知識。假如我們走進習齋去參觀，架上所布置的不是性理大全，是詩書六藝之書；室內所陳列的，不是太極八卦圖，是琴瑟管絃及弓箭之類；師弟所演習的，不是瞑目靜坐，是進退揖讓，或歌謳舞蹈一類的動作。雖然不脫一套古禮，但總呈一堂活潑氣象，有威有儀，比較宋、明理學家之靜的教育有價值多了。在他四十一歲時，因門人來學的逐日增加，訂了一個教規，共計二十一條，可以分着五類。第一類關於道德方面的有四：（1）孝父母，（2）

敬尊長，（3）主忠信，（4）申別義。第二類關於品格方面的有三：（1）禁邪僻，（2）愼威儀，（3）肅衣冠。第三類關於課業方面的有九：（1）勤赴學，（2）重詩書，（3）習六藝，（4）敬字紙，（5）習書，（6）講學，（7）作文，（8）六日課數，（9）戒曠學。第四類關於社交方面有五：（1）行學儀，（2）序出入，（3）輪班當值，（4）尙和睦，（5）貴責善。內中所要注意的有二點：關於課業方面分講與習兩類，每日講說兩次，習字一次，六藝則分日學習。『輪班當值』一條，即服務之意，如灑掃、汲水、燃火一類的事務，多半由十五歲以下及程度較劣的學生充當。但勿論何人，如犯了過失，則罰令做這些小事，又寓有懲罰之意。先生又以當世社會所通行的兒童教科書——三字經開章便說『人之初性本善』，是宋儒所編，不合兒童之用。他自己寫了一部三字書，囑他的門人李恕谷押的韻，——共有一百二十七韻三百五十一字。他的全部教育主張，皆包含在這裏面，雖然比較淺近切實，但完全返乎周、孔之古，沒有新的發明。

第五節　李恕谷(1659——1733)

一　生活小史　習齋有高第弟子二人：一爲李恕谷，一爲王崑繩。崑繩名源，工於文章，性情恢奇，歸於游俠一流，於教育方面毫無表現。恕谷名塨，字剛主，生於河北蠡縣，是最能遵守習齋家法的一個人。他的父親明性，是明朝的諸生，極講孝道，世所稱『孝慤先生』。習齋也是一個純孝子，孝慤晚年認識了他，所以把自己的兒子拜他爲老師。恕谷生於順治十六年，兒童時已受了很好的家庭教育，拜習齋之門已是二十一歲了。二十三歲即在家中開設私館，教授生徒，二十七歲時始往京師講學，三十二歲中了順天府的鄉式，以後仍舊繼續他的教授生活。他的性情也是特殊，忍苦耐勞，差不多與他的老師一樣。家中雖極貧困，但不肯做官，於講學之外往往兼務農、行醫以維持生活。他也很善於耕稼，領了他的妻妾子婦在田中一齊耕作，有時收穫雖豐，他們的用度還是極其儉約。到六十歲纔做了通州學正一點小官，做了兩個月就辭職歸家了。在中年時，李氏遷居到博野，一方爲習齋建祠堂，一方在那裏收召後學，所以他在博野的時間很長。但他的學問很博雅，所從教師很多，不止習齋一人，不過以習齋之學爲主要，他的教授方法及對於教育主張，完全採取習齋的。他活了七十五歲，卒於世宗雍正十一年。平生著作很富，關於教育方面的，有大學辨業四卷，聖經學規二卷，小學稽業五卷，及論學雜著數篇。

二　講學大要　李氏講學完全遵守習齋的家法，重實用，重習行，對於朱、王兩家一律反對，尤其反對王學。他反對朱、王之說有兩點：一謂他們的太極、良知等說過於虛想，不切實際，且沒有事實證明，不足爲憑；二謂專主靜坐讀書，既與社會隔絕，又失了活潑氣象，結果養成一個無用的白面書生而已。關於第一點，他以畫鬼與畫馬來比喻：

『管廷耀問學。予曰，畫家言畫鬼容易，畫馬難，以鬼無質對，馬有證佐也。今講河洛太極者，各出心手，圖狀紛然，而致良知者又猖獗自喜，默默有物，皆畫鬼也。子志於學，子臣、弟友、禮樂、兵農，亦畫馬而已矣』。（李氏遺書論學）

關於第二點更有很沈痛的話：

『耽志讀書，則不嫖不賭耳，非聖賢專以讀詩書成也。讀閱久則喜靜惡煩，而心板滯迂腐矣。……可知學文不專書册，而謂解書册不足言學矣。故起誚者之口，曰白面書生，曰書生無用，曰林間咳嗽病獼猴，而謂誦讀以養

心誤矣』。（恕谷後集與人論讀書）

由這二點看來，李氏是不以專門讀書爲學問的，反對靜坐反對性命良知等說的，他是要以習行爲學問，講學有證據，讀有用的書做有用的人。古人教人爲學只是教人如何做人，如何做事，以期爲世大用；乃朱、王一般講學者，注重誦說，提倡靜坐，結果造成一般無用的病夫，吾人負有教育後生的責任，所以應當力闢朱、王以挽此頹風。按李氏所說較習齋更爲激烈，可惜仍舊是『法古』，沒有新闢的精神。

關於他自己學習的訂有課表三種：一種訂於二十三歲，名『一歲常儀功』，即周歲學業自課表。內容在分日習六藝：一日習禮，三日習樂，五日習律，七日習數，九日習射。一種訂於二十四歲，名『日課』，即身心自修表，共列十三條，大要關於言笑坐立及性情方面的修養。一種訂於二十九歲，纔是眞正日課，即『每日三分商治道，三分究經史，三分理制藝，一分習醫，而以省身心爲之主』。（均見年譜）

關於教學生學習的，亦訂有三種：一種訂於康熙二十年，名『修學規』，共計十八條，與習齋所訂教規大同小異。一種訂於雍正元年，名『爲學課程』，只有五條，是應一位學生的請求而訂的。一種名『恕谷學教』，是最普通的一種教規，他自己說此教規是斟酌習齋的修改而成，所以共計十七條，也是大同小異。

關於教材，李氏自編了兩種：一種是爲小學生用的，名小學稽業；一種是爲大學生用的，名聖經學規。這兩種書頗有價値，井井有條，逐步漸近，比較習齋進步多了。小學稽業共分五卷：第一卷爲小學四字韻語，彷彿概論。第二卷共分八段，即食食能言、六年數數方名、七年別男女、八年入小學教讓、九年教以數日、十年學幼儀、一切日常生活的知識。第三卷爲『學書』，第四卷爲『學計』。第五卷又分三段，：即學樂、誦詩、舞勺、——關於十三歲兒童的學程。聖經學規分着二卷：第一卷有論語學規三十九條，中庸三條，孟子十一條；第二卷有尙書三條，易經一條，詩經一條，周禮八條，禮記九條。每條錄取關於論學的經文，下附以自己的解釋，意在以三代以上的聖人求學教人法則作爲榜樣，以開示學者。

本章參考書舉要

(1)南雷文案
(2)明夷待訪錄
(3)亭林遺書
(4)日知錄
(5)顏李遺書
(6)李恕谷集
(7)淸儒學案的各家本案
(8)先正事略的各家本傳
(9)淸代學術概論——梁啓超

第四十章　清代教育家及其學說(二)

第一節　概論

考證學啓蒙於康熙初年，到乾隆時而大盛。由乾隆而嘉慶，由嘉慶而道光，這三朝一百多年，由政府的蓄意提倡，出利祿的有力驅使，加以二三宿學爲之推動與宣揚，風氣所播，上下成習，雖荒村學究，莫不談經服古，這一學派於是佔了學術界的全面積。開山老祖爲崑山顧氏，繼續努力的有太原閻氏、德清胡氏，至長洲惠氏、婺源戴氏，遂集此學之大成。這一學派，人材太多，若是一一敍述，殊嫌重複，且有些於教育史上無大關係；所以我們拋開啓蒙時期，逼直從全盛時期敍起。在全盛時期，也只取長洲惠氏及婺源戴氏兩系爲代表，嘉定王、錢二氏介於惠、戴兩系之間，略與惠氏接近，合計十八，其餘一概從略。惠氏一系，絕對墨守漢儒家法，對於宋、明理學，——勿論程、朱、陸、王——一概攻擊，可稱做純粹漢學家。戴氏一系，於漢學的成績雖較惠系爲大，但於理學只攻陸、王之空疏，並不反對程、朱，且對於朱子的淵博處表示相當的崇拜。尤其居考證學派的盟主地位的戴東原氏，於性理學且有嶄新的發明，透澈的了解，力反宋、明理學家的陋說，而自闢一種『戴氏哲學』，影響於教育思想方面頗爲偉大。這一學派雖自命爲實學，其實大家的精神完全消磨在故紙堆中，於實際生活毫無關係。他們性情尚多耿介，行爲亦多狷潔可風，雖多涉獵過政治生涯，但皆以講學著述爲本業，對於誘掖後進，鼓動風氣，個個皆具有相當的熱心，所以吾人也可以教育家稱他們。至於他們一般人所貢獻於教育上的，除戴氏外，沒有什麽教育理論，卻在於他們的研究方法。他們所研究的對象雖然不能純屬於科學，但他們確實採用的科學方法。這種方法的唯一條件要『客觀』，在客觀的條件之下，須有證據、有比較、有綜合，纔能由假說而成爲定論；且要能自樹立，能自闢新境，不爲成見所拘，不爲陳說所囿，纔有價値。考證學派在學術方面所以奏空前的偉績，全賴有這種方法與精神；這種方法與精神，實給予後來研究學問者以許多啓示，與宋儒空談『玩索』或『體驗』者完全兩樣。

第二節　吳中惠氏

一　緒言　惠氏先代本爲甘肅扶風人，在南宋初年，隨高宗南遷，定居於浙江湖州；再傳五代，又遷於吳縣，遂爲江蘇籍了。他們屢代以經學名家，卽以經術爲教授，頗有漢代經師家的遺風。開始以經術教授者爲樸菴先生，由樸菴先生一傳到元龍，再傳至天牧，三傳至定宇，官階以元龍天牧二代爲盛，而經學到定宇則更達於精深。樸菴名有聲，尙爲明時人，是一個歲貢生，以九經教授於鄉里。元龍，名周惕，一字研溪，已爲清代人物了。他在清廷已取得庶吉士的資格，本可以位至列卿，祇以不習滿洲文，僅作了幾任知縣完事，可算倒霉。但以少傳家學，長又師事徐坊江琬諸人，又遍遊四方，與當代名士往還，所以學術日進，很有著述。由元龍而傳至其子若孫，則惠氏經師家之門戶乃屹然高聳。

二　惠士奇　士奇先生字天牧，自號半農居士，生於康熙十年，卒於乾隆六年，活了七十一歲。自公元一六七一年至一七四一年十二歲便善詩，二十一歲補了博士弟子，三十八歲始成進士。在成進士以前，學問已有深造，凡六藝九經諸子及史漢等書莫不博通。三十八歲以後，屢主文衡，而以在廣東成績最大，聲名亦由此雀起。拜廣東督學之命，他已四十九歲。在廣東提督學政任內，消極方面以廉潔自誓；積極方面，以經學爲提倡。提督學政的職權，在管理一省教育行政，兼司考試；而先生以提倡學術獎掖後進，開化地方爲己任，頗具教育家的精神。（註一）到任之日，卽頒布教條，以九經爲主要教材，凡諸生來學能背誦五經及背寫三禮左傳的，皆給以獎勵。三年之後，粵東士子棄時文而專攻經術的日多，明學空疏之病爲之一掃。在職六年，培養的人材不少，當地人士也至爲感戴；所以於他離開廣東之後，留下了不少的去後之思。

（註一）（錢大昕惠先生傳）先生嘗言漢蜀郡僻陋，有蠻夷風。文翁爲蜀守，選子弟就學，遣儁士張寬等東授七經，還以教授。其後司馬相如、王襃、嚴尊、揚雄相繼而起，文章冠天下。漢之蜀猶今之粵也，於是毅然以經學倡。

三　惠定宇　定宇先生名棟，號松崖，是天牧的次子，是惠氏家學之大成，是淸代漢學家之泰斗。但僅以縣學生員終老林泉，一生以私人講學爲業，門生弟子遍東南，又是一位純粹的教育者。先生生於康熙三十六年，二十歲頃補了諸生，二十四歲隨天牧於廣東官所。天牧講學粵中，門徒濟濟，而以蘇珥、羅天尺、何夢瑤、陳海六爲高才生，稱惠門四子。這四人與先生爲莫逆交，但論到學問該洽，則皆自以爲遠不及，蓋此時先生的學業已有很大的成就。惠氏屢代傳經，家中藏書甚富。先生既生長在這饒有書味的家庭，而又天性篤志好學，所以有這樣偉大的成功。在幼小時，自經史諸子百家雜說，以及釋道二藏等書，無不窺閱，着意探討；五十歲以後，纔爲專門的研究，以經術爲本務。經術之中，以易經一門學力尤邃，所著周易述一書，盡三十年的精力，易稿四五次，猶不許爲定本。這種研究的精神殊足以令吾人欽佩。惠氏雖以屢代科甲出身，兩世入詞館，但天牧以晚年遭譴，罰令毁家修城；所以到先生時，家境已極貧寒了。先生雖『凝重敦樸』，或亦感於淸廷之喜怒無常，所以不問世事，寧守淡泊，專門以著述講學寄託其精神，較爲閑逸。但他所講爲專門漢學，與漢代經師家的興趣同樣，全在故紙堆中討生活。平生著述頗多，雖對於古書的眞僞若辨黑白，古書的意義有新解釋，其探討闡發之處，全具科學的精神；但對於學理方面絕少貢獻，且評斷是非，全以古今爲標準，似若凡漢儒以上所說皆是對的，不免有些偏狹之見。但惠門弟子傳其學業有成的很多，即王鳴盛、錢大昕、戴震諸人亦曾執經問難，則惠氏家學之影響於當代學風，蓋亦不小。（註一）先生一生未嘗遠離家鄉，只晚年赴北京一次，及應兩淮鹽運使的聘請往邗上講學一次。至乾隆二十年去世，享年六十有二歲。

（註一）（王昶惠先生墓誌銘）先生生數千載後，耽思旁訊，探古訓不傳之祕，以求聖賢之微言大義，於是吳江沈君彤，長洲余君仲霖、朱君楷、江君聲等先後羽翼之，流風所煽，海內人士無不重通經，通經無不知信古，而其端自先生發之，可謂豪傑之士矣。

（漢學師承記卷一）至本朝三惠之學盛於吳中，江永、戴震諸君繼起於歙，從此漢學昌明，千載沈霾，一朝復旦。

四　惠門弟子

惠氏受業弟子，以余蕭客江聲爲最知名。余氏字仲林，別字古農，爲吳縣人。狀貌奇偉，頂有二肉角，疏眉大眼，口侈多髯，如執革。性情亦極特別，負有奇才，而終身不得志。幼年受母氏的教育，以家貧不能買書，爲一書店主人所賞識，贈以許多經史，因此更引起其讀書的興趣，閉戶潛修，博覽羣書。年二十二歲，受業於松崖先生之門。後來設館於同縣朱氏之家，朱家藏書極富，因得遍讀四部之書，學業由是益博。嘗往元妙觀閱道藏經，往南禪寺閱佛藏經，日夜誦習，精神虧損太甚，雙目爲之失明，然已著述不少了。目力既失，不復能著述，乃以經術教授鄉里，閉目口授門徒極盛，時人稱爲『盲先生』。

江氏字鱷濤，後改叔澐，與余氏爲同鄉。少時與其兄震滄同學。即對於古文尚書有懷疑，中年師事松崖先生，得讀所著古文尚書考及閻氏古文疏證，乃知古文及孔傳皆晉時人僞作。於是集漢儒諸家之說，成尚書集註音疏一書，其所發明往往爲閻、惠二人所未及。性情耿介，不慕榮利，終身不爲括帖事，以著述講學老其身。在晚年，自以性情不與世俗合諧，取艮背之義，自號艮庭，學者稱艮庭先生。

第三節　江永(1681——1762)

清代考證學的盟主，應推婺源戴氏；而戴氏底學問多半出於其同鄉江氏。清之江、戴，與漢之馬、鄭，同以師弟而皆爲一代經師大儒相距一千五百年間，而有此後先相輝映的一對人物表現於中國寰宇內，確是教育史上的一種特色，但江氏的學力超過於馬氏，戴氏的學力亦超過於鄭氏。戴氏不僅爲一代經師，且富有創造的思想，於學理方面很多貢獻；而江氏對於宋學亦有極深的淵源，他們實兼考據與義理爲一的一代學術界的巨子，則前賢應當讓後生了。

江氏名永，字愼修，是安徽婺人。平生著作滿家，約計近二十種，凡有一百七八十卷。史稱他『讀書好深思，長於比勘，於步算鍾律聲韻尤精』。（先正事略及戴震江先生傳）先生對於周、秦以前的禮制，用力很深，仿照朱子儀禮通傳經解編了一部禮書綱目，凡八十八卷。又集註了朱子底近思錄十四卷，自謂此註是此錄的牡鑰。先生生長在朱子的原籍，對於本鄉先賢不免有很深的印象，他平日未曾攻擊過宋學，這兩部書就是他底理學的表現，也許暗示自己爲朱子的繼述者——我們在他自序這兩部書裏頭的語氣，可以發覺出來。

先生總算是一個貧窮的教育家。平生未曾有過政治生活，自二十一歲補縣學生員，至六十二歲始充歲貢生，而竟以此終老。在諸生時代，卽從事於私人講學生活，於自己家鄉私設講壇，一面著書，一面授徒，既不問外事，而亦沒有問事的機會。（註一）終身在教育方面討生活者垂六十年，開皖系學者之先河；至於性情的恬淡，行爲的謹練，比較馬氏誠超人一等。先生生於康熙二十年，死於乾隆二十七年，享有八十二歲的高齡。

（註一）〔先正事略本傳〕爲諸生數十年，鍵戶授徒，束修所入盡以購書，遂博通古今，尤專心於十三經註疏，自壯至老，丹黃不去手。

第四節　戴東原（1723——1777）

一　生活小史　戴氏名震，字東原，少於他底老師江氏四十一年，當他往從遊時，江氏已是六十一歲的老人。戴氏與元和惠氏齊名，而其學力實超過於惠氏。（註一）戴氏所生的環境遠不及惠氏，惠氏世承家業，研究容易；戴氏底學業有同崛起而成就這樣的偉大，總算是豪傑之士了。戴氏又是個奇人，生到十歲纔能言語，但一讀書則過目不忘。善於推究，一字不得其義不肯放手。此時讀大學章句，卽以大學的作者一問難住了他底塾師。十六七歲卽有志於聖賢之學業，已博通羣經。但他所謂聖賢之學與宋儒不同，他是要從聖賢遺下來的制度名物裏面去研究，以求所謂『聖賢之道』——關於這一點可從他的年譜及鄭學齋記中看出來。（註二）戴氏一生研討與講學，皆不超乎這條門徑，不僅戴氏，凡淸代考證學家也多半遵守這一門徑，這是本期的一種特別學風，此時名物度數以及訓詁音韻等專門學科所以特放異彩，原因在此。他的考運不佳，二十九歲始補縣學生，四十歲始領鄉薦。領鄉薦以後，屢次會試不中，直到五十三歲，蒙高宗的特視，許與會試中試者一體殿試，賜以同進士出身。但他底學問久已名滿天下，在五十歲以前，即以舉人的資格被召充四庫館的纂修官。成進士不久，以用心過度，積勞成病，乃於乾隆四十二年死於官所，享年僅五十五歲，可謂學術界的一大損失。戴氏除在京師四庫館當纂修官外，一生以講學爲業，凡北京、山西、揚州、邵武以及其家鄉，皆有其講學的踪跡。及門弟子較惠氏尤多，而以金壇段氏、高郵王氏爲最著。一生著作宏富，以原善及孟子字義疏證二書爲發表其哲學思想的創作，關於他底教育理論，我們也從這裏面搜討出來。

（註一）（梁啓超淸代學術概論第二）惠戴齊名，而惠尊聞好博，戴深刻斷制；惠僅述者，而戴則作者也。受其學者，成就之大小亦因以異，故正統派之盟主必推戴。

（註二）（東原文集鄭學齋記）不求諸前古賢聖之言與事，則無從探其心於千載下，是故由六書九數制度名物，能通乎其辭，然後以心相遇。（東原年譜）先生嘗曰：『經之至者道也，所以明道者詞也，所以成辭者字也。必由字以通其詞，由詞以通其道，乃可得之』。又曰：『僕自十七歲時，有志聞道，謂非求之六經、孔、孟不得，非從事於字義制度名物，無由以通其言語，宋儒譏訓詁之學，輕語言文字，是猶渡江河而弃舟楫，欲登高而無階梯也。

二　性理新解　戴氏之所以偉大，不僅在其精審的考證，尤在於其創獲的哲學思想。他底哲學思想，於其原善、論性、孟子字義疏證等篇中，及與當代學者往還的信札裏面，反覆辨說的很多；而以孟子字義疏證三卷所說更爲精粹。戴氏原來的意思是不滿意於宋儒『理』字的解釋，後因『理』字以溯及『性』字再因『性』字以推廣到『理』和『欲』字；於是『情』『才』及『善』等類的字，凡關於千年來理學的公案，莫不重行解釋一番，組成很自然的人生哲學。我們在此地，還是按照舊樣，以『性』字爲綱領，逐一敍述於下。他說：

『有天地然後有人物，有人物於是有人物之性。人與物同有欲，欲也者性之事也。人與物同有覺，覺也者性之能也。事能無有失，則協於天地之德理至正也。理也者性之德也』。（原善卷上）

『性者分於陰陽五行，以爲血氣心知品物，區以別焉。舉凡既生以後，所有之事，所具之能，所全之德，咸以是爲本，故易曰成之者性也』。（孟子字義疏證卷中）

『人生而後有欲，有情，有知，三者血氣心知之自然也。給於欲者聲色臭味也，而因有愛畏。發乎情者喜怒哀樂也，而因有慘舒。辨於知者美醜是非也，而因有好惡。聲色臭味之欲資以養其生，喜怒哀樂之情感而接於物，美醜是非之知極而通乎天地鬼神。……是皆成性然也』。（義證卷下）

由這三段話看來，凡人與物皆本陰陽五行以成，陰陽五行卽天地。人物受生之初卽有人物之性，性是與生俱來的。性是所以區別人與物或人與人之品類的命名，與人物的本身是同一的，非自別於人物而另有一物。人物有血氣心知，卽有血氣心知之性，凡人物本身所有之內容卽其人物之性。人生有『欲』，有『情』，有『知』，這三樣全是人底本性。欲是性之『事』，表現於聲色臭味。情由欲而生，也是性之『事』，發而爲喜怒哀樂。知又名『覺』，是性之『能』，可以判斷美醜是非。欲情知三樣可歸納爲事和能兩種，這兩種全是人底本性，是自然有的。欲和情是通於耳目百體的，知是通於心的。通於耳目百體者而能順其自然，謂之『其事無失』；通於心者而能達於必然，謂之『其能無失』。事能沒有差失，則可與天地之德相協和，謂之『性之德』，此卽吾人所謂『理』。故理並非一種特殊東西，凡事物之有秩序、有條理者卽謂之理。事能沒有差失，卽知情欲三樣皆能得其中正而爲有秩序的合於常道的表現時，則謂之合於理。凡事與能全是自然的，謂之血氣心知之性，凡德是必然的，謂之天地之性——天地之性爲血氣心知之性的中正者，其實是一物。我們可列表於下：

第十二表　東原性理新解

欲……聲色臭味 }
情……喜怒哀樂 } 血氣……事 }
知……美醜是非……心知……能 } 血氣心知之性……自然
理（義理）……德……天地之性……必然（←自然）
（事能無失）

血氣心知之性既屬於自然，內中所有情欲等事也是人生自然的。凡人生自然有的，必是人生之所需要的；凡人生所需要的，決不可遏止或消滅，所以情欲不得謂之私，更不得謂之惡。吾人所以與禽獸不同的，有兩種本能：一爲『恕』一爲『節』。凡我所欲的同時必要推及他人與我有同欲，謂之『恕』。既推及人與我有同欲必要節我之欲，以從人之欲，謂之『節』。既能恕，又能節，則情得其平，而社會得以安寧，是爲依乎天理。（註一）情欲既能依乎天理，『強恕而行』，『有節於內』，由「自然」以達於「必然」，使人人各遂其欲，各得其情，此孟子之所謂『人之性善』，爲戴氏所折衷的。換一句話，凡情欲能與天下人共同的，則謂之善。吾人底情欲既能依照天理，——既恕且節，必能夠與天下共同。這種共同之心，就是人底本性，所以他又說：

『善以言乎天下之大同也。性言乎成於人人之舉凡自爲，性其本也。所謂善無他焉，天地之化，性之事能，可以知善矣』。（原善卷上）

『人有天地之知，能踐乎中正，其「自然」則協天地之順，其「必然」則協天地之常。孟子道性善，察乎人之材質所自然有節於內之爲善也』。（讀孟子論性）

由這樣看來，人性之所以爲善，一方以牠所具之情欲不是壞的，一方又有依照天理節制情欲的本能。不過吾人因所處環境不良，或材質較差，難免有任情縱欲的行爲——過量的發泄；於自己有過量的發泄，於他人則有侵略的行動，這樣纔謂之惡了。所以『善』非別物，乃情欲之適當的發泄，——依乎天理；『惡』非別物，乃情欲之過量的發泄，——縱乎人欲。最良的教育，在『通民之欲，體民之情』，（與某書）使人人各遂其欲，各達其情；如有過量時則設法爲之節制，以達到孟子『養心莫善於寡欲』的程度。但節制時至多不過至於『寡』，切不能說『無』，更不可言『滅』。『無欲』與『滅欲』，是宋儒援釋氏的陋說，違反人情，戕賊人生的意義，更非天理了。

欲與覺爲性之事能，屬於血氣心知之性，一般人所謂『材質』。理爲性之德，屬於天地之性，一般人所謂『理義』。所以性之內容是包含材質與理義兩種而言的，心要兼材質與理義纔可以言人性之全——戴氏是這樣主張的。所以他說，『古人言性，不離乎材質，而不遺理義』。（讀孟子論性）戴氏言性多半折衷孟子底說法，不僅對於宋儒的見解不肯同意，即對於告子與荀子二人的言論亦表示反對。他說：

『凡違乎易、論語、孟子之書者，性之說大致有三：以耳目百體之欲爲說，謂理義從而治之也；以心之有覺爲說，謂其神沖虛自然，理欲皆後也；以理爲說，謂有欲有覺，人之私也。』（原善卷中）

由第一說，所以產生荀子的『性惡論』來；由第二說，所以產生告子的『性無善無不善論』來；由第三說，則爲宋儒『性卽理』的根據。戴氏以爲這三說全錯了。材質由陰陽五行而成，卽性所由別，乃性之事與能；離了材質就沒性了。事能沒有喪失其本然之德，卽爲理義，理義乃事能之中正者，材質之全德者，人心之同然者，遺了理義則性亦不全。所以必該兩種，纔可以言人性之全。告、荀二家之所以錯，乃遺理義而主材質；宋儒之所以錯，乃遺材質而主理義，均與孟子所說不合。

人性既然是善的，所有人類之性相同不相同呢？戴氏謂人性雖善，只能相似不能相同，不過人與人的差異較小，人與物的差異較大。所謂『人與物成性至殊，大共言之者也。人之性相近，習然後相遠，大別言之也。凡同類者舉相似也』。（字義疏證卷中）人與物同由五行陰陽分之以成形，不過人類所稟是完全的，所以其性全；物類所稟不完全，所以其性限於一曲。但人性於全之中也有智愚、厚薄、清濁的不等，往往限於一曲，不過可以由教育的力量使不全者變而爲全，此人類所以較所有其他有生之物爲優秀。

總之，戴氏承認人性是善的，是包含材質與理義而得其全的。理義乃人性之『必然』，不是勉強加入的；情欲乃人性之『自然』，不可以罪惡看待的。理不是如宋儒所說『具衆理而應萬事』之理，凡順乎人情的就謂之理，凡事得其條理的就謂之理。理義爲人心之所同然，但牠是客觀的判斷，不是如宋儒以一己的意見爲理。理亦不是與欲相對的，牠是與欲並行的，欲之有節而得其中正者就謂之理。天理不是人欲的反面，牠是自然的條理，牠是順乎人情的人欲，故人欲之順者就是天理。由以上種種看來，戴氏所說雖有許多折衷孟子的主張，但創獲的地方卻也不少，獨闢新解，力反千年來宋、明理學的舊說。尤其對於『理』字的解釋，特別新穎有力，推翻了宋儒『性卽理』的口號，銷燬了他們以『理』字爲殺人的利器，打倒了千年來『天理』二字的權威，在性理方面，在倫理方面，放射一道解放的火花，使吾人讀了頓時頭腦一新。依他的解釋，則人類纔有生趣纔有情味。社會的維繫不是理，亦不是法，全靠着人類生而有的同情心；所以他這種理論的價值，貢獻於思想方面影響於教育原理方面，比較他的考證學大得多了。

(註一)〔孟子字義疏證卷上〕一人之欲，天下人之同欲也，故曰性之欲。好惡既形，遂己之好惡，忘人之好惡，往往賊人以逞欲。反躬者以人之逞其欲思身受之情也，是爲好惡之節，是爲依乎天理。

三　教育的意義　戴氏把性的內容認識清楚了，於是由性以論教育；教育是救人性之偏失的。性之大別分事與能，事屬於欲，能屬於知。欲的偏失爲放縱，知的偏失，爲愚昧；放縱由於私，愚昧由於蔽，這是人生兩大毛病，人之所以不能盡其材，原因在此。所謂『天下古今之人，其大患，私與蔽二端而已。私生於欲之失，蔽生於知之失；欲生于血氣，知生于心』。（孟子字義疏證卷上）救欲的偏失工夫在一『恕』字，引起其同情心使他自節於內，由多欲變而為寡欲，由獨享化而為共享。所謂『去私莫如強恕』，（原善卷下）所謂『君子之教也，以天下之大共正人之所自為』。（讀易繫辭論性）救知的偏失，工夫在一『牖』字，啓發其心知，開通其愚昧，增益其德性，自能使愚者轉變為明，柔者轉變為強。所謂『解蔽莫如學』，（原善卷下）所謂『惟善可以增益其不足而進於智』；（疏證卷上）所謂『學以牖吾心知，猶飲食以養吾血氣，雖愚必明，雖柔必強』。（與某某書）但去私雖在強恕，卻不是如宋儒以消極的工夫克制人欲，他是要用積極的工夫體其情以遂其欲，不過使人人得到一個正軌就行了。解蔽雖在學問，卻不是如記問家只求強記，不求消化，一味生吞梗咽下去，他是要如孟子的培養工夫，逐漸培養，日長月益，自然能使愚者轉明，曲者得全。所以他說：

『苟知學問猶飲食，則貴其自化，不貴其不化。記問之學，入而不化者也』。（字義疏證卷上）

『學以牖吾心知，猶飲食以養吾血氣，雖愚必明，雖柔必強。可知學不足以益吾之智勇，非自得之學也，猶飲食不足以長吾血氣，食而不化者也』。（與某某書）

四　戴門弟子　集清代考證學之大成的戴氏，及門弟子較惠氏底所造亦多宏達，如任大椿、孔廣森、段玉裁、王念孫輩皆為一代碩學鴻儒，而以段、王為尤顯著。段氏金壇人，名玉裁，字若膺，一字懋堂。十三歲為諸生，很受學使尹元孚的知遇，尹氏授以朱子小學，遂有志於學問。二十七歲成進士，二十九歲始在京師入戴氏之門，三十五歲與戴氏往山西，主講壽陽書院。其後兩拜知縣，一在貴州玉屏縣計三年，一在四川巫山縣計九年。四十七歲以後，遂退居家鄉，不復與問時事了，專門講學著述以至老死。平生講求古義，對於小學研究尤精，所著說文解字注一書，最爲膾炙人口。段氏生於雍正十三年，（西曆一七三五年）享年八十有餘。

王氏高郵人，名念孫，字懷祖，學者稱石臞先生。生於乾隆九年，較段氏少九歲。他底父親王安國，官至吏部尙書，以經學而爲名臣；他底兒子王引之，屢官禮部尙書，又以名臣而爲碩學；他自己亦以進士資格官至四品，學問精核且超過他底同門金壇段氏。王氏畢生以著述自娛，於音韻小學及校讐等學無一不精專，創獲之處嘗爲惠、戴二氏所未及。除漢學外，還工於河道水利，前後任治河工程者十餘年，王氏可謂多材多藝之士了。一生歷乾隆、嘉慶、道光三朝，享有九十歲的高齡。

第五節　王鳴盛與錢大昕

一　兩人的傳略　在考證學派中，於惠、戴二系外，有兩人爲我們所不能忽略者，一是王西莊，二是錢竹汀。此二人不僅爲考證學派中的兩個健將，且同屬於極名貴而又很恬淡的教育學者，他們生平的一切，且處處有相同之點，眞是學術史上的一種異觀，令吾人有合敍的必要。王氏名鳴盛，字鳳喈，晚號西莊，是江蘇嘉定人。錢氏名大昕，字曉徵，晚號竹汀，也是江蘇嘉定人。王氏生於康熙五十九年，死於嘉慶二年，活了七十八歲；錢氏生於雍正四年，死於嘉慶九年，活了七十七歲，兩人差不多完全同時，而享壽之大只相差一歲。他們生而穎悟，當兒童時皆有「神童」的稱呼，皆以十餘歲補諸生，皆以二十餘歲領鄉薦，惟成進士則錢氏較早於王氏者數年。他們的官階同至三四品而止，且同居於清要的地位，同主過學政，不過王氏所主學的次數較錢氏稍短罷了。他們底學力差不多沒有上下，但兩相比較，則錢氏所得尤爲該博。兩人皆長於經史，除此以外，王氏兼工詩文，錢氏尤嗜金石文字。史稱錢氏『博極羣書，不專治一經而無經不通，不專攻一藝而無藝不精』，且處處有創獲，不似王氏一意以許、鄭家法爲滿足，可知尤爲健者，所以戴東原稱他爲當代學者中的第二人。

二　兩人的教育生活　王氏教育生活可分着兩期：自三十九歲至四十一歲的三年間，爲第一期，自四十三四歲以後，到老死爲止共三十餘年，爲第二期。第一期初在宮庭裏面充日講起居注，後來被派出京典試福建鄉試，全屬於國家教育生活。自典試福建還朝以後，大概有些恃才傲物，受人攻擊，降了官階，因此不免有些憤懣，不久，巧逢他的母親死了，遂藉故還鄉，不復出山問世。母喪以後，遷居到蘇州，以賣文爲生，深自斂藏，不願與當時貴人往還。但以其名位久張之故，四方學子前來受業的望風雲集，而他底聲望更高了。在此時期中，王氏一面著書，一面講學，粹然爲一代經師大老，而『偃仰自得者垂三十年』。

錢氏教育生活亦可分着兩期：自三十四歲至四十九歲爲第一期，約十五年，自五十歲至老死爲第二期，約三十年。前者屬於國家教育生活，後者屬於私人講學生活。在第一期充過山東、湖南、浙江、河南四省鄉試的主考官，充過會試的同考官，又充任廣東省的學政，且教授過了皇子讀書的。在第二期歷主過鍾山、婁東、紫陽等書院的講席，而以主講紫陽的時期最長，有十六年之久。錢氏較王氏尤爲淡泊，對於教育青年啓迪後進，具有十分的熱心，歸田三十年，門下之士積至二千人，講席之盛可以想像了。

這兩人雖有很長久的教育生活，究竟不是純粹教育家。他們所講授的，不過只在考證學的範圍裏面，對於教育理論完全隔閡，如錢氏以小說爲敗壞風俗，以語錄爲辭氣鄙倍，這一類的話，尤爲可笑。（註一）他們卽有理論也極膚淺，這些地方似難與宋、明學者比較了。

（註一）（潛研堂文集卷十七正俗）小說演義之書，未嘗自以爲教也，而士大夫，農工商賈無不習聞之，以至於兒童婦女不識者，亦皆聞而如見之，是其反較之儒、釋、道而更廣也。釋、道猶勸人以善，小說專導人以惡。……世人習而不察，輒怪刑罰之日煩，盜賊之日熾，豈知小說之中於人心風俗者，已非一朝一夕之故也。有覺世牖民之責者，亟宜焚而棄之，勿使流播。

（十駕齋養心錄卷十七語錄）釋子之語錄始於唐，儒家之語錄始於宋。儒其行而釋其言，非所以重教也。君子之出辭氣必遠鄙倍，語錄而儒家有鄙倍之辭矣。有德者必有言，語錄則有德不必有言者矣。

本章參考書舉要

（1）漢學師承記的各本傳
（2）先正事略的各本傳
（3）耆獻類徵的各本傳
（4）戴氏遺書
（5）高郵王氏遺書
（6）經韻樓集
（7）潛研堂文集

第四十一章　清代教育家及其學説(四)

第一節　概論

本章教育家包着兩派：一爲古文學派，一爲史學派。古文學派自康熙以至乾、嘉，代代有人，雖不能與正統派的考證學家爭雄，而以『文以載道』的口號號召天下，一般青年學子受他們的影響卻也不少。內中，我們特提出方望溪與姚姬傳二人爲代表。另一派爲章實齋，章氏本無所屬，而又不同於其他各派，但因他以史論擅長，我們所以稱他爲史學派。方、姚二氏一生以講學爲業，對於教育理論雖少發表，而其品格高尚，足以表率羣倫，維持風化，在封建社會裏面確是大可稱述的。章氏性情特殊，遭際不佳，一生講學時期也很長。他的思想極其宏通，在教育理論方面，教授取自動主義，學習重在行事，這一類的話頗有價值。不過總不脱離中古時代的思想，對於女子教育，所論太近於鄙陋一點。

第二節　方望溪(1668——1749)與姚惜抱(1731——1815)

一　方望溪　方氏桐城人，名苞，字靈皋，老年自號望溪，學者稱他爲望溪先生。先生生於康熙七年，以世代宦學，讀書很早，年將十歲，五經便能成誦。二十二歲，補縣學生，三十二歲，舉鄉試第一，三十九歲，成進士第四名。一生除兩爲修書總裁，一爲內閣學士兼禮部侍郎約五年外，全在講學期間。他的講學生活，始於二十六歲到老死爲止，差不多有了五十年之久。當康熙五十年先生正四十四歲，以嫌疑逮至京師坐牢一年，釋出之後，留在宮中教授皇子及王子，仍是教育生活。七十五歲，歸老鄉里，杜門著書，而杖履求教的依然不免。先生身體長瘦，目光如電，膽弱的人一見輒生畏憚；但爲人忠厚，一舉一動，皆有禮法。晚年尤好學，每日必有課程，誘導後進，凡有所講說，常娓娓不倦，不愧爲純正教育家的態度。

先生善爲古文，在諸生時代，業已名動京師。他的文章自成一格，『簡而中乎理，精而盡乎事，隱約而曲當乎人情』，品格之高可以上繼韓、歐。嘗以『文所以載道』勉學子，所估文章的價值全看牠的內含有無此種成分。先生爲學，兼治漢、宋，而以程、朱爲宗，不喜陸、王一派的學說，其性情剛直，行爲方正，也爲程、朱學說所陶鑄。交游中有王崑繩、李剛主等人，彼等皆實行主義者，頗菲薄程、朱，嘗與先生作學術的攻辯，其結果卒被先生折服。平日最喜研究三禮，著有禮記析疑、周官集註、春秋通論及望溪集等書。

二　姚惜抱　姚氏名鼐，字姬傳，嘗以自己所住的房子取名惜抱軒，所以學者又稱惜抱先生。先生生於雍正九年，晚望溪六十三歲，也是桐城人。好爲古文，文格與望溪相類，在當時漢學鼎盛時期，他們卻另樹一幟，故世稱他們爲桐城學派。先生不僅文章與望溪相類，其爲學兼治漢、宋，折衷程、朱，及品格高尙之處，無一不類。

先生成進士於乾隆二十八年，時方三十二歲。其後，爲山東、湖南兩省的鄉試副考官二次，爲會試同考官一次，做官至刑部郎中，曾參與過四庫全書館的纂修。但他的性情恬淡，四十三歲以後，卽辭官南旋，專門從事於講學生活。自乾隆三十八年起，主梅花、紫陽、敬敷、鍾山等書院講席者四十多年，門生遍東南，其道德文章之被仰望，如同泰山北斗。當嘉慶庚午，先生年已八十歲，以督撫薦舉，重赴鹿鳴宴。嘉慶二十年，老死於鍾山書院，享年八十五歲。平日講學以『扶樹道教，昌明正學』爲宗旨；所爲文章亦以『載道』爲主；所治經學以闡發義理爲要。嘗把學問分着義理考證及文章三類，此三類各有功用，不可偏廢；所以對於當時考證學者之專求古人名物制度訓詁書數這一類的學問，非常攻難，說他們是玩物喪志。先生著有惜抱軒文集，及經說筆記等書；所編古文辭類纂，尤爲後世文章家所取法。

先生與望溪，平日所論，只關於哲理、倫理的發揮，及學派的分析與文章的作法，對於教育理論殊少貢獻。但他們一生沈埋於教育生活裏面，其品格與行爲亦足以表率後進，較有理論的教育家更足稱述。

第三節　章實齋(1738——1801)

一　略傳　章氏晚姚氏七歲，乾隆三年，生於浙江會稽縣。名學誠，字實齋，在淸代學者中另成一派。他的性質比較特殊：在二十歲以前，好似一個低能兒，讀書騃滯苦無所成；自二十一歲以後，則豁然大開其竅，讀書爲文進展極速，對於史書尤具特別的興趣與慧心。不僅性質特殊，卽一生遭際也特殊。少年久不能志，屢應鄉試不中，在國子監讀書五年，碌碌無所表現，更爲同學所不理。到了三十歲以後，得着祭酒歐陽瑾的特別賞識，章氏的才學始漸爲國人所注意。但此時場屋的機會仍不見佳，再過十年始中鄉試，明年接手成進士，章氏已四十一歲了。成進士以後，依然過他平日的落魄生活，除了講學以外，就是著述。有一次遊河南，中途遇着盜賊，把他四十四歲以前的稿子完全喪失，更覺可惜。章氏自四十歲起，綜計一生講學二十餘年，而以在北方所講時間較久，定州的武定書院、清漳的清漳書院、永平的敬勝書院、保定的蓮池書院、歸德的文正書院，皆有他的足跡。五十三歲以後，由湖廣總督畢沅的聘請，來武昌編修史籍。於筆作之暇，兼以講學，住了五年，給了湖北學子的印象不少。嘉慶六年老死，活了六十四歲。

章氏具有史家的天才，『六經皆史』一句名言，誠發前人未發之奧。有名的文史通義一書，著手於三十五歲，他的全部思想大抵皆包括在這裏面。他是一位思想宏通的學者，平日講學漢、宋兼修，朱、陸並採，對於專攻考證學的戴東原頗有不滿。他又是一位扶持正教拘守禮法的教育家，對於浪漫的袁簡齋格外攻擊。在章氏的著作裏面，關於教育理論的文字很多，我們歸納為兩點寫在下面。

二　教學大意　怎樣謂之學？章氏說：『學也者，效法之謂也』。（文史通義內篇原學上）怎樣謂之效法？章氏又說：『平日體其象；事至物交，一如其準以赴之，所謂效法也』。（同上）為學的目的，在使吾人的行為適當其可，即求合於為人的準則。如何纔能達到這種目的？平居無事時，體會為人的道理；到了處事接物時，則拿平日所體會的與事實相參照，以求得到一個極合理的境地，這就是效法，這就是學。換一句話，所謂學即學做人的意思。至於學做人的方法，章氏分着兩點：一從行事上學，二從誦讀上學。關於第一點，即從日用生活上求個適當其可；關於第二點，即在參考古昔聖賢在日用生活上求個適當其可的法則；而後者又重於前者。但人生稟氣有厚薄，智慧有大小，不能人人皆能自知適當其可的準則，於是教育應此需要而發生。施教者謂之先知先覺。先知先覺者施教時，非教生徒舍己以從人，不過教他們自知適當其可之準；故『教』不過提示之意，提示生徒以能自知自行而已。先知先覺者不僅應有教育個人的能事，且負有教育社會的責任。所謂教育社會即維持風氣之意，此章氏所謂『學業者所以闢風氣也：風氣未開，學業有以開之；風氣既弊，學業有以挽之』。（文史通義內篇天喻）關於兒童教育，章氏不主張示以題目蹊徑，應將利鈍華樸雜陳於兒童之前，令他們自擇。照此辦法，則門徑闊大，兒童纔可自由發揮其個性，而不致為環境所拘牽。兒童讀物，不外經、史兩類。經解先讀宋人制義，兼參以貼墨大義，由淺入深，使兒童易於領受。史論先讀四史論贊，次及晉、宋以後的史論。因四史論贊本着左氏假設君子推論的遺意，詞深意婉，其味無窮，於陶冶性情亦有借助。

三　女子教育　章氏以女子教育的目的與男子不同，是要養成閨門以內的賢妻良母的，所以應該以『靜』為方針，以『禮』為根本。所謂靜即幽閑貞靜之類，能够把受教的女子都養成這種態度，纔是善良的教育，這種女子纔可以做賢妻良母。靜的反面就是動，女子而好動是章氏最反對的，因為好動就失了幽閑貞靜的態度，恐要發生不好的影響。（註一）禮即是禮教，所謂『德言容功』之類。先施以婦德、婦言、婦容、婦功種種教誨，把她們的心思耳目全束縛在這禮教裏面；有餘力，再施以詩文等文字教育，纔無流弊。否則禮教不講，徒在文字上面逞其才華，不僅無益於女子，反有傷於風化。此章氏所謂『學必以禮為本，舍其本業而妄託於詩，而詩又非古人所謂習辭命而善婦言也，是則即以學言，亦如農夫之舍其田而士失出疆之贄矣，何足徵婦學乎？』（內篇婦學）但章氏的『由禮以及於詩』，並非指一般女子而言。他把女子分着兩等：凡生而秀慧能通書的女子，則可由禮以通於詩，其目的可學到班姬、章母一流的女子；如女子生而質樸，則不必多受教育，但使粗明內教不陷於過失就行了。章氏這種論調，仍是中古時代的思想，與他的史論的價值，不可以道里計，所以他還是一個史論家。

（註一）（文藝通義內篇婦學）女子佳稱謂之靜女，靜則近於學矣。今之號才女者，何其動耶，何擾擾之甚耶！

本章參考書舉要

（1）方望溪全集

（2）姚惜抱詩文集

（3）章氏遺書

（4）章實齋先生年譜

（5）先正事略的方望溪及姚姬傳先生事略

（6）清儒學案的方姚兩先生

第六編　初期資本主義時代的教育

第一期　自英法聯軍至中日之戰（1862——1894）

第四十二章　社會之變遷與新教育之產生

第一節　社會的變遷

一　外因　在光緒元年，因臺灣事變，李鴻章上德宗的奏摺有這樣一段話：

『今則東南海疆萬餘里，各國通商傳教，往來自如，麕集京師及各省腹地。陽託和好之名，陰懷吞噬之計，一國生事，諸國構煽；實爲數千年來未有之變局。輪船電報之速，瞬息千里；軍器機械之精，工力百倍：又爲數千年來未有之強敵。外患之乘，變幻如此，而我猶以成法制之，譬猶醫者療疾，概投之以古方，誠未見其效也』。

這一段話，描寫當時門戶業已大開，描寫西人來中國通商傳教已成習慣，描寫各省內地均有外人居住，描寫帝國主義者武器之厲害，描寫他們對中國陰懷侵略的野心；並認定爲中國數千年來從未有過的變局；且知道我們仍若拘守成法決難以應付環境而圖自立，可謂繪影繪聲了。本期確爲中國『數千年來未有之變局』的一個時期；

這個變局開端於一千八百四十年的鴉片之役。在這一役以前，西洋也有教士來我內地傳教，西洋也有商人來我沿海通商，中西文化也時常交換與溝通，但不能使中國數千年來立國的基礎發生影響，不得稱做『變局』。由這一役以後，則局勢大變了。但僅是鴉片之役，不過爲變局的開端，如庭院古樹只被微風吹動了幾片枝葉一般，尚未搖動其本幹。自此以後，接着有英、法聯軍之役，一八五八年及一八六〇年接着有天津教案之起，一八七〇年接着有伊犁事件之發生，一八七一年接着有臺灣之變，接着有馬江之亂，五十年來東西帝國主義者接二連三的相逼而來，使中國人受着空前沒有的撼動。這種撼動，如同狂風猛雨，四面攻打，把豎立數千年的古樹振撼得差不多至於傾斜，於是中國局勢從此大變了。第一、爲心理上的變動，第二爲物質上的變動。在心理方面，從前以天朝自居的，現在知道海外還有強國，他們的武力實在比較自己厲害；從前以文明自詡的，現在知道列強的科學進步實足驚訝，須當降心相求；從前只知受四鄰朝貢的，現在卻被敵人攻打了，更當講求抵禦的方法。在物質方面，從前抱守閉關主義的，現在因被迫而開放門戶了：從前以農業立國的，現在要講求商業政策及工業製造了；從前以國內自足經濟爲生活的，現在要與全世界發生經濟關係了。由心理的變動，允許西人來內地通商傳教，容納西洋的科學知識，模倣列強的新式武器，因以促成產業的進步。由物質的變動，商業經濟逐漸替代了農業經濟，科學製造逐漸戰勝了八股詞章，昔日荒村野港，今已變爲繁盛市場，因以促成思想的發達。因外力的壓迫，打動心理，推進物質，而心理與物質又交相影響，於是演成了本期今日之社會，這是一個什麼社會？本期社會是由數千年以農業經濟爲基礎的封建社會變成以商業經濟爲主要的商業資本主義社會，此李氏所以驚爲『數千年來未有之變局』。

二　內因　本期社會之變遷，除了列強以武力及經濟的壓迫所造成之局勢外，還有內因存在。內因有二：一爲人口的增加，二爲內亂的迭起。滿淸自康熙大帝建設帝國以來，歷雍正到乾隆三朝，一方培養國內的實力，一方向外面發展，經一百餘年的休養生息，於是人口一天增加一天。據宣統年間的統計，在康熙五十年，僅有人丁二千四百六十餘萬，即有人口一萬三千五百四十餘萬；到了乾隆四十年，則有人口二萬五千六百萬了，已增加二倍以上；到了道光二十二年，則有四萬一千四百餘萬了，較乾隆四十年差不多又增加二倍。（國風報第九號中國人口問題）人口這樣突飛的增加，於是發生兩件事情：或是移殖，或是內亂。東南各省的人民，自明末以來，即有紛紛向海外移殖的事實——大半移殖在南洋羣島。到淸朝中葉，因人口的蕃滋，移殖運動更形發達。這個時期，移殖分兩條路線：一向東南，仍往南洋羣島；一往東北，遷居於東三省一帶。東北一支，從事於荒地的開墾，依然守着昔日農耕生活，於社會之進步毫無助力。東南一支，多半經營商業，又與西洋諸民族日相接觸，這一般僑民頭腦所含的就不是昔日的思想了。他們擁有鉅大的資本，富有經商的能力，直接間接皆可以促成中國內地產業之進步。內亂之起，一方由於人口的過剩，他方也由於政治的腐敗。滿淸帝國因帝王專制太甚，養成官僚階級兩種劣性：一爲巽懦，二爲貪污。以巽懦爲心，則遇事只求敷衍；以貪污爲懷，則於民大事剝削。由第一個惡習，演成百般廢弛；由第二個惡習，弄得民不聊生；所以自乾隆末年，內亂的種子業已下得很深。加以過剩的人口日受饑荒的壓迫，素日不滿意於政府的草澤英雄，以饑民爲羣衆，莫不蠢蠢欲動，洪、楊之徒所以於一千八百五十年揭竿而起。洪、揚勢力消滅以後，接着有教匪、回匪，擾亂遍十餘省，經年不絕。由這些內亂，又產生了兩個結果：第一、滿淸政府的弱點完全暴露，這一般執政的腐朽已無統御全國的能力。第二、討平洪、楊大亂，固然由於帶有宗教性的湘軍，而賴西洋新式武器的幫助卻也不少，於是國人對於西洋科學進步的認識增加了一種力量。總結起來內因第一、由人口的過剩，影響物質的變遷內因第二、因內亂的迭起影響心理的變遷；物質又與心理互為影響，加以外力的壓迫，所以造成中國『數千年來未有之變局』，——商業資本主義社會。這個社會到第二期更形發達且同時發生工業資本主義。

第二節　新教育之產生

國際情形既然改變了，社會的經濟組織既然變遷了，則舊日的生活方式許多也要應時代的需要隨着改變。舊日的生活方式既要改變，在舊生活裏頭所產生的舊教育，到現在當然感覺不適用了。梁啓超在戊戌政變記的按語裏面，有這樣一段話：

『經義試士始於王安石，而明初定為八股體式。尊其體曰代孔、孟立言，嚴其格曰清眞雅正。禁不得用秦、漢以後之書，不得言秦、漢以後之事；於是士人皆束書不觀，爭事帖括，至有通籍高第而不知漢祖、唐宗為何物者，更無論地球各國矣。然而此輩循資按格，即可致大位作公卿，老壽者即可為宰相矣，小者亦秉文衡充山長為長吏矣；以國事民事託於此輩之手，欲其不亡，豈可得乎！況士也者又農工商賈婦孺之所瞻仰而則效者也，士既如是，則舉國之民從而化之，民之愚國之弱皆由於此。昔人謂八股之害甚於焚書坑儒，實非過激之言也』。戊戌政變記卷一三十九至四十頁張之洞作勸學篇，也有同樣的一段話：

『科舉自明至今，行之已五百餘年，文勝而實衰，法久而弊生。主司取便以藏拙，舉子因陋以徼幸，遂有三場實止一場之弊。所解者高頭講章之理，所講者坊選程墨之文，於本經之義，先儒之說，概乎未有所知。近今數十年，文體日益佻薄，非惟不通古今，不切經濟，幷所謂時文之法度文筆而俱亡之。今時局日新，而應科舉者拘瞀益甚，傲然曰，吾所習孔、孟之精理，堯、舜之治法也，遇講時務經濟者尤鄙夷排擊之，以自護其短，故人才益乏，無能爲國家扶危禦侮者』。（勸學外篇變科舉）

舊時教育以科舉爲主腦，科舉所注重的是八股，此外還當講求小楷。以八股小楷爲學業，以坊選程文爲教材，以孔、孟口吻爲模仿，以獵取科第爲目的，——舉國讀書份子畢生的精力和思想完全消磨在這上面。這樣閒暇的空疏的教育只有在閉關時代農村經濟的社會裏面纔能適用，現在門戶大開，萬國往來，火車輪船馳驅的迅速搖花了目力，長槍大礮轟擊的猛烈震破了耳鼓，那能容許你靜坐書房，再作無病的呻咏，讀八股，寫小楷，以求封建的科舉之虛榮，此舊時教育所以要崩潰了。且中國到了滿淸末季，舊時教育流弊之極，不僅不適於新的生活，就是在舊社會裏亦屬無用，其結果正如梁氏所謂『不知漢祖、唐宗爲何物』，張氏所謂『非惟不通古今，不切經濟，幷所謂時文之法度文筆而俱亡之』。

當時中國人，自經一千八百四十年的鴉片之戰，及一千八百六十年的英、法聯軍之役，雖兩次失敗，結下許多城下之盟，並未減少幾許自大的心理，不過把他們昔日頑固的頭腦擊開了一些新的感應結子，使他們知道強敵之強，使他們知道敵人新式的槍礮實在較自己舊式的弓箭厲害，應當講求對付的方策。他們的對策仍不外昔日「以夷制夷」四個字，既採這種對策，勢不得不『取人之長，以補我之短』，此李鴻章所謂『我非盡敵之長，不能制敵之命，故居今日而言武備，當以其人之道還治其人；若僅憑血氣之勇，粗疏之材，以與強敵從事，恐終難操勝算』。創設武備學堂摺既知道自己的武器之短了，使用舊式武器的技能同時也歸無用了，於是聯想到訓練舊式技能的舊時教育也無法獨存於今日。

由以上兩個原因，一為應付新生活的要求，一為抵禦強敵的企圖，致使支持千餘年來的神聖教育發生動搖，以致於將近崩潰，而新式教育於是應運而誕生。促成新式教育的動機為英、法聯軍之役，而總理衙門即創設於此役後的第一年，而京師同文館即創設於此役後的第二年，所以我們寫本期的教育史，以英、法聯軍之役為起點。

第四十三章　萌芽期的新教育之趨勢及種類

第一節　概論

新教育之產生，既爲應付新生活的要求，所以要學習外國語言文字，要學習天文算學。既爲抵禦強敵的企圖，所以要學習輪船槍礮的製造，要學習海陸軍的戰術，也要學習天文算學。前者可以稱做『方言』的教育，後者可以稱做『軍備』的教育。方言的教育既爲應付新生活，其目的可別爲三項：第一、要造就繙繹人材，以應付中外交涉；有了此項人材，一則可以免敵人之欺蒙，二則可以免通事之操縱。（註一）第二、受了方言教育，可以由西洋的語言文字以諳悉其國情，遇有中外交涉時方能收知己知彼之效。（註二）第三、既要『盡敵之長以制敵之命』，則必要多讀西籍以便盡習西洋科學知識及新式的戰鬬技術；但原文西籍不能使人人遍讀，要期速效，勢必提倡譯述，此施行方言教育亦可訓練譯述人材，專事於西籍譯述的工作。（註三）此三項目的中以第一項造就繙譯人材爲最初的動機。軍備的教育既爲抵禦強敵，其抵禦的計劃則分爲海陸兩方面，當時以海上的防禦尤爲重要，且爲中國昔日素所缺乏的，所以特別注重水師人材的訓練及船政的設施。當時國人既趨重繙譯兼譯述的人材，海陸軍的將才，及製船造械的技術，所以『方言』與『軍備』兩種教育成了本期的教育思潮。——這兩種思潮一直到宣統末年，還有很大的勢力。

由以上所述的趨勢，於是產了兩類的新式學堂，及有派員出洋游歷和派遣學生留學外國的事情。所謂兩類的新式學堂：第一類爲學習方言的方言學堂，第二類爲學習軍備的水陸軍學堂。方言學堂，如京師同文館，上海廣方言館、廣州同文館及湖北自強學堂皆是。軍備學堂又分做兩種：（1）爲訓練海軍人材的水師學堂，如福建船政學堂、天津水師學堂等；（2）訓練陸軍人材的，如天津武備學堂、山西武備學堂、湖北武備學堂等。此外廣東還有此類的學堂一所，是兼水陸兩種並設的，名廣東水陸師學堂。以上各種學堂，自同治元年創立的京師同文館，到光緒二十一年設立的湖北武備學堂，恰有三十五年的歷史。在這三十五年中，雖然創立了幾所新式學堂，採用了幾許新的教材，究竟是零星的創造，枝節的模仿，沒有系統的制度，沒有完備的等級。我們如要列牠們應入何等，只可說是一類不相統屬的專門學校，其目的只在造就特殊人才及幹部人才，於國民教育毫無關係。這樣教育，我們可以叫做新教育的萌芽期，所有學堂完全是半新半舊的過渡式的學堂。派員出洋游歷始於光緒十三年，其考查目的在各國的『地勢險要，防守大勢，以及遠近里數、風俗、政治、水陸礮臺、製造廠局、水輪、舟車、水雷、礮彈』，或『一切測量格致之學』。派遣幼童留學外國始於同治十一年，其目的在學習外國的『軍政、船政、步算、製造諸學』。兩事目的在盡敵水陸軍備之長了，歸來以制敵之命，仍不外一種軍備教育。

> 雖然有上海、廣東廣方言館的學生可以升入京師同文館肄業，仍是昔日國子學與郡縣學的辦法，實無明顯的等級。

（註一）（李文忠公奏議卷九請設廣方言館疏）伏維中國與洋人交接，必先通其志，達其欲，用知其虛實誠偽，而後有稱物平施之效。……中國能通洋語者僅恃通事，凡關局軍營交涉事務，無非顧覓通事往來傳話，而其人遂爲洋務之大害。……京師同文館之設，實爲良法。……臣愚擬請倣照同文館之例，於上海添設外國語言文字學，選近郡年十四以下資稟穎悟根性端靜之文童，聘西人教習，兼聘內地品學兼優之舉貢生員，課以經史文義。……三五年後，有此一種讀書明理之人，精通番語，凡通商督撫衙門及海關監督應添設繙譯官承辦洋務者，即於學館中遴選承充，庶關稅軍需可期核實，而無賴通事亦稍斂跡矣。

（註二）（總理衙門奏議京師同文館疏）伏思欲悉各國情形，必先諳其語言文字，方不受人欺蒙。

（張文襄公集卷三十招考自強學堂學生示）自強之道，貴乎周知情僞，取人所長。若非精曉洋文，即不能自讀西書，必無從會通博采。

（註三）（李文忠公奏議卷九設廣方言館疏）通商綱領固在總理衙門，而中外交涉事件，則兩口轉多，勢不能以八旗學生兼顧。惟多途以取之，隨地以求之，則習其語言文字者必多，人數既多，人才斯出。彼西人所擅長者推算之學，格物之理，測器尙象之法，無不專精務實，泐有成書，經譯者十纔一二；必盡閱其未譯之書，方可探頤索隱，由粗顯而入精微。我中華智巧聰明豈出西人之下，果有精熟西文者轉相傳習，一切輪船火器等技巧，當可由漸通曉，於中國自強之道似有裨助。

第二節　方言教育

一　京師同文館　清廷以英、法聯軍兩次壓迫，逼近京、津，東北又有俄人乘機南下侵略，感覺外交棘手，遂於咸豐十一年創設總理各國事務衙門，由王大臣組織，專門辦理外交事務。總理衙門即於成立的次年——同治元年——奏明皇帝，請在北京開設京師同文館，造就繙譯人材，以當交涉之選。開始設立，只有練習英語的英文館，到第二年擴充門類，又開設法文、俄文兩館，並將乾隆時內閣所開設俄羅斯文館歸併在內，統名京師同文館。此時完全學習語言文字，到了同治五年，又由總署王大臣奏請添設一算學館，練習天文、算學。他們說：

「此次招考天文算學之議，並非務奇好異，震於西人術數之學也。蓋以西人製器之法，無不由度數而生，今中國議欲講求製造輪船機器諸法，苟不藉西士爲先導，俾講明機器之原，製作之本，恐師心自用，枉費錢糧仍無補於實際，是以臣等衡量再三而有此也」。（皇朝道咸同光奏議卷六變法類酌議同文館章程疏）

由這段話看來，此時同文館不僅是單純的造就繙譯人材，且涉及軍備教育方面了。其內容大要如下：

（1）資格　專取正途人員，如舉人及恩拔副歲優等貢生，並由此出身之五品以下京外各官，其年在三十歲以內者爲合格。如有平日講求天文、算學，自願來館學習，亦可不拘年齡。

（2）學程　內中規定八年的肄業期間，其學程：第一年，認字、寫字、淺解辭句、講解淺書。第二年，講解淺書，練習句法、繙譯條子。第三年，講讀各國地理及史略、繙譯選編。第四年，講求數理啓蒙及代數學、繙譯公文。第五年，講求格物幾何原本平三角、弧三角、練習譯書。第六年，講求機器、微分積分、航海測算、練習譯書。第七年講求化學、天文、測算、萬國公法、練習譯書。第八年，講求天文、測算、地理、金石富國策、練習譯書。以上各科，以西語爲必修科，自始至終，皆當勤習；至於天文、化學、測地諸學，則可分途講求，其期限以一年或數年不等。

（3）考課　考試分月課、季考、歲考三種。月課、季考以二日完畢，歲考以三日完畢，皆有實物賞賜。每屆三年，舉行大考一次，列入優等者保升官階，列入次等者記優留館，列入劣等者除名。

（4）假期　館中教習皆聘外國人充當，凡遇禮拜休業日，卽加添漢文功課，或試作論策，或繙譯照會，以備他日辦公之用。

（5）待遇　除膳食、書籍、紙筆等件皆由館內供給外，每月加給薪水銀十兩，考試列優等者且有獎賞。

（6）寄宿　各員勿論京外，一概留館住宿，其有應送差使及考試等事，仍准照舊辦理。

按由以上所述看來，館規雖極嚴格認眞，其實全盜虛聲，毫無成績，到後來不過徒有其名了，所以御史陳其璋於光緒二十二年有疏請整頓同文館的建議。

二　上海廣方言館　此館設於同治二年，由江蘇巡撫李鴻章奏請。李氏奏疏中有這樣兩句話：『京師同文館之設實爲良法。……擬請仿照同文館之例，於上海添設外國語言文字學館』。可知此館與京師同文館的性質和目的是相同的。不久收到清廷的答覆，並要廣州將軍查照辦理，於是將軍瑞麟即於同治三年開設同文館於廣州了。上海方言館的目的確重在學外國語言文字，與京師同文館相同，但內容殊不一樣：（1）同文館資格專選取正途人員，此館所選係近郡年在十四以下的俊秀兒童；（2）同文館以西文爲主課，只利用禮拜休業日講授中文，此館則將經史小學列入正課。此館章程計分九條：（1）辨志，（2）習經，（3）習史，（4）習小學，（5）課文，（6）習算，（7）考核日記，（8）求實用，（9）學生分上下兩班。

廣州同文館設於同治三年，其目的與上兩館不同：她是專爲培養八旗子弟繙譯人才而設的。學生不過數十人，每十八人中以旗籍八人、民籍十人爲標準。當初只授英文，兼授淺近的算學，後來添立了東、法、俄三館，學生名額逐漸增加，到光緒三十一年乃改名譯學館。

三　湖北自強學堂　繼上海、廣東兩處方言館而起的，有湖北自強學堂。此學堂由湖廣總督張之洞於光緒十九年奏請設立於武昌省城，內容較以前各館均覺完備，我們把牠的章程擇要寫在下面：

（1）分齋　此學堂功課分方言、算學、格致、商務四科，每科分齋講授，共有四齋。但當招生之初，只許方言一齋的學生住堂肄業，其餘三齋則依書院舊制，寄宿堂外，不必逐日聽講，只按月來堂考課。其後以教授困難，將算學一科改歸兩湖書院講習，格致、商務停辦，實際所存的只有方言一齋，故又稱做方言學堂。

（2）名額　方言一齋教授英、俄、德、法四國的語言文字，謂之四門。每門學生定額三十名，共計一百二十名，分堂授課。

（3）資格　以『資性穎悟，身家清白，先通華文，先通儒書，義理明通，志趣端正』者爲合格。

（4）修業期限　學生以在堂修滿五年爲畢業，其未畢業以前有藉端退學或改習不正當業務者，追繳其在堂時一切用費。

（5）教習　英文、法文兩門，因中國傳習已久，由國人充當；俄文、德文兩門則聘請俄員、德員爲教習，並以華員爲助教。

（6）管理　大致有三：（1）學生必『以華文爲根柢，以聖道爲準繩』。（2）凡在誦堂時須聽教習約束，在齋舍時須聽提調約束。（3）進堂以後，須專心致志誦習本課，不准在堂兼作時文試帖，不准應各書院課試，不准應歲科小試，但得請假應鄉試

（7）待遇　除飯食、書籍、紙筆等均由學堂備辦外，每名每月給膏火銀五元。

第三節　水師教育

一　福建船政學堂　福建總督左宗棠於同治五年創辦福建船政局於馬尾時，卽於附近附設船政學堂一所，訓練水師人材。此學堂初名求是堂藝局，分爲二部：一稱前堂，一稱後堂。前堂以練習造船之術爲目的，採用法文教授，又謂之法國學堂。後堂以練習駕駛之術爲目的，採用英文教授，又謂之英國學堂。其課程分三類：（1）主科，卽練習造船駕駛之術；（2）輔科，卽英、法語言、文字及算法、畫法；（3）訓練科，凡聖諭廣訓、孝經必須誦讀，兼習策論，以明義理而正趨向。內中待遇極優，學成以後，卽授以水師官職，或派遣出洋學習。此事計劃初定，左氏奉命他調，以沈葆楨繼任，沈氏亦具新政的熱心，故成績尙佳。此學校卽中國海軍學校之起源，淸末及民國初年海軍人材多半由此出身。

二　天津水師學堂　此學堂分駕駛、管輪兩科，均用英文教授，兼習操法及讀經國文等科。開辦於光緒七年，由李鴻章經理，其辦法雖與福建藝局大致相同，但只習應用，不習製造，其性質殊不一致。計此學堂之創設，上距福建藝局開辦時爲十五年，自有此學堂而海軍人材遂漸漸移於北洋了。

三　廣東水陸師學堂　距天津水師學堂開辦之後六年，廣州又有水陸師學堂之產生。此學堂成立於光緒十三年，由兩廣總督張之洞創辦，其辦法較以前大有進步。

（1）分科　水師分管輪、駕駛兩項：管輪堂學習機輪理法製造運用之源；駕駛堂學習天文海道，駕駛攻擊之法：一律以英國語文爲主。陸師分馬、步、槍、砲及營造二項，一律以德國語文爲主。

（3）分等　張氏仿王安石的三舍法，別學生爲三等：一稱內學生，挑選通曉外國語文算法之博學館舊生充當，定額三十名。一稱營學生，遴選曾在軍營歷練膽氣素優之武弁充當，定額二十名。一稱外學生，挑選業已讀經史能文章年在十六以上三十以下之文生充當，定額二十名。

（3）學課　除各科主要功課外，每日清晨須讀四書五經數刻鐘以端其本；每逢禮拜修業的日子，還要讀習書史，試以策論，使這一班學生皆通知中國的史事及兵事，以適於應用。

第四節　陸軍教育

一　天津武備學堂　李鴻章氏當清末同、光之際，在政治上負全國之重望，在軍事上爲北洋之重心。他自咸豐年間，因藉英、美兵力討平了太平軍，對於西洋新式武器及科學知識之進步已有很深的崇拜；再經幾次外交的挫敗，更知非模倣西洋不能自立，所以對於軍備的講求，具有極大的抱負。距天津水師學堂五年又在天津開辦武備學堂，即其抱負之表示。此學堂的辦法一律模效德國陸軍學校，所以教師也遴選德國軍官充當。學生係由各處的營弁挑選而來，如廣東、廣西、四川、安徽、直隸各處都有弁兵送來，其標準以精健聰顥略通文義者爲合格。如有文員願習武事者，一併錄取。內中課程，分學科及術科兩種：學科則研究西洋行軍新法，如後膛各種槍礮，土木營壘行軍及布陣分合攻守等知識；術科則赴營實習，演試槍礮陣式及造築臺壘等技能。學到一年以後，發回各營量材敍用；迨第一批畢業，再挑選二批，賡續不斷。但此學堂初次所招全係弁目，不能直接聽講，須用繙譯轉授，這是與水師學堂不同的地方。迨後把修業期間逐漸延長，入學資格也逐漸改良——招選良家年幼子弟。李氏之後，繼以袁世凱氏，雖中經庚子拳匪之變，全校被燬，但北洋軍閥莫不由此發源，遂以支持淸末及民初二三十年的政局，我輩也沾了不少的餘潤。寫在此處，能不發生特別的感想？

二　湖北武備學堂　張之洞氏在當時也是提倡軍備教育最力的一個人，所以在廣東創設水陸師學堂，在湖北又設立武備學堂。此學堂開辦於光緖二十一年，其課程也是分學科與術科兩類：學科謂之講堂功課，爲軍械學、算學、測繪、地圖學、各國戰史、營壘、橋道、製造之法及營陣攻守轉運之要；術科謂之操場功課，爲槍隊、礮隊、馬隊、營壘工程隊、行軍礮臺、行軍鐵路、行軍電線、行軍旱雷、演試測量、演習體操等事。教習也是聘請德國軍官充當。學生除學習主科外，如逢暇日，則令他們誦讀四書，披覽讀史兵略，以『固中學之根柢，端畢生之趨向』，——這是他在廣東時所慣用的。學生資格專選『文武舉貢生員及文監生，文武候補候選員弁，以及官紳世家子弟，文理明通，身體強健』者入學肄業，——這是與天津不同的地方。學生定額一百二十名，入堂以後，有月課、季考及年終大考——這又是與他的自強學堂同樣的辦法。

第五節　留學教育

中國有留學教育，始於曾國藩的幕賓容閎之建議。容氏是一位廣東籍的華僑，曾在美國受了七年教育，對於美國情形比較熟悉，具有以美國新教育轉移中國舊社會之抱負。回國以後，雖經營商業，然時時不忘建議派遣學生赴美留學的計劃，迨同治二年，曾國藩想在上海建設一廣大機器廠，召容氏商辦，遂乘機提出這個計畫，卒被曾氏採納。當初正式建議時，爲同治六年，被清廷批准時爲同治九年。曾氏乃派陳蘭彬與他爲赴美留學生的監督，經營出國事宜。至同治十一年，第一批學生遂乘長風遵海洋而西渡，——是爲中國學生留學外國之始。當初規定以一百二十名爲定額，分四年派遣，每年派遣三十名；每屆學生留學以十五年爲限。學生年齡以自十二歲至十六歲爲標準，赴美留學目的，以學習『軍政、船政、步算、製造諸學』。但學生到了美國，除學習軍事科學外，還得兼習中學——課以孝經、小學、五經及國朝律例等書；每逢節日，還要由監督召集學生，宣講聖諭廣訓；還要望着闕門行拜跪禮；還要瞻拜孔子的神位。學生按年陸續出發，一共出發了三期，共計九十個學生。到光緒二年，守舊黨吳子登爲監督，以留美學生沾染洋氣，不肯向他叩頭，他遂造出一些無謂的誹語中傷學生。清廷被他愚弄，乃於光緒七年，把所有的學生通同招回國來了，直到甲午之役纔恢復過來，這確是本期留學中的一段趣史。

本期留美以外，還有留歐之事。派遣學生赴歐州留學始於光緒元年，爲沈葆楨奏派。沈氏時爲閩、浙總督，按照船政學堂定章，派遣福建船政學生數人，前往法國學習船政的。到第二年，李鴻章與沈氏合奏，作爲第二次的派遣，纔定出章程來，所派學生分兩種：一爲製造學生，計十四名，外附製造藝徒四名，前往法國學習製造；一爲駕駛學生，計十二名，前往英國學習駕駛。兩種學生，各以三年爲期，期滿回國敍用。在歐州留學的學生，也有監督；課餘之暇，也要兼習史鑑等有用之書，這與留美學生須另受本國教育大致相同。不過所派遣的皆係船政學堂的優等學生，在國內於語言文學及基本知識已有根柢者，這是比較初次派往美國進步的一點。同年李氏曾單獨派遣武弁卞長勝等七人同赴德國軍營學習兵技。到了七年，他又奏派船政學堂分赴美、法等國一次，其辦法與同治二年大致相同，其後則應列入第二期，我們此外勿容多述了。

第六節　結論

本期所有新教育的設施，我們已敍述一個大概了，究竟新教育的成績如何？最好，拿出當時人的批評作論證。鄭觀應在光緒十八年間，有這樣一段文章：

『廣方言館、同文館雖羅致英才，聘請教習，要亦不過祇學語言文字，若夫天文、輿地、算學、化學直不過粗習皮毛而已。他如水師武備學堂，僅設於通商口岸，爲數無多；且皆未能悉照西洋認眞學習，良以上不重之故，下亦不好。世家子弟皆不屑就，恆招募窶人子下及輿台賤役之子弟入充學生。況督理非人，教習充數，專精研習曾無一人，何得有傑出之士，成非常之才耶』？（皇朝經世文三編卷二西學附註）

李端棻在光緒二十二年，請推廣學校摺也說：

『夫二十年來，都中設同文館，各省立實學館、廣方言館、水師武備學堂、自強學堂，皆合中外學術相與講習，所在而有。而臣顧謂教之之道未盡，何也？諸館皆徒習西語西文，而於治國之道，富強之原，一切要書，多未肄及，其未盡一也。格致製造諸學，非終身執業，聚衆講求，不能致精。今除湖北學堂外，其餘諸館，學業不分齋院，生徒不重專門，其未盡二也。諸學或非試驗測繪不能精，或非游歷察勘不能確。今之諸館未備圖器，未遣游歷，則日求之於故紙堆中，終成空談，無自致用，其未盡三也。利祿之路，不出斯途，俊慧子弟，率從事括帖，以取富貴；及既得科第，遂與學絕，終爲棄材。今諸館所教，率自成童以下，苟逾弱冠，即已通籍；雖或向學，欲從末由，其未盡四也。巨廈非一木所能支，橫流非獨柱所能砥，天下之大，事變之亟，必求多士，始濟艱難。今十八行省祇有數館，每館生徒祇有數十，士之欲學者，或以地僻而不能達，或以額外而不能容，即使在館學徒一人有一人之用，尚於治天下之才萬不足一，況於功課未精，成就無幾，其未盡五也。此諸館所以設立二十餘年，而國家不收一奇才異能之用，惟此之故」。皇朝道咸同光奏議變法類學校

陳其璋在光緒二十二年請整頓同文館疏中曾說：

「計自開館以來，已歷三十餘年，問有造詣精純洞悉時務，卓爲有用之才乎？所請之洋教師果確知其教法精通，名望出衆爲西國上等人乎？授受之法固不甚精，而近年情弊之多，尤非初設館時可比。向章有月考有季考，今則洋教師視爲具文。……學生等在館亦多任意酣嬉，年少氣浮，從不潛心學習。間有聰穎異人者，亦祇剽竊皮毛，資爲談劇。及至三年大考，則又於洋教習處先行餽贈，故作殷勤，交通名條，希圖優等」。同上

由上三段話看來，本期新教育成績之良否可想而知。概括起來，其缺點不外：(1)諸生未曾認眞學習，所習祇是皮毛；(2)教師未能認眞教授，所有月課季考等於具文；(3)武備水師學堂沒有身家清白的學生，所來入學的全是些無業賤民；(4)學堂開辦太少，既不分齋授課，又無充分設備，以資實驗。至於成績不良的原因正如梁啓超所謂：

「不務其大，不揣其本，即盡其道，所成已無幾矣。又其受病之根有三：一曰科舉之制不改，就學乏才也；二曰師範學堂不立，教習非人也；三曰專門之業不分，致精無自也」。（時務報卷五論學校一）

其實，根本結核在於舊教育勢力過大，爲其障礙。吾人試冥目一想當時情形：科舉依然舉行，八股照舊考試，小楷猶是練習，四書五經孝經及聖諭廣訓猶必日日誦習。在這麼大的舊教育勢力之下，想施行與牠相衝突的新教育，當然沒有法子發達。且當時亦無新教育學者爲之鼓吹，所提倡新政的不過身經外交之衝的幾位封疆大吏，所以開辦三十餘年，除少數部分外毫無成績可觀。中華民族神經已疲乏了，非再有長槍大礮猛烈的轟擊是不會驚醒的，這只有掉目以看第二期。

本章參考書舉要

（1）皇朝經世文編
（2）皇朝道咸同光奏議
（3）光緒政要
（4）李文忠公奏議
（5）張文襄公奏議
（6）時務報
（7）西學東漸記

第二期　自甲午之役至辛亥革命

第四十四章　外力之壓迫與新教育之勃興

第一節　外力壓迫之警醒

『吾國四千餘年大夢之喚醒，實自甲午戰敗割臺灣償二百兆以後始也。我皇上赫然發憤，排羣議，冒疑難，以實行變法自強之策實自失膠州、旅順、大連灣、威海衛以後始也』。這是梁啓超記戊戌政變時開頭劈首的兩句警語。

在同、光之際，李鴻章一般頭等疆吏因多與外國接觸，看見他們的堅船利礮，驚爲『數千年來未有之變局』。所以他們一面開方言館，訓練交涉人才，一面創辦水師和武備學堂，訓練海陸軍人才，以爲抵制。當是時，帝國主義者雖小試了幾次礮轟政策，而中國民族驚爲『變局』的卻只有這極端少數的幾個人，大多數猶是熟睡未醒；這幾個人所震驚的也不過看見了外國人的幾隻堅船，幾口利礮，至於外國底政治的進步，和科學的精深，毫未了解；所以那個時期所謂新教育只有方言與武備兩件事情。整個民族既未醒來，敵人的礮火稍稍停息以後，應付目前而起的新式教育究竟敵不住千餘年來的科舉，究竟敵不住五百年來的八股；所以到了末了，連那不備不全的幾所方言館和水陸師學堂也視爲具文，而老大獅王依然熟睡不起了。那知到了一八九四年以後，帝國主義者又捲土重來，不斷的環攻。首先發難的爲東鄰日本，在這兩年，爲着朝鮮問題，把中國的海陸兩軍打得大敗。依一八九五年的馬關條約，把朝鮮拉開了，把臺灣和澎湖列島割走了，還要對他們賠款二百兆兩，東三省也失去了許多利權。這樣一來，纔把睡獅驚醒了，一般少年知識分子纔覺得不能再酣睡了，必要講求圖存之道了。但是官僚階級仍是昏迷不悟。再過三年，到了一八九八年，帝國主義者更進一步，對中國實行其瓜分政策。德國租佔膠州灣，俄國租佔旅順、大連，法國租佔廣州灣，英國又割去九龍半島，沿江沿海一帶地方，又被他們一一劃着爲其勢力範圍，又訂下了種種不平等條約。這樣一來，中國簡直失了獨立國的資格，已成了列強的殖民地，於是比較頭腦清醒一點的官僚階級也被驚醒了。當此之時，全國上下，有一句最流行的口號：『變法自強』，大家都以爲要圖自強非變法不可。在新進知識分子方面，以康有爲、梁啓超等爲領袖；在官僚階級方面，以張之洞、袁世凱等爲領袖。康有爲於一八九五年在北京、上海等處組織強學會，梁啓超於一八九六年在上海創辦時務報，一方面鼓吹新思想，一方面介紹新知識。以他淋淋的熱血和刀鋒動人的筆與舌，果然喚醒了不少的民衆，不到一年，繼強學會而起的各地學會一時簇起，而變法自強的思想於是瀰漫於全國。官僚階級的領袖張之洞代表官僚階級的思想，於一八九八年作了一部勸學篇刊行於世，其主張雖然與康、梁不同，但變法自強的目的則彼此一樣。康、梁等於是趁着機會，更進一步，拿着光緒帝爲傀儡，施行他們的變法自強之策，但官僚階級的頑固黨及皇室領袖依然執迷不悟，所以戊戌維新僅成曇花一現。再過兩年，到了一九〇〇年，因拳匪之亂，引起排外風潮，於是帝國主義者又大施其環攻政策起來了。這一次帝國主義者實行大聯合，佔據了京、津，趕走了頑固領袖西太后。結下了世界各國所難忍受的辛丑條約，要中國賠款四百五十兆兩，並要改組滿清政府。這一次，把中國民族壓迫的太兇了，把滿清帝室駭得亡命了。到了此時雖頑固黨也知非變法不可了。從甲午到庚子，七年中受過了三次轟轟，這千年睡獅纔完全驚醒，纔安心拋開封建時代的生活，纔盡量的迎納資本主義進來，他們都覺得非如此不能生存於今日之世界，於是一切新政、新法、新教育皆從此一一模做起來。

第二節　新教育之勃興

一　變法與興學　此時全國上下所覺醒的是什麼？大家皆知道列強之強，不僅在船堅礮利，製造精奇，其關係實在於他們的法度政治的優良，中國之弱，不僅由於船不堅，礮不利，其關係實在於我們的法度廢弛，政治腐敗；所以『變法自強』四字在此時成了全國上下一致的呼聲。既要採取列強新的法度政治，必要有新的人才方能運用。但是現在一般官僚階級及候補官僚無一人不是在舊式教育裏面培養出來的，他們的精力在三十歲以前已爲八股小楷消磨殆盡，他們除了寫小楷、誦八股、應科舉以外無他能力，除了謹守成例、趨事長官以外無他本領，今日一旦責此輩以勵行新的法度政治，這無異於責令瞎子引路，必不可能。必要有了新的人才，方能運用新的法度政治；必要有了新的教育，方能培養此項人才；又必要有了新政治的企圖，方能建設此項教育；所以『變法』與

「興學」在此時成了相連的關係，兩樣事情是要同時並舉的。同治以來，未嘗沒有興學，只因政治方面沒有新的企圖，所以雖有學堂，等於虛設；且從前所辦的學堂全是支支節節，沒有整個的教育計畫，沒有久遠的教育設施，那能培養眞實有用的人才——這種計劃與設施尤與法度政治有連帶的關係。所以此時勿論新進知識分子或比較頭腦清楚的官僚，於陳述變法裏面必包含興學，於講求興學時必涉及新政。汪康年在光緒二十二年，發表中國自強策，內閣十一部中就有立教部以掌學校之事；康有爲在光緒二十四年上統籌全局一疏，十二局中就有學校一局；張之洞與劉坤一在光緒二十七年，籌議變法三疏，開始卽請設立文武學堂；袁世凱在光緒二十七年，條陳變法裏面也有崇實學一條。像這一類的例子，舉不勝舉，由此，我們就可以想見這一時期的空氣了。

二　新教育系統之成立　就新教育方面說，本期十六年中，又可分着兩個小期：自甲午至庚子的六年爲前期，自庚子至辛亥的十年爲後期。前期的教育比較第一期稍形進步：已具了正式學校的性質，已有了等級的區分，如天津中西學堂之分二等，南洋公學之分四院，湖南時務學堂之分兩類，山東大學之分三齋，皆是第一期所未有的。但這些學堂全由個人提議開辦，自成風氣，毫無系統，且等級究不完全，亦沒有正式的大、中、小學等名目。到了後期，則更其進步了。以等級說，有初等教育、中等教育、高等教育。以系統說，則由小學上升中學，由中學上升高等，由高等上升大學。以統屬說，小學直轄於州縣勸學所，中學與高等直轄於直省提學使司，大學直轄於京師學部。這種整個系統的組織，倡議於光緒二十一年，李瑞棻的請推廣學校摺，復議於光緒二十四年康有爲的統籌全局疏，產生於光緒二十八年張百熙的欽定學堂章程，完成於光緒二十九年張之洞等人的奏定學堂章程。自有奏定學堂章程以後，本期的新教育可謂有了完全的系統，其後雖略有修改，但大要不出牠的範圍，就是辛亥革命以後，民國學制系統，亦完全由此損益而成的。

三　舊教育崩潰　此處所謂舊教育，其形式有書院、有儒學、有科舉；其內容有八股、有詩賦、有小楷。書院與儒學是讀書分子受教的地方，科舉是他們出身的門徑，八股及詩賦、小楷是他們學習的材料——書院及儒學以這些教育他們，科舉以這些考試他們。這一類的舊教育牠們的歷史各有長短不同：儒學來自西漢，科舉與詩賦來自唐朝，書院來自宋朝，八股來自明朝，小楷來自乾隆以後，而漢、唐取士也往往注重書法。清朝自乾隆以來，是集舊教育之大成的一個時期，也是舊教育之總結束的一個時期。這些舊教育，其形式和內容雖有種種，但勢力之大還是科舉，其次則爲八股，而八股和科舉到末了差不多結合爲一，所以近人往往以科舉和八股來代表舊教育。科舉在當初原是替代選舉以取士的方法——一種考試制度。其缺點，在正面不過使士類習爲奔競請謁；在反面因趨重科舉，致使學校教育無形廢弛。自與八股結合，則科舉變爲機械的、空疏的教育，其結果致使士類束書不觀，頭腦昏憒，養成全國無一實學有用之人了。八股之外再加以小楷，於是科舉更爲消磨國民精神的利器，殺人的教育；凡趨於這一途的學子，其結果必成爲老朽的、機械的、半生不死的人生。詩賦是閒雅的教育，書院是山林的教育，儒學自創始以來就有名無實：這三種雖無大害，但亦只能適存於封建社會時代。現在中國的社會已進到了商業資本主義，加以列強底工業資本的勢力猛烈的向內侵略，把中國數千年來的農村經濟攪亂得不能自立，昔日封建時代的舊教育，勿論與國民有害與否，早已發生了動搖不復能維持了，到了本期，自然瓜熟蒂落，結果只有抱蔓而歸。八股廢於光緒二十四年五月，詩賦小楷廢於同年六月，——這兩種其後雖因戊戌政變逐漸恢復，但庚子以後依然停止了。科舉的廢除分着三個步驟：一爲改良其內容，二爲遞減其中額，三爲完全停止。第一步萌芽於光緒十三年，當時清廷依御史陳秀瑩的奏請，於每屆鄉會試時酌取算學人才若干名——此爲變更科舉內容的初步，但八股與詩賦小楷依然如故。自甲午一役以後，一般新進知識分子如康、梁等，對於科舉的毛病始施以猛烈的攻擊，所攻擊的焦點則爲以八股取士。自膠澳被佔以後，康、梁又上書或面奏力陳八股之害，於是清廷乃於光緒二十四年五月初二日毅然下詔廢除八股，凡鄉會試及生童歲科各試一律改試策論。——這是本期變法中的第一快舉。同年六月一日，清廷又因張之洞、陳寶箴的建議，凡素來科舉所特重的詩、賦、小楷也被取消了。第二步始於庚子之變以後。這一次失敗，雖官僚及封疆大吏也知道科舉的積弊太深了，或請改良其內容，或請遞減其中額，或請完止停止，屢有奏議。劉坤一與張之洞於光緒二十七年籌議變法三疏中，第一疏卽有分年遞減科舉中額，改由學堂的建議。到光緒二十九年，袁世凱與張之洞又有分科遞減的奏請，同年上奏定學堂章程時亦以遞減科舉爲請，——到此時，科舉的權威已掃地無餘了。當是時，全國輿論皆以爲阻礙學堂之進行的莫過於科舉，科舉一日不廢除則人人懷着觀望的態度，學堂卽一日不能進行。到了光緒三十一年，袁世凱、張之洞、趙爾巽一般封疆大吏又聯名奏請，清廷看見大勢所趨，無法柢柱，遂於這一年八月決然下詔停止。儒學久已無形取消，書院自光緒二十四年以來逐漸改爲學堂，自此年科舉明令停止以後，昔日封建時代的教育於是一筆勾銷，而新式的學校教育乃勃然而興起。

本章參考書舉要

（1）皇朝道咸同光奏議
（2）光緒政要
（3）戊戌政變記
（4）奏定學堂章程
（5）時務報

第四十五章　本期教育思潮與宗旨

第一節　中學爲主西學爲輔的思潮

時勢逼迫至此，不得不變法了。要變法不得不興學；要興學不得不接收西方的文化。但中國民族是歷史的民族，最富於保守性，且歷來以文化自誇的民族，今日因外力的關係，一旦『舍己而芸人』，決非他們所能甘心。既不能完全舍己而芸人，又不得不舍己以芸人，在此思想衝突之中，於是產生了一種調和思想。調和的結果，就是中西並取：對於西方文化，只可接收其科學，接收其技術，接收其法度；對於己國文化，仍當保守其禮教，保守其倫常，保守其風俗。換一句話說，他們所接收的只是西方物質文明，對於自己的精神生活，大家一致保守，不肯失墜。思想的趨勢既然如此，所以在當時演成一句口號：『中學爲體，西學爲用』，——本期的教育思潮亦是這八個字。這種思潮，在本期十六年中，勿論新進知識分子或官僚階級，大體上全是一致的，雖從分析方面看各有主張。我們勿妨引出幾位有力者的主張，以資證實。光緒二十二年，孫家鼐在議覆開辦京師大學堂摺子上說：

『中國五千年以來，聖神相繼，政教昌明，決不能效日本之舍己芸人，盡棄其學而學西法。今中國京師創立大學堂，自應以中學爲主，西學爲輔；中學爲體，西學爲用；中學有未備者以西學補之，中學有失傳者以西學還之；

以中學包羅西學，不能以西學凌駕中學。此是立學宗旨，日後分科設教，及推廣各省，一切均應抱定此意，千變萬化，語不離宗』。（皇朝道咸同光奏議卷七變法類）

光緒二十四年張之洞所著勸學篇內也有這樣兩段話：

『今欲強中國，存中學，則不得不講西學。然不先以中學固其根柢，端其識趣，則強者爲亂首，弱者爲人奴，其禍更烈於不通西學者矣』。（內篇循序第七）

『中學爲內學，西學爲外學，中學治身心，西學應世事，不必盡索之於經文，亦必無悖於經文』。（外篇會通第十三）

光緒二十四年清廷所頒『定國是』一詔也有同樣的話：

『嗣後中外大小臣工，自王公以及士庶，各宜努力向上，發憤爲雄。以聖賢義理之學植其根本，又須博采西學之切於時務者，實力講求，以救空疏迂謬之弊』。（戊戌政變記卷一）

光緒二十四年梁啓超代擬京師大學章程內中也說過：

『中國學人之大弊，治中學者則絕口不言西學，治西學者亦絕口不言中學；此兩學所以終不能合，徒互相詬病，若水火不相入也。夫中學體也，西學用也，二者相需，缺一不可。體用不備，安能成才。且既不講義理，絕無根柢，則浮慕西學，必無心得，祇增習氣。前者各學堂之不能成就人才，其弊皆由於此』。（近代中學教育史料第一冊）

光緒二十九年張百熙等在奏定學堂章程原奏上說：

『至於立學宗旨，勿論何等學堂，均以忠孝爲本，以中國經史之學爲基，俾學生心術壹歸於純正，而後以西

學淪其知識，練其藝能，務期他日成材，各適實用，以仰副國家造就通才，愼防流弊之意』。（奏定學堂章程）

我們由上面幾段話看來，可知『中學爲體，西學爲用』八個字在當時的勢力；由此八個字更可以推知當時新教育的精神了。這種思潮直到民國初年，尙有很大的勢力。

第二節　教育宗旨

有了某種教育思潮，纔能產生某種教育，而教育宗旨又是某種教育產生之後纔以文字確定——此是本期新教育的特性。在光緒二十八年以前，本期尙無確定的教育宗旨。到光緒二十九年，頒布奏定學堂章程，纔以『忠孝』二字爲宗旨。在學務綱要上說；

『京外大小文武各學堂，均應欽遵諭旨，以端正趨向，造就通才爲宗旨』

『此次遵旨修改各學堂章程，以忠孝爲敷教之本，以禮法爲訓俗之方，以練習藝能爲致用治生之具』。

內中所謂『端正趨向』，所謂『禮法』，皆是射着『忠孝』二字說的。就我們前節所引原奏『至於立學宗旨，無論何等學堂，均以忠孝爲本，以中國經史之學爲基』一語看來，更知忠孝二字是他們立學的宗旨。

但此種宗旨在當時只是附帶提及，且忠孝二字含義太泛，包括不全，未能盡合於當時的需要。到了光緒三十二年學部正式規定明確的教育宗旨，由政府頒示全國。此時所定的教育宗旨分二類五條：第一類爲『忠君』、『尊孔』二條，第二類爲『尙公』、『尙武』、『尙實』三條。前二條，他們以爲是『中國政教之所固有，而亟宜發明以距異說者』：後三條，他們以爲是：『中國民質之所最缺，而亟宜鍼砭以圖振起者』。這五條十字的宗旨，仍是『中體西用』的教育思想，不過比較具體罷了。

本章參考書略同前章

第四十六章　教育行政機關的組織

第一節　概論

清廷關於教育行政機關的組織，原來沒有完備的制度。除了中央禮部以外，地方沒有管理教育的正式機關。禮部也不是專管教育的，牠是掌管五禮的主要機關，對教育方面所負的責任只有科舉考試一事。國子監雖爲專管全國教育的主要機關；但在禮部隸屬之下，所管只有關於國學或鄉學一方面的事情，對於科舉毫無過問之權。現在學堂一日發達一日，新教育的設施比較科舉時代煩重多了，從前不完不備的教育行政制度當然不能適用了，此本期所以有新的教育行政機關之組織。

> 稽考全省生童的提督學政，由京官出使，是一種巡視的體例，並無正式機關之組織。

本期新教育行政機關之組織，萌芽於光緒二十四年，完成於光緒三十二年。在萌芽之初，中央設管學大臣一員，一方面主持京師大學堂，一方面統轄全國各學堂。這種辦法，好似以京師大學爲教育部，以管學大臣爲大學校長而兼教育部長的一種性質。到了光緒二十九年，奏定學堂章程頒布以後，由鄂督張之洞等八人的建議，改管學大臣爲總理學務大臣，其大學堂方面另派專員管理；在學務大臣之下，設立六處屬官，分掌各項教育事宜。這樣辦法，好似中央已有了統轄全國教育行政的正式機關，但此仍是臨時性質，且地方除了依舊提督學政以外，毫無設施。再過二年，到了光緒三十一年，自科舉制度經明令取消以後，由山西學政宗熙的建議，乃取消學務大臣，於京師六部之外另成立學部，設有尙書侍郎等長貳官員，與舊有六部同樣組織，於是統轄全國的正式教育行政機關始產生了。到三十二年，又由直督袁世凱、雲南學臣吳魯等人的建議，將各省提督學政一律裁撤，另設提學使司，專管全省教育事務，於是統轄全省的正式教育行政機關又產生了。同年，由學部侍郎嚴修的建議，於府廳州縣治所設立勸學所，統轄並督率各府廳州縣教育之進行，而地方也有正式機關了。自此以後，掌管國家教育的行政機關，依照普通行政區別也分着中央、省會及府廳州縣三級，層層相屬，統系分明，數千年久不完備的教育行政機關至此纔有完備的制度之製定。

第二節　中央教育行政機關

一　學部　學部位在禮部之上，掌管全國各項教育的政令，最高長官爲尙書，其次則爲左右侍郎，均爲政務官。在尙書侍郎之下，設有各項事務官，如左右丞，左右參議，參事官及郎中員外郎等等。部內的組織，分爲五司十二科，每司設郎中一人，每科設員外郎一人，分掌本部事務及全國各項教育。此外設有視學官，輪流出京視察各省教育，沒有定員。其他編譯圖書、調査學制以及督理京師學務，皆設有專局，由部派員兼理。昔日禮部所轄的國子監及天文臺，亦撥歸學部管轄。我們將五司十二科的名目開列於下，便知牠們職掌的性質：

（1）總務司，內分機要、案牘、審定三科；
（2）專門司，內分專門政務、專門庶務二科；
（3）普通司，內分師範教育、中等教育、小學教育三科；
（4）實業司，內分實業教務、實業庶務二科；
（5）會計司，內分度支、建築二科。

二 視學官 在學部官制初次頒布時，即擬有視學官的名目，到宣統元年始將視學官的章程規定出來。當時分全國爲十二視學區域：（1）奉天、吉林、黑龍江三省；（2）直隸、山西二省；（3）山東、河南二省；（4）陝西、四川二省；（5）湖北、湖南二省；（6）江蘇、安徽、江西三省；（7）福建、浙江二省；（8）廣東、廣西二省；（9）貴州、雲南二省；（10）甘肅、新疆二省；（11）內外蒙古；（12）青海、西藏。每區派視學官二人，按年分往各區視察，限三年以內視察一週，但在新教育尚未發展的區域如青海、西藏等處，可以暫緩視察。此項視學官不設定員，以部中人員或直轄學堂管理員教員職分相當者派充。

第三節 地方教育行政機關

一 省教育行政機關 在提督學政裁撤以前，自光緒二十九年至光緒三十一年二三年之間，省會地方有一臨時教育行政機關，——學務處或學校司，專管本省學堂的建設及進行，隸屬於督撫之下。自學政取消改設提學使司以後，前項臨時組織卽行取消。提學使司設提學使一員，統轄全省學務，位在布政使之次，按察使之前，歸督撫節制。該司機關設在省會，內置學務公所，分設總務、專門、普通、實業、會計、圖書六課。公所設議長一人，議紳四人，輔佐提學使參畫學務，並備督撫諮詢。議紳由提學使延訪本省學望較崇的紳士充選，議長由督撫咨明學部奏派。各課設課長一人，副課一人，由提學使派充。此外另設省視學六人，承提學使的命令，巡視本省各府廳州縣的學務。

二 府廳州縣教育行政機關 此級的教育行政機關取名『勸學所』，但牠的歷史卻有兩個時期：一是在地方自治章程頒布以前，爲第一期的勸學所；一是在地方自治章程頒布以後，爲第二期的勸學所。我們按照時期先後分述於下：

第一個時期自光緒三十二年至宣統元年，共計四年。勸學所爲各廳州縣的教育行政機關，牠底職權不僅掌管各本廳州縣的教育行政，並有誘勸地方人士建立學堂推廣教育的責任。每所設總董一人，由縣視學兼充，受本地方官的監督。在總董之下，設勸學員若干人，由總董稟請地方官劄派。每廳州縣劃分若干學區，每學區由總董選擇本區品行端正熱心教育的紳衿充任勸學員，負責推行本區的一切學務。

第二個時期，爲宣統二年至三年，共計兩年。這一期的勸學所有兩種變更：一是設立所在的推廣，卽廳州縣之外加了一個府設；二是職權範圍的縮小，卽將從前獨立機關變爲地方官輔助的機關。後者變更的原因是自地方自治章程頒布以後，關於地方學務由地方自治職權辦理，勸學所旣爲政府機關，當然不便管理地方自治的事。所以舊日章程就不適用了。此次新訂章程，只規定勸學所爲府廳州縣教育行政輔助機關，輔佐地方官辦理官立學堂及其他教育事業。但對於地方學務並非完全無權過問，當時也有兩類的規定：（1）在自治職未成立的地方，對於自治學務，有代其執行之責；（2）在自治職已成立的地方，對於自治學務，有贊助監督之權。勸學所的職權既然縮小了，其長官的名稱也隨着改變，——改總董為勸學員長，以勸學員長兼充縣視學。

本章參考書舉要

（1）學部官報

（2）學部奏咨輯要

（3）奏定學堂章程

（4）光緒政要

（5）大清新法令

第四十七章　學校制度及實施

第一節　概論

新教育之有系統的組織，始於光緒二十八年張百熙在管學大臣任內所擬的欽定學堂章程。該章程共計六件：（1）京師大學堂章程，（2）考選入學章程，（3）高等學堂章程，（4）中學堂章程，（5）小學堂章程，（6）蒙學堂章程。按照該章程所擬，將整個教育分着三段七級：第一段爲初等教育，分着蒙學堂、尋常小學堂及高等小學堂三級；第二段爲中等教育，只有一級；第三段爲高等教育，分着高等學堂或大學預備科、大學堂及大學院三級。蒙學堂即改良的私塾，規定兒童自五歲入學，至九歲升入尋常初等小學堂，十二歲升入高等小學堂，十五歲升入中等學堂，十九歲升入高等學堂或大學預備科，二十一歲升入大學堂，再三年可升入大學院。自初入學堂至大學畢業，共計二十年。大學堂三年畢業，內分政、藝二科，大學院屬於研究高深學術的機關，學習無有定期。此外還有實業教育，分簡易實業、中等實業及高等實業三級；還有師範教育，分師範學堂及師範館二級。按此項章程雖曾經正式頒布，但未及施行，到第二年頒布奏定學堂章程以後，遂等於廢紙了。

張百熙在管學任內，很能熱心盡職。如慎選教習，吸引新進，籌畫經費，製定章程，擬在豐台建築大規模新式大學校舍，種種設施，皆能負一般的時望，而新進的青年亦多趨赴。這樣一來，被清廷滿、蒙舊人內懷猜忌，乃派守舊黨榮慶與張氏共同管學，以分張氏的權勢。榮慶以蒙人資格兼入樞府，權位遠出張氏之上，有意更改從前的辦法，恰逢張之洞因事入京，清廷乃下令之洞與二管學大臣重擬學堂章程，此奏定學堂章程之由來。張之洞夙以提倡新學自負，拜此新命，氣炎燻天，乃遠採日本學制，近酌欽定舊章，再參以己意，凡歷數月，易稿七次而始草就。此項新章，名雖三人共擬，其實由之洞一手包辦，內中前後述及教育宗旨的地方，完全是他自己底一副頭腦的表現。此項新章的內容含着復古的性質極其濃厚，但從學制本身上說，確比舊章完備多了；學部成立以後，在支節方面雖略有修改，而清末新教育制度，莫不以此爲標準。

奏定學堂章程頒布於光緒二十九年十一月二十六日，共計十六册，計二十餘種。自竪的方面看，整個教育也是分着三段七級：第一段爲初等教育，分爲蒙養院、初等小學及高等小學三級，第二段爲中等教育，只有中學堂一級；第三段爲高等教育，分爲高等學堂或大學預備科、分科大學及通儒院三級。除蒙養院半屬家庭教育，殊非正式學堂外，兒童自七歲入小學，至三十歲通儒院畢業，合計二十五年。自橫的方面看，除直系各學堂外，另有師範教育及實業教育兩系。師範教育分初級及優級兩等，合計修學八年。實業教育除藝徒學堂及實業補習普通外，分初等實業、中等實業及高等實業三等，合計修學十五年。此外在京師還有譯學館及外省的方言學堂，屬於高等教育段，約計修學五年。此外還有進士館，爲新進士學習新知識設立的；有仕學館，爲已仕的官員學習新知識設立的，修業約計十三年，屬於高等教育段，以其不是由中小學層累而上升，故不列入學堂系統之內。

現在爲清醒眉目起見，除將奏定學堂章程所定各級各種學堂提要分節敍述於下以外，更將此次學制系統圖附載於後。

第二節　直系教育

一　緒言　自蒙養院至通儒院，共有三段七級的學堂，是正軌的，是直線的，我們假名之曰『直系教育』。在光緒二十四年五月二十二日，有這樣一道諭旨：『將各府廳州縣現有之大小書院，一律改爲兼習中學西學之學校。至於學校等級，自應以省會之大書院爲高等學，郡城之書院爲中等學，州縣之書院爲小學』。此次章程規定直系各學堂設立的原則，即按照這道諭旨的標準。至於大學與過儒院合設一處，在京師；蒙養院係半家庭教育的性質，當以普及爲宜，

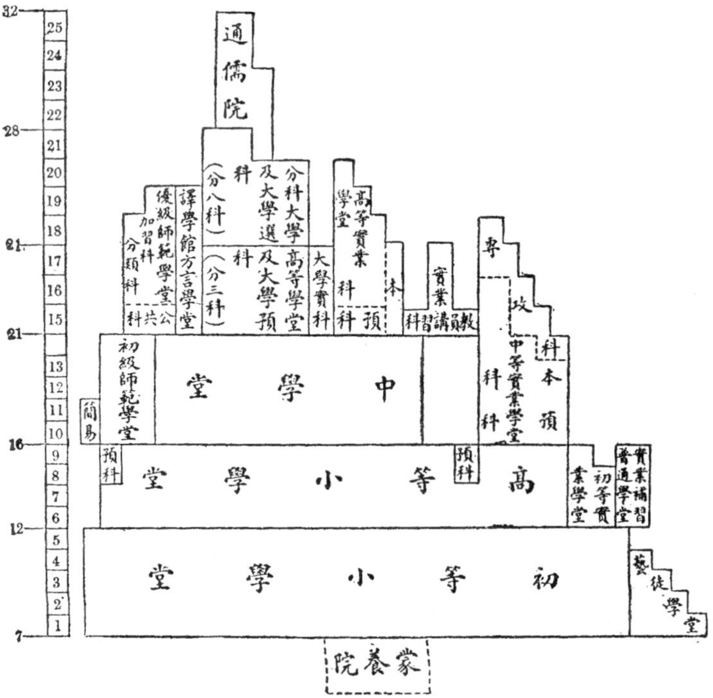

第十三圖　癸卯學制系統圖（光緒二十九年）

不限定區域。除初等小學及通儒院外，一律須令學生貼補學費，但納費多少視各地學堂情形酌量辦理。茲將各級學堂及兩院的教育宗旨、入學資格及年齡、課程及修業年限，並將中、小學堂的課程表分段敘述於下。

二　蒙養院　此院爲規定兒童受教育的最初一步，其宗旨『在於以蒙養院輔助家庭教育，以家庭教育包括女學』。兒童入院年齡，以三歲至七歲爲度，每日授課不得過四點鐘。蒙養院卽外國所謂幼稚園，以女子師範畢業生爲保姆。但中國此時既不宜設女學，所以蒙養院只好暫時附設在育嬰堂及敬節堂內。凡各省府廳州縣以及巨大市鎮，如有此項善舉者，每堂均須附設蒙養院一所，卽於該堂內的乳媼及嫠婦作爲保姆。此項保姆，未必卽有保育教養嬰兒的知識，先由官廳派員講授保育教導之事，或發給女教科書及家庭教育書，令她們自相傳習。一年以後，學習有成績者，發給保姆憑單，勿論在此堂內附設的蒙養院或私人家庭內，皆可以執行保姆的業務。該章程又規定：在蒙養院未及遍設以前，家庭教育最爲重要，所謂『蒙養家教合一』。家庭教育的責任，全在女子，此時中國，既不宜設立女學堂，惟有刊布女教科書，令她們在家庭自相傳習。家中女子如不識字時，則由她底丈夫爲之講說。講習以後，有子女者可以自教其子女，則家家皆有一蒙養院了。此項女教科書，爲孝經、四書、列女傳、女誡、女訓及教女遺規等等。至於嬰兒應讀何書，如何教法，未曾明白規定。

三　初等小學堂　兒童受教育的第二步爲初等小學堂，凡國民年齡在七歲以上者皆可入學。此級學堂，以『啓其人生應有之知識，立其明倫理、愛國家之根基，並調護兒童身體，令其發育』爲宗旨。其中又分爲兩類：一爲完全科，一爲簡易科。完全科五年畢業，其必修學科有八：一、修身，二、讀經講經，三、中國文學，四、算術，五、歷史，六、地理，七、格致，八、體操。此外視地方情形，尚可加授圖畫、手工一科或二科，列爲隨意科。簡易科也是五年畢業，其科目有五：一、修身、讀經合爲一科，二、中國文字科，三、歷史、地理、格致合爲一科，四、算術，五、體操。以孝經、四書、禮記節本爲完全科必讀之經書，第一年每日約讀四十字，第二年每日約讀六十字，第三、第四兩年每日約讀一百字，第五年每日約讀一百二十字，總共五年應讀十萬零一千八百字。至於時間的分配，每星期讀經六點鐘、挑背及講解六點鐘，合計十二點鐘。另有温經的課程，每日半點鐘，在自習室內舉行，不列講堂功課之內。高等小學亦同。以古詩歌代音樂科，『須擇古歌謠及古人五言絕句之理正詞婉能感發人者』令兒童諷誦，作爲音樂教材。

此項學堂之設立，以府廳州縣之各城鎮爲原則。在創辦之初，至少大縣城內必設三所，各縣著名大鎮必設一所，名曰『官小學堂』。至於私人集資建立，由個人者曰私小學堂，由團體者曰公小學堂。官設小學堂永不令學生貼補學費，雖未實行強迫教育，亦寓有義務教育的意義了。學級編制分三種：凡兒童的工夫深淺同等，能編爲一班者，稱單級小學堂；凡兒童的工夫不等，須編爲二級以上者，稱多級小學堂；在一日內，分兒童爲兩起授課者，稱半日小學堂。

第十三表　奏定學堂章程初等小學堂必修科課程表

年級／每週時數／科目	第一年級		第二年級		第三年級		第四年級		第五年級		共計
修身	摘講朱子小學劉忠介人譜等有益風化詩歌	二	同前	二	同前	二	同前	二	同前	二	一〇

讀經講經	讀孝經論語每日四十字	一二	讀論語學庸每日六十字	一二	讀孟子每日一百字	一二	孟子及禮記節本每日百字	一二	禮記節本每日百字	一二	六〇
中國文字	習字附講動靜虛實各字之區別	四	積字成句之法	四	積句成章之法	四		四		四	二〇
算術	二十以下之算術加減	六	百以下之算術加減乘除	六	常用之加減乘除	六	加珠算	六	教小數	六	三〇
歷史	鄉土之大端故事及本地古先名人事實	一	同	一	歷朝年代國號及聖主賢君之大事	一	本朝開國大略及列聖仁政	一		一	五
地理	講鄉土之道路建築古跡山水	一	同	一	本縣本府本省之地理山水	一	中國地理幅員大勢	一	中國地理與外國毗連之關係	一	五
格致	講鄉土之動植礦	一	同	一	重要動植礦之形象	一		一	人生生理及衞生之大略	一	五
體操	有益之運動及游戲	三	除上外兼普通體操	三	同前	三		三		三	一五
合計		三〇		三〇		三〇		三〇		三〇	一五〇

四　高等小學堂　高等小學爲兒童受教育的第三步，以『培養國民之善性，擴充國民之知識，壯強國民之氣體』爲宗旨。照章以在初等小學堂畢業升入者爲合格，但開辦之初，凡十五歲以下，略能讀經而性質尚敏之兒童，亦有投考的資格。學習年數以四年爲限。學科凡九：一、修身，二、讀經講經，三、中國文學，四、算術，五、中國歷史，六、地理，七、格致，八、圖畫，九、體操。此外視地方情形，可加授手工、商業、農業等科目爲隨意科。修身教材以四書爲主，經學教材以詩經、易經及儀禮的喪服經傳爲必讀之書。凡兒童讀經，每日約讀一百二十字，每年應讀二萬八千八百字。總計四年應讀十一萬五千二百字。仍以古詩歌代替音樂科，不過詩歌字句可選讀較長的——五七言均可。

此項學堂的設立，以州縣爲原則，但巨大村鎮，能籌款多設更佳。兒童在此項學堂畢業，已可取得出身的資格，故入學肄業時須令貼補學費。

第十四表 奏定學堂章程高等小學堂必修科課程表

科目 ＼ 每週時數 ＼ 年級	第一年級		第二年級		第三年級		第四年級		共計
修身	讀四書兼讀有益風化之詩歌	二	同前	二	同	二	同	二	八
讀經講經	讀詩經每日約一百二十字	一二	詩經書經每日約一百二十字	一二	書經易經每日約一百二十字	一二	易經及儀禮節本每日百二十字	一二	四八
中國文學	讀古文習楷書習官話	八	同前	八	作短篇記事文習行書	八	兼作說理文	八	三二
算術	加減乘除及諸等數	三	比例百分數	三		三	百分算求積日用簿記	三	一二
中國歷史		二		二		二		二	八
地理	中國地理	二	外國地理	二		二		二	八
格致	動植礦及自然之現象	二	尋常物理化學之形象	二		二	兼授生理衛生	二	八
圖畫	簡易之形體	二	同	二		二	簡易之幾何畫	二	八
體操	普通體操有益之運動兵式體操	三	同	三		三		三	一二
合計		三六		三六		三六		三六	一四四

五　中學堂　兒童由高等小學升入中學，已到教育的第二階段了。此項學堂，以『施較深之普通教育，俾畢

業後不仕者從事於各項實業，進取者升入高等專門學堂，均有根柢』爲宗旨。學程以五年畢業，其學科凡有十二：一、修身，二、讀經講經，三、中國文學，四、外國語，五、歷史，六、地理，七、算學，八、博物，九、物理及化學，十、法制及理財，十一、圖畫，十二、體操。修身教材，摘講陳宏謀五種遺規：一、養正遺規，二、訓俗遺規，三、教女遺規，四、從政遺規，五、在官法戒錄。經學教材，以詩經、書經、易經及儀禮之一篇（喪服經傳）爲必讀之書。音樂仍以古詩歌替代。

此項學堂以府立爲原則，如各州縣皆能設立一所更善。每堂學生名額以四百人以下三百人以上爲合格，但於經費充裕學舍宏敞者可增至六百人。

第十五表　奏定學堂章程中學堂必修科課程表

科目＼每週時數＼年級	第一年級		第二年級		第三年級		第四年級		第五年級		共計
修身	摘講陳宏謀五種遺規	一	同前	一		一		一		一	五
讀經講經	春秋左傳每日二百字	九	同前	九		九		九	周禮節本每日二百字	九	四五
中國文學	讀文作文習楷書行書	四	同前	四	同前兼習小篆	五		三	兼講中國歷代文章名家	三	一九
外國語	講解文法會話作文習字	八	同前	八		八		六		六	三六
歷史	中國史	三	中國史及亞洲史	二	本朝史及亞洲史	二		二		二	一一
地理	總論及中國地理	二	中國地理	三	外國地理	二	同	二	地文學	二	一一
算學	算術	四	算術代數幾何簿記	四	代數幾何	四		四	幾何三角	四	二〇

博物	植物動物	二	同前	二	生理衛生礦物	二		二			八
理化							物理	四	化學	四	八
圖畫	自在畫用器畫	一	同前	一		一		一			四
法制及理財										三	三
體操	普通操兵式操	二		二		二		二		二	一〇
合計		三六		三六		三六		三六		三六	一八〇

六　高等學堂　高等學堂以『教大學預備科』爲宗旨，每日功課六點鐘，三年畢業。其學科分爲三類：以預備升入經學科、政法科、文學科及商科等大學者爲第一類；以預備升入格致科、工科、農科等大學者爲第二類；以預備升入醫科大學者爲第三類。第一類的學科凡有十目：一、人倫道德，二、經學大意，三、中國文學，四、外國語，五、歷史，六、地理，七、辨學，八、法學，九、理財學，十、體操。第二類的學科凡有十一目：一、人倫道德，二、經學大意，三、中國文學，四、外國語，五、算學，六、物理，七、化學，八、地質，九、礦物，十、圖畫，十一、體操。第三類的學科，凡有十一目：一、人倫道德，二、經學大義，三、中國文學，四、外國語，五、拉丁語，六、算學，七、物理，八、化學，九、動物，十、植物，十一、體操。到了第三年另外設有選科及隨意科，凡三類學生皆可加習。

此項學堂以各省城設立一所爲原則，由中學堂畢業生升入。升入以後，修滿三年考試及格，卽可升入分科大學。但此時學堂初辦，尙無合格人才升入大學肄業，所以在京師大學內先設預備科，與各省高等學堂同一性質。

七　大學堂　由高等學堂或大學預備科畢業了，再進一步，則爲大學堂。大學堂以『謹遵諭旨，端正趨向，造就通材』爲宗旨內中分立八科又稱分科大學堂。學堂設立在京師者須八科全備，設立在外省者不必全備，但至少須置三科方許設立。各分科大學修業年限，除政治科及醫科中的醫學門各須四年外其餘各科各門均以三年爲限。茲將八科各門的學科分列於下：

（1）經學科大學　此科大學分十一門，理學一併附在裏面。一、周易學門，二、尚書學門，三、毛詩學門，四、春秋左傳學門，五、春秋三傳學門，六、周禮學門，七、儀禮學門，八、禮記學門，九、論語學門，十、孟子學門，十一、理學門。以上各門，由學生各自專習一門。

（2）政治科大學　此科大學只分二門：一、政治門，二、法律門，由學生各自專習一門。

（3）文學科大學　此科大學共分九門：一、中國史學門，二、萬國史學門，三、中外地理學門，四、中國文學門，五、英國文學門，六、法國文學門，七、俄國文學門，八、德國文學門，九、日本文學門。由學生各自專習一門。

（4）醫科大學　此科大學只分二門：一、醫學門，二、藥學門。由學生各自專習一門。此項醫學與近日醫科大學專攻西醫者不同，凡內科、外科、婦科、兒科皆參考中國至精的醫書，方能適合本國人的體質及生活，其餘各科當擇譯外國善本教授。

（5）格致科大學　此科分六門：一、算學門，二、星學門，三、物理學門，四、化學門，五、動植物學門，六、地質學門。由學生各自專習一門。

（6）農科大學　此科分四門：一、農學門，二、農藝化學門，三、林學門，四、獸醫學門。由學生各自專習一門。凡農學各門，皆以實驗爲主，故講堂功課較他科爲少。

（7）工科大學　此科分九門：一、土木工學門，二、機器工學門，三、造船學門，四、造兵器學門，五、電氣工學門，六、建築學門，七、應用化學門，八、火藥學門，九、採礦及冶金學門。由學生各自專習一門。

（8）商科大學　此科分三門：一、銀行及保險學門，二、貿易及販運學門，三、關稅學門。由學生各自專習一門。

以上各科大學中每門課程又分三類，——主課、輔助課及隨意科。每門以本門研究法爲主課，以與此門相關之學爲輔助課。例如經學科的周易學門，主課爲『周易研究法』，輔助課爲『爾雅學』，『說文學』一類的材料。隨意科則不拘科門，性質極其寬泛。各科學生到畢業時，均須自著論說一篇，與畢業課藝，一律繕呈學堂當局，作爲畢業成績的參考。但工科大學學生除呈驗畢業課藝及自著論說外，還要製一計畫圖稿。

八　通儒院　最高學府爲通儒院，須有分科大學畢業的資格，或學力與此相等者，方能升入肄業。此院不單獨設立，即設立在京師大學堂內，其宗旨與大學堂相同。學生入院，只在齋舍研究，隨時向教員請業問難，沒有講堂功課。但每到年終，須呈驗平日所研究的情形及成績於分科大學監督，以備考核。規定研究期限爲五年，其畢業程度以『能發明新理，著有成績，能製造新器，足資利用』爲標準。院內不收學費，如有學生爲研究學術，必須親至某地方考察時，經大學會議議決，尚可酌量支給旅費。

第三節　師範教育

一　緒言　中國近代之有師範教育，始於南洋公學。該學創辦於光緒二十三年，四院中首先設立師範一院，即近代師範教育的開始；但此不過爲局部的設施。在這幾年，梁啓超在上海刊行時務報，亦極力鼓吹師範教育，但尙未經政府採納。直到光緒二十八年，張百熙的欽定學堂章程，始正式規定師範教育系統，但不過附設於直系各學堂內，尙未成爲獨立的組織。至本章程，纔把師範教育劃開，使自成系統，獨立起來。獨立的師範教育，分優、初兩級：優級略高於高等學堂，初級略高於普通中學堂。每級內部各分設數種學堂，比較普通高等、中等學堂的辦法複雜，此次章程，要以此處爲較完善。初級師範除私立，優級師範除加習科外，一律不收學費。畢業以後，各有效力於教育的義務，其服務年限與地點各不一致。茲將各級的宗旨入學的資格各科課程，修業期限及畢業後之義務，逐一分述於下。

二　初級師範學堂　此爲師範教育的第一級，招收高等小學堂畢業生來堂肄業，以『派充高等小學堂初等小學堂兩項教員者入焉；以習普通學外，兼講明教授管理之法』爲宗旨。但在小學尙未發達以前，暫時可就現有之貢廩增附生及文理優長之監生內考取。此項學堂爲小學教育普及的基礎，須限定每州縣必設一所，但開辦之初，可先就省城地方暫設一所。省城師範學堂應設兩種：一爲完全科，五年畢業；一爲簡易科，一年畢業。前者入學年齡，以十八歲以上二十五歲以下爲合格，後者以二十五歲以上三十歲以下者爲合格。州縣師範學堂除完全科外，宜急設十個月的師範傳習所。此項傳習所，招收專教私塾的生童，以省城之初級師範學堂及簡易科畢業生成績較優者為教員，分往傳習畢業後可充小學副教員。初級師範完全科設立在省城者，師範生以三百人為足額；設立在各州縣者以一百五十人為足額。完全科的學科共有十二目：一、修身，二、讀經講經，三、中國文學，四、教育學，五、歷史，六、地理，七、算學，八、博物，九、物理及化學，十、習字，十一、圖畫，十二、體操。此外可視地方情形尚可加授外國語，農業、商業、手工之一科目或數科目。以古詩歌替代音樂與普通中學相同。凡師範生畢業後皆有充當小學教員的義務。（1）服務的地點：如在省城學堂畢業者應有從事本省各州縣小學堂教員之義務；如在州縣學堂畢業者，應有從事本州縣各小學堂教員之義務。（2）服務的年限：如師範生由官費畢業者，本科生六年，簡易科生三年；由私費畢業者，本科生三年，簡易科生二年。

除上所設外，在師範學堂內，並應添預備科及小學教員講習科：前者為考入完全科而普通學力未足者，補習之用；後者為由傳習所畢業已出為小學堂教員而自覺學力缺乏者，及向充蒙館塾師而並未學過普通學亦未至傳習所受過教法者補習之用。此外凡初級師範學堂，皆可設置旁聽席，以便鄉間老生寒儒來堂觀聽，得着普通教育知識及教法大要，即可便易多開小學。此外，每一學堂，必有附設小學堂一所，以供師範生實地練習。凡師範生不納學費。

三　優級師範學堂　此為師範教育的第二級，以造就『初級師範學堂及中學堂之教員、管理員』為宗旨。入學資格分兩種：（1）以初級師範學堂畢業及普通中學堂畢業生為原則；（2）在開辦之初，可暫收本省之舉貢生員之中學確有根柢，年在十歲以上二十五歲以下者為例外。此種學堂，京師及各省城宜各設一所，學生名額暫定最少二百四十人。其學科分為三節：一、公共科，為初入學時學習的課程；二、分類科，為入學第二年後學習的課程；三、為加習科，為分類科課程畢業後加習的課程。前二節學生必須學習，後一節加習與否，可聽其自便。公共科及分類科學生在學費用，均以官費支給。

公共科的學科凡八：一、人倫道德，二、群經源流，三、中國文學，四、東語，五、英語，六、辨學，七、算學，八、體操。以上各科，如係第一項資格學生，限以一年畢業；如係第二項資格的學生，限以三年畢業。

分類科的學科分為四類：第一類以中國文學、外國語為主，第二類以歷史、地理為主，第三類以算學、物理、化學為主，第四類以植物、動物、礦物、生理為主。第一類學科凡十三科：一、人倫道德，二、經學大義，三、中國文學，四、歷史，五、教育學，六、心理學，七、周秦諸子，八、英語，九、德語，十、辨學，十一、生物學，十二、生理學，十三、體操。此外，還有二隨意科：一、法制，二、理財。第二類學科凡十二科：一、人倫道德，二、經學大義，三、中國文學，四、教育學，五、心理學，六、地理，七、歷史，八、法制，九、理財，十、英語，十一、生物學，十二、體操。此外還設有德語一隨意科。第三類學科凡十二科：一、人倫道德，二、經學大義，三、中國文學，四、教育學，五、心理學，六、算學，七、物理學，八、化學，九、英語，十、圖畫，十一、手工，十二、體操。此外還設有隨意科二：一、德語，二、生物學。第四類學科凡十四科：一、人倫道德，二、經學大義，三、中國文學，四、教育學，五、心理學，六、植物學，七、動物學，八、生理學，九、礦物學，十、地學，十一、農學，十二、英語，十三、圖畫，十四、體操。此外還有隨意科目二：一、化學，二、德語。以上各類的課程，每類限三年畢業。

加習科的學科凡十科：一、人倫道德，二、教育學，三、教育制度，四、教育機關，五、美學，六、實驗心理學，七、學校衛生，八、專科教育，九、兒童研究，十、教育演習。以上各科，限以一年畢業。

除以上三節外，還有專科及選科等名目，但課程此時尚未規定。凡優級師範學堂，必有附屬學堂兩種：一爲附屬中學，一爲附屬小學，以供優級生實地練習。凡分類科畢業生，均有效力本省及全國教育職業的義務，其義務年限暫定六年；義務期滿，准升入大學堂肄業。

第四節　實業教育

一　緒言　實業教育在光緒二十八年欽定學堂章程內已自成系統，到了本章程則規定更較詳備。本章程分實業教育爲三類：一爲正式實業學堂，一爲補習實業學堂，一爲實業師範。第一類又分初、中、高三等，每等各分數科。第二類又分普通補習及藝徒二種。除藝徒學堂免收學費及實業教員養成所由官廳供給一切費用外，其餘各實業學徒皆須貼補學費。茲將各種實業學堂的宗旨、入學資格及年齡、課程、修業年限及畢業各項，逐一敘述於下。

二　初等實業學堂　此項學堂分設三種：一爲初等農業學堂，二爲初等商業學堂，三爲初等商船學堂，皆等於高等小學堂的程度。招收年在十三歲以上之初等小學堂畢業生。初等農業以『教授農業最淺近之知識、技能，使畢業後實能從事簡易農業』爲宗旨。課程分普通科及實習科兩類，通限以三年畢業。普通科課程凡有五科：一、修身，二、中國文理，三、算術，四、格致，五、體操。實習科課程凡有四科：一、農業，二、蠶業，三、林業，四、獸醫。初等商業，以『教授商業最淺近之知識、技能，使畢業後實能從事於簡易商業』爲宗旨。三年畢業，不分科。初等商船，以『教授商船最淺近之知識、技術，使畢業後實能從事於商船之簡易職務』爲宗旨，課程分航海、機輪二科，限以二年畢業。

以上三種學堂，現時以附設於中等各實業學堂及普通中小學堂內，不必單設。

三　中等實業學堂　此項學堂分設四種：一爲中等農業學堂，二爲中等工業學堂，三爲中等商業學堂，四爲中等商船學堂。皆等於普通中學堂的程度，皆有本科生及預科生兩種。本科生三年畢業，招收年在十五以上已修畢高等小學堂之四年課程者；預科生二年畢業，招收年在十三歲以上已修畢初等小學堂之五年課程者。中等農業學堂以『授農業所必需之知識、藝能，使將來實能從事農業』爲宗旨。其預科課程之科目有八：一、修身，二、中國文學，三、算術，四、地理，五、歷史，六、格致，七、圖畫，八、體操。此外，並可加設外國語。其本科課程之科目有五：一、農業科，二、蠶業科，三、林業科，四、獸醫科，五、水產科。但本科可酌量地方情形，節縮至二年以內或展長至五年以內。中等工業學堂，以『授工業所必需之知識、技能，使將來實能從事工業』爲宗旨。本科課程分爲十科：一、土木科，二、金工科，三、造船科，四、電氣科，五、木工科，六、礦業科，七、染織科，八、窯業科，九、漆工科，十、圖稿繪畫科。中等商業學堂，以『授商業所必需之知識、藝能，使將來實能從事商業』爲宗旨。預科、本科皆不分科。中等商船學堂，以『授駕運商船之知識、技能，使將來實能從事商船』爲宗旨。本科課程分爲二科：一、航海科，二、機輪科。

除以上四種外，在中等各實業學堂內，酌設別科、選科及專攻科三種。別科即簡易科的性質，以簡易教法講授該實業必需之知識。選科不分種別，可就各實業中之一事項或數事項增置若干科目，使生徒選習。專攻科即精習課程，爲已畢業於本實業學堂尙欲專攻一科目或數科目之學生學習之用。

四　高等實業學堂　此項學堂分設四種：一爲高等農業學堂，二爲高等工業學堂，三爲高等商業學堂，四爲高等商船學堂：皆等於普通高等學堂的程度，招收年在十八歲以上，二十二歲以下之普通中學的畢業生。高等農業學堂以『授高等農業學藝，使將來能經理公私農務產業，並可充各農業學堂之教員管理員』爲宗旨。課程分預科及本科，前者一年畢業，後者三年畢業。本科課程又分四科：一、農學科，二、獸醫學科，三、森林學科，四、土木工學科。高等工業學堂以『授高等工業之學理技術，使將來可經理公私工業事務，及各局廠工師，並可充各工業學堂之管理員、教員』爲宗旨。課程亦分預科及本科：前者一年畢業，後者三年畢業。本科課程又分十三科：一、應用化學科，二、染色科，三、機織科，四、建築科，五、窰業科，六、機器科，七、電氣科，八、電氣化學科，九、土木科，十、礦業科，十一、造船科，十二、漆工科，十三、圖稿繪畫科。高等商業學堂以『施高等商業教育，使通知本國、外國之商情、商事，及關於商業之學術、法律，將來可經理公私商業及會計，並可充各商業學堂之管理員、教員』爲宗旨。課程亦設預科及本科，前者一年畢業，後者三年畢業，皆不分科。高等商船學堂以『授高等航船機關之學術技能，使可充高等管駕船舶之管理員，並可充各商船學堂之管理員、教員』爲宗旨。課程不設預科，只有本科，本科又分航海及機輪二科：前者五年半畢業，後者五年畢業。

除以上四種外，在各學堂內，可附設專攻科，爲畢業生尙欲精究之用。

五　實業補習普通學堂　此項學堂，近於中學堂的程度，以『簡易教法，授實業所必需之知識、技能，並補習小學普通教育』爲宗旨。招收已經從事各種實業，及打算從事各種實業之兒童入堂肄業，但其學力須具有初等小學堂以上之程度方能合格。課程分普通科及實習科兩類，實業科又分農業、工業、商業及水產四科，統限以三年畢業。此項學堂不必單獨設立，可附設中小學堂或各種實業學堂之內。

六　藝徒學堂　此項學堂，近於高等小學堂之程度，以『授平等程度之工業技術，使成爲善良之工匠』爲宗旨。招收十二歲以上略知書算之幼童來學肄業，他們的資格不限於已否在初等小學堂畢業者。內中普通課凡八科目：一、修身，二、中國文理，三、算學，四、幾何，五、物理，六、化學，七、圖畫，八、體操。但以上八科中，除一二兩科必修外，其餘可聽生徒自由選習。畢業無定期，以六個月以上四年以下爲限。此項學生多半已有本業，只欲以其餘暇來堂補習應用之知識、技能爲目的。學堂爲圖他們便利起見，授課時間應略有變通；或於夜晚，或於放假日，或擇雪期農隙等閒暇時節舉行。

七　實業教員講習所　此項講習所，以『教成各級實業學堂及實業補習普通學堂藝徒學堂之教員』爲宗旨。招收中學堂或初級師範學堂的畢業生來所肄業，修學的期限各科不一。內中分三部，一、農業教員講習所，二年畢業；二、商業教員講習所，二年畢業；三、工業教員講習所，完全科三年畢業，簡易科二年畢業。凡講習所的學生，在學一切費用均由官廳供給，畢業後須服務六年。

第五節　學堂行政組織及職教員

一　緒言　在學制系統未成立以前，各學堂行政組織無一定章程。從一般習慣看，大概一個學堂的行政首領叫做監督，監督之下有總教習，總教習之下有分教習。監督概由現任或候補官員兼領，只負建設籌款及一切重大計畫的責任。總教習的職權極大，凡訂定課程，聘請教習，取錄學生及內部一切辦法，皆由他主持。在新教育第一期，各學堂總教習，多聘西人充當；迨後添設華員一名，於是一個學堂就有兩總教習了。

自新學制成立系統以後，所有各級各種學堂的行政及管教員，纔有完備的組織及統一的名稱。監督逐漸脫離職官專管學堂，教習逐漸由華員替代。內中行政組織的區別，只以等級爲標準，不以種類爲標準；大概高等學堂以上爲一等組織，規模宏大；自中等學堂以下爲二等組織，規模狹小。但學堂行政首領，自中等學堂以上，統稱監督；自中等學堂以下，統稱堂長。至於蒙養院及藝徒學堂，均非單獨設立，組織更其簡單，我們可以從略少敍。

二　一等組織　此項組織，又分大學堂與高等學堂兩類。大學堂設總監督一人，總管全堂各分科大學事務，統率全學人員。分科大學每科設監督一人，受總監督的節制，掌本科之教務、庶務、齋務一切事宜。每分科，在監督之下，設立三部：一爲教務，設教務提調一人，其下設正教員、副教員若干人；二爲庶務，設庶務提調一人，其下設文案官、會計官、雜務官等人；三爲齋務，設齋務提調一人，其下設監學官、檢查官、衛生官等人。此外天文臺、植物園、動物園、演習林、醫院及圖書館各機關，均設經理官一人。全學設一會議所，議決大學一切重要事務。各分科設一教員監學會議所，議決關於各本科一切重要事務。

高等學堂設監督一人，統轄各員，主持全學教育事務。監督之下分三部：一、關於教務者，設教務長一人，其下設有正教員、副教員、掌書官若干人；二、關於庶務者設有庶務長一人，其下設有文案官、審計官、雜務官若干人；三、關於齋務者，設齋務長一人，其下設有監學官、檢查官等人。優級師範學堂及高等實業學堂的行政組織，完全與此相同，不過優級師範添設了附設中小學堂的辦事官，是其特異。

三　二等組織　此項組織分中等學堂與小學堂兩類。中等學堂設監督一人，統轄全學員董司事人役，主持一切教育事宜。監督以下不分部，只設教員若干人，分教各種科學，此外設有掌書、文案、會計、庶務等員。如備有學生齋舍的學堂，另設監學二員，以教員兼充。初級師範學堂除添附屬小學辦事官一人外，其餘全同。

小學堂設堂長一人，主管全校教育，督率堂內教員及董事、司事。堂長之下，設有正副教員或專科正教員若干人。但如學堂狹小學生名額在六十以下者，教員即由堂長兼充。

四　師資　新教育初行，除監督外，自總教習以下，概用洋員，所有教育業務，差不多全在外人手中。庚子以來，新式人材逐漸產生，於是漸由洋員移歸於華員。據奏定學堂章程，所規定各級學堂的教員標準為：（1）大學堂分科正、副教員，暫時除延訪有各科學程相當之華員，其餘均聘請外國教師充選。（2）高等學堂的正教員與大學堂相同，其副教員則以華員充當。（3）優級師範學堂的正副教員的資格完全與高等學堂相同。（4）普通中學及初級師範學堂的正副教員，暫時只可擇遊學外國畢業曾考究教育法理者充任，或擇學科程度相當之華員充當亦可，不必限於師範畢業生。（5）高等小學堂的正副教員，暫時以簡易師範生充選；初等小學堂的正副教員，暫時以師範傳習生當選。（6）實業學堂的正副教員，各按等級與相當之普通學堂資格相同。

第六節　管理考試及獎勵

一　管理　本章程除學務綱要裏面涉及關於管理學生的事務外，並訂有各學堂管理通則八章，我們摘出五個要點來說說。第一、關於品行的考核，第二、關於皇帝的愛戴，第三、關於禮節的遵守，第四、關於行爲的防閑，第五、關於制服的規定。關於第一點，凡學堂考核學生的成績，必另立品行一門，用積分法與學業成績一併計算。考核品行的方法，分言語、容止、行禮、作事、交際、出遊六項，隨時隨處皆按照這六項考核。在講堂內，由教員考核；在齋舍，由監學及檢查官考核。關於第二點，在講堂及禮堂內懸掛聖諭廣訓，平日勿論教員及學生務必一律遵奉。每逢朔日，由監督教員傳集學生至禮堂行禮如儀以後，須敬謹宣讀聖諭廣訓一道。凡有慶節，在舉行禮節以後，如有宴會還由各教員或學生恭致祝詞，宣講『尊崇孔教，愛戴大清國之義』。關於第三點，每逢朔日、元旦日、慶祝日、紀念日及開學、散學等日，必舉行相當禮儀：對萬歲牌或至聖先師牌位，一律舉行三跪九叩禮；學生對教職員舉行三揖禮。除此以外，在平時，學生對教員或長官亦須舉行一揖禮或拜跪禮。關於第四點，對於學生的行爲設有種種禁例：（1）不准預聞不干己事；（2）不准干預國家政治及本學堂事務；（3）不准離經畔道，妄發狂言怪論，以及著書妄談，刊布報章；（4）不准充報館主筆及訪事人；（5）不准私自購閱稗官小說，謬報逆書；（6）不准聯盟糾衆，立會演說，及潛附他人黨會。關於第五點，凡學生一律著制服。制服分帽子、衣服、鞋子、衣帶及被褥等等，皆有定式，一律由學堂製備發給，以歸劃一。

以上五點中尤以第二第四兩點爲最嚴重。由第二點看來，簡直是一種宗教式的訓練，聖諭廣訓等於耶穌教的聖經了。由第四點看來又是一種愚民式的教育，不准干預政治與聯盟立會，這無異暗示當時革命黨的勢力業已潛滋暗長，青年學生最易受其鼓動，所以特別嚴防。其實，這種辦法毫無用處，後來推翻滿淸政府的多半就是此時所極力防範的青年學生。

二　考試　凡學堂考試共分五種：一、臨時考試，二、學期考試，三、年終考試，四、畢業考試，五、升學考試。臨時考試，或一月一次，或間月一次，由各教員自行酌定。學期考試每半年一次，由本學堂監督或堂長會同各教員於暑假前執行。年終考試，一年一次，由本學堂監督或堂長會同各教員於年假前執行。年終考試後，計算全年各門分數，及格者准其升級，不及格者留級。畢業考試又分兩項辦法：在中學堂以下，由所在地方官會同本學堂監督或堂長及各教員於畢業時期舉行；高等學堂以上，則由政府另派大臣來堂監考。如高等學堂畢業，則奏請皇帝簡放主考會同督撫學政詳加考試；如大學堂分科大學畢業，則奏請皇帝簡放總裁會同學務大臣詳加考試，——此即仿照科舉鄉會試的辦法。升學考試，如小學升中學，先由本中學堂初試，再經學政覆試，以定去留；如中學升高等學，除本高等學堂初試後，須經督撫會同學政覆試，以定去留。至於高等學堂與大學的畢業考試，非常愼重，已寓升學考試之意，故由高等升大學，由大學升通儒院，反較平常。

三　各學堂計分法　凡各種考試，皆以百分計算，卽各門平均分數，以一百分爲極則。此項平均分數分着五等：凡滿八十分以上者爲『最優等』，滿六十分以上者爲『優等』，滿四十分以上者爲『中等』，四十分至二十分者爲「下等」，在二十分以下者爲「最下等」。前四等皆謂之及格，最下等不及格。凡計算平均分數法，除臨時考試外，皆以平日品行分數列入學科，合併計算。嘗如學科有十三門，則加入品行分數爲十四門，將所得各門分數相加，以十四除之，爲平均分數。凡平時考試，取得最優等、優等者，則依名次，升講堂座位；中等列其後；下等降座位，更列其後。凡年終考試，取得最優等、及優等者，則升級；中等、下等則留級；最下等減品行分數十分之一，若三次最下等者則令其出學。凡畢業考試取得最優等優等及中等者照章分別給獎，考列下等者留堂補習一年再行考試，分別按等辦理。第二次若仍列下等者給以修業憑照令其出學。考列最下等者給以修業憑照，令其出學。

四　獎勵　獎勵學堂畢業生的出身，始於光緒二十七年政務處與禮部的會議學堂出身一疏，到光緒二十九年奏定學堂章程，遂將所有各級各種學堂畢業，獎勵辦法正式規定了。除初等小學堂應屬於義務教育不給獎外，自高等小學堂以至通儒院，一律給予出身獎勵。獎勵的辦法分二種：（1）自高等學堂學生以上，於畢業考試手續完畢後，卽可給予獎勵；（2）自中學堂學生以下，須經升學考試升入官設之上級學堂後方可給予獎勵。獎勵出身分四等：凡在大學堂及通儒院畢業者，應獎給進士；凡在高等學堂及與此程度相當之學堂畢業者均應獎給舉人；凡在中學堂及與此程度相等之學堂畢業已升入上級學堂者，均應獎給優拔等貢生；凡在高等小學堂及與此程度相等之學堂畢業已升入官設之上級學堂者，均應給獎廩增附生。被給獎之考試分數，分最優等、優等、中等、下等、最下等五個等級，須考列前三等者方有獎勵，考列後二等者無獎。如學生在師範學堂畢業者，給獎時加上「師範科」三字，如「師範科舉人」，「師範科拔貢」之類。除獎勵外，還定有種種官銜，也是按照各學堂的等級來分等，就是師範學堂及實業學堂的畢業生同樣，加以某種官銜。此項獎勵的實行，始於獎勵出洋遊學日本的官員及學生，到後來勿論國內、國外、東洋、西洋，凡高等小學以上的學堂畢業後，經過合格考試，莫不獎給出身；於是一批舊的進士、擧貢生員未了，又年年增加了無數的新的進士、擧貢生員，說來眞是趣話。

第七節　結論

此項新章，開卷有學務綱要一册，對於整個教育，逐一提要說明，並補足各項章程所未備的很多，令人讀了便可以知道一個大概。我們綜合全部章程，更將其要點摘出八條，歸爲四類寫在下面：第一類，封建思想極其濃厚；第二類，科擧遺毒依然保存；第三類，民族意識漸漸表現；第四類，提倡君權，抑制民權。關於第一類共計三點：（1）經學鐘點規定特多。除大學堂專設經學科及高等學堂和優級師範學堂設有經學大義及羣經源流外，中、小學堂所佔授課時間尤爲特別。中學堂及初級師範學堂每週授課三十六小時即是讀經講經九小時，已佔全課程四分之一；高等小學堂每週授課三十六小時即有讀經講經十二小時，更佔全課程三分之一；初等小學堂每週授課三十小時，即有讀經講經十二小時，且佔全課程五分之二。——眞可以驚人了。（2）只有男性片面的教育，通章沒有規定地位，只在蒙養院的蒙養家教合一章裏面，規定『以家庭教育包括女學』一句話，女子只能在家庭受教育，勿庸特設學校，若正式設立女學，恐沾染西方的習氣，有傷風化。（3）中學以下始准私人設立學堂，高等學堂以上須完全由官立以示鄭重。一方面提倡新教育，一方面又限制設立，種種矛盾，皆由封建思想太深的原故。關於第二類爲學堂畢業獎勵。一方面廢止科舉，一方面又把科舉的辦法和榮名搬到學堂裏面來，可以想見科舉遺毒之深入人心。關於第三類共計兩點：（1）小學堂學習本國語言文字爲主，勿庸兼習洋語。學務綱要上說：『初等高等小學堂以養成國民忠國家、重聖教之心爲主，各科學均以漢文講授，一概勿庸另習洋文，以免拋荒中學根柢』，此民族教育之一。（2）各學堂皆須練習官話。所習官話以聖諭廣訓一書爲標準，意在統一全國語言，使感情由此融洽，此民族教育之二。關於第四類，如禁止私立學堂習政治、法律及兵操，禁止學生干預國政，皆是抑制民權主義的教育；又如每逢節日宣讀聖諭廣訓，各學堂均應欽遵諭旨，及以忠孝二字爲敷教之本，皆是提倡君權主義的教育。

本章參考書舉要

（1）欽定學堂章程

（2）奏定學堂章程

第四十八章　學部成立後學堂教育之推進

第一節　概論

學部設立於光緒三十一年十一月，距光緒二十九年奏定學堂章程的頒布，整夠兩年。當奏定學堂章程頒布以後，國家教育制度雖然規模大備，其實尚未見諸實行。自學部成立以來，負專責的有了人，於是全國教育漸呈活氣，進步大有一日千里之勢；自此以後，也可以當着另一個時期。計自光緒三十一年十一月至宣統三年九月，在此六年中，學部所辦的成績卻也不少。我們此處僅就關於學校教育範圍以內舉其重要者，彙爲四點：（1）對於女子教育之正式規定，（2）對於小學教育之極力提倡，（3）對於師範教育之比較注意，（4）對於本國學堂之設法推廣。關於第一點，如光緒三十三年之製定女子小學堂及女子師範學堂章程，於是女子教育在學制上始有地位。關於第二點，如光緒三十四年之特許小學堂招生時資格從寬；宣統元年頒布簡易識字學塾章程，編定國民必讀課本，規定小學堂教員之檢定和優待辦法；宣統元、二兩年之兩次改良小學堂章程；宣統三年之規定小學經費章程，這一切皆比較從前進步些。關於第三點，如光緒三十一年廣東教忠學堂改爲初級師範學堂之類，光緒三十二年之通行各省盡力推廣師範生名額，並要撙節游學經費以全力辦理師範學堂；宣統二、三兩年之兩次變通初級師範學堂章程；光緒三十二年及宣統二年之兩次變通優級師範學堂章程；皆是比較以前切實些。關於第四點，如光緒三十二年屢次咨行各省將軍督撫，對於以後學生出洋遊學務必嚴加限制，以便節省游學經費盡力移辦國內學堂的種種辦法，亦有價值。此外，如光緒三十二年教育宗旨之重定，同年，法政學堂脫離大學堂而獨立，光緒三十四年京師優級師範學堂脫離京師大學堂而獨立，宣統元年京師大學堂籌辦分科大學，宣統二年擬定試辦義務教育章程；皆是學部成立以後之進步的表現。不過此時卻有一個開倒車的傾向，即宣統二年，在各種學堂之外，另成立了一個存古學堂系統。其意或在特別造就一般保存國學的人才出來了，藉以挽救狂瀾；那知不到兩年，清廷推翻，而此項所以保存國學的學堂也隨着云亡了。

第二節　女子教育與簡易學塾

一　女子小學教育之正式規定　女子小學堂『養成女子之德操，與必須之知識、技能，並留意使身體發育』為宗旨。內分高、初兩等，分設併設均可，併設者取名女子兩等小學堂。女子初等小學入學年齡以七歲至十歲為合格，高等小學入學年齡以十一歲至十四歲為合格。初等小學的課程凡五科：一、修身，二、國文，三、算術，四、女紅，五、體操。此外以音樂、圖畫為隨意科，可酌量加入。高等小學的課程凡九科：一、修身，二、國文，三、算術，四、中國歷史，五、地理，六、格致，七、圖畫，八、女紅，九、體操。此外，以音樂為隨意科，可以酌量加入。兩等小學修業年限均定為四年，但每週授課時間，初等以二十四點至二十八點為限，高等以二十八點至三十點為限。兩學堂的級數各以六學級為限，併設者以十二級爲限，每學級的名額不得超過六十人。以上皆係本科，除本科以外，可依地方情形，設半日班及補習科。

女子小學堂的行政組織及管教員，均與男子學堂大致相同。但有兩點可注意：（1）須與男子小學堂分別設立，不得混合；（2）凡堂長、教習均須以女子充當，不過可設置男子經理一人，管理學堂一切規畫、措置及公文書件收支等項，並學堂外一切交涉事務。此外關於訓育方面與男子不同者，另有三點：（1）不許違悖『中國懿娕之禮教』，不許沾染『末俗放縱之僻習』；（2）禁止纏足的惡習；（3）女子性質及將來之生計皆與男子殊異，所施教育務須各有分別。

二　女子師範教育之初步成立　此時所頒布的女子師範學堂的章程，只有初級一種，以『養成女子小學堂教習，並講習保育幼兒方法，期於裨補家計，有益家庭教育』爲宗旨。學生入學的資格規定如下：（1）須畢業女子高等小學堂第四年功課者；（2）須年在十五歲以上者；（3）須身家淸白，品行端淑，身體健全，且有切實公正紳民及家族爲之保證者。課程凡十三科：一、修身，二、教育，三、國文，四、歷史，五、地理，六、算術，七、格致，八、圖畫，九、家事，十、裁縫，十一、手藝，十二、音樂，十三、體操，但音樂可作爲隨意科。每週定爲三十四點鐘，以四年畢業。每班學生以四十人爲限，每學堂不得過二百人。以上爲師範本科，除本科外，可酌設預備科，收納在女子高等小學堂二年級以上年在十三歲以上有志入師範之女生。凡師範科當設附屬女子小學堂及蒙養院一所，以便師範生實地練習。內中教習可聘外國女子充當，但本國教習是否禁止男子充當沒有明文規定。此項學生不收學費，學生畢業後須服務三年，卽在畢業後三年期內有充當女子學堂教習或蒙養院保姆之義務。

關於訓育方面之要點：（1）使將來能適合於女子學堂教習及蒙養院保姆之用；（2）務時勉以『貞靜、順良、慈淑、端儉』諸美德，使將來成爲賢妻良母；（3）務期遵守中國向來的禮教和懿媺的風俗，凡關於一切放縱自由之僻說——男女平等、自由結婚或爲政治上之集會演說等事，務須嚴切屏除；（4）務須注意於身體的強健，不許纏足，對於已纏足的女子尤須勸令逐漸解放。

三　簡易識字學塾章程之頒布　此項學塾，具有下列幾種性質：（1）是半日學校，（2）是義務學校，（3）是平民補習學校，（4）又是一種私塾的改良學所。其意在普及教育於民間，使無力讀書的貧寒子弟或年長失學的民衆，得到一個求學的機會。設立的地方分兩種：一附設於官立、公立、私立各學堂內，一租借祠廟及各項公所另行開辦。課程分三科：一、簡易識字課本，二、國民必讀課本，三、淺易算術，——珠算或筆算。此外還有體操爲隨意科。授課時間，每日以二時至三時爲限，或於上半日，或於下半日，或於放假期內舉行。畢業期限分兩種：一、爲幼年貧寒子弟以三年爲原則，二、爲年長失學的民衆，自一年至三年，長短聽便。此項學塾一律不收學費。學生畢業以後，有志升學者得升入初等四年級。

第三節　中小學與師範教育

一　小學教育之變更　小學教育自學部成立以來，變更了兩次：一在宣統元年三月，一在宣統二年十二月。前者只變更了初等小學堂的章程，後者把兩等全變更了。變更的原因很多，而以舊章所規定的科目太多，讀經時間太重，不合於兒童教育，所以兩次所變更的都以課程爲主要。我們按照時間的先後敍述於下：

第一次將初等小學分爲二科三類：一爲完全科，照舊五年畢業；二爲四年畢業的簡易科及三年畢業的簡易科。完全科的課程分爲修身、讀經講經、中國文學、算術、樂歌及體操六科；仍以手工、樂歌爲隨意科；其原有之歷史、地理、格致三科，則編入文學讀本內教授。關於讀經一科有三種變更：（1）教材略爲縮減，只授孝經、論語及禮記節本三種；（2）時間略爲減少，前兩年不讀經，到後三年每週讀經十二小時；（3）教法原只有講解、誦習兩項，現在改爲講解、背誦、回讀、默寫四項。關於國文一科，鐘點較以前加增數倍，第一年級每週授課十八小時，第二年級每週授課二十四小時，第三、四、五年級每週授課皆十二小時。至於全課程，每週授課時間亦略有變更：第一年仍爲三十小時，自第二年至第五年，皆定爲三十六小時。暑期日，以半日温習舊課，以半日休息。簡易科的課程，以修身讀經、中國文學及算術三科爲必修科，仍以國文鐘點佔最多；其體操一科，如學堂設在城鎮者也列爲必修科，設在鄉村者暫作隨意科；原來的手工、圖畫二隨意科仍舊。此項課程，勿論三年畢業或四年畢業，皆可適用，不過授課時，把教材略有伸縮。至授課時刻及放假日期，與完全科一樣。

此項新章頒行一年，又覺有些不便，乃於宣統二年又變更一次。將三類的初等小學併爲一類，一律定爲四年畢業，從前所有簡易科名目一律取消。課程以修身、讀經講經、國文、算術、體操五科爲必修科，以圖畫、手工、樂歌三科爲隨意科。讀經講經鐘點較前更少，前兩年無有；第三年讀孝經、論語，五小時，第四年讀論語，也是五小時。至授課時間：第一、第二兩年，每日四小時，每週二十四小時；第三、第四兩年，每日五小時，每週三十小時。

高等小學的課程亦酌加修改：以修身、讀經講經、國文算學、歷史、地理、格致、圖畫、體操九科爲必修科；以手工、樂歌、農業商業四科爲隨意科。關於讀經一科，教材及鐘點較以前略爲減少，第一年讀大學、中庸、孟子三經，第二年讀孟子、詩經二經，第三年讀詩經、禮記節本二經，第四年讀禮記節本一經。前三年，每週讀經十一小時，第四年，減爲十小時。其餘沒有什麽變更。按以上兩次所變更的要點有：（1）初等小學的年限縮短，（2）必修課程的名目削減，（3）讀經一科大爲減少，國文的鐘點加多，（4）增加了樂歌一科。除第一點外，皆比較以前進步。

二　中學堂之分文實兩科　宣統元年修改小學堂章程時，中學堂章程也隨着修改。修改中學堂的原奏有這樣幾句話：『臣等公同商酌，籌度再三，遠稽湖學良規，近采德國成法，揆諸學堂之情形，實以文、實兩科爲便。蓋與其於升學之時多所遷就，何如於入學之始早爲區分，與其蹈愛博不專之譏，何如收用志不紛之效』。此時學部當局的意見，以爲大學堂及高等學堂既已分科，中學不分，將來難於升學；且中學生年齡已長，興趣與志願各不相同，原定中學課程過於繁重，易蹈博而不精之病；所以仿照德國中學的辦法，分爲文、實兩科。課程仍照原章十二門分門教授，不過按照文實的性質，各分主課與通習二類。文科以讀經講經、中國文學、外國語、歷史、地理五科爲主課，以修身、算學、博物、理化、法制、理財、圖畫、體操八科爲通習。實科以外國語、算學、物理、化學、博物五科爲主課，以修身、讀經講經、中國文學、歷史、地理、圖畫、手工、法制、理財、體操十課爲通習。主課各門授課時刻較多，通習各門較少。學生初入學時，卽行分科，學習皆以五年畢業。到宣統三年，又將文實兩科的課程改訂了一番，把讀經的鐘點減少，把外國語的鐘點加多，但每週授課仍舊三十六小時。

三　師範教育之變更　『方今振興教育，以小學堂爲基礎，而教育亟宜養成，故師範尤要』，這是學部在光緒三十二年三月，通行各省將軍督撫，請推廣師範生名額一電中開首一句話，也就是變更師範教育組織的原因。

（一）關於初級師範的變更　自是年通行各省，要他們在省城師範學堂內，至少迅設一年卒業的初級簡易科，以應急需；以後，到宣統二年，因完全科有了陸續畢業的學生，乃將簡易科停辦。到宣統三年，因增加初級小學，或半日小學師資，又添設了兩類的小學教員養成所：一爲臨時小學教員養成所，一爲單級教員養成所。前者以一年以上二年以下爲畢業期，後者又分甲乙兩種，——甲種一學期畢業，乙種兩學期畢業。

（二）關於優級師範學堂之變更　在奏定學堂章程內，原有優級師範設立選科的名目，不過辦法未曾規定。自光緒三十二年三月，學部通行各省推廣師範學生名額一電中，乃將選科辦法說及了一個大概。選科分爲四類：一、歷史地理，二、理化，三、博物，四、算學。每類學生定額五十名，皆以二年畢業，以『養成府立師範學堂中學堂教習』爲宗旨。到本年六月，遂正式擬定了選科章程：（1）優級師範學堂選科之設，以『養成初級師範學堂、中學堂之教員』爲宗旨；（2）每省設學堂一所，學生名額最少須滿二百人；（3）學生入學資格，以曾由師範簡易科畢業，或在中學堂修業有二年以上資格者爲合格；（4）課目分本科及預科：預科一年畢業，本科二年畢業。到宣統二年，因教育發達以後，選科畢業不能勝任中學教員，又通行各省，除邊遠省分外，一律俟現時各學堂選科生畢業後，專辦完全科。

此外，在光緒三十二年，還有一種組織，在師範學堂內，添設五個月畢業的體操專習科，以『養成小學體操教員」爲宗旨。課程分體操、遊戲、教育生理及教授法等科。學生定額一百人。

第四節　高等教育

一　法政學堂之分設　奏定學堂章程，在大學堂內，有政治一科；其外有進士館，沒有法政專設學堂的名目。自光緒三十二年，學部因給事中陳桂慶的建議，遂有正式的法政學堂的組織。首先設立的爲京師法政學堂，卽以進士館的館舍爲堂舍。在開辦之初，課程分爲二類四種。第一類爲正式的，分預科及本科二種；第二類爲臨時的，分別科及講習科二種。正式的法政學堂略高於高等學堂的程度，預科兩年畢業，本科三年畢業。招收預科生以中學堂畢業生爲合格，兩年畢業以後升入本科，本科課程又分法律、政治二門。別科一項，略帶速成性質，專爲各部院候補候選人員及舉貢生監年歲較長者設立的，限以三年畢業，不設預科。講習科一項，則程度更底，專設各部被裁人員及新任職員設立的，學科及修業年數皆不限定。前三種，皆須經過考試始能取得入學的資格，後一種，只由各衙門咨送，不必經過考試。當是時，因立憲的呼聲日迫，急需此項人才，學部於是通行各省一律添設法政學堂，到宣統二年又奏准私人設立。自此以後，法政學堂遍於全國，完全與大學堂脫離而獨立了。

二　存古學堂之另一系統　存古學堂之創設，始於光緒三十一年，鄂督張之洞。張氏本是以『斯文』爲己任的一個人，眼見西洋文化有逐漸打倒東洋文化的危險，遂在武昌城內創設存古學堂以保國粹而挽狂瀾。當初所立課程，分經學、史學、詞章及博覽四門，到光緒三十三年，詳定章程，把博覽一門取消，只存三門。迨後江蘇巡撫陳啓奏乃在江蘇應聲而起了。到了光緒三十四年，掌山西道監察御史李浚再進一步，建議清廷，請飭各省一律倣照鄂省開設存古學堂一所。學部卽行採納，於分年籌備摺內擬定自宣統二年起通行各省，一律開設；所以到了那一年，四川總督趙爾巽就在四川遵辦，而存古學堂遂在各學堂系統之外另成一個系統了。到了宣統三年，學部又把張氏所定的章程修訂了一番，我們摘錄其要點如下。（1）宗旨及設立：存古學堂以『養成初級師範學堂、中學堂及與此同等學堂之經學、國文、中國歷史』教員爲宗旨，並以預儲升入經學科大學之選。每省以設立一所爲限。（2）編制及修業年限：存古學堂分設中等科及高等科；前者五年畢業，後者三年畢業。（3）學年入學資格：中等科以高等小學堂四年畢業生爲原則；以讀完五經文筆通適之高才生爲例外，但舊日之貢生生員中文優長者，經考試取中後亦可插入三年級；高等科以舉人之中文優長兼習普通學者爲合格。（4）名額：每級至少須滿六十人，否則應從緩設。（5）課程：分經學、史學及詞章三門，各門勿論中等或高等，均分主課、輔助課及通習課三類。經學門以經學爲主課，以史學詞章爲輔助課，以算學、輿地、外國史、博物、理化、體操、農業大要、工業大要、商業爲通習課，但在高等科，於通習課中則減去農、工、商等大要的科目。史學門以史學爲主課，以經學、詞章爲輔助課，其通習課與經學門全同。詞章門以詞章爲主課，以經學、史學爲輔助課，其通習課除減去理科一類科目外，與前兩門全同。

三　京師大學堂之完成　京師設立大學堂倡議於光緒二十一年，至二十四年始正式成立。當時由軍機處及總理衙門擬具章程八十餘條，派孫家鼐爲管理大臣，極力籌備。孫氏卽借景山下馬神廟四公主府爲基址，派張元濟爲總辦，美人丁韙良爲總教習，並將原章稍稍改變。戊戌政變，西太后把所有新政一律取消，只留大學堂一所未曾廢止，但不到二年庚子禍作，大學堂遂無形停辦了二年。辛丑以後，清廷舊黨皆已稍稍覺悟，興學之聲浪又高潮起來了，遂派張百熙爲管理大臣去接辦。張氏很具了一番興學的熱心，一面辭去丁韙良另聘吳汝綸爲總教習；一面籌建廣大的校址。首先成立大學預備科及速成科：前者分政、藝二科，後者分仕學、師範兩館。並草擬全學章程六件，於光緒二十八年奏准通行，即一般所稱的欽定學堂章程。到光緒二十九年，頒布奏定學堂章程，改管理大臣爲學務大臣，以孫家鼐充當，另派張亨嘉爲大學堂總監督，而京師大學至此始成獨立機關。但進仕及師範兩館，先後分開爲法政學堂及優級師範學堂，所存者只一預科。到了宣統元年，籌辦分科大學，設經科、法科、文科、格致科、農科、工科、商科共七科；各科除經科由各省保送舉貢考入外，一律以預科及譯學館畢業生升入。至二年，纔正式開學，有學生四百餘人。籌備十五年以來之京師大學堂自此始具世界各大學之雛形。

第五節　結論

在寫完學校教育以後，我們得了五點結論：關於好的方面共計兩點，關於壞的方面共計三點。關於好的方面者；第一就是新教育在本期有長足的發展，學堂與學生數字迅速增加。本期新教育雖自甲午乙未以來已有時代先覺者大聲疾呼，雖在戊戌年間已由政府發號施令，但政府有整個的計劃及督促各省實地施行，要從辛丑議和以後。自辛丑至辛亥，十年之內，所有各種學堂各項教育，均能逐一依次舉辦。依照學部歷次統計作概要的計算，學校數已達到五萬二千五百餘所，學生數已達到一百五十六萬五千餘名。這種迅速的發展，不僅前期沒有，就是到了後期也難與比較。第二就是中國教育自數千年來到本期纔有完備的制度。關於這一點，又分着兩項說：一爲教育行政機關的組織我們已在前章說過了；二爲學校制度的組織。在教育程度幼稚的時代，一個民族的學校教育只有大學、小學二級沒有中學的名目。且他們所注重的多半只有大學一級，所謂大學也只是成年人的教育。到了本期，凡初、中、高三個階段的學校完全具備，且每段在縱的方面又分數等，在橫的方面又分數種，而聯結起來又完成一整個系統。所以除了特殊的教育又特別專門研究以外，本期的學校制度大體上總算是比較完備。關於壞的方面者：第一、本期新教育，完全爲模倣的，沒有一點創造精神；一部學制，除了極少歐、美化以外，所模倣的差不多完全是日本式的，——也可以說本期新教育就是日本式的教育。光緒二十八年的欽定學堂章程，整個從日本學制裏頭抄來。光緒二十九年的奏定學堂章程，除了張之洞附加了自己底幾分經古教育以外，也是完全照抄的。以該章程內容看來，各級各種教育規模宏大，不僅當時國家沒有那大力量，就是民國以來也沒有到此程度。學部成立以後，雖已感覺前項章程，不合於社會情形及國民生計，屢有修改，而整個制度依然如舊。一般留學畢業生，受了資本主義的數年教育，茹古不化，回到國來又以他們個人所受教的來施教於國人，更使教育與實際生活格格不入，而學校與社會判若鴻溝。第二、本期表面上雖號稱新教育，而骨子裏面仍是舊教育的勢力來支配。此項舊教育勢力別爲兩類：一爲科舉，二爲禮教。本期教育始於一八九五年，到了一九〇五年纔以明令正式取消科舉；科舉雖然取消了，而學堂的畢業考試莫不仿照科舉形式，畢業獎勵又皆給以科舉出身。這種學堂科舉化的辦法，不僅爲官僚階級的主張，就是知

當時雖有國學、鄉學之別，此不過學生資格及教材不同的關係，並非等級的區分。

識分子亦多表贊同，科舉在當時勢力之大可以推想而知。禮教包含經學及其他一切復古思想。在奏定學堂章程內，經學課程所佔時間最多，執政者皆認爲最主要的課程，學部成立以後，雖屢經削減，所佔時間仍居重要地位。除了經學以外，所謂『修身』，所謂『人倫道德』，莫非維持禮教講論復古的思想的表現。自光緒三十二年，張之洞在湖北創立存古學堂以來，一倡百和，到了宣統年間，在學制方面完成一個獨立的系統。——這一點尤其是復古主義之最露骨的地方。第三、關於女子教育之偏視。在光緒三十三年以前，女子教育在學制上簡直沒有地位。奏定學堂章程包括女子教育於家庭教育之中，且說『中外習俗不同，此時未便設立女學』。到光緒三十三年，學部始正式規定女子教育章程，但只有女子師範及小學兩項，而中學及大學尚沒有地位。且屢次通令各方預杜所謂『弊端』，不許她們參加運動，不許她們登臺演唱，不許她們排隊游行，好像這種種行動都足以惹起弊端似的。總之，本期的女子教育，尚未脫離閨秀教育，還是極端的賢妻良母主義。

本章參考書舉要

（1）學部官報
（2）學部奏咨輯要
（3）光緒政要
（4）教育雜誌
（5）國風報

第四十九章　留學教育

第一節　游學與游歷

游學教育，在前期只是萌芽，到了本期，則驟然走到最高潮的階段；所以除了『變法興學』以外，游學一事也是本期全國上下一致的呼聲。封疆大吏，如張之洞、袁世凱、王之春等人，知識分子如康有爲、梁啓超、張謇等人，部院大臣如張百熙輩，或對清廷陳上章奏，或對社會發表時論，個個莫不以留學的利益來鼓吹來號召。這些人中，尤以張之洞說得最痛快。他說：

『出洋一年，勝於讀西書五年，此趙營平百聞不如一見之說也。入外國學堂一年，勝於中國學堂三年，此孟子置之莊嶽之說也』。（勸學篇游學第二）

『學堂固宜速設矣，然非多設不足濟用。欲多設有二難：經費鉅，一也；教員少，二也。求師之難，尤甚於籌費。天下州縣皆立學堂，數必逾萬，無論大學、小學斷無許多之師，是則唯有赴外國游學之一法』。（變法自強第一疏）

但首先提倡的還是一般新進知識分子。他們自甲午一役以後，深深感覺中國非變法不足以圖強，非興學不足以變法。但驟言興學，完全聘用外人，既非善策，而中國怎能降下如許新知識人才，於是又感覺到非廣派青年學生出洋游學不足以興學。新進知識分子提倡於先，封疆大吏繼起於後，一倡百和，風氣喧騰於全國上下，於是大家都感覺游學爲當今第一要政。但派遣游學有三層限制：第一、出洋游學必先習外國語言文字爲研究學問的工具，年事已長的人，口舌已強，學習極感困難，非派遣青年學生不可；第二、國家一旦變法，一切新政新教，所需人才不下數萬，目前萬難籌得如此鉅款，培養數萬游學人才；第三、即或有力能够籌出如此鉅款，資送青年學生出洋游學，也必待三年或五載方能收其成效。現在列強四面環攻，日益加緊，變法興學迫在眉睫，怎能安然坐待三五年了再圖振興，所以於提倡游學之外更當提倡游歷，而游歷一事，尤爲目前救濟急需之圖。游歷與游學不同之點如下：（1）游學是長期的永久的性質，游歷是短期的暫時的性質；（2）游學所派遣的概屬於青年子弟或學生，游歷所派遣的或爲親貴或爲職官；（3）游學以正式研究各種科學爲目的，游歷的目的則只在考察各國的政治法度，以便期月回國了立行新政之急需。既有此項急需，所以本期在學部成立以前提倡游歷的空氣非常高漲。但自學部成立以後，只有游學一事，繼長增高，而游歷遂不爲要圖了。

本期所謂留學教育，是指着游學一事說的。游學又分着兩個階段：在學部未成立以前，公費自費，漫無限制，文科理科，毫無標準，出洋游學的人數雖多，概係省自爲政，人自爲法，可以說是沒有系統的時代。自學部成立以後，纔規定了出洋留學的資格，規定了公費的標準，頒布了管理的章程，限制了學習的範圍，——勿論出游東西各國，而政府纔有統一的辦法。茲將各種辦法擇要分節敍述於下。

第二節　資格與學科

一　資格　當時風氣初開，錮蔽的人們仍以遠涉重洋爲畏途，所以政府爲鼓勵此項人才起見，只要有志遠游，不限資格，一律可以資送，並可鼓勵有錢的人自備資斧出洋游學。迨後風氣漸開，不僅毫無危險，並且由此可以獲求榮利，找得出路，於是自備資斧出洋游學的就紛紛多起來了。這一項人在國內更沒有一定的資格。且因是時國內學堂初開，尚沒有正式學堂畢業的人材，嚴限資格，也是勢所不能。出洋游學既不限資格，只要稍有知識或是舉貢生員，稍經考選，便可獲得公費派遣，否則只要家產充裕也可以自備資斧。此種人在國內既無普通學識，且多不習外國語言文字，出國之後，還須補習語言，先學普通知識，再進正式學堂，於國家於個人皆不經濟，所以自端方、戴鴻慈等大臣游歷回國以後，即有游學限制資格的建議。（註一）學部根據他們的建議，纔於光緒三十二年二月，通行各省將軍督撫，以後選送學生出洋游學必須限定資格。此次所定的資格，分長期短期兩項：（1）關於長期游學者，除學習淺近工藝僅須預備語言於學科勿庸求備外，凡入高等以上學校及各專門學校者，必具有中學堂以上的畢業程度，且通習所游之國的語言，方爲合格；（2）關於短期者，除游歷官紳，此少寬限制外，凡習速成科者，勿論政法或師範，必須中學與中文俱優，年在二十五歲以上，於學界、政界實有經驗者，方爲合格。除以上所規定外，一律不得以公費選派。到本年六月，學部又通行各省，將短期一項一律停派，勿論官費、自費皆不得咨送，自此以後，出洋的資格限定較嚴，非具有中學堂以上的畢業資格，不能隨便出洋學習了。（學部官報第二期）

二　學科　前期派遣生徒游學，所學科目，除武備——製造駕駛及軍備——外，則爲語言文字，這與國內的軍備和方言兩種教育遙相應和。到了本期，政府纔注意實業的研究，乃於光緒二十五年，由總理衙門擬定出洋學生肄業實學的章程。所謂『實學』，卽農、工、商等科的專門學業，卽講求富強的根本學業。但事實卻不然。本期游學教育，雖東西各國皆有學生，要以前往日本的居最多數。其原因有三：一、因日本路近費省，容易前往；二、因日本與中國同文，容易學習；三、因日本國內的風俗習慣與我大致相同。於生活上極感方便。有此三種原因，所以提倡者以日本爲先，自動者亦以日本爲多，而中士人士乃紛紛東渡了。這一般東渡的人士，志在販取舶來品回國出售，藉獲大利，所以大多數是學習速成科，其次則爲普通學。（註二）速成科不外法政與師範兩門，只要一年半畢業了，就可以回國取得差事，不僅於所謂『實業』無關，且在一年半之內，除補習語言所費時間外，實在所得能有幾何；所以到了學部成立以後，又有學科的限制。學部於光緒三十四年所定學科的標準，以農、工、醫及格致四科爲限，勿論東西各國，凡出洋學生能按照此四科正式入高等以上學校者，方能給予官費。但此項標準定於光緒三十四年，不過是一個大體的規定，其實學生在各國所學科目，實較此四科爲多。例如在日本則以學習師範、法政及警務爲多；同年在美國又定以十分之八習農、工、商、礦等科，以十分之二習法政、理財諸學，未能一律。

（註一）（道咸同光奏議端方戴鴻慈條陳學務摺）擬請飭下學部，嚴定章程。以後各省選派學生，以普通卒業，國文完美，兼通外國語文者爲主，不及格者勿得濫派，以杜情面請求之事。其自費者亦一律考驗合格，方予給咨。其無咨者雖畢業不得有錄用任事之權利。

（註二）（大清宣統法令第十五册補遺日本官立高等學堂收容中國學生名額及各省按年分認經費章程）比年以來，臣等詳查在日留學人數雖已逾萬，而習速成科者居百分之六十，習普通科者居百分之三十，中途退學輾轉無成者居百分之五、六，入高等及高等專門者居百分之三、四，入大學者僅百分之一而已。

第三節　管理與獎勵

一　管理　政府對生徒有統一的管理章程，始於光緒三十二年。在這一年以前，全是省自爲政，某省派了若干學生在某國游學，即派一專員前往該國照料監察，謂之『游學監督』。本期以游學日本的人數最多，程度極不整齊，而內容又甚複雜，所以對日本游學管理比較歐、美注意。在光緒二十八年，即由外務部派汪大燮爲日本游學總監督，這是政府統一管理的辦法，但尚沒有一定的章程。到了光緒三十二年，始由學部擬定管理日本游學章程，於駐日公署設游學監督處，以出使日本大臣爲總監督，另派專員爲副監督。到光緒三十四年，又以使臣外交煩重，乃將前項章程修改。修改的章程，乃取消總副監督的名目，減輕出使大臣的責任，其監督處仍設於公署內，另派專員爲游學生監督，全權辦理游學事宜，不過受使臣的節制罷了。關於歐洲方面，在光緒三十三年，曾由學部派蒯光典爲游學監督，全權辦理全歐游學事宜，不受使臣的節制。到了宣統二年，蒯氏辭職回國，學部遂倣照游學日本的成例，擬定管理歐洲游學生監督處章程一份，其內容與光緒三十四年修改的章程大致相同。至於美國，因本期游學的人數不多，沒有如日本歐洲那種詳細的管理章程，只令出使大臣照料而已。管理的內容，大概分學生成績的高下、功課的勤惰、品行的優劣三項。關於學生之入學畢業，或轉學、退學，皆有考察的責任；住居、飲食或疾病、死亡，皆有照料的責任。至於學費的數目及給領或補剝，也有詳細的規定。（均見學部官報）

二 獎勵 游學生在外國學校畢業了也有科名的獎勵，與在國內學堂畢業者意義相同。此種獎勵章程，頒布於光緒三十二年，由學部擬定。同年，鄂督張之洞也擬了一份鼓勵游學生畢業章程，曾經政府頒布施行，但只限於游日本一國。兩項章程的內容，不大相同，依學部的規定，凡在東西各國正式高等以上學堂畢業，回國後須受政府的一番考試。考試列入最優等的給予進士出身，列入優等及中等者給與舉人出身。凡給予出身者，並加上某科字樣；如文科畢業者則稱文科進士，文科舉人；如法科畢業者則稱法科進士，法科舉人；其餘依此類推。當時社會所呼『洋進士』，『洋舉人』就是從此來的，現今外交界的名流如王寵惠、顏惠慶一干人等，在當時都戴過了洋進士的冠帶的。

第四節 結論

本期的留學教育，以日本爲最盛，據學部於光緒三十二年的概算，留日學生計有一萬二三千人。但在同年，根據各校的統計，約有六千餘名；又據日本學制五十年史上所述，游日學生亦以本年爲最多，其數實超過七千人，則學部所述不免有些誇張。其次則爲歐洲，以英、德、法、比、俄五國較多；再次爲美國，但皆沒有確實的統計。關於留學經費，各國殊不一致。在日本留學的經費分三等：以在官立大學校肄業者爲第一等，每人每年學費日金五百元，以在官立高等專門學校肄業或在官立大學只習選科者爲第二等，每人每年日金四百五十元；以在私立高等以上學校或習普通學科者爲第三等，每人每年日金四百元。在歐洲游學的，經費分五國：一、英國，每人每年一百九十二鎊；

二、法國，每人每年四千八百佛郎；三、德國，每人每年三千八百四十馬克，四、俄國，每人每年一千六百二十盧布；五、比國，其數與法國同。在美國游學，每人每年規定學費美金九百六十元。但歐、美六國所定數目，係按照在專門以上學校做標準，若尚在學習預備科而未入正式班者，則以此數的五分之四發給。我們對於游學的人數沒有確實的統計，對於當時各國的幣制沒有精確的比較，姑且一律以概數平均作一假定如下：在日本留學的，每年平均五千人，共需學費日金二十三萬五千元，合華幣亦二十三萬五千元；在歐洲留學的每年平均五百人，共需學費九十六萬佛郎，三十八萬四千馬克，十一萬二千盧布，一萬九千二百鎊，合華幣一百零七萬五千餘元；在美國留學，每年平均三百人，共需美金二十八萬八千元，合華幣五十七萬六千元。東西共計，每年平均需用學費一百八十八萬六千餘元，加上日本游學監督處經費每年二萬六千六百六十元，歐洲游學監督處經費每年五萬二千八百元，總計每年共耗國庫一百九十六萬三千餘元，其餘川資及臨時費用尚不在內。再以十倍之，則本期十年之內，所耗國帑共有一千九百六十三萬餘元。以此鉅大款項，應當培養出整千整萬的有用人才，回國了把中國改造一番。但我們略一考查其實際情形，則知事實與期望往往相反。學部在光緒三十二年十月擬定管理日本游學章程有這樣一段話：

『游學日本各生以無人稽查之故，所入之校視如傳舍；認定學科，意爲遷移；甚或但往應考，而平日潛行回國，借抄講義，而本人並不上堂』。(學部官報第八期)

端方、戴鴻慈在同年十二月更有一段痛心話：

『我國游學之弊害，蓋不勝言矣！普通之未解，國文之未諳，外國語言文字之不習；官費者既以請託得資，自費者追復檢查合格，既無矜愼選材之意矣。遊而不學，輟業而嬉者姑具勿論。其或心豔虛名，身循故事，喜民校之規則縱弛，閱數月而輒得證書，藉以標榜爲名，侈談學務；陋者不察，輙相引重。又或去來飄忽，作輟靡常，畢業者僅計年期，後至者又循故轍。其最高者，稍涉語文，躐躋大學。選科雖復無定，得證仍自有期。夫以卒業得證之要事，而僅憑外交手段之抑揚。監督既擁虛名而不能實施其干涉；學部又未定規則，而無由實驗其課程。進其人而試之，既無當其所學；循舊例而用之，亦不見其所長，將以興實學得眞才必無幸矣，宜其流弊日深，不得其益徒得其害也』。（條陳學務摺）

平日在學的情形既不良如此，自然難得有好的成績。低者意在取得洋進士舉人，可以高其門第；高則或剽竊西學一二皮毛，以誇示於國人；再較優一點的，則將資本主義的制度或教育整個搬來硬用於社會的組織不同的中國，此端、戴二氏所以有『不得其益，徒得其害』之歎。

本章參考書舉要

（1）道咸同光奏議

（2）光緒政要

（3）學部官報

（4）新教育

（5）近代中國教育史料第一册游學（舒新城）

第五十章　本期教育家及其學說

第一節　概論

本期的政治主張，有三派：一爲民主共和派，二爲君主立憲派，其他則力主維持舊制——君主專制。本期的教育主張有二派：君主立憲派提倡國民教育主義，君主專制派仍持人才教育主義。至民主共和派，在政論方面雖爲最急進，可是在教育方面的表現很少，所有言論亦無關於教育，所以本期只得從略。主張人才教育主義的，有張百熙、張之洞、吳汝綸一般人，我們以張之洞爲代表。提倡國民教育主義的，有康有爲、梁啓超、湯覺頓一般人，我們以梁啓超爲代表。中國歷來的學者全是提倡賢人政治，把國家政權交給少數賢明的士大夫，使無知無識的愚民安居樂業，就可以致天下於太平，所以那時的教育只注意少數優秀分子。張氏雖以提倡新學自命，但以所受舊式教育過深，仍未絲毫脫離封建時代的頭腦；且業已身居高位，爲本身利害計，也不得不講賢人政治，不得不力持人才教育主義。梁氏的政論雖不及民主共和派的急進，但他所受的舊教育比較尙淺；生在海濱，又嘗亡命海外，受了新潮流的影響不少；且以一介書生，在現時政府之下亦沒有取得相當的政治地位，自然容易接受潮流，提倡國民教育主義。張氏因主張人才教育主義，所以力主干涉，反對女學，取締報館。梁氏因提倡國民教育主義，可以力尙自由，力倡女學，主張廣開報館，多設學會。張氏因主張人才教育主義，所以對於高等教育的設施，特別重視。梁氏因提倡國民教育主義，所以對於初等教育的教法，特別重視。至若對於當時『中學爲主西學爲輔』的教育思潮，張、梁二氏的態度，差不多是完全一致的。

第二節　張之洞(1837——1909)

一　略傳　張氏字香濤，生於清道光十七年，是直隸南皮縣的人。十六歲領鄉薦，二十七歲成進士。這個時候，正當清代考證學鼎盛以後今文學新起的時期，而張氏所學不與他們盡同。張氏富於強記能力，好爲博覽，喜爲詞章，所學兼采漢、宋，對於宋、明理學特別提倡，而所最不同意的則爲公羊學。這個時候，正當清廷勢力陵夷，列強相繼壓迫的時期，張氏爲人有大略，爲學以通經致用爲主，對於當時政治及國際情形尤喜留心研究。在他成進士的第五年，被派充浙江鄉試的副考官，接手授湖北學政。同治十六年，又被派充四川鄉試的主考官，接手授四川學政。由光緒元年至七年，在京任司業侍講及閣學等職務。自光緒七年以後，他的地位陡增，專任封疆大吏了二十餘年。這二十餘年中，計任山西巡撫三年，兩廣總督六年，兩江總督前後二年，其餘皆在湖廣總督任內。他調任湖廣總督，始於光緒十五年，終於三十三年，除中間臨時兩調兩江外，前後約計十七年，爲清代總督中在一地方任期最久的一個人。張氏好功名，喜作爲，對於提倡教育，培埴人才尤具熱心。每到一處，必有所建設，所建設的關於教育事業尤多；當時居高位而講新學者咸推張氏爲第一人，而張氏亦以通新學自命。自光緒三十三年以後，被召入京，供職中樞，兼管學部，此時所謂位極人臣，而張氏年已七十一歲了。三年之後死於京師任所，享有七十三歲的高壽。晚年自號抱冰老人，湖北人士在武昌蛇山下爲他築抱冰堂一所，至今尚有紀念的。

二　教育生活　張氏雖不是一個純粹教育家，而對於教育方面的建設卻較多於其他事業。綜計他自成了進士以後的生活，可以分着四期：第一期爲學政時代，第二期爲司業侍講時代，第三期爲總督時代，第四期爲學部尚書時代。除了第三期，其餘三期所任的全是教育職務；第三期雖非教育職務，而對於教育方面的設施，卻比較其他各期的成績爲大，所以我們說他全在教育裏面過生活亦不爲過。

在學政時代，爲三十二歲至三十八歲，共計兩任。第一次任湖北學政，開經心書院於武昌；第二次任四川學政，開尊經書院於成都。是時四川的士習很壞，專尚浮讕，不知講求實學，平日只以時文帖括獵取科名爲事。張氏到任，即以教育的力量竭力矯正。他的工作除開書院以直接教育優秀人才外，還有三點：(1)建尊經閣，廣置書籍；(2)開印刷局，刊行經史諸書；(3)他自己又著有輶軒語及書目答問，指示學者以讀書的門徑。四川的士習由他矯正了不少，頗有昔日文翁治蜀的遺風。

在總督時代，爲四十五歲至七十歲，共計三次。第一次在廣東約計六年。關於文化教育，設有廣雅書院；關於軍事教育，創有水陸師學堂。第二次在湖北，前後約計十七年。此十七年中，建設特多，也可以分着兩期：自光緒十五年至二十二年爲前期，自光緒二十四年至三十三年爲後期。在前期所建設的，多無系統，如兩湖書院、自強學堂及武備學堂等類。到了後期，則進步多了，所開設的各項學堂皆是有系統的；直系方面，有小學、中學及高等學堂，旁系方面，有兩級師範學堂及兩種實業學堂。此外對於改革教育的建議也很多，如發表教育思想的勸學篇，是在此時——光緒二十四年——出版的有名的變法三疏，是在此時——光緒二十七年——與劉坤一會奏的開新教育完備制度之祖師的欽定學堂章程，是在此時——光緒二十九年——與張百熙等人編訂的含着復古運動的存古學堂，也是在此時之末——光緒三十三年——創立的。第三次在江蘇，前後約計二年，也開設有武備、農工、商、鐵路、方言及軍醫等學堂。當是時，雖變法興學的空氣騰播於朝野上下，但各省多未舉行，所舉行的也不完備。張氏在湖北十餘年，不惜財力竭力經營，所有教育設施皆開各省風氣之先，各省講求新教育的莫不來湖北取法。湖北不僅省內教育較各省爲發達，卽留學教育也超過各省數倍。當時留洋學生以往日本爲最多，據光緒三十二年的統計，留日學生全國各省共計五千四百餘名，湖北所派學生卽有一千三百六十餘名，佔了四分之一。所以湖北在當時有先進省之稱。張氏不僅舉辦教育事業，且能親身講學，對於培埴人才獎掖後進，尤具熱忱，以碩學而居高位，在職又久，所以當時湖北知識分子莫不受着他的薰陶。湖北新教育較各省發達之早，由於張氏；湖北人士存古思想之深，亦由於張氏，張氏在湖北近代教育史上總算是最有關係的一個人物。

在司業侍講時代爲三十九歲至四十五歲，以無實權，故對於教育沒有成績。在學部尚書時代，爲七十歲以後。此時總攬中央教育大權，除頒發命令督責各省推行新教育外，關於教育官制所製定的也很多。最有關係的，如頒布教育宗旨及正式規定女子教育的地位，也是這個時代的美舉。但張氏此時以年老氣衰，遇事多存敷衍，其積極的精神已大不如前了。

三　教育思想　張氏雖以提倡新學自命，我們解剖他的頭腦，卻是舊時代的人物。此處所謂舊時代卽指封建時代說的。封建時代的特點在有很深的階級思想此項思想所包含的，不外三綱五常之說。所謂三綱，卽君爲臣綱，父爲子綱，夫爲妻綱，我們可以歸納爲君權、男權兩類。所謂五常，卽仁、義、禮、智、信，在人類社會中相處的一般道德。合三綱五常之說叫做『禮教』——卽儒家的倫理主義。張氏既是舊時代的人物，所以對於禮教絕對擁護。在擁護禮教的原則之下，於是有三種主張：提高君權，而抑制民權；重視男權，而輕視女權；特尊儒經，而攻擊異說。張氏提高君權，重視男權在勸學篇裏有一段話：

『五倫之要百行之原，相傳數千年，更無異議；聖人所以爲聖人，中國所以爲中國，實在於此。故知君臣之綱，則民權之說不可行也；知父子之綱則父子同罪，免喪廢祀之說不可行也；知夫婦之綱，則男女平權之說不可行也。……誠以天秩民彝中外大同，人君非此不能立國，人師非此不能立教。乃貴洋賤華之徒，於泰西政治學術風俗之善者，懵然不知，知亦不學；猶援其秕政敝俗，欲盡棄吾教吾政以從之，飲食服玩閨門習尚無一不摹仿西人，西人每譏笑之。甚至中土文學聚會之事，亦以七日禮拜之期爲節目。近日微聞海濱洋界，有公然創廢三綱之議者，其意欲舉世放恣黷亂而後快，怵心駭耳無過於斯。中無此政，西無此教，所謂非驢非馬，吾恐地球萬國，將衆惡而共棄之也』。（內篇明綱第三）

張氏特尊儒經，也在勸學篇裏有一段話：

『蓋聖人之道，大而能博，因材因時，言非一端，而要歸於中正；故九流之精皆聖學之所有也，九流之病皆聖學之所黜也。……大抵諸家紕繆易見，學者或愛其文采，或節取一義，苟非天資乖險，鮮有事事則傚，實見施行者。獨老子見道頗深，功用較博，而開後世君臣苟安誤國之風，致陋儒空疏廢學之弊，啓猾吏巧士挾詐營私輭媚無恥之習，其害亦爲最鉅。……故學老子者病痿痺，學餘子者病發狂。董子曰：「正朝夕者視北辰，正嫌疑者視聖人」。若不折衷於聖經，是朝夕不辨，而冥行不休，墜入於泥，亦必死矣』。（內篇第五宗經）

因爲要提高君權，自然抑制民權，於是在教育方面演成專制主義。所以當他編定學堂章程時，一方規定『京外大小文武各學堂，均應欽遵諭旨，以端正趨向造就通才爲宗旨』（學務綱要）及『教習學生一律遵奉聖諭廣訓』。（各學堂管理通則）一方又規定『各學堂學生不准干預國家政治，及本學堂事務，妄上條陳』，（各學堂管理通則）及『私設學堂，不准講習政治法律專科，以防空談妄論之流弊』。（學務綱要）因爲要重視男權，自然要輕視女權，於是在教育方面演成偏重主義。所以當他編定學堂章程時，不規定女子有教育的地位。並且說：『中西禮俗不同，不便設立女學』。（學務綱要）到後來，雖勉應社會的需要，設立女子小學及女子師範學堂，而對於女子的行動卻嚴定種種限制，——不准男女同校，不准女子排隊游行及登臺演說，不准男教員充當女學堂教習。因爲特尊儒教，所以在學堂章程裏特別規定各級學堂以很多讀經的鐘點。並且說：

『外國學堂有宗教一門。中國之經書，卽是中國之宗教。若學堂不讀經書，則是堯、舜、禹、湯、文、武、周公、孔子之道，所謂三綱五常者盡行廢絕，中國必不能立國矣。學失其本則無學，政失其本則無政；其本旣失，則愛國愛類之心亦隨之改易矣，安有富強之望乎。故無論學生將來所執何業，在學堂時經書必宜誦讀講解』。（學務綱要）

光緒時代，是舊思想將見崩潰，新思想已經萌芽的一個時代。在這種潮流之下，若是對於舊思想仍然絕對的擁護，而對於新思想一概置之不理，必不適合於潮流；於是當時社會上產生了一種流行的口號——『中學爲主，西學爲輔』或『中學爲體，西學爲用』。張氏本以維新人物自命，雖頭腦頑固，也不能不迎合潮流。他說：

『中學爲內學，西學爲外學；中學治身心，西學治世變；不必盡索之於經文，而必無悖於經義。如其心聖人之心，行聖人之行，以孝弟忠信爲德，以尊主庇民爲政，雖朝運汽機，夕馳鐵路，無害爲聖人之徒也。如其昏憒無志，空言無用，孤陋不通，傲狠不改，坐使國家顛隮，聖教滅絕，則雖帝佗其冠，神禫其辭，手注疏而口性理，天下萬世皆將怨之，言之曰，此堯、舜、孔、孟之罪人而已矣』。（勸學外篇會通）

『以忠孝爲敷教之本，以禮義爲訓俗之方，以練習藝能爲致用治生之具』。（學務綱要）

『大指皆以中學爲體，西學爲用，既免迂陋無用之譏，亦杜離經畔道之弊』。（奏議四十七兩湖經心兩書院改照學堂辦法片）

以上三段話，皆是張氏『中學爲主，西學爲輔』的主張。所謂中學，包含三綱五常之說；所謂西學，指着法制技藝而言。以中學治身心而以西學應世變，謂之中西會通；雖中西會通，仍以中學爲教民化俗的主體，爲吾人思想的中心，是有輕重先後的。若中西平列，或西重於中，則失了『中學爲主，西學爲輔』的意義，也是張氏所反對的。所以他又說：

『今欲強中國，存中學，則不得不講西學。然不先以中學固其根柢，端其識趣，則強者爲亂首，弱者爲人奴，其禍更烈於不通西學者矣。……今日學者必先通經，以明我中國先聖先師立教之旨；考史以識我中國歷代之治亂，九州之風土；涉獵子集，以通我中國之學術文章；然後擇西學之可以補吾闕者，西政之可以起吾疾者取之，斯有其利而無其害」。（勸學篇循序）

「至於立學宗旨無論何等學堂，均以忠孝爲本，以中國經史之學爲基；俾學生心術壹歸於純正，而後以西學瀹其知識，練其藝能，務期他日成材，各適實用，以仰副國家造就通才，愼防流弊之意」。（重訂學堂章程摺）

時代的思潮是一天一天的向前進，而張氏的頭腦早已固定。到了光緒末年，張氏年紀已老，已有不克與時代相追逐的氣力了，於是昔日迎合潮流者此時漸與潮流發生衝突；武昌蛇山下之存古學堂，就是張氏與時代潮流翻臉的確實表現。在他創立存古學堂的奏摺上有一段表示其憤慨的話：

「伏讀歷年屢次興學諭旨，惟以端正趨向爲教育之源。一則曰敦崇正學，造就通才；再則曰庠序學校，皆以明倫。聖訓煌煌，無非以崇正黜邪爲宗，以喜新忘本爲戒。夫明倫以忠孝爲歸，正學以聖經賢傳爲本，崇正學，明人倫，舍此奚由。乃近來學堂新進之士，蔑先正而喜新奇，謀功利而忘道誼，種種怪風惡俗，令人不忍覩聞。至有議請廢能四書、五經者，有中、小學堂並無讀經講經功課者，甚至有師範學堂改訂章程聲明不列讀經專科者。人心如是，習尙如是，循是以往，各項學堂經學一科雖列其目，亦止視爲具文，有名無實。至於論說文章，尋常簡牘，類皆捐棄雅致，專用新詞，馴致宋、明以來之傳記詞章皆不能解，何論三代。此如籍談自忘其祖，司城自賤其宗。正學既衰，人倫亦廢，爲國家計則必有亂臣賊子之禍，爲世道計則不啻有洪水猛獸之憂，此微臣區區保存國粹之苦心，或於世教不無裨益」。

張氏的思想既是這樣，他的教育主張自然是『人才主義』的教育，與舊時代無異，所以在學務綱要裏開宗明義第一句，就規定『京外大小文武各學堂，均應欽遵諭旨，以端正趨向，造就通才為宗旨』。所謂『通才』有二種意義：一是培養經國濟民的人才，二是培養中西兼通的人才。此項人才平日應受的教育有二：一要新舊兼學，二要政藝兼學。如四書五經、中國史事、政書地圖之類，謂之舊學；西政、西藝、西史謂之新學。如學校地理度支賦稅、武備律例、勸工通商，謂之西政；算繪鑛醫、聲光化電，謂之西藝。新舊各學不可偏廢，政藝兩途隨個性而為區別。學成之後，為國家的領袖人才，足以經國濟民，方為有用的教育。這就是張氏的教育宗旨。

第三節　梁啓超(1873——1928)

一　略傳　梁氏字卓如，自號任公，學者稱任公先生。生於清同治十二年，死於民國十七年，只活了五十六歲。他是廣東新會人，十餘歲游康有為之門，曾與康氏作今文學運動。是時康氏以公羊學號召生徒，提倡所謂孔子的大同主義，對於倫理思想及政治制度，很想別有所創造，門人受他這種學說的鼓動不在少數。他的高足弟子，則梁啓超與陳千秋齊名，陳氏所學尤精，可惜不幸早死，後來幫助康氏維新運動的，所以獨有梁氏了。在戊戌政變之前，梁氏曾與康氏在上海組織強學會，開辦時務報。這個時候，梁氏年僅二十三歲，善於文詞。其所作文，另出一種體式，淺近流暢，氣充辭沛，而議論又極新穎，具有煽動人心之極大魔力，凡當時青年思想莫不受其影響，論文字鼓吹之力，當時要以梁氏為首功。維新運動失敗以後，梁氏出亡日本，益作文字的宣傳，先後創辦清議報及新民叢報，喚醒民衆發表政見較前尤力。直到辛亥革命，梁氏方始回國，袁世凱在北京組織政府時，他曾做了一任財政總長。民國五年參與過討袁之役，在政治方面頗具功績。民國八年，出遊歐洲，參觀戰跡及大戰後世界之趨勢。返國以後，思想又爲之一變。自此以後，梁氏乃拋開政治生活，專門從事於著述與講學者七八年。長期講授的地方，爲南開與清華兩大學，其餘則爲公開講演，無有定期。每到一處，聽衆滿座至不能容，可以想見其魔力。梁氏的學問博而雜，不限一家，凡政治、經濟、歷史、哲學無不窺閱，晚年尤喜研究歷史與佛學。平日嘗以提倡東方文化自任，晚年此志益堅，鑽研益力，僅活了五十六歲而死，是他所未及料的。他的思想隨時變遷，故沒有一貫的主張，但無論如何變遷，其爲舊時代的學者，是無法否認的。他的思想在民國以前與在民國時代歧異很大，本期是在民國以前的一期，故本章只敍他在民國以前的思想；他之對於教育的貢獻，其影響於教育思想的，亦以本期爲最大。

二　國民教育主義　本期是科舉與學校兩種制度的交替時期，梁氏在上海開辦時務報時，極力反對科舉制度，提倡學校教育。在他所作變法通議一文裏，對於整個教育，並提出一個很有系統的意見。內中分政、教、藝三綱，分學堂、科舉、師範、專門、幼學、女學、藏書、纂書、譯書、文字、藏器、報館、學會、教會、游歷、義塾、訓廢疾、訓罪人十八目。教育業務雖分有十八目，而一切皆歸本於學校教育，所謂『亡而存之，廢而舉之，愚而智之，弱而強之，條理萬端，皆歸於學校』——此梁氏提倡學校教育之理由。他的學校教育主張，除女學外，大致與張氏所論相同，但他的教育主義則與張氏完全兩樣。張氏是提倡人才教育主義的，梁氏則爲國民教育主義者；中國人之注意到國民教育，且極力提倡者，要以梁氏爲最早的一人。

梁氏的國民教育之意義有二：一、是要使全國之民皆受教育，二、是訓練全國之民皆有國家思想。中國歷來多是賢人政治，在此種政治之下的教育全是人才主義的教育，只要造就些優秀人才幫助皇帝以撫治人民，就行了，至於一般民衆有知識與否可以不必過問。梁氏以爲現在世界進步，與昔日絕對不同，列強已發達到了民族帝國主義的階段，着着向我進逼。非全國上下羣策羣力不足以謀抵抗。要使全國上下共謀抵抗，須人人有抵抗的知識與技能方能辦到，所以現在教育方針應當改變，改昔日人才主義的教育爲國民教育主義，由國家力量使教育普及到所有民衆。

中國現在之所以積弱屢受列強壓迫的，不僅教育之不普及，更由於中國人沒有國家思想。中國人所以沒有國家思想，一方由於地理環境之養成，一方也由於歷來教育之錯誤。他說：

『昔者吾中國有部民而無國民；非不能爲國民也，勢使然也。吾國夙巍然屹立於大東，環列皆小蠻夷，與他方大國，未一交通，故我民常視其國爲天下。耳目所接觸，腦筋所濡染，聖哲所訓示，祖宗所遺傳，皆使之有可以爲一個人之資格，有可以爲一家人之資格，有可以爲一鄉一族人之資格，有可以爲天下人之資格，而獨無可以爲一國國民之資格』。（飲冰室文集新民說）

數千年來的教育只是遺傳的、文雅的、利祿的、不僅沒有國家思想，且沒有確定的宗旨。即近今創辦新教育已三十年，其課程雖政藝兼設，而思想之不進步如故，問辦教育者以宗旨，亦不過人云亦云而已。教育宗旨既未改變，縱使教育普及，所授與的智能仍是陞官發財的智能，所培養出來的人才仍是部民的人才，這種教育再辦三五十年亦無救於今日之中國。要救今日之中國，務須改變教育宗旨，培養一般新國民——所謂『新民』。新民是對舊式時代的人民而言，他們的精神是進取的，他們的思想是自由的，他們的行動是獨立的，他們的團體生活是有組織的，他們的道德是公德重於私德的，他們是極富於國家觀念愛國家重於愛家族的，且對於世界民族而能表現一種特別性質的。以此標準規定國家教育宗旨，以此宗旨對於全國人民施行一致的教育，使全國之民成一特色而富有國家觀念的民族，此梁氏之所謂新民，此梁氏之所謂國民教育。（註一）施行國民教育的模範國家，在古代有雅典與斯巴達，在近代有英吉利。梁氏以為中國今日之教育宜採取英國式的，因為英國是兼雅典、斯巴達兩國的優點而全有的。（註二）

（註一）（飲冰室文集學術類下論教育當定宗旨）教育之意義，在養成一種特色之國民，使結團體以自立競存於列國之間，不徒為一人之才與智云也。

（註二）（同上）盎格魯撒遜稱者，今日地球上最榮譽之民族也。其教育之宗旨，在養成活潑進步之國民，故貴自由，重獨立，薰陶高尚之德性，鍛鍊強武之體魄，蓋兼雅典、斯巴達之長而有之焉。

三　兒童教育　梁氏在光緒二十二三年之間，所發表關於兒童教育的意見，在當時可算很有價值的文字。內中首先舉出西人教兒童方法的良善，以反證中國學究誤人子弟的罪惡。他說：

『西人之為教也，先識字，次辨訓，次造句，次成文，不躐等也。識字之始，必從眼前名物指點，不好難也。必教以天文地理淺識，如演戲法，童子所樂知也。必教以古今雜事，如說鼓詞，童子所樂聞也。必教以數國語言，童子舌本未強，易於學也。必教以算法，百業所必用也。多為歌謠，易於上口也。多為俗語，易於索解也。必習音樂，使無厭苦，且和其血氣也。必習體操，強其筋骨，且使人人可爲兵也。日授學不過三時，使無太勞致畏難也。不妄施扑教，使無傷腦，且養其廉恥也』。（時務報 論學校五）

這種適合兒童心理的教法，何等活潑，所以造就的國民，皆爲活潑進取的國民。我們反觀中國蒙童教師——學究——所施行的教法怎樣？

『今之教者，毀齒執業，鞭笞饑撻，或破頭顱，或潰血流，飢不得食，寒不得息。國家立法，七年曰悼，罪且減等。何物小子，受此苦刑！是故中國之人，有二大危：男女罹毒，俱在髫年，女者纏足，毀其肢體；男者扑頭，傷其腦氣。導之不以道，撫之不以術。地非理室，日聞榜掠，教匪宗風，但憑棒喝。遂使視黌舍如豚笠之苦，對師長若獄吏之尊』。

這種教法，再不徹底改革，不僅足以亡國，且足以亡種族。若要救亡，若要保國強種，『非盡取天下之學究而再教之不可，非盡取天下蒙學之書而再編之不可』。於是梁氏提出一個意見：一、爲規定兒童應讀的書籍，二、爲規定教授兒童應取的方法。關於兒童應讀的書籍凡分七類：（1）識字書，（2）文法書，（3）歌訣書，（4）問答書，（5）說部書，（6）門徑書，（7）名物書。每類皆附論以各種教法，而以一二兩類所論爲最善。例如教授兒童識字，先調查社會所通行的文字，約計二千多字；然後分爲形、聲、意三類，以此爲標準分別授與初識字的兒童。如第一類字以聲爲主者，必先令學字母而後拼音；第二類字以形爲主者，必先令學獨體而後合體。以此施教，不出一月，凡應用的二千多字皆能使他們認識。例如教授綴法，由教者先口授俚語，令兒童以文言答出，有辭不達意的，即爲削改。所授的內容，先取粗切的事物，漸進於淺近的議論。所授的字數，初授一句，漸至三四句以至十句；兩月之後乃至三十句以上，卽可成爲小篇文章了。梁氏並擬了一張教學功課表，凡兒童初入學時，卽教以識字，俟中西有用之字皆認識了，然後按照此表施行。此表專爲八歲以上十二歲以下的兒童讀書用的，若能照此教學，到了十二歲以上，則可升中學、大學了。這張功課表我們不妨抄錄於下，也可以知道他所論教法的一個大概。

（1）每日八下鐘上學，師徒合誦贊揚孔教歌一遍，然後肄業。

（2）八下鐘受歌訣書，日盡一課，每課以誦二十遍爲率。

（3）九下鐘受問答書，日盡一課，不必成誦，師爲解其義，明日按所問而使學童答之，答竟則授以下課。

（4）十下鐘，剛日受算學，柔日受圖學。

（5）十一下鐘受文法，師以俚語述意，令學童以文言答之，每日五句漸加至十句。

（6）十二下鐘散學。

（7）一下鐘復集，習體操，略依幼學操身之法，或一月或兩月盡一課，由師指導，操畢聽其玩耍不禁。

（8）二下鐘受西文，依西人教學童之書，日盡一課。

（9）三下鐘受書法，中文西文各半下鐘，每日各二十字，漸加至各百字。

（10）四下鐘受說部書，師爲解說，不限多少。

（11）五下鐘散學，師徒合誦愛國歌一遍，然後各歸。

（12）每十日一休沐。

四　女子教育

在光緒二十九年，張之洞改定學堂章程，謂中西禮俗不同，未便設立女學以前，梁氏在上海早已鼓吹女子應受教育。他所持的理由有四：（1）中國四萬萬人，女子居其半。女子沒有知識，不能自立，全須待養於男子，男子終歲勤勞，所有收入尚不足以贍養他的妻子，以致男女皆困。人人因累於妻子而受困苦，此中國所以無人不憂貧。此就生產方面說，女子應受教育。（2）中國之大，人數萬萬，戶數千萬，尋求良好和睦的家庭，萬不得一，其不和不睦的原因，多起於姑嫜妯娣之間。這一般女子，並非生性低劣，實由他們盡日牢守在極小的家庭圈限中，既不受教育，而耳目從未與社會接觸，所以養成一種狹隘的器度。此就改良家庭方面說，女子應受教育。（3）女子性情溫柔，與兒童相近，且善體兒童的心理，善會他們的意趣，而兒童之愛母亦較甚於愛父，故西人小學教育多由女子擔任。中國兒童，在家庭既無母教，入學校又無女教師，所以多不如西方兒童的幸福。此就家庭教育與兒童幸福方面說，女子應受教育。（4）女子受了教育，不僅使他們善教兒童，並要使他們善育兒童——育養健強的兒童。西人講求種族學者必以胎教爲第一義，中國古人也有主張胎教的。現今前識之士，莫不以『保國保種保教』三者相呼號，求達此目的，非提倡女學講求胎教不可。此就強國保種方面說，女子也應受教育。且女子智力並不劣於男子，假能使他們從事於學，必有『男子所不能窮之理，而婦人窮之，男子所不能創之法，而婦人創之』。我們要提倡女子教育，務必廣興女學；要廣興女學，務必破除『女子不出外』的信條。倘此信條不破除，則女學必不發達，縱令給女子以相當的教育，其見聞仍不出閨閣之外，雖有異質，亦屬無用。但同時他所草擬女學堂章程，對於男女的界限，內外的分別，限制極嚴，雖適應環境，亦可以推見梁氏當時的思想之程度了。

本章參考書舉要

（1）張文襄公全集
（2）飲冰室文集
（3）勸學篇
（4）時務報
（5）新民叢報

第三期　自民國建元至歐戰告終（1912——1918）

第五十一章　民國成立後七年內之教育背景與教育

第一節　辛亥革命與教育

一　光榮的革命　滿清末年，興學的動機完全出於被動。在人民方面，因列強之層層的壓迫，年年的環攻，感覺非變法興學不足以挽救祖國的危亡。在政府方面，因潮流所趨，民智日開，感覺非變法興學不足以擋塞人民的耳目而維持其統治階級的地位。但政府與人民此時被動的動機雖相同，急於興學的感覺雖也相同，而兩方的利害關係則彼此不同，因爲兩方的利害關係不同，所以政府與人民反因興學而破裂。政府爲維持其自身的利益計，所以一方面廣興學堂，一方面又極力杜絕新思想，不准學生干預國政，不准學生立會演說，不准學生訂閱不利於政府的報章。可是青年學生兩條腿子一踏進了學堂門，他們的頭腦馬上發生了變化，最愛干預國政，最愛立會演說，最愛閱讀帶有刺激性的文字。政府的防範愈密，而學生的反動愈大，尤其是出洋留學生，兩腳一履新土，他們的心目中就不知有滿清政府了。當此之時，領導青年思想的有兩派：一爲康、梁派，一爲同盟會。自甲午以後，康、梁的言論思想對於青年學生影響極大，凡在三十歲以下的讀書分子差不多沒有一人不受他們的撼動；但自庚子以後，同盟會的言論思想在國內漸漸發生力量了。前者的主張，只在政治的改革——由君主專制改爲君主立憲；後者的主張，則要革命——一方面剷除專制政體，他方面還要推倒滿清統治階級，且想對於現社會的經濟組織謀一突飛的改造。以滿清統治者的腐敗，及其歷來設施之不能滿足人民的需求，更加以下級民衆所遭受貪官汚吏及種種虐政的痛苦，則後者的主張更爲新進青年所歡迎；歡迎這種思想發而爲行動的，則以留日學生爲最踴躍。自由平等的思想一天一天由西風吹進海內來，民族主義的意識一天一天在各人的腦袋中澎湃起來，到了一九一一年，時機已大成熟，所以武昌義旗一舉，全國響應，而滿清政府如同摧枯拉腐般的倒塌了。這一次革命其價值不僅在打倒了三百年的滿清政府，實在還推翻了數千年的君主專制政體，而建設民主共和的新國家。自此以後，樹立五色國旗，凡五族人民皆能享受同等的權利，去掉了貴族統治階級，打破了三綱五倫的舊禮教，立下了自由、平等的政治原則。

二　革命後的教育　自民軍革命獲了勝利，國人的精神爲之一壯。自共和政體樹了模型，國人的耳目爲之一新。在此五色旗幟之下的人民，所有言論與態度由是大爲改變了。他們覺得共和國家以人民爲主體，凡屬國民皆有參與國事的義務。國家的政體改變，國人的言論與態度改變，由是革命以後的教育也隨着改變了。第一、是人民對於教育態度的改變。在滿清專制時代，教育是官治主義的，人民不過拱手受命，依法照辦，到了民國，則變爲民治主義的了，大家莫不很熱心地討論、參加、建議和改良。第二、是教育思想的改變。從前以忠君尊孔爲教育宗旨，現在以公民道德爲主要了；從前學校教育尙不脫科擧的習氣，現在取消了科擧的奬勵，廢止了讀經的科目，纔是眞正的新式教育了。第三、是教育政策的改變。專制時代以政府爲中心，所有教育，不是愚民政策，不是籠絡主義即是駕馭主義，到現在共和時代以人民爲中心，所有教育，在培養國民基礎，訓練國家有用人材，樹立共和政治的眞精神。當此之時，樹立民國教育的新基礎，足以稱爲教育界的元勳者，當推第一任教育總長蔡元培氏。蔡氏登臺之後，卽辦了兩件有關係的事情：一爲發表民國教育意見，一爲招集中央教育會議。前者，雖屬於他個人的教育主張，但民國時代的教育界莫不受這種主張的影響——如公民道德教育、軍國民教育及實利教育，在當時卽被採納；美感教育及世界觀教育到民國八年以後確已大受其影響。後者，凡民國成立以來，所有教育宗旨、制度及一切革新，莫不由此次會議產生，其關係更大。蔡氏的思想比較前進，他以爲民國的教育應與專制時代不同。在他所招集的中央教育會議席上，曾發表下面一段話：

『民國教育與君主時代之教育，其不同之點何在？君主時代之教育方針，不從受教者本體上着想，用一個人主義或用一部分人主義，利用一種方法，驅使受教者遷就他之主義。民國教育方針，應從受教者本體着想，有如何能力，方能盡如何責任；受如何教育，方能具如何能力。從前瑞士教育家沛斯泰洛齊有言：『昔之教育，使兒童受教於成人；今之教育，乃使成人受教於兒童』。何謂成人受教於兒童？謂成人不敢自存成見，立於兒童之地位而體驗之，以定教育之方法。民國之教育亦然』。（教育雜誌第四卷第六號）

以人民爲主體的教育，在當時業已採用；以兒童爲中心的教育，當時一般人尙未十分了解，一直到五四運動以後，纔演爲一時代的思潮。

第二節　復古運動與教育

一　不斷的復古運動　但我們不可過於樂觀，老實說，辛亥革命，中國只掛上了一塊『共和』二字的招牌。中國社會，自海通以來，雖然踏進了商業資本主義，雖然沿海一帶也有工業資本的萌芽，但因腹地太廣，交通不發達，農村生活尙佔百分之八十以上。農村經濟既未根本動搖，依附農村經濟所產生的半封建時代的一切形態——風俗、制度及倫理觀念等等，猶是根深蒂固。民國成立之初，爲革命的空氣所瀰漫，爲革命的礮聲所震動，社會耳目好像煥然一新。民主政治的聲浪，自由平等的學說，一時喧騰起來，好似中國民族從此換了新生命。那知一切半封建時代的舊勢力，依然潛伏在農村舊社會裏面，觀看風色，候着機會，好圖恢復。袁世凱就是這個時期的總代表，蔡元培說他是代表中國的『官僚』、『學究』及『方士』三種社會，見新青年第二卷第四號我以爲在封建時代所有社會上的一切舊勢力都被他代表了。

當孫中山在南京組織新式政府之時，當清廷下詔退位之後，袁氏在華北擁有重兵，顧盼自雄，國人爲求和平統一起見，所以把國家大權拱手讓渡給他。袁氏自取得政權以後，即在北京組織政府，向着舊社會方面邁進，於是樹植私黨，壓制民權，頒下尊孔讀經的命令，制定祀天祭地的典禮，所有昔日的一切風俗、習慣、制度逐一恢復原狀。這個時候，中華民國所存留的，只有一方五色國旗，及兩字共和招牌。民黨方面看出了袁氏的企圖，乃於民國二年，興起二次革命，不幸勢力不敵，革命失敗，而國會從此被解散了。自二次革命失敗以後，袁氏的地位日益鞏固，一般代表封建思想的知識分子，貪圖富貴的官僚階級，及神話時代的方士陰陽之流，萃相蟻聚於袁氏旗幟之下，倒轉車輪，盡力向後馳駛，遂於民國四年的末了，取消共和招牌，改民國爲帝國，擁袁氏爲皇帝。這是第一次的復古運動。當民國五年，梁啓超、蔡鍔等人從雲南興起義師，把袁氏打倒以後，再掛上共和招牌，民主政治好似進了一步。其實，袁氏雖倒，而他所代表的勢力並未絲毫動搖，所以不久又有康有爲、張勳等人乘着機會扶起宣統廢帝，圖謀復辟，這是第二次的復古運動。但滿清帝室久已失了人心，這次運動，較第一次的勢力薄弱，所以不到一月就被段祺瑞舉兵打倒了。段氏打倒復辟運動之後，政府實權遂落在他的手中，他乃繼袁氏而爲北洋軍閥領袖，種種設施皆向獨裁方面邁進，而武人專政比較從前更形露骨，於是舊日勢力又逐漸瀰漫起來。段氏雖不敢明目張膽稱帝僭號，但思想腐敗，行爲專斷，爲舊勢力之強有力的拱衞者，較前人簡直看不出兩樣，所以在當時有袁氏復活的談資，這可以說是第三次的復古運動。民黨方面，孫中山等不滿意段氏之所爲，乃號召一般舊國會議員，在廣州興起護法軍，組織軍政府以與北京政府對抗。自此以後，十多年來南北分裂，內戰屢起，政治既無統一的機會，所有社會事業完全歸於停頓。

二　復古時期的教育　本期七年中，共有三次復古運動，每復古一次，即引起內戰一次，甚至於多次。因屢次的內戰，政治無法進行，所以教育事業也常呈停止的狀態，我們若拿本期與前期比較，則教育進步的速度，民國初年尚不及前清末年之大。每復古一次，關於『讀經』與『尊孔』兩個問題即重提一次，而主張讀經之意，爲的是要尊孔，所以這兩個問題實是一個。關於讀經一事，袁世凱主張最力。在民國三年，他所特定的教育綱要中，以讀經應列入中小學課程裏面，反覆致意。果然到民國四年修改中小學校法令時，就把讀經一科目恢復了。除他以外，一般頑固書生及一部分國會議員，附和袁氏，也時時爲應聲蟲之鳴。他們還要獎勵『忠孝節義』，規定這四個字爲國民教育之方針。（註一）關於尊孔一事，則更普遍了。除了袁世凱、康有爲等人主張最堅定以外，湯化龍是主張的，梁啓超是主張的，藍公武一干人也是主張的，差不多除了少數頭腦較新的學者外，沒有一人不是同樣主張。我們試舉藍公武一段話作爲尊孔論者的代表：

『故願救今日之社會，則不可不求所以制裁人心之權威。吾黨遍求之於中國六千年文明之中，而得不可動之權威有二：一曰天道，二曰孔子。……（藍氏在民國四年闢近日復古之謬一文，其思想突變與此文判若兩人，但此文確足以代表此時一般尊孔者之心理）孔子我民族之至聖也。孔子以前之文化至孔子而大成，孔子以後之文化至孔子而肇始。我民族六千年之文化實賴孔子以有今日，微孔子則我民族特有之禮教早絕滅於二千年前矣。蓋孔子爲我民族文化之代表，思想之中心；孔子存則文化存思想存，孔子亡則文化亡思想亡，其與我民族之關係夫豈教學之隆汚而已哉』。（庸言第五號中國道德之權威）

尊孔的結果：一則以孔教列入憲法定爲國教，二則恢復學校祀孔的典禮，三則設立孔教會以廣宣傳。第一項目的雖未完全達到，第二項目的在民國初年早已實行——學校祀孔典禮自民國成立以來並沒有廢除；至於孔教會自此以後則已遍於國中了。

關於普通思想方面，論其進步，在民國初年不過曇花一現，自二年以後則漸漸向後移轉。這個時候，一般人的腦袋中，除了君臣一倫用不着外，並沒有什麽解放的影子，猶在舊日的習俗之下過那呆板的日子。學校的科名獎勵雖然取消了，而士大夫身分猶爲一般讀書分子所向慕。「士爲四民之首」的一句古調，所有在學學生及由學校出身的人們，且日日在高唱着。一般學生進了小學，爲的要升中學；進了中學，爲的要升大學；進了大學，爲的有官做：因爲入學讀書之目的在於獵取官僚的資格，與科舉時代沒有兩樣。他們平日在學校裏，只爲讀書，不會做事；只會呼僕使婢，不肯親身下駕服役。學校教育是造就士族階級的——官僚候補者，凡學生、教職員、政府官僚及社會上一般人民全是這樣看着。

（註一）（大中華第一卷第一期關近日復古之謬）比者國內復古之聲大盛。皇皇策令，無非維繫禮教；濟濟多士，盡屬老成碩望。政府既倡之於上，社會復應之於下，孔教會遂遍於國中，而參政院亦有獎勵忠孝節義之建議，將使新造之邦，復見先代之治。

本章參考書舉要

（1）教育雜誌
（2）庸言
（3）新青年
（4）國風報

第五十二章　教育思潮與宗旨

一　教育宗旨與思潮之關係　在本期七八年內，教育總長的人物更換五六次，而對於教育抱有主張的，只有三人：一爲蔡元培，二爲湯化龍，三爲范源濂。蔡氏是浙江人，爲一位教育哲學家，在他初次就職時所發表他的教育主張，內中包括五種教育主義：軍國民教育、實利教育、公民道德教育、美感教育及世界觀教育。前三種是當時教育界上一般人所要求的，後二種纔是他本人的主張。（註一）湯氏是湖北人，爲一位政治家，可是對於教育有極堅實的主張，在民國三、四年間，上對大總統，下對各省教育行政機關及學校，屢次表示他的『國民教育』意見。范氏是湖南人，爲一位教育實行家，幹練有才略，歷任教育總長，極力提倡『軍國民教育』主義。

本期教育思想有三個潮流：一爲軍國民教育，二爲國民教育，三爲實用主義教育。由第一種教育，派生而爲勤勞主義；由第二種教育，派生而爲公民教育；由第三種教育，派生而爲職業教育：凡此三種，皆可稱爲本期的三大思潮。這三大教育思潮，雖起伏前後不一，但每一主義之發生，全國上下莫不羣相注意，發而爲議論，施之於運動。范源濂氏可爲軍國民教育思潮的代表，湯化龍氏可爲國民教育思潮的代表；各有時代爲之背景。至於蔡元培氏，他的思想超出時代以上，在當時雖提倡美感與世界觀的教育，而附和者無人，所以這兩種主義不能認爲當時的教育思潮。

本期教育宗旨規定了二次：第一次在民國元年九月，第二次在民國四年二月。民國元年所定的教育宗旨，爲『注重道德教育，以實利教育軍國民教育輔之，更以美感教育完成其道德』二十九個字。這二十九個字的宗旨，是教育部採納中央教育會議的議決案，由部令頒布的，內中包含蔡氏初次發表五種教育意見中的四種。此四種教育主義：所謂『道德教育』，即後來公民教育所由產生；所謂『實利教育』，即後實用主義所由產生；所謂『軍國民教育』，正是當時的思潮。迨後來，袁世凱征服民黨以後，乃於民國四年，自定一種宗旨，以大總統的命令頒布下來。這一次的教育宗旨，共有『愛國』、『尚武』、『崇實』、『法孔孟』、『重自治』、『戒貪爭』、『戒躁進』七條一十八個字。這個宗旨，第一條與當時的國民教育思潮相應和，第二條與當時的軍國民教育思潮相應和，第四條是他的復古主義之表現，第六、第七兩條是他對反對黨有所爲而發表的，只有第五條自治稍含有幾分法治的意思。但這一次所頒布的教育宗旨，到民國五年，隨袁氏一齊送終了，於是元年的宗旨自五年以後依然恢復。教育宗旨，多半爲官定的，有一部分代表時代的思潮，有一部分簡直不合於時代，論其效力，遠不及教育思潮，我們在下面所以只就本期的三大思潮說說。

(註一)(教育雜誌第三年第十一期)滿清時代有所謂欽定教育宗旨者，曰忠君、曰尊孔、曰尚公、曰尚武、曰尚實。忠君與共和政體不合，尊孔與信教自由相違，可以不論。尚武即軍國民主義也，尚實即實利主義也，尚公即吾所謂公民道德，其範圍或不免廣狹之異，而要爲同意。惟世界觀及美育則爲彼所不道，而鄙人尤所注重，故特疏通而證明之，以質於當代教育家。

二　軍國民教育　此項教育思潮共有兩起：第一起在宣統末年民國初年之間，第二起在民國四、五年之間。

在前期的後半期軍國民教育的呼聲極高，一直到本期初年勢猶未衰，故本期第一起的教育思潮是賡續着前期的，卻不是創始的。代表這一起思想的爲各省教育總會，蔡氏以潮流所趨，難於抹煞，故於發表意見時承認此種主張，於規定教育宗旨時採納此種主張。到民國四年，歐戰激烈的礮火之聲與奮了國人的血液，二十一條之驟然提出驚醒了國人的睡夢，大家皆覺得非尚武不足以立國，非圖強不足以雪恥。於是在政府方面，袁氏頒下尚武的教育宗旨；在社會方面，全國教育聯合會議決軍國教育實施方案，而第二起的思潮發生了。全國教育聯合會的議決方案共分兩項：第一項關於教授者有九條，第二項關於訓練者有十二條，我們寫在下面供作參考。

（一）「關於教授者：（1）小學校學生宜注重作戰之遊戲。（2）各學校應添授中國舊有武技。（3）各學校教科書宜揭舉古今尚武之人物及關於國恥之事項，特別指示提醒之。（4）各學校樂歌宜選雄武之詞曲，以激勵其志氣。（5）師範學校及各中等學校之體操學科時間內，宜於最後學年加授軍事學大要。（6）中等學校以上之兵式槍操最後學年，宜實行射擊。（7）中等以上學校體操應取嚴格鍛鍊主義。（8）各科教授材料與軍國民主義有關者，應隨時聯絡，以輸入勇武之精神。（9）遇有特別材料與本主義有重大之關係者，得特設時間講授之」。

（二）「關於訓練者：（1）小學校學生宜養成軍國民之性資及軍人之志趣。（2）中等以上學校學生宜具有充當兵役之能力。（3）各學校須注意學生體格檢查。（4）高等小學以上學生應一律穿制服。（5）中等以上各學校管理參用軍用規則。（6）各學校應養成勤勞之習慣。（7）各學校應規定禮儀作法之形式以嚴正爲準教員學生一律遵守，養成雄健齊整之校風。（8）各學校應養成粗衣淡食之習慣，施行忍耐寒暑之操作，並獎勵海水浴或冷水浴。（9）各學校宜特設體育會。（10）各學校宜由教職員率同學生勵行各種運動游技。（11）各學校應搜集或製作國恥紀念物特表示之，以促警醒。（12）各學校應表彰歷代武士之遺像，隨時講述其功績』。

這一起由四年到五年，全國人民均有這種呼聲。范氏再登上教育總長交椅上，更極力提倡。他的辦法，與全國教育聯合會所議決的大致相同。在這個時候，有提倡勤勞主義的，有提倡少年義勇團的，名目不一，都是應運這種潮流而起的種種運動。但自六年以後，此種思潮漸漸向下低落；到了民國七年，歐戰告終，大家都自欺欺人地說：『公理戰勝了強權』！於是軍國民主義就用不着了。

三　國民教育　在民國三、四年之間，又起了一種教育思潮，叫做『國民教育』主義。這個時候，大總統是袁世凱，教育總長是湯化龍，他們二人對於此主義均極力提倡，民衆方面在教育雜誌上也常常發表國民教育的意見，但三方面的意見各不相同。在民衆方面，我們援引賈豐臻的一段話作爲代表。他說：

『國民教育者，十九世紀以來最流行之名詞也，有國家必有國民，有國民必有教育，國民既盡人皆受教育。則斷不能舉國皆爲官吏、皆爲聖賢、皆爲英雄，故斷之曰國民教育。蓋國民教育者，如饑之於菽粟，寒之於布帛，而不可一日離，故其間有至不可少之條件焉：（1）國民教育乃義務教育，謂國民之受教育如納稅當兵之不得免除者也。（2）國民教育爲兒童將來生活計，而授以必須之知識技能也。（3）國民教育乃國家教育人民，

與家庭教育子女無異家庭縱貧苦，子弟不可不讀書，國家雖困窮，人民豈可不入學乎』。（教育雜誌第七卷第四號）

我們如果以賈君這篇文章可以代表民衆方面的意見時，則民衆所謂『國民教育』，並沒有特別的意義，只是給一般兒童以生活上必需之知識技能——卽給他們以最低的相當的生活權能——的一種教育。這種教育，凡屬國民，皆有享受的權利，故謂之國民教育。自家庭方面看，父母必須令他們的兒童往受這種教育，故又謂之『強迫教育』。自國家方面看，政府必須給所有國民的兒童以充分受這種教育的機會，故又謂之『義務教育』。但袁氏的意見卻與這不大相同。他說：

『凡一國之盛衰強弱，視民德、民智、民力之進退爲衡；而欲此三者程度日增，必注重於國民教育。本大總統旣以興學爲立國要圖。今兵氛漸消，邦基粗定，提倡斯旨，豈容躊躇。矩矱本諸先民，智慧求諸世界，使中國民族爲大仁、大智、大勇之國民；則必於忠、孝、節、義植其基；於智慧技能求其闕；尙武以備軍人資格；務實以儆末俗虛浮；矢其忠誠，以愛國爲前提；苦其心志，以獵官爲大戒；厚於責己，恥不若人；嚴則如將領之部其弁兵，親則如父兄之愛其子弟，此本大總統對於學校之精神教育，——尤兢兢於變化氣質，而後種種學業乃有所施也』。（教育公報第八册大總統申令）

立定一個模型以陶鑄全國之民，使全國人民陶鑄得如此模型一般樣，此卽袁氏所謂國民教育。這種模型要具有大仁、大智、大勇的資格；這種資格以『忠孝節義』四字爲基礎，卽以此四字爲模型的特性。（註一）又須有智慧以謀生，能忠心以愛國，能實事求是而不虛浮，其紀律嚴明，身體強勇之處，如同軍人一般。以具備這種資格之民纔是理想的國民，施行這種教育時謂之國民教育。至於湯氏所謂國民教育則又不相同。他說：

『凡一國之成立，能維持永久而無失者，必其國民有特殊之風俗、歷史、地理爲造成其特性之主因。涵孕濡育，篤生聖哲，發揮此特性以立人倫之極者，是謂國民模範人物。被之謂道德，施之於庠序，保存光大此特性，并不戾乎世界人類之公性者，是謂國民教育。國民教育以國民道德爲本根；國民道德之淵源肇於國民特性，而集其成於出類拔萃之模範人物也。……我國立國數千年，其間幾經動搖簸蕩，而此泱泱雄大之國民性卒能卓然不可磨滅，歷史已有明證。惟求之歷史人物，致廣大而盡精微，極高明而道中庸，足以賅我國民性之全表示於世界各國，而爲我國教育上之模範者，莫大於孔子。……本總長深維國民教育與國民特性之關係，不能不以數千年所奉爲人倫師表者爲道德之準繩』。（教育公報第一册飭京內外各學校中小學修身及國文教科書採取經訓以孔子之言爲指歸文）

『竊謂今後生存之計，惟有以全國一致之決心，養成全體國民之品性，與其生活能力，以從事於世界之競爭，庶幾國民得以保持其生存，而國家有鞏固健全之望，——此其事必自國民教育始。國民教育者，對於全體國民爲之修養其品性，發展其生活能力，以適應夫世界競爭之趨勢者也』。（教育公報第二年第四期呈擬訂國民學校令呈請核定公布文）

湯氏的意見一方面發揚國民固有的特性，光大起來，以誇耀於世界；一方面培養他們的生活能力強固起來，使能適應於世界競爭之趨勢，以鞏固其國家：施行這種教育纔是國民教育。中國的國民性『泱泱雄大』，以道德爲本根，以孔子爲模範。不以道德爲本根，則國民無特性之價值；不以孔子爲模範，則國民無中心之信仰。所以國民教育，必以道德爲訓練，以孔子爲標準，然後國民纔有根基，纔有表率，纔能團結成爲一特殊的國民，以與世界各民族共存共榮。

與湯氏主張相同的，在民國四年還有一位署名鳳兮者。他在大中華雜誌上發表國民教育的意見：

『苟欲救亡，舍養成立國之實力無他道，而欲養成立國之實力，更非施行國民教育不爲功。

『夫戰爭制勝之國，莫不具有下列二因：（1）國民有偉大之人才，（2）國民公共之愛國心發達。斯二者又莫不與國民教育有密切之關係。蓋無善良之社會，則不能陶鑄偉大之人才，而造成善良社會者，國民教育也。無常識之人民，斷不能發生愛國之思想，而養成人民之常識者，國民教育也』。（第一卷第七期今後國民教育之研究）

此位極力鼓吹其主張以後，並提出兩項辦法：第一、在消極方面要力求排除關於國民教育之障礙物；第二、在積極方面要力謀國民教育之實行。關於第一項者：一、要國民教育不可視爲官吏之預備，二、要不可以文學爲惟一目的，三、要不可取放任主義，四、要於國民學校外不可特設預備學校，五、要小學校取消讀經。關於第二項者：一、要恢復地方自治機關以利進行，二、要設立地方獨立教育行政專官以專責成。這與湯氏的主張，不謀而合。

我們由上種種看來，民衆方面所謂國民教育只是義務教育、人生教育；袁、湯二氏的主張皆有訓練主義，而袁氏的尤爲嚴格。以袁氏的主張，一變就是軍國民主義，所以他提倡尚武。以湯氏的主張，一變就是國家主義，所以他又說：

『徵之者何？國民之愛國心是也。赴之者何？國民之自覺力是也。所以徵之赴之者何？國民適用此愛國心自覺力，而淬其品性，砥其才智能力，盡瘁於社會事業，以所貫達夫吾人所信仰之國家主義，而爲多數幸福之先務

者是也』。（教育公報第二冊爲歐洲戰事訓飭各學校文）

梁啓勳在大中華雜誌上發表個人主義與國家主義一文時，更把國民教育滲入到國家主義的神髓裏面了。他說：

『保護稅則與生計獨立，乃國家主義之政策也。此外，尚有一從精神以啓發國家主義者，則國民教育是也。……國民教育直接所發生之結果，即全國人民皆有服兵役之義務是也。……推國家主義之精神，則父母不得有其子，妻妾不得有其夫。國家之特設教育，所以造就國民也；父兄之所詔勉，勉其爲國民也。蓋國家既爲世界之個人，則個人自爲國家之骨骸矣』。（大中華第一卷第三期）

到民國五年『公民教育』一名詞，聲浪極高，差不多成了一時的教育思潮。這種教育，就是湯氏國民教育主義的派生，我們引當時教育言論者朱元善的一段話爲代表，就可以看得出來。他說：

『所謂公民教育者非他，乃確認個人爲組織國家之分子，而藉教育訓練之力以完成其堪任公民之資格而已。換言之，即在喚起國家觀念，以矯正其淡冷國事之弊，使之對於國家有獻身奉公之精神，對於一己有自營自主之能力，此公民教育之義務也。……如何而擁護此國體？如何而完成此政體？使之名符其實，且避免一切險象，以奠國基於磐石之安，實不能不惟公民是賴，然則公民教育之尤切於我國，益可知矣』。（教育雜誌第八卷第四號今後之教育方針）

自公民教育思潮喧騰以後，把從前各學校的修身科目逐漸打倒，一律代之以『公民學』的科目。自八九年以後，全國各學校的功課表上簡直尋不出『修身』二字的影兒，也可以想見這個思潮的力量之不弱了。

（註一）（教育公報第七册大總統告令）以忠孝節義四者爲中華民族立國之精神。

四　實用主義的教育　實用主義的教育倡導於黃炎培，附和於莊俞，在民國二三年間已演爲思潮，至六年以後此項思潮業已成熟，遂將實用主義一變而爲職業教育。中國自甲午戰敗，倡興學堂以來，到民國初年已有二十年的歷史。在滿清君主時代，所有學堂教育，固然未能脫離科舉習氣；就是辛亥革命以後，表面上雖號稱民國，改建共和，而一般人們猶保留着半封建的頭腦，所以他們仍是以學校爲士大夫階級的養成所。學校既未脫離舊日的習氣，所有教授、管理、訓練，只是態度的、身分的、文雅的、虛誇的，無一事切於實際生活。但由學校出身的數目比較由科舉出身的數目，其倍數逐年加多，國家那能容納如此鉅大數量的士族階級皆給以官做。且社會的經濟力量，商業資本已壓倒了一切，由學校出身的士族階級，縱還有『士爲四民之首』的一個觀念，可是再不能拿他作口號施行從前身分的權威。社會一天一天的演進，而學校教育猶是因襲不變，於是學校與社會相隔日遠，學校教育盡歸無用，一般由學校培養出來的青年不僅沒有謀生的技能，且反失了謀生的能力。其結果皆變成新式流氓。這種教育越發達，勢必致使國家愈窮，社會愈亂，推究其毛病，只是『虛而不實』四字的教育誤盡了一切。這種毛病，在黃氏以前已有人看到了，在民國元年蔡元培發表教育意見時，有這樣一段話：

『實利主義之教育，以人民生計爲普通教育之中堅。其主張最力者，至於普通學術悉寓於樹藝、烹飪、裁縫及金、木、土工之中，此其說創於美洲，而近亦盛行於歐洲。我國地寶不發，實業界之組織尚稚，人民失業者至多，而

國甚貧，實利主義之教育固亦當務爲急者也』。教育雜誌第三年第十一期新教育意見

蔡氏感覺『人民失業至多而國甚貧』，所以把實利主義定在教育宗旨裏面。但蔡氏只看見『人民失業至多而國甚貧』，所以須要開發實業以圖救濟，卻未曾看到一般教育的根本毛病，亦未曾說出實用主義，當時亦未能演爲思潮。到民國二年，黃氏的眼力卻進了一步。他說：

『教育者，教之育之使備人生處世不可少之件而已。人不能舍此家庭，絕此社會也，則亦教之育之俾處家庭間社會間，於己具有自立之能力，於人能爲適宜之應付而已。析言之，卽所謂德育者宜歸於實踐；所謂體育者求便於運用，而所謂智育者，其初步一遵小學校令之規定，授以生活上所必需之普通知識技能而已。乃觀今之學子，往往受學校教育之歲月愈深，其厭苦家庭鄙薄社會之思想愈烈，扞格之情狀亦愈著。而其在家庭社會間，所謂道德、身體、技能、知識，所得於學校教育堪以實地運用處，亦殊碌碌無以自見。卽以知識論，慣作論說文字，而於通常之存問書函意或弗能達也；能舉拿破崙、華盛頓之名，而親友間之互相稱謂弗能筆諸書也；習算術及諸等矣，權度在前弗能用也；習理科略知植物科名矣，而庭除之草不辨其爲何草也，家具之材不辨其爲何木也：此共著之現狀，固職教育者所莫能爲諱者。然則所學果何所用？而所謂生活必需者，或在彼不在此耶』。教育雜誌第五卷第五號學校採用實用主義之商榷

黃氏認從前的教育爲『虛名的教育』、『玩物的教育』、『平面的教育』，所以提倡實用主義，一反從前不切實用的毛病，此種教育在使學校的教材、訓練及一切教育皆切於實際生活，使學生出了學校能夠直接謀生活。

自黃、莊二氏大聲一提倡，全國教育界觀念爲之一變，大家也搖聲應和，而『實用主義』四字遂成爲最時髦的名詞了。勿論各學校辦理的實際情形如何，而對外必標榜實用主義；勿論各書店所編的教科書內容如何，而題端必曰實用主義；所以袁世凱在民國三年特定教育綱要時，也說『教育宗旨，注重道德、實利、尙武，並運之以實用』。此項思潮到民國六年以後，愈唱愈高，黃氏等更進一步改『實用主義』的口號爲『職業教育』的口號，由『理論』的變爲『實行』的了。

本章參考書舉要

（1）大中華

（2）教育雜誌

（3）教育公報

（4）近代中國教育思想史舒新城

第五十三章　本期教育制度

第一節　教育行政組織

一　中央教育機關　革命軍在南京組織臨時政府時，即改從前的學部爲教育部。自南北統一，中央政府仍都於北京，教育部亦由南方遷到北方了。第一任教育總長即蔡元培，當草創之初，組織尚未完備。後來經幾次修改，到民國三年七月，湯化龍爲教育總長時，始將完備的官制公布出來。由此次公布的官制，教育部直隸於大總統，其職權在管理教育學藝及曆象等事務，置總長一人爲政務官，置次長一人爲事務官。內中組織，分一廳三司。廳名總務廳，掌管關於統計、會計、文牘、庶務及圖書編審等事務。三司一爲普通教育司，掌管關於小學、中學、師範、實業、盲啞、殘廢學校及關於地方學務機關等事務；二爲專門教育司，掌管關於大學、專門學校、曆象、留學及各種學術團體等事務；三爲社會教育司，掌管關於圖書館、博物院、動植園、美術館、體育遊戲場、感化院及他一切社會教育事務。每司置司長一人，總務廳不設專官。此外，置有參事三人，擬訂本部的法律命令；置有視學十六人，視察全國學務。見民國八年教育法規彙編官制類

二　省會教育機關　民國成立，各省提學使司改爲教育司，總管全省教育事務。自民國二年實行軍民分治

以後，把教育司隸屬於行政公署，已失了獨立的地位；到民國三年，又將各省教育司取消，僅在巡按使公署政務廳下設一教育科，其地位更不足重輕了。但自民國四年以來，各省地方教育逐漸發達，教育界感覺教育行政機關有專設的必要，湯化龍亦有意採納此項建議，但不爲袁氏通過，未曾辦到。到了民國六年，在徐世昌時代，始恢復教育獨立機關，正式設立教育廳，公布暫行條例及組織大綱。由以上兩項的規定，教育廳直隸於教育部，設廳長一人，執行全省教育行政事務。內中組織，分爲三科，每科置科長一人；第一科，掌管收發文牘，整理案卷，編制統計，及綜核會計、庶務等事務；第二科，主管普通教育及社會教育；第三科，主管專門教育及外國留學事項。此外，置有視學四人至六人，掌管視察全省教育事宜。（見同書官制類）

三　縣治教育機關　自民國成立以後，把從前所有府、廳、州、縣等名目一律取消，只留『縣』一名目，爲地方行政單位。縣之教育機關，在民國初年，依照前清末年的舊制，除少數縣分保留勸學所外，所有地方教育差不多全劃歸自治機關管轄。即設有勸學所的，其範圍極狹。自民國三年，袁政府取消地方自治，漸覺地方有完全添設教育機關的必要；到民國四年，遂將昔日勸學所一律恢復了。此項機關，隸屬於縣公署，設所長一人，勸學員二人至四人，輔佐縣知事辦理全縣教育行政事宜。但此時教育普及的呼聲漸高，故於同年七月又由教育部頒布地方學事通則，組織地方學務委員會，辦理自治各區學務，而學務委員會與勸學所又成了並立的形式。

民國成立，蔡元培爲教育部長時，召集各省教育界人物，在北京開中央教育會議，規定了一個學制系統，附有九條說明，曾於元年九月頒布謂之壬子學制。迨後，由元年至二年，陸續頒布各種學校令，與前項系統各有出入，綜合起來又成一個系統，謂之壬子癸丑學制。這個學制，可算本期的中心學制，並且一直行到十年以後。其後雖小學校於民國四年經一次改造，大學於民國六年經一次修正，但於壬子癸丑學制的根本上無有什麽影響。

壬子學制以七年入小學，到二十四歲大學畢業，整個教育年限共計十八年，較癸卯學制減少了二年。下面取消了蒙養院，上面取消了通儒院，中間高等學堂一級也取消了，加上了專門學校與大學平行。我們可以把這七條說明抄錄在下：

（1）『小學校四年畢業，爲義務教育，畢業後得入高等小學校或實業學校』。

（2）『高等小學校三年畢業，畢業後得入中學校或師範學校或實業學校（小學校及

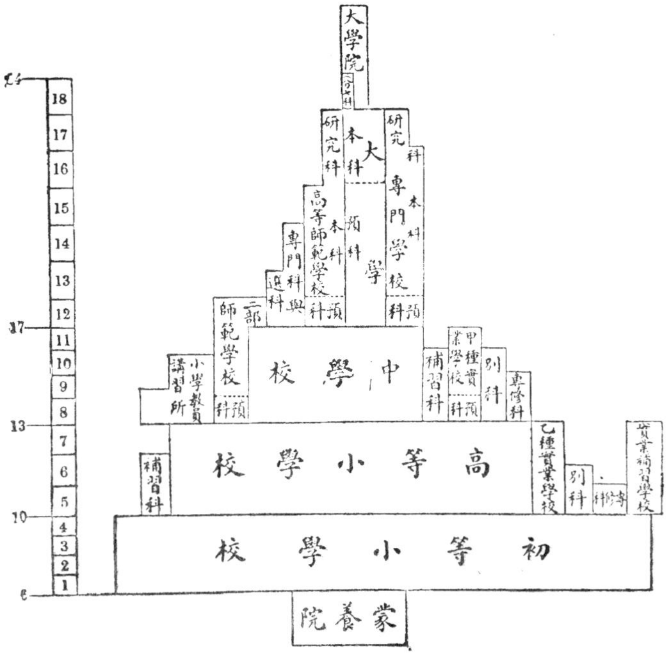

第十四圖 壬子癸丑學制系統圖（民國元年至二年）

高等小學校設補習科，均二年畢業）』

（3）『中學校四年畢業，畢業後得入大學或專門學校或高等師範學校』。

（4）『大學本科三年或四年畢業，預科三年』。

（5）『師範學校本科四年畢業，預科一年。高等師範學校本科三年畢業，預科一年』。

（6）『實業學校分甲乙二種，各三年畢業』。

（7）『專門學校本科三年或四年畢業，預科一年』。

壬子癸丑學制，整個教育期仍是十八年，共分三段四級。一爲初等教育段，分初等小學校、高等小學校二級，共計七年；二爲中等教育段，只有一級，四年或五年；三爲高等教育段，亦只一級，內分預科、本科，共計六年或七年。此外，在下面有蒙養園，在上面有大學院，不計年限。我們再從橫的方面看，也是分着三系：一爲直系各學校，由小學而中學，由中學而大學或專門學校；二爲師範教育，分師範學校及高等師範學校二級，所居地位爲中、高二段；三爲實業學校，分甲、乙二種，所居地位爲初、中二段。此外，還有補習科、專修科及小學教員養成所，皆是此三系中的各種特別或附設的教科，謂之旁支。我們以此爲標準，分節敍述於下，至於民國四年的小學教育之變更及其他復古的規定，當另節述之。

第三節　直系教育

一　小學校　據民國元年九月公布的小學校令，分總綱、設置、教科及編制、經費及就學等章，我們提要寫在下面。（1）小學校以『留意兒童身心之發育培養國民道德之基礎，並授以生活所必需之知識技能』爲宗旨。（2）小學校分初、高兩等：初等小學校由城、鎮、鄉設立，高等小學校由縣設立。（3）修業期限，初等小學定爲四年，高等小學定爲三年。（4）初等小學之教科目凡七門，爲：修身、國文、算術、手工、圖畫、唱歌、體操；此外，女子加課縫紉。高等小學之教科目凡十門，爲：修身、國文、算術、本國歷史、地理、理科、手工、圖畫、唱歌、體操；此外，男子加課農業，女子加課縫紉。但高等小學視地方情形，得改農業爲商業，或加設英語。（5）小學校裏面得添設補習科。（6）兒童以滿六週歲的次日至滿十四歲止，凡八年爲學齡期，凡達到了學齡期的兒童應送入初等小學校受教育。——這一條規定已帶了強迫教育的性質。（見教育雜誌第四卷第八期）

二　中學校　中學校令也是元年九月頒布的，內中的要點：（1）中學校以『完足普通教育造成健全國民』爲宗旨。（2）中學校以省立爲原則，縣立爲例外，由省設立者稱省立中學，經費由省款支給；由縣設立者稱縣立中學，經費由縣款支給。專教女子的中學稱女子中學校。（3）中學修業年限定爲四年。（4）中學校的學科目爲：修身、國文、外國語、歷史、地理、數學、博物、物理、化學、法制、經濟、圖畫、手工、樂歌及體操十五門。女子中學，加課家事、園藝、縫紉，但園藝可以從缺。（5）第一年每週授課三十二小時，第二年授課三十三小時，第三、第四兩年各授課三十四小時。（6）中學校入學資格，須在高等小學校畢業及與有同等學力者。

三　大學　民國元年十月頒布了一道大學令，到民國六年又修改了一次，這兩種制度在本期皆有試行的，所以教育部法規裏面將這兩道功令一併存留。我們按照頒布的先後，分別摘要出來。

（甲）元年的大學令 （1）大學以『教授高深學術，養成碩學閎材，應國家需要』爲宗旨。（2）大學分爲文、理、法、商、醫、農、工七科。設立時以文、理二科爲主；須使文、理二科並設，或文科兼法、商二科，或理科兼醫、農、工三科中的二科或一科者，方得名爲大學。（3）大學設預科及本科；預科學生入學資格以在中學校畢業或經試驗有同等學力者爲合格，本科學生入學資格以在大學預科畢業或經試驗有同等學力者爲合格。（4）預科修業三年，本科按各科的性質三年或四年不等。（5）大學爲研究高深學術起見，除預科及本科外，另設大學院。大學院學生以在大學本科畢業者爲合格，修學不定年限。（6）大學本科生畢業了，得稱學士，大學院生在院研究有特別成績時，經大學評議會或教授會認可，得遵照學位令授以學位。（7）大學設校長一人及各科學長一人；師資分教授、助教授及講師三種。（8）大學各科設有講座，以教授擔任，但是教授不足時，助教或講師亦可擔任。（9）大學裏面設有評議會，以各科學長及各科教授組織之，評議大學內一切重大問題，這與癸卯學制的大學會議性質相近，卽後來教授管校的起源。

（乙）六年的大學令 （1）宗旨相同。（2）所分七科與前全同，但設立的限制比較活動，只要辦有二科以上者皆可稱大學，如僅設一科則稱爲某科大學。（3）大學設預科及本科，其入學資格亦同。（4）修業年限縮短了一年，本科爲四年，預科只二年。（5）大學院也不定年限，但不設講座，只聘有導師分條研究，定期講演討論。（6）（7）（8）（9）四條全同。

（丙）二年的大學規程　以上所述，只爲功令，在民國二年一月，又頒布了一個大學規程，把所有各科分門及科目規定得很詳細。例如文科，分爲哲學、文學、歷史學、地理學四門；理科分爲數學、星學、理論物理學、實驗物理學、化學、動物學、植物學、地質學、鑛物學九門；法科分爲法律學、政治學、經濟學三門；商科分爲銀行學、保險學、外國貿易學、領事學、稅關倉庫學、交通學六門；醫科分爲醫學、藥學二門；農科分爲農學、農藝化學、林學、獸醫學四門；工科分爲土木工學、機械工學、船用機關學、造船學、造兵學、電氣工學、建築學、應用化學、火藥學、採鑛學、冶金學十一門。

（丁）大學區域　本期七年，對於大學區域劃分數次，但皆因政局常常變動，掌管人員不能久於其位，所以只有計畫而未曾施行。在民國三年五月，袁世凱製定教育綱要時，擬分全國爲四個大學區域，尙未曾劃定。此時任教育總長的是湯化龍，湯氏自己乃劃分爲六個大學區：（1）北京，（2）南京，（3）廣州，（4）濟南，（5）成都，（6）福州。在民國五年，張一麐爲教育總長時，也曾於二月照湯氏的計劃提及過，亦未實行。到了本年七月，范源濂繼任總長，又分全國爲七大學區：第一區爲直隸、山東、河南三省，分科大學設在北京；第二區爲江蘇、安徽、江西三省，分科大學設在南京；第三區爲山西、陝西、甘肅三省分科大學設在太原；第四區爲湖北、湖南、四川三省，分科大學設在武昌；第五區爲浙江、福建、廣東三省，分科大學設在廣東；第六區爲雲南、貴州、廣西三省分科大學設在雲南；第七區爲東三省，分科大學設在奉天或吉林。

四　專門學校　在壬寅癸卯兩學制裏面高等教育段，有高等學堂一級，在大學之下，與大學預備科的性質完全相同。到了本期，即將這一級學校取消了，由法政學堂的推廣，變生而爲許多專門學校。此項專門學校，其修業期限只少大校兩年，入學資格與大學相同，其性質差不多與大學相同。據民國元年十月由教育部所頒專門學校令，內中要點如下：（1）專門學校以『教授高等學術，養成專門人才』爲宗旨。（2）專門學校之種類，爲法政、醫學、藥學、農業、工業、商業、美術、音樂、商船及外國語等專門學校。（3）入學資格須在中學畢業或經試驗有同等學力者爲合格。（4）專門學校得設預科及研究科。（5）又據各種專門學校的規程，其修業年限，概爲四年，——本科三年，預科一年。研究科全規定爲一年以上。

第四節　師範教育

一　師範教育之變遷　民國成立以後，關於教育變遷很大。（1）從前的優級師範學堂現在改爲高等師範學校；初級師範學堂改爲師範學校；臨時及單級兩種小學教員養成所改爲小學教員講習所，到民國四年十一月因初等小學改爲國民學校，又把牠改爲師範講習所：這是名稱的變遷。（2）從前的優級師範學堂以省立爲原則，現在的高等師範學校改爲國立；初級師範學堂從前以府立爲原則，現在的師範學校以省立爲原則；到民國四年又取消簡易科：這是設置的變遷。（3）高等師範學校內，將從前的公共科改爲預科，分類科改爲本科，加習科改爲研究科；師範學校將從前的完全科改爲第一部，簡易科改爲第二部，完全科中又添設預科的名目：這是編制的變遷。設置既然變遷，則經費的撥給已隨着變遷了。其餘細目上的變遷，我們在下面隨時附述。

二　師範學校　師範教育令頒布於民國元年九月，內中包括男女師範學校及男女高等師範學校種種綱要。同年十二月，頒布師範學校規程，此項規程到民國五年一月又修正了一番，成爲本期辦理師範學校的標準。我們將一切要點條舉在下面：（1）師範學校以『造就小學校教員』爲目的，女子師範學校以『造就小學校教員及蒙養園保姆』爲目的。（2）教養師範生的要旨：第一、要『謹於攝生，勤於體育』，以培養健全的身體；第二、要『富於美感，勇於德行』，作爲性情的陶冶與意志的鍛鍊；第三、要使『明建國之本原，踐國民之職分』，養成愛國家尊憲法之教員；第四、要使『尊品格而重自治，愛人道而尚大公』，以養成獨立博愛之教員；第五、要使『明現今之大勢，察社會之情狀，實事求是』，以培養趨重實際之教員；第六、要使『究心哲理，而具高尚之志趣』，以培養其世界觀與人生觀；第七、要使他們『悟施教之方』；第八、所有教材『要切於學生將來之實用』；第九、要養成他們的『自動之能力』。（3）編制分本科預科，本科又分第一部與第二部。預科一年畢業；本科第一部四年畢業，第二部一年畢業。（4）預科之學科目爲：修身、讀經、按讀經一科係民國五年袁氏特加元年的規程已將讀經取消矣國文、習字、外國語、數學、圖畫、樂歌、體操；女子師範學校加課縫紉。（5）本科第一部之學科目，爲修身、讀經、教育、國文、習字、外國語、歷史、地理、數學、博物、物理、化學、法制、經濟、圖畫、手工、農業、樂歌、體操；但農業視地方情形得改授商業。女子師範學校，則加課家事、園藝、縫紉等科；但園藝亦可從缺。（6）本科第二部之學科目，爲修身、讀經、教育、國文、數學、博物、物理、化學、圖畫、手工、農業、樂歌、體操。女子改農業爲縫紉。（7）入學資格：第一部預科以高等小學畢業生爲原則，或年在十四歲以上與有同等學力者；本科以預科畢業生升入爲原則，或年在十五歲以上與有同等學力者；第二部，以中學校畢業生爲原則，或年在十七歲以上與有同等學力者。（8）學生待遇分公費生、半公費生及自費生三種，而以公費生爲原則；公費生不僅免納學費，且由本學校供給膳宿等費。（9）學生畢業後，有在本省充當小學校教職之義務，其義務年限不等。如係男子，第一部本科公費生須服務七年，半費生五年，自費生三年，第二部生二年。如係女子，第一部本科公費生五年，半費生四年，其餘與男子同。（10）師範學校應設附屬小學校，女子師範除小學校外，還須設附屬蒙養園。

此外，在師範學校內得附設各種講習科。（1）副教員講習科，（2）正教員講習科，及（3）蒙養園保姆講習科。第一種，以養成小學副教員爲目的，其入學資格須有高等小學校畢業之程度，講習年限爲一年以上。第二種，以養成小學校正教員爲目的，其入學資格以有國民學校許可狀或與有同等學力者，講習年限爲二年以上。第三種，另行規定。按此項講習科皆附設於師範學校內，如有單獨設立的則稱某種講習所。

三　高等師範學校　此項學校的功令頒布於元年九月，規程頒布於二年二月，內中要點如下。（1）高等師範學校以『造就中學校師範學校教員』爲目的。（2）內中分預科、本科及研究科：預科一年畢業，本科三年畢業，研究科一年或二年畢業。（3）預科之科目爲：倫理學、心理學、教育學、英語、體操。（4）本科又分國文部、英語部、歷史地理部、數學物理部、物理化學部、博物部六部。國文部的教科目爲：國文及國文學、歷史、哲學、美學、言語學。英語部之教科目爲：英語及英語學、國文及國文學、歷史、哲學、美學、言語學。史地部之教科目爲：歷史、地理、法制、經濟、國文、考古學、人類學。數理部之教科目爲：數學、物理學、化學、天文學、氣象學、圖畫、手工。理化部之教科目爲：物理學、化學、數學、天文學、氣象學、圖畫、手工。博物部之教科目爲：植物學、動物學、生理及衞生學、鑛物及地質學、農學、化學、圖畫。

以上各部可加授世界語、德語及樂歌爲隨意科，英語部可加授法語。(5)研究科的科目此時尚未規定，只說『就本科各部選擇二三科目研究之』。(6)預科生入學資格以中學校畢業生爲原則，本科生由預科畢業生升入，研究科生由本科畢業生升入。(7)此外，除本科外，得設專修科，修業年限定爲二年至三年，其入學資格與預科相同。(8)學生待遇分公費生及自費生二種，而以公費生爲原則；公費生除免納學費外，並由本學校供給膳費及雜費。(9)服務年限亦隨待遇而不同：本科公費生須服務六年，專修科公費生須服務四年；所有自費生均視公費生減半。(10)高等師範學校須設附屬小學校及中學校，女子高等師範學校除小學校中學校外還須設附屬蒙養園。

高等師範學區，本期亦經數次劃分。在民國二年六月，范源濂教育總長任內，曾擬劃分全國爲六大區域，而更以各附近省分的師範教育行政合併辦理。那六區呢？(1)直隸區域，以察哈爾、熱河、山東、山西、河南等省附入；(2)東三省區域，以蒙古東部附入；(3)湖北區域，以湖南、江西等省附入；(4)四川區域，以陝西、甘肅、雲南等省附入；(5)廣東區域，以廣西、福建、貴州等省附入；(6)江蘇區域，以浙江安徽等省附入。此外，蒙古、西藏、青海等地，另行組織；至新疆一省則另劃一區。後來中國六所國立高等師範卽由此計劃產生；民國三年五月，袁氏所訂教育綱要中的六大高等師範區與此全同；民國四年二月，湯化龍在教育總長任內所計劃六大區域亦與此全同。（以上均見民國八年教育法規彙編普通教育類）

第五節　實業教育

一　緒言　本期的實業教育對於前期也有很多變遷。從等級方面看，只有甲乙兩種，甲種實業等於普通中學程度，乙種實業等於高等小學程度，比較前期減少一級。從種類方面看除了農業、工業、商業及商船四種實業學校外，還訂有實業補習學校；此與前期大致一樣。不過與前期較相差異的有兩點：（1）關於初等實業一級，較前期加多商船一種；（2）前期另有實業教員講習所，本期的壬子癸丑制把牠取消，到民國四年，又將此項學校恢復，取名實業教員養成所。修業年限，前期三等合計十一年至十二年半；本期兩種合計六年，差不多減少了一半。本期除正系外，凡農、工、商各項學校，皆得另設別科及專修科，前者以二年爲限，後者以一年爲限，皆未說明附設於甲種學校，或乙種學校，想兩種學校均得單獨設立。再分敍於下。

二　乙種實業學校　照民國二年八月的實業學校令上說，實業學校以『教授農工、商業必需之知識技能』爲目的，不過『甲種實業學校施完全之普通實業教育，乙種實業學校施簡易之普通實業教育』。乙種實業以縣立爲原則，但城、鎭、鄉及私人亦可設立。此項學校分農業、工業、商業、商船四種，各以三年畢業。乙種農業學校又分爲農學科、蠶學科、水產科等科；工業學校，又分爲金工科、木工科、籐竹工科、染織科、窰業科、漆工科等科；商業學校，不分科；商船學校又分航海科及機關科。農業學校之通習科目爲：修身、國文、數學、博物、理化大意、體操、實習，並得酌加地理、歷史、經濟、圖畫等科目；工業學校之通習科目除加經濟、圖畫及外國語外，餘與農業學校全同；商業學校之通習科目爲：修身、國文、數學、地理、簿記、商事要項、體操，並得酌加他科；商船學校之通習科目爲：修身、國文、數學、體操，並得酌加他科。其餘所有各項學校之分科的科目太多，不必備錄。其入學資格須年在十二歲以上有初等小學校畢業之學力者爲合。

三　甲種實業學校　此項學校以省立爲原則，亦分農業、工業、商業、商船四種。每種皆有預科及本科：預科一年畢業，本科三年畢業。預科入學資格須年在十四歲以上具有高等小學畢業之程度者爲合，本科學生由預科升入。預科不分科，到本科則又分作數科。農業學校預科的科目，爲：修身、國文、數學、理科、圖畫、體操；工業學校預科的科目除加授外國語外，其餘全與農業學校同；商業學校除酌加地理、歷史外，其餘與工業學校全同；商船學校預科的科目，亦與工業學校大致相同。甲種農業學校本科之學科，又分爲農學科、森林學科、獸醫學科、蠶學科、水產學科；其通習科目爲：修身、國文、數學、理科、圖畫、體操；並得酌加歷史、地理、外國語、唱歌等科目。甲種工業本科之學科又分爲金工科、木工科、電氣科、染織科、應用化學科、窯業科、鑛業科、漆工科、圖案繪畫科；其通習之學科與農業相同。甲種商業本科不分科，其學習科目爲：修身、國文、數學、外國語、地理、歷史、理科、法制、經濟、簿記、商品、商事要項、商業實踐、體操，並得酌加他科目。甲種商船本科所分與乙種全同，其通習之科目又與農工業學校相同。

四　實業補習學校　此項學校與乙種實業學校的性質相等，但有時可教授與甲種實業學校的程度相等之學科。其目的爲『已有職業或志願從事實業者，授以應用之知識技能，並使補習普通學科』而設。此項學校亦包農、工、商業等種類，內中學科爲農業一類者稱農業補習學校，爲工業一類者稱工業補習學校，其餘照此類推。學科目分通習及別習兩種：通習科目爲修身、國文、算術；別習科目卽關於各本校之實業科目，入學資格須年在十二歲以上有初等小學畢業之學力者爲合。此項學校得附設於小學校實業學校或其他學校之內，不必單設。

五　實業教員養成所　此項養成所以『造就甲種實業學校教員』爲宗旨，分農業教員養成所及工業教員養成所二種，修業年限定爲四年，所有學科目得參照農、工兩種專門學校規程辦理，但須酌加教育學、教授法等科目。學生入學資格以中等學校畢業生或與有同等學力者爲合。學生在學不納學費，所以畢業後須在本省服務三年。此項養成所勿庸單設，應附設於性質相當之專門學校以內，其經費由省款支給。以上均見教育法規彙編普通教育類

第六節　結論

前清末年，留學教育以日本爲最發達。這一般留日學生，學習速成科的佔百分之六十；所謂速成科，不外法政與師範兩種。習法政速成科的學生，以孫中山在日本的倡導，許多加入政治活動，在辛亥革命時，他們參加革命運動的人數極衆。習師範速成科的學生，他們得投機之先，陸續回到國內興辦教育。既有這兩種情形，所以在民國初年，政府方面多爲日本留學生的勢力，而本期教育界也被日本留學生所佔有。當民國元年，第一任教育總長蔡元培，對於教育頗具改革的熱心，本想採用歐、美制度，但附和的人很少，經幾次會議的結果，還是趨重於日本學制。所以從學制方面看，本期的教育仍是日本式的，因襲前期的。其所與前期不同的，不過改學部爲教育部，改學堂爲學校，改監督堂長爲校長，改兩級師範學堂爲高等師範及師範學校，改初、中、高三等實業學堂爲甲、乙兩種，改一年兩

學期爲三學期，縮短了些修業年限，減少了些讀經鐘點，擴充了些女子教育罷了。此項教育制度，除了小學一部分自民國四年特有變更外，一直施行到民國十年；自十一年學制系統改革案公布以後，此制纔被廢除。但我們原以教育思潮爲標準，所以關於本期的時間劃分只到民國七年歐戰告終爲止。自歐戰終止以後，中國教育思潮因全世界的人類思想急驟改變而改變，此時制度固然存在，但因思想的鏇盪業已發生動搖了。

本章參考書舉要

（1）教育法規彙編

（2）教育雜誌

（3）教育公報

（4）最近三十年之中國教育（商務印書館）

（5）近代中國教育史料第二册

第五十四章　小學教育之改制

一　緒言

自壬子癸丑學制頒布以後，施行了三年，到了民國四年小學教育忽有一種變更。這個時候，正是袁世凱炙手可熱之秋，他想把他的封建思想以教育方法建築起來。在民國三年五月，由他自己特定了一個教育綱要，內中分總綱、教育要言、教科書、建設及學位獎勵五項，包含着復古的思想非常濃厚，如尊尙孔、孟，崇習陸、王，恢復從前各級學校讀經科目及單設經學院，不一而足。這個綱要，關於小學教育改單軌制爲雙軌制。此項學制分小學爲兩種，一種學校爲一般兒童只獲得求生的普通知識技能而設，另一種學校爲預備有力升學的兒童而設。前者帶有平民教育的性質，謂之國民學校，後者帶有貴族教育的性質，謂之預備學校。此項綱要由國務院頒發到教育部，教育部長湯氏卽遵照他的意旨，且參以己意擬出三道法令：一爲國民學校令，二爲高等小學校令，三爲預備學校令。前兩道令頒布於民國四年七月，卽爲平民受教育的學校；後一道頒布於四年十一月，卽爲貴族受教育的學校。預備學校分前後兩期：前期修業四年，後期修業三年，合計七年，其期限恰與國民學校及高等小學校合計之年限相等。但此項學校不及施行，到民國五年十月，與教育綱要一併取消了。至於國民學校與高等小學校所規定確較民國元年規定的完備許多，自此以後，全國小學卽以牠爲標準，且以牠取名了。我們勿妨簡略地寫幾條在下面。（見教育公報第一年第九期至第二年第九期）

二　國民學校　此項學校以『施行國家根本教育，以注意兒童身心之發育，以施適當之陶冶，並授以國民道德之基礎及國民生活所必需之普通知識技能』爲本旨。由自治區設立，其校數以足容本區學齡兒童爲準，經費卽由各該自治區籌給。自治區區董有管理全區學務之權，但設立時及內中辦理或有變遷須呈報縣知事，經其認可。兒童自滿六歲之翌日至滿十三歲止，凡七年爲學齡。凡達到了學齡的兒童，他們的父母或其監護人皆有使他們就學之義務；否則不達到學齡的兒童不得分入國民學校。教科目爲：修身、國文、算術、手工、圖畫、唱歌、體操；女子加課縫紉。勿論男女，均以四年畢業。在國民學校內，准男女同校，但男女同級受課只限於第一、第二兩年級。此項學校得設補習科及附設蒙養園。此外，在施行細則裏頭，關於教授訓練，規定的極其詳細，頗有教育的價值，但帶着極濃厚的國家主義思想，或者是湯氏自己的主張。茲將其授課時間表列於下：

第十六表　民四國民學校授課時間及教材大要表

學年 每週教授時及大要 教科目	第一學年 每週教授時數	第一學年 教材大要	第二學年 每週教授時數	第二學年 教材大要	第三學年 每週教授時數	第三學年 教材大要	第四學年 每週教授時數	第四學年 教材大要	共計
修身	二	道德之要旨	二	道德之要旨	三	道德之要旨公民須知	三	道德之要旨公民須知	一〇
國文	一〇	(發音)簡單文字之讀法書法及日用文章之讀法書法作法語法	一二	簡單文字之讀法書法及日用文章之讀法書法作法語法	一四	簡單文字及日用文章之讀法書法作法語法	一四	簡單文字及日用文章之讀法書法作法語法	五〇

算術	五	百數以內之數法書法二十數以內之加減乘除	六	千數以內之數法書法百數以內之加減乘除	六	通常之加減乘除（珠算加減）	五	通常之加減乘除及簡易之小數諸等數加減乘除	二二
手工	一	簡易製作	一	簡易製作	一	簡易製作	一	簡易製作	四
圖畫			一	單形簡單形體	一	單形簡單形體	男二 女一	簡單形體	男四 女三
唱歌	四	平易之單音唱歌	四	平易之單音唱歌	一	平易之單音唱歌	一	平易之單音唱歌	六
體操		游戲		游戲普通體操	三	游戲普通體操	三	游戲普通體操	一〇
縫紉					一	運鍼法通常衣服之縫法	二	通常衣服之縫法補綴法	三
總計	二二		二六		男二九 女三〇		男二九 女三〇		男一〇六 女一〇八

三　高等小學校　此項學校以『增進國民學校之學業，完成初等普通之教育』爲宗旨。以縣立爲原則，但自治區力能設立者亦得設立。教科目爲：修身、讀經、國文、算術、本國歷史、地理、理科、手工、圖畫、唱歌、體操；男子加課農業，女子加課家事；一律以三年畢業。入學兒童以曾經在國民學校畢業或與有同等學力者爲合格。此項學校亦得設立補習科。此外，在施行細則上，關於教授訓練各方面所擬亦極詳細，以其過多，只得從略。（見教育法規彙編普通教育類）

本章參考書舉要

（1）教育法規彙編
（2）教育雜誌
（3）教育公報

第五十五章　本期教育之實際情形

第一節　各種學校之概況

一　數量之統計　在前清時代，只限中等以下的學堂得由私人設立，凡高等以上的學堂，全歸官廳辦理。革命以後，把辦學的權限開放了，除高等師範學校一種以外，一律允許私人開辦。國人只騖高遠與虛名，全不講求實用，設學的權限既開放了，所以一般人紛紛起來開辦大學。在民國元、二兩年間，私立的大學及專門學校，一時蠭起，到處林立，而私立中小學反覺大爲沈寂。革命之後，大家莫不愛談政治組織政黨，研究政治學理，於是法政人才最感需要，所以此時私立學校中尤以法政專門爲最多，據當時的統計，陸續到部稟請立案的不下六十餘處。但此種風氣，到民國四、五年以後，漸漸沈下去了。我們算到民國五年爲止，國立大學只有北京大學一所，省立大學不過有北洋大學及山西大學兩所；國立專門學校北京只有四所，各省公立的不過二十二所；至於私立大學，在北京只存四所，在武昌只有中華大學一所。

據教育部民國五年的統計，——四年度的統計，全國中學共有四百零三所；內中省立的佔十分之五，縣立的佔十分之四，私立的佔十分之一。省立中學以直隸、河南兩省爲最多，東三省及雲、貴兩省較少。縣立中學以湖南一省爲最多，私立中學以京師及江、浙兩省爲最多。全國中學學生共計五萬九千八百三十五名，較宣統三年約增一倍，四年中的畢業生共計一萬二千七百八十三名，較宣統三年約增三倍；經費數共計三百六十二萬三千四百七十元。但以上所列，多半屬於男子的學校至於爲女子設立的只有京師及蘇、閩、鄂、黑等省，以與男子中學比較，殊不可以道里計。全國小學校以四川一省爲最多，其次爲直隸、湖北、山東等省，以新疆、綏遠二省爲最少。合計高、初兩等男女學校爲一〇六、六五五所，較宣統三年約增二倍。至於小學男女兒童數爲三、四四三、六八三名，較宣統三年約增三倍。

據同年的統計，全國師範學校，除北京師範及北京女子師範爲教育部直隸二校外，各省報部立案的約計一百四十一所。內中以江蘇、奉天兩省爲多，其次爲浙江、湖南、四川、廣東、雲南，再次爲直隸、山東、河南、山西、安徽、湖北、吉林等省，以黑龍江、陝西、福建、甘肅、廣西、貴州等省爲少，而新疆一省尚未設立。現有學校以江蘇、奉天、湖南等省爲最多，四川爲最少。合計在學學生數爲二一、一三七名，加上直隸二校二六〇名，共有二一、五九七名，較宣統三年約增二倍；畢業生數爲三、四八五名，較增四倍。高等師範學校自元年改爲國立以後，較前清末年，數目大爲減少。當初計劃擬分全國爲六區，每區設立高師一所；只以經費困難之故，在民國五年以前只成立北京、武昌兩所，在五年以後又成立南京一所；至於省立所存留的，尚有直隸、四川、山東、湖南、廣東、河南、江西共七所。不過自省立各校漸漸停辦之後，由教育部所計畫的國立數校乃依次開辦。

民國成立以來，以實業學校最無起色，比較前清末年是一種退步。我們專就本期說吧，據同年的統計，校數以河南、山東等省爲多，成績以江蘇、浙江等省爲優。至於實業學校的種類，以農業居多數，工業較少，商業更少，商船學校則更不多見。我們總計起來，據教育部四年度的統計，全國學校共有一二九、七三九所，共有學生四、二九四、三五一名，經費支出三七、四〇六、二一二元。

二　學校內部之虛僞　本期各學校所設科目雖多，但沒有一科切於實用的；教材的內容旣膚淺，教材的編制又機械；國文選的是古文，一切科學教本完全採取極死板的文言。中小學多有讀經一科，即無讀經，而修身一科不外宋儒所輯的儒家格言。論到程度，中、小學尚勉強敷衍，而大學及專門學校極不整齊，尤以私立專門學校爲尤壞；眞有如張東蓀所謂『中學等於小學，高等復等於中學，而大學專門更等於高等，於是全國之學校無程度之差別，僅名目之異同而已』。（庸言第二十三號）張氏又說：『今之中、小學校，在學及卒業者，語其積極之惡德，如奢侈、冶遊、滋鬧；語其消極之惡德，如不健全之思想，不充分之知識。國家內多一此種之人，則社會上多一廢物，吾常謂中國全國之學校皆爲廢物之製造廠』。（同上書）這雖是語帶感情，不免言之過激，但此時教育之不切實用，是無可否認的；著者的中學生生活就在此時期經過，回想那時的教育，猶有餘酸。不過此時還有一種現象：中等學校以上的功課，英文鐘點格外居多，在一個星期的自習時間，至少有五分之三用在英文一科上；其餘各科，上課時則把書本打開，退課後就束之高閣，等到臨考的時候，纔用心溫習一遍，盲目的模仿，不管有用與無用，只問別國設立與不設立。本期比較前期是沒有什麼進步的。著者在當時，也是撐着舌頭隨人之後，日日讀英文，到今日仍覺無一實用，固然不能以一概全，但也可以推知當時學校學風趨勢之一般。

三　教授法之進步　但本期有一顯著的進步，卽小學教授法之改良。前期的教育，雖然改成了講堂制，但教授方法多半採用注入式教師在講臺上口講指畫，學生在坐位上抄寫靜聽；國文及讀經等科，有時還須背誦。革命以後，方法纔逐步改良。在民國元、二年間，始由注入式改爲啓發式，這個時候，以能採用海爾巴特的五段教授法者爲最時髦。三、四年以後，一般人覺得五段教授法太呆板了，於是有自學輔導法，和分團教授法的運動；到民國五年，又有自動主義、自治主義、自習主義等名目，與上項運動其實是一個途徑。這種運動，所歷時間較久，自設計教學法由美國搬進中國來以後，纔漸漸銷沈下去。設計教學法，萌芽於民國六、七年之間，到九、十兩年間，風行一時，比較趨新一點的小學校，莫不試行此法，裝潢門面；自民國十一年以後，雖後進的道爾頓制攢進了中、小學裏面來，而此法的勢力尙未十分衰退。

還有一點，我們應當補敍在這裏。在前段，我們不是說本期的教科書編制和內容均不合用嗎？可是本期各學校完全採用有系統的教科，這也算是一種進步。在科舉時代，原沒有教科書的名目，他們所選爲教材的不過幾本成書。成人讀四書五經，兒童讀三字經、百家姓，習舉子業者則呻咏高頭講章。前淸末年，雖將書院一律改爲學堂，除少數教員自編講義及間或有幾本頭緒不淸的新式教科書外，多半還是採用的成書。到了本期，則不同了，除了大學講義與成書兼用外，各級學校，各種學科，莫不採用較有系統的教科書，這種教科書，或由書店代編，或由教育者自編，或由教育部專編。

四　女子教育之依舊　前期由政府設立的正式女子學校，只有小學及初級師範兩種，本期所擴充的也不過兩種：一爲女子中學，一爲女子職業學校。女子職業學校卽等於男子的甲、乙兩種實業學校，至於專門以上的女子學校，本期尚未設立。女子在學人數與男子比較，相差很大，據教育部四年度的統計：初小女生佔初小男女生總數百分之四・四弱；高小女生佔男女總數百分之四・四強；設有女子中學的地方，只有京師及蘇、閩、鄂、黑等省；女子職業學校更屬寥寥無幾。到民國七年度的統計，初小女生的百分比與前相等；高小女生的百分比爲百分之五・五四，僅較四年度稍增了百分之一・一；其他各種學校尚沒有確數的統計可資比較。中國女子教育多發軔於外國人所辦的教會學校，故教會各種女校較政府公立或國人私立的均早。本期公立的雖無大學，但由教會設立的已有三所——一爲北京協和女子大學又名燕京女子大學，二爲南京金陵女子大學，三爲福州華南女子大學，自家的教育由外人先我而倡辦，這也是吾人之一種羞恥。至於女子教育宗旨，仍未脫賢妻良母主義，我們讀當時教育雜誌觀一般人所呼號的，就可以證明其對於女子教育之觀念。例如在民國七年八月，有自署天民所作今後女子教育之方針一文中，有這樣兩句話：『女子不必使其離失家庭而徒務高尚之教育，應使其人人以良妻賢母自期，同時對於社會國家盡其重大之任務，則女子唯一之天職於是乎在』。教育雜誌第十卷第八號湯化龍在民國四年一月，關於整理教育方案三十則，第二十三則裏面說：『女子注重師範及職業，並保持嚴肅之風紀。今且勿騖高遠之談，標示育成良妻賢母主義』。教育公報第八册范源濂在民國五年十月教育總長任內，於整肅風化一端，對於女子的禁令有下數條：（1）不准剪髮，（2）不准纏足，（3）不准無故請假，（4）通學者不得過十四歲，（5）不准自由結婚。我們觀（1）（4）（5）各條可以想見范氏之思想，也可以想見當時一般人對於女子教育之觀念。由以上看來，女子教育，本期實無進步，不過依舊罷了。

第二節　義務教育與國語運動

一　義務教育　中國之有義務教育的計畫，實自本期開始。在前期奏定學堂章程內的初等小學章程，曾稍一提及過：「東西各國兒童有不就學者，即罰其父母或任保護之親族人。此時初辦，固遽難一概執法以繩，而地方官紳及各鄉村紳耆要當認定此旨」。（計年就學章第三節）但此不過看見東西各國有義務教育的辦法，只引用來以便提倡小學。到宣統三年，全國教育會聯合會議，有「實行義務教育之預備方法」一案；而學部改訂籌備教育事宜清單，亦明定於宣統三年擬訂試辦義務章程，宣統四年推廣義務教育。這也不過騰諸口說，並未施行，且亦沒有詳細的計劃。民國元年七月，蔡元培召集之中央教育會議，纔將義務教育明白規定，並於同年九月以部令正式公布了。文中這樣說：

「兒童自滿六歲之翌日起，至滿十四歲止，凡八年爲學齡。學齡兒童保護者，自兒童就學之始期，至於終期，負有使之就學之義務」。（小學教育令第五章第二十九條）

在同年同月，部令公布之學校系統內，對於義務教育規定得更明顯：「小學校四年畢業，爲義務教育」。但此不過規定了兒童就學的年齡及義務教育的年限，至於詳細計畫，要到民國四年以後纔有。民國四年一月，袁世凱以大總統的名義頒布之教育綱要，在總綱裏面有「施行義務教育，宜規定分期籌備辦法，務使尅期成功，以謀教育之普及』一句話。並由國務卿以公函轉達教育部，囑部遵令辦理。此時教育總長湯化龍氏遂擬定義務教育施行程序三十一條，分兩期辦理。自本章程頒布之日起至本年十二月止，爲第一期。此期擬辦事項，凡分二類：一爲頒布各項規程，——規定義務教育之要則，爲辦學的準繩；二爲調查各地教育現狀——察核義務教育最近之狀況，爲整頓之根據。自五年一月至十二月爲第二期。此期擬辦事項，約分地方及中央兩部：關於地方的，爲師資的培養、經費的籌集、學校的推廣；關於中央的，爲核定各地陳報之辦法，通籌全國義務教育之程限。自教育部此項計畫公布以後，於是各省有規定計劃的，有由計劃而試辦的，其中以山西一省進行最力。山西省的義務教育計劃，自民國七年始，分四年逐漸推廣，到民國十年，全省各村鎮的義務教育一律辦理完竣。到民國八年，教育部乃採仿山西省的辦法，規定令行各省分期籌辦。共分七期如下：

（1）民國十年，省城及通商口岸辦理完竣；

（2）民國十一年，縣城及繁鎮辦理完竣；

（3）民國十二年，五百戶以上之鄉鎮辦理完竣；

（4）民國十三年，三百戶以上之市鄉辦理完竣；

（5）民國十四、十五兩年，二百戶以上之市鄉辦理完竣；

（6）民國十六年，一百戶以上之村莊辦理完竣；

（7）民國十七年，不及百戶之村莊辦理完竣；

此項計劃雖然規定，但因政治不統一，內戰時常發生，在事實上皆未能如期舉行。且各省情形不同，雖有試辦，也先後不齊。自本期以後，內戰更多，民國二十年以來，不僅不識字兒童佔百分之八十，卽義務教育也沒有人鼓吹了。按本期專門研究義務教育的爲袁希濤，袁氏是江蘇寶山縣的人，在民國七、八年曾當過教育次長，現已死了。其次爲陳寶泉，陳氏天津人，較袁氏敷淺。

二　國語運動　國語運動，在民國以前十多年已經發生，至民國九年以後纔告成功。黎錦熙把這個運動分着四個時期，各有運動的中心。第一期在前清光緒二十四年上下的十年間，爲『切音』運動時期，以盧戇章爲代表。第二期在光緒三十四年上下的十年間，爲『簡字』運動時期，以王照、勞乃宣爲代表。第三期在民國七年上下的十年間，爲『注音字母與新文學』聯合運動時期，可以說以吳敬恆、王璞及胡適等人爲代表。第四期在民國十七年上下的十年間，爲『國語羅馬字及注音符號』推進運動時期，可以說以錢玄同及黎錦熙爲代表。此項運動，初由『切音』運動變而爲『簡字』運動，後來又變而爲『注音字母』運動，本期就是注音字母運動的時期。此項運動的目的，當初只在求達『言文一致』，後來變做『國語統一』，最後則變成語言文字的革命，在在與教育的普及發生最大關係；本期的目的還只在求『國語統一』，所以稱做國語運動。

『國語統一』的運動，在前清末年已開了端倪，一是學部奏改籌備事宜清單，規定自宣統三年起逐年籌備國語統一事宜；二是各省教育總會聯合會，議決有統一國語方法一案；三是中央教育會議也議決了統一國語辦法的方案。此時以王、勞兩氏竭力運動的結果，造成許多空氣，引起社會及政府的注意，其勢不小，但不久因辛亥革命而暫歸於停頓。民國成立以後，舊事重提，蔡元培在元年中央教育會議席上，以教育總長的資格對衆演說時，曾提及國語統一的問題，於是大會裏面就有採用注音字母的議決案。該案議決由部召集各省於音韻之學素有研究及通歐文兩種以上的人材公同製定字母，以謀國語統一進行之初步。迨後，教育依照議決案召集各省代表組織『讀音統一會』，以吳氏爲會長。此會成立於民國二年二月，雖會長屢次更易但已製成了三十九個注音字母，字形由章炳麟創的例——爲統一國語的最初標準。不過此項字母雖被議決製定，卻未曾正式頒布，又因政局不定，運動往往歸於停頓。直到民國四年，代理會長王璞呈請在京開辦國語傳習所，招生傳習，但力量只限於北京一隅。再過一年，到了民國五年，由國語運動者在北京組織國語研究會，於是國語運動又勃興起來了。全國教育會聯合會受了此項運動的感動，於六年在杭州開第三屆大會時，遂議決『請教育部速定國語標準，並設法將注音字母推行各省區以爲將來小學國文科改國語之預備』。而江蘇省教育會也議決一個『各學校用國語教授案』，不待教育部的命令隨即實行了。加以自七年以來，平民主義的教育思潮如狂風怒濤，更使國語運動加增了不少的力量。教育部看着大勢所趨，再不能坐視不理，於是辦下兩件事情：（1）在七年六月召集全國高等師範學校校長來京會議，議決高師附設國語講習科，專教注音字母及國語；（2）在同年十一月二十三日，正式公布注音字母。我們把當時公布的三十九個字母抄在下面：

聲母二十四

ㄍ（見一）古外切，與澮同，今讀若格，發音務促，下同。ㄎ（溪一）苦浩切，氣欲舒出有所礙也，讀若克。ㄫ（疑）五忽切，兀高而上平也，讀若愕。ㄐ（見二）居尤切，延蔓也，讀若基。ㄑ（溪二）本姑泫切，今苦泫切，古畎字，讀若欺。

ㄫ(疑)魚儉切，因崖為屋也，讀若腻。ㄉ(端)都勞切，即刀字，讀若德。ㄊ(透)他骨切，義同突，讀若特。ㄋ(泥)奴亥切，即乃字，讀若納。ㄅ(幫)布交切，義同包，讀若薄。ㄆ(滂)普木切，小擊也，讀若潑。ㄇ(明)莫狄切，覆也，讀若墨。ㄈ(敷)府良切，受物之器，讀若弗。ㄪ(微)無販切，同萬，讀若物。ㄗ(精)子結切，即節字，讀若資。ㄘ(清)親吉切，即七字，讀若疵。ㄙ(心)相姿切，古私字，讀若私。ㄓ(照)眞而切，即之字，讀之。ㄔ(穿)丑亦切，小步，讀若痴。ㄕ(審)式之切，讀尸。ㄏ(曉一)呼吁切，山側之可居者，讀若黑。ㄒ(曉二)胡雅切，古下字，讀若希。ㄌ(來)休直切，即力字，讀若勒。ㄖ(日)人質切，讀若入。

介母三

ㄧ於悉切，數之始也，讀若衣。ㄨ疑古切，古五字，讀若烏。ㄩ丘魚切，飯器也，讀若迂。

韻母十二

ㄚ於加切，物之歧頭，讀若阿。ㄛ阿本字，讀若痾。ㄝ羊者切，即也字，讀若也。ㄟ余支切，流也，讀若危。ㄞ古亥字，讀若哀。ㄠ於堯切，小也，讀若傲，平聲。ㄡ于救切，讀若謳。ㄢ乎感切，嘾也，讀若安。ㄤ烏光切，跛曲脛也，讀若昂。ㄣ古隱字，讀若恩。ㄥ古肱字，讀若哼。ㄦ而鄰切，同人，讀若兒。

以上三十九個字母各分五聲：陰平無號，陽平以ˊ為符號，上聲以ˇ為符號，去聲以ˋ為符號，入聲以˙為符號。自公布以後，國語運動算解決了第一步全國小學莫不以牠為教授借牠拼音漢字但國文改為國語還在九年以後。此項字母讀寫的次序在民國八年由教育部又重行排列過一次。其次序如下：

ㄅㄆㄇㄈㄪ　ㄉㄊㄋㄌ　ㄍㄎㄫㄏ　ㄐㄑㄬㄒ　ㄓㄔㄕㄖ　ㄗㄘㄙ

ㄧㄨㄩ

ㄚㄛㄝ　ㄞㄟㄠㄡ　ㄢㄣㄤㄥ　ㄦ

ㄛ母之音應讀為O，但當時有些人讀為V的。國語研究者如汪怡、錢玄同、黎錦熙等，以為一字兩讀，殊欠統一，而代表V音諸字卻不可無；於是他們把ㄜ字頭上加上一點，變爲ㄝ字，讀若V，以原來的ㄜ字讀若O，自此注音字母變成四十個字了。這是民國九年加上去的。

本章參考書舉要

（1）庸言

（2）教育雜誌

（3）新教育

（4）最近三十年之中國教育

（5）教育公報

（6）中國教育統計

第四期　自五四運動至三一八慘案(1919——1926)

第五十六章　一九一九年之解放運動

第一節　何謂解放運動

一　運動之意義及歷程　民國八年的(一九一九年的)五四運動，本是一種學生愛國運動，可是在此地我們要叫做牠是『解放運動』。什麼是解放運動？凡思想的解放，態度的變更，及人生的再造，此種種運動打成一片的運動，就叫做解放運動。中國的解放運動，從淺義方面說，是下種於一八六〇年的英、法聯軍以後，倡導於一八九四年的中、日戰爭以後，到一九一一年的辛亥革命始收功效，——這不過是政治上的解放。從深義方面說，中國的解放運動，不過萌芽於一九一五年(民國四年)，倡導於一九一七年，到一九一九年而暴發，到一九二一年而成熟。這一次運動，纔把中國人的思想大大地解放了，自一九一五年到一九二三年的七八年之間，謂之解放運動時期。在此七八年的一個短時期中，而以一九一九年的五四運動之際為最高潮，且此項運動確由五四運動的力量大促其成功，而五四運動恰當着此項解放運動時期的中間時期，所以我們以一九一九年的五四運動，作為思想解放運動的代表。

甲午戰爭以後，雖經康、梁等人大聲疾呼，喚醒了不少的民衆，但他們的口號不過『變法興學』，於中國傳統的倫理思想並未提及。辛亥革命以後，雖改君主爲民主，把三綱五倫，弄得殘缺不全，但不全者只是政治法律的關係，除君臣一倫失了效力外，其餘的是絲毫沒有動搖。所以自辛亥革命以來全國只懸了一方五色國旗，社會仍然保持着半封建時代的狀態，人民仍然固守着半封建時代的思想。對於舊倫理思想，首先發難的是陳獨秀，應聲而起的有胡適、錢玄同一般人。陳氏以青年爲宣傳思想的對象，所以他的宣傳品卽取名新青年。他的工作，第一步訓練青年以毀牆撤壁的膽量；第二步宣布牆壁的罪狀，示以必須撤毁的理由；第三步則率同青年拿着武器對圈着他們使他們生活不舒服的牆壁實行撤毁。所以他說：

『儒者三綱之說，爲吾國倫理政治之大原，共貫同條，莫可偏廢。三綱之根本意義，階級制度是也。所謂名教，所謂禮教，皆以擁護此別尊卑明貴賤制度者也。近世西洋之道德政治，乃以自由平等獨立之說爲大原，與階級制度極端相反，此東西文明之一大分水嶺也。自西洋文明輸入吾國，最初促吾人之覺悟者爲學術，相形見絀，舉國所知矣。其次爲政治，年來政象所證明，已有不克守缺抱殘之勢。繼今以後，國人所懷疑莫決者，當爲倫理問題。此而不覺悟，則前之所謂覺悟者，非徹底之覺悟，蓋猶在惝恍迷離之境也』。新青年第一卷第六號吾人最後之覺悟

『孔子生長封建時代，所提倡之道德，封建時代之道德也；所垂示之禮教，卽生活狀態，封建時代之禮教，封建時代之生活狀態也；所主張之政治，封建時代之政治也。封建時代之道德禮教生活政治所心營目注，其範圍

不越少數君主貴族之權利與名譽，於多數國民之幸福無與焉』。（新青年第二卷第四號孔子之道與現今生活）

『這腐舊思想布滿中國，所以我們要誠心鞏固共和國體，非將這班反對共和的倫理文學等等舊思想完全洗得乾乾淨淨不可』。（新青年第三卷第三號舊思想與國體問題）

這個時候，經陳氏幾次大礮開放以後，接手胡適起來作文學革命的運動，接手錢玄同等人起來為國語的宣傳。這種種運動結合起來，演成整個的思想革命，——解放運動。學說思想傳播的力量大於颶風，果然煽動了不少的青年學生，但社會的一般民衆尚未撼動。到了一九一九年的五月，經北京學生一番驚人的羣衆運動，有似炸彈一擊，把將要倒壞的藩籬炸得粉碎，而中國民族的思想纔得着眞正的解放。自此以後，他們的態度完全改變了，對於舊的一切都要追問一個理由了。這種解放的思想，活躍的人生，完全自五四運動以後纔能普及，五四以後的思想，與五四以前絕對兩樣，所以我們直接稱五四運動為解放運動。

二　運動之原因及目的　此次解放運動，雖由於二三先覺之士提倡之功，但亦有內外兩種原因。內在的原因，由於現行的政治失了人民的信仰，外來的原因由於時代潮流的簸蕩，中國自一八六〇年被英、法聯軍戰敗以後，以為非模仿西藝不足以圖強；乃逐一模仿了，而國弱如故。自一八九四年被日本戰敗以後，以為非變法興學不足以圖強；乃逐一變法興學了，而國弱如故。自一九〇〇年被八國聯軍戰敗以後，以為非革命不足以圖強；乃共和政治的招牌掛上了四五年，仍然受帝國主義的壓迫。及至一九一七年，俄國革命，一九一八年，德、奧戰敗。俄國革命推倒了專制魔王，建設勞農政府，給中國青年以不少的刺激。德、奧戰敗，大家以為公理戰勝了強權，和平的聲浪更給中國民衆以極大的歡呼。由後者，知道國人從前提倡的軍國民主義無用了，以後應當講求和平，提倡平民主義。由前者，知道中國辛亥革命是法國式的革命，太不徹底，與俄國十一月的革命比較，不覺相形見絀。青年學生，已不滿意於現在的狀態，歐戰以後，更給不滿意的程度以强力；再加二三學者乘時大聲一呼，於是衆山響應，而解放運動暴發了。至於運動的目的，在剷除封建社會，建設民主社會，——政府要民主的，倫理要民主的，教育要民主的，及一切制度和思想皆要建築在民主的基礎之上。換一句話，此次解放運動就是民主運動。

第二節　解放運動與教育

一　平民主義的教育思想之風行　在五四運動以前，國人對於教育的態度，只是國家的、强武的。在五四運動以後，國人對於教育的態度，一變而世界的、和平的了。此時世界的潮流趨向於民主的，卽是平民主義的，所以教育也歸到平民主義。中國平民主義的教育思想，固然自五四運動以後大爲風行，但在五四運動以前已有人提倡。提倡較早的還是陳獨秀，其次則爲蔣夢麟。陳氏說：

『吾國今日之教育方針，將何所取法乎？蓋教育之道無他，乃以發展人間身心之所長，而去其短，長與短卽適與不適也。以吾昏惰積弱之民，謀教育之方針，計惟去短擇長，棄不適以求其適。易詞言之，卽補偏救敝，以求適世界之生存而已。外覽列强之大勢，內鑒國勢之要求，今日教學相期者，第一當了解人生之眞象，第二當了解國家之意義，第三當了解個人與社會經濟之關係，第四當了解未來責任之艱鉅。准此以定今日教育之方針。依此方針，說其義如左：（1）現實主義，……（2）唯民主義，……（3）職業主義，……（4）獸性主義。……」（新青年第一卷第二號今日之教育方針）

陳氏不是教育專家，當然沒有蔣氏說得光鮮，但他發表這一段話的時候正是民國四年，歐洲大戰方酣，我們國家尚在高唱軍國民教育呢。蔣氏說：

「欲得永久之和平，必以平民主義爲基礎。……欲圖永久之和平，必先解決教育之根本問題。……此次世界大戰之結果，平民主義已佔勝勢，世界潮流且日趨於平民主義。平民主義愈發達，則其和平之基礎愈鞏固。故欲言和平之教育，當先言平民主義之教育，欲言平民主義之教育，當自養成活潑之個人始」。（教育雜誌第十一卷第一號和平與教育）

當此之時，俄國業已革命，歐戰業已停止，正是和平空氣瀰漫天空的時候，正是平民主義高唱入雲的時候。中國方面經蔣夢麟等人一提倡，接手五四運動發生了，接手杜威博士東來了。五四運動是擊開平民之花的錘子，杜威博士是飽含平民主義的使者，萬弩一齊放射，所以此時中國平民主義的教育之思潮也跟着世界的潮流風行於全國了，雖鄉村小學也標榜「德謨克拉西」幾個字裝潢門面。

什麼是平民主義的教育？我們只有請本主義的專家杜威博士來解比較妥當些。杜威說：

「什麼叫做平民主義的教育呢？就是我們須把教育爲全體人民作想，爲組織社會的各分子作想，使能成便利平民的教育，不成爲少數貴族階級式者有特殊勢力的人的教育」。

「我們實施平民教育的宗旨，是要個人受着切己的教育。實施平民教育的方法，是要使學校生活眞正是社會生活。這樣看來，人民求學的主旨，就是求生活的道理，這是眞正的目的。至於文字等原不過用作工具，我們把他當作機械看罷了」。（均見杜威五大講演）

「平民主義的社會，是要使各個人居於平等的地位，而參與有利於社會的事體，并且使社會自身有與其他團體自由交際的充分機會。像這樣的社會，必須有一種特別的教育，使各個人對於社會的關係與管理有直接的興趣，並且養成各個人有貢獻於社會幸福的習慣」。（平民主義與教育——教育上平民主義的觀念）

由此看來，平民主義的教育，是反特殊階級的教育，反訓練主義的教育，是要使教育平民化，使教育方法也平民化，並要以此教育培養富有平民主義精神的公民。此種思想提倡以後，北京師範大學教育研究科特出一種平民教育刊物，助其聲勢。不久，由該校學生創辦類似補習的一種學校，取名『平民學校』，意在實施平民教育，其實已失平民主義的意義了。此地一倡，各處響應，凡中等以上的學校莫不附設了平民學校，由是平民學校之名風行一時。

二　自動主義與自治主義　隨平民主義的呼聲而起的，有自動主義與自治主義。自動主義以兒童爲中心，所有學校的課程及操作，全由兒童自發活動，教師只處於輔導的地位。由兒童自發活動，可以培養他們的創造能力，可以開發他們的自我表現，可以增高他們的學習興趣。這種主義應用到教法上的，有設計教學法及道爾頓制實驗室。自動主義包含學校的整個活動，自治主義則專就管理方面說的。舊式的管理法，不承認學生有自治能力，由學校定出了許多條規，令他們一一遵守，學生的行爲完全是被動的、受拘束的。現在不僅培養學生的自治能力，並且承認他們有這種能力，把學校一切規則及團體生活中應守的秩序，交給他們自己遵守、自己約束，教師不過從旁指導其進行及矯正其錯誤。提倡這種主義，可以提高他們的責任心，可以培養他們法治的精神，可以增加師生間的感情。這種主義應用到學校生活上的，有學生自治會及各種合作社的組織。自五四運動以後，這兩個主義也是風行一時，辦學校者以此提倡，當學生者以此要求。但提倡過度，或仿行失當，自動變爲亂動，自治變爲放任，且進而干涉學校行政，——這種情形亦屢見不一。

三　國語運動之成功　在民國六年至十二年的六年當中，爲國語運動最高潮的時期，亦即爲此項運動之成功的時期。本期成功之點有二：一是中、小學的『國文』科目一律改爲『國語』科目；二是全國各種社會裏面的文學，一律由『文言』改用『語體』，除了少數的衙門公文。國語運動，自民國六年追溯到發生之初，至少有二十年來的歷史。在二十年中，所有進行全是迂緩的、曲折的，在社會上所起的反應是很微弱的；但至民國六年以後則突飛猛進，數年之間，披靡全社會，差不多有使河山頓改顏色的情況。我們推究此中的原因，不外兩點：（1）受了平民主義教育思潮的影響，（2）受了新文化運動的影響。平民主義的教育含義很廣，但爲一般人所最先了解的一點，即在打破從前特殊階級的教育而使教育平民化。這個意思是在整個民族之內，所有平民皆應受教育，於是教育由特殊的要求變而爲普及的要求了。教育既要求普及，所謂『引車賣漿之徒』，『甕牖繩樞之子』，也得要進學堂讀教科書。到了此時，從前與說話不一致的『國文』，自然不能適用，此所以有『國文』改爲『國語』

的成功。新文化運動含義也極廣，我們從廣義方面說，就是『思想解放』，從狹義方面說，則以『文學革命』爲主幹。文學革命應推功於陳獨秀、胡適二人。陳氏的文學革命論上說『推倒雕琢的阿諛的貴族文學，建設平易的抒情的國民文學，推倒陳腐的鋪張的古典文學，建設新鮮的立誠的寫實文學，推倒迂澀的艱深的山林文學，建設明瞭的通俗的社會文學』。（獨秀文存）胡氏的文學革命運動裏面說：『若要造國語，須先造國語的文學，有了國語的文學自然有國語。……眞正有功效有勢力的國語教科書便是國語的文學，便是國語的小說詩文戲本。國語的小說詩文戲本通行之日，便是中國國語成立之時。……中國將來新文學用的白話，就是將來中國的標準國語。造將來白話文學的人，就是製定標準國語文學的人』。（胡適文存）陳氏所論只在一般的文學之革命，而胡氏所論則已涉及到學校裏面的國語教科書了。但胡氏所論只在文學革命，——變文體爲語體，而陳氏所論則連思想解放一起包括了。文學革命固然直接地革除舊式的陳腐文體，而思想解放則更根本地推翻一切舊習慣，此兩種運動皆足以達到我們上面所說的第二點的成功，也就是達到國語運動的成功。關於第二點的成功，屬於廣義的教育，姑且從略，我們把關於狹義的教育——第二點的成功——說明本期的經過。

在國語運動的組織方面，民國元年至五年，有讀音統一會產生了三十九個注音字母。民國五年至十二年，有國語研究會產生了文學革命，公布了注音字母。民國八年至十二年，改中小學國文科爲國語科，成功了新文學運動。此外全國教育會、研究會，不時與他們遙相應和。在公布注音字母以前的經過，我們在前期已說明過了，改國文爲國語，則由於八年全國教育會聯合會及國語統一籌備會的建議。民國九年一月，教育部採納了他們的建議，遂訓令全國各國民學校先將一、二年級的國文改爲語體文。訓令如下：

『案據全國教育會聯合會呈送該會議決推行國語以期言文一致案，請予採擇施行；又據國語統一籌備會，函請將小學國文科改採國語，迅予議行，各等因到部。查吾國以文言紛歧，影響所及，學校教育因感受進步遲滯之痛苦，即人事社會亦欠具統一精神之利器。若不急使言文一致，欲圖文化之發展，其道無由。本部年來對於籌備統一國語一事，既積極進行；現在全國教育界輿論趨向，又咸以國民學校國文科宜改授國語爲言。體察情形，提倡國語教育，實難再緩。茲定自本年秋季起，凡國民學校一、二年級，先改國文爲語體文，以期收言文一致之效。合亟令行該署轉令遵照可也』。（教育公報第七年第二期）

這種訓令雖只限於小學一、二年級，但卻是一種創舉，值得我們大書特書。在民國以前，所有學校正式的教材，大半是四書五經。民國紀元以來，自大體上說，學校雖廢止了讀經的課程，但所有教科書仍舊一律用的死板的文言。民國六、七年以來，因新文學的運動，教育界上的人們於是有改學校國文爲國語的要求，但非正式的。自此項訓令於九年一月公布以後，學校教科之採用國語遂成爲法令了。教育部並於同年同月把國民學校令及國民學校施行細則已修正了。修正的細則第四條上說：

『國語要旨，在使兒童學習普通文字，養成發表思想之能力，兼以啓發其德智，首宜教授注音字母，正其發音；次授以簡單語詞、語句之讀法、書法、作法；漸授以篇章之構成，並採用表演、問答、談話、辯論諸法，使練習語言』。

『讀本宜取普通語體文，避用土語，並注重語法之程序。其材料，擇其適應兒童心理並生活上所必需者用

之』。（同上）

同年四月，教育部又頒布一道訓令，凡國民學校各年級，截至民國十一年止，凡舊日用文言所編的教科書——國文、修身、唱歌等等，一律廢止；卽至十一年以後，凡國民小學各種教材一律改爲語體文。民國十二年，全國教育會聯合會所組織之課程標準委員會，起草中、小學課程綱要，關於國語的要點，據黎錦熙說：

（1）小學及初中，高中，一律定名爲『國語科』。

（2）小學讀本取材以『兒童文學』爲主。

（3）初中讀本第一年語體約佔四分之三，第二年四分之二，第三年四分之一。

（4）高中『目的』之第三項爲『繼續發展語體文的技術』。（最近三十五年之國語運動）

自此以後，凡中、小學的國文科皆由國語科替代了，其他各科也逐漸改用語體文了，專門以上的學校的講義，也有許多採用語體文的。這一個時期，當教育總長的爲張一麐、傅增湘等人，他們都很熱心提倡國語，所以本期的國語運動，教育部是與社會一致的，這也是成功迅速的一個小原因。

四　男女同學之普及　爲女子正式設立學校始於前清光緒三十三年，當時由學部規定只有女子小學及女子師範兩種，但絕對禁止男女同校。男女同學之允許始於民國元年，但只限於初等小學，高等小學以上照舊分別設立。民國四年，袁世凱所頒布的國民學校令，男女同學雖繼承元年的規定，但另有一種限制，在一、二年級准許男女同級授課，自三年級以上只准同校不准同級。自五四運動以來，思想大爲解放，社會習慣差不多完全改觀，男女社交公開皆認爲正當的要求，於是「男女同學」一個問題成爲青年所最熱望解決的問題。男子所住的大學首先開放女禁的爲北京大學時爲民國八年但只許女生旁聽，尙未准入本科及預科，而女生肯往旁聽的人數也很少。到第二年，廣東一省纔實行開放女禁所有男子所住的大學皆兼收女生。至十年以後，北京各國立大學一律兼收女生，於是風氣大開，全國無論各種大學皆允許男女同學了，民國元年至八年所開放的只限於初等小學，民國八年至十五年所開放的爲專門大學，而高等小學也同時開放了，但中等學校仍舊分別設立。部章對於中等學校到此時雖尙未允許男女同學但至五四運動以後，北京各大學附設的平民學校卻是男女兼收；自十年以後，比較新進的私立中學也男女兼收了，如北京羣化中學且實行男女同班。社會的進步往往先於政府，於此可見，但這也只限於少數地方的少數學校。自小學以至大學所有全國各級各種學校，一律打破男女的界限者，則自民國十六年，國民革命軍成功以後——纔算眞正的普及。

本章參考書舉要

（1）新青年

（2）新潮

（3）新教育

（4）教育雜誌

（5）教育公報

（6）杜威五大講演

（7）平民與教育

（8）胡適文存、獨秀文存

第五十七章　教學法之進步

一　設計教學法　設計法英語叫做project method，是一種有理智的有目的的活動方法，應用於教育方面始於一九一六年，美國哥倫比亞大學的師範學院。發啓的人我們可以引克伯屈(W. H. Kilpatrick)教授爲代表。美國在教育方面試行不到兩年就傳入中國來了，於是在民國九、十兩年間風行一時，一方固然證明中國教育在方法上有長足的進步，他方面也可以表現中國人專騖新奇崇拜美風的心理。此項方法應用於教育方面所包含的意義是什麼？北京師範大學教授李建勛解釋的尙好：

『設計法之目的在使兒童於學校內所授之「書」、「讀」、「算」等科目外，增以關於普通事物之知識；關於公共生活上之社會理想及技能，關於個人或社會成功利益上之一定態度。達此目的之要件一曰兒童之自然衝動，二曰興趣及成功，三曰引起興趣指導動作之先生。運用此三者之程序，有目的、計劃、實行、判斷四階段。所謂設計法者，大體如是而已。簡言之，設計法者，即有目的的學習之大單元也。自此法出後，教授上起一大革命；向之以教科爲本位，強兒童以必習者，今改爲以兒童爲本位，化教科爲動作矣；向之以編制三段、五段之教案，輸入預備之材料爲正規者，今改爲以配置適當環境，喚起欲得反應爲能事矣；向之認教師之機能爲教授者；今乃認教師之機能爲指導矣』。（設計教學法輯要本序）

此種教學法是用在小學的一種教法的改良，牠的特點，在打破從前的學科制，代以與兒童生活有關的問題或事體爲組織教材的中心。此項教材凡關於學校的教科及其他社會生活上的知識和技能，全能包括在內，融和爲學習的大單元。每舉行一設計時，皆有預定的目的，及一定的計劃，此項目的與計劃，或由兒童自擬，或由兒童與教師合擬，但總以兒童爲活動的中心，出於他們的自發活動。牠的原則，即本着杜威所說，『教育即生活，學校即社會』兩句話。依着問題或事體的性質，可別設計爲數類。由克伯屈的分法有四：第一類以包含着一個觀察與一種計劃爲目的的設計，如造一隻船，寫一封信，演一齣戲之類；第二類以享受某種美的經驗爲目的的設計，如聽一個故事，或一種音樂，與欣賞一幅畫圖之類；第三類以訓練智慧上的能力去解決某種問題爲目的的設計，如尋出露水是否由天空落下來的之類；第四類以使知識或技能達到某種程度爲目的的設計，如寫字希望達到書法尺度的第十四級之類。又有按照人類的天性分類的，如筋肉的設計，理智的設計，及感情或藝術的設計等等，所分人各不同，殊無多大關係。中國最先試行的，始於南京、蘇州、南通一帶，而以南高附小俞子夷提倡最有力，在他所著一個小學十年努力記可以看出。

二　道爾頓實驗室制　美國新教學法，繼設計法而輸入中國的有道爾頓實驗室制，英文叫做The Dolton Laboratory Plan，簡稱道爾頓制，即由美國的道爾頓中學校而得名的。創始者爲柏克赫司忒女士(Miss Porkhurst)，試行時在一九二〇年至一九二二年，即輸入到中國來了。中國最先做行的爲吳淞中國公學中學部，主持最力者爲舒新城，他並著有道爾頓制概觀及道爾頓制討論集及在教育雜誌上常常發表宣傳的文字，不到一二年，此制也傳遍全國了，高仁山於民國十四年在北京私立之藝文中學校，卽專爲試行此項教學法的。

設計教學法以在小學施行爲合宜，道爾頓制以在中學施行爲合宜，但後者傳到中國以後，一般追逐時髦的教育家也在小學裏面施行起來了。設計教學法的特點在打破學科制，而時間不大限制；道爾頓制的特點在打破鐘點制，而學科須截然分清。道制的原則，據創始者說有三點：一、是『自由』，二、是『協調』，三、是『知而後行』。他的辦法如下：（1）凡可以施行此制的學科，每科應闢一作業室，或稱實驗室，所有關於該科的參考書籍及圖表應充分陳儲在該室內；（2）每科設一專科教員，專任各該科的指導員；（3）在每學期開學之前，由各科指導員各將本科必須學的教材編成半年的或全年的計劃，依學月及學週列爲表解，張掛在各本科作業室內，名曰某科作業表，由學生按月按週自行學習；（4）除上作業表外，還有學生用的指導員用的及學校教務方面用的表格很多；（5）學生自由入作業室分段研究，作成紀錄，交給指導員修改，評定成績；（6）指導員於必要時隨時召集學生講演或討論；（7）其他語言科及技能科須要按時講授者，還依鐘點舊制。這是道爾頓制的大概辦法。

此制的精神，在打破舊式的鐘點制，令學生自定預算，自由學習與研究，教師只從旁面負指導的責任。他的優點，可以培養兒童自動研究的精神，自定預算的能力，及給予自由學習的機會，並能免除排列課表的麻煩。他的缺點，於懶惰學生容易養成兒童敷衍塞責貪求速效的惡習；於勤敏學生終日在作業室翻閱書籍，容易養成專在書本討生活的書呆子，於人生實際生活反多隔閡。這種教學法，與中國昔日書院制限相近似，並沒有特別的新奇，不過有一整個的計劃，較書院制稍稍科學一點罷了。

三　教育之科學的研究　張子高在南京高等師範學校教育研究會講演近五十年來中國之科學教育分着四個時期；第一期自同治初年至光緒二十年，為製造的科學教育；第二期自光緒二十一年至三十年，為書院的科學教育；第三期自光緒三十一年至民國初年，為課本的科學教育；自民國八年以後，纔算眞正的科學教育時期，謂之第四期。（見科學教育發達略史附錄）著者的意見，中國自有新教育設施以來，科學教育只可分着兩個階段；自五四運動以前，只有課本的科學教育；至五四運動以後，纔有眞正的科學教育。所謂眞正的科學教育，消極方面，在打破從前以自然學科為科學及社會學科為非科學的觀念；積極方面，在以科學的方法，培養科學的精神，以訓練一般富有科學頭腦的人材，並使所有教育完全科學化。提倡此種科學教育的，以任鴻雋為最早，任氏在民國三年科學月刊上卽發表了科學與教育一篇文字，末尾有一段話：

『要之科學之於教育上之重要，不在於物質上之知識，而在其研究事物上之方法；尤不在研究事物之方法，而在其所與心能之訓練。科學方法者，首分別事類，次乃辨明其關係，以發現其通律。習於是者，其心嘗注重事實，執因求果，而不為感情所蔽，私見所移，所謂科學的心能者此之謂也。此等心能，凡從事三數年自然物理科學之研究，能知科學之眞精神，而不徒事記憶模倣者，皆能習得之。以此心能求學，而學術乃有進步之望；以此心能處世，而社會乃立穩固之基，此豈不勝於物質知識萬萬也。吾甚望言教育者加之意也』——第一卷第十二期

這一段話，在提倡科學方法，訓練科學精神，自此時至五四運動以前，應和此種理論而作同樣的提倡的也很多，但為國人舊習所範圍，所生效力很少。自五四運動以後，國人思想解放，盡量的接收西洋文化，於是眞正的科學

教育時期到了。

眞正的科學教育到本期纔發生，本期也只可以說是科學教育的萌芽時期。此種萌芽時期的工作可分着兩方面：（１）以純粹科學的方法研究教育；（２）專門着手於自然科學的研究。第一方面包括兒童心理和教育心理的研究，及教育統計和各種測量的製造和應用。此項研究，以南北兩高等師範爲中心，在南高方面，有俞子夷、廖世承、陳鶴琴等人，在北高方面有張耀翔、劉廷芳等人。他們從事於心理和測驗的研究，始於民國七、八年間，中國之有正式的科學研究恐怕只在此時開始了。到十二年，美國教育測量專家麥柯爾(W. A. McCall)教授來華，專門從事於測量的製造，於是更引起國人很濃厚的興趣。麥氏本由中華教育改進社聘請東來，到中國以後，曾走過內地各重要城市，最後還是以南京及北京爲研究的中心。他的工作：第一步擬了一道教育測驗的計劃；第二步組織兩班研究生，招收各大學高級學生訓練測驗的人材；第三步則實行編造各種測驗量表及應用方法。麥氏在華僅及兩年，以有教育界熱心的幫助與合作，於是成就了五十多種測驗，有名的TBCF制也是在此時創作成功的。凡測驗必須應用統計，於是統計的工作也連帶研究起來了。在此時，測驗與統計國人從事的極一時之狂熱，陸志偉所訂正的皮奈西門智力量表，俞、廖、劉、陳諸人所編造的中、小學各種測驗，莫不完成於此時，交由商務印書館代印代售，以備全國各級大小學校採用，不過這種熱度到十五年以後就消沈下去了。關於第二方面的工作，發生於民國十年。當是時，美國教授孟祿(Paul Monroe)博士來華調查教育，觀察中國從前所謂『科學教育』的錯誤，在與國人討論集中，有許多的建議，——多半關於自然學科方面，於是理科的設施又引起教育界的注意了。孟氏並介紹美國科學專家推士（Tuiss）東來，幫助中國發展自然科學。推氏於民國十一年到中國，兩年之內，足跡走遍十省，經歷二十四城市，二百四十八校，演講二百七十六次，除組織科學研究會外，並擬了一道考查及改進中國自然科教學之計劃一書，國人給予熱烈的反應，雖不及麥柯爾，而中國對於自然科學之有系統與組織的研究可算從此發軔的。中華文化基金會，以美國退還的庚子賠款，在七年之內，每年提出十五萬元，設立物理、化學、動物學、植物學、教育心理學五種學科的講座，分配於北京、南京、武昌、成都、廣東、奉天各國立大學，——這是推士來華對於自然科學具體的設施之一種。此外，如中國地質調查社、生物研究所及各省的科學實驗館，皆在此時先後成立，至今尚有不斷的工作，較第一方面傳的覺能耐久一點。

本章參考書舉要

（1）設計教學法輯要
（2）道爾頓制討論集
（3）科學雜誌
（4）教育雜誌
（5）孟祿博士中國教育討論集
（6）中華教育界
（7）教育叢著

第五十八章　教育制度之改造

第一節　概論

教育思想改變了，教育方法也改變了，從前呆板的教育制度受了連帶的影響，當然無法永存。中國自施行新教育以來，大半採取的日本學制；但此項學制之不能滿足中國人的要求，自辛亥革命以來就有人提議改革。最初提議改革的爲蔡元培，蔡氏在民國元年中央臨時教育會議席上發表了酌採歐、美學制的意見，只因當時留日派的學生過多，沒有通過。民國四年，袁世凱製定教育綱要，指定將現行學制變通一部分，分中學爲文、實兩科，後來因他倒得太快，也沒有實行。但同年四月，湖南省教育會已有提議改革學校系統的方案。迨後，全國教育會聯合會及中華教育改進社，每屆年會，均有改革學校系統的議案。民國十年，全國省教育會聯合會開第七次會議於廣東，提出改革學校系統方案的計有廣東、黑龍江等十省。討論的結果，以廣東省教育會的提案爲根據，提交下屆會議覆議。下屆會議即第七次聯合會議，規定於十年十月在濟南舉行。教育部觀察大勢所趨，學制改革，殊覺刻不容緩，乃乘濟南會議之前，於十一年九月自動的召集各省教育界的人物來京討論學制改革問題，謂之「學制會議」。此項學制會議，亦以廣東省的提案爲根據，稍加改變。到後來，教育部遂歸納教育部及濟南兩方面所議決的方案，斟酌損益作成新方案，呈請大總統以明令公布。公布學校系統改革令在十一年十一月一日，但在此令公布之前，有些省分對於新學制已自動地改行了。

此次新學制比較從前不同的，不妨預先提出來。第一、小學教育縮短了一年——七年改爲六年，從前國民及高等等名目一律取消，只稱高級、初級，合辦者稱完全小學校。第二、中學的變更最大，一方面加長了修業年限——四年改爲六年；一方面把牠分爲兩級——初級與高級；又一方面中學採用選科制。第三、師範教育的變更亦大；從前五年的師範學校改爲六年，或單辦後期三年的師範，或於高級中學設師範科；把從前高等師範程度提高，改稱師範大學。第四、從前實業學校一個系統取消了，以職業學校替代，內中也分高級、初級。第五、大學校沒有什麽變更，修業還是以四年至六年爲限，不過取消預科制了。我們統計起來，直系各學校自小學入學之日起到大學畢業爲止，共計受得十六年或十八年的教育，比較壬子癸丑學制不相上下。此外，從前的蒙養園現在改名幼稚園。關於教育行政制度機關的變更，只改縣勸學所爲縣教育局，另設特別市教育局，其餘一律照舊。省區方面在十一年的學制會議，本已議決於省教育廳之下設立參議會，協議地方教育事宜，但只有議案，並未施行。

第二節　學校系統

一　標準　此處所謂標準，卽從前的教育宗旨。民國元年所頒布的教育宗旨，內有軍國民教育一條，自平民主義的思潮風行以來，全國教育界已認爲不合潮流。首先提議變更教育宗旨的，爲中華教育改進社，他們於民國七年建議爲『養成健全人格，發揮共和精神』十二個字。到八年四月，教育調查會蔡元培、范源濂等，關於教育宗旨研究案，亦採上面十六字爲宗旨，並加以六條說明。他們的說明是：

『所謂健全人格者，當具下列條件：（1）私德爲立身之本，公德爲服役社會國家之本。（2）人生所必需之知識技能。（3）強健活潑之體格。（4）優美和樂之感情』。

『所謂共和精神者：（1）發揮平民主義，俾人人知民治爲立國根本。（2）養成公民自治習慣，俾人人能負國家社會之責任』。

過了一個月，全國省教育會聯合會第五次會議，提議請教育部索性把宗旨廢掉，以『養成健全人格，發展共和精神』二語定爲國家教育本義，卽以本義代宗旨。但均沒有採納施行。此次學制系統改革令，於是規定了教育標準七條，我們寫在下面：

（1）適應社會進化之需要。

（2）發揮平民教育精神。

（3）謀個性之發展。

（4）注意國民經濟力。

（5）注意生活教育。

（6）使教育易於普及。

（7）多留各地方伸縮餘地。

二　系統圖及說明　這一次的改革學制，取名壬戌學制。除標準七條外，還有系統圖一幅，說明二十九條。說明共分四節：初等教育、中等教育、高等教育及附則。內中綱要已在前節概論裏面提出來了，現在只抄錄前三節二十七條的原文在下面，一看便可以了然，其餘還有注意之點附述在最後。

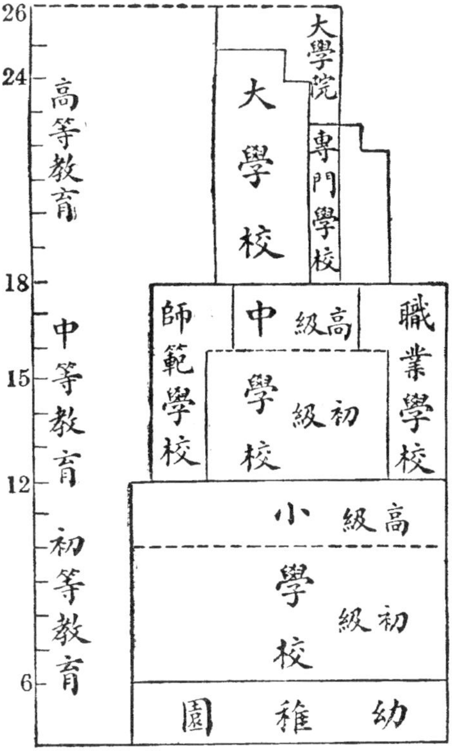

（一）初等教育：

（1）小學校修業年限六年。

（2）小學校得分初高兩級，前四年爲初級，得單設之。

（3）義務教育年限暫以四年爲準，各地方至適當時期得延長之。義務教育入學年齡，各省區得依地方情形自定之。

（4）小學課程，得於較高年級斟酌地方情形，增置職業準備之教育。

（5）初級小學修了後，得予以相當年期之補習教育

第十五圖　壬戌學制系統圖（民國十一年）

（6）幼稚園收受六歲以下之兒童。

（7）對於年長失學者宜設補習學校

（二）中等教育：

（8）中學校修業年限六年，分爲初、高兩級，初級三年，高級三年。但依設科性質，得定爲初級四年，高級二年，或初級二年，高級四年。

（9）初級中學得單設之。

（10）高級中學應與初級中學並設，但有特別情形時得單設之。

（11）初級中學施行普通教育，但得視地方需要，兼設各種職業科。

（12）高級中學分普通、農、工、商、師範、家事等科，但得酌量地方情形，單設一科，或兼設數科。

（13）中等教育得用選科制。

（14）各地方得設中等程度之補習學校，或補習科，其補習之種類及年限，視地方情形定之。

（15）職業學校之期限及程度，得酌量各地方實際需要情形定之。

（16）爲推廣職業教育計，得於相當學校內酌設職業教員養成科。

（17）師範學校修業年限六年。

（18）師範學校得單設後二年或後三年，收受初級中學畢業生。

（19）師範學校後三年，得酌行分組選修制。

（20）爲補充初級小學教員之不足，得酌設相當年期之師範學校，或師範講習科。

（三）高等教育：

（21）大學設數科，或一科均可，其單設一科者稱某科大學校。

（22）大學校修業年限四年至六年，各科得按其性質之繁簡，於此限度內斟酌定之。醫科大學校法科大學校修業年限至少五年，師範大學校修業年限四年。

（23）大學校用選科制。

（24）因學科及地方特別情形，得設專門學校，高級中學畢業生入之，修業年限三年以上，年限與大學同者待遇亦同。

（25）大學校及專門學校得附設專修科，修業年限不定，凡志願修習某種學術或職業，而有相當程度者入之。

（26）爲補充初級中學之不足，得設二年之師範專修科，附設於大學校教育科或師範大學校，亦得設於師範學校或高級中學，收受師範學校及高級中學畢業生。

（27）大學院爲大學畢業及具有同等程度者研究之所，年限無定。

由此制看來，師範教育有六種：一是完全六年的師範學校，二是後期三年的師範學校，三是高中師範科，四是師範專修科，五是師範講習科，六是師範大學。前五種全屬初級性質，後一種是高級性質。此項說明，另有五個附註。由附註一、小學可以展長一年；由附註二、從前乙種實業改爲初級職業學校；由附註三、從前甲種實業改爲高級職業學校。合說明與附註看來，職業教育共有五種：一是初級中學職業科，二是高級中學職業科，三是職業學科，四是大學職業專修科，五是小學的職業預科。補習教育有二種：一是小學的補習學校，二是中學的補習學校或補習科。此外還有附則二條，第一條是要『注重天才教育』，第二條是要『注意殘廢教育』。對於前者，應變通修學年限及課程；對於後者，應開設特殊學校，如盲啞學校之類。

第三節　中小學課程標準

一　緒言　此次課程標準，不是官定的，是由人民公同擬制的。在民國十一年十月濟南第八次全國省教育會聯合會議席上，議決了一個議案；組織新學制課程標準起草委員會。當場選舉了袁希濤等五人爲委員，自同年十二月至十二年四月，開了三次會議，起草了二種課程綱要：一是小學的，二是初級中學的。關於高級中學及師範、職業等學校的課程綱要，則另請專家起草，到六月於是完全刊布，即本期改革學制的課程標準。關於大學及專門學校的課程，則由各該校自定。此項課程標準，小學與初中尚覺簡單，高中師範及職業等校因分科太繁，我們只能以最簡的方法敍述幾點。

二　小學課程標準　小學課程分爲國語、算術、衞生、公民、歷史、地理、自然、園藝、工用園藝、形象園藝、音樂、體育十一科目。但小學前四年——初級小學，將衛生、公民、歷史、地理四科合爲社會，故只有八科目。小學校授課以分數計；初級前二年每週至少授課一、〇八〇分鐘，後二年每週授課至少一、二六〇分鐘。高級每週至少授課一、四四〇分鐘。各科約定百分比如第十七表。鄉村小學各科目有不能獨設時，得酌量合併，但國語、算術二科之授課分數不得再減。

第十七表　新學制小學課程標準表

學科目		百分比 初級小學	百分比 高級小學
國語	語言	三〇	六
	讀文		一二
	作文		八
	寫字		四
算術		一〇	一〇
衛生		社會二〇	四
公民			四
歷史			六
地理			六
自然		一二	八
園藝			四
工用園藝		七	七
形象園藝		五	五
音樂		六	六
體育		一二	二

三　初級中學課程標準　初級中學課程，分爲社會科、言文科、算學科、自然科、藝術科、體育科六學科。社會科包含公民、歷史、地理三目；言文科包含國語、外國語二目；藝術科包含圖畫、手工、音樂三目；體育科包含生理衛生及體育二目。初級中學授課以學分計，每半年每週上課一小時爲一學分，但如圖畫、手工、音樂、體操運動及理化生物之實驗，無須課外預備者，應酌量折算。以修滿一百八十學分爲畢業，除必修科一百六十四學分外，所餘學分得選他種科目或補習必修科目。

第十八表　新學制初級中學課程標準表

學科		學分
社會科	公民	六
	歷史	八
	地理	八
言文科	國語	三二
	外國語	三六
算學科		三〇
自然科		一六
藝術科	圖畫、手工、音樂	一二
體育科	生理衛生	四
	體育	一二
共計		一六四

四　高級中學課程標準　高級中學依改革令，分爲普通、農、工、商、師範、家事等科。此數科分着兩類：第一類以升學爲主要目的者稱普通科，第二類以職業爲主要目的者，則分爲師範科、商業科、工業科、農業科及家事科等科。第一類又分着兩組：第一組注重文學及社會科學，約等於從前的文科；第二組注重數學及自然科學，約等於從前的實科。各科各組的課程又分着三部分：一爲公共必修科目；二爲分科專修科目；三爲純粹選修科目。各科課程以學分計算，總計以一百五十學分爲畢業。普通科兩組的課程標準，如第十八、第十九兩表，可無庸說明。其他職業各科的課程，除公共必修科與普通科相同外，所有分科專修科目，及純粹選修科目，由各校照實際情形自定。

第十九表　新學制高級中學普通科第一組課程簡表

科目	學分
（一）國語	一六
（二）外國語	一六

第二十表　新學制高中普通科第二組課程簡表

科目	學分
一、公共必修的	
（一）國語	一六
（二）外國語	一六
（三）人生哲學	四
（四）社會問題	六
（五）文化史	九
（六）科學概論	六
（七）體育｛（甲）衛生法　（乙）健生法　（丙）其他運動	一〇
二、分科專修的	
（一）必修的（1）特設國文	八
（2）心理學初步	三
（3）論理學初步	三
（4）社會學之一種	四（至少）
（5）自然科或數學之一種	六（至少）
（二）選修的	三二（或更多）
三、純粹選修的	三〇（或更少）

一、公共必修的	(三)人生哲學		四
	(四)社會問題		六
	(五)文化史		六
	(六)科學概論		六
	(七)體育(同第一組)		一〇
二、分科專修的	(一)必修的	(1)三角	三
		(2)高中幾何	六
		(3)高中代數	六
		(4)解析幾何大意	三
		(5)用器畫	四
		(6)物理化學生物三項選習二項每項六學分	一二
	(二)選修的		二三(或更多)
三、純粹選修的			三〇(或更少)

五　師範學校課程標準　師範教育除高級外，具有五種形式，在前節已說明過了。現在只就後期師範學校及高中師範科的課程製一總表，因這兩種師範的課程是相同的，其餘三種只得從略了。關於公共必修科目，共計六十八學分，較高中普通科另外增加了音樂四學分，但亦視各校情形，得略爲伸縮。關於必修科的，共計四十八學

分，也有伸縮的餘地。關於選修科目，又分着三組：第一組注重言文及社會科學，所謂『文科』；第二組注重數學及自然科學，所謂『理科』；第三組注重藝術體育，所謂『藝術科』。以上三組，不必全設，但看各地方情形，也可以另設他組，如職業教員組、幼稚園教員組之類。關於教育選修科目，凡以上各組均須選修，至少選修八學分。至於純粹選修科目，則由各校自定，學分多少亦無限制。但畢業總學分至少與高中普通科相等。

第二十一表　新學制後期師範課程標準表

科目		學分
（一）公共必修科目	（一）國語	一六
	（二）外國語	一六
	（三）人生哲學	四
	（四）社會問題	六
	（五）世界文化史	六
	（六）科學概論	六
	（七）體育	一〇
	（八）音樂	四
	（一）心理學入門	二
	（二）教育心理	三

(二)師範

(甲)必修科目	
(三)普通教學法	二
(四)各科教學法	六
(五)小學各科教材研究	六
(六)教育測驗與統計	三
(七)小學校行政	三
(八)教育原理	三
(九)實習	二〇

(乙)選 (子)分組 第一組	
(一)選修國語	八
(二)選修外國語	八
(三)本國史	六
(四)西洋近代史	四
(五)地學通論	四
(六)政治概論	三
(七)經濟概論	三
(八)鄉村社會學	三

第(二組)	
(一)算術(包括珠算)	八
(二)代數	六

專修科			
修科			
選修	第二組	(三)幾何	六
		(四)三角	三
		(五)物理學	六
		(六)化學	六
		(七)生物學	六
		(八)鑛物地質學	四
		(九)園藝學	四
		(一〇)農業大意	六
	第三組	(一)圖畫	八
		(二)手工	八
		(三)音樂	八
		(四)體育	六
		(五)家事	八
(丑)教		(一)教育史	四
		(二)鄉村教育	三
		(三)職業教育概論	三
		(四)兒童心理學	四

育選修	目目
（五）教育行政	三
（六）圖書館管理法	三
（七）現代教育思潮	三
（八）幼稚教育	六
（九）保育學	三

（三）純粹選修科目

第四節　縣市教育行政機關

一　縣教育行政機關　民國十一年教育部所召集的學制會議，關於縣教育行政機關，有改勸學所爲教育局一案，到十二年三月纔將縣教育局規程公布出來。共計十五條，我們摘錄其要點寫在下面。（一）縣教育局以局長一人、視學及事務員若干人組織之。（二）局長由縣知事推薦呈請省教育廳長選任，商承知事主持全縣教育行政事宜。並督促屬於該縣之市鄉教育事務。（三）縣教育局長之資格：（1）畢業於大學教育科、師範大學校或高等師範學校者；（2）畢業於師範學校，並曾任教育職務三年以上者；（3）畢業於專門以上學校，並曾任教育職務二年以上者；（4）曾任中等學校校長，或小學校校長三年以上者；（5）曾任教育行政職務五年以上，著有成績者。（四）縣教育局設立董事會，董事定額爲五人，但得增加到七人至九人。此項董事須對於教育有關係之人方可合格。（五）董事會的職權：（1）審議縣教育之方針及計劃，（2）籌劃縣教育經費及保管縣教育財產，（3）審核縣教育的預算及決算，（4）議決局長交議事件，（5）提議關於縣教育事項。（六）全縣市鄉，應由縣教育局劃爲若干學區，每區設教育委員一人，受局長指揮，辦理本學區教育事務。由以上看來，教育局的權限較勸學所的重大許多，而局長的地位，亦較所長提高多了。

二　特別市教育行政機關　特別市教育行政機關也是與縣教育局同時議決，同日頒布，取名特別市教育局。局的權限及組織，及局長的地位，與縣沒有什麼差異。

本章參考書舉要

（1）新教育

（2）教育公報

（3）教育叢著

（4）新學制課程標準

第五十九章　三種教育之運動

第一節　職業教育的運動

職業教育的運動是由實用主義的教育轉變過來的，此項運動發生於前期，到本期已屆成熟了。運動的創始人爲黃炎培。黃氏改實用主義的口號爲職業教育的口號之理由如下：

「一般社會生計之恐慌爲一刺激，百業之不改良爲又一刺激，各種學校畢業生失業者之無算爲又一大刺激；凡此皆實用主義提倡之根源也。顧就抽象言，則教育不實用之害中之；而就具體言，則職業教育之缺乏，爲其直接感受痛苦處。而一般社會於其病害之總因不易覺悟，而競心怵夫直接感受痛苦之所在，於是語以抽象的實用主義教育，不若語以具體的職業教育之驚心動目，而職業教育之聲喧騰衆口矣。……蓋職業教育猶是實用教育也。……吾人所主張：一方提倡職業教育俾於生活上速立補習之計劃，一方猶當盡力改良普通教科使歸實用，庶其有濟」。（教育雜誌第九卷第一號實用主義產生之第三年）

黃氏以爲職業教育猶是實用主義的教育，同一爲社會所需要，不過前者較爲具體，提出這個口號來，容易打動人，容易引起社會的注意。其實這種教育，一方固由於國內社會的需要，他方也由於歐美職業教育思潮的激盪，先經一二人的提倡，再經少數人的響應，遂造成了一種空氣。

職業教育運動的中心——也可以說運動的始基，——爲中華職業教育社。該社成立於民國六年四月，當初設在北京，後來移在上海。發啓人爲黃炎培、郭秉文、范源濂等人，當時並發表了一道宣言。宣言的大義分三點：第一點指摘現在的教育空疏無用，不僅普通學校不切實用，即號稱帶有專科性質的實業學校同一不切實用；第二點，爲說明救濟目前教育之主旨，——辦理職業教育的主旨第三點，爲施行職業教育的方法。我們將該宣言的大義，節錄數段如下：

『今吾中國至重要至困難問題，尙有過於生活者乎？興學二十餘年，全國學校亦既有十萬八千餘所，何以教育較盛之區，餓莩載塗如故，匪盜充斥如故？……何以國中自小學以至大學學生之畢業於學校，而失業於社會者比比』？

『試觀夫實業學校、專門學校、有以畢業於紡織專科，而爲普通小學校圖畫教員者矣，有以畢業於農業專科而爲普通行政機關助理員者矣。……所用非其所學，滔滔皆是。雖然，此猶足以糊其口耳，其十之六七，乃並一噉飯地而不得。實業學校者且然，其他則又何說？然則教育幸而未發達，未普及耳，苟一旦普及，幾何不盡驅國人爲高等游民以坐待淘汰於天演耶』？

『求根本上解決生計問題，厥惟教育。曰吾中國現時之教育決無能解決生計問題之希望；曰吾中國現時之教育，不惟不能解決生計問題，且將重予關於解決生計問題之莫大障礙』。

『同人於此，既不勝其殷憂大懼，研究復研究，假立救濟之主旨三端。曰推廣職業教育，曰改良職業教育，曰改良普通教育，爲適於職業之準備』。（教育與職業第一期）

中華職業教育社的社務分着三類：第一類關於研究與宣傳方面，爲調查、研究、勸導、講演及出版種種；第二類關於實施方面，爲試辦學校及博物院；第三類關於介紹方面，設立職業介紹部。由第一類，出版了一種教育與職業的雜誌，爲宣傳的喉舌。由第二類，創辦了一所中華職業學校，爲試驗的中心。這樣一來，社會上的人士都注意起來了，於是全國教育會聯合會在同年第三屆大會，也把職業教育列爲議案，通過職業教育進行計劃五項：一、爲調查及研究，二、爲培養師資，三、爲實施職業補習教育，四、爲促進女子職業學校，五、爲小學校注重實用。自此以後，凡該會屢屆大會，莫不以職業教育列爲議案。到民國十年，在廣東開第七屆大會，竟將職業教育列入正式學制系統裏面，以替代從前有名無實的實業學校。十一年九月，教育部所召集的學制會議，及十月教育會聯合會在濟南第八屆大會，莫不採納廣東議案，詳加討論，完全決定取消實業學校，以職業學校替代，並擴充其範圍與性質。此項議決案，到同年十一月一日，遂正式公布了，而職業教育的運動可算大告成功。

繼中華職業教育社而產生的，有全國職業學校聯合會，由甲乙種實業學校、男女職業學校、補習學校、中小學職業學校及其他職業教育機關組合而成，也是促進職業教育的一種企圖。此會成立於民國十年，每年有會議，每次會議皆有促進職業教育的計劃。由此會又產生全國職業學校出品展覽會，十一年二月展覽於上海，參加的有八省，五十校；十二年八月展覽於北京，參加的有九省，五十八機關；十三年五月展覽於武漢，參加的有十一省區，一百五十八機關，可知一年比一年推廣。至於職業學校及機關的發達，更其迅速。據民國七年度教育部的調查，全國職業男校，只有五百三十一所；到十一年據中華職業教育社的調查，全國職業學校，共計八百四十二所，四年之內增加了一倍半以上；到十五年五月，該社調查凡職業學校、職業機關及各種職業教育，全國共計一千五百一十八所，四年之內，差不多又增加了二倍。本期教育史只到民國十五年爲止，而職業教育亦以十五年爲最發達。自十六年以後，正値革命期間，全國教育多受軍事影響，沒有統計可言；至二十年而教育部發表的職業學校，全國僅一百四十九所，可謂一落千丈了。

關於職業教育的意義和目的，由運動的人逐年變更，愈變而範圍愈推廣，而性質愈抽象。我們讀中華職業教育社宣言，他們當初提倡職業教育的動機爲由學校畢業的學生失業太多，其目的只在於『謀生』二字，——補救失業的危險。到七年，該社又宣布職業教育的三大目的：一、爲個人謀生之準備，二、爲個人服務社會之準備，三、爲國家及世界增進生產力之準備。同時黃氏又規定職業教育的定義如下：

『用教育方法，使人人獲得生活的供給和樂趣，同時盡其對羣之義務，名曰職業教育』。（實施職業教育要覽）

十一年，周恩潤在職業教育研究一書中下一定義：

『職業教育乃準備能操一技之長，從事有益社會之生產事業，藉求適當之生活。其大目的，在培養智力意志感情各方面而爲完全有用之人物』。（教育雜誌第十七卷第一號）

由此看來，七年的解釋較六年爲廣泛爲抽象，十一年的解釋較七年更廣泛更抽象了。到十二年以後，更將職業教育及目的簡括爲兩句話：「使無業者有業，使有業者樂業」，較前又進了一步。但職業教育自十五年以來，從表面看，好似着着成功但內容腐敗辦法機械，已爲文雅的中國人所鄙視；加以此時正當革命高潮時期，青年學子多加入政治工作，於機械的職業教育更不肯理會，所以自是年以後，職業教育的思潮，差不多已到過去時期了。黃氏目覩這種衰頹現象，有意重振旗鼓，挽回頹勢，於是又標榜「大職業教育主義」，可以想見其運動的苦心。他說：

「積極說來，辦職業教育的，須同時和一切教育界職業界努力溝通和聯絡；提倡職業教育的，同時也須分一部分精神參加社會運動。消極說來，就算沒有訕訕的聲音顏色，只把界限畫起來，此爲職業教育，彼爲非職業教育，已經不行哩。換一句話，內部工作的努力不用說了，對外還須有最大的熱誠參與一切，有最大的度量容納一切。……這樣職業教育方針稱他什麼呢？大膽地稱他「大職業教育主義」」。教育與職業

第二節　平民教育的運動

在本期的前數年，教育上之平民主義的思潮，高唱入雲，凡大中小學，城市鄉村，莫不標榜這個口號，以求避免「爲時代的落伍者」的諷刺，我們在前章已經說明過了。所謂平民主義的教育就是德謨克拉西化的教育，是根據現代平民主義的政治而來的，後因國人趨向時髦，於是由平民主義派生風行一時的平民學校。此項平民學校，多由中等以上各校的學生創辦，附屬於其本校之內，召集附近無力入正式學校的民衆——勿論男女老幼——來校讀書識字，不收他們的學費，並供給以相當的筆墨紙張。這種學校，多半屬於補習教育的性質，已失平民主義

之眞髓了，但不久又產生一種平民教育的運動。此項教育的運動，其性質與平民學校尚相近似，但於實施方面兩不相干，至若規律以平民主義則更不類了。『平民主義』是一種教育思潮，『平民學校』是零星的補習教育，而『平民教育』則含有規劃有組織的運動，運動者有無政治作用我們不敢臆斷，但在當時確具有一種力量是無可否認的。

什麽是平民教育？據創始者晏陽初說：『平民教育的目的是教人做人。做什麽人？做整個的人。第一要有知識力，第二要有生產力，第三要有公共心』。(教育雜誌第十九卷第六號平民教育概論) 以這幾句話來解釋他們的『平民教育』，當然不得要領。這與『非平民教育』有何區別？又據運動中心人物陶知行說：『中國現在所推行的平民教育是一個平民讀書運動』，(中華教育界第十四卷第四期平民教育概論) 這一句話切實多了。我以為他們的平民教育，少半是讀書運動，多半只是識字運動，因為他們主要的教材，只是一本千字課。

此項教育運動，據湯茂如說，可以分着三個時期。第一、自民國七年至十一年，為運動的胎胚時代；第二、自十一年至十四年，為運動的提倡時代；第三、自十四年以後，為運動的研究實驗時代。運動的創始人是晏陽初，發祥地在法之巴黎。當初晏氏在法國留學，見着數十萬華工在外沒有知識之痛苦，因設法為華工施行補習教育。此項補習教育，不過以最簡便的方法，授以極淺近而合於應用的文字，並隨時講以衛生及公民所必需的知識，頗見成效。晏氏於民國九年回國，正值國內高倡平民主義及競辦平民學校的時候，於是在國內開始為有組織的運動，標榜平民教育。最初在上海試辦，漸漸推行到長沙、煙臺、杭州、嘉興等處。到民國十二年六月，熊希齡的夫人朱其慧，東南大學教授陶知行等人加入了這個運動，遂由他們發起在南京設立平民教育促進會。數月以後，武漢也成立平民教育促進會，於是各省區聞風興起，而『平民教育』四字遂轟傳全國了。在同年八月，他們乘着中華教育改進社在北京清華學校開年會的時候，就便邀集各省代表開第一次平民教育大會，議決在北京設立平民教育促進會總會。當場推出總會省區董事四十人，組織董事會，由董事會選舉駐京執行董事九人，以朱其慧爲董事長，晏陽初爲總幹事。總會的會務分總務、城市、鄉村及華僑四部。除總務總管一切會務外，其餘三部專辦教育事務，即城市平民教育、鄉村平民教育及華僑平民教育。據他們的報告，平民教育已推行到二十省區，總會的普通平民教育出版物已有三十多種，——這種運動的進展可算很迅速的。但自革命軍打倒軍閥以後，此項運動遂歸停頓。

據陶知行的報告，他們施行平民教育，採取三種形式。第一爲平民學校。這個是採用的班次制度，與普通學校無大區別。大班一二百人以上，用幻燈教授；小班三四十人以上，用掛圖、掛課教授。第二是平民讀書處。這是爲不能按照鐘點上學的一種變通辦法，以一家一店或一機關爲單位，請家裏、店裏或機關裏識字的人教不識字的人。教的人是內裏的，學的人是內裏的，由自家人教自家人，不拘時間，不往外走，比較第一種辦法方便多了。第三是平民問字處。第二種辦法雖極活動，但不能每家每店皆能舉辦，因爲那種辦法，至少有一人識字纔能辦通，倘遇有家中或店中無一識字的人，那就窮了。平民問字處是補救以上兩種辦法之不及的，設立在有人教字的店鋪裏、家庭裏或機關裏，以備任何人隨時來問千字課的字。比如擺攤子的人，擺在那個平民問字處的門口，就可乘空向他們請教；車夫停在那個平民問字處的門口，也可以乘無人坐車的時候學幾個字。

第三節　國家主義教育的運動

職業教育、平民教育及國家主義教育，可謂本期三大教育的運動。第一種運動以實用主義的思想爲基礎，第二種運動以平民主義的思想爲基礎，第三種運動以國家主義的思想爲基礎。但前兩種運動，只是單純教育事業的運動；第三種則含有很濃厚的政治作用，到後來竟演成了政治團體。前兩種運動雖各有思想作基礎，而運動者均以實施業務爲主體；第三種運動則有堅強的主義，以宣傳主義爲運動的工作。故國家主義教育的運動，在本期，是教育的又是政治的，是一種運動又是一種思潮，此項運動是藉此項思潮爲先鋒爲主動的。

在前期教育思潮裏面，我們曾經說過：『由湯氏之國民教育一變而爲國家主義教育』，故本期國家主義教育，雖不完全是國民教育的後身，而以『愛國思想』爲主腦，則兩者是一致的。與國民教育思想相隨而生的，有軍國民教育，替代國民教育及軍國民教育的思想而起的則有平民主義的教育，而國家主義教育又是替代平民主義教育而起的一種思潮。此種思潮，發生於民國十二年，到十四、十五兩年爲最盛，到十六年而暫告停息，故在本期只有五年的歷史。發生的原因有二：一爲平民主義思潮過度的反動，二爲帝國主義者壓迫的激動。平民主義以自由平等爲原則，其教育以在此原則之下發展個性爲要點。一方發展個性，一方還要培養共性，——養成適於團體生活的習慣，不過不得因團體而箝制個性或犧牲個己的利益罷了。但中國此項教育主義一提倡，只注意在個性的發展，而不顧及共性的培養，於是一般青年專以放縱利己爲自我表現之口實，不遵守紀律，不服從團體；甚至高倡世界主義，對於維持國家的信條也不肯遵守。流弊所及，只知有個己，不知有他人，所以民國成立十多年以來愈演愈不統一，爲矯正流弊，於是國家主義者乘時而起。當歐戰初停的一二年，世界尚有幾分和平空氣。時機和緩以後，帝國主義者的面目又露出來了，仍舊以強權爲公理，以壓迫弱小民族爲慣用的手段。中國名義上雖爲戰勝之國，而被列強的壓迫和侵略依然如故，其例不勝枚舉。這個時候，中國民族主義的意識突然勃興起來，大家覺得非團結國家力量，不足以抵抗強權，非提倡尚武精神，不足以自衞，國家主義者於是起而作國家主義的教育之宣傳了。

提倡國家主義教育的多半是受了歐美資本主義國家的教育的留學生，他們全是信仰國家主義者。國家主義基於愛國觀念，以國家爲中心，以擁護國家獨立自強爲最高信條，他們反對個人主義、家族主義及世界主義，因爲這些主義均足以分化國家主義的力量的。爲建設國家主義，所以要提倡國家主義的教育，後者是前者的工具，爲前者而產生的。什麼是國家主義的教育呢？據李璜說：

『我們中國人也正離開家的生活而初入國的生活的時候，我們正大光明的說，當把國民的精神生活繫在國家上面，換言之，就是正該當講國家主義的教育』。（中華教育界十三卷三期國民教育與道德）

『國民教育的目的，無非是「誘發後人光大先業」八個大字』。（同書十三卷四期）

『我們爲何而主張國家主義的教育？其理由至爲明瞭而且簡單：（1）對外爲抵抗文化的侵略政策。因之國家主義的教育在提起國家對外獨立的精神。……（2）對內爲喚起全國國民的團結與活動，以共同擔負今日之大患，而籌謀來日的大業。因之國家主義的教育是爲中國國民在各個人的私利之上，指出全民族公私之所在。質言之，是要爲今日之中國人建議一個道德上的新信仰』。（同書十三卷九號再譚國家主義的教育）

陳啓天在國家主義教育要義一篇文章上，提出積極要求者四端，及消極反對者三事。積極要求的第一端是：

『明定國家教育宗旨。國家教育宗旨在凝成國民意識，發揚本國文化，以促進國家的統一和獨立』。（中華教育界十五卷國家主義教育研究號）

我們把他們的意思解釋如下：國家主義的教育在喚起國民對於祖國的意識，——培養愛國思想。以國民的愛國思想爲基點，樹立民族偉大的精神，發揚本國固有的文化，以建設強大的國家。——對內統一，對外獨立。爲達到此項目的起見，所有教育應當屬於國家的，教育政策由國家規定，教育主權由國家享有，教育事業由國家主辦。教育既一切均屬於國家的，所以他們反對教會教育，反對殖民教育，反對私人營利的教育，凡不在國家主管之下的及不合於國家主義的教育，應當一律收歸國家辦理。民國十四年的收回教育權運動，參與者雖不限於國家主義信徒，而以他們運動最力，因爲這也是他們的教育政策之一。『外抗強權，內除國賊』，爲國家主義者常喊的口號，他們爲實行此種口號起見，所以特別提倡軍事教育，使學生軍隊化，訓練強勇的青年，以建設強有力的國家，稱雄於世界。本期軍事教育運動，因五卅慘案成爲全國一致的呼聲，而國家主義者利用時機特別喊得起勁，這也是他們的教育政策之一。

國家主義的教育，除個人鼓吹外，團體方面，有國家教育協會、中華教育改進社及全國教育聯合會等等。第一種團體爲專門宣傳國家主義教育的機關；第二種團體在開年會時曾有人提議請教育部依據國家主義定教育宗旨；第三種團體也有人主張以『養成健全人格，發揚共和精神，葆有獨立國性，演進民族文化』爲教育宗旨，立言雖較融混，也是贊成此項主義的。此項教育的運動在十四五年雖風靡全國，但至民國十六年，國民革命軍征服舊式軍閥以後，嚴厲制止國家主義的宣傳，而此項運動於是掩旗息鼓了。

本章參考書舉要

（1）職業與教育

（2）教育雜誌

（3）中華教育界

（4）國家主義的教育

（5）國家與教育

第六十章　結論

本期教育完全是美國式的教育：凡關於教育制度、教學方法、教育思潮以及壟斷教育權的教育人物，沒有一處不是美國式的。故本期教育與前期顯然不同之點，即由美國式的替代了日本式的，或由全資本主義化的替代了半資本主義化的。

在前期，留日學生歸國的很多，他們對於辛亥革命不無勞績，因政治勢力的優越，遂掌握了教育全權，自小學以至大學，所有重要教職差不多全被他們把持，而以教育部爲總機關。到了本期，留美學生歸國日多了，他們所學似較進步，乘着時代趨勢的機會，不知不覺所有教育權就很快他移轉到他們手中了。還有從前留日學生爲預防落伍起見，特別跑到歐美游歷一趟，受點西洋的洗禮了回來再爭教席的也很多。

關於教育制度方面，有壬戌學制。此學制的系統及教育標準，無一不是美國化，改造者所認爲最得意的一部分如中學三三制，完全是從美國抄來的。關於教學法方面，國人所最熱心倣效的，有設計教學法及道爾頓實驗室制。前者創於美人克伯屈教授，在民國十五年曾聘他來華講演了的；後者創於美人柏克赫斯特女士，在民國十四年也聘請他來華講演了的。關於科學的研究，在民國十一年，有推士來華指導，遂成立各種自然科學研究的團體；在十二年有麥柯爾來華指導，遂製成各種測驗量表。這兩人也是美國教育專家。本期的教育思潮則以平民主義爲代表，而美人杜威博士更被中國人尊重。杜威自民國八年五月抵上海，在中國過了二年零兩個月的生活，走遍十一行省，講演稿多至十幾種，對於教育革新的言論，給中國人士以強烈的興奮。在本期七八年中，『教育卽生活，學校卽社會』兩句口號簡單成了全國教育界上的家常便飯。由此看來，本期的教育完全美國化了，其中以杜威學說的影響最大。

杜威的平民主義教育思想是以美國的民主政治爲背景。這種政治以『機會均等，自由競爭』爲原則，是資本主義的政治原則。此項原則，應用到教育方面，則有個性發展、自由活動等主義產生。中國民族，素來只有個性而無羣性，個人的生活除對國家盡納稅一種義務外，是極其自由的。只是束縛於舊禮教範圍之內，相習日久，自然養成一種呆板的不自然的態度。自平民主義的思想傳入國內以來，加以國內一二先覺之士大聲疾呼地一提倡，對於數千年支配民族習慣的舊禮教施以猛烈的攻擊；於是一般青年如抉開了藩籠一般，不覺大爲活躍起來，盡量向個性方面發展，自由方面活動。個性發展到了極點，更無團體協作的精神；自由活動到了極點，更無遵守紀律的習慣。於是自五四運動以後，全國學校，風潮屢起，沒有一年不發生，而以民國十一年爲最烈。學潮之起，有爲內政的，有爲外交的，性質種種不一，但爲反對學校當局、反對考試的常居多數。每一學潮之起，少則半月，多則數月纔告平息，往往以罷課作武器，於是罷課視爲常事。

本期學潮之中，除了學生罷課以外，教員罷教之事也屢見不一見。年來以內戰迭起，政局變動無常，國家收入盡爲軍費之用，致教育經費一欠再欠，幾至於不能維持生活。學校教職員爲生計所迫，或另有作用，於是以罷教爲索薪的武器，罷教也視爲常事了。本期罷教的運動，萌芽於民國八年的末月，到十年、十一年兩年運動最烈。此項運動起於北京，波及於全國。到十三年以後，教育經費愈陷困窘，一般教職員更以怠工爲手段，於是全國學校皆陷於不生不死的狀態之中。劉薰宇於民國十六年一月，在教育雜誌上論『中國教育的危機』，有一段話形容得很好：

『現在中國的學校，只是好像幾個逃荒的難民，住在一所牆壁破漏的房子中間一樣。外面是誰也可以甩一塊瓦或伸隻手進去的，裏面是誰也預備着各走生路，不過暫時蹲在一處』。（第十九卷第一號）

學生罷課，教職員罷工，自五四以後，簡直是年年皆有，省省不虛。政局愈弄愈壞，教育經費愈欠愈多，教育界愈過愈窮，全國教育差不多到了破產的境地，公然到最後降下了一道催命符。這道催命符，就是民國十五年的三一八慘案。

中國自五四運動以來，城市方面遂發生兩種相衝突的思想：當初爲新舊文學之爭，後來演成左傾與復古之爭。在五四運動的前後，陳胡諸人提倡文學革命，主張以白話文代替文言文，一般青年莫不感受影響。自此以後，新文學運動與思想革命及教育的平民主義等等運動打成一片。在十一年以前，因此項運動的氣燄萬丈，全國差不多披風而靡。但自十二年以後，新文學革命雖告成功，而平民主義的弱點日益暴露，於是代表半封建思想的國家主義派應運而生；在十三、十四兩年中間，因國家屢受帝國主義壓迫的反應，而國家主義思想在教育界上簡直有奪取平民主義而代之的趨勢。但是國內政治日壞，帝國主義的壓迫愈烈，不久之間，新舊兩種思想各圖發展，於是衝突愈不可避免。代表新的平民主義，一部分漸漸走向左傾的社會主義的路線上了。代表舊的國家主義，一部分漸漸走向復古的路線上了。這個時候，北京政府段祺瑞以奉系軍閥被推爲執政，教育當局，提倡古典文學，主張恢復讀經，禁止學校教科書採用國語，干涉學生愛國運動，反對教育界上的種種革新運動。一手捧經，一手執刀，打算與方興未艾的社會主義思想相周旋，這個衝突一定是不可避免。民國十五年三月十八日遂發生執政府流血大慘案，青年學生以及民衆被執政府的衞隊槍殺了三十餘人，受傷加倍，政府自己槍殺學生如此之多，總算是空前未有，不久，政府無形瓦解，本期的教育也由此告一結束了。

本章參考書舉要

（1）甲寅雜誌

（2）、東方雜誌

（3）當時京津各種新聞

（4）其他同前

第六十一章　國民革命與教育

一　國民革命之時代的要求　中國自辛亥革命以來，表面上雖推倒了數千年的帝王專制，改建五族共和的民主國家，雖列強因中國民族日見覺醒拋棄了昔日瓜分的計圖，但從實際上觀察，中國是一年不如一年。第一、帝國主義者以不平等條約爲護符，侵奪中國種種權利，更以龐大的資本投資於中國內地，過剩的商品充斥於中國市場，於是中國在國際地位上成了次殖民地。第二、辛亥革命名義上雖推倒了帝王專制，實質上即代之以北洋軍閥，作威作福，比較昔日專制帝王更其厲害。自北洋軍閥內部分裂，繼起的軍閥，有時彼此聲援，有時互相砍殺，演成長期內亂，愈久而愈無法統一。第三、大多數民衆，積受內外的侵凌壓迫，與經濟的榨取剝削，不僅民權無法伸張，即生計也完全破產。於是『小企業家漸趨破產，小手工業者漸致失業，淪爲流氓，流爲兵匪，農民無力以營本業，至以其土地廉價售人』，（中國國民黨第一次全國代表大會宣言）於是流落轉死者相繼。

由此看來，自辛亥革命以來十多年中，中國情況不僅毫無進步，且有江河日下之勢，由『軍閥之專橫，列強之侵蝕，日益加厲，令中國深入半殖民地之泥犂地獄』。中國人民在此水深火熱之中，莫不渴望着得一良策以求自救。這個時候，我們要挽救中國的危亡，只有實行國民革命，孫中山先生所領導的中國國民黨卽本此要求而產生。

中國國民黨以國民革命爲手段，以求中國之自由平等爲目的，他們所奉行的三民主義，卽實現此目的的主義，——民族主義所以求國際上之自由平等，民權主義所以求政治上之自由平等，民生主義所以求經濟上之自由平等。他們在第一次全國代表大會所宣布的政綱，卽所以實行他們的主義的。消極方面，對外打倒一切帝國主義者，對內剷除封建餘孽的軍閥及土豪劣紳，及資本主義的走狗買辦階級。積極方面，對外取消一切不平等條約，重訂雙方平等互尊主權之條約；對內建設代表民意的國民政府，扶植農工，提倡自治，努力發展一切生產，以解決全國民衆的衣、食、住、行一切重要問題。這種政策，深合於當時的國情，確爲當時全國民衆所迫切要求者；所以他們自十三年一月第一次全國代表大會宣言發出以後，全國歡呼，莫不渴望着國民革命軍早日北伐，青年志士莫不踴躍加入國民黨，參加國民革命運動。國民革命的怒潮旣已奔騰滂沛，以此去打倒軍閥，眞如摧枯拉朽，所以自十三年國民革命軍誓師北伐，至十五年已勘定長江流域，至十七年卽已統一全中國。

二　國民革命之世界革命性　今日世界是資本主義與社會主義對立的時代，是帝國主義與平民主義對立的時代。中國國民黨之國民革命的使命，是求中國之自由平等，以促進世界大同。這種世界革命性的國民革命，是國民黨總理孫中山先生提倡的，其言要略如下：

「中國古來常講濟弱扶傾，在中國從前強大之時，安南、緬甸、高麗、暹羅那些小國，還能夠保持獨立。所以中國如果再行強盛，不但要恢復自己民族的地位，還要對於世界，濟弱扶傾，纔盡我們民族的天職」。（節錄民族主義第六講大

意

中山先生將中國民族消極的精神，改變爲積極的精神，因之農、工、商大爲奮起，同黨軍合作。自民國十三年至十七年的五年中爲國民革命軍最盛的時期，爲中國國民黨的黃金時代，亦爲中國革命歷史上最光榮的一頁。爲期雖只五年，但給予中國民族以極深的印象，對於中國民族遺傳的思想起了不少的變化。

三　國民革命軍最盛時期對於教育觀念之改造　辛亥革命是政治思想的改造，五四運動是學術思想的改造，此次國民革命是社會思想的改造。在辛亥革命的時期中，政治思想改造，所以在教育方面，有袁氏的軍國民主義及湯氏的國民教育主義之產生。在五四運動的時期中，學術思想改造，所以在教育方面，有留美派的平民主義的教育之產生。至若打破階級思想，教育爲一般民衆的利益打算，朝着社會革命的前面走的，只有國民革命產生的教育思潮。辛亥革命的前後，所有教育政策及方法，尚在完全支配行動的進行中；五四運動以後，雖然已經注意到科學教育，提倡學校社會化和教育生活化，但因國家根本政策及社會根本思想未曾變更，仍不脫離支配行動的教育。至於國民革命是立在民衆的基址之上，爲民衆的利益而革命的，國民黨的民生主義及孫中山的實業計畫，均着眼在以科學方法爲社會經濟的改造，所以國民政府的教育政策，已改變從前的支配行動而進行生產行動的教育了。在五四運動以前，中國民族的思想差不多完全受孔子學說的支配，由孔子學說所產生的教育思想，總不脫離封建主義。在五四運動以後，中國民族的思想差不多完全受歐美學說的支配，——尤以美人杜威學說爲中心；由杜威學說所產生的教育思想，總不脫離資本主義。但勿論爲封建主義和資本主義，所有教育思想和言論，全是立在支配階級說話的，所有教育主張差不多完全與其政府的教育政策一致的；而受教育的人們——勿論兒童和成人，都在他們的思想言論的籠罩之中。但自五四運動以來，已漸漸有人覺悟，自十三年中國國民黨改組以來，以其革命主義隨其革命軍向全國宣傳，教育界纔有一大改造。教育政策和方法是改支配行動的爲生產行動的；教育思想是改變資本主義爲社會主義的；所有教育實施莫不趨重在社會化、民衆化。

本章參考書舉要

（1）中山全書

（2）中國國民黨歷次全國代表大會宣言

（3）三民主義的連環性

（4）新生命雜誌

第六十二章　中國國民黨之教育宗旨及教育政策

一　三民主義的教育宗旨

孫中山說：

「三民主義就是救國主義。……因三民主義，係促進中國之國際地位平等、政治地位平等、經濟地位平等，使中國永久適存於世界，所以說三民主義就是救國主義」。（民族主義第一講）

胡漢民更推廣些說：

「「三民主義」，小而言之是救國主義，大而言之實是大同主義。由頂點直貫到底的中心，是生存的要求；沿着生存的要求這一個中心的便是人的努力；而其努力的階級，起點是博愛，過程是救國，終點是世界大同。我們要曉得三民主義的連環性，其總作用正是引導人們沿着進化定律而努力，由博愛起，經過國家的階段，而終底於世界大同」。（三民主義的連環性第四〇頁）

我們由這幾段簡單話看來；三民主義就是革命主義，又是救世主義，又是社會主義。中國國民黨負着革命的使命，所以以孫中山所倡導之三民主義爲信仰的中心。教育就是完成革命；灌輸和推行主義的工具，所以他們規定以三民主義爲其教育宗旨。

三民主義的教育，在十五年國民政府成立教育行政委員會時，已有人注意，不過初稱黨化教育。（註一）到十七年五月，由第一次全國教育會議議決，始將黨化二字改稱三民主義。同時並由大會議決採取三民主義爲教育宗旨。該項原文備載於大會的宣言裏頭：

「恢復民族精神，發揮固有文化，提高國民道德，鍛鍊國民體格，普及科學知識，培養藝術興趣，以實現民族主義」。

「灌輸政治知識，養成運用四權之能力，闡明自由界限，養成服從法律之習慣，宣揚平等精神，增進服務社會之道德，訓練組織能力，增進團體協作之精神，以實現民權主義」。

「養成勞動習慣，增高生產技能，推廣科學之應用，提倡經濟利益之調和，以實現民生主義」。

「提倡國際正義，涵養人類同情，期由民族自決，進於世界大同」。（全國教育會議報告（十七年五月））

此項議案議決於十七年五月。到八月曾由大學院呈請中央政治會議通過，到十八年一月，第三次全國代表大會重行規定。原文是：

「中華民國之教育，根據三民主義，以充實人民生活，扶植社會生存，發展國民生計，延續民族生命爲目的，務期民族獨立，民權普遍，民生發展，以促進世界大同」。（教育公報第一卷第五期）

此項宗旨，由國民政府於同年四月二十六日正式公布，定爲本期的教育宗旨。二十一年四全代會且申述一道，絲毫未改，至今全國奉爲典章。至於國民政府公布的令文，莊嚴威重，使此項宗旨增加幾分強力，我們勿妨抄在下面，以作參考：

『案奉：中國國民黨第三次全國代表大會，第十一次會議，通過，確定教育宗旨，及其實施方針，飭即照辦。等因。查此項決議案，關繫以黨建國，以黨治國之根本大計，至爲宏鉅。茲將原案公布，著行政院令飭教育部，轉飭遵照，切實施行，務期啓迪全民，實現三民主義。此令』！

二　黨化的教育政策　中國國民黨的教育政策，規定在他的教育宗旨之前，最早爲民國十三年一月，到十七年五月又規定一次，十八年一月又規定一次，二十年五月又規定一次。十三年一月，第一次全國代表大會宣言對內政策十五條，內中有兩條是關於教育政策的。條文爲：

『（十二）於法律上、經濟上、教育上、社會上確認男女平等之原則，助進女權之發展』。

『（十三）勵行普及教育，以全力發展兒童本位之教育，整理學制系統，增加教育經費，並保障其獨立』。

第一次全國代表大會宣言

十七年五月，第一次全國教育會議，討論共分十組，第一組爲三民主義教育組，第二組爲教育行政組，差不多全是關於教育政策的議案。關於第一組的第一個議決案爲『三民主義實施方案的原則案』，共計十五條：

『（1）發揚民族精神；（2）提倡國民道德；（3）注重國民體魄鍛鍊；（4）提倡科學的精神，推廣科學的應用；（5）實施義務教育；（6）男女教育機會均等；（7）注重滿、蒙、回、藏、苗、猺等教育的發展；（8）注重華僑教育的發展；（9）闡發自由界限，養成服從法律的習慣；（10）灌輸政治知識，養成使用政權的能力；（11）培養組織能力，養成團體協作的精神；（12）推廣職業教育；（13）注重農業教育；（14）注重生產

消費及其他合作的訓練；（15）提倡合於人民正軌的生活，培植努力公共生產的精神』。（全國教育會議錄十七年五月）

十八年一月，第三次全國代表大會第十一次會議，關於教育的議決案，除上述教育宗旨外，還有教育實施方針八條：

『（一）各級學校三民主義之教育應與全國課程及課外作業相連貫；以史地教科闡明民族眞諦；以集合生活訓練民權主義之運用；以各種之生產勞動的實習培養實行民生主義之基礎；務使知識道德融會貫通於三民主義之下，以收篤信力行之效。

『（二）普通教育須根據總理遺教，陶融兒童及青年忠孝、仁愛、信義、和平之國民道德，並養成國民之生活技能，增進國民生產之能力爲主要目的』。

『（三）社會教育必須使人民具備近代都市及農村生活之常識，家庭經濟改善之技能，公民自治必備之資格，保護公共事業及森林園地之習慣，養成恤貧防災互助之美德』。

『（四）大學及專門教育，必須注重實用科學，充實科學內容，養成專門知識技能，並切實陶融爲國家社會服務之健全品格』。

『（五）師範教育爲實現三民主義的國民教育之本源，必須以最適宜之科學教育及最嚴格之身心訓練，養成一般國民道德上、學術上最健全之師資，爲主要之任務，於可能範圍內使其獨立設置，並盡量發展鄉村師範教育』。

『（六）男女教育機會平等，女子教育並須注重陶冶健全之德性，保持母性之特質，並建設良好之家庭生活及社會生活』。

『（七）各級學校及社會教育，應一體注重發展國民之體育，中等學校及大學專門須受相當之軍事訓練。發展體育之目的，固在增進民族之體力，尤須以鍛鍊強健之精神，養成規律之習慣，爲主要任務』。

『（八）農業推廣，須由農業教育機關積極設施，凡農業生產方法之改進，農民技能之增高，農村組織與農民生活之改善，農業科學知識之普及，以及農民生產消費合作之促進，須以全力推行』。（教育公報第一卷第五期）

二十年五月，國民會議通過之約法，有關於國民教育一章，共計五十二條，除第四十七條以「三民主義爲中華民國教育之根本原則」屬於宗旨外，其餘全屬於教育政策。我們擇要寫在下面：

『第四十八條　男女教育之機會一律平等』。

『第四十九條　全國公私立之教育機關一律受國家之監督，並負推行國家所定教育政策之義務』。

『第五十條　已達學齡之兒童應一律受義務教育』。

『第五十一條　未受義務教育之人，一律受成年補習教育』。

『第五十二條　中央及地方寬籌教育上必需之經費，其依法獨立之經費，並予以保障』。（見教育益聞錄第二卷第二册）

同年國民政府第一五七次中常會通過之三民主義實施原則，共計八章。第一章爲初等教育，第二章爲中等教育，第三章爲高等教育，第四章爲師範教育，第五章爲社會教育，第六章爲蒙藏教育，第七章爲華僑教育，第八章爲留學教育。每章分目標及實施綱要兩節，實施綱要又分課程、訓育及設備三段，每段分若干條，完全爲黨化的教育政策比較三全大會所通過之「實施方針」尤爲詳盡細密。

以上所錄，均係整個政策的記載，還有大學院及教育部時代隨時製定的軍事教育、職業教育、國語教育及華僑教育等計劃，不能備述。此外還有個人關於教育計劃的建議：如許崇清在十五年八月所擬教育方針草案，十六年五月張乃燕所擬革新教育十大原則，同年六月韋慤也擬了十二個教育方針，但這只是些個人的意見，我們也不必贅述了。

由以上種種看來，我們可以得一結論。中國國民黨的教育政策是多方注重的：從縱的方面看，自幼稚園以至大學各階段有各階段的特性，全須按照其特性盡量發展；從橫的方面看，凡普通教育、師範教育、職業教育以及其他特殊情形如蒙藏教育、苗猺教育、華僑教育等等，莫不按照其需要盡量施行。再從學科的內容上看，除普通教科外，尤注意於軍事的訓練、團體生活的訓練及生產勞動教育的培養，更注意於生產教育及科學教育。國民教育以兒童爲本位，力求普及，依照目前的國民經濟程度，暫定爲四年的義務教育，對於義務教育的推行尤爲注意。男女教育機會均等，而「對於女子教育尤須確認培養博大慈祥之健全的母性」。（第二屆中央執行委員會第四次全體會議全會宣言關於教育的建設者）從教會及外國人手中收回教育權，使教育脫離宗教而獨立化，脫離外人而國家化。以上所有教育設施，皆統一於三民主義的教育宗旨之下；其政策的原則，力矯從前的放任主義，而代之以干涉主義。（註二）所謂干涉主義，即國家教育政策一切由國家規定，凡在本國領土之內的教育，一律須受國家的監督，遵守國家所定教育宗旨與方針切實辦理。對於學生尤須有嚴格的訓練，以培養思想統一體魄健全富有羣性及生產技能的國民。——此即所謂黨化教育。

（註一）《革盤國民政府教育方針草案》現在最多人討論的是黨化教育問題，但可惜還有許多人不明白黨化教育的意義。……我們所謂黨化教育，就是在國民黨指導之下，把教育變成革命化和民衆化。換句話說，我們的教育方針，要建築在國民黨的根本政策上。國民黨的根本政策是三民主義、建國方略、建國大綱和歷次全國代表大會宣言和議決案，我們的教育方針應該根據這幾種材料而定，這是黨化教育的具體意義。

（註二）《三全會政治報告中國國民黨與教育》大會於此以爲本黨今後必須確定整個教育政策與方針，其根本原則必須以造成三民主義爲中心。……如欲期此成功之增加，則必矯正從前教育上放任主義之失，而代之以國家教育政策。

本章參考書舉要

（1）中國國民黨第一次全國代表大會宣言

（2）大學院公報

（3）教育部公報

（4）全國教育會報告

（5）教育益聞錄

第六十三章　國民政府之教育制度

第一節　概論

本期的教育制度，應分着兩個時代：第一爲大學院時代，自民國十六年七月至十七年十月，只有一年又三個月；第二爲教育部時代，自十七年十一月迄現今，約計五年。在大學院時代，政治爲軍政時期，教育爲革命教育，一切具有革新的精神。在教育部時代，政治已入訓政時期，而教育的革新精神，已入休止狀態，大概說來，一切都恢復舊樣了。在大學院時代，爲期雖只有一年零三個月，而關於本期的一切教育制度，大體均由此時規劃出來。院長爲蔡元培氏，蔡氏在十七年二三兩月，曾擬訂了大學規程、私立學校條例、中小學暫行條例及華僑小學條例與華僑視學條例種種。在同年五月，召集第一次全國教育會議，關於黨化教育的實施，學校系統，起草中小學課程標準，皆有決議；後來十八年及二十一年兩次所頒布的中小學課程標準皆根據此次會議的成案起草的。尤其特異的，爲教育行政制度的革新：一是中央由大學院管理全國教育及學術，一是地方試行大學區制。但此制試行不到兩年，因反對人衆多，遂隨蔡氏而俱倒了。第一任教育部長爲蔣夢麟氏，蔣氏曾在十八年四月，奉中央命令，召集第二次全國教育會議。此次會議的性質，「不是廣泛的方針和原則，而是分期分項的實施方案」。（第二次全國教育會議大會宣言）所以對於第一次會議所決定的各種方針和原則，毫無變更。

本期爲黨化的教育時代，除各級學校課程加授黨義外，其學校系統與前期無大差異。自縱的方面說，自六歲入小學至二十二或二十四歲大學畢業，整個教育時期，約計十八年。在小學以下有幼稚園，收受六歲以下的兒童；在大學以上有研究院，收受大學畢業生之有專門研究者，年限皆不規定。自橫的方面說，在中等教育段，有普通中學，有師範，有職業，有農、工、商等科，及其各項補習學校；在高等教育段，有大學，有獨立學院，及各種專科學校。此外：有華僑學校及蒙藏學校，皆屬於中小學性質；有勞動學校，內分高等、中等兩部；有中央研究院，爲全國最高學術機關。關於民衆教育方面，有補習學校，有由平民學校改稱之民衆學校，有各種勞工學校，此等學校的設立，不必由教育機關，或由交通部，或由農商部，或由地方工廠商會等處直接辦理。

第二節　教育行政制度之一度改造

一　大學院　國民政府在廣州時代，關於中央教育行政機關有教育行政委員會的組織；牠的職權，在『掌管中央教育機關，幷指導監督地方教育行政』。內中設委員三人爲幹部；幹部之下，設行政事務廳，依幹部會議的議決，處理本委員會所管事務。至十六年，國民政府遷都南京，由委員蔡元培提議，取消教育行政委員會，在中央成立大學院，同時由中央政治會議通過，以蔡氏爲院長。蔡氏組織大學院的意旨，在他的大學院公報發刊詞裏面可以看出：

『十餘年來，教育部處北京腐敗空氣之中，受其他各部之薰染，長部者又時有不知學術教育為何物而專務營私植黨之人，聲應氣求，積漸腐化；遂使教育部名詞與腐敗官僚亦為密切之聯想，此國民政府所以舍教育部之名而以大學院名管理學術及教育之機關也』。（大學院公報第一年第一期）

由這一段話看來，以大學院為管理全國學術及教育最高的機關，是側重在研究方面，不但是辦理教育行政就算完事。簡單說，即以學術化代從前的官僚化。所以自大學院始成立時，即進行下之三點：（1）實行科學的研究與普及科學的方法，（2）養成勞動的習慣，（3）提倡藝術的興趣。在大學院直接之下，設立中央研究院，以實現第一點，設立勞動大學以實現第二點，設立音樂院以實現第三點。

大學院的性質既側重在研究方面，所以牠的內部組織也與從前教育部不同。據國民政府於十六年七月公布的中華民國大學院組織法，共計十一條，其要點是：（1）『以大學院為全國最高學術教育機關，承國民政府之命，管理全國學術及教育事宜，』不是隸屬於國民政府的，所以直稱中華民國大學院』。（2）本院設院長一人，總理全院事務，並為國民政府委員。（3）本院設大學委員會，議決全國學術上一切重要問題，『此委員會以各國立大學校長、本院教育行政處主任及本院所推舉的專門學者五人至七人組織之，而以院長為委員長』。（4）在院長之下，設立二處：一為祕書處，置祕書長一人、祕書若干人，辦理本院事務；二為教育行政處，置主任一人、處員若干人，處理各大學區在相關聯及不屬於各大學區的教育行政事宜。（5）在教育行政處之下，又設六組：一為學校教育組，二為社會教育組，三為法令統計組，四為圖書館組，五為國際出版品交換組，六為書報編審組。以上五點，尤以第三點爲大學院的特色，組織大學委員會，即是實現研究精神的。但此項組織法，自初次公布以後，屢有修改。第一次修改在十七年一月，即增設了副院長一人，及加入了教育行政處條例的各條；其餘沒有變更。第二次修改在同年四月，這一次修改，變更可大了。其重要的有二點：第一點爲大學院的地位的低降，即由與國民政府平列的機關改爲直隸於國民政府的機關。第二點爲內部的改組，即由二處改爲五處：一爲祕書處，二爲高等教育處，三爲普通教育處，四爲社會教育處，五爲文化事業處。到同年六月，又修改一次，但變更很小。不過由屢次的修改看來，大學院已有站立不穩的趨勢，所以蔡氏於同年十月辭職，大學院即隨着取消，到十一月以後改稱教育部。教育部的組織一仍前期的舊樣，我們毋庸再寫。

二　大學區　蔡氏既以學術化代官僚化，在中央組織大學院，所以在地方也試行大學區制。大學區制模倣於法國學制，以一省爲單位，每省設立國立大學一所，以所在省名爲各大學的名稱，總理本區內一切學術教育事項。試行了大學區制的省分，即取消教育廳，從前教育廳一切職權完全移歸該省國立大學辦理。內中組織，據十六年六月國民政府公布的大學區組織條例，共計九條，我們也可以略舉幾個要點出來：（1）依全國現有的省分及特別區定爲若干大學區，每大學區設校長一人，總理區內一切學術與教育行政事項。（2）在校長之下，設立下列各機關：一爲評議會，爲本區立法機關；二爲祕書處，輔助校長辦理本區行政上一切事務；三爲研究院，爲本大學研究專門學術的最高機關；四爲高等教育部，設部長一人，管理本部各學院及區內其他大學專門學校及留學事項；五爲普通教育部，設部長一人，管理區內公立中小學校及監督私立中小學教育事業；六爲擴充教育部，設部長一人管理區內勞農學院及關於社會教育之一切事項。以上六個機關，以第一及第三爲新制的特色，即實現研究精神之意，爲從前教育廳制所沒有的。第六擴充教育部比較從前社會教育科的範圍廣大，也是新制的一點特色。此制試行的，只有浙江、江蘇及河北三省，其餘各省仍舊爲教育廳制。新制初行始於十六年七月，蔡氏打算逐漸推廣，那知將近一年而江蘇教育界乃羣起反對。他們反對的理由：（1）大學教育之畸形發展，（2）經濟分配之不均，（3）偏重學術，忽視教育，（4）行政效率減低，（5）易爲少數分子操縱。總之大學區制，不惟不能使政治學術化，反使教育官僚化。他們根據這些理由，呈請政府取消試驗。十八年，北平教育界及學生，也羣起反對。政府看見反對的人太多，遂於十八年八九月間，明令停止試驗，仍復教育廳舊制。自此，蔡氏的滿腹志願僅作曇花一現了。

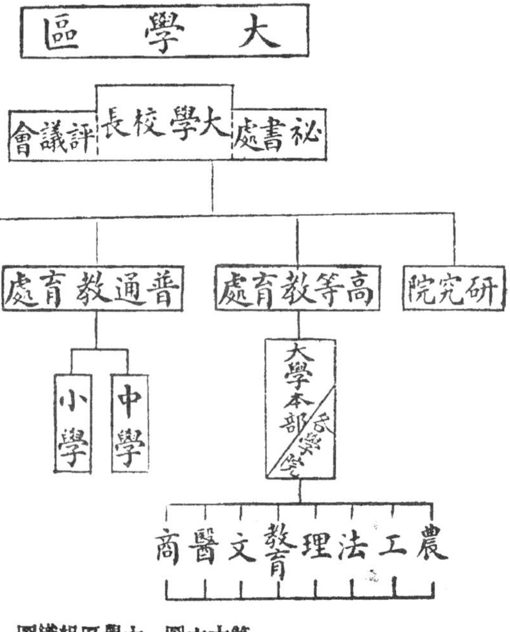

大學區

評議會　大學校長　祕書處

擴充教育處　普通教育處　高等教育處　研究院

勞農學院　勞工學院　公共圖書館　講演所　諮議處

中學　小學

大學本部　各學校

農　工　法　理　教育　文　醫　商

第十六圖　大學區組織圖

第三節　學校系統

一　原則　本期第一次全國教育會議，討論議案共分十二組，第二組爲教育行政組。在本組內的第七條，有學校系統一案，案中又分甲乙兩項，甲項爲原則，乙項爲組織系統，統名中華民國學校系統。本期所謂『原則』，卽前期所謂『標準』，初次議決只有六條，後來大學院增加了一條，合爲七條，與前期的標準大旨相同。我們把大學院修正了的原文寫在下面：

（1）根據本國實情。

（2）適應民生需要。

（3）增進教育效率。

（4）提高學科標準。

（5）謀個性之發展。

（6）使教育易於普及。

（7）留地方紳縮之可能。

二　系統圖及說明　本期學校系統說明裏面，分初、中、高三段，共計二十二條。此二十二條說明，卽本期教育界上的根本大法，後來公布的一切組織法法規及課程標準，莫不依據此項說明產生出來，不過辦法頗有出入。我們勿妨先將說明的原文抄在下面了，再加以補充。其說明如下：

甲　初等教育：

（1）小學修業年限六年。

（2）小學校分初高兩級：前四年爲初級，得單設之。

（3）小學課程於較高等級，斟酌地方情形，增設職業學科。

（4）幼稚園收受六歲以下之兒童。

（5）初級小學修業期滿後，得設相當年期之補習教育。

乙　中等教育：

（6）中學校修業年限六年，分爲初高兩級：初級三年，高級三年。但依設科性質，得定爲初級四年，高級二年。

（7）初級中學得單設之。

（8）高級中學應與初級中學並設，但有特別情形時得單設之。

（9）初級中學施行普通教育，但得視地方需要，兼施除師範科外之各種職業科。

（10）高級中學得分普通科及農、工、商、家事、師範等職業科；但得酌量地方情形，得單設普通科；農、工、商、師範等科得單獨設立爲高級職業中學校。修業年限以三年爲原則。

年爲原則。

（11）除師範外，得設相當初中程度之職業學校，爲初級職業中學校，以收受高級小學畢業生，修學以三年爲原則。

（12）初級中學自第三年起，得酌行選科制。

（13）各地方應設中等程度之補習學校（或稱民衆學校）。

（14）爲推廣職業教育計，得於相當學校內，附設職業師資科。

（15）高中師範科或師範學校，收受三年制初中畢業生者，修業年限三年；收受四年制初中畢業生者，修業年限二年。

（16）爲補充鄉村小學校教育之不足，得設鄉村師範學校，收受初級中學畢業生，或相當學校肄業生之有教育經驗，且對於鄉村教育具有改革之志願者，修業年限暫定一年以上。如收受小學畢業生，則修業年限至少兩年。

丙　高等教育：

（17）大學得分設文、理、法、醫、工、農學院。

（18）大學修業年限：文、理、農各四年，法、工各五年，醫七年。

（19）大學得附設各種專修科。

（20）研究院限爲大學畢業生而設，年限無定。

（21）專門學校得就工業、農業、商業、美術、音樂等分別設立。

（22）專門學校招收高級中學或同等學校之畢業生。專門學校修業年限三年，經大學院之許可，得延長或縮減之。

由以上看來，初等教育與前期大致相同。中等教育除師範與職業外，關於普通初高兩級也與前期沒有出入。師範教育與前期不同的有三點：一是廢止六年制，二是取消師範專修科及講習科的名目，三是添設鄉村師範教育。本期所規定的因有三種：一爲高中師範科，二爲師範學校，三爲鄉村師範學校。一二兩種，如收受三年制的初中畢業生修業，以三年爲限；收受四年制的初中畢業生，修業以二年爲限。第三種如收受初中畢業生，修業年限暫定爲一年以上；如收受小學畢業生，則修業至少兩年，而入學年齡須在十六歲以上。職業教育與前期不同的，就是脫離了普通中學而獨立成爲系統，內中分初級職業學校及高級職業學校兩種，其入學資格與普通中學同。除以上兩種正式職業學校外，凡初級中學得附設各種職業科，高級中學得分設各種職業科。此外還可於小學內增設職業學科，還可於相當學校內附設職業師資科。關於高等教育，分大學校及專門學校兩級，修業年限與前期無大出入。所不同的有兩點：（1）即大學取消單科制而爲多院制，（2）師範大學沒有單獨規定他的地位，只混在大學組織裏面就是了。我們把系統圖列在下面：

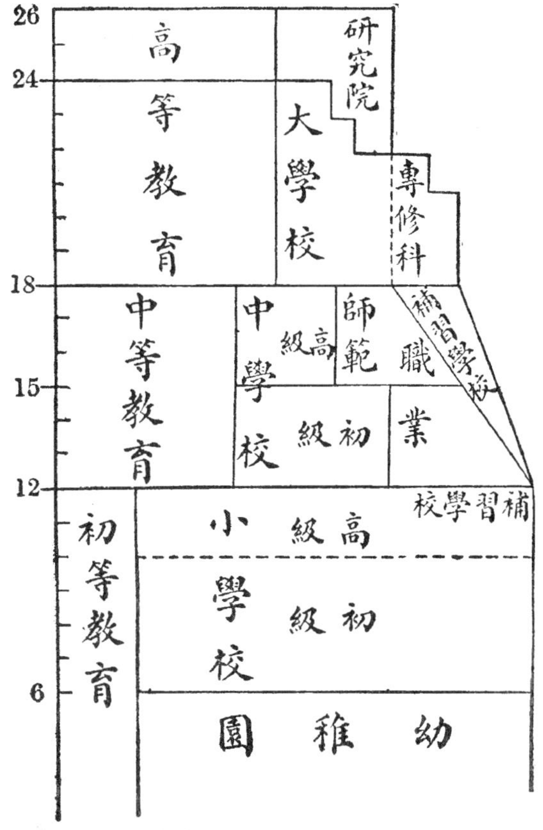

第十七圖　戊辰學制系統圖（民國十七年）

第四節　各項學校令及其規程

一　緒言　本期的學制系統雖在大學院時代早已成立，但該項系統只是一個大綱，一切詳細組織尚未製定。到民國二十年，朱家驊爲教育部長時，對於部務的整頓及全國教育的計劃很肯努力，於是在二十二年製定了小學法及小學規程，中學法及中學規程，師範學校法及師範學校規程，職業學校法及職業學校規程各一分。此項法令與規程，雖根據戊辰學制，變更的地方也頗不少，而所變更的較前確係完善，對於小學尤爲切實，可算是制度上的一點進步。現在全國中初兩級的各項學校，莫不奉牠爲典章，我們可以擇要補敍幾點出來。

二　小學校　據小學規程所載，小學分着三種：一爲完全小學，二爲簡易小學，三爲短期小學。完全小學分初、高兩級，以六年爲修業期限，初級小學也可以單獨設立。此項小學以六足歲的兒童爲入學年齡，但亦可展緩至九足歲，其課程載在部頒小學課程標準內，留在下面另述。簡易小學爲推行義務教育的一種變通辦法。教育部爲推行義務教育，曾於民國二十一年製定了第一期實施義務教育辦法大綱。規定以民國二十一年八月起至二十四年七月止，爲實施義務教育第一期。在此期內，全國各縣市及行政區特別區，應指定城市及鄉村各設一區或數區，爲義務教育實驗區，實施義務教育。在義務教育實驗區內，所辦之小學取名義務教育實驗區小學校，經費以就地籌措爲原則。此項小學編制，又分三項：（1）全日制，招收學齡兒童，多級或單級教學；（2）半日制，招收學齡兒童，上下午分級教學；（3）分班補習制，招收不能入一二兩項之兒童，每兩小時分班教學。前兩項定四年畢業，後一項至少須修滿二千八百小時，作爲修業終了。此項小學課程，應以部定小學課程標準爲標準，但視地方情形可減少圖畫、音樂、勞作等學習時間，僅授算術、常識、國語、體育等科。此項課程稱爲簡易課程，故又名此項小學爲簡易小學。

簡易小學，其課程雖比較簡單，所教的仍爲學齡兒童。短期小學則爲救濟年長失學的兒童而設的，可以說短期小學又爲促進義務教育的一種變通辦法。教育部爲促進義務教育，在同年，又製定了短期義務教育實施辦法大綱。規定短期義務教育之實施，以鄉鎮坊公所爲主體，省市行政區特別區及縣市區爲試驗與示範起見，應指定相當地點設短期義務教育實驗區，儘先辦理短期義務教育。辦理此項教育之小學，稱短期小學，或短期小學班。其經費也以就地籌措爲原則。凡年滿十足歲至十六足歲之年長失學兒童，均應入短期小學班，但不得收取學費。此項小學，採用分班教學制（上午、下午、夜間），每日授課二小時，修業年限一年。以識字爲目的，其課程設國語一科，並注重注音符號。課程的內容，包含史地、公民、算術、自然等常識。

三　中學校　中學規程，與戊辰學制所定大致相同。所不同的，約計二點：（1）取消了四二制，此後完全採用三三制；（2）取消了選科制，勿論初高兩級所有課程一律作爲必修科。並且規定了早操，規定了自修時間，規定了以男女分校或分班爲原則。在學年齡，初級中學以自十二足歲至十五足歲爲標準，高級中學以自十五足歲至十八足歲爲標準。

四　師範學校　師範教育，據師範學校法或其規程所載，分着四種：一爲師範學校，二爲幼稚師範科，三爲特別師範科，四爲簡易師範學校或簡易師範科。第一種專收女生的稱女子師範學校，如以養成鄉村小學師資爲主旨的，稱鄉村師範學校，均以三年爲修業年限。第二種修業年限三年或四年，第三種修業年限一年，第四種年限不定。其課程除第一種已見於師範學校課程標準外，其餘尚未製定出來，不過一律取消選科，與中學校相同。畢業生服務年限，照他們在校時修業年限加倍計算，服務未滿限期，不得升學或從事教育以外之職業。設置規定分設於城市鄉村，而以多設在鄉村爲宜，並爲推廣師範教育計，得劃全省爲若干師範區，每一區得設男女師範學校各一所。

五　職業學校　此項學校，分初高兩級，初級職業學校，以收受小學畢業生爲原則，修業年限一年至三年；高級職業學校，以收受初中畢業生爲原則，修業年限三年。前者以縣立、市立爲原則，後者以省立或特別市立爲原則，但社團或工廠、商店、農場等職業機關，或私人，按照規程均可設立。設置科目，以就某業中之一科單獨設立爲原則，以兼設同一業之數科或合設數業爲例外。除此以外，視地方需要，得於職業學校內附設職業補習班，或職業補習學校，其他與戊辰學制盡同，不必重述。

第五節　各級學校課程標準

一　緒言　本期的課程標準編訂了兩次：一爲民國十八年八月公布的，名中小學課程暫行標準；一爲二十一年十月公布的，名中小學課程標準。前者爲試行的課程標準，由十八年八月到二十年六月爲試驗研究時期。自二十年六月，教育部收集各省區試驗的結果，另聘專家加以修正和審核，到二十一年十月，纔完全告竣，作爲本期的正式課程標準。本期與前期最大不同的有兩點：一是增加了黨義課程，且將黨義融和於各科教材裏面；二是另編了一部幼稚園課程，爲自有新學制以來所沒有的。正式標準與暫行標準最大不同的有三點：（1）在小學方面，增加了公民訓練標準；（2）在中學方面，取消了學分制，改爲鐘點制；（3）在中小學方面，取消了黨義科目，只將黨義教材充分融化於社會及自然各科之中。在各科內容方面，後者較前者更爲充實，且多趨向於實際教學，掃除從前一切架空蹈虛的毛病，這也是試驗研究之後的一番進步。現在我們只將正式的標準擇要寫在下面，至於暫行的標準有效期間業已過去，可以從略。

二　幼稚園課程標準　本標準分『幼稚教育總目標』、『課程範圍』及『教育方法要點』三項。第一項的目標有下之四點：

（1）增進幼稚兒童身心的健康；

（2）力謀幼稚兒童應有的快樂和幸福；

（3）培養人生基本的優良習慣（包括身體行為等各方面的習慣）；

（4）協助家庭教養幼稚兒童，並謀家庭教育的改進。

第二項的課程範圍分七目：（1）音樂、（2）故事和兒歌、（3）游戲、（4）社會和自然、（5）工作、（6）靜息、（7）餐點。每一科目分『目標』、『內容大綱』及『最低限度』三項。每項又分着數條目。第三項的教法要點，係根據兒童興趣和需要，做成作業的中心，把各科教材打成一片，以設計教學法引起兒童的活動；從活動中施以個性的發展，羣性的培養，並養成民族的觀念；教師處於指導者、保育者和最後評判者的地位。

三　小學課程標準　此項標準，也分着『小學教育總目標』、『作業範圍』及『教學通則』三項。第一項的總目為：『小學應根據三民主義，遵照中華民國教育宗旨及其實施方針，發展兒童身心，培養國民道德基礎及生活所必需的基本知識和技能，以養成知禮、知義、愛國、愛羣的國民』。其分目有八：

（1）培養兒童健康的體格；
（2）陶冶兒童良好的品性；
（3）發展兒童審美的興趣；
（4）增進兒童生活的知能；
（5）訓練兒童勞動的習慣；
（6）啓發兒童科學的思想；
（7）培養兒童互助團結的精神；
（8）養成兒童愛國愛羣的觀念。

作業範圍，分公民訓練、衛生、體育、國語、社會、自然、算術、勞作、美術及音樂十目。每目每週教學時間，以分數計算。

總計低年級自一、一七〇至一、二六〇分，中年級自一、三八〇至一、四四〇分，高年級約爲一、五六〇分。

第二十二表　戊辰學制小學科目及每週教學時間總表

科目　分鐘　年級	低年級		中年級		高年級
	一年級	二年級	三年級	四年級	
公民訓練	六〇	六〇	六〇	六〇	六〇
衛生	六〇	六〇	六〇	六〇	六〇

體育	國語	社會	自然	算術	勞作	美術	音樂	總計
一五〇	三九〇	九〇	九〇	六〇	九〇	九〇	九〇	一一七〇
一五〇	三九〇	九〇	九〇	一五〇	九〇	九〇	九〇	一一六〇
一五〇	三九〇	一二〇	一二〇	一八〇	一二〇	九〇	九〇	一三八〇
一五〇	三九〇	一二〇	一二〇	二四〇	一二〇	九〇	九〇	一四四〇
一八〇	三九〇	一八〇	一五〇	二一〇	一五〇	九〇	九〇	一五六〇

內中的說明有四點：（1）公民訓練和別種科目不同，重在平時的個別訓練。（2）各科目得依各地方情形酌量分合：如社會、自然及衛生三科，在初級小學得合併爲常識一科；又如勞作科的農事、工藝作業可單設一種，即以所設的一種命名某某科；又如美術、勞作二科，在低年級得合併爲工作科。（3）總時間爲適中學數，得依各地方情形，每週增多或減少九十分鐘。（4）時間支配，以三十分一節爲基本，視科目教材的性質分別延長到四十五分或六十分。

其餘各種集團活動，每週所需時間也有一個規定，如下表：

第二十三表　戊辰學制小學各科集團活動每週時間分配表

年級	低年級	中年級	高年級
分鐘	一八〇	二七〇	三六〇
附注	朝會　週會　紀念週　課外活動　課外作業　兒童自治團體　活動等集團作業部在內		

四　初級中學課程標準　初中課程分第一、第二兩類。第一類之教學科目爲：公民、國文、英語、算學、歷史、地理、物理、化學、動物、植物、體育、衛生、勞作、圖畫及音樂十五科，這是爲一般情形而設立的。至於需要蒙、回、藏語或第二外國語之特殊地方，則酌減勞作、圖畫及音樂三科鐘點，每週加授蒙、回、藏語或第二外國語三小時。倘遇特別困難時，

第二十四表　戊辰學制初中課程表（第一部）

科目　學年　學期	第一學年		第二學年		第三學年		合計
	一學期	二學期	三學期	四學期	五學期	六學期	
公民	二	二	二	二	一	一	一〇
體育	三	三	三	三	三	三	一八
衛生	一	一	一	一	一	一	六

國文	英語	算學	自然				歷史	地理	勞作	圖畫	音樂	每週教學總時數	每週在校自習總時數
			植物	動物	化學	物理							
六	五	四	二	二			二	二	二	二	二	三五	一三
六	五	四	二	二			二	二	二	二	二	三五	一三
六	五	五			四		二	二	二	二	一	三五	一三
六	五	五			三		二	二	二	二	一	三四	一四
六	五	五				四	二	二	四	一	一	三五	一五
六	五	五				三	二	二	四	一	一	三四	一四
三六	三〇	二八	四	四	七	七	一二	一二	一六	一〇	八	二〇八	

得酌減英語每週一小時或二小時。此次既改學分制為鐘點制，所以在校自習時間也列為正課，勿論住校學生或通學生均須一律參加。學生成績分學業、操行及體育三項。考查學業成績的方法，分日常考查、臨時試驗、學期考試及畢業考試四種。凡升級或畢業，皆以各項成績及格為標準。

五　**高級中學普通科課程標準**　高級中學的課程，也分第一、第二兩類。第一類之教學科目，爲公民、國文、英語、中外歷史、中外地理、算學、物理、化學、生物學、體育、衛生、軍事訓練（女生習軍事看護）、倫理、圖畫及音樂十五科。

第二十五表　戊辰學制高中普通科課程表

科目＼學年／學期	第一學年		第二學年		第三學年		合計
	一學期	二學期	三學期	四學期	五學期	六學期	
公民	二	二	二	二	二	二	一二
體育	二	二	二	二	二	二	一二
衛生		二					二
軍訓	三	三	三	三			一二
國文	五	五	五	五	五	五	三〇
英語	五	五	五	五	五	五	三〇
算學	四	四	三	三	四	二	二〇
生物學	五	五					一〇
化學			七	六			一三
物理					六	六	一二
本國史	四	二	二				八

外國史				二	二	二	六
本國地理	二	二	二				六
外國地理				二	二	二	六
倫理						二	二
圖畫	一	一	二	二	二	二	一〇
音樂	一	一	一	一	一	一	六
每週教學總時數	三四	三四	三四	三三	三一	三一	一九七
每週課外及在校自習總時數	二六	二六	二六	二七	二九	二九	

若遇有特殊地方，需要蒙、回、藏語或第二外國語者，則減去倫理、圖畫、音樂等科目，以所餘時間加授蒙、回、藏語或第二外國語。考查成績方法及畢業標準，與初中完全相同。至於初高兩級中學之一般目的，依照中學規程所規定者如下：

『中學爲嚴格訓練青年心身，培養健全國民之場所，依照中學法第一條之規定，以實施左列各項之訓練：（1）鍛鍊強健體格，（2）陶融公民道德，（3）培養民族文化，（4）充實生活知能，（5）培養科學基礎，（6）養成勞動習慣，（7）啓發藝術興趣』。

六　師範學校課程標準　師範學校爲嚴格訓練青年身心，養成小學健全師資的場所，依照師範學校規程第二條的規定，以實行以下各項訓練：（1）鍛鍊強健身體，（2）陶融道德品格，（3）培養民族文化，（4）

充實科學智能，（5）養成勤勞習慣，（6）啓發研究兒童教育之興趣，（7）培養終身服務教育之精神。關於普通師範之教學科目，爲公民、國文、歷史、地理、算術、物理、化學、生物、體育、衞生、軍事訓練（女生習軍事看護）、勞作、美術、音樂、論理學、教育概論、教育心理、教育測驗及統計、小學教材及教學法及小學行政實習等科。其他關於鄉村師範及幼稚師範等課程，則另有規定。

七　職業學校課程標準　職業學校爲實施生產教育之場所，訓練的目標如下六條：（1）鍛鍊強健體格，（2）陶融公民道德，（3）養成勞動習慣，（4）充實職業技能，（5）增進職業道德，（6）啓發創業精神。其課程分初級高級兩種。初級職業學校暫分爲下列各科：（1）關於農業者，如普通農作（稻、棉、麥作等）、蠶業、森林、畜牧、養植、園藝等；（2）關於工業者，如籐竹木工、板金工、電鍍、簡易機械工、電機、電料裝置及修理、鐘表修理、汽車修理、攝影、印刷、製圖、染織、絲織、棉織、毛織、陶瓷、簡易化學工業等；（3）關於商業者，如普通商業簿記、會計、速記、打字、廣告等；（4）關於家事者，如烹飪、洗濯、造花、縫紉、刺繡、理髮、育嬰、傭工等；（5）關於其他職業者，視地方需要酌量設立。高級職業學校分爲下列各科：（1）關於農業者，如農業、森林、蠶桑、畜牧、水畜、園藝等；（2）關於工業者，如機械、電機、應用化學、染織、絲織、棉織、毛織、土木建築、測量等；（3）關於商業者，如銀行、簿記、會計、速記、保險、匯兌；（4）關於家事者，如縫紉、刺繡、看護、助產等；（5）關於其他職業者，視地方需要，酌量設立。凡職業學校，每週教學四十至四十八小時，以職業學科佔百分之三十，普通學科佔百分之二十，實習佔百分之五十爲原則。

第六節　畢業會考及成績核算法

一　畢業會考　教育官廳對學校舉行畢業會考，是本期近來的一種特殊制度。此制創行於民國十九年湖北教育廳，二十一年以後乃通行於全國各省。教育部初次頒布了一份中小學學生畢業會考暫行規程，凡已屆畢業的中小學學生，須一律參加會考。二十二年九月，教育部又將此項暫行規程修正，名叫中學學生畢業會考規程。按照此項修正的規程，把小學會考一項取消，只留中學一項。凡公私立中學學生必須參加畢業會考，但須在本校畢業試驗及格之後，方有參加的資格。會考的科目初中與高中略有不同。凡初級中學，抽試公民、國文、算術、理化（物理化學）、生物（動物植物）、史地（歷史地理）及外國語七科。凡高級中學，抽試公民、國文、算學、物理、化學、生物學、歷史、地理及外國語九科。（按民國二十二年部令抽考科目又有變更）會考的成績有二科或一科不及格者，准其參加下屆各該科會考，及格後方得畢業。如有三科以上不及格者，應令留級。畢業會考應行補考的學生，如願升學者，可准其先行升學，作爲試讀生，非俟參加下屆補考及格後，不得作爲正式學生。

二　成績考查法　據各項規程的規定，凡中學校、師範學校及職業學校，學校考查學生的成績，分（1）日常考查，（2）臨時試驗，（3）學期考試，及（4）畢業考試四種。第一種，包括口頭問答、演習練習、實驗實習、讀書報告、作文測驗、調查採集報告、其他工作報告及勞動作業九項。第二種，由擔任各科教員隨時於教學時間內舉行，每學期至少舉行二次以上，普通叫做月考。第三種，於每屆學期終各科教學完畢時舉行，所考範圍以本學期所教學者爲限。第四種於規定學年修滿後舉行，所考範圍以本校所定全部課程爲限。

三　成績計算法　學校對學生成績的計算法，分（1）平時成績，（2）學期成績，（3）學年成績，及（4）畢業成績四種。各科日常考查成績與臨時試驗成績相合，叫做各科平時成績；日常考查成績在平時成績內佔三分之二，臨時試驗成績佔三分之一。各科平時成績與學期考試成績相合，叫做各科學期成績；平時成績在學期成績內佔五分之三，學期考試成績佔五分之二。每學生各科學期成績的平均數，作爲該生的學期成績；每學生一二兩學期的平均數，作爲該生的學年成績。每學生各學年成績的平均數，與其畢業考試成績相合，叫做畢業成績；各學年成績的平均數在畢業成績內佔五分之三，畢業考試成績佔五分之二。除以上四種成績外，由官廳舉行畢業會考的成績，與學校畢業成績相合，叫做畢業會考成績；學校各科畢業成績在畢業會考成績內佔十分之四，會考各科成績佔十分之六。以上各項成績，均以百分法計算，倂規定以六十分爲及格標準。

本章參考書舉要

（1）國民政府教育法規
（2）大學院公報
（3）教育部公報
（4）全國教育會議錄
（5）教育雜誌

（6）教育益聞錄

（7）中小學課程標準

（8）最近三十年之中國教育

（9）湖北地方教育現行法令輯要

第六十四章　現今教育之趨勢

第一節　生產教育

生產教育的意義，發生於前期，本期初年纔有人正式提倡，到近二三年來已演為很高的思潮了。這種教育近年所以演為思潮的，其背景不外『政治』、『社會』、『國際』及『教育本身』四種。

民國十一年公布之新學制標準第五條有『注意生活教育』一語，即我國生產教育之萌芽。

本期政治以孫中山的三民主義為政綱，三民主義以民生為中心，可以說本期政治是應以民生為中心的。政治既以民生為中心，教育亦當以民生為中心，而生產教育一項自必為政府所注意。本期最初提倡生產教育的為許崇清。許氏在民國十五年國民政府教育行政委員兼廣東教育廳長任內，擬了一道教育方針草案，內中有這樣幾段話：

『中國從來的教育，祇是關於支配行動的教育；教育關於生產行動的教育在中國是從來所無的。

『中國今後社會發達必然的唯一可能的進路，我們今後應該致力革命的一般政策既是如此；則中國今後的教育政策，當然亦應該與這個革命的一般政策相拚動，然後所施的教育纔能成為確有實效的教育。而且今後的教育政策所指導的方向，亦祇有與這個革命的一般政策所進取的方向相一致；然後所設施的教育纔能盡致發揮他固有的價值，教育的發達纔能預期。

『吾人所謂知識，即是使環境順應於吾人的要求又使吾人的慾望或目的順應於環境，因而構造吾人底心的傾向。知識不是只限於吾人所能意識的而止，卻是當吾人解釋當面的事實及現象的時候，吾人有意運用心的傾向所構成。吾人所謂道德，亦不過是在人我相交處一個社會的關係裏面，體察疑問中的一切條件，人我間一切要求，又發現於意識內一切價值，而後眞正把捉着的一個狀態。

『從這些根本事實來制定教育的原理，學校教育當與社會生活的活動和事務相結合；不獨是材料的內容要與社會環境相聯絡，并其方法的內容亦須與社會生活相一致。

『我們一面依照這個教育原理，一面因應前述革命的一般政策來擬定今後的教育方針。當面第一個緊急問題，應該就是產業教育問題』。（中華基督教教育季刊第二卷第三期）

許氏認中國歷代的教育皆是支配行動的，今後當改變方針竭力從事於生產行動的教育；這一篇議論，對於國人歷來教育觀念的革命，確是很有價值的。生產教育自經許氏這樣一提倡，國民政府於是深切注意。大學院院長蔡元培在十七年五月召集第一次全國教育會議時，即有『養成勞動習慣，增高生產技能，推廣科學之應用，提倡經濟利益之調和，以實現民生主義』的教育宗旨之規定。十八年一月，第三次全國代表大會開第十一次會議時，接手又有『以各種之生產勞動的實習，培養實行民生主義之基礎』的實施方針之決議。十九年四月，教育部長蔣夢麟召集第二次全國教育會議，所通過之改進全國教育方案，又有『在各級各類的教育內，都應注重科學實驗，培養生產能力養成職業技能』的規定。二十年六月，行政院公布國民會議議決的教育設施趨向案內，也是以生產教育為言；且規定社會教育應以增加生產為主要目標。國民政府因要實行其民生主義，屢次會議皆以生產教育為提倡，自然能夠引起國人的注意。

中國目前社會最感恐慌的，莫過於『貧』。貧的來源有二：一方由於政治不上軌道，致產業無從發達；一方由於外貨充斥，致利權日益外溢。這種現象，一天厲害一天，由是農村破壞，百業凋零，失業者的數目日增，整個社會皆陷於極窮困的境地。救貧的根本辦法，只有努力從各方面發達自己的產業，挽回已失的利權。要達到這個目的，除政治力量外，則應當依靠教育力量，此生產教育所以在近年最感迫切。在政府方面，提倡生產教育的，有許崇清、陳果夫、程天放等人；在社會方面，提倡這種教育的，有陶知行、羅廷光、舒新城、曹蒭等人。曹氏說：

『以四萬萬人口的國家，有三分之二以上的人，日日在啼饑號寒，是何等的危險！任何事沒有比足衣足食的需要更迫切的了。解免這種危險，適應這種需要，衹有增加生產之一法。中國是小農國家，還停滯在小手工業時代。……我們唯一的方法，衹有利用農產品，去換必要的工業品，漸求入超的減少，以至於出入相抵——這是工業國家必經的途徑。所幸中國農業還是利用人力和畜力的農業，還未用着機器力量。同時荒地尚多，地力未盡，生產增加不是不可能的。教育和政治的力量，如集中於此點，速效可期，危亡可免』。中華教育界第十卷第三期從羣衆潛隱的形態中尋我中國教育之出路陶氏說：

『新近依日本估計，中國每人均攤財富，只有一〇一元日金。沒有開發的寶藏，當然還是無法運用，所以不算在內。同時日本每人均攤財富爲一、七三一元，比中國人大十七倍多。美國每人均攤財富爲六、六〇七元，比中國人大六十五倍多。俄國雖窮，還在中國之上，每人均攤七五六元，差不多比中國人大七倍。所以中華民族的第二條出路，是創造「富的社會」；中國教育的第二條出路，是「教人創造富的社會」。……在創造富的社會中，教育之任務如左：

（1）教人創造富的社會，便是教人創造合理的工業文明，便是引導人民在合理的工業上尋出路。

（2）教人創造合理的工業文明，便是教人創造合理的機器文明；合理的機器文明，便是要人做機器的主人，不做機器的奴隸。

（3）科學是工業文明的母親，我們要創造合理的工業文明，必須注重有駕馭自然力的科學。

（4）農業對於富力之增加，有兩種方式：一是使全中國無荒廢之地；二是把科學應用到農業上來，使地盡其利。最後等到工業吸收了一大部分之農人，即可使農業變成工業的農業。

（5）教後起青年運用雙手與大腦，去做新文明的創造者，不教他們袖手來去做舊文明的安享者。

（6）教人同時打破「貧而樂」，「不勞而獲」及「勞而不獲」的人生觀，這三種人生觀都是造富的心理上的最大障礙。

（7）教人重訂人生價值標準。農業社會與向工業文明之前進社會是不同的：純粹的農業社會的一切是靜止的，向工業文明前進的農業社會是變動的。我們要有動的道德、動的思想、動的法律、動的教育、動的人生觀』。中華教育界第十九卷第三期中華民族之出路與中國教育出路

羅氏著教育與經濟一文，對中國今後教育應有的改革，分着五點，而以注重生產教育列爲第一。他說：

『開宗明義，當然以注重生產教育爲最重要。拿了生產教育去代替舊式的消費教育，切切實實的講究生產，講究生產的增加。因爲中國係以農立國，當然應以農業生產爲主，工業爲輔。努力於發展固有的農業，輔以近世工業，近世生產新法，藉機械以增加生產能量，以求抵抗國際資本主義的侵略，而謀自給自救——此爲最低限度之要求』。新中華雜誌第一卷第三期

中國歷來所辦抄襲的教育，不合於自己社會的需要，致無救於社會的貧窮，國人雖感覺其錯誤，而印象尙不深切。國人感受已往教育的錯誤之刺激最深的，莫如學校畢業生之無出路。十餘年前，只有中學畢業生得不着出路，到現在大學畢業生亦無出路可找，甚至於出外留學歸國的學生之失業的亦逐日加多。從前只有普通學校的畢業生沒有職業可尋，現在連職業學校的學生出了學校亦得不着職業，且他們也不能從事職業。全國學校年年不斷的招生，不斷的畢業，而社會上失業的數目於是不斷的增加。社會上失業者不斷的增加，而國家從未想一救濟的辦法，於是強者爲盜匪，弱者爲流氓，此社會問題所以日趨險惡。這個時候，國人纔知道已往教育之失當，纔知提倡生產教育之刻不容緩了。程天放在他所著改革中國學校芻議一文中，有一段話說得很痛切：

「生產落後，經濟枯竭，是中國最大的危險。現在中國人衣、食、住、行的需要，都要仰給於舶來品。……照此下去，人家不必調一兵，不必發一礮，我們也非日趨滅亡不可。尤其危險的是過去的教育，不但不能增加人民的生產力，反而減少人民生產能力。本來是個農家子弟，假如他不受教育，長大後還可以做一個胼手胝足的農夫，一受教育便再也不肯下田耕種。本來是一個工人子弟，假如他不受教育長大後還可以做一個刻苦耐勞的工人，一受教育，便再也不肯動手作工。這種現象，到處皆是。所以大學畢業、中學畢業甚至小學畢業的學生，大多數都成爲安坐而食的不生產分子。大家都往政界、教育界擠，擠不進去就失業。所以學校畢業生一年多一年，失業的人也就一年多一年，社會上不安定的狀態也就一年甚於一年。這種教育，非促成亡國不可。我們現在必須以教育的力量挽回這個頹風，以教育力量增加人民的生產能力。原來能生產的，受教育後，生產能力更強。原來不能生產的，受教育後，也成爲生產分子。這是中國目前第二個大需要，也是教育第二個目標」。（中華教育界第二十卷第五期）

胡葆良在二十年暑假講習會中也有同樣的感覺：

「吾人之日用品，凡爲生活之所需要者，什九皆仰給於舶來品，此我國致窮之原因，夫人人而知。挽救之法，除增加大量生產以外，更無再好辦法，此生產教育所以有特殊之需要也。就教育的立場而言，過去之教育，凡人之子女一經學校畢業，卽成爲雙料少爺小姐，而鄙視一切勞動，以生產爲賤業，以消費爲尊榮。此種態度之養成，於個人於社會均有莫大之不利。我國生產之落後，經濟之破產，內亂叢生，外患日迫，教育亦應負其責焉。今後對於教育的設施，當看清此弊而竭力矯正之，此爲生產教育特殊之背景也」。（中華教育界第二十卷第七期生產教育討論）

整個社會的貧乏，學校畢業生失業的數目日益加增，加以蘇俄的勞動教育政策之對照，及政府不時的提倡，所以『生產教育』的呼聲瀰漫於全國了。大家皆認爲這種教育爲中國教育唯一的出路，也是中華民族的出路。

何謂生產教育？依當今國人一般的解釋，李權時分直接、間接二類，程其保分廣義狹義二說，（註一）究不如胡篠良所說較爲精當。胡氏說：

「生產教育之意義，卽運用教育方法，以養成兒童勞動的精神，啓發創造的思想，培養兒童生產的興趣，及尊敬勞作的態度，以達到生產的目的，而滿足生活的需要是也」。（生產教育討論）

生產教育不是撇開現有學校教育而另成一種教育，是寓生產之意於所有學校教育之中。主要的在平日培養兒童以生產的興趣創造的思想及尊敬勞作的態度。此卽陶氏所謂『教後起青年運用雙手與大腦去做新文明的創造者，不教他們袖起手來去做舊文明的安享者』。至於實施的方法，主張各有不同。有主張改變昔日教育觀念及教授方法的，（註二）有主張課程改組的，（註三）有主張對於現在學制根本改革的。（註四）

（註一）（中華教育界十九卷三期中國國民經濟與教育）所謂生產者，斷不是僅指能夠養成生產力的教育，如各種專業教育、藝徒教育和自然科學教育而言舉凡間接地可以養成生產力的教育，如各種普通教育、社會教育和高等文化教育或社會科學教育，也統統應該包括在內的。

（湖北教育月刊創刊號湖北教育界今後應有的努力）生產教育有兩種涵義：狹義的說當然指養成學生生產品物之能力而言，就廣義的說則指爲造就學生爲社會效勞的能力。

（註二）（中華教育界第二十卷第七期生產教育討論）實施生產教育須注意於兒童有正當的學習，……所謂正當學習者，包括興趣、思想、態度三者而言之。

（註三）（中華基督教教育季刊第二卷第三期教育方針草案）這個學校的社會化，當然要將現行學校組織及教育的實際大加變更。至少要將現在的小學校和中學校加以適當的改造。在小學六年間至少亦要採用類似實際活動的設備和方法，以教授日常生活所必需的普通科學。在中學校則從第一年起，六年間依產業教育的見地，逐漸分化其課程。課程分化的程度，一視地方生產事業情形而定，更由援用類似實際活動的設備和方法漸進，而與地方實際事業相聯絡。以半日從事實際工作，半日研究其所學工作的理論。總求在這樣的學校畢業後，人人都成一個具有實用常識而且兼備科學知識的生產者。

（註四）按程天放改革中國學校教育芻議一文中，立教育之目標五，分學校之系統四，第一爲國民教育，第二是生產教育，第三是師範教育，第四是人才教育，此四系合成爲整個教育系統。

第二節　鄉村教育

中國人注意鄉村教育，始於民國十二三年，當時有余家菊、傅保琛、喻謨烈等人。余氏不過在雜誌上粗有論文發表，尚談不上研究，用力在這上面研究的則爲傅、喻二氏。喻氏在民國十四年，編了一本鄉村教育，除說明鄉村教育之意義與目的外，對於鄉村生活的改良頗有陳述。同年中華教育改進社在山西開年會時，且正式提議添設鄉村教育組，以便推行鄉村教育。傅氏除在北京師範大學擔任鄉村教育教授外，逐年在雜誌上繼續發表的文字，較喻氏更多。但他們這些人此時所用力的不過紙上談兵，未嘗在實際上作鄉村教育的工作；且所研究的多不脫離教育範圍，而當時對於這種教育的空氣甚爲淡薄。

自民國十六年以後，國人對於鄉村教育的空氣漸漸濃厚起來了，始由研究的工作而進於運動的工作，代表人物，南方有陶知行，北方有梁漱溟。陶、梁二氏雖同樣注意於鄉村教育，同爲鄉村教育運動的領袖，但他們的出發點則兩不相同。『陶氏以教育爲基點，故首先注意於鄉村學校之改革，逐漸及於鄉農鄉政。梁氏則以改革中國問題爲研究的對象，於發現鄉村問題之重要後而注意於鄉農教育。在陶氏理論上，改造鄉村學校是方法，改造鄉村生活是目的。在梁氏則辦鄉農學校，改進鄉村，均是解決中國整個問題之手段』。（新中華雜誌第一卷第一期）舒新城這一段分析，尚屬恰當。我以爲且不僅出發點不同，兩人的精神與態度也不一致。陶氏是注重科學的，其所創作多帶西方的色彩；梁氏是研究哲學的，其所表現多含東方的精神。因爲如此，所以中國鄉村教育運動的理論和方式，形成了兩個系統——前者以改造鄉村生活爲目的，後者以建設鄉村社會爲目的。

陶氏的鄉村教育運動，以南京曉莊師範學校爲根據。此校以『教學做合一』爲教育的原理，以『深入民間與農民一齊生活』爲理想的教育。內中組織及各種創辦事業，可分着三部：一、屬於師範教育部，有小學師範院，幼稚師範院；二、屬於小學教育部，有中心小學、中心幼稚園；三、屬於社會教育部，有實驗民衆學校、曉莊鄉村醫院、農藝陳列所、中心木匠店、中心茶園、曉莊商店。其他還有民衆教育研究所，鄉村叢訊，及鄉村教育先鋒團，關於研究與運動的種種組織。這些組織，其目的皆是以教育改良鄉村生活，以學校領導鄉村社會，最後學校與社會合而爲一。這種教育，不僅負改良與指導社會的責任，即於一掃從前文雅的書本教育之陋習，也算值得注意的。關於他們的優點，楊效春有幾句贊美的話：

『無論怎樣，她（曉莊學校）在中國鄉村教育史中畢竟是掀起鉅大的波濤。她以萬物爲導師，宇宙爲教室，生活爲課程。她要打消教育與生活的分離，蕩平學校與社會的圍牆，破除教師與學生的界限。她的主張已經激動了全國各地從事鄉村教育者的心弦，勿論他們是贊成或是反對』。(中華教育界第二十卷第五期)

梁氏於民國十七年，在河南輝縣百泉村辦了一所河南村治學院，試驗他的以教育建設鄉村社會的理想，試行不久就被解散。解散以後，河南村治學院的化身乃脫胎於山東鄒平縣，換名山東鄉村建設研究院。這個研究院，由山東省立，院址設在鄒平，以鄒平、荷澤兩縣爲實驗縣區。此院的基本構造，分着兩部：一爲鄉村建設研究部，一爲鄉村服務人員訓練部。研究部的用意有兩點：一是普泛的研究鄉村建設運動及其理論；二是具體的或分類的研究本省各地方的鄉村建設方案。訓練部的用意，就在養成到鄉村去實行建設工作的人才，故平日訓練的要點有三：一爲實際服務之精神陶冶，二爲認識了解各種實際問題之知識上的開益，三爲應付各種實際問題之技能上的指授。研究部的學生，年齡較大，稍具自由研究的性質，以二年爲修業期。訓練部的學生，年齡較小，以一年爲修業期，完全採的軍事訓練。除以上基本構造外，另有二種重要的設施：一爲農場，二爲鄉農學校。農場的試驗，有植棉、植桑、養蠶、養蜂、畜雞、畜豬、鑿井、開泉等工作。鄉農學校又可以說是一種民衆學校，專在教授當地失學的男女老少以日用生活的常識和技能。牠的教育活動，分着六項：一爲精神教育活動，如精神陶冶、戒烟會及風俗改良會等；二爲語文教育活動，如識字班、閱報處及演講會等；三爲生計教育活動，如農業推廣、合作事業及造林、鑿井等；四爲公民教育活動，如史地教育、時事報告、國慶或國恥紀念及家庭改良設計等；五爲健康教育活動，如國術、軍事訓練、清潔運動及放足運動等；六爲休閒教育活動，如明月會、談心會及新年同樂會等。其後，荷澤縣分爲督察區公署管轄，他們遂完全以鄒平爲實驗區，以鄒平縣的縣長爲實驗縣區的主任，秉承正副院長辦理鄒平全縣鄉村的一切建設。此院完全以建設理想的鄉村爲目的，故他們——辦理者——所做的工作，全是建設工作，卽以教育爲建設。我們把此院設立的旨趣抄錄一段在下面，便可以知道他們所具的意義了。他們說：

『今日的問題，正爲數十年來都在「鄉村破壞」一大方向之下；要解決這問題，惟有扭轉這方向而從事鄉村建設——挽回民族生命的危機，要在於此。祇有鄉村安定，乃可以安輯流亡；祇有鄉村產業興起，乃可以廣收過剩的勞力；祇有農產增加，乃可以增進國富；祇有鄉村自治當眞樹立，中國政治纔算有基礎；祇有鄉村一般的文化提高，纔算中國社會有進步。總之，祇有鄉村有辦法，中國纔算有辦法，無論在經濟上、在政治上、在教育上都是如此』。（本院設立旨趣）

除陶、梁二氏外，施於實際工作的，還有晏陽初氏。晏氏本是在北京創辦平民教育的主要分子，從十八年起，始把城市的工作移到鄉村，以河北省的定縣爲實施的基礎。自平民教育促進會搬到定縣後，從前在北京辦理平民教育的主要人員一律來到定縣，從事於實際工作，把內部的組織逐漸擴大與改變，於是由平民教育一變而爲鄉村教育了。晏氏等在定縣實驗數年之後，頗有成績，引起了社會及政府的注意。二十二年河北省政府依據第二次全國內政會議決議案，以定縣適合實驗區之條件，因卽選定爲河北省縣政建設實驗區。同年，乃在定縣成立河北省縣政建設研究院，以定縣爲實驗縣，以晏氏爲院長。此院的組織，分調查、研究、實驗、訓練四部，定縣的縣長卽以實驗部的主任兼充，受院長的指揮。凡研究院的工作人員多半是平民教育促進會的人員，兩種組織實際上已打成一氣了。他的目的，介於陶梁二氏之間，而大體與梁氏相同，定縣的規模之大也與鄒平相等。他們的辦法，是應用三種方式，實施四大教育完成六大建設，實現三民主義。所謂三種方式，卽學校式、社會式、家庭式。所謂四大教育，卽文藝教育、生計教育、衛生教育、公民教育。所謂六大建設，卽政治建設、教育建設、經濟建設、自衛建設、衛生建設、禮俗建設。以文藝教育救愚，以生計教育救窮，以衛生教育救弱，以公民教育救私，一切設施皆鑒於中國民族性的缺點及社會的毛病而加以改革與建設的。後來者居上，他們的成績已駕曉莊與鄒平之上了。

自民國十六年，曉莊學校成立，在中國鄉村教育史上可算開了一個新紀元。其後，因政治關係，辦了三年，到十九年四月就被解散。但曉莊學校雖被解散，而陶氏『教學做合一』的主張已引起了國內教育家的注意，跟着曉莊學校的辦法而繼起的鄉村師範學校，在江浙各省已數見不鮮了，

喻謨烈於民國十七年曾在湖北倡議開辦鄉村師範學校，對於鄉村教育不無相當影響。

——現在全國各省莫不有鄉村師範學校的設立。民國二十一年，陶氏又在上海大場創辦山海工學團，是繼着曉莊的精神而來的。內中的辦法是把學校、工場和社會三種打成一片，卽實施『教育卽生活』並以教育去改良生活的辦法。山東鄒平鄉村建設研究院開辦於民國二十年三月，因省立的關係，經費充足，規模比較宏大，成績亦大有可觀。又以梁氏富於哲學思想，不斷的研究，到最近比較從前已改變不少了。他們以『改進社會，促成自治』八字爲口號，以『教養衞合一』爲方法，以建設人類理想的社會爲目標，其基本組織則以一鄉一村爲單位，故於二十二年七月卽改鄉農學校爲鄉學村學。鄉學村學的精神卽從藍田呂氏鄉約而來，富於東方倫理的精神，於新教育裏面不免含有不少復古的意味。

現在全國經濟枯竭，農村破產，為復興農村計，益感鄉村教育的必要。中國雖開放港口，設置商場，創辦各種機器工業，已有了數十年，而農民還佔全國人口百分之八十，國家經濟仍以農業為基本。惟有復興農村纔可以復興民族，故為復興民族計，更感鄉村教育的迫切。所以近年以來，鄉村教育運動的高潮，與生產教育到了同一程度；這種教育運動不僅以改良鄉村生活及建設鄉村社會為目的，到近年且負了復興民族的使命。在政府方面，行政院長汪精衛氏於二十二年四月，特別組織了復興農村委員會，計畫復興農村的方法。該委員會分技術、經濟及組織三組，組織組中又分設自治、教育、衞生及自衞四小組。在教育小組中，規定兩個原則：一關於國民教育，應適合於農村環境之便利；二關於民衆教育，應注重鄉村生活之需要。其他三小組，在梁、晏二氏的主張中，都可以包括在鄉村教育裏面。教育部除把鄉村教育規定在學校系統裏面以外，並於二十二年九月，通令各省教育廳改進與發展鄉村教育，也是以建設及復興農村為論點，我們勿妨寫在下面，以見其梗概。該通令：

『查年來我國農村衰落，謀救國者莫不以復興農村為當前之急務，惟欲農村復興，除經濟之建設外，鄉村教育亦應急起直追，從事改進與發展』。（湖北教育月刊創刊號）

因為要提倡生產教育，所以在中等段特別注重職業教育，在高等教育段專門趨重於理、醫、工、農等科。因為要提倡鄉村教育，所以特別注重師範教育及義務教育。此外，因生產教育而產生的，有勞動教育；因鄉村教育而產生的，有民衆教育。民衆教育的要求，在近年也成了很高的思潮，——政府與社會兩方面皆有此項要求。政府方面，因孫中山以『喚起民衆』為革命策略，所以對於民衆運動提倡最早；要提倡民衆運動，必當提倡民衆教育。關於民衆教育的辦法，主要分着兩項：一爲民衆學校，二爲民衆教育館。民衆學校的辦法，教育部於民國二十一年一月公布了一個大綱，同年九月修正一次。據修正大綱，凡在十六歲以上五十歲以下之男女失學者，均應入民衆學校。現在各省開辦民衆學校及民衆教育館的很多，而以江蘇、浙江等省提倡尤力。至於牠的意義，據江蘇民衆教育學院主持人高踐四說：

「民衆教育之目的，在造成健全公民，改進整個的社會，並充實個人的生活。……民衆教育的對象，偏重成人，凡成年的男女民衆，不論販夫走卒，顯宦豪商，都是民衆教育的對象。至於民衆教育的項目，可分爲健康、公民、生計、文字、家事、藝術等六項。這六項教育須相輔而行，並且實施的人應該因人、因事、因時、因地，就民衆生活的需要點出發，因勢利導，漸謀改進整個的社會，及充實各個生活的目的」。（最近三十五年中國之教育）

由高氏這一段話看來，民衆教育不僅是由鄉村教育而產生，且能包括鄉村教育。但「民衆教育」一詞，是中國社會特有的名稱，我以爲不過是從前的補習教育之推廣，原無特別意義。

第三節　結論

中國之有新教育，始於前清同治元年的京師同文館，自同治元年到現在歷時六十多年，雖教育的制度、宗旨及方法屢經變更，總不切合於中國的社會需要。教育制度多半從資本主義的國家抄襲得來的，教育方針總不脫離昔日的人才主義；平日所注意的在城市裏面，所陶冶的全是文雅生活，所以新教育創辦了六十多年，仍無補於中國之貧弱。近年以來，內因整個社會的貧乏與殘破，外因帝國主義者的壓迫與侵略，感覺民族前途的危險，國人始恍然大悟從前教育的錯誤。爲矯正從前的錯誤，及挽救目前的危機，只有把教育普及到鄉村裏面，把教育當着發展產業的工具，使全民皆能受相當的教育，使受教育的人們皆能從事生產事業，則中國民族纔有復興的希望，此生產教育與鄉村教育所以在近年成爲全國上下一致的呼聲。這兩個呼聲，總算國人對於教育的認識之一進步。

本期教育分着兩個時代：自十五年至十七年爲大學院時代，自十八年至現在爲教育部時代。在大學院時代，是中國國民黨的黃金時代，一般黨員確能本着孫中山的遺志，本着中國國民黨的革命主義，努力從事於革命工作與建設事業。影響所及，國人的精神爲之一振，教育思想也爲之一變。這個時候，社會上的一切皆有改進的可能，在教育的思想改造方面也留下了很深的印痕。十八年以後，國民黨人因北伐成功，事事趨於穩定，國人從前與奮的精神，慢慢地弛緩下來，教育界上前進的思想逐不如從前踴躍了。不久而學校的國語漸趨於文言，外國語漸重於本國語，卽學校讀經也公然有人主張，凡昔日所排除的，不知不覺在社會上在教育界逐漸恢復起來了。初年爲厲行黨化政策，凡中小學校一律課授黨義，三民主義、建國大綱、建國方略及民權初步，皆爲黨義課程中必讀的書。此外如胡漢民著的三民主義連環性、戴季陶著的青年之路及周佛海著的三民主義理論之體系，凡足以羽翼三民主義的作品，皆定爲學生的課外參考書。除黨義課程以外，凡學校各項功課，皆須與黨義相聯絡，卽是以黨義爲經，以其他各項功課爲緯，組織成爲一整個系統的黨化課程。除課程教育以外，凡學生的訓練，及黨義教師的聘請，皆須受本地黨部干涉與檢定。當時黨權高於一切，而黨員也能奮發淬厲，全國人的思想差不多漸被統一於一黨主義之下，其他各家學說自不容易起來相與抗衡。但是不久，這許多異種學說由社會的潛伏中，不覺出現於教育界上來了。左傾的有共產主義，右傾的有國家主義，最近法西斯的運動也有一部分勢力。政府的教育宗旨猶依三民主義，而在學校課程方面，自二十一年以後，則放棄其昔日主張了。

本章參考書舉要

（1）中華教育界

（2）時事月報

（3）新中華

（4）最近三十五年中國之教育

（5）教育公報

第六十五章　中國教育今後之出路

第一節　中國現在之國情

現在的中國，與歐美諸強的國情不同，與蘇俄也不相同。歐美列強的社會，已發展到極端高度的工業資本主義的階級，他們的國民經濟是以工業爲主體。中國除了幾個大都市稍具工業資本形式外，全國社會尚停滯在農業時代之中，我們的國民經濟是以農業爲主體。蘇俄的國民主要經濟雖與中國相同，而民族獨立國家強大，能夠自由自主地謀社會的發展與民族的生存。中國民族受東西帝國主義者的壓迫，國民經濟受東西資本家的吸取，政治受東西列強的支配，種種不得自由發展，其名雖爲獨立的國家，其實已淪於次殖民地的境地。

歐美列強以產業的進步，社會上雖形成勞資兩對立的階級，而一般國民的富力較我甚高，國家經濟也較我雄厚。俄國自革命以來，農民的生活逐漸改善；近又以五年計畫成功，國家富力陡增數倍，差不多漸與歐美先進諸國在海外爭逐市場。反看中國怎樣？都市經濟，在外國資本家的勢力支配之下，無以自主；農村經濟，受外國資本家的不斷榨取，日瀕於枯竭。因此，農村破產，百業凋零，全國民衆除了少數軍閥及在外人卵翼下的資本家外，莫不陷於非常貧窮的狀態。鄉村的貧農及都市的小手工業者，甚至於終年作苦，亦難以維持其最低生活的，到處皆是。

法國在十八世紀農民呻吟在國君僧侶與地主壓力之下，其痛苦與中古時代的農奴所受的一樣；所以當一七八九年的大革命，能以自由平等的口號獲得成功。俄國在一九一七年以前，是一個極端專制非常腐敗的國家，農民受沙皇貴族僧侶及大地主的橫壓與榨取，其痛苦更甚於十八世紀的法國農民；所以他們革命的成功，也是得力於自由平等的呼聲。中國數千年以來，在承平時代，全國農民除納稅以外，與國家不發生關係；除了抗稅或其他不法行爲外，日日生活於不識不知之中，一輩子受不到政府的干涉。這種農民生活，比較十八世紀的法國農民及俄國大革命前的俄國農民，自由多了。自由的日子過慣了，只有個性而無羣性，只顧自己不顧別人；由是，在個人則放蕩而不守秩序，在民族則渙散而不知團結。國人這種不好的習性，自民國成立以來，未曾改變。現在先進各國的國民，對於守秩序、重紀律、團結奮發的精神訓練有素，已成習慣，而我國人依然放縱、散漫、怠惰，而不知振作與團結。

意大利在大戰後，所以能够一躍而爲頭等國家的，因爲他們的國民追慕昔日羅馬的雄風，加強了其民族自信力之故。德國在大戰後，受凡爾賽條約的束縛，幾難以自存；而國人能自信日耳曼民族爲世界優秀的民族，忍苦奮鬭，到現在已漸脫離那種束縛，而躋國家於國際平等地位。俄國在革命之後，以最大之努力，打破帝國主義者的包圍政策，不久即取得他們的承認，此種成功多半也是得力於民族主義。中國民族，不僅懶散、放縱、沒有團體生活的習慣，且將原有之民族自信力也把他喪失完了。在鴉片之役以前，民族過於自大。在庚子之亂以前，此種自信力尙保存一二。但自經庚子一役受了八國聯軍的聯合壓迫，國人創鉅痛深，深覺事事我不如人，於是民族自信力一落千丈自此以後。國人由傲外變做懼外，由懼外變做媚外，甚至於要將中國民族歷史所遺留於世界人類的一切有價値的文化完全毀棄了以從事於外人。古人說『哀莫大於心死』，此種民族自信力之喪失，不僅爲我民族前途的危險，且予全人類以不幸的缺陷。

總計起來，中國的現狀，可得五點：（1）國家在國際地位不平等，已陷於次殖民地的境地；（2）民族受東西帝國主義者的多方壓迫，不得自由發展，民族自信力且因此而喪失；（3）國民習性過於放縱、懶散，沒有團結奮發的精神；（4）社會不進步，至今猶停滯在農村經濟時代；（5）農村破產，百業凋零，致使政府與人民兩患貧乏。救（1）（2）兩種毛病，須切實恢復民族的自信力。救（3）種毛病，須對於整個民族施行嚴格的訓練，使一般紀律化。救（4）（5）兩種毛病，須以最大之努力，用科學的方法發展全國的產業，且務使全國民衆皆變做生產者。孫中山的民族主義是救（1）（2）兩種毛病的，民權主義是救（3）種毛病的，民生主義是救（4）（5）兩種毛病的。三民主義是社會主義的實行，即是世界主義的第一步。實行此種主義的先決條件，在於提倡民族自信力。我們應竭力反對狹隘的國家主義，我們應朝着世界主義的目的邁步前進；但內量國情，外察大勢，非提倡民族自信力無從着手。在提倡民族自信力的戰線之上，我們還要剷除封建主義的餘痕，防止資本主義的發生，革掉放縱、懶散、漫無紀律的習性，使全民族皆變做有紀律的奮發的生產的勞動者。求達此目的，一方靠政治的力量，一方還要靠教育的力量。

第二節　已往教育之錯誤

中國自創行新教育以來，到現在已有六十多年了，教育宗旨與制度雖屢經變更，——始而襲取日本，繼而襲取美國，有時還取德法——但對於社會產業的發展，及民族習性的改革，毫無補助。中國國民黨自民國十四五年以來，以革命力量發展的迅速，對於社會思想的解放，曾經發生很大的影響，國民政府也規定以三民主義的理想爲教育宗旨，但此種改造的聲浪不久也漸歸於沈寂了。民國十七年的戊辰學制，對於職業與師範教育雖略有變更，而整個學制系統，仍不脫離美國式的制度。近五年以來，國人對於教育的認識始漸進步，於是提倡鄉村教育，提倡生產教育，一倡百和，演爲風氣。應此風氣而產生的，有鄉村師範學校及職業學校，這兩種學校也逐漸推行於各省，但其成效仍等於零。推究此中原因，我們分着三點來說：

（1）國人心理的錯誤　試任意找一在學兒童，問他爲什麼進學校？他一定回答：『爲求資格』。試任意找一將要畢業的兒童，問他畢業後之志趣如何？他一定回答：『志在升學』。進小學，求得一個小學生畢業資格；畢了業力能升學則必升入中學。進中學，求得一個中學生畢業資格；畢了業力能升學，則必升入大學。進大學，求得一個大學生畢業資格；畢了業如有力量出洋留學時，還想在海外鍍金一次，以爲宗族交游光寵。這種心理，不僅普通學校，就是不得已而住職業學校或師範學校，還是爲求資格；如有機會時，其志仍在升學。學生以升學求資格爲目的，父兄以此相期許，國家以此爲奬勵，社會以此相看待：由是『升學主義』與『資格主義』成爲國人一般的心理，成爲學校內普遍的要求。這種心理，惟封建時代的社會纔能產生，以封建時代的心理應用在現代學校教育，這是國人對於教育最大的錯誤。由此錯誤心理所產生的流弊，計有五點：（1）學生爲求資格，平日就不肯埋頭研究，講求實用；志在升學，則目空一切，好高務遠，畢業後對於生產事業不屑屈爲。（2）各教員爲應付學生心理，平日只希望學生不搗亂，亦不責以實學；一旦在校肄業期滿，未有不設法讓他們畢業的。辦理職業學校或師範學校的人們，不問學校本身宗旨何在，但爲應付學生這種心理，也必多添普通科目，讓他們畢業後有充分升學的機會。（3）教育界人士或政客們，利用青年的虛榮心理，你也開一大學，我也設一學院，爲青年製造不免現的大學畢業文憑，青年公然趨之若鶩，而自己則名利兼收，於是中國現在大學數目之多，佔了世界第一位。（4）官廳考查學校成績，不問學生實際學業如何，身心的發展和修養如何，畢業後有無生產的能力和興趣，只以畢業生能否升學爲標準——即以學生升學數目之多少評定該校成績之優劣。由是，舉國相率而爲僞，沒有一人講求實用的。（5）社會人士每以科舉時代看待秀才的眼光來看待現在的青年學生，對學生講話，開口說『將來主人』，閉口說『國家棟樑』。學生中了誇大狂，橫視一切，此日在校時便以將來的主人翁或國家棟樑自許了。自欺欺人，自誤誤人，是再毒害沒有的。

（2）教育政策的錯誤　教育政策分着兩方面：一關於宗旨的；二關於管理的。中國在封建時代，學校與科舉完全是培養治術人才的教育機關與方法。辛亥革命以後，科舉制度雖然廢除，而科舉的遺毒尚未完全洗滌乾淨。現今舉世皆已達於工業資本主義的階段，且有推行社會主義的，而中國仍舊施行封建時代的教育政策，凡能進學校的都是優越階級，在學校畢業以後就是士族——將來國家的棟樑。統計全國學校，文科大學多於理科大學者十倍，普通中學多於職業學校者數十倍，至於小學完全屬於文雅教育，不待說了。我們以湖北一省爲例：公私立大學合計五所，五所所辦的皆是文科。省立中等學校不下二十餘所，而職業學校僅有兩所；其他私立中學全屬普通文科更難以比較了。這種教育，違反時代的需要，毋乃太遠！政府以培養治術人才爲宗旨，雖日日口倡生產教育，有何用處，此所以學校愈多愈無救中國之貧窮，適以增加無業游民的數目，此社會產業所以無法進步。近年政府雖通令在高等教育段須多辦理科，在中等教育段須推廣職業教育，但以整個政策與制度未變，仍是徒託空言。

關於管理方面：有取放任主義的，有取干涉主義的，何者適宜，以各國當時的需要來規定。中國在民八以前，對於學生的管理，向取干涉主義；自杜威學說輸入以來，完全採取放任主義。在久受國內政治壓迫的國家，對於國民教育暫時採取放任主義，當作一種解放運動，極有效力，如法國大革命之後，盧梭的自然主義所以恰合需要。或因國民於紀律的訓練及羣性的陶冶業已成熟，他們所需要的只是個性的發展，放任主義也合需要，此杜威學說在世界大戰後的美國提倡，非常適當。但法國久已採取干涉主義，美國近亦漸趨於干涉了。俄國國民在革命以前，所受國內政治的壓迫最苦，共產黨以提倡自由自動爲煽惑之工具，大奏成效；但自革命成功以後，對於全國學生爲有主義的訓練，仍不放棄干涉主義。中國以漫無紀律過於放縱自由的國民，再投以杜威極端的個性主義之說，直如孟子所謂「如水益深，如火益熱」了。所以自五四以來，學潮屢起，訓練全廢，學生變作丘九，學校等於瓦崗，教育之意義於是全失。此種學生，在學校既不肯從事學業，在社會那肯從事生產；在學校既無訓練，在社會那有遵守秩序，服從團體的習慣但由學校畢業的仍是批批不絕，此教育效率所以日益減低，此社會秩序所以日益糾紛。近年以來國人已漸知放任的錯誤，政府已有整頓學風嚴加訓練的訓令，但積重難返，不從教育政策上根本改變，終無效果。關於管理方面除了學生管理外，還有學校管理亦極重要。學校管理就是教育統制政策，對於全國各種學校要有整個計劃與適當的設置，及對於厲行國家教育宗旨要有極嚴重的監督。中國自施行新教育以來，只有光緒二十九年奏定學堂章程，頗具教育統制的性質，至辛亥革命以後則完全放任了。到現在，國家需要什麼人才，關於某種人才需要多少，及全國各學校是否遵守厲行國家教育宗旨，政府全不理會，亦不知道。只見教會學校仍然遍立於國中，大學多於過江之鯽，私立尤多，十分之九屬於文科，而內容腐敗，學程虛設，更不堪問。內政、鐵道兩部所辦的學校，自成系統，教育部亦無法過問。因政治不統一致使教育凌亂，因教育凌亂反足以影響於將來政治的破裂，這是教育政策上最大的錯誤。

（3）教育制度的錯誤　十七年的戊辰學制是因襲十一年的壬戌學制而來的，壬戌學制是抄襲美國的。美國是世界最發達的工業資本主義國家，他們的教育政策自然是以培養工業技術人才為宗旨，他們的教育制度自然切合於這種社會的需要。以最發達的工業資本主義國家的教育制度，搬來施行在農村社會的中國，不僅不合脾胃，且有藥不對症的危險。且資本主義在現在已到了末路，美國盡量表現資本主義色彩的教育制度漸不合時宜，而我猶照樣抄襲，未免過於盲目，且與孫中山的三民主義的理想社會太背謬了。我們批評壬戌、戊辰兩學制，與中國社會及世界潮流不相宜的，計有七點：（1）初等教育雖屬單軌，而中等教育則分普通、師範及職業三系，且把普通中學列爲直系，師範與職業列做旁系。這是封建主義與資本主義的混合制，非驢非馬；如此制而有力量，勢必製造矛盾的社會。（２）此制在初級中學，差不多完全屬於普通科；在高級中學，雖規定有農、工、商、家事及師範等科，而仍以普通科所佔分量多，所居地位重。再照現有學校而論，各省除省會裏面的中學分設有農、工、商等科外，所有四鄉的中學差不多十分之九屬於普通科。普通科中學是升學預備的教育，是培養治術人才的教育；即屬於農、工、商的高中，仍爲升入專門大學的預備科。以中國現在教育之不普及，而十分之九專在培養治術人才，對於技術的教育列在最次要，試問社會產業怎樣會發展，國家貧窮問題到何時纔能解決？（３）美國以國民富力甚高，教育普及，義務教育已由七年延長到九年；因爲義務教育延長，故將舊日八四制改爲六三三制。此制小學教育雖只六年，而義務教育既然延長，初中三年在事實上所處的就是初等教育地位，是初等教育不啻九年了。且他們由小學畢業了差不多均能升入中學，即小學年限縮短，也與兒童受教育的機會沒有妨害。中國國民經濟力一般皆窮，由小學升中學的不到二十分之一，壬戌、戊辰兩學制把小學教育七年改爲六年，是無形中把一般兒童受教育的機會剝奪了一年。且此制規定滿十二歲的兒童，即可畢業小學而升入中學。中學與小學性質絕然不同，照中國社會程度而論，一般兒童在十二歲時孩氣未脫，驟然升入中學，於身心兩方均不相宜。（４）六年的中等教育，雖分初高兩級，其實等於不分。初級中學三年的課程，爲公民、國語、英語、算學、歷史、地理、物理、化學、動物、植物、體育、衞生、勞作、圖畫及音樂十五科，是照美國抄來的，把人生的知識件件列入，而無一實用。且英語每週規定五小時，強人人以必學，尤背實際需要，徒足以消耗兒童有用之時光。三年期滿之後，不僅無一職業技能，且習氣養壞，連原有之生產習慣，亦被失掉除了升入高中以外絕無出路。高級中學既以普通科爲多，而普通科的課程差不多與初中的完全相同，不僅無一實用，且各科教材盡採圓周式，教者既感重複，學者尤不經濟。三年期滿之後，除了升入大學外，仍無辦法。教育期限規定六年，既爲一般國民子弟感覺過長，即勉強修滿六年，而所學無一實用，此三三制之在中國爲最大的損失。（5）職業學校因屬培養技術人才的，應有相當的實用，但現在各省只是都市方面設立一二所，百分之八十的農村社會無一職業學校，已經是緩急倒置。且內中課程有兩種毛病：一則科目繁多，如機械、電氣之類多屬工業國家的教材，不合農村社會，於中國目前很少實用；二則辦學者隨意加增普通科目，對於技術教育仍缺乏充實的訓練，畢業後仍無用處。（6）高等教育段分大學、專門學校及研究院三種，既重複而又矛盾。按大學一種，在中國古代爲培養高等治術人才的機關，在歐洲中古時代雖爲研究學術的團體，其後也成爲封建貴族子弟的學位製造所了。大學既爲封建時代的遺蹟，自不容存在於二十世紀的社會；且在高等教育段裏面，既規定有專門學校和研究院，大學更等於駢枝。（7）整個學制系統，雖分初、中、高三段，每段並沒有顯然的意義，而大學與中學二名詞在現在亦覺沒有獨立存在的價值。且在整個學制系統裏面所規定的，全屬於兒童青年正常的教育，對於失學成年人的教育沒有正式地位，只在中等教育段內附載有民衆學校一條，不僅所用『民衆』二字不大妥當，而地位狹小，尤不合於中國現時社會的急切需要。其他關於中、小學內部的組織，形同衙門，不合之處更多。

第三節　今後教育之出路

我們要解決中國目前的問題，建設三民主義理想的社會，而以教育爲政治的最大助力時，對於已往教育的錯誤，務必根本改造。已往教育錯誤最深的，莫如國人對於教育的心理。但心理的改造過於空洞，我們應當先從教育政策改造起，再改造教育制度，迨這兩點改造過來了，而心理也必隨着改造。

（1）教育政策　關於教育政策的改造，應分宗旨與管理兩方面：（1）在民國十八年四月，政府已頒布了一道教育宗旨，此處我們所謂宗旨，是偏重教育方針說的，與政府所頒布的宗旨是一貫的。決定教育方針，應先決定教育立場；我們既以建設三民主義理想的社會爲目的，則國家教育方針應以這個社會爲立場。三民主義理想的社會，是融合人類爲一個生產階級的大同社會，決不容許有優越階級來剝削民衆，決不容許有權力階級來壓迫民衆。如果以這個社會爲立場，那麼我們今後的教育方針：在消極方面，務必滌淸封建主義的血痕，剷除資本主義的外皮；在積極方面應以全力培養技術的勞動者，使人人皆有生產的能力和興趣。換一句話，卽革除從前治術人才主義的教育，厲行技術勞動主義的教育。（2）教育方針確定了，爲厲行新的方針起見，則應當改造國家對於教育管理的態度。我們的態度，務必改變從前的放任主義而爲干涉主義；卽一方對於全國教育施行統制政策，一方對於各級學生施行嚴格訓練。在統制政策之下，凡全國學校，除了軍事學校外，一律由教育部直接管轄。管轄統一，然後由部統籌全局，根據既定方針，按照社會需要，來規定學校的數目、種類及地點。對於普通勞動技術的教育，以全力設法普及；對於專門勞動技術的教育，看需要何種人才則培養何種人才，需要多少人才則培養多少人才。凡教會學校，一律取消；凡私立學校，嚴加淘汰，凡不合於教育方針及社會需要的現有的各種學校，尤須歸併或取締。再由部頒布考覈條例，勿論公私立學校，一律嚴行考覈，每年至少舉行二次，如發現有違反政府所頒布的教育宗旨和方針，或奉行不力者，立即予以嚴重處罰。另外由部組織教育委員會，以教育界的忠實黨員充當委員，凡學校的教材、電影的影片、劇園的劇本及民衆的讀物，一律由該會審查或編製，頒布全國通行。凡畢業學生，一律舉行會考；會考的方法要完善，制度要統一，施行時要重視要嚴格。非有特殊需要，不宜派遣學生出洋留學，因現代海外列強的教育全是擁護資本主義的教育，受了這種教育的留學生，對於中國現代社會是毫無用處的。對於學生的訓練，凡各級學生，一律採取嚴格主義。其思想，以三民主義理想的社會爲鵠的。其修養，以誠實、公正、弘毅、勇敢、平等、敏捷、整潔、樸素、勤勞、互助等德目爲標準。其方法，凡民族基本教育，一律施行童子軍教練；凡勞動職業教育一律施行軍事教練。使他們習勞習苦，習於團體生活，養成服務精神，尤須遵守紀律，服從勸誡；把全國學生，皆可訓練成爲：慣於團體生活的民族，勤於服務的勞工，勇敢的戰士，富於同情心的人類。照此辦法，教師與學生都是工人，學校校工的數目大可減少，至多每校僱用三五人就够了。

（2）教育制度　教育政策既定，再來改造現有的教育制度。下面的一個學制系統圖，是依據我們的政策草擬的，暫時取名改造學制圖。中國現時的教育，一方要建設理想的社會，一方還要補救目前的缺點，故本圖暫時分做兩系，以甲乙粗線爲界。在甲乙粗線之左，爲正常教育，預備一般兒童依次入學而設的；在粗線之右，爲特殊教

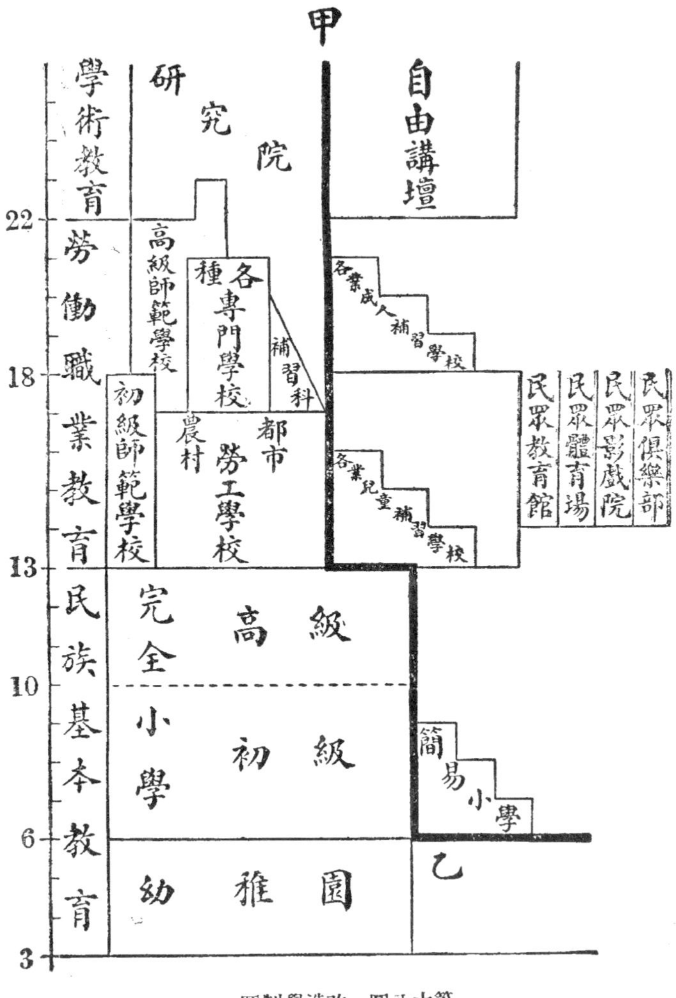

甲
自由講壇
學術教育
研究院
22
勞働職業教育
高級師範學校
各種專門學校
補習科
各業成人補習學校
18
初級師範學校
農村
都市
勞工學校
各業兒童補習學校
民衆教育館
民衆體育場
民衆影戲院
民衆俱樂部
13
民族基本教育
完全小學
高級
10
初級
簡易小學
6
幼稚園
乙
3

第十八圖　改造學制圖

育，預備年長失學或不能依照常軌的人們求學而設的。就是正常教育第一段，取名『民族基本教育』，也帶了幾分特殊性質；因爲要解決中國目前的困難，以達到三民主義理想的社會，非先提倡民族自信力不可，故在小學教育裏面特別注意於民族意識的培養。這種培養是暫時的，假使中國民族取得獨立與自由，而世界人類化除了民族畛域的成見，在小學教育裏面，應當特重人類共性的培養，我們到那時卽可取名『人類教育』。我們先將正常教育逐一說明了，再說明特殊教育。

正常教育共分三段五級。第一段民族基本教育，分幼稚園與小學兩級。幼稚園收受三歲至六歲的兒童，約計三年。小學又分高初兩級：初級四年，高級三年，合計七年，稱完全小學。內中課程，注重公民的培養，民族的自覺，及勞動的習練。從前閒雅式的及資本式的課程一律取消，按照本目標重行改編。第二段勞動職業教育分初高兩級。在初級裏面，大致分三種學校：一爲初級師範學校，二爲農村勞工學校，三爲都市勞工學校。第一種收受完全小學畢業生，課程分公民、民族、體育及教育四類，修業五年，以訓練健全的小學師資爲目的，不過設在都市的與鄉村的所用教材應有區別。第二、第三兩種，爲培養普通職業技能的教育，卽眞正勞工知識的教育，設立在都市的稱都市勞工學校，設立在鄉村的稱鄉村勞工學校。課程分公共科、分修科及選科三種：公共科的分量佔百分之二十，分修科佔百分之七十；選科佔百分之十，只於最後一年添設。分修科與選科均重在實習，實習時間應佔全課中五分之二。公共科只設公民、常識、國語及算術二科。分修科在都市學校，設銀行、商業、郵務、機器、工藝、小手工業及關於都市生活的一切知識；在鄉村學校，設農作、園圃、蠶桑、牧畜、漁業、紡織及關於鄉村生活的一切知識。選科按照特殊需要，或加增其分修科的分量，或提高其人生的知識領域，但不得超過比例數，以軍事訓練代體育，每週至少三小時。外國語言科設在分修科內，只准在都市勞工學校內自第三年起支配二小時至三小時，鄉村絕對不准添設。這兩種學校一律收受完全小學畢業生，修業四年期滿，獲得普通的職業技術，卽爲有訓練的勞動者。畢業後萬一感覺知識不够時，仍可隨時補習。在第二段的高級裏面，大致分着兩種：一爲高級師範學校，二爲各種專門學校。高級師範入學的資格有三：一爲初級師範畢業生，修業四年，畢業後以充當初級師範學校的教師爲原則；二爲勞工學校的畢業生，修業五年，畢業後以充當勞工學校及初級師範的教師爲原則；三爲專門學校的畢業生，修業一年，畢業後以充當勞工學校的教師爲原則。各種專門學校分科設立，或一校分設數科；其科別爲農科、工科、醫科、藝術科及社會科等類。此種學校，以培養高等職業或專門技能及勞工方面的各種指導人員爲目的，收受勞工學校畢業生，修業四年。其課程，學理與實習並重。第三段學術教育，稱研究院，爲專門研究學術的機關，爲訓練社會上領袖人物的場所。自然科學如天文、地理、心理、生物及物理、化學；社會科學如哲學、歷史、教育、黨義及政治經濟，全是該院所有的任務。入院的資格，以高級師範及專門學校的畢業者爲原則；但如有特別才能或學力的人，卽僅有初級職業教育的資格，亦可破格錄取。內中課程多關於高深學理或特殊問題，故無一定修業期限。以上各級教育，自六歲入小學，到二十一或二十二歲修完高級職業教育，合計十五年至十六年。

特殊教育分着四級，但不是連貫的；第一級爲自十三歲以下的貧苦小兒而設的，稱做簡易小學，課程以識字及輔助家庭原有職業知識爲目的，修業自一年至三年。第二級爲自十三歲以上至十八歲以下的各業失學兒童而設的，稱做某某業兒童補習學校。內中課程，各就他們的原有職業爲區別，大致與勞工學校相似。修業年限不定，最多三年最少一年。第三級爲自十八歲以上的失學成人而設的，稱做某某業成人補習學校。內中課程與第二級大致相同，修業也不拘一定年限。第四級爲自由講壇，是私人組合的性質。地方的學者，在工作的餘暇，設壇講學藉以供獻於社會。凡社會上未曾取得正常學校的資格而有研究的興趣或時間時，可報名加入聽講；卽高級勞動職業畢業生或研究院的學生，也可參加相互爲學術的探討。在第二與第三級的中間，另設有社會教育性質的四種機關：（1）民衆教育館，（2）民衆體育場，（3）民衆影戲院，（4）民衆俱樂部。此四種機關，在都市內可以全設，在鄉村內只設（1）（2）及（4）三種就行了。

（3）教育區劃及設立　全國應分爲多少學區及各級學校由何種機關設立，也是統制教育政策所必要規定的。（1）小學校以市縣立爲原則：在大都會由市立，在小都會及鄉村由縣立。各都會及村鎭應立幾所及應設幾班，以所在地兒童數目爲比例。只設初級班者稱初級小學，高初全設者稱完全小學；現在所有『實驗』及『中心』等無聊名稱，一律取消。在統制教育政策之下，凡到了學齡的兒童自應送入小學受教育，且應以最短的時間設法普及；從前資本主義國家所用『義務教育』等名稱，亦應取消，至如何普及，屬於政治方面的計劃，留待另述。（2）勞工學校，屬於都市的以市立爲原則，屬於鄉村的以縣立爲原則。都市勞工學校以都市人口數目的多少規定所數及班級數；鄉村勞工學校應盡量擴充，平均至少每縣設立二所。現有普通中學及職業學校等名稱，一律取消。初級師範學校以省立爲原則，每省至少設立五所，除省會只設一所外，其餘均應設在四鄉。（3）專門學校以省及特別市立爲原則，應設幾所及應設何科，以各省市社會實際需要爲標準。（4）高級師範學校及研究院，完全由國立。照中國現在情形，全國應劃分爲五個高級師範區：第一區南京、第二區北平、第三區漢口、第四區廣州、第五區西安；將來東北失地收回，瀋陽可再劃一區。研究院現時暫設三所：南京一所、北平一所及廣州一所。現時所有『大學』及『學院』等名稱，一律取消。關於特殊教育一類：凡簡易小學，以縣立爲原則；凡各業補習學校如在鄉村，以縣立爲原則，在都會以省立爲原則。再各業補習學校，如設在工廠或鐵道旁者，則責成工廠或鐵路局設立，由省市教育機關監督。招生次數的標準也應規定：凡小學校、勞工學校及各種補習學校，每年招生二次；凡各級師範學校、專門學校及研究院，每年招生一次；凡幼稚園及自由講壇，隨時招收，不受限制。

第四節　結論

中國目前所患最大的毛病，我們歸納起來：莫過於貧、弱、私三字。中國已往教育的錯誤，我們歸納起來：不外內封建主義而外資本主義，卽治術的、文雅的、放任的三點。救貧應當設法爲富，而教育偏重治術人才的培養，則更貧了。救弱應當設法爲強，而教育專尙文雅，則更弱了。救私應當設法爲羣性的訓練，而教育偏採放任主義，則更私更散了。以這種錯誤的教育，無補於中國目前的毛病，且適足以促成其危亡，差不多已爲全國人所公認。近年國人提倡職業教育、鄉村教育、生產教育，都是想補救已往的錯誤；甚至近日提倡新生活教育，也是應需要而起的。但這所提倡的只是支節所改革的只是片段，在當初或有少許的成效，迨事過境遷，聲浪消沈，必仍返於舊路。由這種種看來，要診治中國目前的毛病，應當統觀全局，從根本上改造。我們的目的，不但診治目前的毛病而已，同時還當以教育的力量建設三民主義理想的社會。獎勵民族教育，所以提起民族自信力，團結奮鬬，置中國於國際平等地位，而弱的毛病自然去了。注重勞動職業教育，所以培養勞動習慣和生產技能，則全國產業卽可爲有計劃的發展，而貧的毛病自然去了。對學生採取嚴格訓練主義，謀羣性的發展，爲紀律的生活，使散漫的變爲有組織的，自私的變爲愛羣的，而私的毛病自然沒有了。同時還要剷除封建的資格主義，洗滌資本的升學主義，改變國人對於教育一切錯誤觀念。要使農家子弟進了學校更會種田，工人子弟進了學校更會作工，漁家子弟進了學校更會撈魚。更要打破優越階級享樂的心理，剷除特權階級支配的慾望，消滅一切虛玄神鬼的學說，以科學方法促進產業，使全社會皆變做平等的民族，生產的勞動者，富於同情的人類。要達到這種目的，尤在實行教育統制：一方使全國教育爲有計劃的設施，一方使教育進行發生力量。但教育不過爲國家政治工作之一種，教育本身原無力量的，要行教育統制必先行政治統制，迨政治有權威，而教育自可推行無阻了。

本書上卷初稿完成於民國十五年年底，至十九年八月着手起草中下兩卷，並重編上卷，合成全書三卷。以參考書籍缺乏，及無定居生活，遲至今日始告完竣，歷時約計十年。

著者誌 民國二十三年七月三十日

中華民國二十五年四月初版

（35643·7平）

大學叢書（教本）中國教育史 二冊

平裝每部定價國幣肆元

外埠酌加運費匯費

版權所有 翻印必究

著作者 陳青之

發行人 王雲五 上海河南路

印刷所 商務印書館 上海河南路

發行所 商務印書館 上海及各埠

翁

图书在版编目(CIP)数据

中国教育史(上下卷)/陈青之著. ——上海:上海三联书店,2014.3
(民国沪上初版书·复制版)
ISBN 978-7-5426-4661-3

Ⅰ.①中… Ⅱ.①陈… Ⅲ.①教育史—中国 Ⅳ.①G529

中国版本图书馆 CIP 数据核字(2014)第 038236 号

中国教育史(上下卷)

著　　者 / 陈青之
责任编辑 / 陈启甸 王倩怡
封面设计 / 清风
策　　划 / 赵炬
执　　行 / 取映文化
加工整理 / 嘎拉 江岩 牵牛 莉娜
监　　制 / 吴昊
责任校对 / 笑然

出版发行 / 上海三联书店
(201199)中国上海市闵行区都市路 4855 号 2 座 10 楼
网　　址 / http://www.sjpc1932.com
邮购电话 / 021-24175971
印刷装订 / 常熟市人民印刷厂

版　　次 / 2014 年 3 月第 1 版
印　　次 / 2014 年 3 月第 1 次印刷
开　　本 / 650×900　1/16
字　　数 / 650 千字
印　　张 / 53.75
书　　号 / ISBN 978-7-5426-4661-3/G·1326
定　　价 / 255.00 元(上下卷)

民國滬上初版書·復制版

陳清之 著

上海三联書店

民国沪上初版书·复制版

出版人的话

如今的沪上，也只有上海三联书店还会使人联想起民国时期的沪上出版。因为那时活跃在沪上的新知书店、生活书店和读书出版社，以至后来结合成为的三联书店，始终是中国进步出版的代表。我们有责任将那时沪上的出版做些梳理，使曾经推动和影响了那个时代中国文化的书籍拂尘再现。出版“民国沪上初版书·复制版”，便是其中的实践。

民国的“初版书”或称“初版本”，体现了民国时期中国新文化的兴起与前行的创作倾向，表现了出版者选题的与时俱进。

民国的某一时段出现了春秋战国以后的又一次百家争鸣的盛况，这使得社会的各种思想、思潮、主义、主张、学科、学术等等得以充分地著书立说并传播。那时的许多初版书是中国现代学科和学术的开山之作，乃至今天仍是中国学科和学术发展的基本命题。重温那一时期的初版书，对应现时相关的研究与探讨，真是会有许多联想和启示。再现初版书的意义在于温故而知新。

初版之后的重版、再版、修订版等等，尽管会使作品的内容及形式趋于完善，但却不是原创的初始形态，再受到社会变动施加的某些影响，多少会有别于最初的表达。这也是选定初版书的原因。

民国版的图书大多为纸皮书，精装（洋装）书不多，而且初版的印量不大，一般在两三千册之间，加之那时印制技术和纸张条件的局限，几十年过来，得以留存下来的有不少成为了善本甚或孤本，能保存完好无损的就更稀缺了。因而在编制这套书时，只能依据辗转找到的初版书复制，尽可能保持初版时的面貌。对于原书的破损和字迹不清之处，尽可能加以技术修复，使之达到不影响阅读的效果。还需说明的是，复制出版的效果，必然会受所用底本的情形所限，不易达到现今书籍制作的某些水准。

民国时期初版的各种图书大约十余万种，并且以沪上最为集中。文化的创作与出版是一个不断筛选、淘汰、积累的过程，我们将尽力使那时初版的精品佳作得以重现。

我们将严格依照《著作权法》的规则，妥善处理出版的相关事务。

感谢上海图书馆和版本收藏者提供了珍贵的版本文献，使“民国沪上初版书·复制版”得以与公众见面。

相信民国初版书的复制出版，不仅可以满足社会阅读与研究的需要，还可以使民国初版书的内容与形态得以更持久地留存。

2014 年 1 月 1 日

中國教育史

上　冊

陳青之著

中華民國二十五年四月初版

目錄

第五編　半封建時代後期的教育……四五五

本書附圖

本書附表

中國教育史

編前語

一

教育史之內容，包括實際與理論兩方面。教育制度、教育實施狀況及教育者生活等等，屬於實際方面。政府的教育宗旨，學者的教育學說，及時代的教育思潮等等，屬於理論方面。但只將以上所舉的實際與理論兩方面情形，源源本本，按照時代先後，敍述一個明白，還不足以完了研究教育史者的任務。研究教育史者的任務：第一、在於說明歷代教育制度及學說之變遷的原因；第二、在於比較各時代各地方的教育之異同與升降；第三、則在於闡發教育與政治經濟的關係及統治階級對於教育之如何利用；第四、尤在於以客觀的態度批評歷代教育之得失，並標明其特異之點。能够將以上所提示的種種方面，作一個有系統的敍述，以備今後研究教育者應取何種途徑的一個南針，方可以成就一部教育史。

人類社會的意識，是隨着經濟發展的程度而前進，也是隨着經濟發展的形式而變遷，故一切意識形態莫不以經濟爲基礎。教育屬於意識形態之一種，也是建築在經濟基礎之上。牠是社會的產物，不是與生俱來的，某一種教育思潮之風起，必有當時的社會情形爲背景；某一種教育制度之製定，必有當時的經濟組織爲基礎。離開了社會及社會裏面的經濟組織，則無所謂教育，卽無所謂教育史。故研究某一地方的教育，必要對於該地方的社會情形及經濟組織，有一個相當的了解；研究某一時代的教育，也必要對於該時代的社會情形及經濟組織，有一個相當的了解。

教育目的隨時代而變遷。原始公有時代，教育只有生物慾的目的，——維持個體，保存種族。私有財產發生以後，除了生物慾的目的外，還有以教育爲階級支配的工具之目的。原始公有時代沒有正式的文字，沒有分工的制度，社會也沒有階級性，教育與勞動是一致的，凡成年都是教師，凡兒童都是學生。私有財產制度發生以後，文字也發明了，分工制度也有了，統治階級也發生了；於是教育與勞動從此分家，教育的意義也就變更了。此時能夠受教育的只限於少數人，教育權操在更少數人的手中，——統治階級的手中。私產制度時代，又分封建與資本主義兩個階段。在封建時代，統治者以培養忠順的治術人才爲宗旨，所以特別注意於道德的訓練。在資本主義時代，統治者以培養機械的技術人才爲宗旨，所以施行強迫教育，傳授機械的工業技能，以增加其勞動效率。我們研究教育史，對於社會之歷史演進的階段，尤當鑑別清楚。

有了統治階級，社會就有政治的形態。自統治階級發生以後，教育與政治卽連合爲一，且成爲政治之一部分。統治者一方爲政治首領，一方爲教育長官，他們以特殊地位製定教育，以政治力量推行教育，故教育不過爲施行政治之一種手段，卽爲統治國家之一種工具。教育效率之大小，與政治力量之強弱成正比例，而教育本身所具的力量確乎有限，自統治階級觀之，不過是一種傀儡而已。故不僅『教育萬能說』，純屬欺人之談，卽『教育神聖說』更是自欺之語，除了社會達到了眞正平等或吾人所理想的大同時代，教育不會有純潔意義的。在私產制度之下，教育學者的教育學說，其思想往往與當時政府的教育宗旨是一致的，因爲他們比較是知識分子，知識分子多半是依附於支配階級以圖生存的。他們所倡的教育學說，縱令有時在積極方面沒有明顯地擁護支配者的論調，但在消極方面很少有與當局衝突的地方。除了社會發展到了某種程度，支配階級的勢力快要崩潰的時候，他們纔敢於唱幾句高調。教育隨政治爲轉移，研究教育史者對於這一點也要認識清楚。

二

研究中國教育史比較困難，研究中國古代教育史更覺困難。第一，中國古籍可靠性太少，縱令經清代學者辨別出許多眞僞，懷疑之點至今還是時時發現。除幾本眞僞難分的古籍以外，雖有古物古器及甲骨文字等項可供我們參考的資料，但此項學業尙在極幼稚時期。第二，中國社會之演進的階段，至今還沒有定論。有的以封建社會始於夏、商；有的說始於西周；有的說始於東周，西周尙在氏族社會與封建社會中間一種過渡的奴隸社會。自秦、漢以至現在，有的說還在封建時代，有的說秦、漢以來已有資本主義發生。第三，中國社會之歷史的分期，在教育方面，很難定出一個適當的標準。我們不是研究民族史，當然不能以各民族勢力的消長爲標準；我們不是研究純粹的學術史，也不能以各家學說互相起伏的情形爲標準；至於以上古中古及近古近世等說作標準來分期，更無意識。對於第一個問題不解決，則教育史上沒有可靠的材料；第二個問題不解決，則沒有眞實的背景；第三個問題不解決，則沒有適當的編製。

中國數千年的歷史，勿論政治如何嬗變，產業如何發展，外力如何侵入，各家各派的學說如何紛爭與起伏，而中國民族思想自西周以至最近二十年前，總是以儒家思想爲中心；所以他們所表現的性格或淺或深，大半是受過了儒家學說的幾番洗禮無可疑的。不過自五四運動以來，中國民族的思想纔有很大的變化。儒家思想，雖說祖述堯、舜，爲中國民族相傳相衍的習慣生活，其實是封建時代的產物，完全建築在農村經濟基礎之上。自東西交通以來，帝國主義者的資本侵入到中國腹地，使中國農村經濟發生很大的變化，——由衰落而崩潰，由崩潰而破產；最近，全國經濟的重心已由農村而移轉到幾個沿江沿海的大都市了。社會形態及經濟組織一一發生變遷，則建築在昔日社會基礎之上的中心思想自然也必發生動搖與倒閉。反過來說，由中心思想的動搖與倒閉，卽可以證明中國社會到近代確已進於資本主義的階段。

所以在編輯中國教育史以前，我們應當有兩個假定。第一、假定商代以前，爲氏族社會；西周時代，爲典型的封建社會；自秦、漢以至滿淸後期，爲變形的封建社會——半封建社會；最近六十年以來，爲初期的資本主義社會。各時代的社會形態及經濟組織既然不同，以此爲基礎所產生的各時代的教育當然也是各別。第二、假定在氏族社會，爲儒家思想的前生時期；在封建社會，爲儒家思想的形成時期；在半封建社會，爲儒家思想的流傳時期；最近六十年以來，爲儒家思想的動搖時期；自國民黨改組以來，則爲孫中山學說的支配時期。孫中山學說是以儒家思想爲骨髓，以歐、美諸社會學家的學說爲資料，以中國目前社會及現代國際情形爲背景，融合貫通而構成的三民主義。三民主義雖以儒家思想爲骨髓，但不是封建的，牠是世界大同的，故孫中山平日對於儒家宗主孔子的大同思想極力倡導。簡單一句話，中國民族思想，幾千年以來，受了儒家思想的支配，至今尙未完全去掉。儒家思想以倫理爲中心。他們的倫理學說，對於自身修養方面，取聽天由命主義；對於社會秩序方面，取正名定分主義；對於論斷事理方面，取折衷調和主義。教育是告吾人以做人的方法，倫理是告吾人以做人的標準，故倫理學說也可以說就是教育的方針；研究中國教育史，而忽略了儒家思想支配中國社會數千年的勢力，一定要失掉了史的可靠性，此層也是應當我們注意的。

三

在商代以前，完全爲氏族社會，當然沒有學校的形式；即在西周時代，後儒所盛稱的教育如何發達，學校如何完備，我們也只當着一種傅會，決非信史。中國最早的學校有信史可考的，應始於西漢武帝元朔年間，距今不過二千零五十年。但這不過是學校的啓蒙時期，只具雛形尙無制度，再過一百二十年，到平帝元始三年，始有學校制度的產生。此時雖有學校制度，不過在中央有太學，在地方有學、校、庠、序等名稱，一切尙極簡單。在魏、晉六朝，不僅學校教育沒有進步，且因政局混亂與長期戰爭，學校有名無實——時常陷於停頓狀態。到了唐朝，學校教育於是突飛猛進：有了一定的系統，有了各樣的科目，有了嚴格的考課，有了固定的假期，凡學生年齡資格及入學手續皆有明顯的規定。到了宋朝，更有明顯的等級，及積分法的施行。但這些法子，多注意在中央的各種學校。到了明、淸兩朝，凡地方學校也有考課了。不過明、淸地方學校雖有考課的規定，而當時社會人士羣相趨赴於科舉一途，學校徒有其名；且中央也只有屬於文科的國子學，比較唐、宋兩朝各科俱備的相差多了。關於教育行政方面，兩漢尙沒有專設的機關，中央太學只由太常兼管，地方各學只由郡縣長官兼管。到了唐、宋，中央各學大概統於國子監，地方各學，唐朝統於長史，宋朝統於提舉學事司。明、淸兩朝與唐、宋大致相同：中央太學即國子監，地方各學統於提學使司。我們總結起來：在周代以前，尙沒有信史可考，後儒所傳會的一番話，暫時只有存而不論。自此以後，學校教育，在兩漢爲啓蒙時期，在魏、晉、六朝爲停頓時期，在唐、宋兩代爲發達時期，在元、明、淸三朝爲衰落時期。

君主專制時代，以培養治術人材爲宗旨，所以政府所設施只有成人教育。我們以上所說，全是關於成人教育的，不過內中分有高中兩等；凡中央各專門大學均屬於高等性質，凡地方各項儒學皆屬於中等性質。自唐宋以來，在政府方面雖也曾設立過小學，不過稍爲點綴，且多半爲皇室及官宦子孫特別開設，於一般民衆是關係極少的，民衆的初等教育只有讓民衆自己想法子。

中國舊式教育學校與科舉是相終始的。我們把科舉的歷史可以分着三個時期：（1）漢、魏、六朝爲科舉的萌芽時期。（2）唐、宋兩代爲科舉的興起時期。（3）明、清兩代爲科舉的極盛時期。科舉制度到後來雖日趨複雜，總不外常科與特科兩類。兩漢選舉『孝廉秀才』，就是唐、宋以來的常科；選舉『賢良方正』，就是唐、宋以來的特科。關於選舉的手續，西漢只有對策一項；到了東漢，還須經過一次文字的考試，——這完全是科舉的雛形了。不過此時尙沒有煩瑣的制度及嚴密的考試，其制度與考試法到隋、唐以後纔完全規定出來，所以一般人皆以爲科舉創始於隋之大業年間，確是一種錯誤。唐、宋兩代，雖製定了完備的制度，政府對於學校教育比較還是注重，到了明、清兩朝，則學校輕而科舉重，當時國家全部教育差不多爲科舉所壟斷，政府以此爲獎勵，社會人士趨之若騖，於是學校等於虛設，名存而實亡了。由此看來，中國有了學校就有科舉，有了學校制度就有科舉制度，二千年的教育制度史就是一部科舉制度史。

科舉是什麼？自一方面說，牠是錄取人才的考試制度，發給學位的甄別試驗。自又一方面說，牠是俗人加入叢林的戒法，自由民加入士族階級的方式。獲取了科舉資格以後，即能享受種種特權：（1）免除差役，（2）地方衙門以賓禮相待，（3）在社會常居優越的地位，（4）有掌握國家政治大權的希望，（5）如已做了大官，被目爲正流清流，否則爲雜流濁流。因爲有種種特權，所以業已入了叢林的，牢守其特殊地位始終不肯放棄；未曾加入的，殫畢身的精力，拚命趨赴，希求加入以爲榮寵。由此看來，科舉完全是半封建時代的產物，牠在中國教育史上差不多橫行了二千年，一直到了滿清快要滅亡的時候，纔把牠取消；更可以證明自滿清以前，中國社會幾千年還停滯在半封建時代。

在隋、唐以前，中國學者講學，多半在他自己的家裏設帳，或在侯王的府第裏設帳。自宋代以後，他們講學多在書院裏面。書院產生於五代之末，到了宋朝，因理學家蔚然興起，於是此事大盛。由元而明，由明而清，這三朝對於書院的設立更其廣遍了。但書院在當初，不過爲私人自由講學聚集門徒的場所，迨後政府漸漸注意，漸漸改由官辦，到了清朝簡直視爲各省高等學校而形成一種教育制度，——這是中國教育史上的一點特色。

中國學者所研究的方向各代不同。東周爲民族思想的成熟時期，又爲社會組織的劇變時期，所以當時學者多半注意在解決當時社會問題，對於學術的貢獻在創造。兩漢學者生在秦火之後，昔賢所流傳的古籍多半殘缺不全了，所以他們畢身的精力全用之於古籍的搜集與整理，對於學術的貢獻在考據。考據工作過於機械時，遂發生一種反動的學風，且因國家長期的紛亂，所以魏、晉學者注精力於老、莊的復活，南北朝學者注精力於佛學的輸入。佛學到了唐朝已入於成熟時期，他們又專門用力於佛學的整理與組織。到了宋朝，儒、道、佛三家學說有融和的趨勢，所以宋、元、明三朝六七百年一般學者專在用力於形而上學的研究。清初尙有此種餘風，不久又發生一種反動趨勢，一般碩學皆以考證學著稱了。此處所謂形而上學，多指性理學說的。不過宋儒所講，把性與心分開，性也有兩種，近於二元論；明儒所講，把性與心合一，性只有一個，近於一元論——是愈趨愈玄了。

統治階級對於牢籠士族階級的法術，歷代不同，所以各代想做官的士子們所用力的途徑也不一樣。兩漢政府以家法取士，士子們所以謹守家法；唐朝政府以詩賦取士，士子們所以用力詩賦；宋朝政府以經義取士，士子們所以日讀三經新義；明、清兩朝以八股取士，士子們所以專攻八股。家法、詩賦、經義及八股，勿論何種，全是消磨人類精神的利器，於教育本身是很少價值的。

中國史上的教育家，分漢學與宋學兩派。漢學派以讀書爲目的，宋學派以修己爲目的。漢學派以古籍爲研究的對象，只研究古籍之眞僞，行爲又是一個問題，對於人生行爲的好壞與他所學所教的毫無關係。宋學派以自己爲研究的對象，他們平日所研究的方法就是怎樣做人，所研究的目標就是做一個什麽人。換一句話，他們一方研究，一方實行，一方又體驗，以知識指導其行爲，從行爲以證實其知識，謂之實踐主義。所以我們稱前者爲記誦主義的教育家，稱後者爲實踐主義的教育家；凡漢、唐、清三朝的教育家，多屬於前一派，凡宋、元、明三朝的教育家多屬於後一派。

四

中國教育史，嚴格說起來，只有兩大期，而以英、法聯軍之役爲分水嶺。自英、法聯軍之役以前，爲半封建式的教育；自此役以後，爲資本式的教育。在半封建式的教育之下，勿論教育制度如何變更，教育學說如何差異，總以儒家思想爲中心，以儒家經典爲教材。除了幾次特殊教材外，漢、魏六朝學校所授的不外五經之術；唐朝把牠分着九經；宋朝添了一部四書；元朝添了幾本宋儒語錄；明、清兩朝又把五經細分爲十三經，其實是一貫的。在資本式的教育之下，始有科學教育，除了人事教材外，特別注意於自然科學的研究。本書第六編，就是寫的資本式的教育——初期資本式的教育，又稱做新教育。在第六編裏面，又分着五個小時期。自英、法聯軍之役至中、日戰爭爲第一期，爲新教育萌芽時期，半封建主義尙極濃厚，不過略具資本主義雛形而已。自甲午之役至辛亥革命爲第二期，此時已具資本主義的教育制度，而思想仍是半封建的。自民國建元至歐戰告終爲第三期，與前期沒有很大出入，不過思想較爲進步，對於女子教育稍爲重視罷了。自五四運動至三一八慘案爲第四期，則完全資本主義化了。此時國人對於教育的思想完全改變——以美國人的思想代替了儒家的思想，且因思想改變而促成教育制度的改革。前三期爲日本式的資本主義教育，以奏定學堂章程爲中心；第四期爲美國式的資本主義教育，以壬戌學制爲中心。自國民政府建都南京至現今爲第五期，則爲三民主義化的教育。三民主義理想的社會，不是半封建的，也不是資本的，牠是世界大同的。所以本期的教育，政府也規定以「促進世界大同」爲宗旨。三民主義是推行世界主義的第一步，不僅合於中國國情，且合於世界人類的要求。在此主義之下，我們主張厲行教育統制政策，以統一思想而集中力量，方可以達到我們的理想。

第一編　原始氏族社會時代的教育

第一期　自商代以上（3500——1123 B.C.）

第一章　初民的生活與教育的起源

一　初民的生活　據歷史家的考證，距現今五千年前，我們的祖先業已佔有了黃河下游兩岸的地方。他們的生產方法，就是捕魚、採果、打鳥、射擊野獸；一切衣食的來源，皆取給於自然物品，吾人稱此時期爲採拾經濟時期。男子出外採拾食物，女子在家照料兒童，同血緣的人員聚居在一羣，以年長的女子爲一羣的首領。這種社會，謂之母系氏族社會。這個時候，沒有文字，沒有制度，完全過着自然生活，共同採拾食品，共同消費，共同育養兒童，故又稱爲原始公有社會。這個時候，敵人很多，毒蟲是敵人，猛獸是敵人，天災水患也是敵人，異種族遠血族也會成敵人；他們的生命長日在羣敵包圍之中，故如何抵禦敵人成了他們重要的工作。經過長期鬬爭以後，征服了異族，漢族生齒日蕃，遂繁衍於黃河中流的中原腹地。到了此時，他們已知火食，漸有文字，發明了一切粗笨的用具，他們的生產方法遂由漁獵進步到牧畜了。生產方法由漁獵進步到牧畜，是男子對於女子的一大革命，故社會組織也由母系移轉到父系。在父系氏族之下，產生了私有性質，產生了階級意識，此時人民的生活，就不比以前那樣簡單了。這種形態的社會——父系氏族社會，歷唐、虞、夏、商一千數百年直到周朝纔又經一次重大的變革。黃河中下游地方縱橫數千里，全是廣大平原，處北緯三四十度之間，氣候温和，植物種子的產生當極容易，故自洪水平定以後，中國社會已有農業的萌芽。生產方法由牧畜進步到農業，從前游動生活此時遂變爲定居生活了。在定居生活之下，工作經濟較易蓄積，社會上一定產生有閒階級，而種種觀念形態莫不由此發生。

二　教育的起源　知道了初民生活的情形，就可以知道他們底教育的起源了。教育發生於實際生活的需要，教育情形也跟着當時的經濟情形而變遷。在漁獵經濟時代，他們的教育就是怎樣捕魚，怎樣獵取鳥獸，怎樣採掇果實。在牧畜經濟時代，他們的教育，就是怎樣架設柵欄，怎樣尋逐水草，怎樣餵牛趕羊。勞動即是學習，父母即是教師，獵場與牧地即是學校，教育與生活是一致的。最初沒有文字，要記載事情時則用結繩的方法；其後見結繩有時而窮，則又畫些種種圖樣表示形意，即吾人所謂象形文字。當初沒有宮室，他們就要學習怎樣掘穴，怎樣架巢。當初沒有衣服，他們就要學習怎樣縫綴樹葉，怎樣剝取獸皮。還有怎樣抵抗敵人的侵凌，怎樣防備毒蟲猛獸的迫害。此等教育，與實際生活完全一致；即不然，也是幫助自身謀社會生活之一種手段，其目的就在謀全體族人的利益，除此以外，並無其他目的，也無其他意義。到了後來，一方面因人口增加，氏族內部分出許多房族，這些房族又聯合成爲種族，即由父系氏族社會進化到部落社會，而統治階級日益顯明。一方面因農具的發明，農業經濟逐漸奪了牧畜經濟的地位，土地變成爲主要生產手段，而私產觀念日益顯明。這兩種觀念混合爲一，統治階級握了經濟重權，促成了技術的進步，於是奴隸制、分工制，及種種剝削情形，由此產生。到了此時，原始教育的意義無形改變，帶有了階級性了，與實際生活不能完全一致了，除了生物慾的目的外，還帶着了支配所屬階級的工具之目的。

第二章　漢人臆造之上古教育制度

一　緒言

自商代以上，通稱上古時代，卽我們所謂原始氏族社會時代。在這個時代，文化程度極其幼稚：生產尙以牧畜爲主體，漸進於農業；文字只具雛形，多爲象形體；式婚姻猶在亞血族時代，倫理觀念未曾發生；縱有支配階級，也不過爲家長式的首領，尙未達到階級對立的形式。以這種文化程度的民族，一切生活概屬自然生活，一切行動全是習慣行動，繁文縟節旣不會有，優閒的教育制度當然無法產生。再以現今已經出土的古器物及甲骨文字看來，商代的用具全是銅器，商人的名字全以干支，他們文字的運用且極不規則，更可以證明在商代以上，雖有教育事實，決無教育制度。但記載上古史事的古籍，如孟子、戴記、尙書大傳及白虎通之類，爲什麽說唐、虞、夏、商四朝有大學與小學之分，有養老與視學之禮，有教孝教悌之意？這種教育制度爲何與氏族社會的文化程度相差很遠？要知以上所舉各書，除孟子較古外，其他全屬漢人的作品；漢儒最愛關門造謠的，此處所謂上古教育制度，完全由他們捕風捉影，假託古制以見已意，毫無疑義。後人臆造的史料，本可以革命的手腕一筆勾消；不過漢人去古未遠，臆造也有時代的背景，由他們的臆造文字裏面也可以推知上古教育情形之一二。我們旣以這種態度來敍論古史，雖勉強寫出以下三條，當不致使讀者發生迷惑的危險。

二　學校的起源

據董仲舒、孔穎達一派學者的推想，唐、虞以前，已有了學校，或總名成均，——這當然是太滑稽了。（註一）又據孟子及王制等書上說，虞、夏、商三代的學校，均分大學小學兩階段。孟子上說，「夏曰校，殷曰序，周曰庠；學則三代共之，皆所以明人倫也」。（孟子滕文公篇）宋儒朱子給這句話下個解釋，他以爲「校」、「序」、「庠」皆是鄉學，而「學」謂之國學——大學。鄉學的名稱三代不同，國學的名稱是一律的，在這些裏面皆是講明人倫——五倫——之教的。王制上說，「有虞氏養國老於上庠，養庶老於下庠；夏后氏養國老於東序，養庶老於西序；殷人養國老於右學，養庶老於左學」。漢儒鄭康成也下幾句解釋，他說，「上庠」、「東序」及「右學」三種是大學，「下庠」、「西序」及「左學」三種是小學。大學即國學，所以養國老；小學即鄉學，所以養庶老。孟子同小戴兩人的口詞雖然不同，而承認虞、夏、商三代之有大學小學是彼此一致的；再參考其他古籍，也有同樣的說法。（註二）再參考王制、祭義、樂記及文王世子等篇，好像此時的學校除施教以外，養老要算最大的任務，以養老爲學校最大的任務，就是崇拜祖先的宗教意識，也就是父系氏族社會的象徵。

（註一）〔文子世子注〕董仲舒曰，五帝名大學曰成均，則虞庠近是也。

〔大司樂疏〕堯已上，當代學亦各有名，無文可知。但五帝總名成均，當代則各有別稱。

（註二）〔通典禮十三〕有虞氏大學爲上庠，小學爲下庠；夏后氏大學爲東序，小學爲西序；殷制大學爲右學，小學爲左學，又曰瞽宗。

三　學官分三部　考查舜典，唐、虞二代的學官有三部：一曰司徒，主宣布五教的，以契爲之長；二曰秩宗，主持三禮的，以伯夷爲之長；三曰典樂，教導詩歌音樂之類的，以夔爲之長。什麼是五教？就是爲父以義，爲母以慈，爲兄以友，爲弟以恭，爲子以孝。（註一）什麼是三禮？就是祭祀天神——日、月、風、雷之類，地祇——山、川、草、木之類，及人鬼

——他們已死了的祖宗。第一部屬於倫常之教，卽孝親敬長的教育。第三部屬於樂歌之教，所以陶治性情的。第二部主持三禮，屬於鬼神之教，正足以表現初民的宗教思想，以祭祀鬼神爲最尊嚴的事務，也是極重要的教育。主持祭祀的必爲僧侶階級，此在其他開化最古的民族史上不少例子，且最初民族的教育權確在僧侶階級手中，中國古籍雖未曾明白敍出，但在此處也可以見得一點痕跡出來。

（註一）〔舜典〕愼徽五典，五典克從。孔註：五典，五常之教：父義，母慈，兄友，弟恭，子孝。又〔舜典〕帝曰，契，百姓不親，五品不遜，汝作司徒，敬敷五敎，在寬。孔注，五品謂五常。孔疏，品謂品秩，一家之內，尊卑之差，卽父母兄弟子是也。教之義慈友恭孝。

（註二）〔舜典〕帝曰，咨四岳，有能典朕三禮。鄭注，三禮，祀天神，享人鬼，祭地祇之禮也。

四　宮庭教育　賢明的君主尙能自知其責任的重大，不敢怠忽，每於治事之外，還力求知識上的進步和性情上的修養；所以他們底宮庭裏頭都聘請了教師，以備隨時請益。那些教師皆是選擇當代的第一名流，他們的位置極其尊崇，他們的威權也非常顯赫，試讀仲虺之誥、伊訓、太甲、說命諸篇，對於時君諄諄訓誨，眞有令人發驚的地方。（註一）太子是承繼老君管理國家的，教育尤爲重要。每個太子都有師保傅朝夕訓誨，陳以嘉言，啓發他們的知識；教以禮樂，涵養他們的品性；而太子對待老師，也儼然如事嚴父，有極尊敬的禮貌。（註二）按據氏族時代的社會組織，氏族長老一方爲行政首領，一方爲教育長官，所謂『天降下民，作之君，作之師』。在此種情形之下，另聘有權威的師長來訓誨他們，殊不近情。此種有權威的師長，或是同血緣的前輩長老，或在氏族裏面具有勳勞的貴族分子，以他們特殊的資格和較優越的經驗，隨時對時君與以啓迪或忠告。漢儒不察，因從而誇大之，所以我們認爲這一切全是臆造文字。

（註一）〔仲虺之誥〕德日新，萬邦惟懷；志自滿，九族乃離。王懋昭大德，建中於民，以義制事，以禮制心，垂裕後昆。予聞曰，『能自得師者王，謂人莫己若者亡。好問則裕，自用則小』。嗚呼！愼厥終，惟其始。

〔孟子公孫丑〕湯之於伊尹，學焉而後臣之。

（註二）〔舜典〕帝曰，夔，命汝典樂，教冑子！孔注：冑長子，自公卿大夫之適子也、

本期參考書舉要

（1）尙書的虞書、夏書及商書

（2）易經及詩經

（3）禮記的王制等篇

（4）尙書大傳

（5）白虎通

（6）殷虛書契考釋——羅振玉

第二編　封建時代的教育

第一期　西周（1122——771 B.C.）

第三章　西周社會的概觀

一　周人最初的生活　在敍述周朝的教育以前，關於周家民族的來歷及他們初期生活的狀況，也應知道一個大概。商代以前所有部族，所有朝代，莫不興起於黃河下流，由東西徙，蕃殖於黃河中段的中原，所謂『東夷之人也』。只有周人纔是漢族的另一支派，他們興起於黃河上游，滋生於渭水流域，所謂『西夷之人也』。在公劉以前，他們仍是遷徙無常；在古公亶父以前。他們仍是穴居野處，游牧爲生：其最初由母系氏族移轉到父系氏族，其發展的階段是與東方各民族同一軌道。（註一）自古公亶父以來，因族類的蕃殖，人口的增加，纔逐漸開墾了渭水流域，戰勝了戎、狄諸屬；於是由牧畜進步到農業，由行國變而爲居國。此時中原已發展到相當的程度，農業漸漸成爲主要的生產，從前以牧畜經濟爲基礎的商朝氏族組織已不復能夠統治農業經濟的社會了。在此種社會之下，部族林立，各不相下，組織

西人謂中國種族來自西亞，但據中國可靠之古籍，無一西來之痕跡。清人王國維始謂中國民族實起源於東方，姑從王說。

能力既然薄弱，自然容易被新興的西方民族——周人——所征服。西土三輔之地，素來民俗強悍，善於戰鬭，他們的領袖如公劉、古公、太王、文王輩，率皆一時賢豪，極力從事於農業的發展，所以不到百年，其勢力業已擴張到了中原。迨武王踐位十三年，統率聯軍，克服商朝之後，中原民族遂歸於周人統治之下了。

(註一)(詩大雅生民篇)厥初生民，實維姜嫄。生民如何？克禋克祀，以弗無子。履帝武敏歆，攸介攸止。載震載夙，載生載育，時維后稷。

(詩大雅緜篇)緜緜瓜瓞，民之初生，自土沮漆。古公亶父，陶復陶穴，未有家室。古公亶父，來朝走馬，率西水滸，至於岐下。爰及姜女，聿來胥宇。

按史記周本紀：周之世系，弃始封於邰。不窋奔於戎、狄之間。公劉自漆沮渡渭，取材用。子慶節立國於豳。古公亶父避戎、狄之逼，遂去豳，度漆沮，踰梁山，止於岐下。其後古公見豳人及他旁國來歸，乃貶戎、狄之俗，而營築城郭宮室而邑別居之。可知周家民族發源於西土三輔之地，先行國而後居國，最初尚在母系氏族社會的時代。

二　封建制度的產生

中國社會，在殷、周之際，可算得是第一次最大的變革。第一、在生產方面，從前以牧畜爲主體，此後則以農業爲主體，至少也由初期農業進步到中期農業。第二、在技術方面，從前爲銅器時代，此後則爲鐵器時代；鐵器發明，農業自然有長足的進步。第三、從前爲氏族社會，此後則爲封建社會，即由部落政治進步而爲國家政治了。以上三種變革，全是歷史自然的演進，而此等演進的基礎就是農業經濟的發展。在此種基礎之上，自然產生了封建制度，自然產生了宗法制度，而周人統一中原後的一切設施，不過適應環境的需要而已。封建制度建築在農業基礎之上，宗法制度又建築在封建制度之上。有了封建制度，纔有君臣上下之分；有了宗法制度，纔有嫡庶長幼之別；而喪服

> 余前以宗法始於原始氏族社會，今已知其錯誤，蓋氏族社會只有宗而無法，宗法制度實建築在封建制度之上，始於周朝。

之制、廟數之制、同姓不婚之制及男女有別之制。又莫不隨着宗法制度而產生。在農業基礎之上，以互相連繫的種種制度所組成之法網，來紀綱全社會的民衆，使全社會的民衆皆受其支配，此周朝封建制度的眞正精神，也就是我們所說的『典型的封建社會』。此種社會，當然是階級砌成的，以農人爲基礎，層層相制，在名義上最後統一於天子。但這種繁密的組織，未必能够通行於全部；其實到周室東遷以後，封建諸侯的勢力日益強大，人口數目激增，這種不能通行全境的繁密制度更遭破壞了。

三　最有權威的禮教之解剖　要解釋什麽是『禮教』，先要解釋什麽是『禮』。考禮字的來源，本屬於宗教上的名詞。說文上說，『禮，履也，所以事神致福也』。禮字是由『示』與『豊』二字拼合而成，示卽祭神的意思，豊是祭神用的供品，以黍稷等類的供品，獻祭於天地鬼神之前，就稱做禮；所以禮字原來是宗教上的名詞，也是最莊嚴的名詞。在上古神權時代，初民以爲一切現象與生活皆受神意的支配，所以他們處處都要『事神致福』。父母教訓他們的小孩，氏族長老命令他們的族員，莫不以學習祭神的儀式爲重要，至少也要在意識上對於『神』表示一種極莊嚴可怖的敬意，於是此時的禮字就增加了教育的成分。事神之禮既增加了教育的成分，卽以禮爲教，所以後人稱牠做『禮教』。中國民族自原始時代以至殷、周之際，莫不以事神致福爲極重要的禮教，故虞書上有『有能典朕三禮』的誥命；但自此以前，禮教二字仍不脫離宗教的範圍。可是一到周朝以來，『禮教』二字的意義又變更了，由宗教上的意義變而爲倫理上的意義了。周人對於禮教是怎樣解釋呢？小戴禮的坊記上說：『夫禮者，所以章疑別微，以爲民坊者也』。釋以今意，禮就是民衆的一道

> 戴記固是漢人作品，但所記槪屬周代史事。

堤防，用牠來防止民衆的不道德行爲的，所謂『禮以坊德，刑以坊淫』，坊記的意思。周人的政治目的，在使人類社會有一定的秩序：爲君的當盡君道，爲臣的當盡臣道，爲父的當盡父道，爲子的當盡子道，爲夫婦朋友的當盡夫婦朋友之道。父子、君臣、夫婦、兄弟、朋友這五倫是構成人類社會的元素，勿論何人皆以一身同時具有此五倫的資格，個人對於社會的關係如蛛網式一樣。每個人皆按照他所具的資格卽對於社會各方面的關係，各盡各的職責，則社會秩序纔有條不紊。不守秩序，不盡自己應有的職責，卽是他們所謂不道德的行爲。行爲不道德卽是破壞了堤坊，結果必致於蕩檢踰閑，犯上作亂。人民旣有了蕩檢踰閑，犯上作亂的行爲，則社會秩序無法維持，他們所組織的政府及已經攫取的特殊地位必要崩潰，這是他們所最恐懼的。刑法未嘗不是裁制民衆破壞隄防的——不道德行爲的——法子，但他們以爲那不是根本的辦法。根本的辦法只有施行禮教，唯施行禮教始可以防止民衆不道德行爲於未發生之前，他們纔可以永久保持貴族政治的體系及社會的安寧。這種禮教的意義，自政治方面說謂之國家政策，自教育方面說謂之教育宗旨；他們的教育也不過是政策之一而已。

考周朝所以演成倫理的禮教，約有如下之三種原因。第一、在經濟方面，當時是農業社會。農業社會的民衆之特性最是安土重遷。禮教的精神在『敬』，（註一）卽近於靜的倫理。這種倫理正合於農民的習慣。第二、在政治方面，當時是封建制度。封建制度的特性卽是階級制度。他們是要嚴尊卑之分，定上下之別的，禮教就在『定親疏，決嫌疑，別同異，明是非』。曲禮第三、周人以西方民族征服了中原的殷民，殷民最難心服。但殷之習俗非常崇拜鬼神，周人因此一方面利用其宗教的禮教以調和殷民的感情，一方面施行倫理的禮教以消滅他們不平的性氣。禮教倫理化以後，再經後來的儒家學者多方倡導，從此成爲中國民族的習慣思想，其勢力支配中國人心，視爲天經地義，至三千年之久。

（註一）（大戴禮禮察）禮者禁於將然之前，法者禁於已然之後。……禮之禮云，貴絕惡於未萌，而起敬於微渺，使民日徙善遠罪而不自知也。

（註二）（禮記曲禮）曲禮曰，毋不敬。

本章參考書舉要

（1）尚書的周書

（2）詩經的大雅

（3）史記的周本紀

（4）大小戴禮記

（5）觀堂集林的殷周制度論　王國維

第四章　後人傳會之西周教育制度

第一節　學制系統

關於上古的教育制度，我們以臆造的性質觀察。關於西周的教育制度，我們以傳會的性質觀察。傳會尚有幾分近眞，臆造則完全是假的。觀察西周教育制度，所根據的史料也是很少，不過周禮、尙書大傳、大小戴禮記及白虎通數種古籍。尙書大傳及周禮兩種，近人羣疑爲僞書，我們不敢多引。坊間所刻之大戴記已不是原書，比較可靠者只有小戴記及白虎通兩種，而又非西周當時的作品。此外在孟子裏頭，可以考見一二。其他史記、漢書、通考、通典等書上邊也曾敍述過，但這一般作者不過照着上面所舉的數種古籍鈔錄一番，並非別有根據。根據既然薄弱，把此種史事當着傳會的性質，庶免武斷的毛病。按照傳會的制度，以推想當時的教育狀況，則更以傳聞的態度描寫，較爲妥當。

孔子說：『殷因於夏禮，所損益，可知也。周因於殷禮，所損益，可知也』。論語 好像周朝的許多制度都是因襲前代而加了損益的，內中教育制度也是一樣。虞、夏、商三代只有王畿或諸侯都市的國學，未見有什麼鄉村之學；即或有之，也太荒渺。到了西周，則國學與鄉學，大學與小學，一一備設。他們的教育，可以分做三級，兩個階段：第一級爲幼稚教育，第二級爲小學教育；第三級爲大學教育。此三級的教育，內中只有第二、第三施行於學校以內，第一級則施行於學校以外，故從嚴格上說，此時學校其實只有兩級——小學與大學。第三級屬於高等教育，謂之第二段；第二級屬於初等教育，謂之第一段；而中等教育似包括於一二兩段之間。大學修業九年，自十五歲入大學至二十四歲畢業；或有從十八歲以至二十歲始入學，而畢業時期亦較晚。前者多半是貴族子弟，後者多半是庶民子弟之俊秀者。小學修業年限以七年爲原則；自八歲起至十五歲止；亦有從十五歲起到二十歲止的。前者多半是貴族子弟，後者多半是庶民子弟。(註一)幼稚教育自初生至入小學時期爲止，這一級自然屬於貴族子弟，庶民子弟在當時那有這種機會！(註二) 此外，胎教在當時雖有人注意，但此不過只限更少數的貴族婦女，有知識與閑暇纔能辦到。(註三)

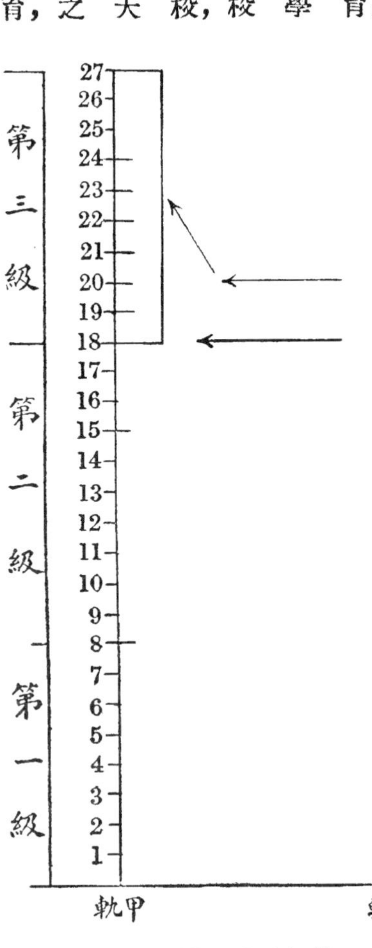

第一圖　西周學制系統圖

西周的學制系統爲雙軌制，這在封建時代是必然的制度。我們試看第一圖：甲軌是表示貴族教育的，乙軌是表示庶民教育的。甲軌上的學校稱做國學，乙軌上的學校稱做鄉遂之學。鄉遂之學，設立在六鄉者曰庠，在六遂者曰序，由地方行政長官管理，庶民子弟入之。國學設立在近郊都市，由中央政府或侯國政府管理，貴族子弟及庶民子弟之俊秀者入之。（註四）惟國學纔有完備的教育階段，鄉遂之學只有小學沒有大學，若庶民子弟在小學期滿有可以升入大學的資格時，須由乙軌跳到甲軌上。大學設立在王城之內的，規模宏大，別爲五院，統名辟雝；設立在諸侯之首都的，規模簡單，只有一院，稱做頖宮。辟雝以中央一院爲首院，代表當代的學校，以四代的學校環建於外；

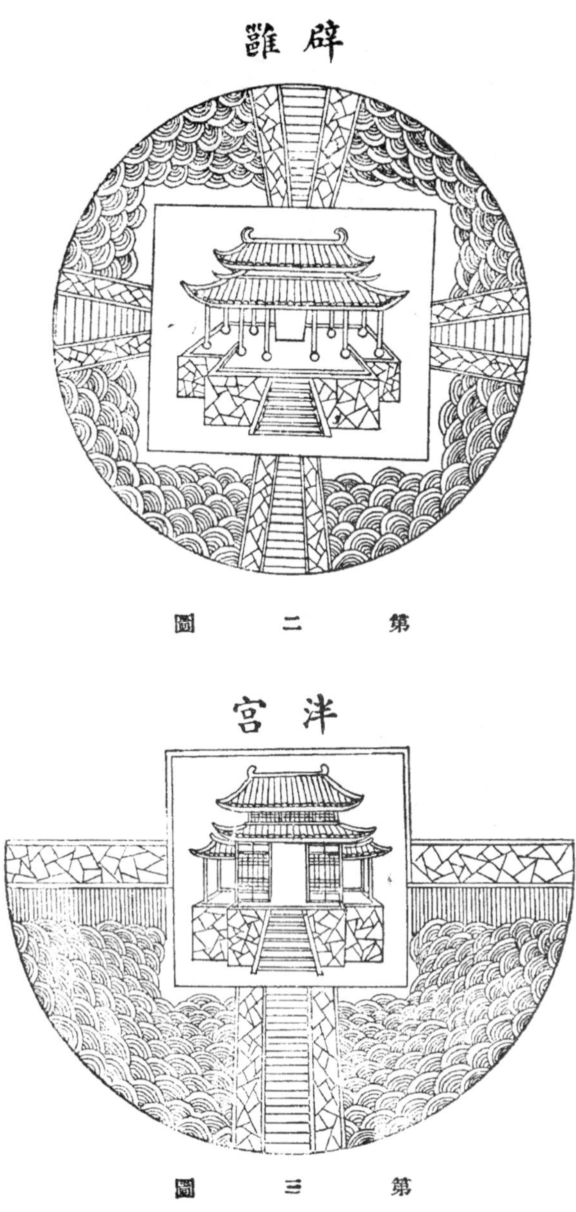

辟雝

第二圖

泮宮

第三圖

四院對於中央一院有時亦具獨立的性質，不過地位稍低。（註五）

此外還有一種學校我們要注意的，就是民間自辦的村塾。村塾的性質似小學非小學，且近於朝夕補習學校。他們裏頭所教授的課程，多與鄉遂之學相同。他們的勢力也不弱，好像在當時有小學不完備的，或者以村塾代替？（註六）中國從前私塾在地方具有偉大的勢力，至今尚未能完全消滅，西周的村塾未必不是這個起點。

（註一）（漢書藝文志）古者八歲入小學。

（大戴禮保傅注）白虎通曰，『八歲入小學，十五入大學』，此太子之禮。尚書大傳曰，『公卿之太子，大夫元士之嫡子，年十三入小學，見小節而踐小義；年二十入大學，見大節而踐大義』，此世子入學之期也。又曰，『十五入小學，十八入大學』，謂諸子晚成者至十五入小學，其早成者十八入大學。（王制正義）書傳略說，『餘子十五入小學，十八入大學』，其鄉人當與餘子同。

（註二）（禮記內則）異爲孺子室於宮中，擇於諸母與可者，必求其寬裕慈惠溫良恭敬愼而寡言者，使爲子師，其次爲慈母，其次爲保母，皆居子室。他人無事不往。子能食教以右手，能言男唯女喻。男鞶革，女鞶絲……』。又觀文王世子諸篇及與此全篇參證，可知多係指貴族家庭而言也。

（註三）（大戴禮）『周后娠成王于身，立而不跂，坐而不差，獨處不倨，雖怒不詈，胎教之謂也』。（列女傳）『大任者，文王之母，性專一，及其有身，目不視惡色，耳不聽惡聲，口不出惡言，以胎教也』。（博物志）婦人妊娠：不欲見醜惡物，異鳥獸，食亦當避異常味；……正席而坐，割不正不食，聽誦詩書諷詠之聲，不聽淫聲，不視邪色，以此產子，子賢明端正壽考，所謂胎教之法。

（註四）（學記）『古之教者，家有塾，黨有庠，術有序，（鄭注術遂也）國有學』。（王制）『天子命之教，（鄭注之指諸侯）然後爲學。小學在公宮南之左，大學在郊』。張子曰，『此小學是教國子之幼小者，未能入大學，則其學在公之左右。大學卽郊學也，對小學而言大爾，非國子冑子俊造所居。但國之設學必均於四郊，爲之立學；郊學則鄉遂大夫教之，國中大學則天子諸侯所視者也。郊學雖非俊造所居，亦有時而往，如行禮于其間，使不帥教者觀之。

案據學記及王制所載，雖鄉遂之學有序庠等名，此不過因地方行政區劃所設立不同而各異其名耳，如現代省立、縣立、市立等名，並非有一定大小也。郊之內六鄉屬之，野之內六遂屬之。近郊直接于王城周圍者，或亦設國學焉。

（註五）（王制）『天子曰辟雝，諸侯曰泮宮』。注『周立三代之學：學書于有虞氏，……學舞於夏后氏之學，……學禮樂於殷之學，……』。又（大戴禮保傅篇）學禮曰『帝入東學，上親而貴仁，……；帝入南學，上齒而貴信，……；帝入西學，上賢而貴德，……；帝入北學，上貴而尊爵，……；帝入太學，承師問道：……此五學者既成於上，而百姓黎民化輯於下矣』。又（禮象）『辟雝居中，其南爲成均，北爲上庠，東爲東序，西爲瞽宗』。又（周禮）『天子立四代之學以教世子及羣后之子及鄉中俊選所升之士』。孔疏案『尊魯亦立四代學，餘諸侯於國但立時王之學』。

（註六）（學記）鄭注曰，『古者仕爲而已者，歸教於閭里，朝夕坐於門，門側之室曰塾』。

第二節　學校之內容

一　教材　本期各學校所用教材，我們分着兩段敍述。

（甲）初等教育段　此段又分做兩級：一爲幼稚教育，二爲小學教育。此時無幼稚園，關於幼稚時期的教育，概舉行在家庭之內，又可稱做家庭教育。兒童每日學習的，即是日常生活上一切常識，是練習動作的，不是死記符號的。例如，當兒童有了吃飯的能力，教他們用右手；有了說話的能力，教他們怎樣應對。到了六歲，教他們記算數目，數時日，辨別方向。到了七歲，教他們以男女居處的分別。在八歲時，教他們以出入飲食種種禮節。在九歲時，把朔望及干支等日名，一一教給他們。滿了八歲的兒童，本應授以小學教育，不過在九歲以前，他們的起居飲食尙未完全自立，故尙住在家庭。十歲以後，始出就外傅，寄宿於外，這個時候纔開始課以文字的教育，學習幼年時代的儀節。到

了十三歲，始完全入於正式小學時期了。（均見內則）

小學時期的教材與幼稚時期含接的很多，因爲這兩個時期原來分不大清楚。小學的課程，譯以今義，可別爲三類：（1）關於修身科的，有灑掃應對進退等節；（2）關於知識科的，有算學、樂歌及書記等文；（3）關於運動科的，有馳馬、擊劍、射御、跳舞等術。知識科是很粗淺的，他們所注重的實在修身一科。（註一）上自王公下至庶人的子弟，凡滿了小學學齡時，全有入學的機會，此時也只有小學教育的機會是比較普遍的。

（乙）高等教育段　此段爲大學教育時期。大學的課程亦可別爲三類：（1）關於修身科，教以正心、誠意及修己治人之道；（2）關於知識科，教以格物、致知及六藝之文；（3）關於運動科，教以射御、跳舞等術。西周人

第一表　西周各級教育課程表

科目＼教育階段	幼稚教育	小學教育	大學教育
修身科	練習動作以日常生活的一切常識	灑掃應對進退之節	正心誠意及修己治人之道
知識科		算學詩歌書記	致知格物及六藝之文
運動科		馳馬擊劍射御跳舞	射御跳舞等術

的教育觀念，以爲大學教育是造就政治領袖人材，爲將來管理民衆統治國家的，不是研究高深學問的。他們所謂高深學問，也不外乎『修己治人之道』，所以修己治人之道佔了學校課程一大半地位，修己卽是『訓練身心』，治人卽是『管理民衆』。他們主張的是賢人政治，要治人必先修己，能够修己纔能以身作則，然後有好的政治。我

們讀小戴禮記學記篇，如『離經辨志』、『敬業樂羣』、『博學親師』、『論學取友』等語，把社交與學業看得並重，便可以知道他們的命意所在了。

二　教具　西周時代，毛筆和紙尙未發明，他們以刀漆作筆，以竹木作紙，如有記載則用刀或漆刻畫在竹木上面。集多數的竹木用絲線或韋皮連成一排，用時打開，不用時疊起，所謂『典冊』者卽是此意。（註二）這類一冊二冊的東西，我們叫牠爲『書』，但在西周時，並不稱書，名稱很多。若以所書的質料分，則用竹書的稱『冊』或『簡』，用木書的稱『方』或『板』。若以所書的內容分，則有下之各種稱謂：（1）關於古訓的稱『典』，所謂『修其訓典』，（史記周本紀）『雖無老成人，尙有典刑』（周書）之類。（2）關於版圖及戶口的稱『籍』，所謂『周公履天下之籍，而聽天下之斷』，（荀子儒效篇）『諸侯惡其害己也，而皆去其籍』（孟子萬章下）之類。（3）關於當代的掌故，則稱『策』，所謂『文武之道，布在方策』，（中庸）『大事書之於策，小事簡牘而已』（杜預春秋序）之類。合典籍冊及簡牘等，用作爲教學的材料時，統稱之曰『業』，禮記上所說『請業則起』，（曲禮）『時教必有正業』，（學記）曾子所說『學必由其業』（羣書治要）之類，卽是我們所謂『學業』的意思。秦以前，筆字原文爲聿，古文从手从刀，卽是以手拿刀刻字於竹簡上面之意。古時的刀並不鋒利，用刀刻字成書，何等笨拙！所以古人讀書的困難，比較現在印刷術發明的時代，眞不可以道里計；而當時學術能夠被貴族階級所把持，不能普及於一般民衆，也是這個原因。

三　師資　幼稚教育是在家庭裏頭施行的；在庶民的家庭，兒童的父母就是他們的教師；在貴族家庭，另外設有保傅，專門保養和訓練他們。（見本章第一節註二）小學教師全由士大夫充當。國立小學由國家設立專官，執行教鞭，如樂正肖師一類的人。鄉遂之學，由地方長官——鄉大夫等——聘請年老致仕還鄉的士大夫充當。地方自辦的村塾所有教師，與鄉遂之學相同。鄉遂之學及地方村塾的各個教師，大半是年長有德且負地方重望的縉紳名流，他們的地位極其尊崇，稱之曰『鄉先生』。（註三）大學教師較國立小學的職位尤其高貴，不用說了。凡禮樂詩書及舞文舞武等科，皆設有專職。至於掌握教育行政大權，及頒布教條，則統由中央之司徒，地方教育行政則由鄉大夫稟承司徒辦理。

師長的地位格外隆重，國君以嘉賓相待，所謂『天子不得而臣，諸侯不得友』；（孟子）一般子弟以君父看待，所謂『民生有三，視之如一；父生之，師教之，君食之』。（國語晉語）他們以爲師長是學問道德兼全的人，『能爲師，然後能爲長；能爲長，然後能爲君』。（學記）你們要是獲求學問，陶冶品性，明習修己治人的道理，非對此品學兼優的師長特別尊重，那就不足以表示你們的誠意與眞正的需要，你們一定得不着良好的效果。『師嚴而後道尊』，就是他們提倡尊師重道主義的根本理由。

四　考試與升格　此時的考試分學業考試及升格考試兩種。學業考試由學校辦事人員舉行，例如學記上所說『比年入學，中年考校，……七年小成，九年大成』一段話，髣髴現今各學校通行的入學試驗、學年試驗及畢業試驗。升格考試由國家行政官吏舉行，關於地方的由鄉大夫，關於中央的由司徒。學業考試只督課生徒的成績，升格考試並獎給他們以學位。升格考試分做三步。第一步由鄉大夫初試，取中了的錄入鄉學肄業稱秀士；到相當期限，經過覆試，取中了的由鄉大夫造册報告到司徒，稱選士。第二步，由司徒初試選士，取中了升入大學肄業，稱做

第二表　周朝學子升格考試表

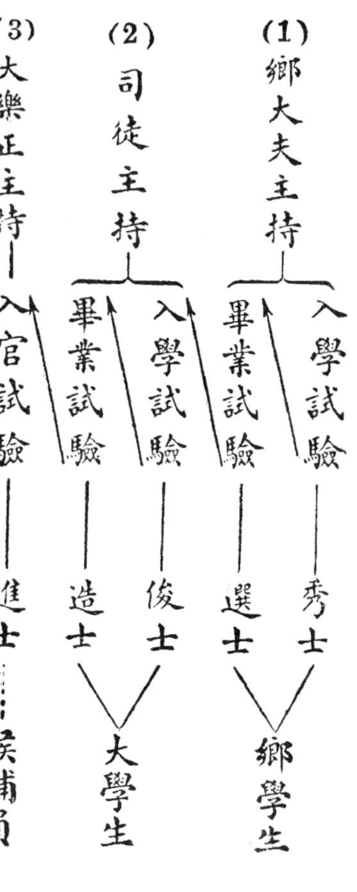

俊士；到相當期限，完成了大學的學科，經過覆試，取中了，再獎以榮名，叫做造士。造士即學業造成了的士子，將來候補的官吏。得了造士以後，由教官大樂正報告到天子，經過第三步的選拔，發交司馬量材錄用，此時則名之曰進士了。（均見王制）這種完密的考試制，在當時事實上能否必行，我們不敢武斷，不過經過層層的考試以後，挑選少數出類拔萃的士子，最後付給他們以國政，教他們好好地輔佐太子統治國家，管理人民，那是比較可靠些的。所以我們前面說過，周朝的大學教育，是造就政治領袖人材的，不是研究高深學問的，所謂『德行道藝之士』，也不過能誦經典背掌故罷了。

五　視學與養老　相傳虞、夏、商三代的學校，除了教學以外，養老要算是一件最大的任務，在第一章我們曾經說過。周朝的學校也是一樣，並且加倍隆重。據王制上說，被養的老者固然以資格分等級——國老養於大學，庶老養於小學，但同時也因年齡而有區別。年滿五十的老者養於鄉遂之學，六十以上的養於國立小學，七十以上的養於國立大學。誰養他們呢？若是一國的老者，由諸侯致養；若是天下的老者，則由天子致養。什麼時候舉行呢？天子或諸侯當視學時一齊舉行。據說周朝的學校管理極嚴，一年之中天子或諸侯必親往他們直接管轄的學校，視察

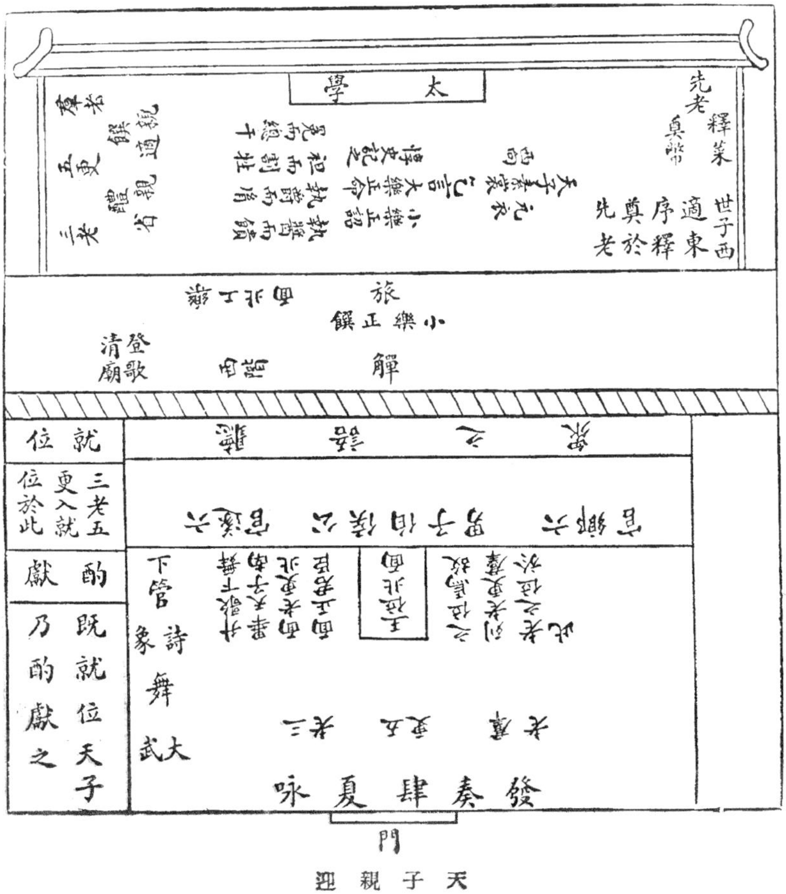

既就位天子乃酌獻之

酌獻

三老五更入就位於此

就位

聽語之衆

六遂官　公侯伯子男　六鄉官

發奏肆夏咏

門

天子親迎

第四圖　太學養老(見六經圖)

四次，視察完畢，卽於第二日舉行養老的典禮。（註一）那個時候，視學養老兩個典禮，舉行在一塊兒，天子、三公、九卿諸侯、大夫都要出席，可算是一種盛大的宴會。擊鼓以警告大衆，釋奠以祭祀先師；（文王世子）然後肆筵設席，（大雅行葦）請三老五更及一般羣老上升，各就其相當的地位；（文王世子）由主人獻酢致酒，（大雅行葦禮記樂記）作樂歌詩，舞文舞武；（月令）並且對這一般台背黃耈祝福獻壽。（大雅行葦）我們試想周朝的王公大人對於這一般大老何以這等尊敬？三禮義宗上說，養老有兩個意思：一個爲的是『尊年敬德』，一個爲的是『乞言修治』。周朝的政見是以『孝弟之道』維繫社會人心，以父兄之禮奉養天下老者，卽以教天下的人民講孝道講弟道，尤其直接使在學的青年學生得以觀感與起，潛移默化。（註四）這一般龍鍾遺老全是老於世故富有經驗的人，故又可以藉着這個機會垂詢國家大計，領受教益。但我們以爲這仍是父系氏族社會崇拜祖先及長老的遺風。

（註一）（論語）子夏曰，小子當灑掃應對進退。

（玉海）周之制，自王宮國都閭巷黨術莫不有學，司徒總其事，樂正總其教。下至庠塾，以民之有道德者爲左右師。自天子之元子衆子，公卿大夫士之嫡子，庶民之子弟，八歲入小學，教之灑掃應對進退之節，禮樂射御書數之文；十有五進乎大學，教之致知格物正心誠意之道。

案：（王制）『樂正崇四術，立四教，順先王詩書禮樂以造士，春秋教以禮樂，冬夏教以詩書。王太子王子羣后之太子，卿大夫元士之適子，國之俊選皆造焉』。觀此，則知高等教育段除上三科所舉條目外，尤特別注重『禮樂詩書』四門。

（註二）（觀堂集林簡牘檢署考）策之編法，用韋或用絲。史記孔子世家『孔子晚而好易，讀書韋編三絕』，此用韋者也。穆天子傳，『以素絲綸』，考工記『以青絲綸』，孫子『以縹絲綸』，此用絲者也。

（註三）（尚書大傳）大夫七十致仕而退老，歸其鄉里，大夫爲父師，士爲少師。新穀已入，餘子皆入學，距冬至四十五日始出學，上老平明坐於右塾，庶老坐於左塾，餘子畢出，然後皆歸，夕亦如之。注『餘子猶衆子也』。〔鄉飲酒義疏〕鄉學致仕在鄉之中大夫爲父師，致仕之士爲少師，在學中名曰鄉先生，使之教鄉中之人。

備覽〔文子世子〕凡三王教世子必以禮樂；樂所以修內也，禮所以修外也。……大傅在前，少傅在後；入則有保，出則有師，是以教喻而德成也。師也者教之以事而喻諸德者也。保也者慎其身以輔翼之而歸諸道者也。記曰：『虞夏商周有師保有疑丞』。

（註四）〔玉海學校〕三禮義宗曰，『凡一年之中養國老有四，皆用天子視學之時』。一年之內視學亦有四，故養老之法亦有四，皆用視學之明日。鄭注『文王世子合樂云，謂春入學秋頒學，此爲二也』。學記曰，『未卜禘不視學』。禘嘗在夏，既有夏祀之禮，冬不宜無。詩書禮樂四時教之，故知有四視學之禮。按之〔文王世子〕『凡學，春官釋奠於先師，秋冬亦如之』，由此夏亦應有。

〔文生世子〕凡祭與養老乞言合語之禮皆小樂正詔之於東序。適饌省醴養老之珍具，遂發咏焉，退修之以孝養也。……言父子君臣長幼之道，合德音之致，禮之大者也。注，『天子以父兄養之，示天下之孝悌也』。〔樂記〕食三老五更於大學，天子袒而割牲，執醬而饋，執爵而酳，冕而總干，所以教諸侯之弟也。〔大雅行葦序〕內睦九族，外尊黃耇，養老乞言，以成其福祿焉。

第三節　女子教育

以上所敍全是關於男子的，現在我們也要談談女子教育了。周朝的女子教育是什麼？我們杜撰一句叫做『閫內教育』。要證實這一個名詞，須把禮記、內則、曲禮諸篇打開看看，便能明白。周人以爲男子是閫外的人，凡閫以外的事情全是他們的職務；女子是閫內的人——也許不是人，她們的職務因此只限於閫以內。閫以內有些什麼事情可幹呢？養蠶、織布、縫衣、燒茶湯、備酒漿、事舅姑、供丈夫的驅使——這一類的瑣事。縮短來說，閫以內的事務無非是『縫衣煮飯』，所以周朝教育女子也只限於縫衣煮飯。（註一）女子受這種教育時，不是送入學校，也不出就外傅，只由她們的父母——貴族家庭也許還有保姆——在閫內日日教導她們，訓練她們，完成一般閫內的人物，所以取名閫內教育。在這種教育意義之下，男女界限分得非常淸楚。七歲的兒童，男女不准同席。十歲以後，女子卽不准出閨門。男子不能談及閫門以內的事，女子不能談及閫門以外的事。（曲禮）女子以不出門爲原則，不得已而要出門時，必須以頭巾把面孔掩蔽着。（內則）女子屬於柔性，她們的德性應當以服從爲正當。當出嫁的時候，她們的父母恐怕女兒柔順的性情尙未訓練成熟，且趕到花轎門口還要吩咐幾句：『戒之敬之，夙夜無違命』！（註二）未成人以前須服從父命；出嫁以後則服從丈夫之命；不幸而丈夫先死了，有兒子時還要依從兒子：女子是不能有所主張的。（列女傳母儀）女子是次等人格，幫助男子料理家事，聽從男子指揮的。女子是無家的，以男子的家爲家；女子是無祖的，以男子的祖爲祖。她們沒有權利享受父母的遺產，她們沒有權利得着出入的自由。十五而笄，卽成了他們的一塊禁臠；二十而嫁，則變着男家的一宗貨物。（註三）女子的人格旣然如此，還要教育做什麼？所以他們說女子無才便是德。卽或有時看重女子，也不過期望她們做一過『賢妻良母』罷了；『縫衣煮飯』的職業，『順從無違』的品性，這就是完成賢妻良母的唯一條件。在昔商朝以前，社會爲氏族制，女權尙不十分低落；此時簡直把女子當着男子的奴隸看待，周朝之爲封建時代的社會可以無疑了。這種思想卽以禮教爲背景所產生的最大權威，在中國歷史上勢力之大，享年之久，與禮教同一運命。

（註一）（內則）女子十年不出。姆教婉娩，聽從執麻枲，治絲繭，織紝組紃，學女事，以共衣服。觀於祭祀納酒漿籩豆菹醢，禮相助奠。（曲禮）納女於天子曰備百姓，於國君曰備酒漿，於大夫曰備灑掃。（易）無攸遂，在中饋貞吉。（列女傳母儀）孟母曰，『夫婦人之禮精五飯，冪酒漿，養舅姑，縫衣裳而已』。

（註二）（儀禮士婚禮記）父送女命之曰，『戒之敬之，夙夜無違命』！母施衿結帨曰，『勉之敬之，夙夜無違宮事』！（孟子）孟子曰，『以順爲正者，妾婦之道也』。（內則）凡婦不命適私室，不敢退。將有事，大小必請命於舅姑。

（註三）（曲禮）女子許嫁纓，非有大故，不入其門。鄭註，『女子許嫁繫纓，有從人之端也』。

第四節　結論

本章所述完全關於西周時代的教育制度和狀況。西周自武王克商至幽王被殺，合計三百五十年，卽在公曆紀元前十三世紀至八世紀之間。這個時候，中國社會確由氏族時代進化到封建時代。封建時代，教育權完全在少數貴族和僧侶階級手中，能夠受教育的也只限於少數貴族子弟，或尙下及到城市的市民。如本章所說西周國學的宏大，鄉遂之學的普及，及層層的考試，當然一半是後人傅會的——尤其是漢人傅會的。學記一篇除記載周代教育制度外，關於理論方面很多有價值的言論，西周那能有此產品，由此更可以知其爲漢人傅會了。

據許多古籍上說，此時除學校養士外，另有一種錄取人材的方法，卽是中國最古的選舉法。此法，初由鄉評里選，繼由鄉大夫以鄉飲酒禮貢舉到諸侯或天子。評選人材的標準分三等：德行爲上，其次治事，再次言語，一律皆採取平日之素行。這種人材，不限於學校出身，可是他們的造就與資望均較高於學校出身的，所以一被選舉之後，往往破格錄用。這一段情形，我們讀儀禮的鄉飲酒禮及禮記的射義、文子世子諸篇，便知所記極其詳細。從表面上看，好似西周時代的社會教育業已普及，其實卽上古時代各氏族選舉長老組織氏族會議的遺風，這是民族進化史上一般的情形。

本章參考書舉要

（1）尙書大傳

（2）大戴禮的保傅篇

（3）小戴禮的王制、月令、學記、文王世子、內則、鄉飲酒禮

（4）儀禮的士昏禮、鄉飲酒禮

（5）列女傳的母儀

（6）歷代職官表及國子監

（7）玉海的學校及養老

（8）毛西河集的學校問

（9）觀堂集林的簡牘檢署考

第二期　東周（770——222 B. C.）

第五章　東周之社會與思想

一　社會之劇變　周朝自征服中原以後，一方從事於國防的鞏固，一方從事於制度的創設。在前者則有封建諸侯，在後者則有宗法制度：這兩種形態皆建築在農業的基礎上面，而維繫於倫理的禮教之中。以禮教的學說維繫其階級的特性，下層的農奴渾然地過他們的莊園農作生活，士大夫以上則各安其地位與職守，而境外尚沒有強敵興起，於是周朝的社會能够達到安定與繁榮的情況三四百年。在這三四百年中，社會完全受階級的支配，受禮教的維繫，下層階級除了付他們的勞役與地租給領主外無他事情，上層階級只坐享其種種特權，演習他們紳士的禮節，對於社會之進展卻沒有何種企圖。這種典型的封建社會，是最穩固沒有的社會。但是一到公曆紀元前七世紀之初，周室自東遷以後，從前社會安定的情況就不復能够維持了，封建諸侯已打破其典型的制度了。推究此時社會發生劇變的原因，不外內外兩種。外因由於戎狄強大，日漸內逼，周家的王室自身不能支持，靠着諸侯的勢力來保護；一般諸侯遂以勤王的勳勞，勢力日強，態度日驕，向外擴張領土的野心從此日起。內因則更是複雜。周朝社會既然安定與繁榮了三四百年，下層

如封康叔於衛，伯禽於魯，太公望於齊，召公之子於燕，皆以勳戚鎮守封疆。

階級的人口逐日加多，原有莊田不够分配，其解決方法不是向外殖民就是釋放農奴。上層階級因太平日久，必奢侈日甚，國內的榨取不足，不得不向外發展。加以鐵耕與灌溉術的發明，農業生產方法爲之一變，不僅狹小的井田制度無法維持，而因生產較前容易，過剩的勞力亦必日日呈現於社會。由以上種種原因，產生下面的兩個結果：（1）井田制度打破，土地公有變爲私有了；（2）諸侯設法向外擴張領土與殖民、勢力彼此衝突，因此引起國內戰爭。由以上兩個結果中再產生下面的結果：從前貴族階級必要崩潰，社會秩序必要紊亂，而一般人的生活就要發生動搖。由是封建諸侯的勢力日大，從前的典型制度漸被打破，禮教失了牠們的神聖權威，社會上的一切自然起了巨大的變革，而知識分子的言論與思想當然要衝天而出，乘時而怒放了。

二　思想之怒放　在西周典型的封建社會之下，能够受高等教育的只有少數貴族階級，能够受初等教育的或只有住在城市中的市民，至於一般庶民受到教育的機會是很有限的。貴族階級所受高等教育，也不過誦經典、背掌故、演習紳士的禮節，並沒有很高深的學術之研究，所以在西周三百多年沒有一個學者產生，這個時期的民衆仍是過着蚩蚩的生活。可是一到東周，人類的學術思想，隨着社會的劇變而突放異彩，演成上古學術史上的黃金時代。我們根據前一段所述社會變遷的種種情形，可將本期的學術思想之突發的原因概括爲數點於下：（1）自莊園制度破壞，特殊階級亦隨着崩潰，尤其是下級貴族根本失了地位，下降爲平民了。他們原多知識分子，失位以後，把官府裏面所祕藏的禮樂詩書隨着帶到平民社會中，招致門徒，講學傳道，知識因此日漸普及。（註一）（2）這一般失意的

班固謂諸子皆出於王官，所謂王官即有知識的貴族階級，失位以後自能以其平日所守所懷抱者發爲自成一家之學說。

貴族，兩眼看見事事不如古，從前被他們所役使的庶民現在也擡起頭來向人驕傲了，神聖的禮教也被輕蔑了，在感慨橫生之際，自然要發表他們牢騷的言論。（３）在這個時候，列國互立並爭，世卿之觀念既被打破，當時諸侯爭自延攬人才以資輔佐，一般新與的策士生逢着這個良好機會，莫不憤發磨礪，研求學術，希圖獵取官位與榮名，而學術因此大放異彩。（註二）（４）列國競爭愈烈，殺人愈厲害，刀兵之後繼之以饑饉瘟疫，人民幾難以為生。（註三）且禮教既破，舊道德無以維繫人心，人皆為所欲為，不論善惡好壞，一切不復顧忌。於是有些憂民憂世的知識分子，應運而生，他們對於這等現象的社會皆抱有要求解決的願望，則學術之有系統的研究因此出現，我們所要討論的教育家及其學說也就從此誕生了。

（註一）〔孟子滕文公〕彭更問曰，『後車數十乘，從者數百人，以傳食於諸侯，不以為泰乎』？

〔呂氏春秋尊師篇〕孔墨徒屬彌衆，弟子彌豐，充滿天下。

〔史記孔子世家〕孔子以詩書禮樂教弟子，蓋三千焉，身通六藝者七十有二人。

（註二）按史記如秦孝公、齊威王、宣王、梁惠王、燕昭王，乃至孟嘗、平原、春申、信陵之四公子，咸以禮賢下士相尙。

〔漢書藝文志〕諸子百家皆起於王道既微，諸侯力政，時君世主，好惡殊方，是以九家之說，蠭起並作，各引一端，以此馳說，取合諸侯。

（註三）〔孟子梁惠王〕爭地以戰，殺人盈野，爭城以戰，殺人盈城。

〔又〕彼奪其民時，使不得耕耨，以養其父母，父母凍餓，兄弟妻子離散。

本章參考書舉要

（１）國語國策

（2）孟子

（3）詩經

（4）先秦政治思想史前篇　梁啓超

（5）中國古代社會研究　郭沫若

（6）中國哲學史大綱上卷　胡適

第六章　東周教育家及其學說

第一節　概論

東周時代的學派，司馬談分着六家，並作了一篇六家要旨；班固作藝文志，別爲九流；也有人稱諸子百家的。但在當時，他們底學說勢力最大且關於教育思想比較重要的，只有儒、道、墨三家。道家始於老子，其後有楊朱、莊周兩派。儒家始於孔子，及門弟子最多，其後分孟軻、荀卿二派。墨家始於墨子，弟子衆多差不多與孔門相等，其後有宋硜、列禦寇諸人。老子著道德經，追慕犧黃時代的無爲主義，所以他在政治方面提倡『小國寡民』，在教育方面提倡絕學主義禁欲主義。孔子的思想以論語爲中心，禮記裏面也可以看出一部分，他是追慕唐、虞時代的揖讓主義的，所以對於政治主張『禮讓爲國』，對於教育提倡培養『君子』的人格。墨子的思想以墨子爲中心，他是追慕夏禹時代的犧牲主義的，所以在政治方面提倡人才主義，在社會方面提倡兼愛主義，在教育方面提倡節約勤勞及利他主義。犧、黃、堯舜及夏禹，在中國上古史上，是否眞有其人，我們卻不敢斷定，此處所謂『追慕』，也許是他們的心中之『假想』。老子完全是部落時代的思想，尙未脫離氏族社會；孔子是封建時代前期的思想，墨子是封建時代後期的思想，這兩人比較老子皆進了一步；但其富於懷古的意味，富有對於當代的政治之不滿的心理，彼此是相同的。這三家的學說，各經直接和間接弟子的擁護與推演，遂形成中國學術思想史上三個體系，其後分支雖多，而他們各家的根本思想卻是始終一貫。不過儒家的學說與中國社會的進展、政治的演變及民族的習慣較爲切合，所以愈傳而勢力愈大，支配中國民族的心理亦最深且久。老、墨二人的言論關於政治方面較多，關於教育方面較少。孔子一生講學時期最長，對於教育的言論發表的很多，自此儒家多以教育爲主業，而中國史上的教育事業差不多完全被他們佔有。對於人類天性的研究，除儒家外，道、墨兩家皆不多談；但孔子只說了一個『性相近』，到了戰國遂分孟、荀兩派——一主性善，一主性惡。其後對於天性的研究，亦只有儒家中人，不過到後來，他們愈說愈玄妙了。

第二節　老子

一　老子何人　司馬遷作史記，以神話體式傳老子，據說相傳有三人：一爲李耳，二爲老萊子，三爲周太史儋。李耳字聃，是楚國苦縣人，在東周王室曾做過守藏室之史，從前史書上均說道德經五千言是他的作品。我們給教育家作傳記，應以其學說爲主體，若以道德經爲李耳所著，此處所謂老子應當歸到李耳名下。李耳生於春秋那一年，史書沒有明確的記載，不過禮記曾子問篇有孔子向老子問禮的故事，史記老子列傳也載明這一段事，後人因此推斷著道德經的老子確生在孔子之前。近人胡適且謂『大概孔子見老子在三十四歲與四十一歲之間，老子比孔子至多不過大二十歲，當生於周靈王初年，當西曆前五七〇年左右』。（中國哲學史大綱第三篇老子）惟清人汪中作老子攷異，獨持異議。他以著道德經五千言的是周太史儋，生於戰國時代，在孔子之後數十年，與孔子問禮的老聃絕不相干。（註一）自汪氏之言出，遂有許多人把著道德經的老子列在孔子之後，梁啓超就是主張後說的。（見先秦政治思想史前編）著者從前以曾子問所載老子答孔子的詞氣與道德經絕不相類，因主汪說。現在已變更前說：道德經五千言雖較曾子問上所載多激烈，但在消極方面是反禮教的宣傳，在積極方面確是提倡無爲主義，追慕氏族時代的部落生活。這種思想，與其說他是革命的，不如說他是倒退的，惟深知禮教的內容纔能對於牠作徹底的攻擊，故兩處的詞氣——曾子問上所載與道德經——實非根本上的矛盾。且答孔子問諸語，並非擁護禮教，不過一種隨問隨答的形式，故在此處另斷著道德經的是李耳之老子，此人應列在孔子之前。

（註一）（汪中述學老子考異）『……由是言之，孔子所問禮者聃也，其人爲周守藏之史，言與行則曾子問所載者是也。周太史儋見秦獻公，本紀在獻公十一年，去魏文侯之沒十三年，而老子之子宗爲魏將，封於段干，則爲儋之子無疑。而言道德之意五千餘言者，儋也，其入秦見獻公，卽去周至關之事。本傳云「或曰儋卽老子」，其言韙矣』。

二　無爲主義

老子的哲學思想卽『無爲』兩個字。無爲主義卽順應自然反對人爲的主義。他以爲宇宙間有一個自然法則，是極美滿而不可變的。我們人類能够順着這個法則過生活，毫無所用其計巧，我們底生活就是美滿無缺的生活。這個自然法則，業已充滿了宇宙全體，詮定了宇宙運命，運用到人類社會而有效的。這個自然法則原無可名，若強要加牠一個名，叫牠做『道』也可。（註一）在原始社會時代，人類全是順着自然過日子，所以日子過得極其舒服。可是到了後來，一般自稱聰明賢哲的人們，故意造出種種禮樂、法度、規矩、教育、刑法等類來箝制人民，矯正人民。他們又強定出什麼善惡、美醜、長短、高下以及仁義道德、忠孝節義種種名稱來誘惑人民，欺騙人民。從前的生活多麼舒服自由，自被他們這樣一來，他們緊緊被圈在檻車裏面，『如享太牢』似的，這不是多麼痛苦嗎？但是人類的天性是愛自然的，如果以違反自然法則造出種種束縛或干涉來，則人民反抗的動力必定縱橫俱起。那一般自稱聰明賢哲的人們見着社會上發生了兀隉不寧的現象，又設置什麼官吏、警察、軍隊，對着人民施行層層的壓迫。那知愈干涉愈壞，愈壓迫愈糟，而社會上的一切禍亂由此而起。由老子的眼光看來，現在社會上的罪惡，全是世俗所謂文明的產物，違反了自然法則的結果，所以他說：

『大道廢，有仁義；智慧出，有大僞；六親不和，有孝慈；國家昏亂，有忠臣』。

『失道而後德，失德而後仁，失仁而後義，失義而後禮。夫禮者，忠信之薄而亂之首』。（均見道德經）

現在只有把所有罪惡文明的產物一齊燬滅，反諸原始社會，順應自然，我們纔有快樂的生活。所謂『絕聖棄智，民利百倍；絕仁棄義，民復孝慈；絕巧棄利，盜賊沒有』。（同上）老子這種反封建主義，反對封建時代的一切禮教及特殊階級，其精神極可欽佩；但認社會一切罪惡皆是文明的產物，提倡無爲主義以歸於原始社會時代的自然生活，過於倒傾，與社會演進律實相違反，中國民族之缺乏進取精神，多半受了他的無爲主義的影響。

（註一）（道德經象元篇）人法地，地法天，天法道，道法自然。

又（爲政篇）道常無爲而無不爲。侯王若能爲，萬物將自化。

又（守微篇）是以聖人欲不欲，不貴難得之貨；學不學，復衆人之所過，以輔萬物之自然而不敢爲。

三　禁欲主義　老子返於自然的學說與法人盧梭(Rouseau)的自然主義殊不相同。盧梭除了反對現代文明以外，並且極力鼓吹個性的發展，故他的自然主義是偏於情感方面的。老子與盧梭不同他一方面固然反對現代的文明另一方面可是極力限制個性的發展。他承認人類是有慾望的，慾望之發生由於感官與外物接觸的原因，所謂『五色令人目盲，五音令人耳聾，五味令人口爽，馳騁田獵令人心發狂』。(檢欲篇) 慾望發達到了高度，一定彼此會起衝突，於是影響於社會的安靜。所以要求社會的安寧一方面對於人爲的引誘品須絕對禁止製造，一方面對於個人的感官之發達也要加以限制，所謂『不見可欲，使心不亂』；所謂『見素抱樸，少私寡欲』。老子是反對恣情縱欲的人，是主張克己自修的人，人人能夠克己自修，社會自然安寧無事，用不着軍隊政府的管理，用不着法律道德的制裁；故他的自然主義要返於原始社會與盧梭略同，而他的禁欲主義含有很深刻理性的意味，則與盧梭不同了。換一句話，老子不過要去掉外來的制裁，——社會的制裁，而代以內發的制裁——個己的制裁；盧梭的主張是漫無所制裁。

四　絕學主義　人心之壞，壞於有知識；知識愈多的人，思想愈複雜，能夠想出種種計畫來害人亂事，所謂『民之難治，以其智多』。人生之苦，苦於有知識；知識愈多的人，慾望愈奢，物質的供給不能滿足他的要求，則種種痛苦煩惱蠭擁而來，所謂『禍莫大於不知足，咎莫大於欲得』。要救以上的毛病，莫如『絕學』。絕了學，就不會有知識，就不會有慾望，則種種害人的事及惱人的事皆不致於發生，所謂『絕學無憂』。所以他主張『塞其兌，閉其門，終身不勤』，(歸元篇) 愛惜你的身體，保養你的元氣，『昏昏悶悶』，一生如嬰兒尚未成孩的狀態，能夠終生保持這種狀態，則與人無忤，我視若愚，個人心地得以安寧，社會自然得享太平。

按老子反對人爲，因此反對教育，所以提倡絕學主義。這種主義，並非愚民政策，完全是他底一貫的復古思想，因爲草昧未開的時代，所有民衆原是蚩蚩貿貿的。不過既提倡無爲，則不應主張禁欲，禁欲卽『爲』的修養工夫，未免自陷於矛盾；但由此可知老子雖然極力地作復古宣傳，而他的腦筋裏尙富有封建時代的成分。

第三節　孔子(551 B.C.——479 B.C.)

一　生活小史　孔子名丘，字仲尼，在我們二千五百年前——東周春秋時代——生於山東曲阜縣。他的祖宗本來是一個貴族，（宋微子之後）不過在他五世以前業已降爲平民。在地位上雖降爲平民，但他的家庭情形及生活狀況，尙未脫離貴族習氣，——從前的遺風舊典，保存的想當不少。曲阜是當時魯國的地方，魯國是周公的封邑，周公是周朝開國制禮作樂的最大功臣。照周朝的例子，只有王城之內纔能建立四代的大學，諸侯都邑僅能建立當代一個大學。成王以周公有大勳勞於王室，特別表示優崇，允許魯國得建四代之學，一切車服禮器均做王者辦理；所以後來周朝的王權雖衰，而典章制度在事實上業已轉移到魯國了。孔子生在貴族的家庭，長在禮教的邦國，享受着這種美好環境的陶冶，所以爲兒童時便能陳俎豆，入少年時卽知習禮節。

據史記上說，孔父叔梁紇原有一妻一妾，晚年又娶顏氏生孔子，似未脫貴族習氣。

周朝到了春秋末年，昔日製定的禮樂政教，已是百孔千瘡，差不多瀕於破產；社會因戰爭的關係也呈種種紊亂不寧的現象：『暴行邪說』，一齊發作。孔子在少年時代既感受着很深的封建教育，長大了自然容易成功一位擁護禮教的人物。在這個時候他兩眼既觸着種種『世道不古』的刺激，於是發生了一種強烈的與奮，慨然以挽回世道拯救民生爲己任。實現他的這個志願，只有從政教兩方面下手。有機會時，登上政治舞臺，從改良政治以挽救時局。沒有機會時，退處草野，從提倡教育以挽救時局。所以當他二十歲以後，一面做官，一面講學。但他所講的學問都是禮教，所談的政治都是王道，很不適合時君的好尚，屢欲嘗試而屢不得志。只有一個時期——從五十一歲到五十六歲，得着較好的機會，留在魯國做官做到宰相的地位。從五十六歲以後，他又不得志於魯國了，於是周遊列國，兩馬一車，僕僕風塵了十三年。六十八歲以後覺得時局終無希望，乃因老還鄉，專門著書立說，講學傳道，把舊有的禮樂詩書通同審訂一番，把魯國的史書——春秋——嚴正的纂修一過，於是他的年紀已老了，他的一生事業也告一個結束了。

孔子生於周靈王二十一年，死於周敬王四十一年，共計活了七十三歲。自二十歲講學起，到老死爲止，差不多一生講學了五十年，所以及門弟子布滿天下。春秋末了，社會上已呈現一種新的局面。但孔子還是舊時代的人物，他的事業無非『祖述堯、舜，憲章文武』，中庸第三十章『修成康之道，述周公之訓』；淮南子要略所以及門弟子雖衆而道仍不行。當他三十歲時，好學心切，爲禮教問題，曾往周室訪問過老子，當時對於老子的言論雖頗折服，但他二人的主張終是各走一路。孔子是儒家的老祖，關於儒家的政治哲學，非本書所討論的範圍，我們只就其對於與教育有關係的言論，提出來說說。

二　性質論　儒家論性始於孔子，而孔子卻沒有詳細的解釋，對於善惡二字尤未曾提及。他只有這樣一句話：『性相近也，習相遠也』。（論語陽貨）他以爲人類的性質不可以善惡區分，只可以淸濁區分。若以善惡區分，實無什麽差異，所有的人差不多是完全相近的。但吾人的行爲，在事實上卻有善惡之不齊，是何原故？這都是由於出世以後，受了環境的習染。因各人所處的環境不同，則各人所受的習染不能一致，於是日久月深，顯出很大的差異來——習於善的則趨於善，習於惡的則流於惡了。環境移人的力量旣然很大，所以要注意於環境的選擇，勿論交接朋友和毗處鄉鄰，皆須特別愼重。（註一）但善惡雖由環境所演成，而最初萌生時只在一念之差。此一念之差謂之動機，動機善的時候可以成就一個善人，動機惡的時候可以成就一個惡人，所以孔子把牠看得非常重要，教人須在這上面用工夫。

至於性質之淸濁的區分，謂之智慧，——性質淸的謂之智，性質濁的謂之愚。孔子分析人類的智慧爲上中下三等。中等智慧的人富於可塑性，可以使之向上，亦可以使之向下；上等智慧的人雖處在極壞的環境裏頭也不能埋沒他們的性靈；下等智慧的人縱令給以極好的教育，恐怕也難使他們變做聰明。所以他說『唯上智與下愚不移』；（論語陽貨）『中人以上可以語上也，中人以下不可以語上也』。（論語雍也）但人類的智慧雖有高下不等，孔子卻認爲不甚重要，只要自己能够努力，將來還是一樣可以成功。所謂『生而知之者上也，學而知之者次也，困而學之又其次也；及其成功一也』。（中庸）

（註一）（論語里仁）里仁爲美；擇不處仁，焉得智？

〔又〕益者三友，損者三友。

三　教育目的　在東周時代，知識雖然逐漸下逮於平民，實際上能够受教育，列爲知識分子的，仍是少數——此少數之知識分子，我們稱做『士』。不過從前之士爲一固定階級——下級貴族，此時因社會的劇變，把固定的階級打破，凡有知識的人們通同可稱爲士。但此時之士雖沒有固定的階級，卻多屬於有閒階級或優秀分子，既列爲士了，仍能享受社會的特殊待遇，作四民的領袖，獨有政治上及社會上一切權利。孔子平日講學，多對這一般人說法，意在培養他們好去執行國政，管理人民；故他的教育目的卽在培養士族階級的領袖人材。『君子』就是此項領袖人材之模範人格，試讀論語及周、秦諸書，凡孔子及其弟子所形容君子的一切言行，無不是指着模範人格說話，便可知道。從士人到君子，殊不容易，中間必須經過幾許的培植和訓練。士人教育到了君子的地步，則修養可算成熟，於是不激不隨，有爲有守，靄然一幅儒者氣象。這種人格，不僅富於知識，實優於品性，得志時能致君澤民，不得志時能安貧樂道。國家若是有了多數的這種人材執行政務，則政治必然清明；社會有了多數的這種人材主持正義，則風俗必然醇厚，——這就是孔子的教育目的。

四　學習方法　孔子對於求學的方法，歸納與演繹二者並用。歸納法卽是他所說的一個『學』字，演繹法卽是他所說的一個『思』字，『學而不思則罔，思而不學則殆』，謂之學思並用主義。論語爲政『一事不知，學者之恥』一句俗語，正合孔子的求學主張。凡日常生活的一切事物與知識，我們全應知道，全應學習。但那些事物和知識不必全是能够施諸實用的，我們須用歸納法歸納起來，抽出牠們的共同點，或有用之點，作爲我們應事的標準，所謂

『博學於文，約之以禮，亦可以弗畔矣夫』。（論語雍也）宇宙間的事物無窮，若要件件學習，似嫌笨拙，所以於力學之外，須加上一半思考的工夫。用思考的工夫任意抓住一件事物的要點，根據這個要點可以推論一切事物均有與此相同的屬性，謂之推理作用。他告曾子及子貢二人的『一貫之道』就是這種推理作用。（註一）有了推理作用，『聞一可以知十』。（論語公冶長）『舉一可以反三』，（論語述而）『其或繼周者，雖百世可知也』。（論語爲政）

除了歸納與演繹兩個方法以外，在學習上，還有兩個重要之點：（1）反覆練習，（2）興味主義。長足地往下學去，而不反覆練習，所學的東西一定容易遺忘。若是努力地反覆練習，不僅能夠得着好的記憶，並且可以推陳出新，意味無窮。所以他說：『學而時習之，不亦悅乎』！（論語學而）『溫故而知新，可以爲師矣』。（論語爲政）學習而不本諸興味，所得效果必小，故他說『知之者不如好之者，好之者不如樂之者』。（論語雍也）求學固然貴有興味，但興味是從努力得來，所謂『發憤忘食，樂以忘憂』。（論語述而）這是間接的興味主義。直接的興味，意義膚淺，過時即滅。若是用了一番苦工夫，得着內中奧妙，眞是意味無窮，所以間接興味是我們應當養成的。

（註一）（論語里仁）子曰，『參乎！吾道一以貫之』。

（論語衞靈公）子曰，『賜也，汝以予爲多學而識之者與』？對曰，『然，非與』？曰，『非也，予一以貫之』。

五　教授方法

孔子平日教人，總是行重於知。他說：

『弟子入則孝，出則弟，謹而信，汎愛衆而親仁，行有餘力，則以學文』。

『多聞擇其善者而從之，多見而識之，知之次也』。（均見論語述而）

我們分析他所教的內容據論語所載，分爲『文、行、忠、信』四項。(論語述而)關於文的就是他平日嘗說的『禮樂詩書』；(註一)關於行的就是小之灑掃應對大之致君澤民關於忠與信的，即是修身的道理。他的教授方法，是很活動的：(1)或因學生的能力而加以相當的培植，或因他們的缺點而施以適當的補救，所謂『栽者培之，傾者覆之』。(中庸第十七章)同一問仁，而所答不同；同一問孝，而所答不同；同一問行，而所答亦不同；這種方法，昔日謂之因材施教，現今叫做適應個性。(註二)(2)孔子與學生問答的時候，有時引起他們的動機，有時完全讓他們發動，從未有學生未曾注意或絕無機會，而竟按照一定的課程每日死教的，所謂『不憤不啓，不悱不發』。(論語述而)這種教法，以今語解釋，謂之『啓發式』，又可以說近於『自動主義』。孔子平日這樣教人，能使學生滿意贊美他是『循循善誘』。(論語子罕)孔子的弟子雖多，講學雖久，但未有固定的講壇，他的學生多半隨從他四方遊歷，一面遊歷，一面講學，是一種流動式的講壇制。(註三)他的教育宗旨偏重士族階級的培養，固有時代性，而他這種活動的教學法，因人因時隨處不同，這一點至今猶有價值。

(註一)(論語)子所雅言；詩書執禮。又(述而)子曰，『興於詩，立於禮，成於樂』。又(陽貨)子曰，『小子，何莫學夫詩』？

(註二)(論語爲政)孟懿子問孝，子曰『無違』。孟武伯問孝，子曰，『父母唯其疾之憂』。子游問孝，子曰，『今之孝者，是謂能養。至於犬馬亦能有養，不敬，何以別乎』？子夏問孝，子曰『色難』。(顏淵)顏淵問仁，子曰『克己復禮爲仁……』仲弓問仁，子曰，『出門如見大賓，使民如承大祭，己所不欲，勿施於人，在邦無怨，在家無怨』。司馬牛問仁，子曰，『仁者其言也訒』。樊遲問仁，子曰，『愛人』。(先進)子路問聞斯行諸。子曰，『有父兄在，如之何其聞斯行諸』！冉有問聞斯行諸。子曰，『聞斯行諸』。公西華曰，『由也問聞斯行諸，子曰有父兄在。求也問聞斯行諸，子曰聞斯行諸。赤也惑，敢問』？子曰，『求也退，故進之；由也兼人，故退之』。

（註三）〔論語先進〕子曰，『從我於陳、蔡者，皆不及門也』！德行，顏淵、閔子騫、冉伯牛、仲弓；言語，宰我、子貢；政事，冉有、季路；文學，子游、子夏。又〔史記孔子世家〕『孔子去曹適宋，與弟子習禮大樹下』。……『孔子適鄭，與弟子相失』。如此等語散見於論語、禮記及史記上甚多，不勝枚舉，皆足以證明孔子以游學教弟子，所謂從游於夫子之門者也。

六　結論

孔子是一位舊時代的人物，追慕唐、虞三代的賢人政治，在他的言行中是可以看得出來的。因其如此，所以對於女子的地位及民衆的教育頗不重視。不過他的精神充滿了仁義，充滿了情感，悲天憫人之懷愈老而愈切。卽平日與門弟子講學，也是以至誠相感召，以人格去感化，樹立千載師門友愛的懿風。試看他們師生間情感之濃厚，說來眞個令人驚倒，就是父子兄弟間也未曾有。孔子抱着滿腔憂國憂民的熱忱，總是失意時多得意時少。當他奔走海內的時候，經過許多的患難與困苦，他的學生總是始終相從，死生不貳，有的給他解懷，有的給他排難，精神凝結，幾無以復加。（在患難中門弟子從孔子於陳、蔡、衞、宋諸國的情形，見論語、韓詩外傳及史記。）顏淵早亡，孔子是慟哭非常，曰，『天喪予』！孔子死了以後，門人於三年心喪期滿，猶含悲不忍離別。（見論語先進、孟子滕文公及史記孔子世家）這種友愛的情感，全是他平日以人格感化得來的。後來一般弟子們在主張上雖各執一說，但在精神上都有『守死善道』，『中立不倚』的風度，儒家所謂『士君子』只有他們纔配充當。師生間友愛的關係，人格感化的教育，影響於中國後來的民族道德不少；也只有在封建時代纔有這種美德，若是拿在裝滿功利的資本主義國家的民族眼中觀之，一定奇怪。

第四節 墨子

一 墨子與儒家 在春秋戰國時代的思想界上，與儒道兩家鼎足而三的有墨家。孟子說：『楊朱、墨翟之言盈天下，天下之言，不歸楊則歸墨』；（滕文公篇）韓子說『世之顯學，儒、墨也』，（顯學篇）可以想見墨學在當時之雄風。墨家老祖姓墨名翟，世稱墨子。墨子著有墨子五十三篇，除了發表俠義主義的墨家哲學及辨證法外，內中多攻擊儒家之詞；後人以此說他是與儒家處於極端反對的地位，其實儒墨兩家卻是同源而異流。我們只把墨子打開一讀：稱堯、舜、禹、湯、文、武為聖王，桀、紂、幽、厲為暴王；又屢言仁義、忠臣、孝子及善惡美醜等名義，差不多與儒家同一口吻。不過墨子是一位實行家，功利主義者，兩眼看見當時的社會與周初的社會情形是大不相同了，周初粉飾太平的禮教，種種繁文縟節，實在不適於現在社會生活，而孔門諸徒不識時務，且愈講愈瑣碎，越發令人厭煩；所以他毅然起而倡改革之論，把不適宜於現時社會需要的節目極力革除，再加上自己一部分的創見；他自己在思想上於是另成一派，吾人贈他一個徽號曰『墨家』。（註一）

再考儒家底倫理觀念，是『男女有別，尊卑有序』八個字。要維持這八個字，在政略上施行禮教，在宗教上提倡喪祭。（其實喪祭亦屬禮教之一）觀墨子攻擊儒家的，不過說他們（1）『不說天鬼』，（2）『厚葬久喪』，（3）『習為音樂』，（4）『以命為有』四點，（墨子公孟篇及非儒篇）而對於儒家的根本主張，並不攻擊，且大致相同。第二、第三兩點全是枝節問題；墨子且亦未完全推翻，不過『去其太甚』是了，勿庸代辨。墨子對於第一點所以提倡天鬼之說的，不過因當紛亂的社會無法挽救，只有假借神道的權威，來範圍天下的人心；天旣有了意志，能够主宰萬物，個人的運命就不能存在了。且儒家雖不說天鬼，亦未嘗不信天鬼。孔子說，『獲罪於天，無所禱也』；又說，『鬼神之爲德，其盛矣乎』！於此可見一斑。至於第四點命運之說，儒家不過遇到無聊時拿牠來解嘲，自己安慰自己罷了，他們也不是靠命吃飯的人，豈獨墨家。（註二）

還有一點不同的：儒家言爲人之極至在『仁』，墨子言爲人之極至在『義』。孔子說，『克己復禮爲仁』，教育的工夫卽在完成一個仁字，有了仁則爲完人。墨子說，『夫義，天下之大器也』；（公孟篇）『天下有義則生，無義則死』；（天志上）『是故擇天下賢良聖智辯慧之人立以爲天子，使從事乎一同天下之義』。（尚同中）教育的工夫卽在完成一個義字，所以他有貴義的主張，求學卽所以爲義。我以爲儒、墨兩家的精神之根本不同，卽是仁與義兩字的區分。

關於墨子的生死及籍貫，當代的史書沒有記載，到後來，有的說他是宋人；（百子全書墨子篇目攷）有的說他生於魯，仕於宋。（墨子閒詁墨子略傳）有的說他與孔子同時，稍後於孔子；（汪中述學墨子序）有的說他與子思同時，而生年尙在其後。（墨子閒詁墨子年表序）我們觀察墨子的思想與儒家同一淵源，似乎在魯國受了儒家很深的教育，說他是魯國人比較可靠。至於他的生死，胡適根據汪說，斷定他大概生在周敬王二十年與三十年之間，死在周威烈王元年與十年之間，當他出世時孔子年已五六十歲了。（中國哲學史大綱第六篇）這個斷定，尙屬鑿實，我們勿庸另行考證。

（註一）（韓非子顯學篇）『孔子、墨子俱道堯舜，而取舍不同』。又（淮南子要略篇）『墨子學儒者之業，受孔子之術，以爲其禮煩擾而不悅，厚葬靡財而貧民，服傷生而害事，故背周道而用夏正』。由此更足證明儒、墨兩家之淵源。

（註二）〔孟子滕文公〕顏淵曰，『舜何人也？予何人也？有爲者亦若是』。〔告子〕曹交問曰，『人皆可以爲堯、舜，有諸』？孟子曰『然』。〔荀子天論篇〕『大天而思之，孰與物畜而制之；從天而頌之，孰與制天命而用之；望時而待之，孰與應時而使之；因物而多之，孰與聘能而化之；思物而物之，孰與理物而勿失之也』。據此，可見儒家非完全信命者。

二 兼愛主義

墨子推論社會的亂源，起於『不相愛』。『子自愛不愛父，故虧父而自利；弟自愛不愛兄，故虧兄而自利；臣自愛不愛君，故虧君而自利。……大夫各愛其家不愛異家，故亂異家以利其家；諸侯各愛其國不愛異國，故亂異國以利其國』。（兼愛上）人人不相愛，彼此交相虧，所以天下大亂無已。但是個人莫不自愛其身，當孝子的人莫不想愛他的父母，當慈父的人莫不想愛他的子女；同時對於他人之身及他人的父母和子女，亦當表示同樣的愛，然後能夠使他人愛我之身及我的父母和子女，如我自愛的一樣。（兼愛下）使他人能夠愛我及我的關係人如我自愛的一樣，而後愛的意義纔大；使社會人人能夠彼此這樣相愛，而後愛的範圍乃普。所以要挽救天下的大亂，和達到各人自己所欲愛的目的，應當『兼以易別』：（兼愛下）『視人之身若其身，視人之家若其家，視人之國若其國』，（兼愛上）就是把他人的父母當着自己的父母，把他人的子女當着自己的子女。能夠如此交相利，兼相愛，天下爲情感以充滿，社會如一家的同胞，而虧人利己之事自然不會發生。

墨家主義以『義』爲中心，以『兼愛』爲出發點，以『興利除害』爲工夫，以『樂生互助』爲目的。最善的行爲，莫如行天下之利，除天下之害。最良的政治，亦莫如興天下之利，除天下之害。要爲天下興利除害，即要使世界人類沒有一人有一毫之不利，沒有一人有一毫之受害，則必要富有極大的熱情——就是有視人如己的精神。這種精神，就是兼愛主義的精神。故以兼愛爲出發點，自無人我之分，自然能够悲天下之痛，憫天下之窮；見別人吊下火炕了不得不捨身援救，於別人有利益的事情不得不設法幫助。這種行爲就是義的行爲，這種政治就是義的政治。人人爲義，事事皆合於義，則人類樂生互助的目的必可以達到，人類必可以進於世界大同。此墨子的理想，也就是墨家主義的精神。

三　對於精神教育的三個要素　墨子以兼愛爲出發點，善養而擴充之，在精神教育方面，於是產生三個要素。

（1）積極的精神　據墨子貴義上說：『子墨子自魯卽齊，過故人。謂子墨子曰：「今天下莫爲義，子獨自苦而爲義，子不若已」！子墨子曰：「今有人於此，有子十人，一人耕而九人處，則耕者不可以不益急矣。何則？則食者衆而耕者寡矣。今天下莫爲義，則子宜勸我，何故止我」』？正因天下不肯爲義，所以自己更要加倍爲義，這是何等積極的精神，何等勇於任事的精神！

（2）犧牲的精神　據公輸篇上說，公輸般爲楚國造了一座雲梯，預備去攻宋國的。墨子聽着了這個消息，卽刻出發，走了十日十夜，來到楚國，勸他們取消攻宋的計畫。費了許多唇舌，冒了多少危險，結果是說服了楚王。這種精神，是犧牲的，卽是利他的。所以孟子形容他說：墨子兼愛，苟利天下，縱摩頂放踵而亦爲之。所以他的學生，爲義而犧牲的，爲救他人而戰死的，非常之多。

（3）平民的精神　墨子提倡節用，主張薄葬，反對音樂，種種都是爲勞苦大衆設想，反對封建的享樂主義，以表同情於平民的。他的學生述他的主張有一段話：『子墨子之所以非樂者，非以大鐘鳴鼓琴瑟竽笙之聲爲不樂也，非以刻鏤文章之色以爲不美也，非以犓豢煑炙之味以爲不甘也，非以高臺厚榭邃野之居以爲不安也，然上考之不中聖人之事，下度之不中萬民之利。故子墨子曰，「爲樂非也」』。（非樂篇）這都是平民思想的表現。他們師生，穿的是短衣，吃的是藿羹，手足胼胝，面目黧黑，終身爲人服役而不求享樂，這該是多麼勞動化的精神。

四　方法論　研究的方法，墨子與儒家完全不同，或者墨子對於學術最大的貢獻，卽在他這一點。儒家對於勿論何事只說出一個『當然』，墨子並要問出一個『所以然』。公孟篇上有一段話：

子墨子問於儒者曰，『何故爲樂』？曰，『樂以爲樂也』。子墨子曰，『子未我應也。今我問曰，「何故爲室」？曰，「冬避寒焉，夏避暑焉，室以爲男女之別也」。則子告爲室之故矣。今我問曰，「何故爲樂」？曰「樂以爲樂也」，是猶曰，「何故爲室」？曰，「室以爲室也」』。

儒家只高懸一個理想教人以『應當如此做』，就行了，至問『爲什麼如此做』，則不必討論。墨子不然，非要問他『爲什麼如此做』不可，能夠答出一個『爲什麼』，我們纔可放心去做；不能答出一個『爲什麼』，我們就不肯輕易去做。換一句話，勿論什麼東西必要有一個理由，總要有一個用處，知道了牠的理由和用處，纔知道他的是非善惡，纔是眞知，我們實行時纔有一種非行不可的精神。中國人素來頭腦籠統，不善分析，墨子這種研究的精神分析的頭腦，很可以用來診治，故墨子學說裏面要以此點爲最有價值。

五　結論　墨子是一個勤勞主義的教育家，是一個苦行的宗教家，也是一個利他主義的實行者；所以他一生奔走列國，講學傳道，致使『突不得黔』。他之崇拜夏禹，卽所以取法夏禹的節儉勤勞之精神；他之所以特重『義』者，正所以表示他以天下爲己任的俠義精神。墨子雖然取舍與儒家不同，但在當時他的學說是與孔學齊名，他的及門弟子也是與孔門並稱。（註一）墨學既與孔子齊名，弟子亦極衆多，其傳授之系統如何，沒有專書可考。但據韓非子說：『自墨子之死也，有相里氏之墨，有相夫氏之墨，有鄧陵氏之墨』。顯學篇又據莊子說，『相里勤之弟子，五侯之徒，南方之墨者，──苦獲、已齒、鄧陵子之屬，俱誦墨經，而倍譎不同，相謂別墨』。天下篇近人胡適氏由此別爲宗教的墨學與科學的墨學兩派。我們從教育方面看，宗教的墨學以禽滑釐、公尙過等人爲著，他們仍守着兼愛主義和勤勞主義。

（註一）（呂氏春秋尊師篇）孔、墨徒屬彌衆，弟子彌豐，充滿天下。

第五節　孔門弟子

一　同門之盛　孔子一生講學將近五十年，及門弟子布滿了天下，其總額相傳約達三千之衆，而身通六藝的已是七十多人。（註一）既認教育爲挽救時局之一策，所以向持『有教無類』主義，勿論何人，只要你是誠心求教，我沒有不開誠訓誨的。（註二）他的學生，有世子、有官僚、有商人、有大盜、有流氓，但自入孔門以後，人人都受他的感化，使他們皆變成有用的器材。（註三）但是他的學生究竟狷者多而狂者少，論到氣魄之偉大，學說思想之圓通，不及老師多了；因此，學生崇拜他也算到了極點。（註四）孔子在當時不過是一個有知識的士大夫，他的聲譽與勢力所以獨雄於後世的，也幸賴這些『中心悅而誠服』的弟子給他宣傳。

在衆弟子中較著名的，據他們自己所記，可分着四類（１）長於德行的，有顏淵、閔子騫、冉伯牛、仲弓；長於言語的，有宰我、子貢；長於政事的，有冉有、季路；長於文學的，有子游、子夏。見論語先進又據韓非子說，孔子之後，儒家分爲八派：有子張氏一派，子思氏一派，顏氏一派，孟氏一派，漆雕氏一派，仲良氏一派，公孫氏一派，樂正氏一派。見韓子顯學篇這兩家分類，皆不足以包括孔門重要的全體；即這十數人中，其言論思想也難一一考見。論語禮記及韓詩外傳等書中，雖間或記載所言二三，又與教育理論無關，無可記述，我們只有採取大學和中庸兩書。大學相傳是曾子作的，中庸相傳是子思作的——這兩部書原爲禮記中的兩篇。自北宋河南程氏認爲有關身心性命之學，從禮記中抽出來，加以表章；南宋朱子接着一宣傳，於是牠們的聲價飛騰於世了。大學言格物致知正心誠意，中庸言性與誠，皆爲宋、元以後的儒者所宗法，而宋、元、明、清八九百年的學術及教育界上，差不多完全被這數字佔領。我們把這兩書的分別敍述於下。

二　大學　程子說：『大學，孔氏之遺書，而初學入德之門也』。朱子說：『大學之書，古之大學所以教人之法也』。換一句話，大學一書，是古代大學裏面所用的教材，以牠教給『初學入德』的學生聽的。牠的內容，有經一章，有傳十章。經凡二百零五字，傳是所以解釋經的；所以這一部書通篇的大意只在二百零五個字的經文上，懂得這二百零五個字，全書自可以了解了。全書教人所做的工夫分着兩節，一律以修身爲本。修身以前，在明明德；修身以後，在新民。在明明德的工夫裏面，包含格物致知誠意正心四個步驟；在新民的工夫裏面，包含齊家治國平天下三個步驟。明明德是本，新民是末，而以修身爲基礎。明明德是向內的工夫，新民是向外的工夫，而以修身爲樞紐。其實這兩種工夫是一貫的，不過當入手做時有先後不同罷了。兩種工夫包含七個步驟，加上中樞的修身，共計八個步驟。工夫的步驟雖有八個，而全幅精神只在一個重心上面；造這個重心的工夫做到了，其餘皆可以迎刃而解。工夫的重心就是『格物』兩個字。格物的工夫做到了，自然可以做到致知；由此下推，知致了，自可以誠意；意誠了，自可以正心；心正了，自可以修身；身修了，自可以齊家；家齊了，自可以治國；國治了，自可以平天下。

格物、致知、誠意、正心及修身五種，屬於身心性命之學；齊家、治國、平天下之三種屬於政治之學。由格物、致知教到治國平天下，即從一身之內教起，教到有管理天下國家的知識。由格物、致知做到治國平天下，即從一身之內做起，做到有管理天下國家的能力。教育的最終目的在於使學生能够治國、平天下，這種教育自然是政治領袖人才的教育。做人的基本工夫在於有良好的身心修養，這種人物自然是賢人一流的人物。但由格物做到平天下，兩種工夫八個步驟，每個都要做到止於至善，可不容易。能够做到這種工夫的賢人，一定是最篤實最完全而又無所不知無所不能的人。大學裏頭培養的如果盡是這等人材，國家任用的如果盡是這種領袖人物，一定可以做到黃金世界——天下一家，人類一體。這種政治，就是儒家所理想的賢人政治。這種教育，也是他們所理想的完全人格的教育。

三 中庸 中庸一書，共計三十三章。第一章，程子謂係孔子的道意，由子思述所傳以轉授於孟子的；其他各章，以他平日所學的心得，盡量闡發首章之意，並博引許多前言往行以資參證。這三十三章，表面上雖各自成段，不如大學的組織完善有條理，但熟玩全文，綜合起來，其理論卻是一貫的。中庸這一書，是一部天人合一論，博大精深的宇宙哲學。他的境界比較大學更高一層。我們讀了牠，眞令吾人佩服先民理想的崇高與精神的偉大。是人事的，又是天道的。是個人自修的，又是萬類一體的。極其廣大而又極其精微，極其高明而又極其中庸。極其理想，而又極其現實。所以程子極力地贊美說：『其書始言一理，中散爲萬事，末復合爲一理。放之則彌六合，卷之則退藏於密。其味無窮，皆實學也』。

我們讀了這一部書，爲其博大精深的理論所籠罩，幾乎如魚之忘於江湖，不知道有邊岸了，只有把牠的綱領提出來說說。此書通篇可以用一個『誠』字包括。誠之意義無窮，範圍無限，而用之不盡。在天爲性，在人爲教，在天人之間爲道。在性與道之間，謂之天道；在道與教之間，謂之人道。天地有三：自其體而言，極其博厚；自其性而言，極其高明；自其存在而言，極其悠久。因爲博厚，所以能載物，故曰『載華嶽而不重，振河海而不洩』。因爲高明，所以能覆物，故曰『日月星辰繫焉，萬物覆焉』。因爲悠久，所以能成物，故曰『草木生之，禽獸居之，寶藏興焉，黿鼉蛟龍魚鼈生焉，貨財殖焉』。一律是至誠無息。

人道有二：自成己而言，謂之達德；自成物而言，謂之達道。達德有三：一曰知，二曰仁，三曰勇。達道有五：一曰君臣有義，二曰父子有親，三曰夫婦有別，四曰長幼有序，五曰朋友有信。合達德達道二者而有九經；九經卽有責任者應當執行的九條人事。那九條呢？一曰修身，二曰尊賢，三曰親親，四曰敬大臣，五曰體羣臣，六曰子庶民，七曰來百工，八曰柔遠人，九曰懷諸侯。九經做到了，卽可以治天下國家，所謂『篤恭而天下平』。合天道的至誠無息與人道的篤恭而天下平，凝聚起來，還是一個至誠。由此至誠，可以『經綸天下之大經』，可以『立天下之大本』，可以『知天地之化育』。其最後成功，則『天地位焉，萬物育焉』。

最初的工夫，卽『中和』兩個字，要使吾人的喜怒哀樂得到中和；其極功，則天地位焉，萬物育焉。工夫的着力處，只有『戒愼恐懼』四個字，卽『愼獨』的工夫；其成熟，則有『無聲無臭』的妙境。但勿論始終本末，天道人道，只是一個『誠』字包含無餘了，故曰『至誠無息』，『至誠如神』，此之所謂中庸之道。

以上所說，是就中庸所包羅萬象的哲學說的，內中關於教育的還有言性與言學兩點。中庸是言性最早的一部書，在論語中雖有『性相近也』一語，卻過於簡單，到了牠纔有極淸楚的解釋。不過內中所解釋，仍是根據牠的博大精深的哲學來的，仍是一部天人合一論。我們只須引出兩段來：

『天命之謂性，率性之謂道，修道之謂教』。第一章

『唯天下至誠為能盡其性；能盡其性，則能盡人之性；能盡人之性，則能盡物之性；能盡物之性，則可以參天地之化育；可以參天地之化育，則可以與天地參矣』。第二十二章

性是天賦予人類最完美微妙的東西，吾人的行動順着牠走便是道；或有為氣質所偏，或有為物欲所蔽，須待先知先覺的人來矯正或開導，這就謂之教育。教育的功用卽在修明本性。本性之在吾人心內，當喜怒哀樂之未發時謂之中，發出而合於節度謂之和，中和也就是性。性卽至誠，吾人能做到至誠卽所以盡性；盡性卽為人之極功，擴而充之，可以與天地並參。

關於言學的一段話，我們也舉在下面：

『博學之，審問之，愼思之，明辨之，篤行之。有弗學，學之弗能，弗措也。有弗問，問之弗知，弗措也。有弗思，思之弗得，弗措也。有弗辨，辨之弗明，弗措也。有弗行，行之弗篤，弗措也。人一能之己百之；人十能之己千之。果能此道也，雖愚必明，雖柔必強』。（二十章）

說明學習的次序，說明堅決的精神，告以努力必有的成功，在教育方面較前段更有價值，也是歷代教育家所取法的。

（註一）〔史記孔子世家〕孔子以詩書禮樂教弟子，蓋三千焉，身通六藝者七十有二人。又〔仲尼弟子列傳〕孔子曰，『受業身通者七十有七人，皆異能之士也』。又〔韓非子五蠹篇〕仲尼天下聖人也，修行明道以游海內，海內悅其仁，美其義，而爲服役者七十人。

（註二）〔論語述而〕子曰，『自行束脩以上，吾未嘗無誨焉』。又曰，『抑爲之不厭，誨人不倦，則可謂云爾已矣』。

（註三）〔史記孔子世家〕孔子年十七，魯大夫孟釐子病且死，誡其嗣懿子曰，『……今孔丘年少好禮，其達者歟！吾卽沒，若必師之』。及釐子卒，懿子與魯人南宮敬叔往學禮焉。〔呂氏春秋尊師篇〕子張，魯之鄙家也，顏涿聚，梁父之大盜也，學於孔子。〔史記仲尼弟子列傳〕子路性鄙，好勇力，志伉直，冠雄雞，佩豭豚，陵暴孔子。孔子設禮，稍誘子路，子路後儒服委質，因門人請爲弟子。〔論語先進〕子曰，『賜不受命，而貨殖焉，億則屢中』。

（註四）〔論語公冶長〕子貢曰，『夫子之文章，可得而聞也，夫子之言性與天道，不可得而聞也』。又〔子張〕叔孫武叔毀仲尼。子貢曰，『無以爲也，仲尼不可毀也。他人之賢者丘陵也，猶可踰也；仲尼日月也，無得而踰焉。人雖欲自絕，其何傷於日月乎？多見其不知量也』。又〔子罕〕顏淵喟然歎曰，『仰之彌高，鑽之彌堅，瞻之在前，忽焉在後』。〔孟子公孫丑〕宰我曰，『以予觀於夫子，賢於堯、舜遠矣』。子貢曰，『見其禮而知其政，聞其樂而知其德，由百世之後，等百世之王，莫之能違也。自生民以來，未有夫子也』！有若曰，『出於其類，拔乎其萃，自生民以來，未有孔子也』？

第六節　孟子(372 B. C.——289 B. C.)

一　孔學紹述家之孟子　孟子出世之時，上距孔子死亡之日，足有一百零七年。（自周敬王四十一年至周烈王四年）這一百餘年當中，思想學說的發達如何？政治情形及社會狀況的變遷如何？我們略一思索，確有令人驚異的地方。甲方講合縱，乙方講連橫，彼此以戰勝攻取爲能事，以兼併弱小聚斂民財爲企圖，所以說到時局上面，比較孔子時代更覺黑暗。自社會劇變，知識下逮以後，於是諸子百家各本所見所聞，盡量發揮主張，演成種種學說，而以楊、墨兩派最佔勢力，所以說到思想方面，比較孔子時代更覺複雜。眞有如他本人所說『上無道揆，下無法守』，『諸侯放恣，處士橫議』的現象。孔子是一位志量宏大的人物，很想以匹夫之力擔當歷代相傳的禮樂政教。他這種苦心孤詣，五十年來固然也得着一部分的成功；可是自他死了以後，及門弟子雖多，大半是『狷潔之士』，『瑚璉之器』，不能夠繼承他們老師的偉業。況當此政潮思潮震盪鬬爭極猛烈的時代，已經破壞的舊說，既不合於時君的好尙及社會的需要，要想與烈日初昇的楊、墨之言，時髦絕頂的縱橫之術對抗，當然是極難的一件事情；所以儒家之學——禮教與王道——到了此時已入於極衰微時期。當這個時，可巧有一位孟夫子出來挽救。

孟子名軻，字子輿，原來是鄒人；鄒國卽現今鄒縣，與魯國同屬山東省所轄的地方。生於周烈王四年，死於周赧王二十六年，活了八十四歲。在幼小時，性情放浪不羈，父死很早，由他的母親仉氏設法教誨，始習儒業；故他的一生成就實得力於其母的閫訓。（註一）成年以後，兩眼看見當時社會的紛亂，慨然以『正人心，息邪說，閑先聖之道』

爲己任。（註二）他與孔子最合脾胃，所謂『先聖之道』，自春秋以來，業已降在孔子一人身上；所以他一生崇拜的只有孔子一人，最願學的也只有孔子一人。見公孫丑可恨他未能及見孔子，竟受業於孔孫子思的門人，稱做孔子的私淑弟子。（註三）他何嘗不想從事政治？但是一生志不得逞，周遊列國一無成功，到了晚年也只有著書講學，亦與孔子同一際遇。（註四）不過他的思想，較孔子已經進步不少，如提倡個人中心論及發揮民權思想，皆有價值；其他關於教育的言論，尤爲後人所宗法。

（註一）（列女傳母儀）孟軻之母，其舍近墓。孟子之少也，嬉戲爲墓間之事，踊躍築埋。孟母曰，『此非所以居子也』，乃去舍市。其嬉戲爲賈衒。孟母曰，『此非所以居子也』，乃徙舍學宮之旁。其嬉戲乃設俎豆，揖讓進退。孟母曰，『此眞可以居子矣』，遂居之。

（韓詩外傳）孟子少時誦，其母方織，孟子輟然中止，乃復進。其母引刀裂其織，以此誡之。

（註二）（孟子滕文公）『吾爲此懼，閑先聖之道，距楊、墨，放淫辭，邪說者不得作』。又曰，『我亦欲正人心，息邪說，距詖行，放淫辭，以承三聖者。豈好辯哉？予不得已也』。

（註三）（史記孟荀列傳）『孟軻，騶人也，受業子思之門人』。但趙氏注及孔叢子等書，皆云孟子親受業於子思。

（註四）（史記孟荀列傳）當是之時，秦用商鞅，楚魏用吳起，齊用孫子田忌，天下方務於合縱連衡，以攻伐爲重，而孟子乃述唐、虞三代之德，是以所如者不合。退而與萬章之徒，序詩書，述仲尼之意，作孟子七篇。

二　性善論

孟子一生學說的重心，即是他的性善論，要解釋這個理論，須先把他所說的『心』和『性』兩個名詞，及二者間的關係闡明出來。他說：

『君子所性，仁義禮智——根於心』。盡心章

『盡其心者，知其性也』。同上

『惻隱之心，仁之端也；羞惡之心，義之端也；辭讓之心，禮之端也；是非之心，智之端也』。公孫丑章

我們把這三段話的意義申述於下：『心』是吾人內部的靈體，精神的主宰，吾人一切動作與表現皆從此心發動。『性』是一種傾向，又謂之性向；牠也只有一個傾向的態度，而實無其物。這種傾向，不是由外面的引誘，是從心坎中發生出來的。吾人莫不同具一顆良心，由良心所發動的性向當然是善的，所以說『君子所性：仁義禮智根於心』。性對於仁的傾向，是從惻隱之心發生；對於義的傾向，是從羞惡之心發生；對於禮的傾向，是從辭讓之心發生。因爲心是良的，所以吾人之心莫不具有此惻隱、羞惡、辭讓、是非四種美態；由此四種美態所發生的性向自然歸於仁、義、禮、智四德，所以說性是善的。而性與心的關係，即可由本圖表示出來。

何以知道凡人皆具有此良心呢？孟子於是引出兩個證據來。他說：

『孩提之童，無不知愛其親也。及其長也，無不知敬其兄也。親親，仁也；敬長，義也；無他，達之天下

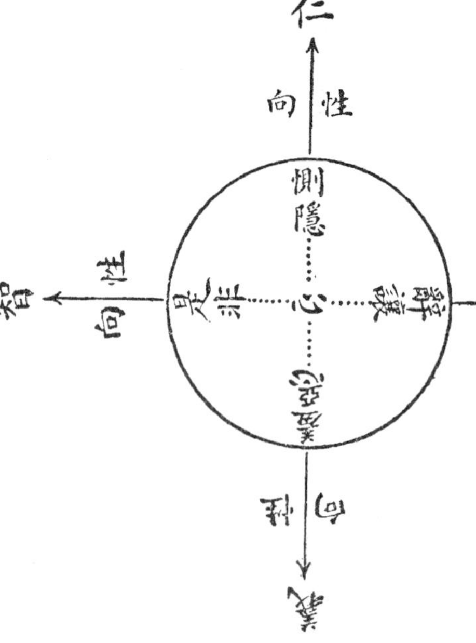

第五圖　孟子的心性關係圖解

也』。（盡心章）

『所謂人皆有不忍人之心者：今人乍見孺子將入於井，皆有怵惕惻隱之心，非所以內交於孺子之父母也，非所以要譽於鄉黨朋友也，非惡其聲而然也』。（公孫丑章）

前一段話，是從兒童愛親敬長的良知良能上證明人心是良的，而性是向善的。後一段話，是從直覺方面證明人心是良的，而性是向善的。最後他並肯定地說：

『口之於味也，有同嗜焉；耳之於聲也，有同聽焉；目之於色也，有同美焉。至於心，獨無所同然乎？心之所同然者，何也？謂理也，義也。聖人先得我心之所同然耳；故理義之悅我心，猶芻豢之悅我口』。（告子上）

人人既然同具此良心，何以社會上好人少而壞人多呢？孟子以爲這是環境或教育不良所致，於先天沒有關係。所以他說：

『富歲子弟多賴，凶歲子弟多暴，非天之降才爾殊也，其所以陷溺其心者然也。今夫麰麥，播種而耰之，其地同，樹之時又同，浡然而生，至於日至之時，皆熟矣。雖有不同，則地有肥磽，雨露之養，人事之不齊也』。（告子上）

吾人良心只是一點善機，這點善機是嫩濯濯的，最容易被斵傷的，不是初出母胎便已成熟。這未成熟的善機，全靠教育來培養。但成人社會的習慣業已弄壞了，留純潔的兒童於敗壞的社會裏面，日日受其薰染，沒有不斵傷其良心的。世人不察病源之所在，只看見業已被斵傷了良心的兒童，遂以爲人心原來不良，而因以自遂其非，這是最危險的見解。所以他很忿氣地引牛山之木爲比譬，以說明人心被斵傷之經過。這一段話是：

『牛山之木嘗美矣以其交於大國也斧斤伐之可以爲美乎。是其日夜之所息，雨露之所潤，非無萌糵之生焉；牛羊又從而牧之是以若彼濯濯也。人見其濯濯也以爲未嘗有材焉此豈山之性也哉』。

『雖存乎人者，豈無仁義之心哉；其所以放其良心者，亦猶斧斤之於木也旦旦而伐之，可以爲美乎。其日夜之所息，平旦之氣，其好惡與人相近也者幾希：則其旦晝之所爲，有梏亡之矣。梏之反覆，則其夜氣不足以存；夜氣不足以存，則其違禽獸不遠矣。人見其禽獸也，以爲未嘗有材焉者，是豈人之情也哉』。告子上

性善之說始於孟子，對於性的熱心地討論也始於孟子時代。當是時，關於性的主張派別很多：除了孟子的主張外，有說『性無善無不善』的；有說『性可以爲善，可以爲不善』的；有說『有性善有性不善』的。在這些派中以告子爲孟子的最大學敵，與孟子辨論最烈。以我們的觀察：告子對於性的研究，比較孟子來得切實且具體。告子提出『生之謂性』一句口號，凡有知覺運動的動物，性無不同。如食色的慾求卽是本性，凡人皆然，凡動物皆然，並沒有什麼善惡之說，其所以有善所以有惡者，皆由後天的環境或教育所養成。告子這種理論，似根據於生物學的知識，在當時要算特出，孟子很難把他駁倒，只是糊亂地爭辨了幾次，卒以不得結果而能。但孟子在另一方面，還是承認人類的天性是有物質的慾望的。他說：『形色天性也；唯聖人然後可以踐形』。盡心章　形色卽物質，傾向物質的享樂卽天性。但他可要回護一句：謂聖人不以物質爲好，只把牠當作形下之品。所以他說：

王充論衡本性篇，謂周人世碩密子賤漆雕開之徒皆言性有善有惡，稍在孟子之前，亦可歸入本時代。

『口之於味也，目之於色也，耳之於聲也，鼻之於臭也，四肢之於安佚也：性也；有命焉，君子不謂性也』。盡心下章

既承認聲色臭味爲人人所必趨，也是天性；又說凡這些物質的享受，皆有命定，不可強求，所以君子不認牠爲性。深恐人類縱性情以恣其所好，流入放蕩邪僻，故作這種強制自修的說話，以消弭一般人過度的慾望，或者是孟子的苦心，這也是他要完成性善論的一種強辯。

三　培養主義的教育論　孟子的教育論當然是根據他的性善論來的。性是心的傾向，心是主宰吾人行動位在體內的一個善機，——精神作用。這個善機是非常敏活的，很容易被惡劣的環境引誘的；一引誘就遁了，一遁就與牠的原來位置相去十萬八千里了。到了此時，這個人就變成不完全的人。教育目的在以教育手段達到個人人格的完全，故教育第一步工夫就在收回原來的善機，使牠常存在腔子裏面，或根本不讓牠受引誘而外逸。收回善機即孟子所謂『求放心』。（註一）去掉外來的邪念，保存原來的善機，即求放心之道。這種善機是極柔嫩的，極幼稚的，若僅僅至保存或收回爲止，那亦無大用處，且難免不再喪失，故教育第二步工夫，即在培養，培養的工夫纔是切實的教育。養其善機，擴而充之，即是培養的工夫。孟子對於培養分做三方面：（1）養心。養心的工夫在於寡欲，所謂『養心莫善於寡欲』。盡心章下（2）養性。性是傾向於善的，吾人只要順着牠利導，不必巧爲穿鑿就行了，所謂『天下之言性也，則故而已矣，故者以利爲本』。離婁章（3）養氣。在消極方面，須穩定心志，勿使心志來害氣，所謂『持其志，勿暴其氣』。公孫丑章在積極方面，須做集義工夫以養氣，所謂『必有事焉，而勿正，心勿忘，勿助長也』。公孫丑章這幾句話即是集義養氣的工夫。果能照此培養，充分的培養，必有顯著的功效。良心常存，能夠鎮定，外面勿論如何引誘，皆不足以動其心。天性純全，表現於自身方面，不覺『睟面盎背』；擴充於社會方面，『足以保四海』。理氣充沛，形成『浩然之氣』，至大至剛，足以配道義而與天地相參伍。這樣的人格，卽孟子所謂『大人』，所謂『大丈夫』。大丈夫的人格是充滿善機，器宇闊大，行爲不苟得乎時則爲政治領袖，不得乎時則爲學者導師。我們若是靜心體會這種儒者的態度高士的風度，正是孟子人格的寫照，但他所講培養主義的理論卻有不可磨的價值。

孟子的培養說，與美人杜威（Dewey）的生長說頗相類似，皆是從內面向外發展的。不過後者包括身心全體，前者偏重於心的一方面；所以杜氏並注意於感官的發達，孟子視感官爲小體，不以重視。（註二）此東西教育家的觀點所以不同，或因時代不同的關係。

（註一）（告子上）孟子曰，『學問之道無他，求其放心而已矣』。

（註二）（告子上）孟子曰，『體有貴賤，有小大，無以小害大，無以賤害貴』。朱註：賤而小者口腹也，貴而大者心志也。

四　學習法　孟子所言學習法有四。（1）自動。被動的學習都是外鑠的膚淺的知識，心中必無所得，等於未學。知識若是由自己苦心研究出來的，纔能徹底明瞭，能夠活用到實際上面。所以他說：

『君子深造之以道，欲其自得之也。自得之，則居之安；居之安，則資之深；資之深，則取之左右逢其源；故君子欲其自得之也』。離婁章

卽或有時非教師當面教授不可，只能教授一種簡單的學習法子，至於巧妙處還在學者自己體驗出來，所謂『大匠能與人規矩，不能使人巧』。盡心章下（2）專一。孟子嘗以走棋比譬求學。他說，請一個棋界國手教授兩個生徒；張生專心致志，聽他老師走棋的方法；李生表面上雖同在聽講，而心志卻是飛到天外，想像他預備射鳥的情形。結果，

張生棋術學成，李生倘茫然無所知。此非兩生的聰明有高下，乃由於專一與不專一的原故。(告子下)所以求學須要專一，須繼續不斷的研究，一心二用固然不對，一暴十寒也難成功。（3）漸進。求學有一定的步驟應當循序漸進，進了一步再進一步，所謂『盈科而後進，放乎四海』。(離婁下章)倘若不按照程序，妄想一步登天，則『其進銳者，其退速』，反是得不着相當的效率了。(盡心上章)（4）還有一種由博而約的學習法。他說，『博學而詳說之，將以反說約也』。(離婁下章)此項演繹的學習法，與孔子所說相同，我們勿庸重述。

五　教授與訓練　孟子的教法有五種，皆就各人的程度個性及所處的地位來酌定。第一種是程度最高的學生，只於需要時加一番點化之功，他們就能隨感而通，如同雨露潤澤草木一樣，此所謂『有如時雨化之者』。第二及第三種學力較第一種差淺：若是器宇穩重的，我們就完成其德性；若是天資英邁的，我們就發展其天能；所謂『有成德者，有達材者』。第四種爲問答法，預備無力常從或不能專門研究的學生所施行的方法，偶因一事，隨問隨答就行了。還有一等人，居不同地，或生不同時，無法口授，則用間接法，以書面相授，與現代函授法相似。此所謂『有答問者，有私淑艾者』。(盡心上章)

兒童的享受不可太厚，若是享受太厚，他們業已心滿意足，必不肯用心求學。將來勢必養成一種驕貴的習氣，無用的子弟。吾人的『德慧術智』都是從困難中找出來的，不經過困難，就不會有德慧術智，雖有也很淺薄，也是少數，所謂『生於憂患，死於安樂也』。(告子下)譬如孤臣孽子，他們所以往往能够通達成全的，正因爲他們常處在困難環境中，受了一種深刻的磨練，能够『操心慮患』，所以得着好的結果。(盡心上章)因此之故，所以對於兒童的訓練，應當使他們感受些困苦纔好。孟子是近於人才教育主義的人，他說：『得天下英才而教育之，三樂也』。盡心章上 但這種天才的人，他們的才能雖由於先天的賦與，而他們所以能夠成爲大器材的，還是由於後天的磨練。且必有後天的磨練，然後能夠發達他們的天才；所以『天將降大任於是人也，必先苦其心志，勞其筋骨，餓其體膚，空乏其身，行拂亂其所爲：所以動心忍性，曾益其所不能』。告子章下 憂患的境遇正所以成全天才的，亦唯有天才的人，方能利用這個境遇而受成全，此孟子的人才教育主義之根本觀念，或者也是因着他自己幼年的環境如此，有所感而發的。

第七節　莊子

一　莊子與道家　莊子名周，河南蒙人，生於戰國時代，與梁惠王、齊宣王同時，略後於孟子。他曾做過蒙之漆園吏，爲當時思想界的傑出人物。後人以其平日主張任自然，尙無爲，棄智慧，絕嗜欲，與老子的哲學思想相同，所以也列入道家一流。但嚴格區分，他們不同之處還多：（1）老子是道學家，他的態度嚴重，議論激烈；莊子是名士派，他的態度曠達，議論詼諧。（2）老子一生着眼在社會的安寧，故對於治國平天下的議論多，莊子一生着眼在個人的逸樂，故對於養生窮年的議論多。（3）老子最反對的是當時的禮教，攻擊得非常激烈；莊子最厭惡的是當時的一般富貴功名之徒，嘲笑得非常厲害。在他們同異之中，我們給老子的思想一個總評，不外『見素抱樸，少私寡欲』八個字；給莊子一個總評，不外『安常守固，聽天由命』八個字。老子對於教育提倡禁欲主義，莊子對於教育提倡放任主義，皆由二人的觀察點和態度不同所產生的結果。但他們都是反對現社會，只有破壞而無建設，只知倒退而昧前進，所以演成一種消極的思想萎縮的人生，致令中國民族習慣受其不良的影響者不少，尤以魏、晉六朝時代爲最甚。

二 養生主義的教育論

莊子養生的目的在『全生盡年以成天』。養生主篇保全天所給你的生命，不要毀傷；享盡你所應有的壽命，不要摧殘；然後能够返乎天然，而與天地一體，此謂之『眞人』。解釋『眞人』一義用不着支離，就是一個『眞正人的生活』；故莊子養生的目的也可以說是要達到一個眞正人的生活。請看現在社會一般人們紜紜擾擾，孜孜矻矻，把一個赤顆的人生圍困和壓迫到十八層地獄，所有的生活都是非人的生活，——牛馬的生活，鬼域的生活。這個眞苦了！我們要達到眞人的生活，第一步就在要求解放：解放束縛我們的一切桎梏，解放紜擾我們的一切繫念，使成一個赤裸裸的我，悠遊自在的我。所謂『彼民有常性，織而衣，耕而食，是謂同德，一而不黨，命曰天放』。馬蹄篇所謂『安時而處順，哀樂不能入也，古者謂是帝之懸解』。養生主篇不僅貧富、貴賤、利害、得失用不着計較，我們並要極力遠離富貴功名。（註一）不僅死生夭壽用不着計較，我們並要消滅一切感情作用。（註二）仁義禮智，是非善惡，是俗人所通受的桎梏，我們切不要上牠們的圈套。（註三）天地萬物是不可計數的，宇宙知識是不可限量的，我們知道多少就是多少，不要貪求，最好是沒有知識。所謂『達生之情者，不務生之所無以爲；達命之情者，不務知之所無可奈何』。達生篇『吾生也有涯，而知也無涯；以有涯隨無涯，殆已！已而爲知者，殆而已矣』！養生主篇最好是『無思無慮無處無服』，知北遊篇我們也不要出風頭，也不要標奇異，雖然要極力擺脫現時社會一般非人的生活，但是我雜入在這個社會裏面，卻不要令旁人看得出我與他們兩樣，那最高明了。所謂『無爲名尸，無爲謀府，無爲事任，無爲知主』。『體盡無窮，而遊無朕，盡其所受於天，而無見得，亦虛而已』。應帝王篇總結一句：莊子的養生主義，除了自然景物毫不費力地供吾人自由享受以外，其他一切人爲的事物完全不要理會，卽與社會交際所發生的感情也不要絲毫留戀。做到這步田地，纔能實現一個『眞我』，纔能達到『眞正人的生活』。

這種主義完全是個人的、消極的、冷枯的，是與人生教育相反的。不要知識，自然用不着教育；不要辨論，自然沒有是非；不要有所作爲，社會自然沒有進步。他以爲教育是殺人的利器，有一段話形容得最痛快：

『南海之帝爲儵，北海之帝爲忽，中央之帝爲渾沌。儵與忽相遇於渾沌之地，混沌待之甚善。儵與忽謀報渾沌之德，曰：「人皆有七竅，以視聽食息，此獨無有，嘗鑿之」。日鑿一竅，七日而渾沌死』。應帝王篇

莊子還有一段話描寫教育之害也極好：

『馬蹄可以踐霜雪，毛可以禦風寒，齕草飲水，翹足而陸，此馬之眞性也。雖有義臺路寢，無所用之。及至伯樂，曰：「我善治馬」，燒之，剔之，刻之，雒之，連之以羈㾈，編之以皁棧，馬之死者十二三矣。饑之，渴之，馳之，驟之，整之，齊之，前有橛飾之患，而後有鞭筴之威，而馬之死者已過半矣』。馬蹄篇

莊子這兩段寓言極有道理，我們不能一概抹煞。教育確有殺人的地方，吾人倘若受了不良的教育，眞個不如不受教育的好，這是實在的情形。但因此之故，便要滅絕智慧，反對一切教育，未免因噎廢食了。

（註一）（庚桑楚）夫至人者，相與交食乎地而交樂乎天，不以人物利害相攖，不相與爲怪，不相與爲謀，不相與爲事，翛然而往，侗然而來，是謂衞生之經也。

（註二）〔德充符〕有人之形，無人之情。有人之形，故羣於人；無人之情，故是非不得於身。眇乎小哉，所以屬於人也。謷乎大哉，獨成其天。……吾所謂無情者，言人之不以好惡內傷其身，常自然而不益生也。

（註三）〔齊物〕自我觀之，仁義之端，是非之塗，樊然殽亂，吾惡能知其辯？〔養生主〕爲善无近名，爲惡无近刑。〔大宗師〕芒然彷徨乎塵垢之外，逍遙乎無爲之業，彼又惡能憒憒然爲世俗之禮，以觀衆人之耳目哉？……意而子曰：『堯謂我汝必躬服仁義而明言是非』許由曰：『而奚爲來軹？夫堯既黥汝以仁義，而劓汝以是非矣，汝將何以遊夫遙蕩恣睢轉徙之徒乎』！〔駢拇〕且夫待鉤繩規矩而正者是削其性，待纏約膠漆而固者是侵其德也。屈折禮樂，呴俞仁義，以慰天下之心者，此失其常然也。常然者曲者不以鉤，直者不以繩，圓者不以規，方者不以矩，附離不以膠漆，約束不以纏索。故天下誘然以生，而不知其所以生；同焉皆得，而不知其所以得。故古今不二，不能虧也。則仁義又奚連連如膠漆纏索而遊乎道德之間爲哉，使天下惑也？

第八節　荀子

一　儒家左黨之荀子　我們把孟子當着儒家學派的右黨，則荀子應屬於左黨。他們兩人的學說之區分如下：（1）孟子是法先王的，荀子是法後王的；（2）孟子以性爲善，荀子以性爲惡；（3）孟子言禮主節，荀子言禮主分；（4）孟子論教育重在培養，荀子論教育重在積僞。除此數種外，不同的地方還多。不過孟子的學說，多半抽出孔子所已說了的加以擴充，雖偶有特別見解，而大旨要不與前人違背。荀子除了儒家的根本學說仁義禮樂之外，自己創獲的卻也不少。且後者議論激烈，學說博雜，雖被我們稱他爲左黨，也是儒家後起之雄，在教育史上要算是周末最後的一個人。

荀子名況，字卿，是趙國的人氏。他出世的時候，大約在孟子之後五六十年。中年以後，曾東游到齊國，西游到秦國，中間回到趙國一次，末了又南游楚國。那時楚國春申君正當權，以荀子爲當時知識界出色人物，派充任蘭陵的令尹。荀子也是教育家而兼政治的，也想登上政治舞臺，以實行他的主張的，無如南北奔走，終不得大展。自春申君死後，更不復能够遇着知己，亦無意北歸，後來老死在蘭陵了。平生著有荀子三十二篇，思想較孟子進步，不僅對於老、莊消極的學說極力反對，卽孔門諸徒及孟子一般人的言論也嘗施攻擊，眞不愧儒家後起之雄，關於教育方面的理論尤有很多特殊的地方。

二　性惡論

荀子說：『人之性惡，其善者僞也』，這是他的性惡篇開宗明義第一句，也是他的教育哲學的根本觀念。要把這一句原理用演繹方法來說明，我們先要明白荀子所謂『性、僞、善、惡』四字怎着解釋。荀子說：

『不可學不可事而在人者謂之性，可學而能可事而成之在人者謂之僞，是性僞之分也』。（性惡篇）

『生之所以然者謂之性。性之和所生，精合感應，不事而自然，謂之性。……心慮而能爲之動，謂之僞。積慮焉，能習焉而後成，謂之僞』。（正名篇）

我們拿今語來解釋：（1）『性』是吾人內部與生俱來的一種本能；這種本能一與外界的環境接觸，彼感此應，卽發生反射作用。這種反射作用，是自然會能的，不是學得上來的，也不是教得成功的。（2）『僞』是吾人神經接收一種刺激以後，必要經過一種思慮，然後決定一種反應的態度。遇有複雜知識，不僅一番思慮就算完事，必要反覆思慮，再四反應，令初次所反應的態度變成一種習慣行爲；這種習慣行爲完全是由人力學成教成的。換一句話說，凡無意識的無節制的衝動行爲，叫做性；凡有意識的，有節制的習慣行爲，叫做僞。這是性僞二字的區別，我們再看他如何解釋善惡二字。荀子說：

『凡古今天下之所謂善者，正理平治也；所謂惡者，偏險悖亂也——是善惡之分也已。……故古者聖人以人之性惡，以爲偏險而不正，悖亂而不治，故爲之立君上之勢以臨之，明禮義以化之，起法正以治之，重刑罰以禁之，使天下皆出於治合於善也』。（性惡篇）

我們再拿今語解釋：所謂『正理』，是合於中正的道路，所謂『平治』是說已經調治到很平穩了；『已經調治到很平穩又合於中正的道路』的行爲，就謂之善的行爲。所謂『偏險不正』，是不合於中正的道路，所謂『悖亂不治』是未曾調治到很平穩的地步；『未曾調治到很平穩的地步，又不合於中正的道路』的行爲，就謂之惡的行爲。換一句話說：凡一種行爲，經過了人工的訓練，而能順理成章的叫做『善』；凡一種行爲，未曾經過人工的訓練，而不能順理成章的，叫做『惡』。照這樣看來，荀子所謂性惡，不過說吾人的本性在胎兒初出母懷時，沒有經過成熟的訓練，完全是一種陸野不馴的樣子，所發出的衝動全不順理成章的。所謂『縱情性，安恣睢，而違禮義』，都是由於沒有經過人工訓練的原故，並不是說吾人初生，即有土匪之性，小人之心，甘心賣淫作盜，殺人放火種種卑劣的行爲。試舉例子就明白了。『好利』『疾惡』及『耳目之欲』三種表現都是人的本性。假使沒有人工的訓練，而順其『陸野不馴』的自由發展，勢必出於爭奪；有了爭奪則亡了辭讓，勢必出於殘賊；有了殘賊則亡了忠信，勢必出於淫亂；有了淫亂則亡了禮義文理。凡此種種惡的行爲都是由於『順是』二字所產生的結果。這種種惡的行爲很有危害於社會的治安，所以聖人爲之『起禮義制法度』以矯正，使天下的人類個個皆『出於治，合於道』，所以他說『其善者僞也』。

人性既然是惡的究竟能不能使天下的人都『出於治合於道』呢？據荀子的意見，以爲這是能夠辨得到的。荀子說：

『凡禹之所以爲禹者，以爲仁義法正也，然則仁義法正有可知可能之理。然而途之人也，皆有可以知仁義法正之質，皆有可以能仁義法正之具，然則其可以爲禹明矣』。性惡篇

吾人陸野未馴的本性，是很富於可塑性的，並非固定了的一塊鐵板。所謂『皆有可以知仁義法正之質，皆有可以能仁義法正之具』，就是人人皆有變到正理平治的可能。只要有好的教育，或發憤自立的時候，沒有不能成功的，故曰『堯、舜者非生而具者也，夫起於變，故成於修，修之爲待盡而後備者也』。榮辱篇

說到這裏，我們要問荀子一句：人性既惡，何以能夠產生出禮義來呢？荀子說：『凡禮義者是生於聖人之僞也』。聖人所以製出禮義以限制衆人，正因爲人性惡的原故。我們再問一句：聖人所以產生出禮義來，目的在爲社會謀幸福，爲社會謀幸福而纔有禮義積僞的善行，這種善行不是聖人的本性嗎？荀子又說：本性之惡，君子與小人是相同的，所不同者，在於君子能夠『化性起僞』。這種化性起僞的動機，不是先天生來的，是由於平日感受了社會的不安寧，故意想出種種方法來維持社會的。我們所貴乎聖人與常人不同者就在這一點上——聖人能夠化性起僞，常人不能。我們又要追問：化性起僞的動機不是先天的本性，是由於後天感受了某種刺激，纔會發生的；既然君子與小人同具惡性，何以聖人因感受某種刺激便能生出這種善的動機來呢？關於這一點，完全由於個性差異及

環境的關係，在當時荀子未解答過。

三　積僞主義的教育論　要使塗之人變成堯、禹，自然非教育不能成功。教育目的在造就一個『成人』，從『士』起到『聖人』爲止，到了聖人的地步那就是一個成人，成爲堯、禹一類的人了，教育目的纔算達到了。（註一）教育手段不外訓練與教學，訓練的德目是『仁義法正』，教學的材料是『詩書禮樂』。教學是有止境的，從詩書起到禮樂爲止：訓練的工夫不到聖人是沒有止境的。（均見勸學及性惡篇）本性既然是惡的，要從士做到聖人，前程遠大，工夫繁重，決非一步能夠跳得到的。要達到教育目的，我們就要今日教學一點，明日又教學一點，上午訓練一回，下午又訓練一回，朝朝暮暮，積日累月，一步一步地逐漸堆砌起來。譬如行路，『不積蹞步，無以至千里』；譬如聚水，『不積小流，無以成江海』；所以荀子說：『聖人者人之所積而致也』。（均見勸學性惡及儒效諸篇）荀子視教育的功用好像用磚砌牆似的，從地平起，一層一層地向上堆，堆到五丈爲君子，十丈爲賢人，直到聖人爲止，各人的天資有高下，職業有區別，事實上決不能使人人都爲堯、禹；雖不能爲堯、禹，亦必要使他們達到教育的水平綫上。荀子所說的水平綫，就『是出於治合於善』；這個水平綫是最低的限度，人人應當遵守的。因爲人性皆惡，倘全不遵守這個水平綫，社會一定會紊亂不堪，所以要『立君上之勢以臨之，明禮義以化之，起法正以治之，重刑罰以禁之』。

（註一）（勸學篇）學惡乎始？惡乎終？曰，其數則始乎誦經，終乎讀禮；其義則始乎爲士，終乎爲聖人。（禮論篇）聖人者道之極也，故學者固學爲聖人也，非特學爲無方之民也。

四　學習法　荀子講論學習法，較孟子更爲詳細，我們只舉三點。

（1）專一　他說：『今使塗之人伏術爲學，專心一致，思索孰察，加日縣久，積善而不息，則通於神明，參於天地矣』。（性惡篇）又說：『蚯蟥無爪牙之利，筋骨之強，上食埃土，下飲黃泉，用心一也。蟹六跪而二螯，非蛇蟺之穴無可寄託者，用心躁也』。（勸學篇）這是他的求學貴專一的主張，不專一必不能成功，與孟子所舉奕秋教奕的意思大致相同。當學一件東西，須把全幅精神都放在這上面，不許有絲毫的散亂，並要有互助的朋友，布置適當的環境，避免防害的刺激，以此『全之盡之』，最後必有成功。學成以後，印像已深，意志已定，纔不爲外物所奪致有所遺忘。（註一）

（2）親師　『非我而當者吾師也，是我而當者吾友也』。（修身篇）這是荀氏親師擇友的一句名言。他以良師益友爲求學的助力，所以把師友看得很重。其作用有二：一因個人的性質容易被環境變化，倘擇交不愼，必被引入邪途，最爲危險。所謂『居楚而楚，居越而越，居夏而夏，是非天性也，積靡使然也』。（儒效篇）所謂『蓬生麻中，不扶而植；蘭槐之根，是爲芷；其漸之滫。故君子居必擇鄉，遊必就士，所以防邪僻而就中正也』。（勸學篇）二因古聖王之道僅載於呆板的六經文字裏面，非口授不能透澈；且六經以外的種種道理，更非賢師益友口講身導，不能周徧。所謂『禮樂法而不說，詩書故而不切，春秋約而不速。方其人之習君子之說，則周以徧矣，周於世矣。故因學莫近乎其人』。（勸學篇）所謂『禮者所以正身也，師者所以正禮也。無禮何以正身，無師吾安知禮之爲是也』。（修身篇）

（3）學習過程　專一與親師，凡中國古代稍談教育的人，沒有不主張的，尙非特別。在荀子的教育學說中有一件足以使我們注意的，是他所說的學習過程。他說：

『君子之學也，入乎耳，箸乎心，布乎四體，形乎動靜；端而言，蝡而動，一可以爲法則』。（勸學篇）

把他這幾句話分析起來，關於學習時可得四步過程。第一步，由感官接受外界的刺激；第二步，把接受了的刺激傳入到腦神經裏面起一種聯結和類化作用；第三步再由腦神經發生命令，傳達到各處肢體；第四步，各處肢體接着神經的命令以後，即表示一種反應的動作。這種動作如果經過了考慮或試驗以後，一定是很合於規則的。荀子這種科學的分析法，與近代美國教育心理學家桑戴克（Throndike）、施他基（Starch）一般人所研究的差不多完全相同。

此處所謂腦神經即荀子所說之心，凡中國古人皆以腦當心解。

（註一）〔勸學篇〕全之盡之，然後爲學者也。君子知夫不全不粹之不足以爲美也，故誦數（詩書禮樂之數）以貫之，思索以通之，爲其人以處之，除其害者以持養之。使目非是無欲見也，使耳非是無欲聞也，使口非是無欲言也，使心非是無欲慮也。及其致好之也，目好之五色，耳好之五聲，口好之五味，心利之而有天下。是故權利不能傾也，羣衆不能移也，天下不能蕩也；生乎由是，死乎由是，夫是之謂德操。德操然後能定，能定然後能應，能定能應，夫是之謂『成人』。

五　論心理作用　說明心的作用，在先秦諸子中，要以荀氏較爲詳到。前段所舉學習過程，不過是他所說的心理作用之一種，現在把他所說的整個介紹出來。

荀氏把人類一切精神作用悉統屬於心，心爲精神的主宰，活動的中心，所謂『心者形之君也，而神明之主也，出令而無所受令』。〔解蔽篇〕心既爲人生至上的機能，活動的主宰，所以吾人一切精神表現，意向及動作，應當完全聽命於心，否則難免錯誤。心的關係既如此重要，倘心之本身不良，則由牠所發生出來的行爲，不是一切皆壞了嗎？所以荀子注重修養，把心修養到很好時，心正則一切皆正了。所謂『導之以理，養之以清，物莫之傾，則足以定是非，決嫌疑矣』。〔解蔽篇〕養心的工夫，爲『積慮焉，能習焉』，仍是他的積僞主義。其所以養心的標準，爲一個『道』字，道即

『禮義法正』，聖人所製以告一般人所以爲人的標準的，所謂『道者，非天之道，非地之道，人之所以爲道也』。儒效篇吾人之行爲合於心，心合於道，就是善的。所謂『心也者道之工宰也，道也者治之經理也。心合於道，說合於心，辭合於說，正名而期，質請而喩，辯異而不過，推類而不悖』。正名篇道既是客觀的標準，爲人的權衡，所以吾人要觀察事物，評斷是非，表現意思，及爲種種心的活動時，不可不知道。吾人的心原可以知道的，其後來所以不能知道者，是因爲被習俗蒙蔽了。心被習俗蒙蔽，就不能知道；不能知道就失了權衡作用，對於一切事物必然觀察不清楚，而生出種種錯誤的見解，於是『見寢石以爲伏虎，見植林以爲後人』。解蔽篇怎樣能够解除蒙蔽呢？在『虛壹而靜』三字上做工夫（註一）。能够『虛壹而靜，謂之淸明』，凡有形的東西都能看見，凡能看見的東西都能判斷，凡判斷的東西無不眞確，甚至於一切行爲無不合理；於是能『經緯天地，材官萬物，明參日月，大滿八極』了。

情欲是吾人的本性，無法避免的。（註二）多少有無，不關於治亂，其關鍵還是在心。他說凡主張去欲的，是不知引導的方法，而爲有欲所困了；凡主張寡欲的，是不知節制的方法，而爲多欲所困了。所謂『凡語治而待去欲者，無以道欲而困於有欲者也；凡語治而待寡欲者，無以節欲而困於多欲者也』。正名篇要求引導與節制的方法，須先要把心地弄得清清楚楚，確有把握，能够判斷是非得失，每一件事情來了全由中心作主取決；到了此時，外界的物欲不僅不能引誘，並且不能蒙蔽。於是物欲多有多的好處，少有少的好處，自然不必求寡。所謂『欲不待可得，而求者從所可。欲不待可得，所受乎天也；求者從所可，受乎心也。所受乎天之一欲，制於所受乎心之計。人之所欲生甚矣，人之所惡死甚矣，然而人有從生成死者，非不欲生而欲死也，不可以生而可以死也。故欲過之而動不及，心止之也；心之所可中理，則欲雖多奚傷於治。欲不及而動過之，心使之也；心之所可失理，則欲雖寡奚止於亂。故理亂在於心之所可，亡於情之所欲；不求之其所在，而求之其所亡，雖曰我得之，失之矣』。（正名篇）

（註一）（解蔽篇）故治之道在於知道。人何以知道？曰心。心何以知？曰虛壹而靜。心未嘗不臧也，然而有所謂虛；心未嘗不滿也，然而有所謂一；心未嘗不動也，然而有所靜。人生而有知，知而有志，志也者臧也，然而有所謂虛，不以已所臧害所將受，謂之虛。心生而有知，知而有異，異也者同時兼知之。同時兼知之，兩也，然而有所謂一，不以夫一害此一，謂之壹。心臥則夢，偷則自行，使之則謀，故心未嘗不動也，然而有所謂靜，不以夢劇亂知謂之靜。

（註二）（正名篇）性者天之就也，情者性之質也，欲者情之應也。以欲爲可得而求之，情之所必不免也；以爲可而道之，知之所必出也。故雖爲守門，欲不可去，性之具也。

六 結論

孟子是先天論者，以人性爲善，所以對於教育的功用在培養，順其自然。荀子是經驗論者，以人性爲惡，所以對於教育的功用在積僞，嚴加干涉。關於學習與教授兩方面，二人雖各有論列，而以荀子所說較爲透闢；尤以關於心理的研究，孟氏遠不逮荀氏。但儒家學說，自此顯分兩派，相並而傳者幾及千年。自唐朝中葉，韓退之以衞道者自任，力張孟子之說：再經宋儒諸子特別的表彰與研究，而孟學遂獨享學術界的尊崇。自宋以後，凡講教育與言性者無一人不以孟子爲依歸，而『性善』二字，萬口一辭，幾成爲宇宙內當然的法則，而孟子由是與孔子並列了。孟子獨尊，荀子差不多被擠出儒家之外，其學術雖較進步，卻被抑於社會幾千年，直到清代考證學家出世，纔有公平的看待。

本章參考書舉要

(1)史記的孔子世家、老莊列傳、孟荀列傳及仲尼弟子列傳
(2)老子道德經
(3)莊子南華經
(4)述學的老子考及墨子序汪中
(5)墨子閒詁孫詒讓
(6)韓非子的顯學篇
(7)孟子七篇
(8)論語、大學、中庸
(9)荀子楊倞注
(10)中國哲學史大綱上卷胡適

第三編　半封建時代前期的教育

第一期　秦漢(221 B. C.——219)

第七章　半封建社會形成之第一幕

一　官僚政治之新紀元　自西周時代農業發展以後，中國社會卽穩定於農業經濟基礎之上；雖土地的分配，田賦的徵收，歷代小有差異，而以農業經濟爲構成社會之基礎，則絲毫不受影響。秦朝立國很短，經濟形態殊無顯然的變化。西漢時代，商業資本似有勃興的趨勢，究竟戰勝不過基礎久已穩固的農業，加以政府施行重農抑商政策，商人受了壓迫，商業益難發展；是以到了東漢初年，農業經濟的勢方更形鞏固。至於政治形態，則與前期截然兩樣。秦代以前，政權握在貴族階級手中，稱做貴族政治。秦代以後，政權握在士大夫階級手中，而以帝王爲元首，稱做官僚政治。故由戰國到秦，實爲政治上之一大變革——由貴族政治變易爲官僚政治。在官僚政治之下，國家大權名義上雖操於帝王一人之手，其實所有政務全分配於士大夫階級。他們在朝趨承帝王的意旨，自圖生存；出外仗着政府的權威，役使民衆；有時帝王幼弱，反

其實自戰國以來，政權早已移到士大夫階級手中矣。

被玩弄，國家大權實際上卽由他們掌握和操縱，他們遂形成後世所說的官僚階級。這種階級卽昔日的失位貴族，知識分子及自由農民脫胎結合而成，以替代封建貴族的地位。在秦始皇時，封建勢力可算完全被他們打倒；西漢初年，雖然偶一回光反照，但不久仍歸消滅，而政權依然落在他們手中。他們旣然以農業經濟爲基礎，農村社會一日不破壞，他們的勢力一日不能消滅，而他們所享受的特權，卽昔日封建貴族所享受的特權。在這種政治與社會形態之下，似封建非封建，我們稱做半封建社會——變形的封建社會，以別於昔日典型的封建社會。這種社會歷漢、唐、宋、明以至於清朝，相繼二千餘年，未嘗改變。不過我們爲敍述便利起見，可分着三個階段：自秦、漢至五代，爲前期的半封建時代；自宋、元至明三朝爲中期的半封建時代；到了滿清，則爲後期的半封建時代。

二　秦皇之反儒政策　自春秋以後，典型的封建社會逐漸破壞，知識分子由此起來攘奪政權，所謂『戰國策士』皆屬於這一階級。六國所以互相攻伐，多由此輩策士簧鼓之力；秦皇所以統一天下，亦多由此輩運籌之功；故秦皇之兼倂六國，卽士大夫階級打倒封建貴族階級之成績。此輩旣爲昔日失位的貴族及知識分子，所以在學派上分有屬於儒家的，有屬於道家的，有屬於法家的，有屬於墨家的，就中以儒家信徒最多。但幫助秦皇兼倂六國統一天下的，功不在儒家而在法家。儒、法兩家的政治主張既然不同，而感情素惡，秦皇功成之後，儒家信徒反來攘奪政權，議論得失，怎樣不遭法家信徒的猜忌，怎樣不令信仰法治效力的始皇厭惡。且儒家代表舊思想，富於保守，與始皇的性情格格不入，所以當他統一成功之後，卽採用李斯的計畫，收盡天下的書籍，除了博士官所掌以外，悉數焚燬，以斷絕知識的來源；且爲着示威和懲一儆百起見，又逮捕了露骨頂名的四百六十多個儒生活埋於咸陽。

後來的人以始皇『焚書坑儒』一舉爲愚民政策，我以爲這是他的反儒政策，只從『有敢偶語詩書者棄市』，及『若欲有學法令以吏爲師』秦始皇本紀兩句話便可看得出來。始皇因厭惡儒生，遂遷怒於其他知識分子，所以除了法家以外無一幸免於迫害的。在這個時候，旣然燒盡天下的書籍，而立國又短促，除戰爭及廣興土木以外，只以一法字糾繩天下，自然沒有教育可言。

三　漢初之雜霸政策　戰國策士不只法家一派，士大夫階級亦不只法家一黨，秦皇過激的舉動，當然引起社會各派的反抗——尤其是儒家的反抗。所以陳涉揭竿一呼，一般儒生如孔鮒、陸賈之徒羣起投入革命軍，借着倒秦的題目爲報復運動。可是劉邦素日最看不起儒生，旣以流氓階級奪取了秦朝的政柄，雖然賴着儒生一部分鼓吹的力量，對於儒家依然沒有什麼好感，且不知有所謂教育，在彼心目中只知有武力而已。當時在朝大臣，如張良、陳平、蕭何、曹參輩感於高帝、高后之猜忌，力求全身免禍，專究黃老之術以自藏，於教育事業也未曾注意。文帝雖比較賢明，亦沒有遠大志願，不過於大亂之餘，志在與民休養生息；到了中年以後，且頗傾向於法術。景帝則以七國的叛變，更覺刑名主義適合於當時的需要，所以刑名法術之學爲晁錯一派的學者所盛倡。他們對於儒術旣不信仰，對於教育尤無提倡的熱心。但黃老之術，在漢初本已流行，及到景帝削平七國以後，官僚階級仍以少事紛更爲倡，而黃老之術於是又盛行了；其運動主角，竇太后就是一個。由這樣看來，漢朝初年，不僅對於教育無意提倡，即所以立國者亦無一定的宗旨，刑名黃老滲雜施行，此我們所以稱做『雜霸政策』。所以自秦皇到漢武帝之初，八十年間，可說是儒家屈伏時期，亦可說是教育停頓時期。

第八章　儒家學術之獨佔與教育

一　儒家學術獨佔之原因

自秦皇到漢武之初，儒家雖屈伏了八十年，而他們的勢力並未減少，其最後勝利還是屬於他們。他們在學術界上所以得到最後勝利的，則有歷史爲之背景。

自秦皇統一中國，開創了官僚政治，漢初雖曾一度動搖，而從景帝以後此種政治完全確定，我於前章已經敍述過了。這種政治即士大夫階級依附帝王的權力所形成的一種政治形態；而士大夫階級即昔日的失位貴族、知識分子及自由農民脫胎結合而成，我於前章也敍述過了。概括一句，這種政治仍建築在農業經濟所構成的社會之上，與封建貴族政治相同。但此輩士大夫階級雖諸子百家各有其徒，究竟以儒家信徒爲最多，因爲他們以把守歷代相傳的典章制度爲職志，差不多爲中國民族傳統的思想之繼承者。官僚政治，儒家黨徒既然佔多數，他們的思想又與民族習慣思想相近，在政府裏面必然能够處於最優越的地位，謀以一黨之學術統制全國，情所必然，亦勢有可能。由秦皇至文、景間，在特殊政治情形之下，雖然屈伏了數十年，而他們的勢力其實依然存在。且儒家素正君臣之分，嚴上下之別，與官僚政治之尊王主義及農業社會之安定傾向無一不兩相適合，那末他們的學術之被獨佔，不僅勢有可能，且爲自然的趨勢而不可避免。

儒家的勢力，自戰國以來，久已瀰漫於社會。在孔子死了之後，他的七十門徒，散遊諸侯，大的當師傅卿相，小的友教士大夫，繼世相傳，只就孔子一派，儒家之徒已是布滿了天下。（註一）秦併六國，其國家政策雖然與他們的主張不同，但當初何嘗敢於公然開罪他們。封禪和他們商議，討論國家大事和他們商議，爲他們位置博士多至七十餘人，種種敷衍手段都是不敢開罪他們的明證。（註二）但他們主觀太甚，野心不小，一事不合，卽造爲誹語，謀取法家之政治地位，秦皇纔有焚書坑儒的謬舉。這種謬舉反是激動了他們的憤怒，羣起爲革命運動，秦朝所以滅亡的迅速，這也是一個大原因。（註三）到了秦、漢之際，孔子的人格被當時社會的崇拜，一天高漲一天，不僅學者儒生拜他爲老師，就是帝王、諸侯、卿相沒有一個不尊仰他的，反觀道、墨諸家何嘗可以望塵而及。（註四）且漢興以來，社會安定，經生鴻儒教授於地方者所在皆是。他們已帶了幾分宗教性質，抱殘守缺，日事宣傳，往往受地方侯國和郡守的尊禮，益增高其地位。由此看來，在社會方面因其勢力雄厚之故，他們的學術已非正式的統制了全國。

且儒家的根本思想，不外『正名定分』四個字；這四個字正可以醫治當時拔劍擊柱漫無紀律的武夫悍卒。叔孫通定朝儀，雖能稍稍箝制一二，但非根本辦法，只有那一種最有勢力的學說纔可以深中於人心。儒家學術既有歷史的背景，又合於時代的需要，他們的勢力又不可遏抑，武帝是最善應付潮流的一個有權元首，恰巧此時有人提議，於是儒家學術統治天下的命令頒布下來了。

（註一）（史記儒林列傳）自孔子卒後，七十子之徒，散游諸侯，大者爲師傅卿相，小者友教士大夫，或隱而不見。故子路居衞，子張居陳，澹臺子羽居楚，子夏居西河，子貢終於齊。如田子方、段干木、吳起、禽滑離之屬，皆受業於子夏之倫，爲王者師。

（註二）（史記秦始皇本紀）二十八年，始皇東行郡縣，上鄒嶧山，立石，與魯諸儒生議刻石頌秦功德，議封禪望祭山川之事。三十四年，始皇置酒咸陽宮，博士七十人前爲壽。……李斯曰：非博士官所職，天下敢有藏詩書百家語者，悉詣守尉雜燒之。

（註三）〔史記儒林列傳〕陳涉起匹夫，驅瓦合謫戍，旬月以王楚。不滿半歲，竟滅亡，其事至微淺。然而搢紳先生之徒，負孔子禮器往委質爲臣者何也？以秦焚其業積怒而發憤於陳王也。

（註四）〔史記孔子世家〕高皇帝過魯，以太牢祠焉。諸侯卿相至，常先謁然後從政。……太史公曰：『孔子布衣，傳十餘世，學者宗之。自天子王侯，中國言六藝者折衷於夫子，可謂至聖矣』！

二　儒術獨佔對於敎育之關係

提議以儒家學術統制天下的，以董仲舒爲首領，附和他的有公孫弘田蚡一般高等官僚。董仲舒對策曰：

『春秋大一統者，天地之常經，古今之通誼也。今師異道，人異論，百家殊方，指意不同；是以上無以持統一，法制數變，下不知所守。臣愚以爲諸不在六藝之科，孔子之術者，勿使並進；邪僻之說息，然後統一可紀，而法度可明，民知所從矣』。〔漢書董仲舒傳〕

董氏這一段對策，打倒歷來一切學派，獨尊儒術，並以孔子爲思想的中心，他不啻思想界的霸王，其獨斷跋扈之態可以想見。接手丞相衞綰『奏所舉賢良，或治申、商、韓非、蘇秦、張儀之言，亂國政，請皆罷』，〔漢武帝本紀〕於是皇帝頒發一道政令——『奏可』，而儒術統制天下成功了。學術界的統一政令頒發以後，不僅『罷黜百家，表彰六經』，且『立五經博士，開弟子員，設科射策，勸以官祿』，〔史記儒林列傳贊〕種種提倡的手段也製定出來了。到元帝時，又指令郡國遍設學官，置五經博士爲教官，且奉周公、孔子爲先師。自此以後，中國學術統於一尊，孔子成爲思想界的中心人物，儒家經典成爲民族的必然讀物，歷代國家教育莫不規定以儒家學說爲範圍，相習日久，社會也視爲固然，其他各派咸目爲異道。其後有時雖因政局的關係，儒家勢力在政治上偶一衰微，但在社會方面總不失爲重心，且衰微不久而卽恢復。自此以後，差不多中國教育及其思想與儒家學術相終始，且兩相結合而不可分離，直到近代西方文明東漸以後，——這也算中國教育史上之一特點。

三　儒術統制全國後之文化事業　儒家獨佔運動旣告成功，於是着手於文化事業此種工作分爲『整理古籍』及『釐訂文字』兩項。

（甲）整理古籍　此處所謂古籍卽他們認爲歷代相傳的聖經賢傳——儒家經典，另有其他各家學說。這一類的古籍，經過兩次火刧，一次禁令，到此時早已殘缺不全。好在從秦皇焚書到漢武初年，相隔年代尙淺，至多不過七十餘年。此七十年間，民間私藏的圖書尙多，耆年宿儒猶多存在，倘若以政府的力量向四方搜求，一定能有相當的結果；於是他們對於古籍的整理，分做四個步驟。（1）搜集　搜集圖書的方法有兩種：一種由政府以公文徵求，使地方所有私藏的圖書均可獻來，政府酌加賞賜；一種由政府派搜求大員分往各地方探買。（註一）此種命分旣下，於是典籍源源而出，家有藏書的以書獻，腹有藏書的以口獻，不到百年，政府所得書籍之多有如山積。（註二）（2）繕寫　所搜書籍雖多，而卷帙尙少，且旣經缺殘，同一部書必有脫落，要廣流傳，不得不用謄寫；此政府一方面廣爲搜求，又一方面乃設官繕寫。再者，從前以竹簡當書，以刀尖當筆，故古人讀書非常困難。現在文化的技術進步了，毛筆和紙逐漸發明，字體已由繁變簡，故書寫時亦比較容易，而於教育之推廣，尤有很大的幫助。（註三）（3）皮藏　舊書旣已搜集，殘缺脫落的又加補繕，要垂永久，免於散亡，於是藏書的工作又發生了——自武帝時卽有『建藏書之策』。見藝文志　據史書所載，西漢儲藏圖書分內外二府；外府有石渠、石室、延閣及廣內等閣，內府有蘭臺、麒麟及天祿等閣。王莽末年，遭了一次焚燒。光武中興，漸漸規復舊觀，故東京所藏亦復不少——後漢時代，除了上列諸圖書館外，東京更有東觀仁壽等閣儲藏新書。（註四）漢朝對於圖書之庋藏特別注意，學者講學，天子問經，多半在此館閣內。其實中國古代注意圖書的庋藏，不僅始於漢代，即周朝也曾特設史官專管圖書又兼代代世襲，所以史官的學問思想皆較旁人淵博。漢朝中央官職雖非世襲，但司馬談之後有司馬遷，劉向之後有劉歆，似乎史官是一個特殊官職——掌管文化的鎖鑰，非世襲恐難勝任的。（4）校對　既從斷簡殘編中搜集成巨書，裝訂時自然免不了錯落的毛病，且各種書籍，次第發現，往往同一書名，而內容相差甚鉅，文體亦不一致。究竟孰眞孰僞，於是校對的工夫因需要而產生。西漢成帝時，派劉向校對經傳諸子詩賦，任宏校對兵書，尹咸校對數術，李柱國校對方技，而以劉向總其成。劉向死後，又派他的兒子劉歆繼承父業。（見漢書藝文志）東漢安帝永初時，派『謁者劉珍及五經博士校定東觀五經，諸子傳記，百家藝術，整齊脫落，是正文字』。（見安帝本紀）順帝永和時，又派伏無忌與議郎黃景校定中書五經諸子百家藝術。（見伏無忌傳）大儒揚雄在王莽時亦曾校書天祿閣，后蒼亦曾校書曲臺。以上校對的人員已屬不少，在前後兩漢，差不多時時有不斷的校書工作。到後漢末年，更有一次大規模的校讎，總其成的爲蔡邕。他與馬日磾等商議，把校正的經傳，一一刻在石碑之上，樹立於太學門外，令天下或後來的人皆有所取正。（註五）漢代整理古籍分着四步，而以校讎的工作最大。

（註一）（漢書藝文志）漢興，大收篇籍，廣開獻書之路。迄孝武時，書缺簡脫，……於是建藏書之策，置寫書之官，下及諸子傳說，皆充祕府。至成帝時，以書頗亡，使謁者陳農求遺書於天下。

〔漢書河間獻王傳〕王修學好古，實事求是，從民間得善書，必爲好寫與之，留其眞，加金帛賜以招之。由是四方道術之人不遠千里，或有先祖遺書多奉以奏獻王者。故得書獨多，與漢朝等。

〔註二〕〔文選注〕孝武敕丞相公孫宏廣開獻書之路，百年之間書積如山。

〔註三〕〔漢書藝文志〕李斯作倉頡篇，趙高作爰歷篇，胡毋敬作博學篇，皆取史籀、大篆而省約之者，故曰小篆。

按秦朝通行文字有兩種：一爲李斯等所作之小篆，一爲程邈所作之隸書，皆較從前省略易寫，到了漢時，隸書更通行。又秦時有蒙恬以兔毫製筆，漢時有蔡倫以樹皮造紙，二者皆於教育工具上有甚大貢獻。

〔註四〕據〔漢書藝文志〕所載，西漢所藏圖書頗爲宏富：（一）凡六藝一百三家，三千一百二十三部；（二）凡諸子百八十九家，四千三百二十四篇；（三）凡詩賦百六家，千三百一十八篇；（四）凡兵書五十三家，七十九篇，圖四十三卷；（五）凡數術百九十家，二千五百二十八卷；（六）凡方技三十六家，八百六十八卷。合計藏書凡分七類，三十八種，五百九十六家，一萬三千二百六十九卷。據〔後漢書儒林傳〕，當光武遷都洛陽時，載運經牒祕書已二千餘輛。自此以後，逐年增加，遂參倍於前。又據〔隋書經籍志〕王莽之末，又被焚燬。光武中興，篤好文雅。明章繼軌，尤重儒術。四方鴻生鉅儒負裘自遠而至者，不可勝算。石室蘭台，彌以充積。又於東觀及仁壽閣集新書，校書郎班固、傅毅典掌焉。並依七略而爲書部，固又編之以爲漢書藝文志。

〔通典〕漢時圖籍所在，有石渠、石室、延閣、廣內，貯之於外府。又御史中丞居殿中，掌蘭台祕書及麒麟、天祿二閣，藏之於內禁。後漢圖書在東觀。

〔宋百官志〕漢西京圖籍所藏，有天祿、石渠、蘭臺、石室、延閣、廣內之府，是也。東京圖書在東觀。又云：東京圖書在東觀，故使名儒碩學著作東觀，撰述國史。

〔註五〕〔後漢書蔡邕傳〕建寧中，校書東觀，遷議郎。邕以經籍去聖久遠，文字多謬，俗儒穿鑿，疑誤後學。熹平四年，與五官中郎將堂谿典、光祿大夫楊賜、諫議大夫馬日磾、議郎張子儁、韓說、太史令單颺等奏求正定六經文字，許之。邕乃自書丹於碑，使工鐫刻石，立於太學門外，後儒晚學咸取正焉。碑始立，觀視摹寫者，車乘日千餘兩，塡塞街陌。

（乙）釐定文字　在秦代以前，不僅言語各國不同，即文字也不一樣。秦皇吞併六國以後，感於文字不統一的困難，乃用威力強使天下通行秦國的文字，其他各國文字，倘與秦文同的自無問題，倘不與秦文同，則一律廢止。自此以後，中國全境所通行的文字於是統一。但此處所謂文字統一，不過法定上的統一，而所統一的也非一種。據史書上說，秦時最通行的文字有兩種：（1）小篆，由李斯、趙高諸人根據史籀大篆，把原有的筆畫約省而成的；（2）隸書，由程邈根據篆書再省約而成的。書寫時，小篆省於大篆，隸書又省於小篆，隸書就是後世楷書的雛形。

秦時法定文字雖然統一，但從前列國通行的各體文字並未完全銷滅，牠們尚流行於民間，頗具勢力。我們把牠們合計起來，共有八體。漢代的儒者，第一步獨佔運動既告成功，第二步着手於古籍的整理，而整理古籍的先決問題，自然是文字的整理了。既以整理文字爲整理古籍的先決問題，則各樣文體的認識，及文字的解釋和應用，在當時成了重要工作，必需的工作。政府拿這種工作爲錄取人材的法門，所以考試人材時以識字的多寡定去留的標準，官吏上書時以寫字的好壞定功罪的標準。學者也拿這些東西爲研究的資料，當時如杜林、司馬相如諸人，或正字體，或正讀音，於是關於文字的著述逐日加多。文字整理，風行一時，彼此互相研討既久，最後必有相當的結果，而許慎的說文解字一書就是由此產生。這一部書成於東漢末年，把音、形、義三類統加解釋，不僅整理古籍者在所必讀，而後世研究小學的人們也奉牠爲祖師。

第九章　兩漢學風

一　致力考據　漢儒講學，只在經典的考據與經文的解釋，所以後人稱他們爲考據學家。中國古籍原爲竹簡木版，自遭秦、楚兩阨之後，盡被殘毀脫落。漢儒以儒術統制天下之後，第一步卽從事於古籍的整理，第二步則從事於經文的訓詁。考據是整理古籍的全部工作，卽兼校讎和訓詁的所有工作，兩漢四百年，所有鴻生鉅儒莫不注一生精力於這種工作上面。他們對於古籍，一方面翻繹，一方面考據，苦力搜求，不厭瑣碎，於是『枝葉繁衍，一經說至百餘萬言』，（見漢書儒林傳贊）就是尙書開首之『粤稽古帝堯』五個大字，也曾引證到十餘萬言，可以想見其工夫之繁瑣了。這種研究的方法，在壞一方面，支離破碎，專在斷簡殘篇裏頭討生活，缺乏開展思想的機會。在好一方面，實事求是，精密搜討，確含有幾分科學的精神。這種精神，對於古籍之整理貢獻於後來的讀者，功實不小；而殘缺破碎的古籍，設不經兩漢學者這樣整理的工夫，我們對於中國古代文化考見更難。但他們勿論費盡若干精力，考據若何鑿實，於個人的修養及行爲的指示毫無關係，不過養成一般書生而已。

二　遵守家法　『師法』與『家法』是漢儒講學慣用的名詞。這兩個名詞是怎樣解釋？原來他們講學分今古文兩派，各大派中每一經藝又分做數家。講學既有家了，每一家學各有弟子相傳相守，歷年久遠也不紊亂，此卽所謂家法。一家之中，師徒相傳，愈演愈廣，而各門弟子所直接領受於老師的，又略有出入，他們亦謹守而不失，此卽所謂師法。師法的差異較小於家法，其關係亦較家法略輕，所以同一家的信徒在師法之上雖小有出入，但對於家法則必嚴謹遵守，竭力擁護。遵守家法的學者，被當時視爲有淵源的正學；紊亂家法的學者，則目爲背叛家法的異徒。在家法森嚴的時候，不僅對於學宗所講經義要絕對服從，甚至尋章摘句，不知貫通。從事於章句者謂之章句之學，所以章句之學也成了他們的重要名詞。學者以這種學問名家，國家以這種學問取士，於是『修家法』和『依章句』成爲漢儒講學的時髦風氣。這種風氣的養成，也是由於古籍殘毀脫落的原因。因爲古籍經過殘毀之後，整理煞費苦心，所以他們對於已經整理好的古籍及有整理古籍能力的宿儒，視爲珍寶，抱守而不失，久之遂養成這一種時代的風氣。這種風氣的嚴重，我們遍查前後漢書儒林傳及各大儒本傳，都可看得出來。（註一）這種講學風氣，只有模倣，沒有創造，儒家之徒儘管橫行於兩漢四百年，但對於儒家底學術思想竟沒有許多的開發，恐怕就是這個原因。但是社會一切權威都有牠們的時效性，家法與章句之學到了東漢後半期，業已漸漸維護不住了，思想較敏者已有起來作反抗的運動了。發難的人當然是一般青年學生——當時所謂博士弟子。這種反動，多少帶幾分革命的意味，而當時頑固黨看着世風不古，有感於懷，往往藉着國家的權力施行干涉，自不在話下。（註二）但是破碇已露，干涉不過一時，而六朝虛無淸談之風，距此時不到百年，這就是聖經與帝王兩種權力壓迫所生的反動結果。

（註一）（漢書儒林傳）（1）孟喜受易博士缺，衆人薦喜，上聞喜改師法，遂不用。（2）秦恭善修章句，增師法百萬言。（3）唐長賓、褚少孫事王式，問經數篇，式曰『聞之於師具是矣，自潤色之』。不肯復授。唐生、褚生應博士弟子選，詣博士，摳衣登堂，頌禮甚嚴，試誦說有法，疑者丘蓋不言。（4）梁丘臨學精熟，專行京房法。

〔各本傳〕匡衡對詩諸大義，說有師道可觀覽。（2）張禹對易論語大義，經學精習，有師法。（3）魏相明易經有師法。

〔後漢書章帝紀〕建初八年，詔曰：『五經剖判，去聖彌遠，章句遺辭，乖疑難正，恐先師道言將遂廢絕，非所以重稽古求道眞也』。

〔左雄傳〕辛卯，初令郡國舉孝廉，限年四十以上，諸生通章句，文吏能牋奏，乃得應選。〔鄭玄傳論〕漢興，諸儒必修藝文，東京學者亦各名家。經有數家，家有數說，章句多者或百餘萬言，學者徒勞而功少，後生疑而莫正。

〔後漢書儒林傳序〕光武立五經博士，各以家法教授，凡十四博士。

〔詩正義〕漢承滅學之後，典籍出於人間，各專門命氏，以顯其家之學，故爲傳訓者，皆言『某家』，不言名。

〔註二〕〔後漢書儒林傳〕自是遊學增盛，至三萬餘生。然章句漸疏，而多以浮華相尙，儒者之舊蓋衰矣。〔徐防傳〕伏見太學試博士弟子，皆以意說，不修家法，私相容隱，開生姦路。每有策試，輒興諍訟，論議紛錯，互相是非。不依章句，妄生穿鑿，以遵師爲非義，意說爲得理，輕侮道術，寖以成俗，誠非詔獻本意。臣以爲博士及甲乙策試，宜從其家法章句，開五十難以試之。解釋多者爲上第，引文明者爲高說，若不依先師義，有相伐，皆正以爲非。……詔書下公卿皆從防言。

三　公開論辨

兩漢藏書的地方很多，而石渠閣與白虎觀兩處尤值得我們特別注意。漢代以儒家之學統一了天下，不僅朝野士大夫戴着儒冠，披着儒衣，就是歷代帝王莫不嗜好經術，固然也有幾個例外。他們君臣之間對於儒術不僅嗜好，而且嘗爲公開的辨論，毫不客氣，石渠閣就是西漢君臣辨論五經的一個會場，白虎觀是東漢君臣辨論五經的一個會場。這種經術辨論會，西漢發起於武帝時，東漢發起於光武時。在武帝時，不過爲公羊與穀梁之爭，爭點尙屬簡單，到甘露時，宣帝乃借石渠閣的地方作大規模的公開討論，所有五經異同均列入議事日程。當時出席的名儒有蕭望之、韋元成、梁丘臨、施讎諸人，其辨論結果，除公羊春秋已於武帝時先立學官外，至此則凡梁丘易、大小夏侯尚書、穀梁春秋諸家均得建立學官，設置博士。自此以後，石渠閣遂成爲討論五經固定的地方。每一時代均有辨論，而名儒如劉向、戴德、戴聖等莫不受命參加。（見各本傳）在光武時，當初不過爲左氏春秋設置博士與否之爭。到了建初章帝乃倣照甘露、石渠的故事，闢白虎觀爲會場公開討論，所有五經異同亦均列入議事日程。當時出席的有丁鴻、樓望、成封、桓郁、班固諸名儒。其後也是以此地爲固定的公開辨論會場。漢人講經，在『專已守殘』的偏見上，固然最易引起我們的厭惡。但在他們公開辨論的時候，只有是非，不問君臣，只認眞理，不避權勢的這一種精神，眞正是儒者底精神的表現，並且含有科學家精神在裏面，值得我們欽佩。

四 講學與黨禍

漢儒對於經術，因爲專己守殘，所以對於持身，他們也能守正不阿；對於經術，因爲最喜辨論，所以對於國事，他們也敢危言聳論，不避權貴。這種行動，積養既久，成爲習慣，甚至於『殺身成仁，舍生取義』，他們也不害怕。我們若以美的名詞來贊揚他們，在個人方面，謂之『氣節高尚』；在社會方面，謂之『世風優美』。明末遺老顧亭林是最負氣節的一個人，他與東漢一般士君子頗合脾胃，所以他說『三代以下，風俗之美，無尚於東京者』。（見日知錄世風）此種風俗，雖由於在學學生與社會上的名流學者互相倡導的一種風氣養成，但更有外因存在。蓋因當時政治腐敗，奸邪當權，這一般正人君子在政府裏頭站立不住，爲熱血所鼓動，又不甘於緘默，所以他們一面講學論文，一面攻短道長。他們種種論調，無非對於現政府施行猛烈的攻擊，於是他們愈不容於朝，而他們的氣勢愈激昂，衝突既久，必有鬭爭，於是演成東漢黨錮之禍。黨禍起源於講學，結果講學之士被摧殘，太學亦遭破壞：但他們敢作敢爲的精神，主持正義，不避權勢，也留下後人不少的紀念。

第十章　兩漢教育制度及其實施

第一節　概論

嚴格說來，自漢代以前，中國實沒有可靠的教育制度。在上古時代，學者雖有傳說，我們認爲是臆造的。在周朝時代，史書雖有記載，我們認爲是傅會的。漢代的教育制度雖比較可靠，但有系統的規定還在中葉以後。當武帝時，所興學校只是草創，尙無系統可言。迨至平帝元始三年，始製定中央與地方的學制系統，——元始三年，卽西曆紀元後三年，上距開國之初已二百多年了。當時分學校爲五級：在中央只有太學一級；在地方分學、校、庠、序、四級；——由郡國縣邑舉辦的稱學和校，由鄉聚舉辦的稱庠和序。太學屬於大學性質，學、校屬於中學性質，庠、序似屬於小學性質，其實這種等級並不十分顯明，且沒有中小學正式的名稱。學、校、庠、序四級，沒有連屬的關係，對於中央之太學也不相統屬，不過由學與校出身的學生纔有升入中央太學求學的資格。以上所說，全爲直系的學校，此外還有兩種旁系的：一曰宮邸學，是政府專門爲皇室及貴胄子弟創辦的；二曰鴻都門學，是由帝王一二人的意旨臨時舉辦的。

漢代國家教育雖較前代發達，而私人講學的風氣尤極一時之盛，兒童和青年教育多半附託在私塾裏頭。私塾似乎也有兩級，而低級特稱『書館』。（註一）私塾的勢力有時凌駕官立學校之上，而地方政府設立的學校，時興時廢若有若無，反不足輕重了。

關於教育行政機關，也不完備，在中央的教育長官稱太常，卻不是專管教育的；地方更無專官，所有學校大概由各級地方行政長官兼轄。我們把此時期的教育系統用圖表示如下：

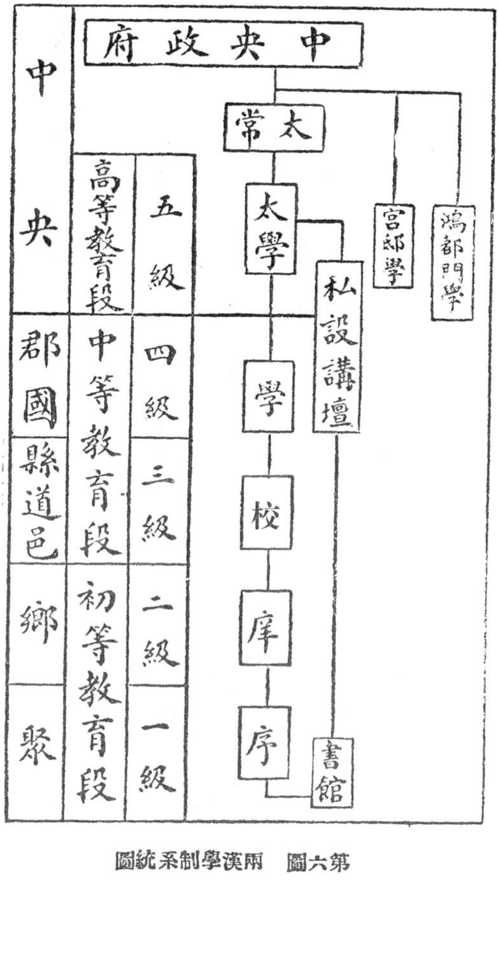

		中央政府
中央	五級 高等教育段	太常——太學；宮邸學；鴻都門學；私設講壇
郡國	四級 中等教育段	學
縣道邑	三級 中等教育段	校
鄉	二級 初等教育段	庠
聚	一級 初等教育段	序；書館

第六圖　兩漢學制系統圖

漢代既以儒術統制天下，與起學校，其教育宗旨當然可以統一，——此時國家教育宗旨卽儒家的教育主張。儒家本屬於士大夫階級，以政治為活動的本位。他們的政治主張不外『正名定分』，與漢代帝王的自私自尊心理很相吻合，因此結合而造成兩漢的官僚政治。所以他們的教育宗旨卽在『尊王明倫』，其目的則在造成治術人材，這一般治術人材卽善能尊王明倫的士大夫階級之繼承者。宗旨既定，教材亦隨之而定。當時所用的教材，不外儒家的經典——六經及孔子底言論，（註一）雖然他們的經典有古今的派別，而公私學校奉此類為神聖的教科書則毫無庸疑，不過今文家奉今文經典古文家奉古文經典就是了。若以教育階段區分，蒙童教育只授小學諸書，公立小學授以孝經論語中等學校專讀一經，到了大學則六經全授。

（註一）（後漢書朱浮傳）朱浮上書曰，夫太學，禮義之宮，教化所興，博士之官爲天下宗師，使孔聖之言傳而不絕。
（後漢五帝本紀贊）孝武初立，卓然罷黜百家，表彰六經。
（後漢書儒林傳序）光武立五經博士，各以其家法教授，凡十四博士。

第二節 太學

一 太學之起源 漢代太學，在武帝時，始由董仲舒提議創設。當初只有博士弟子五十人，昭帝時增加一倍，宣帝時增加二倍至元帝時纔增到一千人，成帝時再增加三倍——已到三千人了。東漢初年，學額無從考查，但以光武熱心提倡，學者雲集京師，諸生橫巷，比較西漢發達可以斷言。至於學生最盛時代，當以質、桓二帝之際爲第一，——當時學生已達三萬餘人。

西漢建都長安，太學亦設立在長安。校址在城外西北，相距約七里。她的房舍多少殊不可考，但據三輔皇圖上說，內中並有市和獄，市猶現今販賣部，獄猶現今裁判所，可想見其規模當亦不小。（註一）王莽是一個復古大家，對於明堂辟雝太學一類的古制度尤喜誇張；所以到他秉政的時候，把太學特別擴充，增加數十倍。（註二）東漢建都洛陽，太學卽遷設在洛陽。校址在南門外，距宮約有八里。在光武初年，卽設有內外講堂，長十丈，寬三丈，門前並有石經四部。（註三）日久頹廢，黌舍變爲園蔬。到順帝時，用翟酺的建議，纔加修一次，把房舍更爲開拓，此時所構造，共有二百四十房，一千八百五十室，其規模比較前代自然大多了。（註四）

（註一）（三輔皇圖）漢太學在長安西北七里，有市有獄。

（註二）（漢書王莽列傳）莽奏起明堂辟雝靈台，爲學者築舍萬區。

（註三）（陸機洛陽記）太學在洛陽城南開陽門外，去宮八里，講堂長十丈，廣三丈，堂前石經四部。（漢書翟輔傳）光武初興，愍其荒廢，起太學博士舍內外講堂，諸生橫卷，爲內外所集。

（註四）（儒林傳）自安帝覽政，薄於藝文，博士倚席不講，生徒相視怠荒，學舍頹敝。順帝感翟酺之言，更修學舍，凡所造構二百四十房，千八百五十室。

二　教授與學生

兩漢大學教授通稱『博士』，取其博學多能的意思。博士本是秦朝的一個官名，他們的職務是主管經史百家。充任這個職務的人們，對於經史百家須當徹底通曉，然後可以備皇帝的顧問及學者的就正，所以稱做博士。（註一）漢朝的官制多半模倣秦朝，而太常博士等官也相因未改。當時太學裏頭的教材不外『孔子之術，六藝之文』，而對於這一類的學術最有研究的自然要算博士了：所以他們的教師，與其從傍採訪，莫如以當時典掌經史百家的博士就近兼充。博士既以政府官吏的資格兼充太學的教授，他們的學識與責任較前更大，不僅以熟習經史百家爲能事，此外還要『明於古今，溫故知新，通達國體』，方配充當。（註二）博士舉用之法，西漢只用薦舉，東漢還須經過一番考試，故當時所有博士，皆一世經師碩儒，他們在社會上能佔極尊崇的地位，而學者對於他們的崇拜和服從，也如子弟之於

太常秦本稱奉常，此不過易一字之名耳，其職務仍舊。

父兄。（註三）

太學教授既以博士充當，故受教的學生稱做『博士弟子』，或簡稱『弟子』。（註四）東漢時，常稱『諸生』，或稱『太學生』。（註五）他們入學的資格和年齡，均沒有特別規定，我們不敢強爲臆斷。不過根據史記及漢書儒林傳的記載，西漢太學生入學的資格似乎分爲兩種：一由太常於京師地方直接挑選，凡年在十八歲以上，儀狀端正的學生，均有被選入學的資格；一由郡國縣邑於各該轄地選送，他們被選的資格要『好文學，敬長上，肅政教，順鄉里，出入不悖所聞者』。東漢入學的資格更無可考，但入學的學生，西漢平民子弟較多，東漢貴族子弟較多。（註六）

漢朝的大學好像現代研究院制似的，修學無一定的期限。西漢武帝雖定一年一考，及格予以官職，與現今畢業試驗彷彿相同，但有了官職還可以留在大學繼續研究，并非修滿一年考試及格以後，卽令他們與學校脫離關係。東漢兩年一考，及了格委派以某種官職，不及格仍舊留校。過了二年再考，及了格委派以某種官職，不能及格又留校。從前得了官職的畢業生，滿二年後另有試驗，試驗及格更委以較大的官職；故他們雖然一方做官，一方仍當學生。（註七）但有因天資過劣，或根底較淺，而屢試不中，以致屢次留校的人亦復不少，故太學裏頭往往有『結童入學，白首空歸』的失敗老學生，（註八）我們若是閉着眼睛一想像：當時在校學生年齡眞不整齊！六十多歲的白髮老頭子，穿着布衣，且與十三四歲的黃口小兒同學爲伍，其狀固然可憐，而其意味亦殊有趣！（註九）

> 漢朝有童子科，以待天才之士，十三四歲被選後，卽可入大學讀書，詳見下節選舉。

（註一）〔漢書百官公卿表〕博士秦官，掌通古今。

（註二）〔漢書哀帝本紀〕陽朔二年詔曰：『儒林之官，四海淵源，宜皆明於古今，溫故知新，通達國體，故謂之博士。否則學無述焉，爲下所輕，非所以遵道德也』。〔後漢書百官志〕博士祭酒，掌教國子，國有疑，掌承問對。

（註三）〔文獻通攷太學〕按西京博士，但以名流爲之，無選試之法。中興以來，始試而後用，蓋欲其爲人之師範，則不容不先試其能否也。

（註四）〔漢書帝紀〕元朔五年，置博士弟子員。又昭帝舉賢良，太學增博士弟子員滿百人。哀帝時，置博士弟子，父母死，予寧三年。〔後漢帝紀〕世祖建武五年十月，常起太學，車駕幸太學，賜博士弟子各有差。和帝永元十二年，賜博士弟子員在太學者布人三匹。

（註五）〔後漢書桓榮傳〕光武詔諸生雅吹擊磬，盡日乃罷。〔靈帝紀〕熹平五年，試太學生年六十以上百餘人，除郎中太子舍人。〔文獻通攷太學〕時甘陵有南北部黨人之譏，汝南南陽又有畫諾坐嘯之謠，因此流言，轉入太學，諸生三萬餘人，郭林宗爲之冠。

（註六）〔文獻通攷〕西漢鄉里學校，人不入於太學，而補弟子員者自一項人，公卿子弟不養於太學，而任子盡隸光祿勳。〔後漢書左雄傳〕奏召海內名儒爲博士，使公卿子弟爲諸生。〔儒林傳〕本初元年，梁太后詔曰：『大將軍下至六百石，悉遣子就學』。

（註七）〔後漢書帝紀〕永壽二年，詔復課試諸生，補郎舍人。其後復制，學生滿二歲試，通二經者，亦得爲文學掌故。其不能通二經者，須後試，復隨輩試之，通二經者亦得爲文學掌故。其已爲文學掌故者滿二歲試，能通三經者，擢其高第爲太子舍人。其不得第者後試，復隨輩試，第復高者亦爲太子舍人。已爲太子舍人滿二歲試，能通五經者，推其高第爲郎中。其不得第者後試，復隨輩試，第復高者亦得爲郎中。滿二歲試，能通五經者，推其高第補吏，隨才而用其人。其不得第者後試，復隨輩試，第復高者亦復補吏。

（註八）〔後漢書獻帝紀〕詔曰：今耆儒年踰六十，去離本土，營求糧資，不得事業。結童入學，白首空歸，長安農野，永絕榮望，朕甚愍焉！其依科罷者聽爲太子舍人。

（註九）〔後漢書靈帝紀〕熹平四年，試太學生年六十以上百餘人。〔文獻通攷太學注〕時長安爲之諺曰：『頭白皎然，食不充糧，裹衣褰裳，當還故鄉。聖主愍念，悉用補郎舍。是布衣被服元裳』。

三　歲課與射策

考試是中國最古的方法，也是中國選拔人材最良的方法，兩漢太學裏頭也是注意考試。在西漢是一年一試驗，（註一）在東漢大概是兩年一試驗。解見前 隨年級的大小，定所試的種類。以所試的種類不同和所答的淺深不同，卽位置他們以相當的官職。

射策也是考試的一種，不過含有學術競賽的性質。這個方法創始於武帝。由主試者設爲問題若干，按照難易的性質分爲甲乙兩等。把這些難題寫在紙帛上面，密封封緊，不使宣泄。聽憑被試者隨意取出一種或兩種解答，以他們所答的試卷而評判他們的優劣。應射的人不限於一定資格，勿論在太學裏頭將畢業或未畢業或久已畢業的學生，皆有應射的權利。射中了，同樣的給以官祿。但每射一次，取錄皆有定額。此等定額又隨各時代之需要而有多寡不等。

四　視學　太學是最高的學府，天子也非常重視，在一定的時期必親往太學省視一回，考查他們內部情形怎樣。但西漢諸帝尙不十分講求省視之勤的要算東漢了，例如光武、安帝、靈帝、獻帝等都是常常往太學省視的。當他們視學時，或召集太學的教授，講論經義，或考查學生的程度。迨主要事情完畢以後，卽與太學師生開會聚樂，唱歌作樂，備極歡洽，並且對於辦事勤勞或成績優良的人頒給獎賞。

漢朝太學很帶有幾分社會化，每當天子視學時，必公開講演，社會人士環橋觀聽的常及億萬人，比較現在大學我覺尤爲公開。三輔皇圖謂『有市有獄』，或者校內還有販賣部和法庭亦未可知。王莽爲學者築舍萬區，光武起太學博士舍，諸生橫巷，不僅學生在校寄宿，而教授亦備有寄宿舍。由這一方面看來，當時太學儼然一個小規模的社會。

五　太學生在社會上之地位　太學裏頭所產生的人才眞不少！西漢如息夫躬、蕭望之、匡衡、何武，東漢如王充、鄭玄、郭林宗、賈偉節諸人，他們都是由太學出身的，或以學術知名，或以居官顯揚。其餘有名當時流傳後世的更多不勝數，這裏面何以能夠產生這樣多的人才來？因爲太學在當時是最高的學府，所聘請的教授盡是一代鴻生鉅儒，所選錄的學生盡是社會優秀分子，聚全國精華於一處，積數百年培植，自然得着這種燦爛的結果。有此燦爛的結果，自然能佔崇高的地位，於是太學自身亦以知識界的領袖自雄，而太學學生亦以國家的棟梁自許。在社會方面，對於他們常常表示愛惜和欽佩的態度；在政府方面，對於他們常常表示嚴重的注意。他們對於政府也敢於批評，對於百官也敢於攻擊；於是他們的勢力不僅侵入到社會裏面，並且侵入到政府裏面。這種勢力到東漢末年非常強盛。在這個時候，差不多隱隱中能夠操進退百官的大權，他們所處的地位與潛蓄的勢力也足以驚人了！

（註一）（文獻通考太學按）時甘陵有南北部黨人之譏，汝南南陽又有畫諾坐嘯之謠，因此流言轉入太學。諸生三萬餘人，郭林宗、賈偉節爲之冠，並與李膺、陳蕃、王暢更相褒重。學中語曰：『天下楷模李元禮，不畏強禦陳仲舉，天下俊秀王叔茂』……並危言深論，不隱豪強，自公卿以下，莫不畏其貶議，屣履到門。東坡蘇氏南安軍之學記曰：『學莫盛於東漢，士數萬人，噓枯吹生，自三公九卿皆折節下之，三府辟召，常出其口，其取士議政，可謂近古』。

第三節　鴻都門學與宮邸學

中央除了太學以外，在東漢還有兩所特殊學校——一曰宮邸學，一曰鴻都門學。但此地所謂特殊，不過就着行政系統上說，非正統的，是旁支的；並非像現今盲啞學校或感化院等特殊的性質。我們且將這兩種特殊學校分述於下：

一　鴻都門學　此校創立於東漢末年，因校址在鴻都門，所以稱做鴻都門學。追溯此校創立的原因，到也新奇。因爲靈帝是一個好學的皇帝，並且嗜好尺牘及字畫。當時太學爲儒家子弟充滿，滿門經氣，不足以滿足他的個性的要求。他因此在鴻都門另開了一所學校，專習尺牘及字畫一類藝術科。所有學生則從州郡三公選派。新門獨闢，世俗必以少見爲怪，當時士大夫很不以爲然，羣起反對；且羞與這一班畢業生爲伍。但靈帝爲貫澈他的主張和滿足他的嗜好起見，不僅對於反對者置之不理，并且拿高官厚祿來鼓勵這一般學生；於是這一班藝術專修科畢業生遭逢時會，出則爲刺史太守，入則爲尙書侍中，甚至於得着封侯拜爵等榮耀。（見後漢書靈帝本紀及蔡邕陽球傳）

二　宮邸學　宮邸學校也可以說是貴冑學校。此校創始於東漢明帝，歷安帝、質帝屢有加修，所經歷的時間較鴻都門爲長，其成效也較前者爲大。東漢有外戚樊氏、郭氏、陰氏、馬氏四大族，——當時所謂『四姓小侯』者——他們子弟卻也不少。但這些子弟全是食祿之家，倘逸居而無教，必近於禽獸，明帝於是給他們特開學校一所，聘請五經教師專門教育他們。爲四姓小侯子弟讀書特開的學校，自然帶着很重的貴族色彩，所以設備之完全，及教授者之人選，有時超出尋常大學。到後來，門戶開放，凡是貴族子弟，不論姓氏，不論文武，皆有入此校肄業的機會。聲名既彰，流傳到國外，引起外人的羡慕，到後來，國外如匈奴等國也派遣生徒來漢留學。外人來中國留學，從漢朝開始，唐朝最盛，北宋以後則漸漸減少，至清時則沒有了。文明的古國，子孫太不爭氣！於今文化倒退，事事必得模倣外人．留學外國，試思先代教育之發達，文化之進步，外人紛紛前來留學，能不愧死！在貴族方面，尙不僅這一個學校，到安帝時，鄧太后又爲和帝弟濟北河間王的子弟年在五歲以上四十餘人及鄧氏近親子孫三十餘人，另闢書館，教學經書，並且親自監視，如同學監似的。見漢書鄧太后本紀勿論她們所教是否適宜，但從此觀察，東漢較西漢人更注意教育，可以想見自從光武『投戈講藝，息馬論道』以來，風氣一開，不僅歷代帝王，就是皇后也是熱心如此，則知東漢學校的發達和士氣的旺盛是有由來的。

第四節　郡國學校

一　地方行政的區劃　兩漢時代是封建與流官並行的，在封建曰國，在流官曰郡。一國的長官稱王或稱侯，一郡的長官稱守。郡國以下，各屬若干縣邑，縣邑大的長官稱令，小的稱長。當時是郡與國相間並立，如同犬牙相錯。在若干郡國之上還有一刺史統治他們，刺史所轄的區劃曰州。我們若是以職位上說，地方長官最大的為州刺史；其實兩漢均以郡國為單位，而州刺史不過由中央委派的一種監視或巡察性質的臨時大員。但到東漢末年，王綱不振，地方盜匪蠭起，假州牧以征討之大權，而州牧權位遂大了。我們要考漢代地方教育，應以郡國為單位。

二　郡國學校之起源　郡國設立學校，始於蜀郡文翁。蜀郡即現今四川省，在漢初還是蠻夷之俗，草昧未開。文翁是一個儒者，當他往蜀郡做太守時，景帝時即想借中原的文化把此地開闢出來；於是派遣郡縣小吏開通有才能如張叔等十多人，往京師大學留學，或學經傳，或習律令。當這十多個學生啓程的時候，他還買些蜀中特產給他們帶贈太學博士，作為敬儀。蜀中當時並不富裕，這些禮物還是由他減省郡庫用度積下來的，這種提倡地方教育的苦心，不得不令我們欽佩！果然有志竟成，數年之後，十多個學生學成歸國，文翁即委派他們各種優差，以示鼓勵。

凡文翁赴各縣巡視時，必率領高材生同行，藉受經驗，與修學旅行性質相同，而社會人士看見了莫不引爲光榮，嚮慕的情感自然一天增盛一天。文翁於是在他的治所建起學官，招收下縣子弟入學受業，並免除他們的差役，畢業優等的卽予官職。數年之後，地方學子負笈來學的爭先恐後，資本家解囊捐助，要求允許他們的子弟入學；於是蜀郡教化大啓，稱天下模範郡。此事傳到朝廷，武帝極力嘉獎他的成績，乃下一道詔書，令天下郡國倣照文翁，皆立學官，俾地方教育易於普及。見漢書循吏傳 漢代地方教育之提倡和建設，我們要推文翁爲首功。循吏傳告訴我們：『文翁終於蜀，吏民爲立祠堂，歲時祭祀不絕；至今巴蜀好文雅，文翁之化也』，則文翁對於地方的感情爲何如！益州記上說：『文翁學堂在南門後，太守高眹復修繕，立圖聖賢古人像及禮器瑞物』，一種訓練的儒家式的布置，我若往弔，必有能見之者！

三　郡國學制之成立　武帝雖然命令天下均倣蜀郡立學官，此種學官，不過一郡的儒者之集會場所，而學制尙未成立，亦未曾普及於各縣邑。到平帝時始成立了學校制度。凡郡國設立的學校稱學，縣邑道設立的稱校，每一學或一校各置經師一人。凡鄉立的學校稱庠，凡聚立的稱序，每一庠或一序，各置孝經師一人。凡學及校等於中學性質，有升入中央太學的資格，凡庠及序若屬小學性質。此制成立以後，歷東漢二百年未改，不過政府所注重的只有前二級，而庠、序並未長期設立。東漢官吏儒者尤多，每逢儒者到一郡守任時，必首先注意學校的修理及文學的提倡。例如寇恂之於汝南，李忠之於丹陽，秦彭之於山陽，伏恭之於常山，鮑昱之於南陽，孔融之於北海，每到任所，必極力提倡，尙未設立的由他們設立起來，業已設立的由他們維持整頓。見各本傳 東漢地方不僅官立學校不讓前代，即私立學校亦極發達，眞如班固所謂『學校如林，庠序盈門』的景象。（見東都賦）縣道以下，有亭有鄉。十亭一鄉，鄉有三老，專掌一鄉的教育，則知鄉村教育在當時也是很注重的。

四　地方教育之內容　漢代地方教育所謂『學校、庠、序』都是儒者的宣傳機關：因爲辦理的全是儒生，他們所教授的非儒者之文藝，即儒者之儀節。試把西漢的例證舉出幾個來：文翁獎勵學生者，要以明達經術爲上。（漢書循吏傳文翁每出行縣從諸生明經飭行者與俱）韓延壽守潁川時，教諸生『皮弁執俎豆』；及遷到東郡，又教諸生『鄉射，陳鐘鼓管絃，盛升降揖遜』。（見漢書本傳）再把東漢舉出幾個例證來：寇恂在汝南，『修鄉校，教生徒，聘能左氏春秋者，親受學焉』。（見後漢書寇恂列傳）李忠在丹陽『起學校，習禮容，春秋鄉飲，選用明經，郡中向慕』。鮑昱在南陽，『修起黌舍，備俎豆黻冕，行禮奏樂；又尊饗國老，宴會諸儒』。『孔融爲北海相，立學校，表顯儒術』。（俱見後漢書各本傳）諸如此類，不勝枚舉，可知地方學校即是儒者的宣傳機關。東都賦所謂『獻酬交錯，俎豆莘莘，下舞上歌，蹈德詠仁』，儒者雍雍的態度不啻被這幾句話活活地表現出來了。還有一事足以使我們注意的，你道是什麼？就是漢朝學校之內規定崇祀周公、孔子。我們考查後漢書禮儀志，學校崇祀周、孔實始於東漢明帝。在明帝不過略一提倡，孰知此令一下，亙數千年相襲不變，以迄滿清末年，勿論公學或私塾莫不尊孔子爲萬世師表，而孔子儼然爲中國思想行爲上的教主，學校不啻儒者逐日誦經的教堂。

（註一）（漢書地理志）景武間，文翁爲蜀郡守，教民讀書法令，未能篤信道德。及司馬相如游宦京師諸侯，以文辭顯於世，鄉黨慕循其跡。後有王褒、嚴遵、揚雄之徒，文章冠天下，由文翁倡其教，相如爲之師。

（註二）〈漢書平帝本紀〉平帝元始三年，立學官：郡國曰學，縣道邑曰校，校、學置經師一人；鄉曰庠，聚曰序，序庠置孝經師一人。〈文獻通考太學〉先公曰：西漢博士隸太常，有周成均隸宗伯之意。州有博士，郡有文學掾，五經之師，儒宮之官，長吏辟置，布列郡國，亦有黨庠遂序之意。然有二失：鄉里學校人不升於太學，而補弟子員者自一項人（好文學敬長上儀狀端正者）；公卿弟子不養於太學，而任子盡隸光祿勳。自有四科，考試殊途異方，下之心術分裂不一，上之考察馳騖不精。

（註三）〈後漢書禮儀志〉明帝永平二年，三月，上始帥羣臣躬養三老五更於辟雍，行大射之禮。縣道行鄉飲酒於學校，皆祀聖師周公、孔子，牲以犬。

第五節　選舉

一　普通選舉　考漢朝選舉名目繁多，沒有定規，往往因一時的需要，或因時君個人的好尚，卽開設某科。（註一）總括起來，大概可別爲「賢良方正」「孝廉秀才」及「博士弟子」三科。（註二）前一科始於孝文帝，後二科創於孝武帝。見各本紀 前二科必限於有資格的或有名望的人員，後一科則只限於年少的學生。（註三）前二科選舉取中以後，卽刻有官做，有祿享；後一科被選後，不是拜官，是送往中央大學裏頭讀書。故從嚴格上說，惟賢良方正及孝廉秀才二科纔是眞正的選舉，而博士弟子一科不過選送學生入學讀書就是了。至於選舉的手續，第一步賢良方正科多由中央就畿輔人材直接挑選，孝廉秀才科則由郡國長官奉着天子的命令，徵求地方有名望的人材或於本署屬吏中賢者擇優派送。（註四）選送以後，第二步在西漢或由天子親自策問，或竟不問而卽委用；在東漢，被選送的人材，須更經一番文字的考試，然後錄用。（註五）兩漢諸科，視賢良方正最爲重要，然得人之盛，則莫如孝廉；到東漢時，孝廉一科比較尤爲發達，所有一時名流賢士往往從此中產生出來。（註六）除上所述外，還有四科官人之法。那四科呢？一是『德行高妙，志潔淸白』，簡單些說，謂之德行科。二是『學通行修，經中博士』，簡單些說，謂之文學科。三是『明習法令，足以決疑，能按章覆問，文中御史』，簡單些說，謂之法律科。四是『剛毅多略，遭事不惑，明足決斷，材任三輔縣令』，簡單些說，謂之政治科。再按照他們的性質歸納，四科可大別爲兩類，第一、第二屬於文科類，第三、第四屬於法科類。這四科的選舉，是按照各郡國的人口數爲比例，選舉時只在這四科所標範圍以內隨材遴選，與孝廉或賢良兩科之分別舉行者不同。（註七）但勿論賢良與孝廉或後者四科，此時分科的選舉卽隋、唐以後科舉的雛形。

（註一）（後漢書范曄論曰）漢初詔舉賢良方正，州郡察孝廉秀才，斯亦選士之方也。中興以後，復增『淳朴』、『有道』、『賢能』、『直言』、『獨行高節』、『質直淸白』、『敦厚』之屬。榮路既廣，觖望難裁。自是竊名僞服，寖以流競，權門貴勢，請謁繁興。

（註二）（文獻通考選舉考舉士）按漢制，郡國舉士，其目的大概有三：曰『賢良方正』也，『孝廉』也，『博士弟子』也。然是三者，在後世則各爲科目，其與鄉舉里選又自殊途矣。

（註三）（文獻通考選舉）西漢舉賢良文學：晁錯以太子家令舉，遷授中大夫；董仲舒以博士舉，遷授江都相；黃霸以丞相長史舉，遷揚州刺史。東漢舉賢良文學：魯丕以郡功曹舉，遷議郎。又西漢舉孝廉：路溫舒以決曹史舉，遷山邑丞；蕭望御史史官屬舉，遷治禮丞。東漢舉孝廉：馬稜伏波族孫以郡功曹舉，遷謁者。

（註四）（漢書董仲舒傳）對策曰：『臣愚以爲使列侯郡守二千石各擇其吏民之賢者，歲貢各二人，以給宿衞，且以觀大臣之能……』。後遂令州郡舉茂材孝廉，皆自仲舒發之。

『文獻通考選舉』漢制，凡郡國之官，非傅相，其他皆自署置，又調僚屬及部人之賢者，舉爲秀才廉吏，而貢於王庭，多拜爲郎。

（註五）〔文獻通考選舉〕武帝卽位，舉賢良文學之士，前後百數。而董仲舒以賢良對策，天子覽其策而異焉，乃復策之。對畢，復策之以爲江都相。轅固，帝初卽位時，以賢良徵，諸儒嫉毀，言固老，罷歸之。

〔東漢會要選舉〕西都止從郡國奏舉，未有試文之事。至東都則諸生試家法，文吏課牋奏，無異於後世科舉之法矣。

（註六）〔東漢會要選舉〕漢世諸科雖以賢良方正爲至重，而得人之盛則莫如孝廉，斯亦後世之所不能及。〔文獻通考選舉〕按東京選舉，孝廉一科爲盛，名士多出其中。

（註七）〔文藝通攷選舉〕制郡國口二十萬以上歲察一人，四十萬以上四人，六十萬三人，八十萬四人，百萬五人，百二十萬六人，不滿二十萬二歲一人，不滿十萬三歲一人。〔又〕東漢之制，郡太守舉孝廉，郡口二十萬舉一人。

二　公府辟舉與童科

除上各種科目外，還有當時所視爲很榮貴的選舉法曰『公府辟舉』。原來漢代有一種特別世風，凡做官做到三公的時候，位極人臣，卽想羅致天下的名士備充他自己的幕府，給他爭光臺面。所得賢才越多，越顯得他的臺面闊大，以爲天下的人材都肯被他延攬——看得起他。這種選舉方法，不限資格，只問賢能。而一般英才俊士本身既無奥援，幸喜有這一條出身的捷徑，因此益自磨勵，希望得一個好幕府來徵聘，以寄託他的生命，發展他的經綸。他們——三公和賢士——彼此全以道義相結合，不是以權利相比附；以賓主相見，不是以君臣相待。此風始於西都，至東都則大盛，氣節由此鼓勵，廉恥由此養成，而東漢末年的美風之養成，這也是一個大原動力。（註一）

還有一種最有意味的就是童子科。公府辟舉是獎勵賢士的方法，童科選舉是獎勵天才的方法。考兩漢童科被選的童子，不出十二歲至十六歲，在這個年齡期中適等於現今初級中學學生的年齡。以十二歲至十六歲的小孩子，能够『博通經典，顯名太學』，非生資特異者，那能有這樣的發達！漢朝特設此科以待一般奇童，在提倡天才教育這一點上，足以值得我們注意。（註二）

（註一）〔東漢會要選舉〕公府有辟命，自西京則然矣。然東漢之世，公卿尤以辟士相高，卓茂習詩禮爲通儒，而辟丞相府史。蔡邕少博學，好辭章，而辟司徒橋玄府。周舉博學洽聞，爲儒者宗，而辟司徒李郃府。又有五府俱辟，如黃瓊者；四府並命，如陳紀者，往往名公鉅卿以能致賢才爲高，而英才俊士以得所依秉爲重，是以譽望日隆，名節日著，而一洗末世苟合輕就之風。

（註二）〔文選通攷選舉童科〕漢興，蕭何草律曰，太史試學童，能諷書九千字以上，乃得爲史。又以六體試之，課長者以爲尙書。〔仝上〕汝南謝廉、河南趙建章年始十二，各能通經，左雄並奏童子郞。黃香年十二，博學經典，京師號曰天下無雙，江夏黃童。任延年十二，爲諸生，顯名太學中，號爲任聖童。

三　結論

在氏族社會時代，所有各種重要行動，多由氏族會議決定；此項會議，即由各房各族所選出來的代表組織而成。此項代表，即各房各族的長老，足以代表他們的房族的，故選舉是該社會最普通且最重要的政治行爲。在封建社會時代，君主權力日增，長老會議已不重視，且漸歸於消滅，但選舉制度仍然存在。不過牠的意義已變更了——由選舉代表的意義變爲選舉賢能的意義，此時所謂賢能，只限於士族階級，但仍以年高德劭爲標準，尙有氏族時代選舉長老的遺風。

自秦、漢以來，社會又進了一步，打破了從前的典型封建社會而演成變形的封建社會——半封建社會。在這種社會之上，所有政治組織皆與從前不同，政治統於帝王一人，士大夫階級依附着帝王以圖生存，選舉制度當然用不着了。但在半封建時代的前期，去古未遠，他們仍要保留昔日選舉的遺跡，不過其意義與形式與從前絕不相同了。從前選舉只是單純的代表，此時則分科別類——如賢良方正及孝廉秀才等科。從前只以年齡或德望爲標準，此時則重在文字。在西漢尚只以上書對策爲限，到東漢且有試文一途——諸生試家法，文吏課箋奏。由這看來，兩漢時代的選舉，卽隋、唐以後的科舉之雛形，已不是昔日之舊了。

本章參考書舉要

（1）史記的儒林列傳及高文景武本紀
（2）前後漢書的各帝王本紀、儒林列傳、循吏列傳及董仲舒、蔡邕、桓榮、揚雄等列傳
（3）兩漢會要的學校及選舉全篇
（4）文獻通考的學校及選舉關於兩漢者
（5）玉海的學校及選舉關於兩漢者

第十一章　兩漢教育家及其學說

第一節　概論

班固說：

『自武帝立五經博士，設科射策，勸以官祿，訖於元始，百有餘年，傳業者寖盛。枝葉蕃滋，一經說至百餘萬言，大師衆至千餘人，蓋利祿之路使然也』。漢書儒林傳贊

范曄也說：

『自光武中年以後，干戈稍戢，專事經學，自是其風世篤焉。其服儒衣稱先王遊庠序聚横塾者，蓋布之於邦域矣。若乃經生所處，不遠萬里之路，精廬暫建，贏糧動有千百。其耆名高義開門授徒者，編牒不下萬人，皆專相傳祖，莫或訛雜。至有分爭王庭，樹朋私里，繁其章條，穿求崖穴，以合一家之說』。後漢書儒林傳

由這兩段話，兩漢學者講學的風氣可以看出一個大概。開始由國家提倡，迨後則自動講學起來了。開始行於學校，迨後則私人開門授徒遍於邦域了。大師門徒之盛，動有千百，或不下萬人，此種講學風氣實較前代爲發達，亦唯有在農村社會安定之下纔能產生此種現象。我們要想把所有講學大師一一錄在教育史中，殊覺有收不勝收

之苦。但他們生在圖書焚燬之後，其畢生精力專在整理古籍——致力於考據訓詁之學，對於思想的發展和學理的研究成績較少。教育家對於教育方面的理論多少應有幾分研究，所以在此四百年中，我們只取了八人——前漢爲賈誼、董仲舒及揚雄，後漢爲王充、馬融、鄭玄及荀悅、徐幹。在這八人當中，除馬、鄭二氏外，皆有相當理論的表現；而馬、鄭二氏的講學成績且遠出其餘六人之上，雖無理論，亦足以代表一代經生鴻儒。在這些人當中，關於本性的研究，較前代進步。如董仲舒的性未善論，揚雄的性善惡混論，王、荀二氏的性有三品說及荀氏的性情相應說，皆各有見解。關於教育原理方面，有較平常的，也有較進步的。如董氏之化民成性，揚氏之強學力行，是較平常的理論。如賈氏之提倡胎教，徐氏之知識重於德行，及他們之注意於習慣的養成，是較進步的理論。至於徐氏的教授方法論，注重於兒童的個性和能力及牠們當時的心理狀態，理論精透，不僅前所未有，卽至今日猶有存在的價值。

第二節　賈誼

一　略傳

雒陽有賈生，名誼，是漢文帝時的一位秀才。才氣縱橫，天資特異，十八歲就以文章聞名於郡中，對於諸子百家無不窺閱。當二十多歲時，以河南郡守吳公的推薦，文帝授以博士，所發議論，悉合皇帝的意旨，深蒙賞識，一年之中，官階屢遷至大中大夫。賈生於是再進一步，進以治國安邦的策略，此時已有公卿的希望，不意爲忌者攻擊，遂被排擠出京了。初爲長沙王太傅，後爲梁懷王太傅，兩次共計四年有餘——這是他的教育生活。平生不脫文人習氣，愛哭泣，愛發牢騷，每因貶謫更覺抑鬱不得志，終以此短命，死時只有三十三歲。

二　教育論

賈生在太傅期內，作了一部書名叫新書。此書前半篇，是他的政治主張，後半篇是他的教育主張。他的教育主張共計三點：第一點說明保傅的職責，第二點說明習慣的養成，第三點說明胎教的重要。爲保傅的職責，在『鄧善而抑惡，以革勸其心』；換一句話，卽在輔導太子以聖人之德，使成爲賢明的儲君。教育在養成良好的習慣；此種習慣之養成，第一要從幼小時着手，第二要選擇優良的環境。太子如從少時就日處在優良的環境中，所聞所見所行，自然入於正路；如環境不良，或培養過遲，縱教者善教，學者善學，亦難免不爲惡習所轉移。故他說：

『故太子初生，而見正事，聞正言，行正道，左右前後皆正人也。習與正人居之，不能不正也；猶生長楚，言不能不楚也。故擇其所嗜，必先受素，乃得嘗之；擇其所樂，必先有習，乃能爲之。孔子曰「少成若天性，習慣成自然」。習與智長，故切而不愧；化與心成，故中道若性』。新書保傅

『夫胡越之人，生而同聲，嗜欲不異，及其長而成俗也，累數譯而不能相通，行有雖死而不相爲者，則教習然也』。同上

習慣的養成，固然越早越好，而從母親懷胎中就開始培養起來更好，故胎教尤爲重要。他說：

『易曰「正其本而萬物理，失之毫釐，差以千里」，故君子愼始。謹爲子孫婚妻嫁女，必擇孝悌，世世有行義者；如是，則其子孫慈孝，不敢淫暴，黨無不善，三族輔之。故鳳凰生而有仁義之意，虎狼生而有貪戾之心，兩者不等，各有其母。……周妃后妊成王於身，立而不跛，坐而不謟，獨處不倨，雖怒不詈，胎教之謂也』。新書胎教

胎教卽母教，母親能否施行胎教，不在有豐富的知識，實在於有賢淑的德行；具有賢淑德行的母親，則動靜語

默，皆出於中和，合於法度，自能使胎兒感受正當的刺激，養成正當的習性，出世以後，則本質良善，容易教成好人，此胎教之所以重要。

第三節　董仲舒（160 B.C.——？）

一　生活小史　自孟子死後一百四十年，中國又出了一位所謂『正人君子』者，就是在教育史上很有關係的董江都。董子名仲舒，生在河北廣川縣，他是儒家的忠實同志，純正信徒。當他幼小時代，專修春秋公羊傳，研究精深。他一生的著作無非發揮春秋的義例，他一生的品格卽有春秋義例上所陶鑄的模型，所以『進退容止，非禮不行』。見漢書本傳 學成以後，在景帝時，果然拜了博士之官。武帝當國，需要人材，指令天下郡國選舉『賢良文學』，仲舒以對策取得第一，故在青年時代業已名震全國。仲舒的性格極其廉直，遇事守正不阿，敢發讜論。但他並非小心謹慎一流的人物，卻是才氣縱橫，氣宇闊大，我們看他在殿廷幾次對策所發表的言論，無非經國濟民之策，故與其稱他是一個學者，毋寧說他是一個政治家，並且是一個有主義的政治家，極講道德的政治家。可惜武帝只能承認和嘉獎他的議論是對的，竟沒有重用一次，給他一個機會大展經綸。對策以後，卽拜他爲江都相事奉易王。當時諸侯恃着宗室的關係，多半驕恣不法，而膠西王自以皇兄之故較一般驕恣更甚。與董氏有仇怨的人們，其後又奏請調他相膠西王，借此陷害。但仲舒本爲一代名儒大師，他的聲名久已震於全國，到任以後，膠西王卻極表尊崇，待遇以賓師之禮。仲舒抱有大志，既不得展於朝廷，在郡國又事兩驕王，使他人處此環境，未必不牢騷萬狀，可是董子還是本着他素來的修養，正身以作則，教令全國，兩王亦被感化，這也是他的成功之一。到了晚年，自知直言招忌，恐終不免於禍患，於是絕念於政治生活，款擔回鄉，在家專門著書講學，以享暮年。綜計董子一生講學共有兩個時期，一在青年，一在老年，其餘則全消磨於地方的政治生活了。在講學期內，他的教授方法非常特別，由弟子之程度高的教授程度低的，再由低的教授更低的，直接聽講者只有少數資格最久程度最高的學生。好似一種優生輔導的班級制教授法。

二　未善的性論　儒家本來都是以教育為手段化社會人類於至善的。不懂性情為何物，就不能說明教育原理，不能說明教育原理，則教育方法無從設施；所以儒家對於本性的研究都較其他各家注意的多。但有同屬於儒，而對於本性的見解亦各說不一。孟子言性善，荀子言性惡，兩人差不多完全矛盾；董子又與他們兩人所說不同。董子說：

『性者天資之朴也，善者王教之化也。無其質則王教不能化；無其王教，則質朴不能善』。（見春秋繁露實性篇）

他是把性當着像一塊毫末雕鑿的原石：可以為善，而非善；可以為惡，而非惡。董子這種見解，與孔子底『性相近也，習相遠也』說很相近，故吾人取名曰『性未善論』。他這種見解，是從性字的本身上解釋的。他說：『性之名非生與？如其生之自然之質謂之性，性者質也』。（深察名號篇）性就是生，初生的自然之質謂之性，自然之質說不上什麼善惡，這又採取了告子的『生之謂性』之說了。再看他所引的幾個譬喻，更可以明瞭他底解釋。董子第一個比方，是以禾喻性，以米喻善。他說：

『善如米，性如禾。禾雖出米，而禾未可謂米也；性雖出善，而性未可爲善也』。（實性篇）

『是故性比於禾，善比於米。米出禾中，而禾未可全爲米也；善出性中，而性未可全爲善也』。（深察名號篇）

第二是以繭與卵喻性，以雛與絲喻善。他說：

『民之性如繭如卵。卵待覆而爲雛，繭待繅而爲絲，性待教而爲善，此之謂眞天』。

『繭有絲，而繭非絲也；卵有雛，而卵非雛也。比類率然，有何疑焉』。（均見深察名號篇）

由這兩個比方看來，性是天生的，善是人爲的；性雖有善質，究未可謂善，必待人爲的教育纔能使牠進於善。所謂『善與米人之所繼天而成於外，非在天所爲之內也。使天之所爲有所至而止，止之內謂之天性，止之外謂之人事。事在性外，而性不得不成德』。（深察名號篇）

董子又以『民』字來解釋性。他說：『民之號，取之瞑也。使性而已善，則何故以民爲號』？民卽『萌而無識』之意，性卽民，故性也是萌而無識。民待王教而後有知識，性待教育而後進於善，所以他又拿出一個比方。他說：

『性有似目，目臥幽而瞑，待覺而後見。當其未覺，可謂有見質，而不可謂見。今萬民之性，有其質而未能覺，譬如瞑者待覺教之然後善。當其未覺，可謂有質而不謂善，與目之瞑而覺，一概之比也』。（同上）

人之有性情，猶如天之有陰陽，故性情二者凡人之身所不能無的。有時性與情相合爲一，未動之情卽是性，故性情二者皆屬於質。情如天之陰，如政之刑，不能說是善的。既性情二者同一爲本質，假若謂性爲已善，豈不與不善之情矛盾嗎？故就情之一詞亦可以證明性之質謂未善，而善全屬於教育之功。孟子謂性爲已善，是拿禽獸之性與人比較。人類的行爲固然較禽獸爲良，若與聖人的行爲比較則相差遠甚。必要如聖人之所爲，『循三綱五紀，通八端之理，忠信而博愛，敦厚而好禮，乃可謂善』。（同上）

因此董子把人類的本性分做三等：上等爲聖人之性，下等爲斗筲之性，皆不可以性名，只有中民之性纔可以性名。中民在人類爲最大多數，故中民之性就可以包括人類的全體。斗筲之性近於禽獸，自然說不上什麽善，而聖人之性又居於最少數。中民之性只有善質而未至於善，而中民又居最大多數，所以說『性未善』。

三　化民成性的教育論

董子底政治思想本着春秋大一統之說，故其政治主張極力提倡王權論。他以帝王爲有絕對的權威，足以制馭天下，凡天下的臣民皆應受帝王的支配，而後天下一統，思想一致，社會太平。他的性論及教育論皆是由此產生的。他反對性善之說，由於看重了教化，把教化視爲必不可少的工作。如謂人性已善，則不必要教育；不要教育則帝王就無所施行其權威。所以他說：『今謂性已善，不幾於無教，而如其自然，又不順於爲政之道矣』。（實性篇）

爲善是天意，而人性初生未至於善，要承天意使未善者進於善，當然要教。釐定教育宗旨，施行教育政策，則在於帝王。所以他說：『民受未能善之性於天，而退受成性之教於王，王承天意以成民之性爲任者也』。（深察名號篇）教育權由帝王掌握，教育目的則在於『化民成性』。化民成性，即使被教者皆知從義而遠利。從義是向善，遠利是止惡。凡民性之所以爲惡者，以利爲引誘，而人民趨利如水之走下，極其自然。倘無教育，則姦邪必生，社會必亂。故教育也可以說是制止人民趨利爲惡的堤防。要使人民從義遠利，第一在於爲政者能够以身作則，第二在於社會沒有爲惡的事情發生，爲政者能够以身作則，則下民自然觀感而向化；所謂『上之化下，下之從上，猶泥之在鈞，唯甄者之改爲，猶金之在鎔，唯冶者之所鑄』。（一對策）社會沒有爲惡的事情發生，則環境優良，雖欲爲惡亦不知所以爲惡，而自然趨於善，所謂『天下者無患，然後性可善，性可善，然後淸廉之化流，淸廉之化流，然後至道舉，禮樂興，其在此矣』。（盟會要篇）

教材自然屬於六藝。六藝各有所長，各有所用。人類個性不齊，各有好惡，各有優劣。優良之教師，當循循善誘，因材施教。又要細心考察其性情，凡天性所好而屬于善的則引導之，凡天性所惡而屬於惡的則去掉之。能够如此，則用力少而成功多。（註一）

（註一）（春秋繁露玉杯）是故善爲師者，既美其道，有愼其行，齊時早晚，任多少，適疾徐，造而勿趨，稽而無苦，省其所爲，而成其所湛，故不勞而身大成，此之謂聖化，吾取之。

（春秋繁露正貫）故知其氣矣，然後能食其志也；知其聲矣，而後能扶其精也；知其行矣，然後能遂其形也；知其物也，然後能別其情也。故唱而民和之，動而民隨之；是知引其天性所好，而壓其情之所憎者也。如是，則言雖約，說必布矣，事雖小，功必大矣。

四　教育政策　董子的性論及教育論全是本着他的政治思想生出來的，所以在其教育理論上倘無特別精彩，而關係之重要實在於他底教育政策。他是想以政治的手段，借着國家的力量來施行其教育主張的一個人。他是要用大刀闊斧來實現他的理想的，不是斗筲之才，一孔之儒的行徑。他對武帝所提倡教育政策共有三件，茲分述於下。

（1）設立學校　提倡美風，防止亂民，莫重於教化。施行教化必有一定的地方，莫過於學校。『漸民以仁，摩民以誼，節民以禮』，則民心既正，纔沒有犯法作亂的行爲。民不犯法作亂，則風俗自然良美，這就是董氏設學的根本主張。在中央設立大學，教育貴族子弟及他子弟之俊秀者，在地方設立庠序之學，教育一般人的子弟。這就是董氏辦學的一種規定。勿論他底主張對與不對，但古代學校自東周以來業已毀棄四百年，此時經他一提倡，公立學校於是重興，這一點殊足以令我們紀念的。

（2）興辦選舉　學校固然是培養人材的地方，但在學校畢業的學生未必個個都是人材，設國家沒有一種選擇的方法，用人必無標準。且當時私人講學之風極盛，許多人材不必全由學校出身，設國家沒有一種選舉法，這一般人材亦無由上進。國家要收攬人材，要錄用眞正的人材，於辦理學校之外，選舉也關重要。所以董氏又對武帝建議，要求州郡每歲須選舉茂才孝廉獻送到中央錄用，而漢朝恢復古代鄉評里選之法也是由他此時提倡起來的。

（3）統一學術　罷黜百家，獨尊孔子，是董氏的第三個教育政策。孔子便是儒家的代表，他底學說卽是六藝之術。六藝之術本是先哲先賢逐年集下來的典章制度，到春秋時，經孔子的大手筆，把這些書籍通同整理一番，從前零亂的現在成爲整體的了，於是後人合稱『六藝』。孔子底門徒又把六藝裏面的義理和孔子平日的言論混合起來，加以發揮，後人稱之曰『儒家學說』。中國民族思想的開放，要以春秋戰國時爲最燦爛，孔子雖集古代民族思想之大成，但在當時不過百家之一派。倘無他種勢力限制其他各家的發展，則諸子百家的學說或與儒家平均發達，或任有一家畸形發達，很難逆料。董子本是儒者的忠實信徒，入主出奴，已爲學者的固習，他於是以歷史的關係，藉着國家的力量，強以儒術統一全國人的思想；自此以後，中國民族思想遂牢固於一家之下而不能有所解放。董子的三個政策都是關於教育的，而以第三個爲最有關係。他固然有功於儒家，不愧爲儒者，但是我們二千年來的思想被他們這種無形的枷鎖綑住，難以自由發展，卻是吃虧不小了。

儒者統一於漢朝，固有其趨勢，但提倡者乃董氏諸人，故獨責備之。

第四節　揚雄

一　略傳　揚雄字子雲，生於四川成都，是西漢末年的一個大思想家。當少年時代，喜爲辭賦，即以文章名。年屆四十，遊宦京師，以性情恬淡孤僻，不善應酬，僅拜郎中給事黃門。在王莽當國時，以大夫的資格常校書天祿閣，著太玄經以自娛，雖遭劉歆的譏笑，他也不去理會。西漢的學者都來講求章句訓詁之學，借以求得仕進，但揚氏只求通大義，中年以後，專心於哲學的探討，雖辭賦也不講了，這也是他與一般人不同的地方。他的思想是雜採儒、道兩家而爲一的，——倫理觀得之於儒家，本體論得之於道家。他說：『老子之言道德也，吾有取焉；其槌提仁義，絕滅禮樂，吾無取焉』。又說：『向牆之戶不可勝入矣。曰惡由入？曰孔氏，孔氏者戶也』。由此可知他的思想之淵源了。他的著作有太玄及法言兩種，他自比太玄於易經，比法言於論語。在這兩部書裏面，前者完全講的宇宙本體，後者講的儒家倫理，關於教育原理方面的只有論性及論學兩項。揚氏平日並未從事於教育事業，關於教育理論亦僅僅如此，我們所以列入爲教育家的，以其性論獨到，有關於教育價值不少。

二　善惡混的性論　董氏以『未善論本性』，已較孟、荀進了一步；而揚氏以『善惡混論本性』，則較董氏又進一步了。揚子說『人之性也善惡混，修其善則爲善人，修其惡則爲惡人，氣也者，所以適善惡之馬也與！』（法言修身篇）細譯他這句話，拿來與近代心理學家講論的本性比較，很相脗合。本性好的壞的是人人全有：例如『愛羣』、『好奇』、『求食』等等皆屬於好的本性；『自私』、『妒忌』、『好鬬』等等皆屬於壞的本性。勿論何人，所有本性皆是與生俱來的，不過因各人所處的環境和他們所秉賦的分量之不同，故其發達的結果有差異。好的壞的既是全包含在人類本性之中，這就是揚子所說的『善惡混』。所謂『修其善』『修其惡』兩個『其』字，即是『本性』二字的代名詞，兩個『修』字即是發展的意思。一個兒童若是盡量地發展他的善性，此孩便會成一個善人；若是盡量地發展他的惡性，此孩便會成一個惡人。吾人所以生存活動的在『氣』，——也可以說是活動能力。氣比方是馬，性比方是路。駕馬於廣平的道路上，則馬纔跑得迅速而順利；用氣於善良的本性，則人所活動的都是善良的活動。所謂本性與生俱有，就是不學而能的意思，例如眼睛能看，耳孔能聽，口舌能言，莫非本性。但人類的社會總是好的少而壞的多，本性往往容易傾向於壞的方面。若聽其自然發展，不給以良好的教育，其結果大半走到惡的一途，而教育的功用就是防止惡性，陶養善性的。所以他又說：『學者所以修其性也。視聽言貌思，性所有也，學則正，否則邪』。（法言學行篇）

按『本性』二字英文爲 instinct，中國人全譯作『本能』。愚見以本能的意義應爲 capacity，而 instinct 應作本性解釋較切。

三　強學主義的教育論　人類與禽獸所以不同的地方，在有理性與無理性。禽獸沒有理性，所以觸感而情發。人類有理性，雖有時因情感而發，但亦能夠因義理而止。（註一）人類是要有禮義的，有禮義方可以爲善人，爲君子，可以睎求聖賢。但人類的本性是善惡混的，而惡性往往被不良的社會引誘的原故，發達較善性快些；故吾人要爲善人，非加一番努力不可。怎樣努力？則在『強學而力行』。（註二）吾人也必待強學力行，而後可以成就一個『人』。所謂『有刀者礱諸，有玉者錯諸；不礱不錯，焉攸用？礱而錯諸，質在其中矣』。（法言學行篇）強學非私自攻求所能有成的，倘私自攻求而不就正於師，則必惑於衆說，難以取決，所以要『一卷之書，必立之師』。（法言學行篇）從師不僅獲求知識，而品性的陶冶亦至有關係，且吾人求學原來是要矯正品性的，所謂『務學不如務求師，師者人之模範也』。（同上）揚子認教育是很有效力的，受一個什麽教育就能得着一個什麽模樣。他說：『睎驥之馬，亦驥之乘也；睎顏之人，亦顏之徒也』。又說：『耕道而得道，獵德而得德，是穫饗也』。（均見上）這卽是承認教育是萬能的。不怕教育不能成功，只怕吾人沒有意志，『百川學海而至於海，丘陵學山而不至於山，是故惡夫畫也』。（同上）揚子是一個實學家，對於專講虛聲而不務實際的學者，是非常疾惡的。在法言吾子篇上設爲與或人問答一段話，你看是何等的冷嘲熱駡：

『或曰：「有人焉，云姓孔氏而字仲尼，入其門，升其堂，伏其几，襲其裳，則可謂仲尼乎」？曰：「其文是也，其質非也」。敢問質？曰：「羊質而虎皮，見草而說，見豺而戰，忘其皮之虎矣」。……好書而不要諸仲尼，書肆也。好說而不要諸仲尼，說鈴也』。

學習的步驟有五：第一步，取我們要學的材料，整理整理；第二步，則用思考的工夫，加以揀擇，取其精華而去其糟粕；但一人的思力究竟有限，第三步還須與同學彼此磋磨以就正其是非；第四步，則用獎勵的方法，最後則以始終不倦爲依歸。能够這樣的學習，纔算得好學，學而後有成。（註三）讀書須多，而取舍要精；多則可以觸類旁通，精則有選擇有操守，所謂『多聞則守之以約，多見則守之以卓』。（法言吾子篇）諸子百家異說分歧，我們應當以聖人所說的話爲標準；聖人之所是，就是對的；聖人之所非，就是不對的。（註四）

（註一）（法言學行篇）鳥獸觸其情者也；衆人則異乎。注：人由禮義，閑其邪情，故異於鳥獸也。（修身篇）天下有三門：由於情欲，入自禽門；由於禮義，入自人門；由於獨智，入自聖門。

（註二）（法言修身篇）是以君子強學而力行。（孝至篇）天下通道五，所以行之一，曰『勉』。

（註三）（法言學行篇）學以治之，思以精之，朋友以磨之，名譽以崇之，不倦以終之，可謂好學也已矣。

（註四）（法言吾子篇）或曰：人各是其所是，而非其所非，將誰使正之？曰：萬物紛錯，則懸諸天；衆言淆亂，則折諸聖。或曰：惡覩乎聖而折諸？曰：在則人，亡則書，其統一也。

第五節　王充（27——96）

一　略傳　王充字仲任，以光武建武三年生於浙江上虞，以和帝永元中年病死於家中，年壽將近七十歲，是東漢前期的一個大思想家。他的家庭貧寒，父親早死，中年雖常涉郡守衙門，做過小小官吏，但以性情恬淡孤僻，難與一般俗吏苟合，故他的一生生涯大半消磨在鄉里教書或著述之中。幼年——約七八歲時——讀書於書館，長大曾肄業於太學，扶風班彪就是他的老師。因家貧無錢買書，常往洛陽書店，任意取閱，凡翻閱一遍皆能背誦，記憶力之強可想而知。他喜爲博覽，不守一家的學說。但他論治國常以孔子的『禮義』爲本，（註一）論宇宙以老子的

『自然』、『無爲』爲歸，最反對韓非專任『刑名』之術；所以論列他的學派是處於儒、道兩家的中間而兼採的一個人物。他對於教育事業，除居鄉教授以外毫無建樹；對於教育學說，除論性一段外毫無貢獻，殊不配稱爲教育家。但我們教育史上所以選錄他爲一員的，完全在他的創造的思想，和批評的態度。自他絕意仕進以後，歸處田間，謝絕一切俗事應酬，用他的天才，對於宇宙萬事萬物，以沈默的工夫日夜思索探討，果然得到了成功。我們分析他的思想最精粹的地方，在『宇宙觀』與『運命論』兩種。他的非教育學說而勢力足以影響於教育思想的，在以科學的方法，用極銳利的筆鋒，攻破當時或從前的一切迷惑的信念與傳說，一掃漢家二百年來的陰陽纖緯之風，而使一班方士陰陽家頓失其權威，一般迷惑於他們底邪說的人們頓失其信仰的根據。（註二）沈霧一撥，青天立見，吾人纔知道眞理之所在，而有思路可尋，故他底批評的論調比較他底性論更有價值，而運用思考的方法尤爲後世研究者的取法，王充可算爲能夠超出兩漢思想範圍以外的一個人物了。他著有譏俗、政務、養性及論衡諸書，論衡至三國時始行於世，其他皆失了傳。

（註一）（論衡非韓篇）國之所存者禮義也，民無禮義，傾國危主。今儒者之操，重禮愛義，率無禮之士，激無義之人，人民爲善，愛其主上，此亦有益也。

（註二）按書虛、變虛、感虛、福虛、龍虛、雷虛、道虛諸篇皆獨著創見，破除當時或從前一切迷信之説。談天、説日等篇亦具隻眼，不同流俗。宣漢、恢國、驗符、須頌諸篇雖不免衷揚漢朝，而力闢是古非今之舊觀念，亦能使人耳目一新。不過謂世界爲循環式的非進化的，猶不脫古人之舊觀念也。

二　自然的宇宙觀　講宇宙觀，王充與道家同一見解。儒家許多人都承認天是有意志的，凡宇宙萬物皆有

天意操縱其間，故一舉一動一呼一息，都是隨着天命。墨家更信天有強力的意志，而吾人非尊守天志不可。王氏反對此說。他說：天是無意志的，不能爲萬物主宰的。宇宙萬物皆是自然而生，自然而滅，非由默默中有一個主宰使牠們生，使牠們滅。『天』就是『自然』底假名，換一句說，宇宙間只有『自然的現象』，並沒有『有意志的天神』。萬物皆是自然生滅，故曰無爲。萬物的生長既無主宰，而萬物本身實有物質與機能，而此種物質與機能從何而來？在王氏以爲萬物的種因就是天地陰陽之氣，二氣相合而萬物生，二氣相離而萬物滅；而此二氣相合相離相變化種種作用，也是自然的作用，毫無主宰有意的使牠們發生此種作用。故曰：『天地合氣，萬物自生；猶夫婦合氣，子自生矣』。自然篇又曰『天之初行也，施氣也，動體氣乃出，物乃生矣。由人動氣也，體動氣乃出，子亦生也。夫人之施氣也，非欲以生子，氣施而子自生矣。天動不欲以生物而物自生，此則自然也。施氣不欲爲物而物自爲，此則無爲也』。自然篇

宇宙現象既是自然的，吾人應當秉着無爲主義，聽其自然變化，無庸自作聰明，矯揉造作，倘故欲有爲，如同『宋人之揠苗助長』，沒有不失敗的。故王氏對於宇宙的觀察，與道家同一方面。王氏底宇宙自然觀既與道家相同，故他極力推崇黃、老。不過他底學說比較老子更進一步：老子只空談自然無爲，使人聽了難於明瞭；而王氏以科學的方法，援引種種證據，證明他底學說實有根據，使人無從否認。故他說：『道家論自然，不知引物事以驗其言行，故自然之說未見信也』。自然篇王氏說：吾人何以證明天是自然？因爲牠無口目。凡非自然而有爲的，必是有口目一類的東西。今天既無口目之欲，於物無所求索，則有何爲？何以證明天無口目？以地證明。地以土爲體，土本無口目。天地夫婦，地體既無口目，故知天也無口目。再者使天爲體，宜與地同，使天爲氣，氣若雲烟，更無口目可言，故曰天是自然的，

無爲的。他又反證如下：假如萬物皆由天地有意的製造，製造應當用手，天地安得萬萬千千手，並爲萬萬千千物。（均見自然篇）按王氏此種證明，固然不盡合於邏輯，但生在章句之學的漢代，而肯以此種方法研究宇宙現象，打破當時方士一切祥瑞災異之迷信，非超出環境之外以運用思想的人決不能有此，所以我們是很佩服的。最令人可驚的，是他底『情欲生子說』。他說：夫婦生子，完全由情欲衝動，並非有意爲某種目的而生子，故曰『夫天地合氣，人偶自生也，猶夫婦合氣，子則自生矣』。（物勢篇）此種見解，把千餘年的父子神聖關係的禮教信條，一爪揭穿，使人看得一錢不值，眞可謂極大膽之言論。吾人敍此一段，所以觀察他底批評的膽量及證驗的創見；至於氣數的命運論與教育關係太微，理論雖精，仍以割愛爲是。

三　論性與學　王氏論性與前儒不同。告子說『性無善惡』；孟子說，『性善』；荀子說，『性惡』；董子說，『性未至於善』；揚子說，『性善惡混』；他們各人有各人的觀察，也皆不免各有偏重的地方。王氏底性論，是綜合各家的觀察而得出一個比較完善的結論。他說，性是有善有惡的，善的可以變惡，惡的可以變善。故曰：『論人之性，定有善有惡，其善者固自善矣，其惡者故可教告率勉使之爲善。……凡人君父審觀臣子之性，善則養育勸率，無令近惡；近惡則輔保禁防，令漸於善。善漸於惡，惡化於善，成爲性行』。（率性篇）但教育可以改變某人的本性，是指着中等人之性說的，至於極善或極惡之性，非習染所能成，雖處在極強的環境或極有力的教育當中，亦不能夠移動。因爲人類的本性既不一致，所以王氏把牠們分做三等：『孟軻言人性善者，中人以上者也；孫卿言性惡者，中人以下者也；揚雄言人性善惡混者，中人也』。（本性篇）我們在這裏，就有兩個疑問請問王先生：（一）同樣叫做『性』，爲什麼有善惡？同樣是善惡，爲什麼有三等？王氏說，吾人本性稟着先天的元氣而成，元氣本無二樣。不過『氣有多少，故性有賢愚；稟氣有厚泊，故性有善惡』。（率性篇）這是他答覆我們第一個問題的話。至於第二個問題，他也有相當的答覆。他說，人性三等由於吾人初生時所感不同：上等人所感的是『正性』，中等人所感的是『隨性』，下等人所感的是『遭性』。正性所稟的是先天五常之性，良善完美，沒有一分瑕疵滲雜在裏面，故在後天不受任何勢力的習染。隨性所稟的是父母的遺傳，善惡混雜，中等成分，故在後天可以被改變的。遭性所稟的是惡物之性，穢惡不潔，已成固定，是無法改變的。（命義篇）但這三等性全是感受於兒童受胎頃刻之間，在這惟微惟危的期間，感着正性，就可以成上等人；感着隨性，就可以成中等人；感着遭性，卽是下等人。因頃刻間所感的不同，所以成性有顯然的差異。這種感遇，不是人意，亦非天命，完全憑着機會。這個機會非必然的，是偶然的。既是偶然的，必有方法能夠設防，故王氏又提倡胎教之法。當兒童受胎時，他們底父母的居處言行以及思慮全是純正的有規率的，所感必然是善的影響；反之所感必然是惡的影響。故他說：『初生意於善，終以善；意於惡，終以惡』。（率性篇）其實王氏『性有三等』說是根據於西漢人賈誼，（見新書連語）注重胎教亦本於賈誼。（見新書胎教）至於『性有善有惡』說則本於周人世碩，而兼採告子和揚子二人底學說以成立的。既是根據前人的學說以立論，自然不能算爲創見，不過他僅根據前人一個原理而能推演出許多路徑，這種路徑皆合於科學法則，非同玄想，故與前人不同。

王氏論性，勿論先天或後天，差不多全體承認教育有效力，是與他底命運論完全相反。他要圓足他底學說，故把性與命絕對分開，兩不相關。他說：『夫性與命異，或性善而命凶，或性惡而命吉。操行善惡者性也，禍福吉凶者命也。或行善而得禍，是性善而命凶：或行惡而得福，是性惡而命吉也』。（命義篇）我們再可以把他底性論列出一個表來看看，以免讀者混淆：

第三表　王充的性論表

性
- 上等之人……善的……後天不能移的
- 中等之人……善的／惡的……後天能移的｝行胎教法而有效的
- 下等之人……惡的……後天不能移的

王氏承認教育對於變易性質是有效力的，所以他很承認教育的價值；教育不僅是鍛鍊兒童的本性，並可以完成牠們的人格。他說：『夫儒生之所過文吏者，學問日多，簡練其性，彫琢其材也。故夫學者所以反情治性，盡材成德也』。（量知篇）沒有學問的人，好似穀和米，不能爲用；有學問的人，好似穀已成粟，米已成飯，可以直接利用的。（量知篇）讀書的方法在深思，能夠深思，雖很艱難的事情也能了解。凡天才人的見解所以超過尋常人的，並非他有什麼神奇，就因爲他肯用思考，常注意常人所注意不到的地方。而思考的根據在實證，有了實證，則思想成爲學說；沒有實證，學說不能成立，就不能令人相信。故曰『凡論事者違實，不引效驗，則雖甘義繁說，衆不見信』。（知實篇）處處用證驗以斷定某種學說和事實之能否存立，破除一切口耳的傳說與荒誕無稽的迷信，這是王充學問的特色，我們選出他來列入教育史裏而爲一員的，也就在這一點上面。

第六節　馬融與鄭玄

一　兩人的生活

馬融字季長，以東漢章帝時生於扶風茂陵，照現時地圖說，應當是甘肅省籍。馬氏才資俊秀，讀書博洽，不拘守成法，爲漢儒中最通達的一個人。他的學識與才氣，在青年時代，業已馳名於關西。他本生長在貴族的家庭，（其父馬嚴曾爲將作大將）素性已是放蕩不羈，不願寄附權貴作小官。在三十歲的時候，適逢地方兵亂，加以奇荒，不耐於困苦飢餓，因此深悔從前的行爲，只顧小節而忘大體，未免陷於俗儒的圈套。所以從三十歲以後，他即宦遊京師，改變態度從事於政治生涯。但文人作官，總不外乎執筆磨墨一類的事情，好談時政的得失，以致屢忤權貴，幾遭貶謫。他的教育生活，大半在六十歲以後，約計二十餘年。

馬融有高足弟子，姓鄭名玄，字康成。鄭氏以東漢順帝初年生於北海高密，是現今的山東省人。他底家世不及馬融的高貴，所以少年時的修養便與他的老師不同。雖少年曾作過小小官員——鄉嗇，他的父親也希望他從事於官吏生活，但此非他的本性所好，故後來便西赴京師，投入太學以求高深的學問。初從京兆第五元先，已通習京氏易、公羊春秋、三統歷及九章算術。其後又從東都張恭祖，研究周官、禮記、左氏春秋、韓詩、古文尙書，皆已通曉。但鄭氏志量遠大，僅僅這幾門經術殊不足以滿足他的要求；而環顧京師可數的經師皆不在目下。當時海內名師惟有扶風馬融，鄭氏於是西出京師，以涿郡盧植的介紹，往關西從事馬融，此時他的年齡大約已到二十七八歲了。當鄭氏入關的時候，馬氏門徒已四百多人，研究較深而有資格直接聽講的有五十餘名。馬氏素性驕貴，鄭玄以新生依附門下，三年不得見面，都是使高足弟子間接傳授。但玄因此益自磨勵，勤學不倦，其後馬氏召集諸生考論圖緯，聽說鄭玄頗能算術，始得召見。鄭氏得此機會，把平日所有疑義一一質問，考問完畢，鄭氏的學問差不多將告成功，遂拜辭這一位闊綽的馬老師而東歸。此時鄭氏年將四十，家計貧寒，遷居東萊，一面耕田，一面教書，學徒相隨常數百千人。桓帝時，黨禍發生，他亦同被禁錮。在禁錮的時候，謝絕交遊，專修經業。迨靈帝末年，黨禁解除，在朝權貴如何進之徒極力羅致，但他淡泊爲懷，至老不渝，終不肯起；因之弟子自遠方來遊的益多。鄭氏自四十歲以後，即設帳教學，約計二十餘年。當時漢室瓦解，豪傑並起，而鄭氏以名望自累，屢被這些野心家想羅致門下以自誇重，使他不得安享餘年。我們推想這位不願甘作他人傀儡的老學者的心理，蓋亦良苦！而鄭氏卒以建安五年老死於袁紹軍中。

二　兩人的譯著及教法　馬氏教書是傳遞式的等級教授法，髣髴與歐洲中古時代僧侶學校的教授法相似。老師高坐講堂，親授與前列的高足弟子，由他們依次轉授與其下弟子。這種教法，董仲舒教書時也是一樣，或者爲漢代經師家一種普通教授法也未可知。但馬氏還有一層與傍人不同的地方，就是他那驕貴的態度，和闊綽的排場，雖在教書時也是一樣排着。前面上課，後面排列女樂，書聲與琴聲絃聲相和並奏，這或者是馬氏的興味主義？（註一）鄭氏教授方法，史無明文可考，但據他的本傳上說，當鄭氏死後，一般門生收集他平日答覆他們的五經諸問，做照論語編成鄭志八篇，那末鄭氏多半採用問答法了。

他們平生都無特別創作，所有的作品大半把古人的經傳下一番註解，或考校同異，或闡發義蘊，潛夫論說：『賢人爲聖譯』，所以我稱他們爲譯著家。馬氏一生的作品有：三傳異同說，及孝經、論語、詩、易、三禮、尚書、列女傳、老子、淮南子、離騷等註。除此以外，還有賦、頌、碑、誄、書記、表奏、七言琴歌、對策、遺令等二十篇。鄭氏一生的作品有：周易、尙書、毛詩、儀禮、禮記、論語、孝經、尙書大傳、中候、乾象曆等注；又著有天文七政論、魯禮禘祫義、六藝論、毛詩譜、駁許愼五經異義、答臨孝存周禮難；合共六百餘萬言。兩漢四百年今古文兩派爭論不決，竟成學術界一大公案。馬、鄭二氏以他們博學精通的力量，把兩派溝通一氣，不加軒輊，這種廣納兼蓄的態度，我們不得不佩服了！但我們比較他們師弟二人，則鄭玄的學問尤爲淵博純粹些。

（註一）（後漢書馬融傳）融善鼓琴，好吹笛，達生任性，不居儒者之節。居宇器服，多從侈飾。常坐高堂，施絳紗帳，前授生徒，後列女樂，弟子以次相傳，鮮有入其室者。

三　兩人性格的比較

品題純粹的儒者，不待說，西漢當推董仲舒，東漢要算鄭康成。不過鄭玄與董仲舒不同的地方：董氏是想借國家的權力施行他的教育政策，我們可稱他是政治家的儒者；鄭玄是想用講授的方法宣傳他的教育宗旨，我們可稱他是『學者派的儒者』。鄭玄不願作官，固然由於性非所好，但此決不是他的消極。他是想拿全幅的精力從事於『整理古籍，闡明聖教』的一個衞道先生。請看他教子家訓裏頭的幾句話：『吾自忖度無任於此；但念先聖之元意，思整百家之不齊，亦庶幾以竭吾才』，見後漢書本傳我們就可想而知了。至於馬融則不然。論他的學業，固然與漢儒無異，但他的思想與性情卻非漢儒所能範圍。他的性情放達，才氣高朗，是讀活書而不肯死讀的人，是講通權而不肯顧細謹的人。請看他在困難時給他的朋友一封信裏頭的話：『古人有言「左手據天下之圖，右手刎其喉，愚夫不爲」。所以然者，生貴於天下也。今以曲俗咫尺之羞，滅無貲之軀，殆非老、莊所謂也』。見後

(漢書本傳)馬氏這一段話，簡直超出儒家的思想圈子以外，走進了老、莊的思想境界。他是重肉體而輕名節的，提倡快樂而反對苦行的；所以他對安帝說『夫樂而不荒，憂而不困，先王所以平和府臟，頤養精神，致之無疆』。(同上)老師放達，學生醇謹，性情絕然相反。而負社會的仰望，受士林的稱譽，鄭氏所得比較他的老師實多；固然由於馬氏有時太不顧行檢，理有應得；但當時爲儒家思想的世界，怎能容許異軍出頭，而不隨時攻擊沮遏呢！但前賢畏後生，鄭氏學識較馬氏淵博，譯著亦較豐富，對於諸子羣經的整理貢獻於學術界上尤屬功不可掩。鄭氏以後，直接弟子，再傳門生，布滿了中原，兩晉雖經五胡之亂，而北朝經學猶能講習不衰，也是鄭氏勢力的遠播。(註一)然馬氏死後，不到五十年，而天下大亂，三百餘年儒家的世界一變而爲老、莊，那末我要追溯魏、晉六朝的思想之源泉，說是開始於馬氏也未嘗不可。

(註一)(廿二史劄記北朝經學)六朝人雖以詞藻相尙，然北朝治經者尙多專門家。蓋自漢末鄭康成以經學教授，門下著錄者萬人，流風所播，士皆以通經積學爲業。而上之舉孝廉，舉秀才，亦多于其中取之；故雖經劉石諸朝之亂，而士習相承，未盡變壞。(東塾讀書記鄭玄)蓋自漢季而後，篡弒相仍，攻戰日作，夷狄亂中國，佛老蝕聖教；然而經學不衰，講禮尤重，其源皆出於鄭學。卽江左頗遵王肅，亦因讀鄭君書乃起而自勝耳。然則自魏、晉至隋，數百年斯文未喪者，賴有鄭君也。

第七節　荀悅與徐幹

一　荀徐略傳　荀悅字仲豫，是河南潁川人，與北海孔融同時。徐幹字偉長，是山東北海人，與高平王粲同時。荀氏與其弟彧及孔融侍講於獻帝禁中，名義上是做漢朝的官，其實是在曹魏勢力下當幕僚。徐氏生年又較荀氏略晚，性情不愛作官，與王粲等交友最善，稱爲建安七子之一。當是時，漢鼎在事實上已移轉到曹魏手中多年了，所以按照二氏生世之年，應歸入第四編魏、晉六朝的時期中。但他們都是儒家的信徒，所有思想言論與漢儒同一氣味，且想以他們自己的精力力挽漢儒的頹風，作一個中流砥柱。他們的靈魂還是漢朝的人物，所以我們把他們編入到本編之末了。荀氏著有申鑒、漢紀等書，徐氏著有中論二篇，二人雖同屬於漢儒思想一派，但內中貢獻於教育理論，各有發表，兩不相同。荀氏注意在本性一方面，徐氏注意在教學一方面，其餘無關於教育的文章，我們勿庸討論，現在祇分述此兩個論點於下。

二　荀氏論性　我們前面說王充把人類本性分爲三品，是根據賈誼口裏的話。但他們不過觀察社會人類的行爲有三種傾向，因之區別人類有三等性質；至於正式提出『三品』的名詞，要從荀悅創始。荀氏論性反對孟、荀的絕對論，亦反對揚雄一般人的含混論，他是主張相對的，又是分析的。（註一）他說：

『生之謂性也，形神是也。所以立身終生者之謂命也，吉凶是也』。（雜言下）

形神卽性，性卽生之自然。換一句話說，吾人生命的表現，及表現的力量和差異，全謂之性。這種差異，大概說來，共有三品。那三品呢？他說：

『或問天命人事？曰「有三品焉：上下不移，其中則人事存焉爾。命相近也，事相違也，則吉凶殊矣，故曰窮理盡性以至於命』。（雜言下）

三品之性，中品可以隨環境或教育變遷，上下二品則難於移轉，但初生相差很小，到後了卻愈差愈大了。由此看來，荀氏三品的理論，又是從孔子底『性相近也，習相遠也，唯上智與下愚不移』說推闡出來的。那末，性既有三品的差異，究竟有無善惡的分別？荀氏認上品之性善是已確定了的，難以轉移爲惡；下品之性惡也是已確定了的，難以轉移爲善；唯中品之性，極富於可塑性，雖有善惡不等，而全可用人力轉變。所以他說：

『性雖善，待教而成；性雖惡，待法而消。惟上智與下愚不移，其次善惡交爭』。雜言下

至中品之性何以易於轉變？要答覆這一點，須看他對於性情二者的關係如何解釋。

荀氏不主張性情皆善說，或性情皆惡說，亦不主張董氏的性善情惡說，他是採納劉向的『性情相應』說。性情相應說，即性不獨善，情不獨惡，兩者有相連爲一致的關係。所以把性情二字並不分開，本體是一個，不過當未發時謂之性，當發出時則謂之情。情之表現，如好惡之類，皆從性中發出，所謂『好惡者性之取舍也，實見於外，故謂之情』。上同

性源本有善惡，猶氣源本有白黑一樣。性之善惡表現於情，於是情也有善惡了；如氣之白黑表現於形，而形也有白黑一樣。世人只見外面的惡情，遂以爲情惡，而不察情惡之本源由於性，與不察形黑之本源由於氣，同一謬誤。其實性與情是一致的，所有起伏動靜的傾向是相關連的。（註二）但情之善惡雖本於性，而好善惡惡，或好惡惡善，性也不能完全作主，須視外面環境勢力之大小而定。換一句話說，好惡之取舍雖由於性，而性之取舍則由於外界刺激力之強弱。比方有酒與肉並呈於桌前，兩者都是我所愛吃的。此時兩種慾念就起了競爭，牠們競爭的勝負，要視兩方刺激力的強弱而定。酒的刺激力強則酒被飲，肉的刺激力強則肉被食。酒或被飲肉或被食，完全由二物刺

激所生的結果非由性情二者有什麽戰爭所得的結果。若謂情要得酒而性要得肉簡直是糊說。又譬如義與利並迫於目前，兩者都有難舍的理由。此時利的勢力大，能够爭勝，則舍義而取利；義的勢力大，能够爭勝，則舍利而就義。二者被取或被舍，也是由牠們的刺激力彼此競爭所得的勝負結果，非由性情二者戰勝的結果。若謂情要取利而性要就義，也是糊說。二物同來，吾能並容，則全體收納；不能並容，則隨牠們刺激的強弱而定取舍。倘二者勢力相等，而又不能並取，這個時候，精神上必發生種種瀠迴與起伏的彈動，取舍之決定，就沒有以前那樣容易了。（註三）

荀氏性情一元論，雖本着劉向的性情相應說，但把性分着三品而不認爲有絕對的善惡，且認善惡多取決於外界刺激力的強弱，在性情的本身反處於被動的地位，這確是他的創論。因此，荀氏承認教育是有效力的，他以爲人類十分之九有受教育的可能。他說：

「性雖善，待教而成，性雖惡，待法而消。唯上智與下愚不移，其次善惡交爭。於是教扶其善，法抑其惡，得施之九品。從教者半，畏刑者四分之三；其不移，大數九分之一也。一分之中，又有微移者矣。然則法教之於化民者幾盡之矣。及法教之失也，其爲亂亦如之」。雜言

這種用數字的分析法，尤爲荀氏的特出。由此九品之說看來，差不多人類全部皆有受教育的可能，皆有受教育的必要了。

性雖善，或善惡不等，如社會沒有教育，而人生總較易於爲惡，這是在荀氏以前的儒者全是這樣見解，荀氏亦然。但問何以人性容易爲惡，則只有荀氏答覆的最顯明。他說：

『凡陽性升，陰性降，升難而降易。善陽也，惡陰也，故善難而惡易。縱民之情，使自由之，則降於下者多矣』。以陰陽二性解釋善惡，以升降二理解釋難易，此說雖沒有科學的根據，但亦發前人所未發。由其性論的全體看來，荀氏所論總覺是有幾分特出。

（註一）（申鑒雜言下）孟子稱性善，荀子稱性惡。公孫子曰，性無善惡。揚雄曰，人之性善惡混。劉向曰，性情相應，性不獨善，情不獨惡。或曰，請問其理？曰，性善則無四凶，性惡則無三仁。人無善惡，文王之教一也，則無周公管蔡。性善情惡，是桀紂無性，而堯舜無情也。性善惡皆渾，是上智懷惠而下愚挾善也。理也未究矣，惟向言爲然。

（註二）（雜言下）凡言神者莫近於氣，有氣斯有形，有神斯有好惡，喜怒之情矣。故人有情，由氣之有形也。氣有白黑，神有善惡，形與白黑偕，情與善惡偕，故氣黑非形之咎，情惡非情之罪也。

（註三）（雜言下）或曰，『人之於利，見而好之，能以仁義爲節者，是性割其情也。性少情多，性不能割其情，則情獨行爲惡矣』。曰，『不然。是善惡有多少也，非情也。有人於此，嗜酒嗜肉，肉勝則食焉，酒勝則飲焉，此二者相與爭，勝者行矣，非情欲得酒，性欲得肉也。有人於此，好利好義，義勝則義焉，利勝則利取焉。此二者相與爭，勝者行矣，非情欲得利，性欲得義也。其可兼者則兼取之，其不可兼者則隻取重焉。若苟隻好而已，雖有兼取（？）矣。若二好鈞平，無分輕重，則一俯一仰，乍進乍退』。

三　徐氏論教育

徐氏論教育的功用有三種：一是啓發智慧，二是改進習慣，三是完成人格。他說：知識如珠寶，兒童初生，腦筋蒙昧，如處暗室，室中縱有許多珠寶，概不能見。教育如同白日，拿白日的教育之光一照，四壁如晝，所有宇宙間一切瓌寶皆能看見，皆有路搜求，故教育是啓發吾人的智慧以搜求知識，引導吾人由黑闇到光明路上的一個工具。這是第一種功用。兒童初生，不但沒有知識，他們的性情也是很粗野未上軌道的。倘若聽其自然，不但惡的本性容易養成惡的習慣，即善的本性亦難以形成。教育的功能，正是要培養善的習慣，去掉惡的習慣。故曰：

『人雖有美質而不習道，則不爲君子，故學者求習道也』。這是第二種功用。啓發兒童的智慧，把他們引導到成人社會裏面和成人一塊生活；培養善良習慣，使他們向着好的路上行走，所有吾人應備的生活條件，全可以由教育教給他們，使他們在社會裏面成一個美好無缺的個人，——徐氏所謂『有德的君子』，這是教育第三種功用。

以上三種功用，尤以啓發智慧爲重要。啓發了智慧就可以探求知識，有了知識則爲人處世或利己利人，皆有莫大的功用。因此，徐氏特別看重知識，並發表『知識重於德行』的言論。他說：富於知識的謂之明哲之士。明哲之士，見理透闢，認事清楚；能考察已往，能推測未來；處常也可，處變也可；權力不能受其威脅，巧詐不能受其欺蔽。像這種明哲之士，比較那專講道德，死守清高的君子，有用多了。他並引了孔子之贊美顏淵，及曾參、原憲之不能列入四科，皆以才盛與否爲標準，不完全謂顏淵之有盛德的關係。(註一)儒家本以德行爲本，徐氏亦純正儒者，而發表『知重於行』的奇論，或矯先儒空疏之弊，或感於當時一般正人君子反以盛德受禍，此兩種心理都是有的。

知識既重於德行，倘專靠聰明才智而不努力，則知識亦無法增進。所以徐氏一方面雖稱美聰明才智之人，同時還要鼓勵一般人的意志之努力。蓋吾人求學多由意志的督迫而成；意志堅強，雖生性笨拙也能成功；意志不堅強，縱有天才也是無用。所以他說『故雖有其才，而無其志，亦不能興其功也。志者學之師也，才者學之徒也。學者不患才之不贍，而患志之不立；是以爲之者億兆，而成之者無幾，故君子必立其志』。(治學篇)他又說『故才敏過人，未足貴也；博辨過人，未足貴也；勇決過人，未足貴也。君子所貴者，遷善懼其不及，改過恐其有餘』。(虛道篇)『遷善懼其不及，改過惡其有餘』，卽意志的努力。

徐氏關於教育方面最精到的地方，要算教授方法論。他說，教授兒童，不在多灌以死的知識，和喋喋多言。第一步要考查他們的本性和了解力，並要觀察他們此刻心志的活動。本性近於某方面，卽向某方面引導，所謂『導人必因其性』。按照他們的了解力而給以相當的材料，所謂『君子與人言也使辭足以達其智慮之所至，事足以合其性情之所安，弗過其任而強牽制也』。但本性固然有定，而心理的狀態可是常常有變化的，必要觀察他們現時的心理狀態或是常態或是變態，或正被某種事物所牽引，然後施以適當的方法——或提示、或警告、或授與。使他們自然能夠領受，毫不牽強；使他們樂於領受，毫不感覺痛苦。（註二）倘不用此種方法，而硬要注射以多量的材料，不惟於兒童沒有進益，反足以使他們益陷於糊塗，兒童不但不感激教者的熱心，並能引起師生間不好的感情，說教師有意欺騙。所謂『苟過其任，而強牽制，則將昏瞀委滯，而遂疑君子以為欺我也；否則曰無聞知矣』。貴言篇 按照兒童先天的本性，和現在的了解能力，以及此刻的心理狀態，而施行適當的教育，使他們欣然自得，這種學說總算是比較精到的。兩漢二百年來的教育學者講論本性固然先後繼起，各有發揮，至於教學方法的理論前賢應當讓後生，以徐幹最為進步。至於求學：（1）貴在虛心聆受，不宜自是；（2）不重名詞的死記，而重大義的了解；（3）多方深求以歸納成一個原理，皆屬很平常的理論，我們勿庸多述了。

徐氏還有一個開闢的思想，就是反對『輕愛生而重哀死』這一派思想的人。他說：

『人之過在於哀死，而不在於愛生；在於悔往，而不在於懷來。喜說乎已然，好爭乎遂事；墮於今日，而害於後旬；如斯以及於老』！修本篇中國民族——尤其是厭世派的人——把『生之慾』看得太輕，把『死之哀』看得太重，總在已往的事情上面輜銖較量，而於將來的事情全不注意有系統的計畫。這種態度的民族，可以說是一種『悼亡』的民族、『懷古』的民族，及對於將來新的生活，與世界毫不注意和希望開闢與獲得的民族，中國人思想之沒有多大的進步就在這個原因上面。魏晉六朝人精神上所包含這種毛病的成分更多。徐氏生當佛老思想正在發達的時代，而有這個進步的開闢的思想發表出來，不但正好診治當時思想的頽廢，並是跳出漢儒死的教育圈子以外，而給予吾人以新的希望，使吾人益信教育是有效能力的。至於修養方面，孳孳矻矻，眞有『遷善懼其不足，改過恐其有餘』之態，不愧爲當時的名賢儒家的殿將了。

(註一)(中論智行篇)夫明哲之士者，威而不慴，困而能通，決嫌定疑，辨物居方，禳禍於忽杪，求福於未萌，見變事則達其機，得經事則循其常，巧言不能推，令色不能移。動作可觀，則出辭爲師表，比諸志行之士，不亦謬乎。

(註二)(中論貴言)故君子之與人言也，使辭足以達其智慮之所至，事足以合其性情之所安，弗過其任而強牽制也。苟過其任而強牽制，則將昏瞀委滯，而遂疑君子以爲欺我也，不則曰無聞知矣。非故也，明偏而示之以幽，弗能照也；聽寡而告之以微，弗能察也。斯以資於造化者也，雖曰無訟，其如之何。……是以君子將語人以大本之源而談性義之極者，必先度其心志，本其器量，視其銳氣，察其墮衰，然後唱焉以觀其和，導焉以觀其隨，隨和之微發乎音聲，形乎視聽，著乎顏色，動乎身體，然後可以發幽而步遠，功察而治微；於是乎闓張以致之，因來以進之，審論以明之，雜稱以廣之，立準以正之，疏煩以理之，疾而勿迫，徐而勿失，雜而勿結，放而勿逸，欲其自得之也。故大禹善水而君子善導，導人必因其性，治水必因其勢，是以功無廢而言無棄也。

本章參考書舉要

（1）前後漢書的賈誼、董仲舒、王充、揚雄、馬融、鄭玄各人本傳

（2）三國志的魏志

（3）春秋繁露

（4）新書

（5）法言

（6）論衡

（7）申鑑

（8）中論

第二期　魏晉南北朝(220——588)

第十二章　魏晉六朝之政局與民族

一　混亂的政局　兩漢帝室統制中國將近四百年，接手一個長期的混亂局勢來了。這一個時期，包含三國、兩晉、南北朝、簡稱魏、晉六朝。魏、蜀、吳三國鼎峙了六十年，沒有一日無戰爭。西晉滅蜀併吳統一中原不到四十年，便受五胡的侵凌，把政府搬到江左，避亂以圖苟安。且在這三十多年中，內有賈后穢亂朝綱，外有八王操戈同室，混亂情形較甚於三國時代。東晉偏安江左不過百年，而權奸之叛亂已是五起。自此以後，江南則四十年一革命，五十年一換朝；江北自五胡十六國擾亂以後，中間百餘年雖曾一度統一於元魏，稍稱小康，不久亦分東西。這種棼亂的政局，由三國到南北朝之末，竟延長了四百年之久，可謂中國歷史上混亂最長的一個時期。

當政局混亂的時候，多半是干戈相尋的時候。有時是同族相殺，有時是異族相殺，有時是同姓相殺，有時是異姓相殺；故生在魏、晉六朝的人民一方受政治的荼毒，同時又受戰爭的殘害。我們把歷代的戶口册子檢查一看：東漢盛時有人口五千三百二十餘萬，到三國時代銳減僅有七百六十七萬人。晉武時稍增至一千六百十餘萬，至南北朝之末又減到一千一百餘萬。以此數目——南北朝之末的人口數——與隋文帝時比較，相差已是三倍。若以三國時的人口再與隋文時比較，相差竟到六倍之多。〇隋文時有四六一九五六人 這個時期的人口之銳減，亦可以驚人了！縱令此時人口生殖率較前後各期都弱，但亦不致弱到這步田地。蓋當戎馬相踏的時候，犬馬也不安寧，加以賦役煩苛，災疫流行，於是壯者應戰爭以死，老弱因逃亡以盡，人口銳減乃是當然的結果。

二　異族的內犯　這個時候，正是漢族勢力衰弱北方諸族紛紛向內遷移的時期，中原之民因此更遭一層痛苦。漢族自蕃殖其種族於黃河腹地以後，經屢代的開發，凡政治組織能力及文化程度皆優於其四鄰各族，因此漢族自詡爲文明民族，把其他全看着爲野蠻民族。其他各族的文化程度本來遠不如漢，當西周末年尙爲部落生活，東周以來雖時時侵犯漢族，不久就被漢族的強大諸侯所征服了。自秦、漢以來，漢族的勢力一日強盛一日，不僅內部統一，且擴充帝國領土於四鄰不遺餘力，於是漢族之名震轢海外，儼然爲東方主人翁。富強既久，生活日習於奢侈，體質亦因受了文雅教育漸趨於柔靡，種種弱點逐漸暴露。東漢末年，帝國政府失了統御的能力，內部自相殘殺，更給他們——異族——以侵擾的機會。且北方野蠻民族也隨着時代而進化，乘此時中國內亂漢族衰弱的當兒，紛紛向內遷徙，蕃殖他們的子孫於中原，——由黃河流域漸及於淮河流域，於是自江、淮以北全爲他們所佔領。這種野蠻民族，文化粗淺，性情獷悍，其殘暴與破壞的行爲，自然到處橫施。漢族人素以華夏自居，今見中原文化之地室家所託，丘墓所在，突然遭受這種蹂躪，其心理上一定感受着非常的痛苦與悲憤。

政治紛亂，戰爭相尋，異族橫行，人口銳減，社會上一切生產事業無從進步，民族的精神思想方面自然難得有積極的表現。這種情形，魏、晉更甚於南北朝。在魏、晉時代，除了以上各種混亂情形外，更有政治的殘暴。東漢末年，由宦官專政所演成的黨錮之禍，已使知識分子見而寒心；曹魏父子當國，乃以猜忌御羣臣，以苛刻待士類，更使知識分子感覺『危行言愼』的痛苦。這個時候，民族精神思想方面更難得有積極的表現，此消極的出世的佛老學說所以盛行於一世了。

第十三章　魏晉六朝之學風

一　老莊變爲淸談　西漢承秦、楚兩火之後，一般儒家用全力搜集遺書，整理國政，做他們的學術統一工作。政府借此爲奬勵，學者借此求功名，相習成風，於是考據之學成爲兩漢四百年研究學問的唯一路徑。這種治學的方法固有其自身的價值，但師法專在承襲，考據過於瑣碎，結果只有記誦而無思考，只有保守而無創作。這種學問，在當時固屬適應環境的需要，上下相倡，演爲學風。但自時代變遷以後，或工夫厭煩以後，必然起很大的變化，本期的老莊學派與佛家學派就是對兩漢考據學派所起的幾種學派。儒家考據學因工夫過於機械，至東漢末葉已經維護不住了，大儒馬融之不遵禮法，太學諸生之不守章句，皆是考據學逐漸崩潰的明證。——也是儒家勢力逐漸衰落的明證。（註一）到了魏、晉，加上政治的殘暴，蠻族的蹂躪，及長期的內亂，一般人不但生活得不着安定，且於生命常有不測的危險，爲苟全性命於亂世，只有借老、莊學說爲護符，此老、莊學說所以在魏、晉演成一個時代的風氣。此時演習老、莊學說的人們，稱做淸談家。他們的思想不與老、莊全合，介於老、莊兩派之間，而態度近於莊派，可說是一種專掉虛空玄理的名士派。此種淸談風氣，始於魏文正始年間，開山老祖爲何晏、王弼，至晉則以王衍、樂廣爲代表，而阮籍、稽康、王戎、裴楷諸人也是此中的重要人物。（註二）他們喜爲放言高論，平日所談說的全不關於實際生活，不關於國家痛癢，越是說得虛空巧妙越發顯得他們漂亮，博得大衆的贊揚與羡慕，——當時謂之淸談。（註三）

但他們的思想雖介於老、莊兩家之間，他們的態度則爲紳士與官僚的混合，依然爲封建社會的產物，而較封建貴族更其虛矜。

（註一）（後漢書儒林傳）自是游學增盛至三萬餘生。然章句漸疏，而多以浮華相尙，儒者之風蓋衰矣。（徐防傳）伏見太學試博士弟子皆以意說，不修家法。

（註二）（日知錄世風）講明六藝，鄭王爲集漢之終；演說老、莊，王何爲開晉之始。（閻氏）曰，清談之風，一盛於王何，再盛於阮籍，三盛於王樂，而晉亡矣。（晉略彙傳淸談）樂廣與戎從弟衍俱宅心世外，天下言風流者稱王、樂。

（廿四史劄記六朝清談之習）清談起於魏正始中，何晏、王弼祖述老、莊，謂天地皆以無爲本。向秀好老、莊之學，嘗註釋之，讀者超然心悟。郭象又從而廣之，儒墨之跡見鄙，道家之風遂盛。……是當時父兄師友之所講求，專推究老、莊以爲口舌之助。……則隋時五經之外仍不棄老、莊，且又增佛義，晉人虛僞之習依然未改，且又甚焉。風氣所趨，積重難反，直至梁、陳之後始掃平之。

（註三）（晉書儒林傳）有晉始自中朝，迄於江左，莫不崇視華競，祖述虛玄，擯闕里之經典，習正始之餘論，指禮法爲流俗，目縱誕以清高，遂使憲章弛廢，名教頹毀。

（廿四史劄記六朝清談之習）清談起於魏正始中，何晏、王弼祖述老、莊，謂天下萬物皆以無爲本，無也者開物成務，無往而不成者也。是時阮籍亦素有高名，口談浮虛，不遵禮法。籍嘗作大人先生傳，謂世之禮法君子，如蝨之處褌。其後王衍、樂廣慕之，俱宅身世外，名重於時，天下言風流者以王、樂爲首，後進莫不競爲浮誕，遂成風俗。學者以老、莊爲宗而黜六經，談者以虛蕩爲辯而賤名檢，行身者以放濁爲通而狹節信，仕進者以苟得爲貴而鄙居正，當官者以望空爲高而笑勤恪。

（晉略彙傳）清談總論曰，魏文浮華，藻績乃極，再變而老、莊之辯出焉。王何騰口，務爲高遠，因以簡功實賤職業，其初爲清談，其放爲任達。

二　佛學之輸入

魏、晉爲老、莊思想流行的天下，南北朝則爲佛家信徒獨步的世界。佛教流入中國，據舊史所載都說始於東漢中葉，當西曆紀元百年之頃。自此以後，西僧陸續東來，也有爲中國人翻譯經典的。但他們的勢力究屬微簿，所譯全是小品，中國人也未曾感到享用上的必要，不過爲極少數者爲迷信與好奇兩種心理所趨使。自東漢末年以後，政局混亂，儒家學術獨佔的世界漸次瓦解，國人始感到佛教的需要，而開始作輸入的運動。此種運動始於魏、晉之初，到南北朝而大盛，逼直延續至唐之中葉，前後相繼亙五百年。當這個時期，中西信徒對於佛教的灌輸運動，翻譯工作，極一時之狂熱。中國名僧冒險前赴西域或印度搜求的，共計一百多人，前後數十起。他們前往西土，或十餘年始歸，或二十年乃返，攜帶經典來國內弘布，成績卓然驚人。本期佛教中心地點，分長安、洛陽及建康三處。長安爲往來西域的要衝，在姚秦、苻秦時代翻譯事業頗極一時之盛，著名西僧鳩摩羅什即此時代表人物。（註一）洛陽爲北朝的國都，建康爲南朝國都。佛教在北朝除了因太武帝特好道教大受一次迫害外，佛經流通，信徒入教的更盛於前。（註二）南朝人的性情更喜佛法，三百年間流行無阻，尤以梁武時爲最發達。（註三）第一次往西域搜求佛經的名僧有朱仕行，對於佛學開始作發明工作的名僧有衞道安，皆是本期佛學界上的偉大人物；而隋唐所有宗派大半也是在此時期成立的，可以想見其盛況了。自此以後，中國遂爲佛教的消納地，佛教思想在此數百年間涵煦長養於中國民族的腦海中，差不多成了第二天性。

（註一）《隋書經籍志佛經》姚萇弘始二年，鳩摩羅什至長安，大譯經論，道安所正與羅什所譯義如一，初無乖舛。時胡僧至長安者數十輩，惟鳩摩羅什才德最優。

（註二）《魏書釋老志》自魏有天下，至於禪讓，佛經流通，大集中國，凡有四百一十五部，合一千九百一十九卷。正光已後，天下多虞，工役尤甚，於是所在編民相與入道，假慕沙門，實避調役，猥濫之極，自中國之有佛法，未之有也。略而計之，僧尼大衆二百萬矣，其寺三萬有餘。

（註三）（隋書經籍志佛經）梁武大崇佛法，於華林園中總集釋氏經典凡五千四百卷。

三　儒學之分南北　這個時期，佛、道兩家雖氣燄萬丈，清談風氣雖時髦絕頂，但國人對於儒家經術的研究，並非完全消沈。其實北朝因鄭氏講學的流風，及政府熱心的提倡，學者家法相承，往往不絕，且有專門名家的。南朝經學雖不及北朝的發達，但在蕭齊之初，及梁武四十餘年間，儒學亦稱隆盛。（註一）不過當時治經者，有南學北學之分。北學所通行的，是鄭玄註的易經、書經、禮記，毛公註的詩經，服虔註的春秋。南朝所通行的，是王弼註的易經，王肅僞作的孔安國書經傳。總之北學以鄭氏爲宗，南學以王氏爲歸；加以兩方民性不同，所以生了顯然的差異。

（註一）（廿二史劄記）六朝人雖以詞藻相尙，然北朝治經者尙多專門名家，蓋自漢末鄭康成以經學教授，門人著錄者萬人，流風所被，士皆以通經積學爲業，而上之舉孝廉舉秀才亦多於其中取之。故雖經劉、石諸朝之亂，而士氣相承未盡變壞。（又）梁武之世，不特江左諸儒崇習經學，而北人之深於經者亦聞風而來。

本章參考書舉要

（1）晉書的儒林傳
（2）北史的儒林列傳
（3）南史的儒林列傳
（4）魏書的釋老志
（5）隋書的經籍誌

（6）晉略彙傳

（7）日知錄的世風

（8）廿四史劄記的清談及經學

（9）梁任公近著第一集的佛教之輸入

第十四章　魏晉六朝之教育

第一節　魏晉之教育

一　學校　從曹丕篡漢，到東晉滅亡，將近二百年。（西曆二二〇年至一〇二〇年）在這二百年的時期裏頭，學校教育雖不能說是完全停止，也可以說是在若有若無的狀況之中。我們先拿中央的大學來說吧：在魏文帝黃初時，本有明令興建太學，制定五經課試的方法，並佈告所轄的州郡，令有志求學的士子咸來入學，非不堂哉皇也。但一考其實，太學僅管開設，學生也上千人，而內容腐敗，有名無實，所謂太學不過搶入耳目的一種裝飾品。（註一）東吳只有學官而無學校，西蜀則國小民貧，年年用兵，更談不到學校的設置。以上三國時代的大學情形是大概如此。晉武帝統一全國以後，承曹魏太學的舊物，稍加擴充，故內中諸生曾一度增盛，也到了七千餘人，雖然品類不齊。但自懷、愍被擄，中原雲擾，太學於是無形的停閉了。（註二）東晉建國江左，中州士大夫不堪胡馬之蹂躪，紛紛南徙避亂，這一班知識分子懷着中原舊有的文物禮器以俱來，於是江左也修建太學。但君權薄弱，內亂屢起，學校受政潮影響，因此時與時廢，毫無成效可言。以上兩晉時代的大學情形是大概如此。（註一）至於地方教育，則更無可觀了。曹魏與西晉立國短促，州郡學校大率

當時階級觀念甚深，所謂品類不齊有二說：一士族與庶族，二眞正學子與假冒讀書者。

在平靖時則開設，在變亂時則停閉。東晉年代較長，中央雖屢經政變，而大權在地方，地方教育往往由封疆大吏私自提倡，（註三）所以全國頗不一致，也沒有統一或長久的計畫。總之這個時期的學校，可以拿『若有若無，時興時廢』八個字形容了。

我們考究其原因，除了政變以外，還有三種：（一）在當時長期的變亂中，政局沒有充分的安定，政府不過以設立學校爲裝飾門面的工具，所聘教師率多粗疎，辦理自不良善。而地方多亂，太學學生多半爲避亂或免役而來，目的本不在研求學問，他們亦不復安心讀書，所以往往冬來春去，而學業則陷於有名無實。（二）學校課程不外乎五經之術，六藝之文，這都是儒家的行業。但當時學風已布滿了老、莊的空氣，士大夫既以究習老、莊爲時髦，雖政府如何提倡，效力亦屬無幾，況政府中人並未具何種提倡的熱心。（註四）（三）漢末以來，經學業已怠荒，讀書之業替代經學而起的爲文學。自曹魏父子以君主而擅文壇，海內從風，以致南北朝至隋，此風不改。士大夫既習於文學，故經學因此不復用力研求——除了少數積學之士以外。（註五）至於學校內容，大概做照兩漢之舊，沒有什麽創作，更不必多敍了。（註六）不過此時有一件可注意的事情：晉武帝在太學之上另立一種國子學，專以教養五品以上的子弟，在他以爲做周禮國之貴游子弟受教於師氏之意，而當時士庶階級濃厚的觀念就可從此處看出來。

（註一）（魚豢魏略）至太和中，中外多事，人懷避就，雖性非好學，多求詣太學。太學諸生有千數，而諸博士率皆麤疎，無以教弟子，弟子本亦避役，竟無能習學，冬去春來，歲歲如是。（魏志劉馥傳）上疏曰：自黃初以來，崇立太學廿餘年，而寡有成者，蓋由博士選輕，諸生避役，高門子弟恥非其倫，故大學者雖有其名而無其人，雖設其教而無其功。（宋書禮志）東晉孝武太元元年，尚書謝石疏曰，大晉受命，值世多阻，雖文化日隆，而王道未備，庠、序之業或廢或興，遂令陶鑄闕日用之功，民性靡素絲之益。國子祭酒殷茂言之曰，自大晉中興，肇基江左，崇明學校，修建庠序，公卿子弟並入國學。尋致多故，訓業不終，陛下以聖德玄一，恩隆前美，與復儒肆，僉與後生自學建彌年，而功無可名，憚業避役，就存者無幾，或假託親疾，眞僞難知，聲實渾亂，莫此之甚。

（註二）（文獻通考）戴邈上言，喪亂以來，庠序隳廢。馬端臨曰，自永嘉之亂，庠序無聞，及堅之僭，頗留心儒學。

（註三）（宋書禮志）晉穆帝永和中，征西將軍庾亮在武昌開置學官。

（註四）（文獻通攷）成帝咸康三年，國子祭酒袁瓌太常馮懷以江左浸安，請興學校，帝從之，乃立太學，徵生徒。而士大夫習尙老、莊，儒術終不振。（南史儒林傳）洎魏正始以後，更尙玄虛，公卿士庶，罕通經業。（廿四史劄記）是當時父兄師友之所講求，專推究老、莊，以爲口舌之助，五經中惟崇易理，其他盡閣束也。

（註五）（文獻通攷舉士）李諤以選才失中，上書曰，自魏之三祖更尙文詞，忽君人之大道，好雕蟲之小技，下之從上，有同影響，遂成風俗。江左齊、梁其弊彌甚，代俗以此相高，朝廷據此擢士，利祿之路既開，愛尙之情愈篤。於是閭里童昏，貴遊總丱，未窺六甲，先製五言，捐本逐末，流遍華壤。

（註六）（魏略）黃初元年之後，新主乃掃除太學之灰炭，補舊石碑之缺壞，備學士之員錄，依漢甲乙以考課，申告州郡，有欲學者皆遣詣太學，太學始開，有弟子數百人。

二　選舉

士子仕進的門路，魏晉六朝與兩漢無大差異：或由公府辟召，或由郡國薦舉，或由地方長官的僚屬遞次上升，或由世族子弟承繼先人的地位。（見文獻通考舉士馬氏按）但此時所與兩漢不同的，則另有一種選舉方法，名曰『九品中正』。兩漢除了貴胄子弟承繼一門以外，其他三門多半根據於鄉里的毀譽——大多數人的輿論——以定選舉的標準，而九品中正之法則殊有不同。此法創始於陳羣。陳氏是魏文帝時的尙書，他以爲舊日選舉法毛病甚多，不能取得眞正的人才，乃創立九品官人的制度以替代之。把社會人才分做九等，每州每郡專派一人當選舉之任，按照品第以爲升降。若是品學兼優的人則逐漸上升，或以五升四，或以六升五。若是道義虧缺的人，則遞次下降，或自五退六或自六退七。執掌選舉者關係於一鄉一邑之人的榮辱，升降責任何等重大，倘此人而沒有公平正直的修養，必難勝任取名『中正』，其意可知了。凡郡邑設小中正一人，凡州邑設大中正一人。小中正所品第的人才，上貢到大中正，由大中正審核送到中央之司徒，司徒再考核一道，然後發往尚書處錄用。此項中正多半是本鄉人，曾經做過大官德望俱高者，方能當選。此法始於曹魏初年，經兩晉以至南北朝，差不多施行了四百年。到隋開皇中葉，方始廢止。（註一）人羣進化，思想是一天複雜一天，古人自不及今人，但存心公直似乎今人不如古人了。魏晉六朝士氣雖然不振，然直道之風尚有一二可取的地方，故九品中正之法尚能取得眞正的人才。不過自開門第風氣以後，士庶的界限分得太嚴，司品題者多半是士族，因之被品題者也是以世家為主，流弊所趨，庶族雖有高才亦難登上選，此劉毅有『上品無寒門，下品無士族』之歎。（註二）自此以後，拔取人材的方法，乃由科舉代之而興了。

（註一）（通典）魏文帝時，尚書陳羣以天朝選用不盡人才，乃立九品官人之法，州郡皆置中正以定其選。擇州郡之賢有識鑒者，為之區別人物，定其高下（餘均見杜佑氏按語）。

（廿四史劄記）魏文帝初定九品中正之法，郡邑設小中正，州邑設大中正，由小中正品第人才以上大中正，大中正核實以上司徒，司徒再核然後付尚書選用，此陳羣所建白也。

（註二）（文獻通考選舉任子）馬氏曰：自魏、晉以來，始以九品中正為取人之法，而九品所取，大概多以世家為主，所謂上品無寒門，下品無士族，故自魏晉以來仕者多世族。逮南北分裂，凡三百年，而用人之法多取之世族。如南之王謝，北之崔盧，雖朝代推移，鼎遷物改，猶卬然以門第自負。

第二節　南北朝之教育

一　南朝學校　南朝學校之不振興，與魏晉同一情形。我們考査史書，他們與建太學較有起色的，只有兩個時代：一在宋文帝元嘉的時候，一在梁武帝天監的時候。在元嘉時京師開辦了四個大學，研究佛老學說的曰『玄學』，研究古今歷史的曰『史學』，研究詞章的曰『文學』，研究經術的曰『儒學』。（見通鑑）中國歷代國立學校卽以經術爲課程，竟成定規，而此時對於佛老學術及歷史且正式設立大學，從事研究，面目獨闢，這一點很值得我們贊美了。但此時州郡學校的情形如何，殊難考查。在天監時，於中央地方建立國學以外，開設五館，每館置五經博士，充當館長，而以五經教授一人總其成。館內課程不外五經之術，六藝之文。學生只問程度，不限資格，果具才能，雖寒門子弟皆有入館求學的機會。生徒入館求學，由館供給膳宿。館中亦有定期考試，倘能射策通明經術的，卽可委派一種官職。五館既不限資格，又不限名額，所以四方學子負笈求學的非常踴躍，每館養士率皆多至數百。武帝要算帝王中最有學識的一個人，自建國學開五館以後，嘗倣照三代視學之禮，親往省視，一則祭奠先師，一則獎賞勤勞。並且分遣博士祭酒到各州郡立學。（註一）自武帝這樣一提倡，不僅學校發達爲南渡諸朝之冠，卽講誦經學的風氣也是盛極一時，北方學者聞風而來的亦復不少。（註二）可惜晚年迷於佛教，置其他經術於不顧，而學校由此漸衰，迨侯景亂後遂無形停閉了。

二　北朝學校　北朝學校較南朝發達：一則由於國君的提倡，一則由於時局比較的安定。蓋南朝合共一百七十年，（自西曆四百二十年至五百八十年）更姓四次，太平日少，喪亂日子多。北朝自道武帝開國，到東西分裂之初，統一中國北部將近一百五十年，（自西曆三百八十六年至五百三十四年）所以他們對於教育事業比較容易建設。當道武帝初定中原的時候，卽提倡經學，在首都平城設立太學，置五經博士，充當教授，學生由千人至三千人，這是北魏太學的創始。太武帝接着起來，又於城東建立太學一所，令天下州郡選派才學之士，進京求學。北方多年受着胡馬的踐踏，經術荒蕪之餘，經他們這樣一提倡，『於是人多砥尙儒術，轉興獻文』。（見北史儒林傳）到獻文帝時，乃規定州郡學校的制度，遍開鄉學，每郡設鄉學一所，每所有正教有助教，多少不等，而正教以博士充當。凡大郡立博士二人，助教四人，學生一百人；凡次郡立博士二人，助教二人，學生八十人；凡中郡立博士一人，助教二人，學生六十人；凡下郡立博士一人，助教一人，學生四十人。孝文帝尤慕華風，遷都洛陽以後，事事模倣漢人所爲，變胡服而衣華裝，斷胡語而從正音，一初禮儀制度無一不效法漢人。至於『開設大學，講論經術』，尤爲漢族文化的特色，他對於此特色的文化極力提倡，自然不在話下。所以在洛陽除了設立國子太學以外，又於四門設立四門小學。自此以後，北方承平將近八十年，不僅國學鄉學比較南學完備，卽私人講學之風也是盛極一時。（註三）這個時候，正當南朝梁武帝提倡學校的時候，介於五、六兩世紀之間，我們若是統觀六朝的四百年教育，要算這個時代爲最發達。但自孝昌以後，北魏領土東西分裂，四方學校殘毀殆盡，北齊高氏與北周宇文氏雖稍稍修復，然亦不過具文，不足觀了。（本文均見魏書及北史儒林傳）

（註一）（隋書百官志）梁國學有祭酒一人，博士二人，助教十人。太學博士八人，天監四年置五經博士各一人。舊國子學生限以貴賤，帝欲招來後進，五館生皆引寒門儁才，不限人數（餘均見南史儒林傳及梁書儒林傳）。

（註二）（廿四史劄記南朝經學）其時自北來者崔君恩、宋懷方、戚袞外，尙有孫祥、蔣顯等，並講學，而音辭鄙拙，惟盧廣言論清雅，不類北人。是可見梁武之世，不特江左諸儒崇習經學，而北人之深於經者亦聞風而來，此南朝經學之極盛也。

（註三）（北史儒林傳）時天下承平，學業大盛；故燕、齊、趙、魏之間，横經著錄不可勝數，大者千餘人，小者猶數百。州舉茂異，郡舉孝廉，對揚王庭，每年愈衆（餘見北史儒林傳甚多不詳錄）。

本章參考書擧要

（1）文獻通考的擧官、擧士

（2）五禮通考的學禮

（3）宋書的禮志

（4）齊書的禮志

（5）隋書的百官志

（6）魏志

第十五章　本期教育家及其學說

第一節　概論

本期經學大師，首推王肅，其次則爲徐遵明。王氏字子雍，江蘇東海縣的人，在曹魏時代，作官至中領軍散騎常侍。平日喜究賈、馬之學，所學駁雜，又喜著述。當時海內講經的學者多宗鄭氏之說，自王氏出，儼然爲鄭氏一大學敵。到南北朝時，經學遂分着兩派：北朝以鄭氏爲宗，南朝以王氏爲主，兩家門徒互有攻訕。今文學家以王氏喜爲造作，又多傅會冒充的話，所以對他格外不滿。徐氏字子判，陝西華陰的人，爲北魏時代一大宗師。徐氏自幼時卽愛讀書，但他的性情卻肆放不守繩墨，易師四次而業始就。學成以後，在外講學二十多年，海內莫不宗仰，只以頗愛錢財，每講必懸價格，與儒者的風度不同，所以時人對於他的人格每多疵議。以上二人雖爲一代的經師鴻儒，對於思想方面，毫無表現，本期以儒家而具教育理論的只有傅玄與顏之推二人。傅氏論性與揚子的善惡混說相似。顏氏注重兒童教育及論環境勢力的重大，並提倡胎教，極見精要。除儒家以外，道家取葛洪一人，佛家取劉勰一人，爲代表。葛氏言教育的功用，劉氏論修養的方法，較有可採。至於淸談派，思想近於莊子，態度可極鄙陋，且無一人具有教育意味者，所以只好從略。

第二節　傅玄與顏之推

一　傅玄　傅氏生於漢獻帝建安二十二年，死於晉武帝咸寧四年，應爲三國時的魏朝人物。但他在晉朝，官遷至太僕，且對武帝上疏貢獻過政見。他的傅子一百二十卷也是完成於晉初，所以史家把他列入晉朝了。原籍北地泥陽，今屬於甘肅，一生剛勁亮直，於沙漠生活不無關係。本期儒家的純粹分子，應推他爲第一，所著傅子，大抵係闡明儒家的經濟政策與倫理哲學，關於社會經濟方面的議論，尤具卓識。但他的倫理哲學，完全是唯心的。他以心爲『神明之主，萬理之統』，所以『立德之本，莫尚乎正心：心正而後身正，身正而後左右正，左右正而後朝廷正，朝廷正而後國家正，國家正而後天下正』。傅子正心篇　傅氏論性，與揚雄的善惡混說很相近。他以人類有『好善尙德之性』，又有『貪榮重利之性』，——前者是善的，後者是惡的。但此善惡混雜之性，並不固定，是極活動而富於矯揉的。打個比方：

『人之性如水焉，置之圓則圓，置之方則方；澄之則淳而清，動之則流而濁』。傅子附錄

因爲人性是極活動的，所以容易受教育。因爲人性是善惡混雜的，所以必須給以好的教育。好的教育就是禮義，以禮義爲教，則善日長而惡日消，於個人則可以爲君子，於社會國家則可以得到安順。所以他說：

『先王知人有好善尙德之性，而又貪榮而重利也，故貴其所尙，而抑其所貪。貴其所尙，則禮讓興；抑其所貪，則廉恥存』。戒言篇

能够以禮義爲教，發達人類的善性，自然上安而下順；否則施教不以其道，使惡性發展，則天下必同受其禍。所以他又說：

『人之性，避害從利；故利出於禮讓，則修禮讓，利出於力爭，則任力爭。修禮讓，則上安下順而無侵奪。任力爭，則父子幾乎相危，而況於悠悠者乎』。（貴教篇）

二 顏之推

顏氏名之推，字介，是山東瑯邪臨沂的人。性愛飲酒，多放縱，不是純粹的儒者。幼年承家學，善周官左氏。稍長博覽羣書，無不該洽，喜爲詞章，也極典麗。生於梁天監年間，當十二歲時，値湘東王繹自講老、莊，遂做了他的門生，後又在他的幕下當參軍，很受器重。到後來，湘東王繹失敗，顏氏被虜至北齊。隋文帝興起，又在隋朝做過學士。

顏氏的思想，見於顏氏家訓。此書二十篇，凡讀書、習禮、爲人處世、治家、交友種種要道，一一舉說，以訓誨他的兒子，可謂一本家庭教育課本。通篇言論皆以儒家主義爲中心，其中關於教育理論的有數點：（1）教育的意義，在誦習古人的嘉言懿行，以啓發其知識而指導其行爲。上智之人，知力天成，或不待學習而自能與法則暗合；其餘一般人，欲其多智明達，未有不待學習的。例如養親事君之道，必須考查古人的懿行，而體帖模仿，纔能合於正理而當於人情。（註一）（2）教育子弟，須從懷胎時教起，縱一般人辨不到，亦須從幼小教起。其理由有二：一則人當幼小時，性情純潔，未染惡習，對於父兄師長的教誨，極易接收，否則費力多而成功少。所謂『當撫嬰稚，識人顏色，知人喜怒，便加教誨，使爲則爲，使止則止。比及數歲，可省笞罰；父母威嚴而有慈，則子女畏愼而生孝矣。……驕慢已習，方復制之，捶撻至死而無威，忿怒日隆而增怨，逮於成長，終爲敗德』。教子篇二則幼小兒童腦筋簡單，未經鑿傷，讀書容易記憶；到二十歲以後，則記憶力銳減了。所謂『人生幼小精神專利；長成以後思慮散逸，固須早教，勿失也』。勉學篇（3）環境的力量最大，兒童的習慣多半被左右近習之人所影響。所謂『人在幼年，神情未定，所與款狎，熏漬陶染，言笑舉動，無心於學，潛移暗化，自然似之』。慕賢篇因此之故，父母對於子女，一面固然要從小施以良好教育，一面對於他們左右近習之人審愼選擇，以免導入歧路而不自覺。

（註一）（勉學篇）夫所以讀書學問，本欲開明心目，利於行耳。未知養親者，欲其觀古人之先意承顏，怡聲下氣，不憚劬勞，以致甘腝，惕然慚懼，起而行之也。未知事君者，欲其觀古人之守職無侵，見危受命，不忘誠諫，以利社稷，惻然自念，思欲效之也。素驕奢者，欲其觀古人之恭儉節用，卑以自牧，禮爲教本，敬爲身基，瞿然自失，斂容抑志也。……

第三節　葛洪與劉勰

一　葛洪　葛氏字稚川，是丹陽句容的人，自號抱樸子。他的先世雖做過大官，到他初生時業已中落了。幼時貧且孤，嘗以耕田砍柴過日子。但好學心切，每於工作餘暇，刻苦讀書；即作工時，也不釋書卷。性情沈默寡欲，除讀書外一無所好，也不愛做官；但或爲探求學問時，雖崎嶇千里也要跋涉而不辭勞苦。他的思想前半生是儒家的，後半生是道家的。所著抱樸子一書：外篇五十二，是站在儒家立場說話，表示前半生的思想的；內篇五十，是站在道家立場說話，表示後半生的思想的。但他的道家思想卻不與老、莊盡同，完全走入了宗教道上，研究神仙之術了。據他自述，曾在廣東羅浮山鍊丹七年，遂成抱樸子一書。葛氏生於魏文帝嘉平五年，到東晉成帝咸和八年羽化而登仙，享年八十一歲。

葛氏關於教育的言論，只見於他的外篇。內中有三點：一是說明教育的功用，二是說明教育的效力，三是說明努力的重要。關於第一點，又分着三層意思：第一層，以教育爲『革面洗心導竅鑿鈍』的功用；第二層，以教育爲『察往知來，博涉勸成』的功用；第三層，以教育爲『爲人處世，治國安民』的功用。關於第二點，他以無理性的物件比有靈性的人類，物件都可因人工而教成，則『含五常而稟最靈』的人類之可教，更不待言。關於第三點，他亦以人類之『才性有優劣，思理有修短』，但成功還在於自身的努力。比如：『速悟時習者，驥騄之腳也；遲解晚覺者，鶉鷃之翼也。彼雖尋飛絕景，止而不行，則步武不過焉。此雖咫尺以進，往而不輟，則山澤可越焉』。勖學篇按這一類的話，極其膚淺，本無可取，不過在道家中而肯談這種學說的人，殊不多得。

二　劉勰

葛氏爲道家之徒，劉氏則爲佛家之徒。劉氏是東莞莒縣的人，名勰，字彥和，自幼時卽發憤爲學。因父死過早，家貧無力娶妻子，遂終身爲一獨身者。當少年時，嘗依沙門居處，得以博覽佛家經典，所以他的性情也爲環境所移，變做了一個恬淡消極的人。他是梁朝的人物，與昭明太子友善。到後來，自燔其鬢髮，改名慧地，率與出家當和尙去了。

他的思想，見於新論一書。在本書的字面上，看不見擁護佛家的一個字，其內容也不純粹是佛家的理論，牠是融合儒、佛、道三家的思想而組織的。內中關於教育方面的有兩點可以採取：一爲修養論，一爲求學說。

劉氏以性爲善，慾爲惡，情介在善惡之間。情生於性，過了度則傷性。慾生於情，受了撼則害情。譬如：冰出於水，冰結反使水遏而不流。煙出於火，煙多反使火鬱而不發。所以撼慾的，不外聲色臭味等物質代表慾的爲耳目口鼻等感官，感官受了物質的誘惑，則慾火生，直接害情，間接傷性，而性亂了。假使感官沒有物質的引誘，則關閉心鑰，慾自不會發生，情亦無所動於中，而性自能全其貞。但吾人生於這個社會。觸目皆色，張耳是聲，四圍皆是敵人，不時向我攻伐，其慾怎得不熾，其情怎得不動。推此原因，由於不知全性之道。怎樣全性，莫如『神恬心清』；能够如此，則中有主宰，而能因靜以定，因清以虛，外感自然不能攻入。所謂『恬和養神，則自安於內；清虛棲心，則不誘於外；神恬心清，則形無累矣』。清神第一 故劉氏修養之法，以『神恬心清』四字爲要，能够做到這四個字，則性自能保全其貞，情自不動，慾自不生。

劉氏是一個篤志好學的人，所以提倡『崇學主義』。他說：『道家之妙，非言不津；津言之妙，非學不傳；未有不因學而鑒道，不假學以光身者也』。崇學第五 學的功用，不僅『鑒道』、『光身』兩種，凡『通性』、『益智』皆由學得來。學的功用既如此之大，求學的方法尤在於『專』。所謂『專』，卽心力專注之意。此意分兩點說：一是要把心放在所學之事物上；二是同時不能學習兩件東西，同時學習兩件，則心就分而不專了。劉氏有一段話說得尙好，我們勿妨鈔引在下面：

『學者出於心，心爲身之主，耳目候於心。若心不在學，則聽訟不聞，視簡不見。如欲鍊業，必先正心，而後義理入焉。……是以心駐於目，必遺其耳，則聽不聞；心駐於耳，必遺其目，則視不見也。使左手畫方，右手畫圓，令一時俱成，雖執規矩之心，迴剟劂之手，而不能者，由心不兩用，則手不並運也。……是故學者，必精勤專心，以入於神。若心不在學，而強諷誦，雖入於耳，而不諦於心，譬猶聾者之歌，效人爲之，無以自樂，雖出於口，則越散矣』。（專學第六）

本章參考書舉要

（1）晉書的傅玄傳及葛洪傳
（2）北齊書的文苑列傳
（3）北史的儒林傳
（4）南史的文學列傳
（5）傅子、抱樸子、新論、顏氏家訓

第三期　隋唐及五代(589——959)

第十六章　隋唐之國力與士氣

一　政權集中與國力外張　在六世紀之末，自漢族將政權由鮮卑族手中奪回以後，從前久被壓迫的中華民族，自此得着揚眉吐氣，四百年的混亂局勢於是告一結束。但當時內地雖然統一於漢族，而塞外東西北三方面的野蠻民族又蜂擁而起，氣勢汹汹，差不多有對中國取包圍的形勢。經過隋煬帝唐太宗兩個時期，拿國家的全力對付他們，剿滅的剿滅，驅逐的驅逐，三十年間，總算把他們完全征服了；於是東到大海，西抵葱嶺，北至蒙古大沙漠，南達安南，全服屬於漢族政府的旗幟之下。在這個時候，中國領土較前陡增一倍以上，國家威力足以凌駕前代，震驚四鄰。四鄰各族，一方慑服中國的威力，一方羡慕中國的文化，紛紛遣士來學，而當時之文化與教育遂廣播於國外。從實際上說，隋、唐國力的伸張，不過爲少數野心家奮戰鬬之力所得的結果，他們所組織的政府，其權力之集中自然隨着國力更進一步。唐初統一中國以後，即別中央政務爲三部，由三省分掌，其實權則統率於皇帝一人。地方則分全國爲十道，道統若干府州，府州統若干縣，所有長官的任免全屬於中央。陸軍則採用周、隋的府兵制，使全國之兵統歸中央指揮，勿

唐制多因隋舊，且隋立國極短，故舉唐即以槪隋也。唐末分裂之勢，則歸入五代而併論之。

論地方長官或將軍皆不得專領。當軍權政權集中於中央，屢想向外發展如唐朝的時候，我們可以說：在政體上是一個極專制的君主政治，在國體上是一個富有侵略性的帝國主義國家。此時社會生產方法仍穩定於農業經濟之上，國外交通雖因國力促其發達，而國內商業資本無特殊發展，所以士大夫階級依然得以鞏固其地位，表顯其官僚政治的特色。同時且驕傲他們國家之富強，此隋、唐士氣與六朝人不同的原因。

二　隋唐士民的思想與態度　從表面上看，佛、老兩家的勢力雜入到儒家的社會裏面，與儒家爭寵奪敵，似乎隋、唐與魏、晉、六朝同一情形；但我們從實際上觀察，這兩個時代士民的思想與態度可是大不相同。生在六朝的士民，因政局的紊亂，及外力的壓迫，他們在物質方面得不着滿意的生活，所有生存的勇氣全因着環境而沮喪。因此之故，他們對於現時社會以爲沒有什麼希望，不得不從精神方面另找一個樂國，求着靈魂的安慰。故佛老思想之輸入正合他們的需要；或則放浪形骸，簡直佛老也不講；甚至一切不顧，只有及時隨地以求短時間的生命之愉快。他們全是一種消極的悲觀的人生。隋、唐士民的人生觀——尤其是唐之盛時——則不然。他們生長在太平時代，民殷國富，外無蠻族的壓迫，物質生活上可以得着比較的滿足與安定。且當時國力膨脹，四邊弱小或野蠻民族全被他們的國家征服，在文化與武力方面他們儼然是一個強大國之民，高視闊步的態度自然容易養成。所以他們眼中所見的社會都是甜蜜的、快樂的，彼此專在探獲物質上的享受，再也不知其他了。他們所講的佛老，除了少數知識分子作學理的研究外，一般官僚與士民不過以爲玩好之具，利用之方，這與六朝人借佛老以求靈魂的安慰者絕不相同。加以當時政府施行專制政策，以高壓手段對付反側，以利祿方法籠絡士民，他們縱有其他思想，也不敢有所發表，所以他們的精力只好完全在物質的現實的方面表現罷了。有骨格一點的人們，則從事於文學詩歌或各種藝術；沒有骨格的人們，則養成好奢侈、愛闊綽及不顧廉恥的種種卑汚習慣。唐末五代之廉恥道喪，氣節不講，皆於此時此因養成的。

第十七章　隋唐學風

在隋、唐時代，有三種學風：第一是佛學，第二是文藝，第三是儒術。此三種學風中，以一、二兩種所出人材最多，成績最大，而儒術反瞠乎其後。推究其原因，佛學與文藝皆以時代的趨勢及政府的提倡，所以特別發達，而儒術則因政府教育政策束縛過甚，所以反形退化了。

佛學自魏、晉以來，已爲中土人士所歡迎，潮流所趨，奔騰澎湃，不可遏抑。中經中外信徒費三百年運動之力，盡量輸入國內，上下相習，靡然從風，所以到了隋朝，民間佛經多於六經數十倍。隋亡唐興，研究佛學的接踵而起，因此佛學界上再進一步，由灌輸時期而達於譯著與組織時期。且在六朝時代，傳導佛學的多爲外國學者；到了隋、唐，著名學者盡屬國人，所有佛家各宗各派，皆於此時期先後成立，而佛學之在隋、唐可謂大放異彩。

六朝時代，士氣雖極頹廢，思想雖不統一，而藝術的文學確較前代爲發達。經三百餘年的流衍，到了隋、唐則更加進步。且隋、唐之科舉取士制度，於文藝之提倡，尤有幫助。隋朝以進士科取士，唐朝科目雖多，所重仍在進士一科。進士科考試詩賦及時務策，沒有經術的制限，其個人的聰明才智得以自由發展，且由進士出身者在社會上比較有名譽；故當時學子莫不趨赴於進士一途。因此之故，凡打算求仕進的人們，莫不致力於詩賦及時務策。思路既闢，天才大啓，既得政府的提倡，又受社會的激勵，一倡百和，演爲學風。且當時國力既富，在經濟方面亦足以培養各種藝術人才，此唐代文藝所以特陳偉觀。

至於儒家學術之在當時，則覺寂寞多了。隋朝二帝皆不重儒術。唐朝政府初年雖然極力提倡學校教育與儒術，但不再傳之後莫不趨赴於科舉了。科舉特重進士科，此科既不考試經術，志在進士的人們自然不肯誦習。其次則爲明經科，此科雖試經術而出題範圍又只限於五經正義。（註一）國家既指定幾種書籍，幾人學說，強國人以必學，從事這一途的人們自無自由選擇的餘地。且考試時又有『墨義』及『帖經』等方式，一般學子平日多半研究括帖，忽略實學，於是『死記經文，默誦注疏』成爲當時特有的教育。限制這樣的死，束縛這樣的嚴，聰明才智之士自然羣趨於文藝與佛學兩途，在儒術方面求生存的大半皆凡品，則儒術怎樣有成績。所以隋、唐三百多年，對於儒家思想稍有所發揮的，只有王通及韓、李二三人，而陸、孔輩不過記問的學者而已；這種記問的學者亦難與漢、魏比較。

（註一）（唐會要貢舉下）貞觀二年，國子祭酒孔穎達，撰五經義疏一百七十卷，名曰義贊。有詔改爲五經正義。太學博士馬嘉運每掎摭之，有詔更令詳章，未就而卒。永徽四年，太常長孫無忌左僕射張行成、侍中高季輔及國子監官先受詔修改五經正義。至是功畢，進之，詔頒於天下，每年明經依此考試。

第十八章　唐之教育制度及其實施

第一節　概論

隋朝統一中國不到三十年卽被滅亡，在教育制度方面，除了創設進士科外，殊無可記載。不過在這三十年中，關於學校教育的盛衰可以分做三個時期。第一、是開皇期。這個時期，正當文帝統一天下的初年，頗奬勵學術，自中央以至四方遍地皆設學校，而四方好學之士，來中央求學的聚集如雲，四方道路咸聞講誦之聲，四百年久已衰歇的學校，到此時陡然興起，所謂『自漢、魏以來，一時而已』。見北史及隋書儒林傳　第二、爲仁壽期。此期正當文帝晚年時，從前重儒興學的性質陡然改變，專尙刑名，把中央國子學四門學及州縣學一概停辦，學校教育到此時幾乎中斷。不過此期僅有四年，至煬帝卽位，又漸漸恢復舊觀了，謂之第三期——大業期。但以煬帝過於荒淫，卽位不久，四方大亂，而學校也漸歸於停廢。至於學校的內容，不過繼承漢、魏之舊，而歷時又短，所以只好從略，以下我們專敍唐朝的教育制度。

建設唐朝的政府，自然大半歸功於太宗。太宗以曠代的英傑，支配帝國的政權，不但對於政治方面勵精圖治，卽對於教育之振興及儒術之提倡，亦具非常的熱心。當他在藩邸爲秦王時，便開設文學館，延攬時代的賢俊，如房、杜諸八謂之『十八學士』，在裏面相與講論學術，討論政治，曾博得一時社會人士的羨慕。他的父皇高祖對於教育也具有熱心，所以統一天下未久，自中央以至州縣，大小學校已是設立如林。及秦王登極以後，更加推廣——擴充校舍，增加學額。不但儒學內講論儒經，即屯營、飛騎等軍隊裏面，皆派遣博士授以經術。此風一倡，聲教訖於國外，於是新羅、高昌、百濟、吐蕃、高麗等國莫不派遣子弟來唐留學。唐初學校之盛為晉、魏四百年以來所未有。（註一）

在學校制度方面也較前代進步很多，我們先看下面一個系統圖便可知道。由中央直接設立的學校大要分做三系：一為中央六學，是為直系；二為二館；三為醫學，是為旁系。直系之六學，即（1）國學，（2）太學，（3）四門學，（4）律學，（5）書學，（6）算學，統隸於國子監。——國子監的性質等於現今教育部，長官稱曰國子祭酒。六學中之前三學似屬

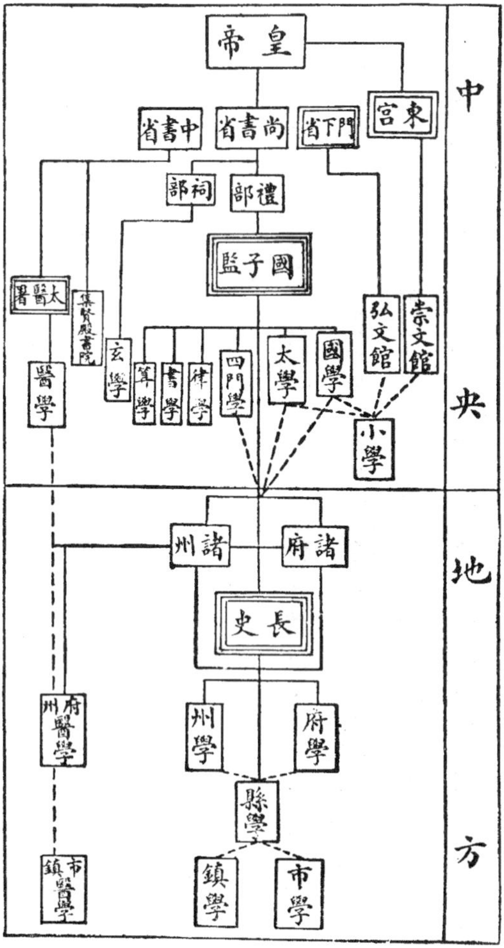

第七圖　唐代學制系統圖

於大學性質，後三學似屬於專科性質。旁系之二館，一爲弘文館，歸門下省直轄；二爲崇文館，歸東宮直轄。此二館資格較六學爲高而程度反較低。醫學亦屬專科性質另成一系，直轄於太醫署，不歸國子監管轄。除以上三系外，還有玄學隸於祠部；還有集賢殿書院隸於中書省。玄學亦屬大學性質。集賢殿書院從表面上看似乎一種研究院，但實際不過爲一中央圖書館。由地方政府辦理的：在各府有府學，各州有州學；州府以下，各縣有縣學；縣內又有市學及鎮學。照系統上分，所有府州縣市各學統屬直系，由長史掌管。長史等於現今教育廳長，再隸於國子監。各府各州及各市另有醫學，謂之旁系。凡地方政府辦理的各學校，其性質介乎中小學之間，其畢業生有可以直接應鄉貢的，亦有直接升格於中央四門學的。由此看來，唐朝學制有三點足以令我們注意：（1）儒家學校以外，還設立玄學，研究老、莊的學說。（2）除經學屬於文科外，他們還設立有法科的律學，理科的算學，及藝術科的書學；而醫科學校尤爲重視，凡中央及地方各級均有設立。（3）教育行政機關頗有系統可尋，此皆較前代進步的。不過中小學等級的區分仍不清析，是其缺點。俱見唐六典及唐書選擧志

第二節　中央六學二館

一　入學資格　封建時代辦理學校，是培養治術人材的，不是爲培養學術人材的，這一點我於前面屢次申說過了。唐朝中央的六學二館亦不外乎這個原則。他們的學校種類雖多，與其說以程度分等級，毋寧說是以資格別上下。在直系六學，以國子學地位最高貴，學生限於文武三品以上的子孫，或從二品以上的曾孫，及勳官二品縣

公京官四品，帶三品勳封的子弟。次於國學的爲太學，學生限於職事官五品的期親，或三品的曾孫，及勳官三品以上有封之子。再次爲四門學，入學資格分兩種：一限於勳官三品以上無封或四品有封，及文武七品以上的子弟；一以庶人中的俊異者充之。除此二種資格外，凡諸州貢舉進京在省試落第的舉人，也可聽入四門學肄業。以上三學，程度本無高下，不過因政府限定入學的資格有貴賤的等級不同，所以他們的地位就有上下。其他律學、書學、算學是研究科學的學校，資格的限制比較稍寬，凡八品以上的子孫，及一般庶人能通習本學科而有志願研究的，皆有權利入學肄業。弘文、崇文二館則又高於國學，此二館的地位要算全國學校中最貴族的學校。內中學生唯皇室近親、皇太后皇后近親及宰相大臣散官一品功臣的子孫，方有入學的資格。其實他們的程度較國學太學學生的程度反要低淺，不過國家設此二館以特別教育一等親貴子弟能了。

諸生入學年齡相差無幾，除律學爲研究法律知識入學年齡較大——十八歲至二十五歲——外，其他各專門大學概以十四歲至十九歲爲限。但州縣學生能通一經以上或天資聰異的，如送入四門學，只限於年齡二十五歲以上。或有八九兩品的子弟或庶人，年在二十一以下，能通一經以上或天資聰異的，亦可送入四門學讀書。

二　學額與師資　唐朝立國將近三百年，其間因國勢的消長，政局的治亂，和時君的好惡，故教育制度時有損益，學生在學的實數及學校的廢立，亦不能視爲一律。此處第五、第六兩表，所列學生及教授的名額是根據唐六典及新唐書選舉志兩處的記載。內中規定國子學生三百名，太學生五百名，四門學生一千三百名，律學生五十名，書學生及算學生各三十名，六學共額二千二百一十名。宏文館生三十名，崇文館生二十名，二館共額五十名。合計中央六學二館生員的定額凡二千二百六十名。到太宗貞觀年間，擴充學舍，增加名額，二館六學的生員已到三千二百名了。由此逐漸增加，地方學子莫不挾策負素就學於京師，而國外四鄰高麗、日本等國亦紛紛派遣子弟來京

第四表　唐代直系各校學生及教員名額表

學名	學生額數	教員數
中央		
國子學	三百名	博士二人助教二人
太學	五百名	博士三人助教三人
四門學	一千三百名	博士三人助教三人
律學	五十名	博士一人助教一人
書學	三十名	博士二人
算學	三十名	博士二人
地方		
京都學	八十名	博士一人助教二人
大都督府學	六十名	博士一人助教二人
中都督府學	六十名	博士一人助教二人
下都督府學	五十名	博士一人助教一人
上州學	六十名	博士一人助教二人
中州學	五十名	博士一人助教一人
下州學	四十名	博士一人助教一人
京縣學	五十名	博士助教各一人
上縣學	四十名	博士助教各一人
中縣學	三十五名	博士助教各一人
下縣學	二十名	博士助教各一人

第五表　唐代旁系各校學生及教員名額表

中央		
學名	學生額數	教員額數
宏文館	三十名	學士無定額
崇文館	二十名	學士無定額
玄學	未詳	
集賢殿書院		
國立醫學	四十名（內有按摩生十五人）	醫博士助教各一人 鍼博士助教各一人 按摩博士一人 按摩師四人 呪禁博士一人

地方醫學		
區別	學生額數	教員額數
京都各府	二十名	博士助教各一人
大都督府	十五名	博士助教各一人
中都督府	十五名	博士助教各一人
下都督府	十二名	博士助教各一人
上州	十二名	博士助教各一人
中州	十二名	博士助教各一人
下州	十一名	博士一人
市		
地方玄學京都各百人諸州無常員		

留學，於是中央生徒之發達凡八千餘人。自貞觀至開元，一百年門，為唐朝國力最強時期，亦即其學校最發達時期，故中央學生由二千餘名增加到八千餘名，較原額擴充幾四倍了。四鄰中以日本三島派遣來中國留學之『唐使』特多，中國文化因此東渡於朝鮮及日本三島。天寶以後，國家遭安史的大亂，學校停廢，在學生員多半流散。迨後大亂平定，雖漸圖恢復，但已不若昔日之盛了。（註一）

六學的師資有博士助教二種，合計只有二十二名。二館的師資稱學士，無定額。這些教員多半同時具有兩種資格：一方面爲學校的教師，一方面又爲政府的官員，而他們教職的大小又以在政府裏面所居職位的高下爲標準。如國子學博士須有正五品以上的資格，助教須有從七品以上的資格，太學以下的博士助教品級漸低。

（註一）（新唐書選舉志）及（文獻通攷學校一）憲宗元和二年，置東都監生一百員。自天寶後，學校益廢，生徒流散。永泰中，雖置西監生，而館無定員。於是始定生員：西京國子館生八十人，太學七十人，四門三百人，廣文六十人，律館二十人，書算館各十人。東都國子館十人，太學十五人，四門五十人，廣文十人，律館十人，書館三人，算館二人而已。

三　入學手續及儀式

唐代中央各學館學生入學手續沒有明文規定，我們很難明白敍述。但內中學生的來源有三途：一由貴族家庭的子弟，二爲地方諸州縣學生，三爲省試下第舉人。大概第一、第三兩途係直接送入學館肄業，不必經過什麼煩瑣手續。第二途則由各州長史考選州縣學生中之智力與學力優長的，彙送到中央，便可入四門學讀書。這一途人以平民而能入中央大學讀書，自是特殊學生，故稱曰『俊士』。凡入學以後，一切飲食服用，由學校供給，各代一樣。此時期稍具特殊性的爲學生上學儀式。

中國古代學生對於業師，每當初見面時，必有一種儀節，用實物來表示，名曰『束修之禮』。束修之禮自孔子時即已實行，到漢代此風猶存，如蜀郡文翁買蜀中的土產，令學生帶贈太學博士，即是此意。到了唐朝，教育思想雖然固閉，而政府尊師的禮節卻未嘗廢絕，如束修一層並由政府明白規定。禮物的輕重隨學校的性質爲標準：國子學及太學學生每人送絹三疋；四門學生每人送絹二疋；律書算三學學生每人送絹一疋；地方的州縣學生亦送絹二疋。學生除送絹以外，還須贈送酒肉，不過分量多寡不必規定。學校教師，有博士、有助教、學生的束修分做五分：三分送與博士，二分送與助教。此種束修，不過對於業師表示一番尊崇而已，與官廳所發給的薪俸之性質絕不相同。現代地方私塾學生對於業師除學俸以外，還餽贈米鹽肉酒等物，即是古代束修的遺風。他們餽贈的多寡都是隨着學生家庭的力量之大小爲衡，而師長的地位可以無形增高，師生的感情可以油然發生，在人羣間可以養成一種特別意味，維持教育的勢力於無形，這是東方古代民族特種美風。在唐開元禮所載，皇子初上學拜見業師，敬奉束修的儀節，至恭且敬，我們看了，亦覺有無限的意味。

四　學科與修業期限　中央各學館的學科，因其性質各有不同，但可分爲三系：如國子學太學及四門學爲一系；律學書學及算學爲一系；弘文、崇文二館又爲一系。修業期限極其活動，是隨各學科的分量之輕重而定其長短的。在規定年限之內，如有補習及留級等情，亦可酌量延長在學時限，但有一定的限度。這個限度，除律學六年外，餘均定爲九年。如在律學六年或在其他各學九年期滿，猶不能備貢——即不能畢業時，則令其退學。茲將各學館的學科及各科應習的學程分類敘述於下。

（甲）國子學、太學、四門學　我們所謂唐朝的文科學校，就是教授經學科的學校，如國子學太學及四門學皆屬於此科。他們把經學分爲正經及旁經兩類。正經有九：以禮記、春秋左氏傳爲大經；詩、周禮、儀禮爲中經；易、尚書、春秋公羊傳、春秋穀梁傳爲小經。旁經有三：即孝經、論語、老子。正經似乎專修學科，旁經似乎補助學科。但關於專修學科並非全習，內中亦有自由選擇的機會，不過有限制的選擇罷了。你要學習二經，則選一大經一小經，或選二中經，你要學習三經，則於大中小三經中各選一經。你要學習五經，則大經全習，餘則各選一經。孝經、論語於正經外，皆須兼修，以資補助。老子道德經本爲玄學裏頭的主要功課，不過在文科三個學校之內有時亦列入兼修科。其各經應習的學程則隨其大小或難易而不同，凡選修孝經、論語二經的，以一年爲限；選修尚書、公羊傳或穀梁傳的，各以一年半爲限；選修易、詩、周禮或儀禮的，各以二年爲限；選修禮記或左氏傳的，則各以三年爲限。

（乙）書學　此學亦非純粹藝術科，除研究書法以外，還要研究時文及文字學。他們每日習書法，紙一幅，間習時務策，並且讀國語、說文、字林、三蒼、爾雅。凡學習石經三體，以三年爲限，說文以二年爲限，字林以一年爲限。

（丙）算學　此學課程亦不少。凡習孫子及五曹的共限一年；習九章及海島的共限三年；習張丘建或夏侯陽的各限一年；又習周髀及五經算的共以一年爲限；綴學以四年爲限；緝古以三年爲限。其他記遺三等數作爲輔科，皆須兼習。

（丁）律學　此學課程史無明文規定，不敢臆造。但觀明法科所試項目爲律七條，令三條；又觀唐六典卷二十有通達律令者爲明法；又此時科舉有開元禮一科；則知律學所習除歷代刑法志外，必有當代律令及開元典禮等科。又按諸學退學條例，其他諸學必留級三次在學九年仍不及格者始令退學，而律學以在學六年不及格者即令退學，可知此學修業期限亦必較他學爲短。

（戊）二館　二館學生全係一等貴族子弟，居養太驕，求學自屬膚淺。依照定章，所有課程應當與直系文科三學相同。（註一）但一考其實，他們所學往往較其他諸學學生爲劣，故國家考驗他們的成績亦比較寬放。（註二）

（註一）（唐六典卷八）宏文館學生教授考試一如國子制。（卷二十六）崇文館課試舉送如宏文館。

（註二）（唐六典卷四）其宏文、崇文館學生雖同明經進士，以其資廕全高試取粗通文義（唐會要貢舉下）開元二十六年，勅文宏文、崇文生緣是貴胄子弟多有不專經業，便與及第，深謂不然。自今已後，一依令式考試。

五　假期　各學放假分長期、短期二種。短期爲『旬假』，每十日放一天，等於現今七日一星期。長期每年放假二次：一在五月，爲『田假』；一在九月，爲『授衣假』。這兩個長假期各限以一個月，准學生回籍省親。倘學生家庭距學校超過二百里以外，則按路程遠近，酌予延長；或家有大故，亦得酌予延長。倘已延長而逾限過多仍不到校者，即令其退學。按唐朝放假的規定與我們現在各校的辦法很相同，而田假與授衣假尤適合於農村社會的民情，這一點很可以供吾人辦學的參考。

六　考試退學及升格　各學考試分三種：一舉行於旬假以前，曰『旬考』；一舉行於年終，曰『歲考』；第三種則在畢業時舉行，曰『畢業考試』。旬考試驗學生十日之內所學習的課程，分背誦與講解二類。關於背誦的每一千字內試驗一帖，帖三字。關於講解的每二千字內問大義一條，共問三條，答對了二條爲及格，不及格的有罰。歲考試驗他們一年以內所學習的課程，用口問大義十條，答對了八條爲上等，六條爲中等，五條爲下等，下等爲不及格，須當重習。如不及格至三次，延長在學時期至九年或六年而仍不及格的，則令退學。故退學的規則分三條：一因告假逾限，二因三次不及格，至滿最高修學時期，三因操行過劣不堪教誨的，皆令退學。畢業考試則於其應修學程期滿成績及格時舉行，凡國子監生，由博士出題，國子祭酒監考。最低限度除俊士須通三經外，其餘學生須通二經，方能與試。試驗及格，即可出校應省試，但如有志願繼續求學的，凡四門學的畢業生則補入太學，太學畢業生則補入國子學。不過此種升格法非加深其學業程度，不過提高其地位罷了。

第三節　郡縣學校

一　郡縣學校之系統　唐朝地方行政區劃，貞觀時分爲十道，開元時又分爲十五道。每一道統轄若干府或州，每一府或州統轄若干縣。一縣之內又分鄉及市鎮等鄉區。在行政方面以縣爲單位，由縣而府州而道，共有三級。在學制方面通常的只有州府學及縣學二級，似均屬於中學性質，但非中學名稱。縣以下又設鄉學或市鎮學，似屬於小學性質，但不常有。以整個學制系統說，地方學校可別爲三類：一爲經學，屬於直系；二爲醫學，三爲道學，均屬於旁系。直系各學統歸長史管轄，長史即今之教育廳長。此地所述郡縣學校專指直系的經學說的，醫學與道學留待下節。

二　郡縣學校之內容　地方各校的內容除入學儀節與中央學校相同外，其餘均較簡單多了，且亦多無明文可見，茲將可考各點分條敍述於下：

（1）名額　據唐書選舉志，各學的定額：京都學生八十人，大都督中都督府及上州學生各六十人，下都督府及中州學生各五十人，下州學生四十人，京縣五十人，上縣四十人，中縣及中下縣三十五人，下縣二十人。查唐朝當強盛時，分全國爲十五道，共計有府州三百二十八，有縣一千五百七十三。地方直系各校，每府學或州學的學生

平均以五十名計算，每縣學平均以三十名計算，共得八萬三千五百九十名。京都三學每所八十名，京縣每所五十名，尚未計

（2）師資　據唐六典，地方學校的師資名額更少。我們已將各學校的師資名額列在第五表內，由該表看來，凡在學生六十名以上的各學，設博士一人，助教二人；凡在學生五十名以下的各學，設博士助教各一人。至於博士的地位亦隨學校所屬階級之高下而定，大約由八品至九品。但自代宗十四年以後，已將諸州府學的博士改爲文學了。

（3）學年及教材　各府州縣學生皆係一般庶民子弟，學校雖係中學性質，而學齡與國立大學的學齡有過之無不及。內中課程雖然亦讀九經，但不過粗通文藝，所定限度亦較低。我們查看文獻通考學校七所載開元二十一年一道勅令：『勅諸州縣學生年二十五以下，八品九品子若庶人幷年二十一以下，通一經以上，及未通經精神聰悟有文詞史學者，每年銓量舉送所司簡試，聽入四門學充俊士』，可知當時地方各學學生只要能通一經便可畢業，升入四門學了。但地方學校與中央大學有一不同之點；他們不僅在書本上求知識，除了學習正業外，還須兼習吉凶禮。凡地方公私方面，有舉行吉凶儀式時，卽令學生前往演禮，禮畢返校。這種辦法與現今師範生實習相似。

（4）畢業及升格　地方各學沒有規定修學年限，只要能通一經以上，似乎便可以畢業。學生畢業後之出路有二：一升入中央四門學讀書，充當俊士；一等候科舉的時期到了應科舉試。此外還可由州縣長官委派以相當的職務。這些學生統歸長史管轄，所以畢業時亦須往各州由長史考試。

此外，凡京師及地方皆設有小學，或由公立，或由私立，但無制度可考。

第四節　醫學

唐朝學校，除了經學科外，還有研究各種科學的學校，這一層我們在前面曾經略一提及過了。現在我們回頭再把『唐朝學校系統圖』仔細一看；則知各種科學中，尤以醫學比較異常發達，——除中央以外，各府各州及各市鎮遍地皆是，故我們有另提一節敍述的必要。當時醫學，不僅是量的增加，並且是質的特異，即一醫學總名而分做若干科目，那些科目到現在也有爲我們未曾設立的。

考唐朝醫學統屬於太醫署，署長稱曰『太醫令』，掌管醫療行政事宜。在太醫署之下，分醫學爲四門：一曰醫學，二曰鍼學，三曰按摩學，四曰咒禁學，皆有博士教授生徒，試分述於下：

（1）醫學　設醫學博士一人，助教一人，學生定額二十名。內中分五科：一曰體療科，二曰瘡腫科，三曰少小科，四曰耳目口齒科，五曰角法科。大概全額二十名學生，以十一人學體療，學程爲七年；三人學瘡腫，三人學少小，學程爲五年；二人學耳目口齒，一人學角法，學程爲二年。以本草及甲乙脈經爲普通科目，凡本校學生皆當必修。

（2）鍼學　設鍼博士一人，助教一人，學生人數未詳。此科所習，在使學生明白經脈孔穴之道，辨識浮沈澁滑之候，以藥石的手術射療疾病。治法有九，可以施補瀉。

（3）按摩學　設按摩博士一人，按摩師四人，按摩工十六人，按摩生十五人。此科在用消息導引的方法，診除風寒暑溼饑飽勞逸八種疾病。凡人支體腑臟，所有疾病，多因鬱結不宣，——而所鬱結的，或爲氣血，或爲食料。若用按摩術導宣出來，可使內疾不留，外邪不入，即不用藥石自可奏效。不僅內部可以施行此術，即在皮膚方面，如有損傷折跌，亦能治療。

（4）咒禁學　設博士一人，教授生徒，以咒禁驅除一切邪惡鬼魅，近於妖術。在科學未發達以前，神仙方士之術代代都有，原不足奇。但從前僅爲私人的宣傳，到唐朝且由政府正式設科教學，這是很奇異的一件事情。

凡醫學，管理極嚴，平日所習諸經——本草、明堂、脈訣、素問及黃帝鍼經——務必精熟，每月由博士考試一次，每季由太醫令丞考試一次，到了年終則由太常丞總試一次。畢業生的待遇，與國子監所轄的學生相同，可以應科舉試驗，可以做官。因中國古代勿論各色人等均以做官爲目的，這是官僚政治之下的一般情形，政府對於畢業學生有了可以做官的規定，則招生時比較容易。均見唐六典卷四及玉海學校

第五節　玄學

唐家皇室本姓李氏，附會爲老子李耳之後，所以對於道家學術特別提倡。到了玄宗皇帝，尤其信仰道教，自稱元元皇帝，在他當國時，一方將自己所注之老子道德經頒行天下，強人學習；一方於明經進士科加試老子。除此以外，又特別創設研究道家學術的玄學——又名崇玄學。此學校立於開元二十五年，中央及地方均有，但完全出於皇室的意見，所以廢置無常。內中以老子、莊子、文子、列子等書爲教材。中央學生沒有定額，三京都規定一百名，諸州

亦無常。且內容簡單亦無定制，無可敘述，我們特立一節，不過引人注意罷了。

第六節　科舉

一　科目之種類　唐代科目，大要分着三類：（1）由學館出身的名曰『生徒』，（2）由州縣考送的名曰『鄉貢』，這兩類皆有定格，叫做常科；（3）不拘常格，而由天子直接招考的名曰『制舉』。前二類科目很多，而常行的只有六科：一曰秀才科，二曰明經科，三曰進士科，四曰明法科，五曰明書科，六曰明算科。其他還有三禮、三傳、史科、開元禮、道舉及童子諸科，是不常行的。在常行的六科中，尤以『明經』、『進士』二科爲盛；而秀才科因取人較嚴，有『舉而不第者坐其州長』之規定，故自貞觀以後，無人敢輕舉，遂無形廢止了。至若制科的名目則更多了，如賢良方正直言極諫科、博通墳典達於教化科、識洞韜略堪任將帥科……多至八十餘種。大概各因時君的好尚及政府一時的需要，即特設某科考取某樣人材，初無一定的規程。

二　科舉之手續　制科沒有定額，考試亦沒有定制，我們可以從略不講，現時只將常科的手續及內容敘述敘述。常科主管機關屬於尚書省下之禮部，謂之省試。主考者初爲考功員外郎，後以此官位卑望輕，常與舉人發生衝突，自開元二十五年以後，遂改歸禮部侍郎主考。每年舉行考選一次，考試的時間規定於陰曆十一月。我們前面不是說常科所考舉子分生徒與鄉貢兩類嗎？生徒之中，又有中央二館六學的及地方州縣學的兩種。中央生徒，由國子監祭酒每年挑選學業成就的若干人送入禮部應省試，地方生

玄學學生亦可應科舉，合之爲七學。

徒由長史挑選學業成就的若干人送禮部應省試。鄉貢則不限於學校內的學生，凡讀書分子皆可應試。應試之初，由應試者懷牒自往本縣報名，由縣令考選送州，再由刺史覆核，取中了之後，還舉行一種儀式『以鄉飲酒禮與耆艾敍少長』；於是貢送到中央。這一般士子先到戶部報到，填寫姓名履歷及保結，戶部將册子送達禮部，由禮部定期出題考試。凡地方舉子進京覆試時，與學館生徒同時舉行，取中以後，分等給予及第出身等資格，最優的或特別獎擢。唐朝初年規定，凡士子應常貢，只問學力，不限於學校內的學生，但在文宗太和年間，凡公卿士族子弟須先入國學肄業方准應明經進士；在武宗會昌年間，又規定勿論中央或地方一切須由學校出身方准應試。如果會昌年間的規定通行，則唐朝後期百年間學校與科舉之關係反較密切了。省試取中以後，送入國子監，還須讀書，酌加津貼，然後上於尙書吏部覆試，及格然後擢用授官，不及格者越三年再試，所以『韓文公三試於吏部無成，則十年猶布衣』。

三　考試之內容　考試的內容，各科不一樣，我們參看第六表，便可知道一個大概。惟自高宗以後，凡貢舉人於考試本科外，還須加試老子，玄宗尤爲注重，這是唐朝提倡玄學的一種辦法。考試的方法不外四種：一、口試，二、墨義，三、作文，四、帖經。但明、法諸科只有前三法，惟明經、進士兩科四法全備，而帖經一法尤爲明經科特別注重。據五禮五考：『進士科永隆以前，止有對策；天寶以前，有策有詩賦；天寶以後，有帖經有策有詩賦』，則知進士帖經要到天寶以後纔增加。墨義即挑誦的辦法，對於某經或注疏的原文任挑出若干條，令被試的答出；被試者以口答曰口試，以筆答曰墨義。作文包括詩賦及時務策。這三種考試法，都是很平常的，可是第四種——帖經卻有些奇特了。怎樣

第六表　唐代常科條例表

科目	考試條例
秀才	試方略策五道。以文理通粗分爲上上、上中、上下、中上四等，爲及第。
明經	先帖經，然後口試（經問大義十條），答時務策三道。亦分四等。
進士	試雜文（詩賦），及時務策，並帖經（一大經）。經策全通爲甲第；策通四，帖過四以上爲乙第。
明法	試律七條，令三條。全通爲甲第，通八爲乙第。
明書	先口試，通，乃墨試說文字林二十條，通十八爲第。
明算	錄大義本條爲問答，明數造術，詳明術理，然後爲通。
開元禮	通大義百條，策三道者，超資與官；義通七十，策通二者及第。散試官能通者依正員。
三傳	左氏傳問大義五十條，公羊穀梁傳各三十條，策皆三道。義通七以上，策通二以上爲第。
史科	每史科問大義百條，策三道。義通七，策通二以上爲第。
童子	十歲以下能通一經，及孝經論語，每卷誦文十通者予官，通七予出身。
道舉	官秩蔭第因國子舉送，課試各明經。

叫做『帖經』？這個名詞，不用說，一定是唐人創造的。據通典所載，當主試者考試經書時，任揭一頁，把左右兩邊蒙着，中間只開一行；再裁紙爲帖，帖蓋數字，令被試者寫讀出來。創行之初，所帖尚屬容易，被試者也很容易讀寫。到後來，因應試人多而政府需要人材少，不得不故出艱深以難舉子；於是專帖孤章絕句疑似參互之處，以迷惑舉子的

記憶。但出題雖難，卻有一定的範圍，——限以五經正義一書，學者只要熟記經文與注疏，或推敲得出題的隱訣，十分之九可以猜中。學子這樣讀書法謂之『括帖』，而括帖遂成爲當時的一種學問。此法既行，士子專一揣摩政府的意旨，獵取科名，舍去實學不講；即或帖經甚佳，而對於本經原文及大義往往茫然不曉。唐代科目雖多，而士族所趨僅有明經與進士兩科，括帖之學可以想見其盛；而唐代機械的教育也就不言而喻了。但帖經實爲明經主要考試法，而進士所考特重在詩賦及時務策，所以當時人材由進士科產生比較的多，在社會上的位置亦比較崇高。但進士科既不重帖經，故應試本科的舉子亦僅習當代之文，於經史可不復深習；其結果，他們的學問雖不像明經那樣機械，而空疏尤甚。此唐代科舉所以難得眞實的學問與有用的人材。

第七節 結論

隋、唐以前，國家教育制度是學校與選舉並行；自隋、唐以後，則變爲學校與科舉並行。但科舉取士雖創始於隋，當時只有進士一科，制度未立，鄉評里選之遺風尙能保持相當的勢力。到了唐朝，製定了許多煩瑣制度，增加了許多科目，明示天下士子以必由的途徑，於是昔日選舉之法不能適用了。自此以後，千餘年來，政府籠絡人材以科舉爲唯一的手段，天下人材亦以科舉爲唯一的出路，學校等於虛設，科舉遂爲全部教育制度之重心。

在昔選舉時代，地方淸議頗有力量，政府往往俯察輿情爲施政的標準，所以生在當時的材智之士，不求表白，常有被政府物色的機會，常有被地方公推的可能，到了科舉時代就不同了。帝王權力日大，地方淸議不復存在，材智之士欲求表現就非自找出路不可了——應科舉試就是他們唯一的出路。但每屆科舉，取錄名額有限，又加弊竇百出，而一般希勢求榮的人們，因此大事奔走攢營，以求僥倖一中，於是什麼『温卷』、『求知己』種種醜態都演出來了。（註一）這種教育制度，不注意平日的培養，只憑一時的考試與考試的機會，不僅難得眞實有用的人材，而養成社會人士舍本逐末，希圖投機取巧，僥倖成功，這種卑劣心理，害個人以誤國家，是最壞沒有了。

（註一）（文獻通考學士）江陵項氏曰，風俗之弊，至唐極矣。王公大人巍然於上，以先達自居，不復求士。天下之士，什什伍伍，戴破帽，騎蹇驢，未到門百步，輒下馬，奉幣刺，再拜以謁於典客者，投其所爲之文，名之曰『求知己』。如是而不問，則再如前所爲者，名之曰『温卷』。如是而不問，則有執贄於馬前，自贊曰，『某人上謁者』。

本章參考書舉要

（1）唐六典
（2）唐會要
（3）通典的舉士
（4）五禮通考
（5）文獻通考的學校及選舉
（6）新唐書的儒學及選舉志

第十九章　隋唐教育家及其學說

第一節　概論

隋、唐學風雖有三派，可稱爲教育家的只有儒學一派，而儒學界的教育人材亦不多見。嚴格統計起來，勉強可舉的，在隋代只有王通一人，在唐代只有韓愈、李翺二人。韓氏以一文學家而喜言儒術，其修爲工夫雖較欠缺，所論大抵與儒術不相悖謬，且肯以師道自任，所以很爲後世儒者稱述。李氏的頭腦受了很深的佛家洗禮，復性三篇較韓氏所論爲精，已入了宋儒言論的境界。王氏的思想見於文中子一書，一方面闡發儒家學理，一方面包含佛道二家，其態度較韓氏恢恢，其教育生活較韓、李二氏均有成績。

此外還有經學家三人——陸德明、顏思古及孔穎達。他們均非教育家，對於教育理論更屬格閡，但他們的著作對於當時教育確有關係。陸氏所著經典釋文，顏氏補正五經脫誤之工作，爲當時研究經學的人們所取法。孔氏所譔五經正義一書，更有權威。此書成功後，由政府頒行於全國，凡學校的課程，科舉的試題，一律以此爲標準。兩漢三百年的今古文訟爭，六朝四百年的南北派別，到了此時悉歸於統一，不復有異說。儒生從此以後，皆踳踽於五經正義的範圍以內，不敢

五經正義爲孔顏等數人合作而成，主持之者或爲孔氏，後遂以此書爲孔氏專有。

越雷池一步，唐代儒術所以停滯不進及教育學說所以不能發達的，此亦大原因之一。

第二節　王通(587——？)

一　略傳　王氏名通，字仲淹，號文中子，是山西龍門的人。生於隋文帝開皇四年，是時江南還沒有統一。王氏以家庭屢世儒業，讀書時期很早，故到十五歲時學業已略有成就。當二十歲時，西往長安拜見文帝，陳說王道，以不投機而返。從此專門著書講學，年近三十，學業大成，及門弟子亦遍郡國。平生著作，有續經，是模倣古之六經作的；有中說，是模倣論語作的。他的父親王伯高也是當時有名的教授。他的胞弟王績，是一位隱居先生，在舊唐書中有傳。他的及門弟子，如河南的董常、太山的姚義、京兆的杜淹、趙郡的李靖、扶風的竇威、河東的薛收、清河的房玄齡、鉅鹿的魏徵一輩人，都是王佐之才，許多到後來爲唐代有名卿相。王氏本人卻寂然無聞，且有人懷疑未必眞有其人，那可怪了！到宋朝程明道只承認有其人，而不承認有其書，說他是隋代的一個隱君子，所著中說是後人附會成編的。我們推想王氏所以被人懷疑，大概由於他的思想與當時背馳，而妄作元經尤爲儒者所責罵；但他在當時，門弟子多至千餘人，他一生也只以教授著述爲業，總算是當代唯一的教育家。

二　中說要義　王氏的續經業已失傳，我們所能看出他的思想的，只有中說。他是一個擬古派——尤其是擬孔派——的學者，孔趨亦趨，孔步亦步的學者，他的思想自然是與孔子口裏所說的話一樣。關於教育方面，訓練取感化主義，教授取漸進主義，研究取一貫主義，尤爲老生常談，用不着在此多述，不過要概括他底根本思想，我們可以拿八個字代表出來，就是『樂天知命，窮理盡性』。（註二）王氏把本性看着是善的，所以能够生出仁義禮智信五常之德來。（註三）這五常之德，是宇宙間自然的原則，也是吾人應有的操行，故在吾人自身曰『本性』，在宇宙流行曰『天理』。吾人在世要完成一個君子人格的時候，我們的修養應當事事本乎天理；本乎天理就是修其本性，故曰『窮理盡性』。吾人都是有所命的，命不是貧富貴賤的派定，如王充的說法，乃是教我們窮理盡性的；能够窮理盡性，則謂之立命，所以我們的天職要知道命的所以然而把牠完成。命與性是相合的，天與理是一致的，不過在人曰性曰命，在宇宙曰天曰理。能够窮理就是盡性，能够窮理盡性就是知命，能够知命必能够樂天，故樂天知命的人，性未有不盡，理未有不窮；而窮理盡性正是爲的要知命要樂天。果能把這八個字做到了，不僅貧富貴賤，禍福壽夭種種觀念完全沒有，就是憂懼疑慮六種情感也不會發。吾人若是修養到這個程度，他就成了一個『不忮不求，自由自在』的一個人了，此儒家所謂『成德的君子』、『模範的聖賢』，而儒家的教育原理就是要達到這樣一個目標。

然王氏雖自許爲仲尼之徒，而器度卻很恢宏，故黨派色彩不甚濃厚，他對於異派的佛、老並不排斥，且有相當的容納。他說：佛不過是西方之教，適於西方之受用，中國學之反變壞了。他又說：長生神仙之道不必講求，只要吾人修仁義，立孝悌已足了。（註四）其持論中和，或者由其修養得來，因爲他是主張不偏不黨，守乎中道的一個人，故曰『天下之危，與天下安之；天下之失，與天下正之。千變萬化，吾常守中焉』。周公篇

（註一）（隋書經籍志道經）大業中，道士以術蠱者甚衆，其所以講經，由以老子爲本，次講莊子及靈寶昇玄之屬。又（佛經）開皇元年，高祖並

詔天下任聽出家，仍令計口出錢，營造經像，而京師及善州、相州、洛州諸大都邑之處，並官寫一切經，置於寺內，而又別寫藏於祕閣。天下人人從風而靡，民間佛經多於六經數十倍。

(註二)(中說問易篇)子謂董常曰：『樂天知命吾何憂？窮理盡性吾何疑』！又(周公篇)子謂周公之道，曲而當，私而恕，其窮理盡性以至於命乎。

(註三)(中說述史篇)薛收問仁。子曰：『五常之始也』。問性。子曰：『五常之本也』。問道。子曰：『五常一也』。(立命篇)子曰：『大哉周公！遠則冥諸心也。心者非他也，窮理者也，故悉本于天……近則求諸己也，己者非他也，盡性者也，卒歸之人』。

(註四)(中說周公篇)或問佛。子曰：『聖人也』。曰：『其教何如』？曰：『西方之教也，中國則泥』。又(樂禮篇)或問長生神仙之道。子曰：『仁義不修，孝悌不立，奚爲長生？甚矣人之無厭也』！

第三節　韓愈(768——824)

一　生活小史　韓愈字退之，本是鄧州南陽人，因其先祖嘗居昌黎，所以世稱昌黎先生。他以代宗大曆三年生於南陽，幼年孤苦，三歲便死了父母。初隨伯兄韓會貶居嶺表，十三歲伯兄又死，乃由賢嫂鄭氏鞠養以至於成人。幼時處境既苦，天性又極篤厚，對於家庭感情所以極其深切，讀他所祭十二郎文，便可以看得出來。處境既壞，正所以磨礪此天才之人傑，雖無師傳，卒以攻苦自奮，於六經百家無不通曉。韓氏本想以政治爲生活的，二十五歲舉進士第，以博學鴻詞科三度試於吏部，皆不獲選，可謂到霉極了。後由節度使張建封辟爲推官，始入政界，繼而調爲四門博士，從事教授生活。其後出爲縣令，入爲國子博士者數次，但他總以才高受屈，憤懣不平的進學解就是在國子監當博士時作的。其後因諫佛骨表得禍，貶於潮州；不久改袁州刺史。其後又召入京來，爲國子祭酒，即現今中央大學校長。其後以宣撫鎭州有功，轉拜吏部侍郎，後世又稱他爲韓吏部。不幸僅活了五十七歲就死了，時爲穆宗長慶四年。

韓氏一生爲人忠義剛正，在外爲縣令爲刺史數次，皆有政聲；入內爲博士爲祭酒，誠懇獎導，莫不得學生信賴。論其振衰起弊，可說是一個文學界的革命家。論其辨儒闢佛，堂堂正正，可說是一個衞道的健將。論其成就後進，敢以師道自任，又是當時唯一的教育家。關於他的教育生活，除兩次爲國子博士，一次爲四門博士，一次爲國子祭酒外，在潮州刺史任內曾極力提倡鄉校，教養後生，使該地由草昧而向化，皆韓氏熱心提倡之力。天下人材，凡經韓氏指授過了的，皆稱韓門弟子，如李翺、李漢、皇甫湜輩，乃弟子中之有成就者。韓氏一生雖遭遇不佳，且或蒙時人的訕笑，但他死了以後，名譽反高，不僅文章被仰爲泰山北斗，卽其衞道闢佛諸言論，雖宋儒猶稱爲孟子以後第一有功之人。

二　性有三品說　韓氏論性表面雖本於荀悅三品之說，其三品的意義卻有不同。我們本着他的原性篇，分析解釋如下：（1）性是一種本然之物，存在於先天，有生就有性；情是後天的，由感應而生，所謂『性也者與生俱生也，情也者接於物而生也』。（2）性與情是一致的，如某人的性是何種傾向，其情也是該種傾向；反之，情爲某種傾向，亦可以證明性爲某種傾向，所謂『性之於情視其品，情之於性視其品』。（3）人之質有三等，而所具之性有五種。換一句話，天下人類有上中下三等品質，但勿論何等品質之人皆具有仁義禮智信五常之性，不過上等品質的人，氣質淸明，五性常存，動於一，其他四種莫不並行——能盡此五常之性。中等品質的人，氣質較濁，五性若卽若離，有一不愼，其餘必混然不淸。下等品質之人，氣質更壞，五性沒有根底，若其行爲與一相反，卽與其他四種違背。（4）三等品質的人類，亦各有喜、怒、哀、懼、愛、惡、欲七情；上等之人，所生的情感莫不合於中道；中等之人有過與不及的危險，但自知隨時求合於中；唯有下等之人，則縱情所爲，漫無節制。（5）上等人謂之善品，下等人謂之惡品，生來比較固定，惟中等人介乎善惡之間，是可以引導而向善，可以引導而向惡的。所謂『上焉者善焉而已矣，中焉者可導而上下也，下焉者惡焉而已矣』。由此觀之，韓氏論性，好像是另一種東西，不偏於善的主張，也不偏於惡的主張，只因人類品質有三等，所以五性與七情皆隨個人品質的差異而不同了。此三等品質又以中等富於可塑性，容易移轉。所以他說：孟子底性善論，荀子的性惡論，及揚子底善惡混論，全是指着中等品質之人說的，把上下二等品質全遺漏了。末了，他又說：上等之人品質雖善，倘若受了教育當更好；下等之人品質雖惡，難以使他向善，但有刑罰來制裁，亦可以使他不敢爲惡。所謂『上之性就學而愈明，下之性畏威而寡罪；是故上者可教而下者可制也』。

三　教育論　『上之性就學而愈明，下之性畏威而寡罪』，韓氏是承認教育有效的。他的教育宗旨，卽在『明先王之教』。〔原道篇〕先王之教是什麼呢？據原道篇上說，不外『仁義道德』四個字。這四個字，載之於文，爲詩、書、易、春秋；施之於法，爲禮、樂、刑、政；見之於事，爲君臣、父子、師友、賓主、昆弟、夫婦以及飮食、衣服、宮室之類。遵守先王的禮、樂、刑、政，誦習古聖的詩、書、易、春秋，順乎人倫及本於日用生活的自然節目，卽是明悉先王之教，卽是儒家的教育。受了這種教育，施用無窮，所謂『以之爲己，則順而祥；以之爲人，則愛而公；以之爲心，則和而平；以之爲天下國家，無所處而不當』。至於老氏所謂『剖斗折衡』，佛氏所謂『淸靜寂滅』，旣違先王之教，又反自然之理，凡儒家信徒所當辟而闢之的。韓氏以儒道自任，他以爲儒道卽先王之教——中國歷代相傳的民族習慣，很合於自然生活的，所以對於學風熾熱的佛老之說非常反對。

先王之教最重師道。『師與君父並列』，『師嚴而後道尊』，由來已久。師有兩種：童子之師在授之書，而習其句讀；成人之師在傳道授業解惑。換一句話：小學教育，在誦說經文；大學教育，在講明道理。聞道先後與年齡地位無大關係，只要你的學業成就，有教授的能力，不管你的年齡小於我，地位低於我，就應拜你爲老師；教育原不分等級，教師的資格原不論年齡的大小及地位的貴賤。可是現在一般學者不重學術，只斤斤較量於年齡的大小及地位的貴賤。師道在那裏？師道既不講，就是教育廢弛的原因，也就是先王之教遭屏棄的原因，此吾所以深爲慨歎——韓氏自謂。但當時國家不尊視教師的地位，及學子之不肯虛心受教，也可由韓氏底師說裏面看出。他底朋友柳宗元且有一段話：『由魏、晉已下，人益不事師。今之世，不聞有師，有輒譁笑之，以爲狂人。獨韓愈奮不顧流俗，犯笑侮，收召後學，作師說，因抗顏而爲師。世果羣怪聚罵，指目牽引，而增爲言詞。愈以是得狂名』。（答韋中立書）唐代教育的良否，讀此文更可以概見，而韓氏亦可謂孤掌難鳴了！

第四節　李翺

一　生活小史　李翺字習之，是唐室的親族，是韓愈的弟子，是唐代中葉的一個文學兼思想家。他底思想近於佛家，但他的口氣卻是儒家，還以先覺道統自任哩。德宗貞元十四年，舉了進士，授校書郎，三遷至京兆府司隸參軍，但這些官皆不是他的本願。到憲宗元和初，被召爲國子博士，兼任國史修撰的職務，纔與他的性質相合。李氏性情峭鯁，好爲諍言，雖權貴亦無所回避，故在史館任內上正本六事於憲宗，以整肅綱紀爲要，對於史家的責任亦有論列。再遷爲考官員外郞，後又派出爲廬州刺史。文宗太和初年，被召進京，拜爲諫議大夫，因事降了官階；不久復召爲刑部侍郞檢校戶部尙書，出爲山南東道節度史，遂死於官所。李氏雖爲韓愈的弟子，雖亦提倡儒家之術，可是他的思想究與韓氏不同。所著復性書三篇，雖自信爲『尼父之心，聖人之言』，恐非韓氏所能贊同。韓氏在原性篇末了有兩句話：『今之言者，雜佛、老而言也者，奚言而不異』，當然是指着李氏的復性書說的。

二　復性論　李氏三篇復性書，雖雜佛、老之言，但思想奧衍，語有根底，確非他的老師韓氏所能企及，爲唐代有數的理論文字，已開宋儒思想之先河了。他的性論所根據的爲中庸『天命之謂性，率性之謂道』兩句話。性不是物質，是超物質的一種靈體，——天所命的一種靈體。這種靈體是至善的，離乎動靜的，聖人與凡民莫不相同。我們要把牠形容出來，其像則爲『寂然不動，寬大淸明，照乎天地，感而遂通』（復性書一）的一種模樣，這種模樣又謂之『誠』。『誠者天之道也』，就是『天命之謂性』。不過此性在聖人則充而明，在凡民則昏而塞。因爲聖人能盡其性，不爲情所惑，凡民不能盡其性，爲情所惑，所以不同。情是什麼呢？『情者性之動也』（書一）發而爲表像，則有喜、怒、哀、懼、愛、惡、欲七情。此七情循環交來，攻伐不已，性不能充，反爲所匿，此凡民所以終身不能覩其性。聖人亦非絕對無情，不過聖人至誠，性是充的，『寂然不動，不往而到』，雖有情而不爲情所惑，不得謂之情。

人與萬物同受氣於天地而生，其所以異於禽獸蟲魚的，以其性全。今爲情所惑，使性昏而不能看見，則禽獸蟲魚相差有幾，所以聖人教人復性。何以復性？要在滅絕情欲，去掉害性之障，而性自復，所謂『妄情滅息，本性淸明』，書二所謂『聖人教人忘嗜欲而歸性命之道也』。書一性比於水，情比於沙。水流本是淸的，因爲沙所雜，所以渾。性原本是充的，因爲情所惑，所以塞。性比於火，情比於煙。火光本是明的，因爲煙所鬱，所以不明。情之於性也是一樣。吾人要復其本性，必先去此妄情，比於沙沈而後流淸，煙消而後光明。但是凡民之性爲情所昏塞，由來已久，要怎樣纔能使妄情滅絕以回復本性？他說，這不難。所謂復性，非從外面找一個性來，而性原在裏面，不過爲妄情所惑，所以塞而不充，昏而不明。復性的意思，不過去掉昏蒙使返於本然之明就是了。其功夫，在於去思慮，離動靜，齋戒其心，由昏而淸，由淸而昏，經過許多修爲，直到不復渾處，此時妄情絕滅，萬念皆空，則至善的本性，必然迎面而來，破壁而出了。本性回復，卽是至誠的境界，凡民可以進而爲聖賢。所以他說：『弗思弗慮，情乃不生；情不生乃正思，正思者無思無慮也。然此齋戒其心者也，猶離於靜也。有靜必有動，動靜不息，則情也。故曰『吉凶悔吝生乎動』，焉復其性耶？惟方靜之時，知心無思，是齋戒也。知本無思，動靜皆離，而寂然不動，是至誠也』。復性書二

韓氏所言旣淺，而所指性情二者因各個人之品質而生差異，猶近情理。李氏認性爲至善，情爲至惡，主張『滅情復性』，所言雖奧衍玄妙，可到了淸靜寂滅的境界，簡直佛、老化了。佛、老的教育是返自然演進的教育，爲著者所不取的。

本章參考書舉要

（1）新唐書的隱逸王績列傳

（2）文中子

（3）新舊唐書的韓愈列傳及李翺列傳

（4）新唐書的儒學列傳

（5）韓文公全集

（6）唐文粹的李翺復性書

第二十章　唐末及五代

一　唐末五代的政局與社會　在十六章裏頭，我們敍述唐代國力的外張和政權的集中，是指着他們前半紀說的。到了後半紀，自從郭子儀死了以後，德宗即位以來，因藩鎮跋扈，政局紊亂，所得的結果與前半紀適成反比例。由唐末至五代，政局愈弄愈糟，跋扈的藩鎮現在直接革取了唐室之命，便要自己稱王稱帝起來。在這個時期，實際不過五十四年，他們業已五換朝而八易姓，政局之不安定可想而知。且他們所統治的，不過中原一隅而已：在長江以南，被十國諸侯彼此割據；在燕、雲以北，又時遭契丹胡騎的踐踏。故此時社會的紊亂，比較魏、晉、六朝更甚，而漢族又到了一個被壓迫的時期了。唐朝以科舉取士，雖在極盛時已養成一種寡廉鮮恥的風氣。到中葉以後，政局壞亂，戰爭相尋，把社會弄得極不安定。社會既不安定，所有人民的生活日趨險惡，尤其是流氓式的政客官僚之徒，生活失其保障，所以從前卑汚苟賤的風氣至此益甚。降及五代，則更不足稱了，更不講道義與廉恥了。倘在一個時代，既沒有道義，又不講廉恥，國家法律失其效用，將何以維持社會之安寧與幸福？此五代政局所以平均十年一變更，而十國相爭更沒有虛日。

二　唐末五代的教育情形　當唐朝國力鼎盛時，教育已不足稱，僅有制度而無學說；到了此時，即制度也看不見了。其間各朝未嘗不偶一開設學校，但當局者既無培養人才的眞意，而來學者亦不過徒擁虛名；故生徒苟賤，學問紕繆，那裏談得上教育！（註一）但學校雖停，而科舉尚能繼續舉行，這也是士大夫貪求富貴功名的一種表現，不過在當時有一件關於教育的重要事情値得我們記載的，是印刷術的行使。中國古人讀書的工具本以刀漆竹筆，以竹帛作書。秦、漢以後纔有毛筆、有楮紙、有煙墨，在求知上比較從前總算進了一步。但尚不及印刷術之方便。印刷術雖發明於隋、唐之際，當時只用在刻印佛經，未曾通行到一切。到五代時，馮道當國，提議以雕板印九經，頒行全國；由是書籍由印刷推行於社會的方法乃漸通行。自此以後，吾人讀書比較從前埋頭抄寫方便許多，而教育的普及，亦將借此利器以開始了。（註二）

按此時正當十世紀的時期，日事干戈，學術不講，從前學校多已停廢，所謂教育不過僅存科舉而已。這個時候，正當歐洲中古時期，東西兩黑暗，共在一條時間線上。久塞必通，我們只好拭目以觀下期的新思潮了。

（註一）〔文獻通考〕馬端臨曰：按五代弊法，監生令其出光學錢，則貧士何所從出？既徵其錢，復不蠲其役，待士之意亦太薄矣。然史所言，多有未曾授業輒取解送者，往往亂離之際，其居學者亦皆苟賤冒濫之士耳。馬氏又曰：按五代五十二年，其間惟梁與晉，各停貢舉者二年，則降敕以舉子未精之故。至於朝代更易，干戈擾攘之歲，貢舉固未嘗廢也。

（註二）〔夢溪筆談技藝〕板印書籍，唐人尚未盛爲之，自馮瀛王始印五經，已後典籍皆爲板本。〔方氏通雅器用類〕雕本印書也，隋、唐有其法，至五代而行，至宋而盛，今則極矣。揮麈錄言『毋昭裔有版鏤之言』。陸深河汾燕間錄云：『隋開皇十三年，敕廢像遺經悉令雕板』，則比又在柳先。疑者以隋有此法，唐何以不行？或止崇奉釋教耶？〔五代會要經籍〕後唐長興二年，中書門下奏請依石經文字刻九經印板，敕令國子監博士儒徒將西京石經本各以所業本經句讀抄寫注出，子細看讀，然後顧召能雕字匠人，各部隨帙刻印板，廣頒天下。

本章參考書舉要

（1）新五代史

（2）五代會要

（3）文獻通考的學校及選舉關於五代之部

第四編　半封建時代中期的教育

第一期　宋（960——1276）

第二十一章　宋之政治與教育的關係

一　柔弱的政治　在前期末了，我們曾經這樣說過：唐末五季正當十世紀，東西兩黑闇時代巧逢在一條時間線上，我們只好掉目以觀下一期的新思潮。現在我們已寫到本期了，本期的思潮固新，可是政治則依然如舊。宋朝的政府組織，職官制度及地方行政區劃，多半模倣唐朝，似無重述的必要。不過有一點爲我們所注意的：唐、宋兩朝的政治精神則絕對不同。唐朝的政權操於皇帝一人或其宮庭宵小宦官少數人的手中，君權無限，政令嚴威，所謂『剛性政治』。宋朝的政權操於一般公卿大夫手中，君權有限，政令寬大，所謂『柔性政治』。自嬴秦開了官僚政治新紀錄以後，帝王權力日高一日，絕無限制；可是兩宋三百年的政權分掌於多數卿大夫的手中，帝王莫不虛己以聽，這卻是宋朝的一件特色。這一般卿大夫比較其他各朝總算優良分子佔多數，且多爲有道德的政論家，雖

北宋末年如蔡京、南宋如秦檜、韓侂胄輩，雖曾挾着帝王擅作威福，但當時氣節與議論之風氣業已養成，此少數人者究不足以箝制天下人之口也。

手握政權，而不敢擅作威福，宋代學術思想及教育特別發達的原因固多，這個也是原因之一。至於此時的社會生產，仍舊穩定於農業經濟之中，正是這一般卿大夫所以生存的條件。他們在朝主持國政，頒行教育政策；在野號召生徒，講論教育學理；其結果即訓練成他們的繼起人物，再來掌握政權，而國家政權及教育事業遂永遠在這一階級手中。資本主義不發達，變形的封建社會所產生的士大夫階級——地主兼知識分子，必永遠執掌國家底政治與教育特權，已成歷史上必然的事實。關於這一點，所以不到滿清末年，我們從此以後無庸重述了。不過由漢至唐，典型的封建制度雖然打破，而人民的態度，學術的探討，及學者傳授的方法，一切皆具很深的古意。到了本期，社會經濟組織及政治形態雖然依舊，而其他一切已具近代形式，與前期似有顯然的差異。故我們以前者爲前期的半封建時代，則以後者爲中期的半封建時代。

二　分裂的學區　政權柔弱的宋朝，國力更其柔弱，漢族人民在此時又處於異族勢力底壓迫之下了。漢族勢力的強盛時期要以大唐前期爲最。當時在東亞國家中號爲唯一盟主；但自唐末以及五代，沙陀與契丹兩族興起，他們的勢力於是逐漸衰退。宋太祖雖然以武力削平大亂，統一中原，終以國力薄弱之故，不足以挽救漢族的衰頹。當時北方民族最爲強大，宋室最大領土，尙不過唐朝全盛時代二分之一。在北宋時代，黃河上游爲西夏佔據，黃河下流以北爲遼人佔據；宋室所有的，只就內地說，且非完土。在南宋時代，江淮以北，全爲金人所佔，宋室所有的，僅長江及珠江兩流域數省而已，偏安於江左了一百多年，以與北宋比較又復削小了許多。宋室領土既然削小，在其統治之下，不僅不足以包括中國全域，且不足以包括漢族全民；則他們的教育所及之地，當然只能限於政權所及之地。但施行教育的雖爲政府，而感受教育的除少數貴族外仍爲一般民衆，我們如果在此時期只注意宋朝的教育，遺漏的地方必然很多。遼、金及西夏佔據中國領土，他們的歷史短則百餘年，長至二百餘年，也曾模倣中朝，施行種種文化，在他們的管轄區域之下也有相當的教育，此層我們應當連帶注意。考遼、金二史及宋史外國列傳，遼、金、西夏三國政府皆曾設立學校，開辦科舉，而金國且有很詳細的教育制度，——學校與科舉均分漢人與女眞兩類，即後來元朝教育制度的祖師。不過他們的辦法究竟是模倣中國的，迎合漢人的心理，不見有什麼特殊與創造，此時學區雖然分裂，在教育制度方面我們只舉宋朝也可以概論其餘了。

第二十二章　宋代學風及學派

一　學風

宋代國力雖弱，而學術思想可較前朝異常發達。我們考究此時學術思想所以發達的原因，大概不外下之四點：第一、由於各種思想的融會日久，自然能够產生新的種子；第二、由於書院制的興起，有了專門講學的人材及專門研究學術的場所；第三、由於印刷術的發明，知識的傳播較前迅速；第四、在當時有較多的賢者在位，新的學術只經政府裏面有力者二三人一提倡，演爲風氣更覺容易。但宋代學術思想雖然發達，而宋儒所研究的對象與方法，完全與漢、唐諸儒不同，他們簡直重新組成了一種學風。這一種學風，倡導於宋儒，元、明兩朝相繼演繹其說，已形成學術史上的一個體系，後世目之曰『宋學』。以宋學的內容與漢、唐諸儒所講的訓詁注疏學區別，又名此學曰『義理之學』。但這一種儒者所講的義理，幷未包含六經全體，只有易經、論語、大學、中庸及孟子等書爲他們研究的主要材料，有餘力則涉及他經。他們把這五部書融會與擴充，概括爲兩個問題；一則研究天地之大原，謂之本體論；一則研究人性之究極，謂之道德觀。綜合起來，不外『理氣心性』四兩字，——理氣是研究天地之大原的，心性是研究人性之究極的。天地萬象皆由陰、陽二氣所變化，變化雖有千形萬狀，氣質不一，但在此變化不一之中卻有一定的法則，而理未有不同。理是宇宙變化的自然法則，氣是所變化的種種形態；形態雖有種種，而法則總是一個，所謂『理一而分殊』。性是與理相對的，心是與氣相對的；不過自存諸天而言謂之理與氣，自賦諸人而言謂之性與心。人是稟受於天而與天一致的，天之所有者人莫不有，人就是一個小天；所以宋儒所講的『理氣與心性』也可以說是『天人合一論』。這種學說，純粹屬於形而上學，其思想的進步，探討的精深，自然駕乎漢、唐諸儒之上，不過他們這種研究自以爲直接孔、孟的眞傳，其實極不純一。本體論由老、莊思想嬗脫而來，心性說又入了佛家的範圍，他們是融合佛、老於孔、孟而另組成一種形而上學的宋學。可是他們口頭上還是反對佛、老，自謂眞儒，是什麼意思？佛、老全講理一，儒家是主張分殊的。惟其分殊，所以人與禽獸不同，男女有別，貴賤不等，各安各的本分，不相踰越。惟其理一，在地位雖有貴賤不等，而性分相同，人格則一，可以藉此自爲安慰，能够安貧樂道而不悔。這種天人合一的觀念，理一分殊的主張，眞是士大夫階級的口吻，有諸內自然形諸外，不可以絲毫假借的。

二　學派

宋代學術思想較漢、唐發達，而派別流長亦較漢、唐爲多。在北宋有二種區別：（1）自學術上分，有王、程二派。王學是以三經新義爲主的，程學是以易及論、孟、大學、中庸爲主的——前者近於事功，後者偏於性理。（2）自地域上分，有洛、蜀兩派，洛黨以程頤爲領袖，態度嚴整；蜀黨以蘇軾爲領袖，性情放浪，——前者謂之道學家，後者屬於文士派。在南宋有朱、陸及永嘉三派：朱子底學問以道問學爲主，是由窮理以盡性的；陸子底學問以尊德性爲主，是由明心以達理的，——但兩家所講全屬於性理學的範圍，可謂同一。至於永嘉學派，完全與前者相反，他們不講性理，喜談政治，是主張經國治民的，——屬於事功一派。綜合起來，北宋之程，南宋之朱、陸，同屬於性理派；北宋之王，南宋之永嘉，同屬於事功派；至於蘇氏父子只以文章名世，且近於縱橫者流，於哲學上尙稱隔膜。除此以外，在北宋還有濂溪周敦頤、洛陽邵雍、關中張載，雖同講性理之學，與程、朱相近，但前二人爲道士派的儒者，後一人頗有荀學的遺風。在南宋還有廣漢張栻，東萊呂祖謙，與朱子一派很接近。總之，論其體系，則以程、朱之學爲宋學的正統，其他皆屬旁支。論其在當時的勢力，北宋以王學爲大，南宋以程、朱之說爲歸；其餘雖各闢門徑，互持異議，究不敢與前兩家抗衡了。

第二十三章　宋代教育制度及其實況

第一節　概論

中國教育制度自唐朝以來，業已逐漸完備。宋朝的制度多半模倣唐朝，地方學校雖不如唐朝記載的詳細，而中央學校則更較發達。中央學校：有國子學及太學辟雍及廣文館，皆屬於大學性質。有律學、算學、書學、畫學、醫學及武學，皆屬於專門學校性質。有小學屬於小學性質。此外，還有幾所特殊學校，如宗學諸王宮學及內小學三所，統為貴族學校，內兼高初兩等教育性質。此外另有四門學一所，特為庶民子弟設立的，屬於高等教育。地方學校：州有州學，府有府學，軍有軍學，監有監學，縣有縣學，介於中小學性質之間，而界限不甚嚴明。中央的國子學、太學、辟雍、廣文館、武學、律學及小學，統歸國子監管轄，謂之直系學校。地方學校則由各級所設立的地方行政長官管轄，其上則統屬於本路的提舉學事司。以上各校，設立的先後，教材的內容，試驗的情形，及教職員和學生的名額，不僅南北兩宋不能一致，即每易一君主或換一派閣員亦屢有變更，我們留待專講。茲為讀者便利起見，列一簡略學校系統圖於下。

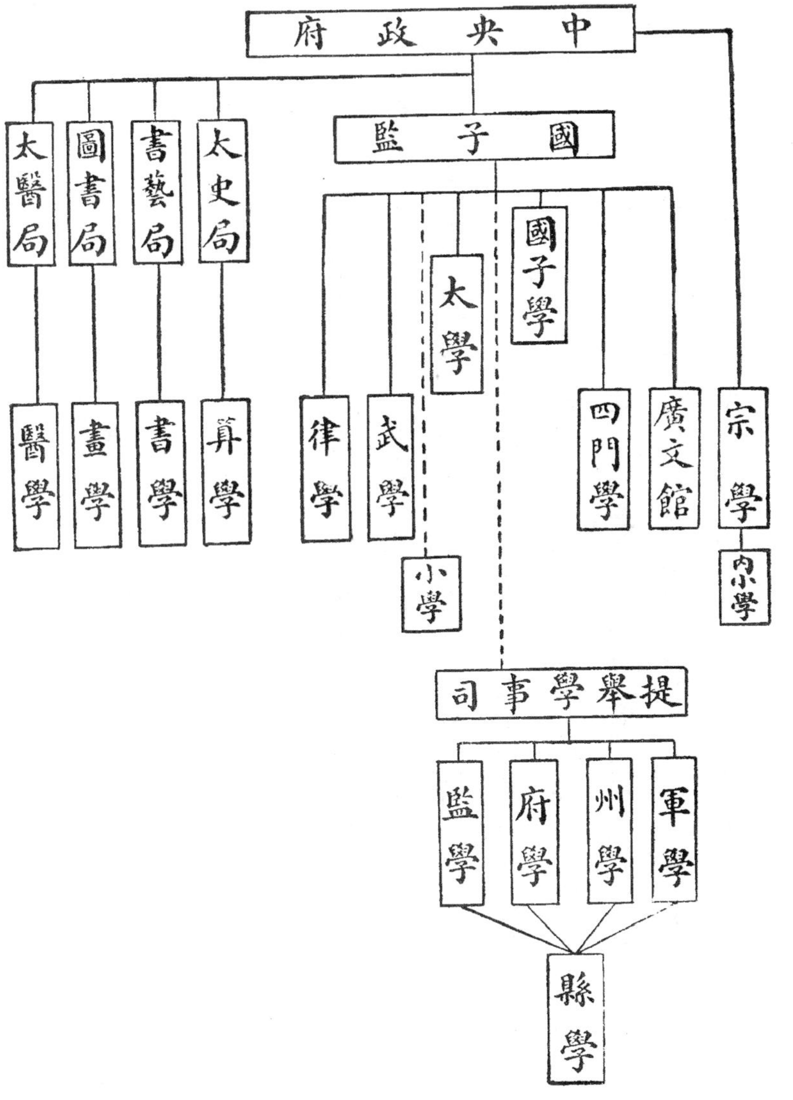

中央政府
國子監
太醫局
圖書局
書藝局
太史局
醫學
畫學
書學
算學
國子學
太學
律學
武學
小學
四門學
廣文館
宗學
內小學
提舉學事司
監學
府學
州學
軍學
縣學

第八圖 兩宋學制系統圖

周朝立學，有釋奠於先聖先師的文字，鄭注，謂先師爲學校已死了的有道有德的教授，先聖爲周公若孔子。（見禮記文王世子）他說周公尙有幾分近情，說孔子未免過於錯誤，孔子與周公同被供祭於學校內者實始於東漢永平二年。到六朝及隋纔把周公擠走，專祀孔子，而以顏淵配享。唐朝初年，孔子底地位雖偶被周公佔着，但自貞觀以後又恢復原狀，自此以後，全國學校，莫不遍設孔子木主，而孔子儼然爲學校的教主了。到了宋朝，則尊崇更甚：或於學校設奠致祭，配享以高材弟子。所謂『十哲者』，或就孔子廟庭開設學校。此種儀節，一直到滿淸末年，相沿未改，且愈演愈擴充。但北宋還有一點特例：曾經以王安石陪着孔子一齊高坐在學校禮堂上，一律受天下學子的崇祭，這是徽宗崇寧時代蔡京之徒所幹的一回事情。

各校所用的教材，除特殊學校外，大概全規定爲儒家的六經；六經不過在漢分今古文兩家，在唐分大中小三經，到了宋朝，除了六經外，又添了一部四書爲教材。四書包含論語、孟子、大學、中庸四種，從前本各自爲書，除論、孟二經早行於世外，大學、中庸附載於戴記內，未經重視。至北宋程氏兄弟講學於洛陽，纔從戴記中抽出來加以提倡，教育界纔有人注意。到南宋，朱子又將論語、大學、中庸、孟子合併爲一，遂有四書之名，以後成爲全國小學必讀之教科書了。（註一）大學、中庸雖提倡於北宋，其實到南宋纔被通用，北宋學校所風行且必採用的實爲王氏的三經新義。王氏的三經新義，與唐朝孔氏底五經正義，同一以一家之說，借着政府的勢力頒行於全國，在教育史上確令吾人有特書的必要。

國家教育宗旨，因政黨的起伏，屢有變更。在王黨專政時，講求富國強兵，他們底教育目的在培養通經致用的人材，故以功利主義的教育爲宗旨。在舊黨當國時代，他們喜談性理，教育目的在培養一般品學兼優的士君子，故以『德行道藝』爲教育宗旨。前者的氣勢雖赫赫一時，只以缺乏有思想的人材，影響不大，能够影響於宋代教育思想上二三百年者，則爲性理學者底教育主張。他們以『革盡人欲復盡天理』爲唯一修學工夫，所以要以德行道藝培養人材。這種人材培養成功，卽他們理想中的賢士大夫，有德的君子，完全人格——聖人之徒。至於韓侂胄一派姦邪專政，專意排斥善類以保持其祿位，自無宗旨之可言了。

（註一）（宋史道學列傳）仁宗明道初年，程顥及弟頤寔生。及長，受業周氏，已乃擴大其所聞，表彰大學、中庸二篇與語孟並行。

第二節　國子監

國子監有兩種性質：一爲管轄學校的機關，稱國子監；一爲教養生徒的場所，又稱國子學。國子學爲國家最高學府，專教七品以上的子弟。當初學生人數不定，其後以二百人爲定額。這些學生，皆以享受太厚，入學讀書不過徒有其名，往往名雖在籍而實久不到校。所以在太祖開寶時就有插班補缺的辦法，到眞宗景德時又有傍聽的辦法。（註一）管理國子監的，當初以判監事二人，一在東京，一在西京。其下再設直講八人，專任教授，皆以學行卓異者充當。如程頤判西京國子監及胡瑗曾以直講的資格兼管東京國子監事皆是。元豐以後，改變章程，設祭酒一人，總管國子監事，統轄所屬各校；其下設司業，參丞及主簿各一人，掌各項職務，其他所屬各學之博士教授等員，各有多少不等。以上完全是北宋的情形。到南宋高宗繼統的初年，卽於所在地開設國子監，生徒雖少，但定都臨安以後，辦法亦略相同。

（註一）（宋史選擧志）開寶八年，國子監上言生徒舊數七十人，奉詔分習五經。然繫籍者或久不至，而在京進士諸科常赴講席肄業，請以補監生之闕。詔從之。景德間，許文武升朝官嫡親附國學取解。而遠鄉久寓京師，其文藝可稱，有本鄉命官保任，監官驗之，亦聽附學充貢。

第三節　太學

宋朝以太學最發達。辦法亦較完善。開國之初，他們所定入學資格只限於八品以下的子弟及庶民的俊秀者。內中管理及辦事極其簡單。到王安石當國，特別注意學校教育，尤其注意大學教育，培養通經致用的人材，所以他一方面改革從前科擧的流弊，一方面擴充太學的內容。王氏把太學分爲三舍，別學生資格爲三等，初進太學爲外舍生，由外舍升內舍，由內舍升上舍。玆將所有內容及歷年變更情形，分別敍述於下：

一　入學資格及進學手續　在神宗熙寧時，仍照宋初，別爲二種。在徽宗崇寧時，規定由各州州學學生每三年選送一次，是時已停科擧，取士全由學校升貢。到南宋，則又有變更。在高宗時所定資格：凡諸道在本州州學修滿一年，三試中選，未曾犯過第三等以上的懲罰者；或不住學校，而曾兩次參加釋奠及被列於鄉飲酒者，得送入太學肄業。此外到孝宗時又有混補及待補二法。每三年科擧完後，所有落第擧人准許應試，取其程度合格者補入太學，謂之混補。其後以就試者過多，乃加限制之法，凡諸路解試終場人，挑選百分之六送往太學補試，謂之待補。凡各州學生來京入學時，須呈驗所隸本州公據，考試取中後補入外舍，爲外舍生。

二　**名額及學齡**　關於太學生的學齡，史書沒有明文規定，無從考查，關於三舍名額，時有增減，茲表列於下：

第七表　宋代太學生名額表

時代＼學生名額＼舍別	上舍	內舍	外舍	合計
熙寧四年	一〇〇	二〇〇	不限	
元豐二年	一〇〇	三〇〇	二、〇〇〇	二、四〇〇
崇寧元年	二〇〇	六〇〇	三、〇〇〇	三、八〇〇
紹興十三年	三〇	一〇〇	五七〇	七〇〇
開禧二年	三〇	一二〇	五七〇	七二〇

三　**課程**　太學課程，歷朝屢有變更。開國初年以五經爲教材，命諸生各習一經，每經設博士二人教授。熙寧以後，強令學生學習王氏的三經新義，且通令全國各學校遵用以求統一。徽宗政和中，蔡京當國，黃、老、莊、列等書也列入教材。到了南宋，取消三經新義，仍定五經爲教材，並習程、朱語錄，而四書也漸列入課程之中了。總之，在北宋，王氏學最佔勢力，在南宋程氏學頗爲風行；而詩、詞、賦、策論則隨時皆採，不分派別。

四　考課法　考課分兩種：一爲學行考查，一爲成業試驗。凡學生初進學校以後，由齋長諭月逐日登記他們的操行及學業。到一季末了，挑其可選的送於學諭考查一次；學諭考查過了，過十日再由學錄考查，再過十日又由博士考查，最後又由長貳考查。長貳即國子祭酒與司業。到了一歲之終，由長貳會同教職員評定高下，登記於行藝簿，以爲升舍試驗的參考，謂之學行考查。（註一）凡成業試驗，又分兩類：一爲私試，一月一舉行；一爲公試，一年一舉行。凡私試，孟月試經義，仲月試論，季月試策，由學官主持。凡公試，初場考經義，次場試策論。北宋由學官，南宋另差大官主持。

五　升舍法　凡外舍生每年升級一次，即年終公試後，並參考行藝，取其合格的——取列第一、第二等者——升入內舍。凡內舍生每二年升級一次。當修滿二年時，由學官按照貢舉的手續，用彌封謄錄法，試驗其成業；如成業考入優平二等，再參驗其平日行藝，果皆合格，則升入上舍。凡上舍生修滿二年，則舉行畢業試驗。當舉行畢業試驗時，由政府特派大員主考，教官不得參與，一切手續與科舉省試法相同。評定成績分三等：行藝二者俱優爲上等，一優一平爲中等，俱平或一優一否爲下等。試入上等了，當時授以官職；試入中等，免除禮部試；試入下等，則免解。上等資格與進士同，倘有僥倖取得上等了，即在化原堂釋褐，謂之『釋褐狀元』。凡三舍考試，皆用積分法，爲後世學校積分之創始。

六　教職員及管理　太學除由長貳總管課試升黜教導等事外，其下設有教職員數很多。（1）博士十人，分掌教授考校程文，並負訓導的責任。（2）正錄（包學錄學正）各五人，除考校訓導外，並執行學規，專施懲罰。（3）職事學錄五人，幫助正錄執行學規。（4）學諭二十八人，掌管傳諭博士所授經於學生。（5）直學四人，掌生徒簿籍，並稽察出入。（6）每齋置長諭（齋長及月諭）各一人，掌管齋務及考校齋生行藝，月一舉行，齋生如有犯規情事，得以隨時糾正。（7）凡正錄及學諭皆以學生充當。

七　學規　太學學規共分五等：（1）生徒犯規，輕則關暇幾月，不許出入。（2）重則前廊關暇。（3）再重則遷齋，若其人果不肖，則所遷之齋可以不受；既遷以後，又必本齋同舍力告公堂，方許放還。（4）再重則下自訟齋，自宿自處，同舍亦不敢過問。（5）又重則夏楚屏斥終身不齒。其他：外舍生若入學五年不預校定，及不曾請列國學解送，或不曾公試入等第者，到歲終檢校，酌卽除籍。

按兩宋學令屢有變更，詳細規定者有兩次：一在仁宗元豐二年，一在高宗紹興十三年。如以上所述，倘能認眞實行，則宋朝大學教育眞有可觀。但章程自章程，事實自事實，國家政局屢變，賢與不肖互爲起伏，對於在社會久負名譽的太學或陰爲利用，或放棄不管，自然難免。觀朱子貢舉私議：『熙寧以來，此法寖壞。所謂太學者，但爲聲利之場，而掌其教事者不過取其善爲科舉之文，而嘗得雋於場屋者耳。士之有志於義理者既無求於學，其奔走輻輳而來者，不過爲解額之濫，舍選之私而已。師生相視，漠然如行路之人，間相與語，亦未嘗開之以德行道藝之實，而月書季考者，又祇以促其嗜利苟得冒昧無恥之心，殊非國家所以立學教人之本意也』，可以知其當日實際情形了。再觀葉適論學校：『何謂京師之學有考察之法而以利誘天下？崇觀間，以俊秀聞於學者，咸爲大官。宣和靖康所用誤朝之臣，大抵學之名士也。及秦檜爲相，務使諸生無廉恥，以媚己，而以小利啗之，陰以拒塞言者，士人靡然成風』，更可以知其一切了。但在北宋時，李綱以忠勇被黜，大學諸生羣集闕下作爲起復運動，而李綱卒被起用；楊時爲祭酒詆毀安石，諸生羣起反對，而楊時因被罷免，其有時表現青年精神之熱烈處，吾人亦不能一筆抹煞。

（注一）（宋史選舉制）齊長行藝於籍；行謂率教不戾規矩，藝謂治經程文。

〔宋史職官志國子監〕博士掌分經教授，考校程文，以德行道藝訓導學者。

第四節　六專門學校

一　律學　律學設置始於神宗熙寧六年。在此以前，不過設博士教授法律，尚與律學之名。自此始正式設立學校，隸屬於國子監，由監直接管理，置教授四人專任教課。迨後乃以教授一人兼管學務，執行學規。入學資格分二種：一爲命官，一爲舉人，後者須有命官二人保送。進學手續，初入學聽講，作爲備取生，經過相當時期，纔舉行入學試驗。如所習爲斷案，則試案一道，每道敍列刑名五事至七事；所習爲律令，則試大義五道。試卷及格，纔爲正取生，以公費待遇。取正以後，各以所習每月公試一次，私試三次，所試內容與入學試驗同。凡朝廷有新頒條令，卽由刑部頒發下來，令學生學習。除罰金外，一切懲罰規則與太學同。內中分二齋，一處舉人，一處命官，命官得聽其出宿。

二　算學　此學建立於徽宗崇熙三年，隸屬於太史局。學生定額爲二百一十人，資格分命官及庶人兩種。教材以九章、周髀及假設疑數爲算問；仍兼海島、孫子、五曹、張丘建、夏侯陽算法，幷歷算三式天文書，爲本科。此外兼習一小經，願習大經者聽其自便，兼科皆聽自由選習。凡公試私試及三舍法，與太學略同。上舍三等，可由天子推恩授以官職。

三　書學　此學設於徽宗時，由翰林書藝局管轄。學生名額及入學資格沒有規定。課程分練習及研究兩門：練習以篆、隸、草三體爲主，研究以說文、字說、爾雅、大雅、方言爲主。此外須兼通論語、孟子義，如願意選習大經者聽其自便。練習篆體，以古文大小二篆爲法；練習隸體，以二王、歐、虞、顏、柳眞行爲法；練習草字，以章草張芝九體爲法。考查所書的成績分三等：以方圓肥瘦適中，鋒藏畫勁氣淸韻古，老而不俗者爲上；方而有圓筆，圓而有方意，瘦而不枯，肥而不濁，各得一體者爲中；方而不能圓，肥而不能瘦，模倣古人筆化而不得其意，但尙均齊可觀者爲下。其入學手續及三舍升降法，略同算學，惟畢業後所派官職則低一等。

四　畫學　此學亦設立於徽宗時，由翰林圖畫局管轄。學生名額未曾規定，惟入學資格分爲二種——士流及雜流。內中課程也分練習及研究兩門：關於練習課程又分佛道、人物、山水、鳥獸、花竹及屋木六科；關於研究課程，爲說文、爾雅、方言及釋名四種書。說文一書則令學生書寫篆字，註解音訓，其餘三書皆設爲問答，以他們所了解義意的程度，觀察其能否通達畫意。此外還有選科，士流須選習一大經一小經；雜流則誦小經或讀律。考查所畫成績的標準，要以自由創造而物之情態形色均若自然，且筆韻高簡者爲工。畫學分兩齋，士流雜流分別居宿，其入學手續及三舍升降法，略同書學。

五　醫學　醫學設立較早，與律學同於太祖統一天下後卽設立。惟中經變遷很多，初由太常寺管轄；神宗時隸屬於提舉判局；徽宗崇寧間歸入國子監，後又改隸太醫局；高宗南渡後仍設醫局；孝宗時廢醫局而存留醫學科；到光宗又復置太醫局。此學分三科：一爲方脈科，二爲鍼科，三爲瘍科。方脈科的教材分大小經，以素問、難經、脈經爲大經，以巢氏病源、龍樹論、千金翼爲小經。鍼、瘍二科的教材，除去脈經，另增三部鍼灸經。學生名額前後不一，常以春日爲招生之期。三舍法與太學略同，置有博士正錄等員，分掌管教之職。畢業考試分三場：第一場爲普通試驗，問三經大義五道，凡三科皆得受試。第二場方脈科試脈證運氣大義各二道；鍼、瘍二科試小經、大經三道，運氣、大義二道。第三場按照各科性質，分別假令治病法三道。及格以後，高等派爲尙藥局醫師以下職，其餘或派爲本學博士正錄，或委爲外州醫學教授。

六　武學　神宗時，於武成王廟內建立武學，生徒以百人爲額，入學資格有小臣，門廕子弟及庶民。入學以後，教以諸家兵法弓矢騎射等術；又編輯歷代用兵成敗及前世忠臣義士足以爲精神訓練者逐日講釋。有願試陣隊者，酌給兵伍，令他們演習。以兵部郎中掌管學務，選明悉軍事的文武官員爲教授。修業期限爲三年，期滿試驗及格酌給官職；未及格的留學一年再試。

以上六種專門學校，名額規定不詳，廢立亦無常規，與太學自開國至滅亡三百餘年未嘗一日停辦者情形大不相同。此六學中，除醫學曾普及於州縣外，其他只有中央各一所。

第五節　三短期學校

一　廣文館　此學係一種講習性質，不限資格，不定學期，也沒有嚴格的考試手續，凡四方學子來京應科舉試或已試落第的舉人，皆可入館聽講。宋初卽已設立，到哲宗元祐間，增加到二千四百人，以後廢置無常。

二　四門學　此學爲一高等普通學校，自八品以下至庶人子弟皆有入學的資格。其修業期限爲一年，期滿試驗及格，發給畢業證書，不及格者留學，若留學三年仍不及格則開除學籍。此學設立於仁宗時，所以收納未能入太學的一般青年學子，但設立未久就停辦了。

三　辟雝　辟雝又名外學，是在徽宗崇寧時蔡京當國所設立的。在熙寧時，王安石分太學爲三舍，最低一級稱外舍。及至此時，蔡京把外舍生別編入於外學，太學只留上內二舍。凡諸州學學生選送到中央的，先入外學修業一年，考試及格乃補入太學由內舍而上舍，一切手續仍照舊辦理。此蔡氏三舍法與王氏不同的地方，但自南渡以後，外學取消，而太學三舍恢復舊觀。

以上三學，既非大學，又非專門，多由時君或執政大臣的意向偶爾設置，歷時亦極短促，爲便於歸類起見，故取名曰短期學校。

第六節　貴胄學校及國立小學

一　貴胄學校　宗學諸王宮學及內小學三所，均爲宗室子孫受教的地方，故取名貴胄學校。此項學校，廢置無常，內中有初級也有高級，玆分別敍述於下：

（1）宗學　宗學自宋初卽已設立，但廢置無常。凡諸王屬尊者皆於自家王宮內開設小學，聘請教師教導家族兒童。兒童自八歲至十四歲皆可入學讀書，課程以每日誦習二十字爲完畢。但此不過一種家庭私學的性質，而畢業試驗及出身亦未規定。至神宗時，始製定宗子法，凡宗室貴胄子弟如欲取得進士者，除祖宗袒免親已做官者逕赴鎖廳應試外，其他均往國子監應試，但卷樣及閱定標準與一般生徒不同。取中以後，應廷試的規定亦與其他進士兩樣。高宗南渡以後，始於紹興十四年正式建宗學於臨安，隸屬於宗正寺。規定生徒名額百人，大學生五十名，小學生四十名。職事各五名，置博士學諭等員擔任管教職務，在此讀書的多為南宮北宅的子孫。

（2）諸王宮學　此學與宗學性質無有什麼分別。北宋及南宋初年皆有設立，到理宗時纔與宗學歸併。

（3）內小學　此在理宗時設立，專以教育十歲以下的宗室兒童之資質俊美者，設有教授直講及贊讀等員。

二　國立小學　中央政府設立普通小學，始於神宗元豐年間。此學初立時，生徒人數尚少，只設兩齋：一名『外傳』，一名『初筮』。到徽宗政和時，兒童發達至千名，於是分為十齋。入學年齡以八歲至十二歲為合格。課程分誦經及書字兩科。三舍升補法與太學相同。至升級時至少要能作文，再試本經及小經各一道，稍通補入內舍，優則補入上舍。

第七節　地方學校

一　地方學校之系統　宋朝地方行政區劃為三級制：第一級為路，第二級有州府軍監四種名稱，第三級為縣。每一路管轄若干州或若干府軍監，每一州府軍監各管轄若干縣。州治常有，府軍監三治則不常有——隨着地方特殊情形纔設立；故最普通的只有道統州，州統縣三級。但地方學校只有兩級：由州府軍監政府設立的，稱做州學、府學、軍學及監學；由縣政府設立的，稱做縣學。因府軍監三治不是每道皆設，且數目也很少，所以當時最普通的只有州學及縣學。道治沒有學校，亦沒有教育機關，而政府所屬諸州縣學由中央另派提舉學事司一員來統轄，故概括起來地方學校，縣學統於州學，州學統於提舉學事司。但考查宋史職官志，提舉學事司並非一路州縣學的行政長官，不過每年前往各州縣巡視一次，凡關於教師的優劣，及學生的勤惰，盡考查糾正及報告的責任。由此看來，提舉學事司與滿清的提學使，現在的省督學性質相近。此種官職幷不常設，到北宋徽宗時纔有。除州府軍監學及縣學以外，還有藩王轄地所設的學校，名曰藩輔學。此等學校直轄於中央，與其他學統屬上不相連系。

二　地方學校之興起　地方學校，自宋祖開國以後，郡縣已有設立的，不過未經政府明令，由政府明令地方開辦學校之時始於仁宗景祐四年。但此時不過許藩鎭所轄地方設立，於郡縣地方尙未顧及，到慶曆四年纔通令各州一律設學，縣有學生二百人以上的亦可自由開辦縣學；到徽宗崇寧元年又撤消限制，所有州縣一律置學。所以論宋朝地方學校，發軔於開國初年，推廣於慶曆，普及於崇寧。後因金人南侵，黃河以北陷於胡人，而高宗南都以後，中央地方各學亦逐漸恢復，宋朝對於教育的提倡實較唐朝爲盛；由此亦可概見。以上這些學校，以年齡論皆爲成人；以程度論，不過中學性質。在徽宗時，曾有各州縣設立小學，因待遇太薄，所以不久便廢。

三　地方學校之內容　地方各學校的學生名額沒有詳細規定，只有慶曆年間『學者二百人以上許更置縣學』；及崇寧年間『增縣學弟子員：大縣五十人，中四十人，小三十人』。這樣簡略的兩次規定，至於州學更難考了。各學的教官謂之教授，州學二人，縣學一人。這些教授初由本道使者選派他底屬員或聘請地方的宿學名儒充當。到神宗以後，纔嚴加限制，要當教授須經過一番考試，又必由制科進士科出身及由上舍生畢業，作過了官的學者，方有應考的資格。因爲如此嚴格，所以到元豐元年的統計，全國教授只有五十三員。內中教材不外五經六藝，其訓練方法無非以德行道藝爲標準。此在宋朝通國皆是一律的。（註一）這些學校，在禮堂上均設孔子及十哲底像位，每逢節朔，教授必率全體學生致祭，或就原來孔子的廟庭闢爲學校，而朝夕亦得就近瞻仰。各學皆有學田，作爲常年經費，學生入學皆在校內寄宿，膳食書籍皆由學校供給。地方初立學校雖生徒多少不等，全爲單級制，至哲宗元符二年，通令全國各學一律採用三舍法。由縣學生選考升於州學，由州學生貢入太學一次。（註二）但三舍法施行未久，到徽宗政和三年，通令停止。在行三舍法時，地方學生依次貢入太學，不許由科舉出身。但在不行三舍法時，地方學生有求仕進者，必要在學修滿三百日方許應科舉試。

以上州縣學皆以儒家的學術思想爲本，通同稱曰『儒學』。但在徽宗時，於各州縣儒學內特闢一齋，專門教授道家學徒，這一齋我們可以取名『附設道學科』。教材分大小二經：以黃帝內經及老子道德經爲大經，以莊子、列子爲小經。內中管理及升貢法與儒士同。是時因政府的特別提倡，所以天下學子趨向的也很多。但此科開辦不過十年，因政局轉變遂被取消了。

（註一）（宋史選舉志）慶曆四年，詔諸州軍監各令立學，學者二百人以上許置縣學，自是州郡無不有學。始置教授，以經術行藝訓導諸生，掌其課試之事而糾正不如規者。

（註二）（文獻通考學校三）徽宗崇寧三年，詔取士皆從學校三舍，廢科舉法。

第八節　科舉

一　科舉之種類　宋朝科舉，大別爲三類：一爲制舉，由天子直接考選的；二爲常貢，由州縣貢入禮部考選的；三爲學選，由三舍選充的。第一類因國家需要某項人材，由天子隨時招考，不常設，亦沒有一定的章程。第三類僅在北宋自哲宗元符二年至徽宗宣和三年施行了二十二年，因是時新黨當國，務使全國人材悉由學校出身，所以停辦常科，專由三舍法升貢。具有永久性質而爲天下學子所趨赴的，實屬第二類——常貢。貢舉之中，在初年多倣唐制，有進士、九經、五經、開元禮、三史、三禮、三傳、學究及明經、明法九科，此九科中以明經進士二科爲最普通；此二科中尤以進士一科得人最盛。到神宗熙寧年間，王安石秉政，以明經諸科，或過於機械，或空疏無用，乃一刀斬除，獨存進士一科，自此以後，全國學子要想在政治上希求榮名的，莫不趨赴於這一條路。在徽宗初年，蔡京專權，雖曾一度完全停辦科舉，取士全由學校出身，但不久蔡氏失敗，而進士科仍舊恢復了。除以上三類外，還有武舉及童科，但亦不常行，在當時關係較輕，勿庸另述。

但在科舉照行時，太學上舍仍舊直接考選如貢舉法。

二　貢舉之手續　此處所謂貢舉手續及以後各段，皆是指着常貢說的。當初常貢每年一舉行，到仁宗時改爲二年一舉行，到神宗時倣照周朝三年大比的意思，又改爲三年一舉行，此後相沿不改，遂成定制。貢舉的手續，大別爲二步：第一步由本道考試官於秋季先考選一次，謂之秋試；第二步由禮部考選諸路所貢的舉人，謂之省試。在秋試以前，由各縣長官考察地方行藝之士，保送於州，州之長貳復核屬實，再保送於本道考試官，如被保之人查有缺行惡德，州縣長官皆應受處分。這一般士子經選以後，上貢到中央禮部，稱做貢士，又稱舉人。照例各道以秋季解送，考試舉人冬季集齊禮部報到，到明年春季考試。考試及格了，列名放榜於尚書，於是稱做進士。但在太祖開寶中，落第舉人往往訟告考試不公，由天子另派大員於殿廷復試一道，於是於省試之後又有殿試。

三　考試之內容　在熙寧以前，常貢九科，禮部考試未分場次；在熙寧以後只試進士一科，共分四場。進士科當初仍倣唐制，考試詩賦，帖經墨義。熙寧四年，王安石取消詩賦及帖經墨義，專用經義取士，凡十五年。至元祐元年，舊黨秉政，復試詞賦與經義並行。至紹聖元年，新黨又起，再罷詞賦，專用經義，凡三十五年。南宋之初，經義詞賦又復兼用。經義卽王氏所撰的詩、書、周禮三經新義。王氏撰用此書，表面借口於詩賦空疏無用，其實卽在以一己之學說統一天下，野心不爲不大，中間詩賦雖時與時罷，但自熙寧以後，一般青年學子無不誦習經義。南宋雖程、朱學說最佔勢力，而王學亦未嘗完全消滅，經義文在場屋中且有一定程式，卽後此八股文的起源，安石學說之影響於後世殊不小了。(註一)茲將歷朝常貢所試內容列二表於下以淸眉目。

第八表　宋初貢舉考試內容表

科目 ＼ 類別 ＼ 內容	文	策	帖	經墨義
進士	詩賦論文各一首	五道	論語十帖	春秋或禮記十條
九經			帖書一百二十條	墨義六十條
五經			帖書八十條	墨義五十條
三禮				墨義九十條
三傳				墨義一百十條

開元禮				墨義三百條
三史				墨義三百條
學究				墨義毛詩五十條論語十條周易尚書各二十五條爾雅孝經共十條
明法				律令四十條兼經墨義五十條

第九表　熙寧以後分場考試進士表

時代／內容／場別	第一場	第二場	第三場	第四場
熙寧	本經大義*	兼經大義十道*	論一首	策五道
元祐	本經義二道 語孟義各一道	賦及律詩各一首	論一首	子史時務策一道
紹興	同熙寧	同熙寧	同熙寧	同熙寧
建炎	詩賦各一首 習經義者本經義三道 語孟義各一道	論一道	策三道	

至於殿試，宋初爲詩、賦、論三篇，至熙寧以後專試策一道，限以千字。關於王氏的經義格式，今以他本人所作『里仁爲美』一文舉例於下，得以考見一班。里仁爲美：

「爲善必愼其習，故所居必擇其地。善在我耳，人何損焉。而君子必擇所居之地者，蓋愼其習也。孔子曰，『里仁爲美』，意以此歟。一薰一蕕，十年有臭，非以其化之之故耶？一日暴，十日寒，無復能生之物，傳者寡而咻者衆，雖日撻不可爲齊語，非以其害之之故耶？善不勝惡，舊矣，爲善而不求善之資，在我未保其全，而惡習固已亂之矣，此擇不處仁所以謂之不智而里仁所以爲美也。

夫苟處仁，則朝夕之所親無非仁也，議論之所契無非仁也，耳之所聞皆仁人之言，目之所睹皆仁人之事，相與磨礱，相與漸漬，日加益而不知矣。不亦美乎。

夷之里，貪夫可以廉；惠之里，鄙夫可以寬。既居仁者之里矣，雖欲不仁得乎。以墨氏而已有所及，以孟氏之家爲數遷，可以餘人而不擇其地乎。

然至賢者不能渝，至潔者不能汚，彼誠仁者性之而非假也，安之而弗強也；動與仁俱行，靜與仁俱至，蓋無往而不存，尚何以擇爲哉』。（見圖書集成經義典）

四　策取後的待遇　進士科自開寶六年創行殿試，以後成了定制，每省試完畢必經過殿廷復試。至太宗太平興國八年殿試進士以三甲放榜，至眞宗景德二年又分爲三甲五等，以後也成了定制。第一、第二兩等爲第一甲，賜以『及第』；第三等爲第二甲，賜以『出身』；第四、第五兩等爲第三甲賜以『同出身』。凡省試第一名稱『省元』，殿試第一名稱『狀元』。凡進士及第，卽令卸除常服，授以官職：至於第一名則由天子特別獎賞，寵以詩歌，示爲榮耀，而天下俊秀之民莫不奔赴於科名，帝王牢籠之術可謂大奏其效了。

（註一）〔文獻通考選舉考〕神宗熙寧二年，中書撰大義式頒行，試義者須通經，有文采乃爲中格，不但如明經、墨義粗解章句而已。秦氏案：熙寧之經義卽八股文之所由昉也。

＊按熙寧時以詩、書、易、周禮、禮記爲大經，論語、孟子爲兼經。元祐時以詩、禮記、周禮、左氏春秋爲大經，易、書、公羊、穀梁、儀禮爲中經。

第九節 書院

一 書院之起源 書院的建設，萌芽於唐朝後期，推行於五代，至宋朝而大盛。當五代時，戰亂相尋，學校差不多完全停廢，地方一二有道德的知識分子——賢士大夫——乃選擇名勝地方，蓋起房屋，招集青年學子，相與講習於其中，取名書院，此書院制之所由起。宋初平定大亂以後，官立學校雖遍全國，而書院繼續維持；再經有名大師的熱心倡導，政府當局的嘉意褒揚，此倡彼和，各處景慕模倣的日多一日，於是書院的設立遍郡國了。主持的人多半是碩學鉅儒，內容的充實，學生的發達，往往駕於官立學校——州、縣學——之上；所以州縣學雖或時開時閉，而書院則恆久常存。當時最著名的書院有四所——石鼓、白鹿、嶽麓及應天府，玆將牠們成立的先後分述於下。

（1）石鼓書院 創立最早的爲石鼓書院，因其設立在衡州石鼓山，所以取名石鼓。此書院爲唐時本地人李寬於憲宗元和時所建，宋初曾賜院額，到南宋孝宗時更加擴充，朱晦菴先生曾作過記的。

（2）白鹿洞書院 白鹿洞在廬山下，距九江十餘里，爲唐李渤隱居的舊址。南唐昇元中，乃因洞建立學館，以李善道爲洞主，置了學田，教養生徒，當時又名『白鹿國庠』。宋太宗時，有學生常數千百人，由江州知事周述的呈請，頒賜九經，令學生誦習。眞宗時修繕一次，迨後中衰，至南宋孝宗淳熙六年，朱子爲南康軍太守，申請重修，立定教規，於是白鹿洞書院之名揚溢於四方。

（3）嶽麓書院　此書院在潭州嶽麓山，抱黃洞下，宋太祖開寶九年，朱洞爲潭州守時所創立。當時有講堂五間，齋序五十二間。到眞宗咸平二年，李允則爲潭州守，把內中規模益加擴充，有學生六十餘人，且請政府賜過了經典的。再到南宋孝宗時，朱子爲潭州守，倣白鹿洞書院設立教規，內容更加充實，學子聞風而來受教的至座不能容，所謂「瀟湘爲洙、泗，荊蠻爲鄒、魯」了。

（4）應天府書院　此書院卽宋名儒戚同文的舊居，位在商邱。商邱宋名南京，爲當時應天府治，所以取名。首創者爲本地人曹誠，曹氏於宋眞宗祥符二年，因戚氏舊居修築而成的。當時築有院舍一百五十間，藏書數千卷，生徒一百餘名。曹氏設院成功以後，捐給到地方政府，於是政府以同文的嫡孫舜賓爲主教，而以曹誠爲助教。

二　書院之內容　宋代書院與漢代經師講壇的性質很相類似，或者就是私設講壇的遺意。不過漢儒以自己的住家爲講習的所在，完全私塾，法制不立；書院乃是別闢精舍，規模比較宏大，主持者或爲地方名儒，或爲守土官吏，故創辦雖由於私人，而成立以後卽與政府發生關係。玆將其內容各點列舉於下：（1）主持院務的人稱山長，或稱洞主。（2）院額由政府頒給。（3）以院田作常年經費，學生來院聽講，由院供給膳食。此項院田，或由私人捐贈，或由國家賜給。但爲私人自設未經政府註册的書院，一切用度皆由學生自備。（4）內中教材以九經爲主，還旁及史書、詩文，此項書籍，或由私人捐贈，或由政府頒發。（5）院內設立教條與官立學校相同。其可考的，則朱子主持白鹿、嶽麓兩書院時，皆有嚴整的教規訓練生徒，其他雖不可見，想亦應有。（6）書院內必崇祀孔子，故每個書院必塑有孔子及十哲的肖像，甚至圖畫七十二賢一同配饗。

此項制度，雖與政府發生關係，卻不受政府的支配，講習方面比較自由。主持的人員多半品學兼優大負時望者，師生相處其間，日以禮義廉節相砥礪。內中所出的人材，不僅學問切實，品格名節亦有可風，影響所被，地方風俗均受其感化。宋代國勢雖弱，而風俗的醇厚，氣節的高亮，於書院講學制大有關係，在教育史上是最有價值的一頁。

第十節　結論

本期教育制度，雖因襲着前期，科舉與學校並行，但比較前期亦有三點不同：第一點，科舉形式由多方的漸趨於單一的——九科變為一科；第二點，太學內容由簡單的趨於複雜的，——三舍升格及積分等法；第三點，地方書院制興起，較官立學校為發達。第一點似為退化的表示，第二、第三兩點為進步的表示；但勿論如何，這三點由宋代創興以後，歷元、明、清三代六七百年相襲未改，其勢力深入於人心可想而知了。宋代學術的發達，於書院制尤有關係，此眞可特書的一點。

此外更有一顯然不同之點，卽一般教育家講學的方向與態度。漢儒講訓詁，唐儒於訓詁之外兼攻注疏，所研究的對向皆不外幾本古籍——儒家的經典。到了本期，這一般學者則力反以前的那種門徑，專門講求義理，他們所研究的對象卽『身心性命』四字，也可以說是『天人合一』的形而上學。由漢至唐，一般教育家，其畢身精力只在整理古籍，尋章摘句，對於修爲方面幷不發生什麼影響。本期學者畢身精力注意於身心性命之學，卽研究怎樣是一個『人』，及如何『做人』的法則，一面講學，一面體認，同時且實踐起來，所以他們所講的是與行爲有關係的。由漢至唐，一般教育家常注意在教授方面，即如何教法；本期的教育家則專注意在學習方面，即如何學法。所謂如何學法，即教學者以怎樣學做一個人的法子，要從自己的身上及所處的環境中實地體驗出來，所以我們可以取名本期的教育，爲『實踐主義』的教育。——這是與從前截然不同的。

此外還有一個特點，即語錄體的風行。語錄即現在所謂筆記，教師口講，學生隨手筆錄下來的一種材料。古昔教育家早有這種辦法，如孔子底一部論語全由學生筆記出來的；就是漢儒講經雖講訓詁，但家法私法的遵守極嚴，後來各家所以顯有差異的，也因各人耳聽手記有不同的原因。不過本期教育家底語錄不取文言，全用語體，以通俗的文字說明很深的哲理，使粗識字義的人們皆能看懂，但非切實體驗過則又不能受用。

本章參考書舉要

（1）宋史的選舉志

（2）文獻通考的選舉考及學校考

（3）續文獻通考的學校考

（4）五禮通考的學禮

（5）柯氏宋史新編

（6）玉海的學校及宮室類

第二十四章　北宋教育家及其學說

第一節　概論

兩宋教育人材之盛，如風起雲湧，越來越多，眞有令編史的人們感到美不勝收之苦。不得已，姑以學說及地位比較關係重要的爲標準，各提出數人以爲代表。於是在北宋，除程門弟子外，我們提出了六人；在南宋，除朱、陸二家弟子外，我們提出了八人。北宋六人中，除王荊公爲特殊外，其餘五人差不多成立一個體系——全屬於實踐主義的教育者。但胡安定又與其餘的四人不同：後者莫不研究一些教育理論，前者獨注意在教育實際；後者所講全屬於哲學的，前者猶能注意到科學的；後者都兢兢於個人的修養，前者獨能注意於社會的訓練。兩宋三百年間，教育人材雖多，多半屬於後者一流；他們雖然提倡的實踐主義，但以偏重講論，偏重個人的修養，結果還是虛空不合實用。只有胡安定一人纔能注意到實際生活、社會生活，開闢有路，繼起無人，不無可惜了！但關於理論方面，卻是一代進步一代，胡安定很少表現，到周濂溪，漸有著述，到程伊川則發表的更完密了。關於性的解釋方面，除王荊公頗近於揚子底善惡混說外，其餘則全折衷於孟子底性善論；而以明道說的較切近，伊川說的更詳細。周濂溪雖極力提倡師道，但如何教法及學法未曾提出；到了張橫渠與二程則全注意到了，尤其橫渠和伊川二人對於學習與研究方面，本着自己底經驗，所說字字切實有力，發前人所未發，至今猶可以取法。『學爲聖人』一語是宋儒底一貫的教育宗旨，北宋就是王安石也是這樣表示，其餘理學家更不用說了。

第二節　胡安定（993——1059）

一　家世及學生生活

爲北宋開通風氣，作育人材，而能以身作則，終身於教育生活的，當推安定胡翼之先生。先生名瑗，字翼之，是江蘇如臯人，以其祖先世居安定，故門人學者都稱爲安定先生。他底家世怎樣？祖父做過司寇參軍，父親做過節度推官，在當時政界上是一個很低級的官吏家庭。先生既不靠着憑藉，也沒有什麼憑藉，一生成就，全由他自己刻苦努力得來。平生未曾應過科舉，學成以後，以白衣出身，由有力者的推薦，在外做過幾處推官，在內歷任光祿寺丞天章閣侍講，但除了討論樂章外無大建白。在著作方面，除了訓釋了幾部經書及作了一部景祐樂議外，關於教育學理，也很少發揮。他一生的精神完全在教育事業上面，他之所以成爲教育家的，亦在他的教育事業上。先生活了六十七歲，是眞宗仁宗時代的人物，即是十一世紀的人物。在世之日，門生弟子業已布滿了天下，其著名的如程頤如徐積，如范氏兄弟，如呂氏兄弟，如劉彝、孫覺等等，莫不有名當時，垂教後世，先生可謂兩宋教育家的鼻祖了。

安定先生幼年是一個刻苦自勵、志量宏大的貧苦學生。北宋自仁宗慶曆四年，始通令州郡設立學校，故在安定幼年時代，地方尙無官立學校，他受教於何人雖不得而知，但他的學業從私人講授得來是無可疑的。當他七歲時便能作文章，十三歲已通五經。不僅天資過人，自負亦很不凡，幼年就想學做聖賢，對於科名與富貴全不在意。他雖生長在一個小小官吏家庭，雖家計貧寒，生活且難維持，而求學之志不爲少挫；於是負笈遠遊，北往泰山與孫復、石介等同學，一直讀書十年沒有歸家。在此十年中，他把全副精神都放在研究學問上，攻苦食淡，發憤爲學，努力所得嘗終夜不睡。家中如有信來，只見面封有平安二字，就不折閱了，恐其擾亂他的注意。即此堅苦求學的精神，亦足以令人欽佩！

二　教育生活　安定一生教育生活可分着三個時期：在蘇州爲第一期，在湖州爲第二期，在國子太學爲第三期。在國子太學時所負的是中央教育的責任，在蘇、湖二州時所負的是地方教育的責任。一、二兩期的情形相同，故併着一道來敍述。當他學成南歸以後，即私設講壇，以經術教授於吳中，這是他在負責國家教育以前的一段教育小生活。恰逢當代名賢范仲淹調任蘇州知事，景仰先生之爲人，即聘請他到蘇州當州學教授。其後滕京諒爲湖州知事時，又聘請他爲湖州州學教授。在蘇、湖二州合計教授了二十餘年，學生從遊的嘗數百人，這是他的教育生活最長時期，也是他的事業成功知名於天下的時期。在這時期中，他的教育優點有二：一是訓練有方，一是教授得法。關於訓練方面採取嚴格的訓練主義，這種訓練不是機械的，卻是人格感化的。他平生以昌明儒學爲己任，遇事以自己作表率，起居飲食絲毫不苟，『雖盛署必公服坐朝堂，嚴師弟子之禮』。（安定學案）但平日視諸生如子弟，諸生亦敬他如父兄，師弟間具有極濃厚的親切意味。關於教授方面，採取分科制，分科目爲經義、治事二齋。凡學生之『心性疏通有器局可任大事者』，即入經義齋，講習經義；其餘則入治事齋。治事齋又分許多科目，如治民科、講武科、堰水科，及算歷科，等等。凡入治事齋的學生，至少學習兩科，即以一科爲主，以一科爲副。經義齋是培養治術人材的，治事齋是培養技術人材的。學生應入何齋何科，一半由先生指定，一半由學生自擇。其他規程，纖悉具備。先生這種教法，很有科學的精神，當舉世方依照成法，習於詞章，而他乃分科教授，培養實學，可說在當時是一種創舉。此法一行，遠近知名，遂傳播到政府裏面去了。那時宋朝正是賢君仁宗在位時代，乃採取蘇、湖的教法，頒布於太學，作爲法令，而先生不久也隨着他的教法走進中央太學了。

安定入京任中央太學教授，始於仁宗嘉祐年間。初爲光祿寺丞國子監直講，即是以經義教授太學學生的教授。嘉祐初年，雖遷陞爲太子中允天章閣侍講，仍然兼管太學的事務；自此以後，是爲他的教育生活第三期。久已著名於蘇、湖二州的胡老先生，一日得掌太學，爲太學生色不少，於是四方青年學子聞風而來，踴躍如同蜂擁蟻集，以致原有學舍不能容納。在這個時期，仍是按照學生的個性或才能分組教習，每人至少選習一組，各以組別分地講習。分組以後，多由學生自習，而先生隨時召集他們討論。討論的方式，或使他們各述其所學，先生從旁勾以大義；或由他們自己提出問題，讓大衆解答，先生從旁評判得失；或由先生就當時的政事提供，使諸生折衷。這種活動的教法，最能啓發學生的心智，所以個個莫不興趣濃厚，而成效因此大著。其訓練也是與在蘇、湖時一樣，一方以嚴毅率衆，一方以至誠感人，而諸生也被他的人格感化了。這樣一來，太學裏頭的空氣爲之大變，凡在裏頭受過陶冶的，差不多都養成一種特別風度，所以當學生在外面行走時，社會上的人勿論識與不識，莫不知其爲胡門弟子。這種人格化的教育比那高談教育原理，其價值相差不知幾何倍。到後來先生病了，要回家了，一般弟子得着這個消息，成羣結隊的跑來送別，道路相續百里不絕，這位胡老師此時的心境之愉快當可以想見，而先生可謂得着代價了。先生出都門以後，仁宗又想念他起來了，問及他的學生劉彝。劉氏是湖州時代的高第弟子，對仁宗說『國家厯朝取士，不以體用爲本，而尙聲律浮華之詞，是以風俗偸薄。臣師當寶元、明道之間，遂以明體達用之學授諸生，夙夜勤瘁二十餘年。專切學校，始於蘇、湖，終於太學，出其門者無慮數千餘人，故今學者明夫聖人體用，以爲政教之本，皆臣師之功也』。（安定學案）劉氏這幾句話，不啻爲安定先生一生教育事業的一個最短的寫照，而『明體達用』四字，尤爲先生一生教育的結核。換一句話說，先生的教育是造就有用實學的人材，不是培養誇示博雅的學究書生。

三　教育泛論　先生是一位教育實行家，不託空言，所以關於教育理論一方面發表很少，不過就他的平日言行，可概括爲幾點：（1）教育宗旨爲『明體達用』四個字。體卽六經的道理——聖人之道，明體卽講明聖人之道。達用謂把聖人之道講明以後，要能够通達於實用，方爲有用的學者，否則不免爲迂儒。（2）教授方法取分團教授法，尤注意於個性的考查，時事的討論，與趣的引起，——我於前面已經敍述過了。（3）訓練取嚴格的感化主義，也是他平日刻苦修養的精神之表現。當徐積初次見他時，頭容稍有不正，卽被他厲聲呵斥『頭容直』！卽此一點，亦足以見先生訓練的精神了。薛艮齋說『翼之先生所以教人，得於古之灑掃應對進退』，卽以人生日用的事情教導諸生，與教育卽生活主義相同，後來一般道學大家的實踐主義的教育，恐怕就是從此發軔的。當他在太學當直講時，每於公私試驗完畢後，卽借座肯善堂作樂歌詩，以資餘興，這種富於人間興味的教育，纔是活的教育。

四　學侶孫復　與安定先生同學十年，而聲譽不相上下的，有泰山先生孫復。孫氏字明復，山西平陽人，以其講學於泰山，故弟子稱爲泰山先生。安定和藹可親，如冬日之日；泰山嚴峻可畏，如夏日之日，此兩人性情不同的地方。安定雖不得志於科名，猶得當道有力者的推薦，内外宦遊了十多年；而泰山終老於泰山之陽，作一個貧苦老書生，處境較安定更壞：此兩人遭遇不同的地方。但開宋代講學的風氣，提倡師道的古禮，則兩人是有同等的力量的。

綜計孫氏教育生活共有兩個時期：一在泰山私設講壇，一在國子監充當直講，但後者的時期較短，而以前者爲主要。他當初何嘗不想求科名入宦途，但以場屋的機遇不佳，屢遭挫折，所以到了後來終身於講學生活了。在泰山南邊，築了書屋一所，取名泰山書院，一方面聚徒著書，一方面種竹樹果，藉此維持生活，藉此寄託生命。他所最愛研究的爲春秋，著了尊王發微十二篇，所授教材自然不外六經，不過以春秋爲主要。他的教育目的即在講明周、孔之道以爲世用，所以他說。『文者道之用也，道者教之本也』。(與張洞書)時山左有名學者爲石介，自介以下一般讀書的人，莫不捧執弟子的禮節，來到泰山之門拜他爲老師。他們師弟間有極濃厚的感情，有極周到的儀節，此種表示能使當時的文人學者羣相模倣，能使王公貴人折節崇拜，所以在當地竟造成一團濃厚的講學空氣了。

第三節　周濂溪(1017——1073)

一　生活小史　周氏名敦頤，字茂叔，是道州營道的人物，道州即現今湖南省的地方。他生於眞宗天禧元年，死於神宗熙寧六年，一共活了五十七歲。營道有水名濂溪，流入到他的宅下，是他一生所最留戀的。到了晚年，遷居於廬山蓮花峯下，遂把峯前的小溪改名濂溪；又將其廬山住室取名濂溪書堂，所以一般學者都稱他爲濂溪先生。先生的性情，『清明誠一，寡欲而無私』理學宗傳周子品格高超，涵養和煦，後人把他等於顏回，我以爲最近於陶淵明一流的人物。黃庭堅所作濂溪詞序上說：『先生胸懷灑落，如光風霽月。廉於取名，而銳於求志；薄於徼福，而厚於得民；非於奉身，而燕及煢嫠；陋於希世，而尚友千古』。先生的人格在此數句序裏面可算描寫盡致了。他的父親做過縣令，死得很早；他在兒童時代由他的母親鄭氏帶到舅家養育以至成年。剛近二十歲時，由舅父鄭向的推薦，授爲分寧縣主薄。自此以後，先生在各處，度過縣令通判參軍等類的小官吏生活，前後差不多二十年。他沒有一個較長的休閒時期專一從事於教育事業，但每到一處則必提倡學校，講論經術，他是以官吏而兼教育家的。平生著作，有太極圖說二百五十言，通書四十篇。太極圖說在明天地之根源，究萬物之終始，宋史道學列傳可說是他的形而上學的宇宙觀。通書是在發揮太極圖說的原理，從這個宇宙觀以推到人類社會的倫理觀的一部書。先生的學問，多由他自己深思妙悟得來，沒有一定的師傅；但觀他的著作含着道家思想不少，對於道家不無幾分淵源，所以後人又稱他爲道士派的儒者。他的及門弟子較安定先生少得多，但創伊洛派的程氏兄弟卻是從他受過業的。在教育史上，開宋代之先河者雖推胡、孫二人，而開宋代理學的宗傳者，要以先生爲首功，這差不多已成定論了。但周子究竟是一個富於自然性的教育家，一生愛蓮花，愛山水，愛自然現象，觀其『吟風弄月』，眞有『吾與點也』的風味，這一點尤足令讀史者景仰其風度。

二　主中的性論　周子的性命論是從他底宇宙觀產生出來的。宇宙本無極，由自然變動而生陰陽，由陰陽交感而生萬物，人類是萬物中之最靈秀的。（註一）宇宙的本體原無善惡，是一個純粹美善的東西，這個東西形之於關念叫做『理』，或叫做『誠』。（註二）人類的性命是從這純粹至善的本體產生出來，平時寂然不動，可是生氣充滿，一遇感觸自能通曉。在感受外界刺激之後，動作將生未生之傾，此時心理所起的一種狀態，名之曰『機』，所謂『動而未形有無之間者機也』。通書經第四『機』即此時心理所起的一種動機，後天之性所有的善惡都從這個將動未動的動機生出。（註三）動機之所以能生出善惡，是由於感受外界各色各樣的刺激時，動而不得其當；動而不得其當，於是有『剛柔善惡』種種動作的表現。性質剛善不對，柔善也不對，惡更不對，惟有中和之性方能中節，纔是天下之達道，纔可以進於誠。（註四）要求達到中和之性，在於動機發生時不要亂動，所謂『動而正曰道，用而和曰德，故君子慎動』。通書慎動第五要求慎動，莫如主靜，從靜中養心以去欲，纔可以得其中正。周子是注重養心的，主張無欲的，請看他記張宗範的養心亭上說：『孟子曰，「養心莫善於寡欲。其爲人也寡欲，雖有不存焉者寡矣：其爲人也多欲，雖有存焉者寡矣」。予謂養心不止於寡焉而存爾，蓋寡焉以至於無，無則誠立明通。誠立賢也，明通聖也，是聖賢非性生，必養心而至之。養心之善有大焉如此，存乎其人而已』。按物欲本人生自然的要求，社會一切事業的進步，多借物欲的活力爲之推動。周子的無欲主義，與老子的無知無欲，佛家的清靜寂滅，多少有些相近的地方，而與孟子的寡欲，荀子的節欲，究有未同。這種主義，在周子個人，固然修養有素，但在一般人，殊覺違反自然，有些難爲；但宋代一般理學大家，都有如此類似的主張，此宋儒所以稱爲佛、老化的新儒學派。

（註一）（太極圖說）無極之眞，二五之精，妙合而凝。乾道成男，坤道成女。二氣交感，化生萬物，萬物生生，而變化無窮焉，惟人也得其秀而最靈。

(註二)(通書誠上)誠者聖人之本，大哉乾元，萬物資始誠之源也。乾道變化，各正性命，誠斯立焉，純粹至善者也。

(註三)(通書誠幾德)誠無爲，幾善惡。註曰『幾者動之微，善惡之所由分』。

(註四)(通書)性者，剛、柔、善、惡、中而已矣，不達曰剛善……柔善……惡……惟中也者和也，中節也，天下之達道也，聖人之事也。

三　唯誠的教育主義

周子一生的抱負，在『志伊尹之所志，學顏子之所學』。(通書志學)伊尹志在行聖人之道，顏子志在明聖人之道，能明與行，即可希爲聖人，所以他又說『過則聖，及則賢，不及亦不失於令名』。由此看來，周子的教育目的即在教人『學爲聖人』，學爲聖人一方面要明聖人之道，一方面要行聖人之道。『聖』即是『誠』，『聖人之道』即是『仁義中正』。(註一)故爲人的目標要以誠爲本，所以爲人的道路要行乎仁義中正。這個目的怎樣達到呢？在於純一。心中純一，則一切雜念皆被滌除，自然能够達到無欲的境界。(註二)心中到了無欲的境界，當其靜時是虛的，虛則自明；當其動時是直的，直則自公。能公而明，則能認識眞理，纔不致爲邪念所惑，於是性情所到，全是天理，而近於純粹至善了。純粹至善即恢復了原來的本性，即誠即聖，而人格於是完成，而教育目的於是達到。但人類不得個個是聖賢，生而愚蒙的很多，何以能够使吾人心中純一而至於誠呢？一方面要靠自己思慮的工夫，一方面要靠師友的指導。所以他說：『無不通生於通微，通微生于思，故思者聖功之本，而吉凶之機也』。(通書思)所以他又說：『人生而蒙，長無師友則愚，是道義由師友有之』。(通書師友)周子志伊尹之所志即自認爲先覺者，平日頗以師道自任，所以對於師道極力提倡。他說：『故先覺覺後覺，暗者求於明，而師道立矣，師道立，則善人多，善人多，則朝廷正而天下治矣』。(通書師)師道立，不僅關係人心的善惡，且關係天下的治亂，所以應當重視。

（註一）（通書誠下）聖誠而已矣。『通書道』聖人之道，仁義中正而已。『太極圖說』五性感動而善惡分爲，聖人定之以仁義中正，而主靜立人極焉。

（註二）（通書聖學）聖可學乎？曰：可。曰有要乎？曰：有。請問焉，曰：一爲要，一者無欲也。無欲則靜虛動直。靜虛則明，明則通。動直則公，公則溥。明通公溥，庶矣乎。

第四節　王荆公（1019——1086）

一　略傳　北宋教育家以王荆公爲特出。王氏乃當時有名的政治家，實非教育家，但他的學說及教育政策，關係於當時的教育，較一般人爲大，所以我們在這裏面有敘述的必要。王氏名安石，字介甫，籍居在撫州之臨川，是江西的人物。他生於眞宗天禧三年，死於哲宗元祐元年，活了六十八歲，完全與周、邵、張、程諸人同時。有非常聰敏的天資，『讀書過目不忘，屬文動筆如飛』。當少年時，卽抱有大志，好讀書，肯於研究，對於衣、食、起居的好壞全不注意。但性情執拗，意志堅強，又善於辯說，苟有所見，決不變易，他人也沒有法子難住他。他的學問，經義與文章，皆是超絕一世，當少年時代已負盛名。在中年以前，也曾講過學，授過徒，但這種生活不是他的素願。他是董子一類的人物，富有政治熱望的，想以政治力量變易一切，卽其平日所有教育宗旨亦想藉政治力量去推行。平生最得知遇於神宗，君臣意志相合，所以神宗一卽位便拜他爲宰相，給以大權，而安石年已五十歲了。在相位十年之久，但因當時舊黨勢力太大，左右環攻的太多，所成功的尙未達到其理想的一半，到了六十歲以後，遂辭了相位而退居金陵。退隱八年，抑鬱很多，從前所有計劃被當朝舊黨完全推翻，而安石亦抑鬱以終老了。

二　教育主張　王氏是一位很有魄力的政治家，思以政治力量推行他的教育主張的，其實他的教育主張就是他底主要的政治主張。這種主張，在他上仁宗皇帝言事書時，早已和盤托出。他說：

『人之才未嘗不自人主陶冶而成之者也。所謂陶冶而成之者何也？亦教之、養之、取之、任之之道而已。所謂教之之道者何也？古者天子諸侯自國至於鄉黨皆有學，博置教導之官，而嚴其選，朝廷禮樂刑政之事皆在於學。士所觀而習者，皆先王之法言德行治天下之意，其材可以爲天下國家之用。苟不可以爲天下國家之用，則不教也，苟可以爲天下國家之用者則無不在學。此教之之道也。所謂養之之道者何也？饒之以財，約之以禮，裁之以法也……所謂取之之道者何也？先王之取人也，必於鄉黨，必於庠序，使衆人推其所謂賢能以告於上，而察其誠賢能也，然後隨其德之大小，才之高下而官使之。……所謂任之之道者何也？人之才德高下厚薄不同，其所任有宜有不宜。先王知其如此，故知農者以爲后稷，知工者以爲共工，其德厚而才高者以爲之長，德薄而才下者以爲之佐屬。又以久於其職，則上狃習而知其事，下服馴而安其教，賢者則其功可以至於成，不肖者則其罪可以至於著……』。（上仁宗皇帝言事書）

教育的目的在陶冶通經致用的人才，即治術人才。陶冶的權能在國家，而陶冶的方法不外『教之、養之、取之、任之』四項。如國家教、養、任、取有道，即陶冶得法，則人才用之不窮；否則必感缺乏。此四項法則，以教爲根本，養乃繼續的教，而取與任也含了教育的功用。怎樣教法？王氏是主張學校教育的，在廣開學校，慎選師資，教以有用之實學。並須設備富有教育意義的環境，使學生朝夕所學習的皆是政治的知識，所涵養的皆是領袖的器度。如此教育，經過相當年月，出學之後，皆可以爲國家應用。但現在國家所以感覺人才缺乏的，非天下無人才，實由於現在的教育太壞，不僅不能陶冶出有用的人才，且足以毀壞天下的人才。國家政治不外禮樂刑政；國家所需要的卽在明於禮樂刑政的人才。但現在學校雖然林立，徒有其名，內中所教的『講說章句』或『課試之文章』，與國家所需要的完全不相干；而國家一旦取用人材，不管他們平日所學如何，一概責以禮樂刑政及治天下之大事。政府與學校各不相謀，而希望國家治理，決無此理。所以他又說：

『今士之所宜學者，天下國家之用也。今悉使置之不教，而教之以課試之文章，使其耗精疲神，窮日之力以從事於此。及其任之以官也，則又悉使置之，而責之以天下國家之事。夫古之人以朝夕專其業於天下國家之事，而猶才有能有不能。今乃移其精神，奪其日力以朝夕從事於無補之學。及其任之以事，然後卒然責以天下國家之用，宜其才之足以有爲者少矣』。上同

王氏痛心於當時教育的弊病，對於國家影響太大，所以上一篇萬言書，發表他的意見；勿奈當時皇帝左右爲舊黨所包圍，不能見用。神宗卽位以後，一方感於國家非變法不足以圖強，一方已認識安石的大才，乃授以宰相，委以全權改革從前一切弊政。在教育方面，王氏乃本夙昔的抱負，製定兩個政策：一爲學制的變更，一爲思想的統一。關於學制方面，於學校則創爲太學三舍法，卽分太學爲三個等級的制度；於科舉則取消明經諸科，專留進士一科，而進士科又廢除詩賦不用，只考試經義一種。這樣一來，科舉方面數百年的空虛之弊，一旦剷除，亦可稱快擧了。關於思想方面，則以自己著的三經新義頒行於全國，學校以此爲教材，科擧以此爲考試的標準。三經新義在當時名

之曰王學，既由政府頒布了，而全國讀書求官的士子便不得不服習，於是王學之名幾成當時一代的學風。

三　情性論　王氏論性雖不見精微但有些地方尙稱的當。他於孟、荀、揚、韓四家之說，只取揚子的說法，認爲近似，其餘三家皆反對尤其歸本於孔子的『性相近也習相遠也』兩句話。他以性情是一件東西的兩方面；自存在內面而言謂之性，自發出外面而言謂之情。譬如喜、怒、哀、樂、愛、惡、欲七種動象即性的七種性質，當其未曾表現於外時，即性之本體；一旦遇着機會表現於外就謂之情了，故曰『性者情之本情者性之用』。（情性論）而情是由性所生的，情亦是人生所不能免的。性是一個渾體，無所謂善惡，感着外面的刺激，喜則喜怒則怒，哀則哀，樂則樂，極其自然的，謂之情。不過此等喜、怒、哀、樂之情，表現而適中合理時謂之善；表現而不適中合理時則謂之惡，可見善與惡由情而成，與性無關，故曰『情生乎性，有情然後善惡形焉，而性不可以善惡言也』。（原性）性既不可以善惡言，所以揚子的『善惡混論』尙爲近似，但只可謂之近似，而非眞是；因爲揚子所謂『習於善則善，習於惡則惡』完全是習，不是性。甚至一般人所謂善惡，都是指習而言，指情而言，於性的本體全不相干。性既是渾然一體，人人差不多相同，到了感發於外，因環境的差異自然有發生不同的傾向，不同的傾向演習日久了遂成爲習慣；此『性相近也習相遠也』一句話爲最可靠。至於『上智與下愚不移』，也是指着後天的習慣而言，不是指着先天的本質說的。他說：『然則孔子所謂「中人以上可以語上中人以下不可以語上」，「惟上智與下愚不移」，何說也？曰，「習於善而已矣，所謂上智者；習於惡而已矣，所謂下愚者；一習於善，一習於惡，所謂中人者。上智也，下愚也，中人也，其卒也命之而已矣」』。（性說）總結起來：王氏謂性無善惡，善惡之名是由情而得。情發時合於善，且成了習慣，則性也善了。情發時流於惡，且成了習慣，則性也惡了。但善惡之名雖得於情，而所以合於善或流於惡的，根本則在於性之不定；所以君子貴養，能養性之善則情亦善了。

第五節　張橫渠(1020——1077)

一　生活小史　張載字子厚，原籍爲宋人，屢代住在大梁。他的父親張迪爲涪州令，死於官所，是時他們弟兄都很幼弱，不能東歸，遂僑居在鳳翔眉縣的橫渠鎮，他於是成了關中的人物。他生於眞宗天禧四年，較濂溪少四歲，死於熙寧十年，一共活了五十八歲。張氏少年頗有豪氣，最愛談論兵事，當時中國西北正遭西夏的侵害，他想在武功方面報効於國家，遂上書邊防守將范仲淹，自述其志願。是時張氏年纔十八歲，范氏一見，知道他器局遠大，很可造就，乃責備他何不從事儒術。此時他雖爲范氏之言所感動，意念稍轉，但並未遽然心安。其後對於佛、老的學說尋討了數年，纔回過頭來又研究六經。此時雖然得着求學的門徑，而工夫尙未成熟。當嘉祐初年，卽當他三十七八歲時，來到京師，與程氏兄弟過細一討論，非常佩服，纔煥然冰釋；自此以後，他遂成爲關中一大儒者，具有哲學思想的教育家。二程子是他的表姪，年齡較少，行輩亦卑，當時他已在京師私設講壇，講論易經，踵門聽講的也很多，但自見二程後，知道自己的學問不及兩姪，卽撤銷講席，囑一般學生都往拜二程爲老師，張氏這種虛懷若谷的態度，誠有令人欽佩的地方。

張氏以進士出身，在外做過了縣令及軍事判官，在內做過了著作郞。在雲巖縣令時，卽以教育者的態度教化縣民，以『敦本善俗』四字爲治民的政策，要使一般人民皆知道養老事長的大義。還朝以後，因與王安石的政見不合，遂託疾西歸橫渠，一面講學，一面著述，以至老死於此地，故學者稱他爲橫渠先生。張氏擔任國家教育事業，只有文彥博聘請他爲長安學宮教授一次，在政界生活的時期也很短促，所以一生的精力多半消磨於私人教授及著作方面，而對於教育後輩抱負極大，收效很多，及門弟子差不多與程門相埒，可惜身死而遂蕭條了。

濂溪性情恬淡，橫渠氣質剛毅。濂溪的學問多從心領神會而來，橫渠的學問多從苦心力索而成。濂溪教人以誠爲本，以無欲爲大；橫渠教人以禮爲體，以無我爲大。這都是兩人不同的地方。橫渠的著作，有東銘、西銘各一篇，正蒙十七篇，橫渠理窟六篇及易說三卷，語錄文集各一卷。其中西銘最爲純粹，是他的博愛的倫理觀，關係教育的論文則散見於其他著作之中。

二　二元的性論　張氏論性雖與周子不同，但其法則都是從各人底宇宙觀推演出來的。張氏以宇宙爲太虛，太虛卽氣，氣散則無形，氣聚則有象。由游氣紛擾，相合而生質，於是有人與萬物；由游氣變化所形成的雖有人與萬物，種種不同，但其變化的軌道莫非由於陰陽兩端的循環。（註一）宇宙變化有一定的法則，謂之『理一』，從變化中生出種種形象，謂之『分殊』。『理一分殊』是張氏的宇宙觀，也就是他底全部哲學思想的要點。因爲宇宙的變化是理一分殊的，所以『性』也有兩種：一爲天地之性，一爲氣質之性。但他們可不是平列的，後者是從前者所生的。天地之性卽自然之性，是跡先的，合虛與氣而得名的，（註二）凡有生皆是一樣的，所謂『性者萬物之一源，非有我之得私也』。正蒙誠明篇　太虛卽天，氣化卽道，合虛與氣爲性，所謂『性卽天道也』。正蒙乾稱篇　天道至誠，故天地之性爲至善。(註三)至於氣質之性，則有善惡不等了；不僅有善惡不等，並有人物的區別。氣質之性卽附於氣質之中。氣質是由虛氣聚合而成的種種形象，當其形成之初，有通蔽，有開塞，也有清濁，所以生出人與萬物的區別；因此氣質之性萬有不齊，——不僅人與萬物不同，卽人與人間亦各不相同。例如人性有剛的、柔的、或緩的、急的、或有才、不才，皆氣質之偏而不同的地方。但天地之性雖與人與物同出於一源，氣質之性雖人與人間亦有差異，究竟人與人的差異小，而人與物的差異大。張氏於倫理的宇宙觀雖有「民胞物與」的志願，但他的頭腦中總有一個人與物的分界；他也必須講出人與物的分界，倘無分界則人必近於禽獸。人與物必有分界，此所有宋儒講性的共同之點，也卽是他們講性必爭的地方，所以張氏反對告子底「生之謂性」的說法。他說：「以生爲性，既不通晝夜之道，且人與物等，故告子之妄不可不詆」。(正蒙誠明篇)

張氏既反對告子底「生之謂性」，他自己卻提出一句口號「體之謂性」。他說：

「未嘗無之謂體，體之謂性」。(正蒙誠明篇)

「凡可狀，皆有也。凡有皆象也。凡象皆氣也。氣之性本虛而神，則神與性乃氣所固有，此鬼神所以體物而不遺也」。(正蒙乾稱篇)

「感者性之神，性者感之體。惟屈伸動靜終始之能一也，故所以妙萬物而謂之神，通萬物而謂之道，體萬物而謂之性」。(乾稱篇)

我們綜合起來解釋：萬物成於氣，氣爲實有，凡實有的東西皆有體，體卽是性。此體是能感觸的，感覺作用又爲性之神了；這種神妙的作用，通萬物皆有一定的法則，又謂之道了。所謂性與神，神與道，其名雖異，其實就是一物。張氏所謂『體之謂性』，不是很清楚的指天地之性說：萬物同出一源沒有差別嗎？既然如此說法，何以反對告子的『生之謂性』？縱令拋開告子所說本於生理作用不備，則『生之謂性』何常不可與『體之謂性』同一以『天地之性』來解釋呢？總之，宋儒是信仰孟子的性善說的，是主張人與禽獸有分界的，所以無人不反對告子，無人不反對荀子。

人性既有兩種，惟聖人至誠纔與天地合其德，至於一般人多半爲氣質所偏，只見有氣質之性了。然則怎樣纔可以去掉氣質之性，而存着天地之性呢？工夫在於『善反』，所謂『形而後有氣質之性。善反之，則天地之性存焉：故氣質之性，君子有弗性者焉』。（正蒙誠明篇）善反的工夫有兩種：一要『盡性』，二要『成性』。把已有的天地之性盡量的發展，所謂『通極於道』，謂之盡性。用教育的工夫把後來的氣質之性設法去掉，以回復本來的天地之性，謂之『成性』。盡性的工夫第一在養氣，培養自然的天地之氣，所謂『養其氣反之本而不偏，則盡性而天矣』。（誠明篇）第二在至誠，所謂『人能至誠，則性盡而神可窮矣』。（乾稱篇）何以能够至誠呢？在於窮理。張氏往往把『窮理盡性』並說的，即謂窮理可以盡性；能盡性，纔可以至於天，纔『知生無所得，則死無所喪』。（誠明篇）所以他說：『生有死亡，而性無死亡』。蓋性即天理，天理是與宇宙並存的。

（註一）（正蒙太和篇）游氣紛擾，合而成質者生人物之萬殊。其陰陽兩端循環不已者，立天地之大義。

（註二）（正蒙太和篇）由太虛有天之名，由氣化有道之名。合虛與氣有性之名，合性與知覺有心之名。

三　心理說　張子對於心的本體只說了兩句，對於心的作用之解釋較為詳明。他說：「合性與知覺有心之名」；（正蒙太和篇）又說：「心統性情者也」。（性理拾遺）這是他對於心的本體之解釋。我們若是拿今語來翻譯：心是吾人精神作用的總名，在此總名之中，有性情、有知覺、有其他的精神活動，而統名曰心。以上所說的性，不過為心之本體中最高的一部分。至於心的作用他分為兩種：一為廣大的，一為狹小的。凡耳、目、口、鼻等感官之能感覺，由於心的作用。但耳、目、口、鼻所能感覺的只限於有形的物質，不能察及無形的道理，謂之心的狹小一方面的作用。這種狹小作用，為感官所限制，囿於見聞，不能體會宇宙一切，不是吾人所能滿足的。吾人所要求的，是心的廣大作用，要心有廣大作用，則不可「以耳目見聞累其心」，務須「盡其心」「大其心」。所以他說：「大其心，則能體天下之物。物有未體，則心為有外。世人之心，止於聞見之狹。聖人盡性，不以見聞梏其心，其視天下無一物非我」。（正蒙大心篇）大其心不僅不可以囿於聞見，並不要有人我的私見，須要眼光放大，合人我為一體，則心胸纔能闊大而參透一切，纔謂之盡心。盡心的工夫在於「虛心」，所謂「虛心然後能盡心」。虛心的狀態如赤子之心一樣，毫無成見，毫無習心，毫無物質的障礙，是靈通的，是虛空的。因為是虛空，所以無一物不體；因為是靈通，所以無一處不感。所體所感的知識，謂之「德性之知」，超乎聞見以上，超乎表象以外。能夠如此，則耳目適足為啓發道德之要，而於大道無所不感，自能窺透一切了。這種本領，唯聖人纔有，吾人應當勉力的。

四　變化氣質主義的教育論　「學以變化氣質」，是張橫渠先生的一句名言，即是說教育的功用在於變化受教者底氣質。氣質是什麼？卽是他在性論裏頭所講的氣質之性。氣質有美的，有惡的，美之中也有純全的或未純全的，教育可使惡的變化爲美，未純全的變化爲純全。氣質怎樣變化呢？第一要有好的修養，第二要有好的環境，第三要有好的師友。修養不是在多得知識，在於以莊敬的態度矯正不好的氣習，朝着合理的目的，步步嚴謹的實踐，到工夫久了，氣質自然變化。（註一）有了好的環境，觸處皆是教育，耳目心思纔不爲外物所引誘，一舉一動皆能合於禮節。如此習養工夫久了，氣質也能變化得好，所謂『居仁由義，自然心和而體正。更要約時，但拂去舊日所爲，使動作皆能中禮，則氣質自然全好』。横渠理窟氣質篇 有了好的師友，則朝夕所教訓的皆是聖賢的嘉言懿行，這與好的環境同一功用。

變化氣質，是將氣質之性轉移爲天地之性，聖人卽天地之性，所以張子底教育目的在於『學爲聖人』。他嘗對學生說：『學必如聖人而後已。以爲知人而不知天，求爲賢人而不求聖人，此秦、漢以來學者之大弊也』。宋史本傳 學爲聖人，當『以易爲宗，以中庸爲的，以禮爲體，以孔、孟爲極』。同上 易與中庸是他教學的標準，禮是他爲人的尺度。所以他的宇宙觀多本於易經，倫理觀及性論多本於中庸，而修養的方法則以禮義爲權衡。他說：

『知及之而不以禮性之，非已有也。故知禮成性，而道義出，如天地位而易行』。正蒙至當篇

『學者捨禮義，則飽食終日無所猷爲，與下民一致，所事不踰衣食之間，燕游之樂爾』。正蒙中正篇

（註一）（横渠理窟氣質）多聞見，適足以長小人之氣。君子莊敬日強，始則須拳拳服膺，出于牽強，至于中禮卻從容，如此方是爲己之學。鄉黨說孔子之形色之謹亦是敬，此皆變化氣質之道也。

五　教學法　橫渠先生教人的方法，要以立志爲本。他說：『學者不論天資美惡，亦不專在勤苦，但觀其趨嚮著心處如何』。（橫渠理窟大學原）他又說：『有志於學者都更不論氣之美惡，只看志如何？匹夫不可奪志也，惟患學者不能堅勇』。（橫渠語錄）天資愚笨不足畏，用心不勤也不足畏，最怕的沒有志氣，沒有志氣的人，根本無心求學，怎能望他有成就呢？立志固然要緊，但立志不可太小，『志小則易足，易足則無由進』。（橫渠理窟大學原）學者不僅要立志，還要立大志，所謂『志大則才大事業大』；『遜其志於仁則得仁，遜其志於義則得義』。（正蒙中正篇）立志以後，須要養氣，養氣卽變化氣質的意思。除此以外，關於教授方面還有兩點須注意：第一、教授時要決定教材的秩序，由易而難；第二、要明瞭被教者的個性，因材施教。他說：『教人者必知至學之難易，知人之美惡；當知誰可先傳此，誰可後倦此。知至學之難易，知德也；知其美惡，知人也。知其人且知德，故能教人使入德，仲尼所以問同而答異以此』。（正蒙中正篇）

關於學習方面有幾點可述的：第一、要有追求的興味，卽向慕之心。對於某種學問向慕不已，相信內中有極富美的寶貝，非獲得不可，如未見的都市之繁華，非往見不可。興味這樣濃厚了，自然逐步前進，再持以毅力則行了。第二、要清心。心淸則感覺銳敏，四體舒泰；心亂則情形相反。但吾人平日總是淸時少而亂時多，其原因由於用心未純熟，注意不專一，所以浮思雜念常來紜擾。第三、要漸進，卽由淺入深。如教兒童當學習灑掃、應對、進退等知識，不宜卒語以大道。卽或年齡稍長，如果理解力尙未發達，程度尙淺，也應從淺近平易處入手，纔能逐步漸進。（註一）第四、要有疑難。一切知識都從疑難中產生，愈求進步疑難愈多，疑難愈多，進步愈大。因爲發現了疑難，纔能拋卻常解另闢新徑；或訪求先知先覺的人同他切磋，則知識自然進步。把一切學問都看得容易，而自覺無一可疑的人，一定是未曾學習的人；因爲未曾學習，雖有疑難亦不知道。所謂『在可疑而不疑者不曾學，學則須疑。譬之行道者，將之南山，須問道路之出；自若安坐，則何嘗有疑』？（橫渠理窟大學原）第五、學習時要自開道路，自鑿孔穴，親身探入，發現其中的美富，纔是我自己的學問。否則專觀古籍或探聽朋友之言，如同穿窬之盜，雖竊取了許多東西，而究不知所藏。第六、學習要有恆心，不宜止息。人生是沒有止息的，求學也當沒有止息。求學即求生的表現，倘求學一日止息，則是生命停滯，等於死亡，最可痛心。易所謂『自強不息』，即是此理。（註二）

張子對於讀書法的意見也有幾點：（1）讀書要多。讀書少了，難以考校義理，讀得多則能融合貫通，由博而約。（2）讀書要成誦。吾人讀書的目的，是在借書中的內容以解釋自己的疑難，開通自己的心思，但非潛心玩索，不能達到這一步。而潛心玩索時，又須離開書本，或於半夜中，或於靜坐時纔能辦到。但所讀之書不能記憶，如何能離開書本潛心玩索呢？所以凡關於有益身心的書，須讀得成誦。（3）讀書時須以靜爲主，靜時纔能涵詠，纔能了悟，蓋讀書務必到了悟爲止，否則只求解大義，未見於吾人有什麼益處。

（註一）（正蒙中正篇）若灑掃應對進退乃幼兒孩提之事，長後教之人必倦弊。惟聖人於大德有始有卒，故事無大小，莫不處極。今始學之人未必能繼，妄以大道教之，是誣也。

（橫渠語錄）大率玩心未發，可求之平易，勿迂也。若始求太深，恐自茲愈甚。

（註二）（橫渠理窟大學原）學者有息時，一如木偶人，牽搐則動，舍之則息，一日而萬生萬死。學者有息時，亦與死無異。是心死也，身雖生，身亦物也。天下之物多矣。學者本以道爲生，道息則死矣，終是偽物，當以木偶爲譬以自戒。知息爲大不善，因設惡譬，如此只欲不息。

第六節　程明道（1032——1085）

一　生活小史

程顥字伯淳，生於仁宗明道元年，死於哲宗元豐八年，是河南的一個教育家，是北宋修養最純粹的一個儒者。他的家庭，自曾祖以來，即做過大官，父親名珦，官至太中大夫，尤爲賢明，他之所以成爲一代的純儒，於家庭教育不無關係。程子生來，神氣秀爽，與一般兒童不同，不到十歲，舉止行爲已像成人，觀他在十歲時所賦酌貪泉的詩，『中心如自固，外物豈能遷』二句話，不僅非尋常兒童所能做出，他後來一生的學問與爲人，也可從此看得出來。當他十五六歲時，由父命與他的胞弟程正叔，一同就學於周濂溪先生。二十六歲，舉了進士，即委派爲鄠縣主簿，後改調爲上元縣主簿，復移爲晉城縣令。凡任職一處，莫不成績卓著，而以在晉城任職較久，成績亦最大。神宗初即位，由呂公著的推薦，召進京來爲太子中允，兼充監察御史，很蒙神宗器重。後因與王安石意見不合，又改任京外的職務，轉調數處，自是年已四十多歲了。其後一因政見不同，一因父親年老，乃求得一閒官，與弟正叔退居洛陽，專門講學著述。迨哲宗即位，司馬光等輔政，召他進京同參朝政時，而他竟以一病而死了。

綜計他的生活，可分三個時期：在二十六歲以前，爲求學時期；從二十六歲到四十歲以外，爲從政時期；四十歲以後爲專門講學時期。范祖禹說：先生在洛陽十餘年，與弟伊川講學於家中，四方學者從遠近而來受教的絡繹不絕，莫不虛往實歸。他的生活雖極感困難，而事親必曲盡其歡，族人有貧窮的亦必設法賙贍，因此他們的教化行及於鄉黨。我看先生不僅在洛陽專門講學有這樣成績，即在晉城做縣令時，也是熱心提倡教育，得到很多成績。每於公事完畢之暇，親往四鄉巡查，召集地方父老，告以兒童應讀何書，且親爲矯正句讀，兒童教師有不稱職的卽時更換。鄉民如有結社等事，則給他們規定章程，旌別善惡，一方因以樹立其羣育的生活，一方因以培養其改過遷善的習慣。在縣三年，不僅學校遍設於鄉區，就是從前強盜與鬭毆的風氣也被革化，先生誠不愧稱爲一個純粹的、實行的教育家，倘使天假以高年，他的成就與貢獻當必更大，可惜僅活了五十四歲就死了。當他死的消息傳出時，勿論識與不識，莫不爲他爲國家惋惜。程氏死了以後，文彥博採取衆議，表其墓曰『明道先生』，所以後世學者皆以明道先生稱之。

二　性格及思想　在宋史道學傳裏說，『先生資性過人，而充養有道，和粹之氣盎於面背』。他的學生劉安禮說：『明道先生德性充完，和粹之氣盎於面背。樂易多恕，終日怡悅，立之從先生三十年，未嘗見其忿厲之容』。他底乃弟伊川先生記他底言行狀說：『先生資禀既異，而充養有道。純粹如精金，溫潤如良玉，寬而有制，和而不流。忠誠貫於金石，孝弟通於神明。視其色，其接物也如春陽之溫；聽其言，其入人也如時雨之潤胸』。在明道學案附錄上說：『明道坐如泥塑人，然接人渾是一團和氣，所謂望之儼然，卽之也溫』。由這許多評論上看來，明道先生簡直是一個菩薩，又是一個聖人。明道先生的修養確實充和有道，不過他底思想是集儒、道、佛三家的思想而融和成爲他自己的思想的，所以他底性格也被這三家的思想所鑄成了。他初從學於周濂溪先生，迨後泛濫於諸家，出入於老、釋者幾十年，最後纔返歸於儒家，求諸六經；周濂溪底思想又近於道士一派，則他底思想的淵源可想而知了。伊川先生說：『先生行己，內主於敬，而行之以恕』，這就是他底修養工夫。他的學問，以識仁爲本，識得仁了方可以定性。

怎樣識仁呢?『以誠敬存之存久自明』。(識仁篇)仁是與萬物渾然一體的，即『民胞物與』的意志，即『生生不已』的意思；所以觀雞雛可以看得出仁來，於切脈可以體得出仁來。他是『一天人合內外忘小我存大我』的一種態度，渾淪極了，和藹極了。從他一夕話，如在春風和氣中坐了三個月，這是他的學生游定夫心悅而誠服的贊語。但辦起事來，則精明如神；開起會來，則守志不阿，這又是儒家的風度賢明的士大夫一流的人物了。

三　生之謂性說　明道先生底思想極其圓渾，不拘執於一家的學說。在養氣方面，雖極力贊賞孟子底浩然之氣，並服膺其『必有事焉而勿正，心勿忘，勿助長也』。(孟子公孫丑章)的集義工夫；但在論性方面則非常折衷。在他底語錄上說：

『天地之大德曰生，天地絪縕，萬物化淳，生之謂性』。

『生之謂性，性即氣，氣即性，生之謂也』。

這是他對於本性最明顯的解釋。『生之謂性』，本是昔日告子底一句口號，告子的學說與孟子相對，是一般儒者所最反對的，而明道卻拿來取用，足見他底思想是很圓通的。他說性就是氣，氣就是性。什麼叫做氣呢?氣是萬物所稟受於天的氣質，也可以說氣即是天。(註一)天是以生為道的，而氣亦當是生生不已的，所以他也說『生之謂性』。在物質一方面看，氣質是稟受於天的一種活物，是生生不已的東西，某種活物的生長即某種活物的本性，凡人與我，凡我與萬物都是一樣的，故曰『生之謂性』。在意識一方面看：天意以好生為美德，凡生生不已都是天意，都是天道。性即天道，所以性也是生生不已，周流無窮，若一旦死亡，或有一刻停滯便非性了。所以他又說：『在天為命，在

義爲理，在人爲性，主於身爲心，其實一也』。語錄

明道先生對於性的解釋，是本着中庸『天命之謂性，率性之謂道』兩句話來的；由這兩句解來，所以與告子所說不謀而同。但他們表面雖然相同，卻有一個根本相左的地方。明道與告子所同者只在『生』的一點上。至於本來的性質如何，生後之變化如何，則完全兩樣了。告子謂有生的皆是性，而生來之性質，勿論人與禽獸生是一樣的，無所謂善惡。明道謂生生之意雖人與萬物相同，而生來的性質，則人自人，禽獸自禽獸，界限分明絕不混同；即禽獸中，牛、馬也不相同。（註二）至於人之性，究竟是善是惡呢？他主張人性雖善，但不是完全皆善，人性亦有惡的，不過善與惡不是對待的；善是人生而靜以上的，惡是感物而後有的，不是原始的；惡雖不是原始，但不可說不是性。性好似水，水原是清的，所以性也原來是善的。但吾人自成形之初或有氣稟之偏，自受生之後或因環境不良，遂含着一些惡的習性，亦如水自源泉流入江海，中間挾着許多泥沙，遂成濁流。此水流雖濁不得說不是水，而人性之不良者亦不得說不是性。生來卽善的本性，後天任何惡的習慣都染他不上，畢生到老莫不渾然至善，全受全歸的性，只有聖人纔能够。至於一般人難免被社會的污染而失掉原來的性質，所以又有『修道之謂教』的教育。教育的工夫卽在去掉後天的習性，恢復原有的本性，恢復以後，只依然還牠原來的東西，毫無所增損。所謂『自天命以至於教，我無加損焉』。語錄

張橫渠先生對於性情的修養比較明道先生少差，有一次給明道先生一封信，問以定性的方法。明道先生卽作一篇定性書，答覆張氏，凡四百三十七字。內中的大意如下：性無內外，定無動靜。性靜時固然定，動時也是定，看來

似靜非動，其實卽靜卽動。但在無安定的狀態中，不必刻意求定而自然是定。要做到這個程度，須不要把性分別內外。在低一等的人，內德不修，一心於物欲的追求，心猿意馬，怎麼會定。在高一等的人，將心把持得太利害，唯規規於外誘之除，強分內外，則性亦無從安定。前者固無足論，後者之所以陷入如此境地的，大率由於『自私而用智』，所以強分內外，自別物我，將見分不勝分，別不勝別，怎麼不累於外物，怎麼能夠安定。所以吾人修養應當『廓然而大公，物來而順應』。如此，則內外兩忘，喜怒不繫於心，心常在腔子裏面，內中湛然無事，無事則定，定則物不能來擾了。按明道先生的定性書，卽是他底養性的工夫，除卻自私用智的小我，廓然而大公，到了他所說的『渾然與物同體』的境地，仁的境地，似乎帶着幾分禪意了。

(註一)(明道學案語錄)凡有氣莫非天，天只是以生爲道。

(註二)(二程全書卷二上)告子曰：『生之謂性』則可。凡天地所生之物，須是謂之性。皆謂之性則可，於中卻須分別牛之性，馬之性。是他便只知道一般，如釋氏蠢動含靈，皆有佛性，如此則不可。天命之謂性，率性之謂道者，天降衷於下，萬物流行，各正性命者，是所謂性也。循其性而不失，是所謂道也。此亦通人物而言。循性者，馬則爲馬之性，不做牛底性，牛則爲牛之性，又不做馬底性，此所謂率性也。

四　教育論

明道先生在洛陽專門講學雖只十餘年，而感化後進，教育青年，綜其一生，不下三十年。他底學問，多本於大學、中庸兩書，而平生最佩服的是顏子，所以教學者要學聖人，須學顏子，蓋顏子最近於孔子，模倣有着力處。（註一）他嘗以孔、顏、孟三人比較：『仲尼元氣也，顏子春生也，孟子並秋殺盡見。仲尼天地也，顏子和風慶雲也，孟子泰山巖巖之氣象也』。(語錄)觀此數語，則知他底向往所在了。人生氣稟多有惡的雜在裏面，所以要教育來淘治，如澄清水一般，使濁的淘去而清的呈現，這卽是『學以變化氣質』的功用。（註二）吾人定性最難，活動的心兒往往被外物的引誘放肆於外，難於收回。心既放肆於外，性必爲外物所累，日久必致天良蒙蔽，教育卽在求得已放的心使復原地，這卽是『學以求其放心』的功用。（註三）前者的功用是將汚濁了的淘淸，後者的功用是將失去了的收回。勿論淘淸或收回，總之是還我原來的樣子，歸我本來的地位。能够做到這樣，卽可以學爲聖人，教育的目的也是教人如此學爲聖人。教育的功用雖有兩種，究竟怎樣纔能變化氣質，怎樣纔能求其放心？這個工夫可很高了。不是從遠遠的求的，不是在書本裏找的，——程子最反對這種空泛的笨拙的教育。（註四）我們考查他底前後語錄，求學的工夫多半在體貼、涵養、玩索及近取等用法，如『切脈最可體仁』；『學者只要鞭辟近裏，著己而已，故博學而篤志，切問而近思，仁在其中矣』；『吾學雖有所授受，天理二字卻是自家體貼出來』：此卽體貼的工夫。如『今之學者惟有以義理養其心』；『學者須敬守此心，不可急迫，當栽培深厚，涵泳於其間，然後可以自得』，及對李籲以『義理養心』，（註五）皆是涵養的工夫。又如『讀書要玩味』；『靜後見萬物皆有春意』；『元來只是此道，要在人默而識之也』；皆是玩索的工夫。又如『若要至誠，只在京師便是到長安，更不可別求長安』；『學者不必遠求，近取諸身，只明人理，敬而已矣，便是約處』；『自灑掃、應對上便可做到聖人事』；皆是近取的工夫。總之，一切工夫不外『誠敬存之』四個字。

以上所述工夫雖嫌過高，但先生教人仍有秩序，決不是囫圇吞棗的辦法。大概平日教育生徒，常按照程度分做兩等。在一般學者程度較淺，仍以學文爲要，對於經書須要多讀熟習。（註六）在程度較高的所謂知道者，則以進德爲主，不在於記誦文字，記誦文字反以玩物喪志。義理以養其心，敬以直其內，卽是進德之道，前面所舉求學的工夫如體貼、涵養、玩索及進取等等，多半是對着這一等學者說的，宋史所謂『教人自致知至於知止，誠意至於平天下，灑掃應對至於窮理盡性，循循有序』，（道學本傳）當不是過譽。

（註一）（二程全書明道語錄）孟子才高，學之無所依據，學者當學顏子，入聖人爲近，有用力處。（又）學者要學得不錯，須學顏子。

（註二）（明道學案語錄）學至氣質變，方是有功。

（註三）（明道學案語錄）聖人千言萬語，只是欲人將已放之心約之使反復入身來，自能尋向上去，下學而上達也。

（註四）（二程全書卷三十七）學者先學文，鮮能至道，至于博覽泛濫，亦自爲害。故先生嘗教謝良佐曰：『賢讀書愼不要尋行數墨！』

（註五）（明道學案語錄）古之人耳之于樂，目之于禮，左右起居，盤盂几杖，有銘有戒，動息皆有養。今人皆廢此，有義理之養心耳。但存此涵養意，久則自熟矣。

（註六）（明道學案語錄）學者須學文，知道者進德而已。有德則不習無不利，未有學養子而後嫁，蓋先得是道矣。學文之功，學得一事是一事，二事是二事，觸類至於千百，至於窮盡，亦只是學，不是德。有德者不如是，故此言可爲知道者言。如心得之則施於四體，四體不言而喻。

第七節　程伊川（1033——1108）

一　生活小史　程伊川爲明道先生底胞弟，名頤，字正叔，『伊川先生』是門人學子以他所居的地名稱他的稱呼。他生於仁宗明道二年，剛少於乃兄一歲，但享年七十五歲，直至徽宗大觀二年纔死，比他底老兄多活了二十一年。伊川以十四五歲與乃兄從學周濂溪。十八歲上書朝廷，勸仁宗施行王道，自比諸葛，抱負殊不凡；自此得以遷入太學爲太學生。這個時候，胡安定正在太學充國子監直講，以『顏子所好何學』爲題試諸生，得先生的論文，大爲驚賞，特別優遇，並授以學職。同學呂希哲輩見他底學問超越朋儕，即拜他爲老師，而他底講學時期從此開始了。先生享年雖高，但一生遭遇不及乃兄幸福，而性情亦較古怪。當二十六歲時，學業已有成就，以舉進士不中，自此不習舉業，亦無心於仕進，專以講學傳道爲業。綜其一生：管理西京國子監二次，爲崇政殿說書者一次，以黨籍被竄於遠方者二次，其餘則爲窮居家鄉講學時期。先生可算境遇太壞的一位教育家，不求富貴，反遭貶謫。在崇政殿說書卽教書於宮庭，爲哲宗底老師。此事始於元祐元年，先生已五十三歲了，一共說了七年，至元祐七年因受敵黨的攻擊，教他出管西京國子監。當他在經筵時，學生從游的非常發達，先生除講學外，對於時政亦時時發表議論，毫不顧避。是時久負文名的蘇子瞻在翰林院，文人學士，依附的亦衆，對於伊川先生的態度與言行時加訕笑，因此兩家門生互相攻擊，而分洛、蜀二黨。但這種黨爭尙不要緊，他所以被竄的原因是被誣以元祐黨的名義。第一次竄到涪州，自紹聖四年十一月至元符三年正月，共三年。第二次貶在龍門，自崇寧二年至五年，也是三年。每竄一處，學生從游的極多，雖足少慰旅況的寂寞，而先生之所以被妬怨與陷害亦因此而益甚。第二次被貶時，他的文字也被追燬，他底著作也被檢查。好像他是一個危險分子，其實他是最規矩的一個書生。當他遷往龍門時，年已七十歲了，四方學者憫此老之痛苦，特來跟從，但都被止住，且囑咐他們：『尊所聞，行所知可矣，不必及吾門也』！細玩此兩語，可以知其沈痛了。

二　伊川與明道之比較　伊川與明道同一父母所生，同爲周濂溪底弟子，但兩人的性情及成就大不相同。『明道德性寬大，規模廣闊；伊川氣質剛方，文理密察』，這是集洛學之大成的朱晦菴先生的評語，當是確當的。拿一個譬喻：明道好似飄然自在的仙僧，伊川好似謹守淸規的戒僧。明道底性質多自天成，伊川的性質受家庭教育的影響最深——剛毅多由其父親，嚴謹多由其母親。（註一）伊川平生之所以遭遇不良，及反以直道而得禍者，恐怕多半吃了脾氣的虧。明道底學問是直觀的、渾廓的、涵咏的；伊川的學問是理智的、分析的、實踐的。明道於諸子百家，佛老學說無不涉獵，所以他底思想極其圓通；伊川則一切屏除，甚至莊、列等書亦不肯看，他是以大學、中庸、論語、孟子爲標指，以達於六經的。吾人評論北宋儒家的信徒，要以伊川爲最純粹了。明道對學生以和悅，伊川對學生以嚴肅。明道與門人講論，遇有不合的地方，則說更有商量；伊川則直口不言。游酬與楊時二人都是二程先生的高足弟子，與明道談話則說如坐春風，及見伊川則肅然敬立，如見大賓。（註二）所以明道嘗對伊川說：『異日能使尊師敬道者吾弟也；若接引後學，隨人材而成就之，則予不得讓焉』。明道只長伊川一歲，而去世過早，不有乃弟，則洛學無以成立；伊川於乃兄底學問不僅發揮光大，且進而以分析的頭腦，踐履的精神，與一般門徒講論三四十年，確定宋學實踐倫理之宏規，可謂賢兄賢弟了。在教授方面，雖各有態度不同，吾人殊覺伊川尤爲純粹的教育家，其影響於學術界更大。

（註一）（上谷郡君家傳）先公凡有所怒，必爲之寬解，唯諸兒有過則不掩也。嘗曰：『子之所以不肖者，由母蔽其過而父不知也』。行而或踣，則曰：『汝若愼行，寧至踣乎』？嘗絮羹，曰：『幼求稱欲，長當何如』？與人忿爭，雖直不右，曰：『患其不能屈，不患其不能伸』。雖使令輩亦不得以惡言罵之。故頤兄弟平日於飲食衣服無所擇，不能惡言罵人，非性然也，教之使然也。

（註二）（明道學案附錄）游定夫訪龜山，龜山曰：『公適從何來』？定夫曰：『某在春風和氣中坐三月而來』。龜山問其所之，乃自明道處來也。

（二程全書）伊川以嚴毅接學者。嘗瞑目靜坐，游定夫、楊龜山立侍不敢去。久之，乃顧曰：『二子猶在此乎』！曰：『暮矣，姑就舍』！二子者退，則門外雪深尺餘矣。

三　性卽理說　古人論性，或就性與心並說，或就性與情並說，除孟子以外很少說到才的。但孟子不過說性與才都是善的，至於這兩樣有什麽區別，則未提及。（註一）到了北宋，程伊川先生纔給他們一個明顯的界說。伊川說：

「性出於天，才出於氣。氣清時才清，氣濁時才濁。譬猶木曲、直性也，以作棟樑，以作榱桷，才也。才有善不善，性則無不善」。

「性卽是理，理則自堯、舜至塗人，一也。才稟於氣，氣有清濁，稟其淸者爲賢，稟其濁者爲愚」。

我們稍加以解釋：稟受於天的謂之性，天卽是理，理無不誠，所以性無不善，所有人類之性全是一樣的。稟受於氣的謂之才，氣有清濁，所以才有賢愚，氣有善不善，所以才也有善不善，各個人之才是不能一致的。譬如樹木：無不有曲直，無不能曲直，所有的全是一樣，此謂之性；但有的可以作棟樑，有的只能作榱桷，隨牠的大小而功用不同，此謂之才。這是性與才的區別。我們還要把這兩個名詞就伊川先生所說者分開討論一下：

「才稟於氣」是怎樣解釋呢？氣猶言元氣，就着先天的『所稟』說；才猶言才質，就着後天的『稟有』成就說。才稟於氣，謂後天稟有的材質是所稟於先天的元氣而來的，實際上才與氣只是一物，也可以合起來說謂之『才氣』。才氣一個名詞卽現在心理學所講的『智慧』（Intelligence）吾人智慧所以有高下之不同，概由先天的氣稟各殊的關係，所謂『稟其淸者爲賢稟其濁者爲愚』。由此看來，孔子所謂『上智與下愚不移』，是指着才說的，不是指着性的。（註二）才之智愚是氣稟的關係，卽是先天的關係，不是後天的關係。智愚雖出於先天，但下愚並非絕對不可轉移，孔子所謂『不移』者是由於他太自暴自棄不肯去學，所以不可移了。（註三）愚者怎樣轉移爲智呢？自然在於教育，倘能努力學業，迨學業豐富之後，氣質一變而智慧自生，所謂『積學既久，能變化得氣質，則愚必明，柔必強』。才氣一個名詞討論清楚了，我們再來討論性。

性究竟是什麽？『性即理也，所謂理性是也』，這是伊川先生最肯定的答覆。伊川許多理論，及別性氣爲二物，並說氣有善不善，常爲一般理學家所不大同意，至於他底『性即理也』四字的口號，則莫不承認爲一句不可顛破的名言。只就這一句短話還不能夠使吾人十分明白，務必要在他底語錄裏頭去找些比較詳析的解釋。門人問他說：『孟子言心、性、天只是一理否』？他說：『然，自理言之謂之天，自稟受言之謂之性，自存諸人言之謂之心』。這是將『天、性及心』三者歸納到一個理字。他又說：『稱性之善謂之道，道與性一也。以性之善如此，故謂之性善。性之本謂之命，性之自然者謂之天，性之有形者謂之心，性之有動者謂之情：凡此數者皆一也，聖人因事以制名，不同若此』。這是說『天、性、心及情』四者皆是性，而歸納到一個道字。他又說：『在天爲命，在人爲性，論其所主爲心，其實只是一個道』。這是將『命、性及心』三者歸納到一個道字。他又說：『天賦與謂之命，稟之在我謂之性，見於事業謂之理』。這是將『命、性及理』三者歸納到一個天字。我們把這四段話列表於下，當更明白：

第十表　伊川性理解釋表

天……自理言之	}	理
性……自稟受言之		
心……自存諸人言之		

命……天之賦與	}	天
性……稟之在我		
理……見於事業		

在天爲命……命……性之本
在人爲性……天……性之自然
論其所主爲心……心……性之有形者
情……性之有動者
（以上皆屬「道」）

由上表看來，則知伊川先生底意見，勿論天、命、心、性，只是一件東西，卽理卽道，因爲所指的方面不同，所以命名也不同。凡最原始最自然的東西謂之天，這種東西自賦給吾人一方面說，謂之命，自吾人稟受一方面說，謂之性，已稟受了而存在吾人肉體以內爲精神之主宰者謂之心。總而言之，卽是理，卽是道，理無不誠，故性無不善。道只有一個，故性莫不同。性只有一個，何以孔子說『性相近』呢？伊川以爲孔子相近之性，是指着氣質之性，不是義理之性，如上所說的一切方是義理之性。各人的氣質不同，故氣質之性也有不同，氣質有淸濁，故氣質之性也有緩急，例如某人性急或性緩，性喜動或喜靜，百人百性，皆屬於氣質之性，而義理之性沒有不同的。（註四）

按伊川分性爲兩類的意義，與橫渠底大同小異。所謂義理之性，不過是一個道理，一個觀念，非有實物能夠指示；而氣質之性，纔是屬於吾人體內的性質。明道謂『性卽氣，氣卽性』，是說凡有生意的都叫做性；而伊川把性與氣區分爲二，且謂氣有善不善，這是與乃兄不同的地方。且他論義理之性太過於玄妙，吾以爲不及乃兄『生之謂性』之較爲切實。至於才氣一個名詞，解釋得格外淸楚，比較孟子確實進步多了。還有把孔子底『上智下愚』解爲才氣，用教育的力量可以轉移；及『性相近』之性解爲氣質之性，因學習而更顯得差異；這都是伊川先生獨到

的地方。(以上均見伊川語錄)

(註一)(孟子告子章)乃若其情，則可以爲善也若夫爲不善，非才之罪也。

(註二)(二程全書伊川語錄)又問上智與下愚不移是性否？曰：『此是才』。

(註三)(伊川語錄)又問愚可變否？曰可。孔子謂上智與下愚不移，然亦有可移之理，惟自暴自棄者則不移也。

(註四)(伊川語錄)性相近也，習相遠也。性一也，何以言相近？曰：此只言氣質之性也，如俗言性急性緩之類，性安有緩急？此言性者，生之謂性也。

四　教育要旨　今之學者歧而爲三『能文者謂之文士，談經者謂之講師，惟知道者乃儒學也』。(伊川語錄)細觀這幾句話，可知伊川底教育宗旨不是學爲文章，也不是講求訓詁，要在於識得道理。此道即聖人之道，識得道理即所以求爲聖人，所以他說：

『言學便以道爲志，言人便以聖爲志』。

『君子之學，必至於聖人而後已』。(語錄)

聖人之道即天道，即天理，理即性，性即心，要求聖人之道必要從心與性上用力。所以他又說：

『凡學之道，正其心養其性而已；中正而誠，則聖矣。君子之學必先明諸心，知所養，然後力行以求至，所謂自明而誠也。故學者必盡其心；盡其心則知其性，知其性，反而誠之，聖人也』。(顏子所好何學論)

心只有一個，正其心要使本然的良心常存，勿入於邪，此即操存的意義！盡其心，即在發揮本然的良心使能盡其功用，此即擴充的意義。性卻有兩類，知其性養其性，全是指着義理之性說的；要正其心了纔能培養此義理之性，要盡其心了纔能識得此義理之性。所以要求聖人之道而至於聖人，其着力處須要正心以養性，或盡心以知性。對於一般的義理之性既已知了養了，其他特殊的氣質之性不關宏旨也必隨着義理之性的清明而受其好的影響。但這全是指着中人以上說的，至於中人以下怎樣辦呢？伊川說『大賢以下卽論才，大賢以上卽不論才』。(語錄)卽是說凡關於中人以下的教育除用力於性以外，還要用力於才，——才智高的設法發展，才智低的設法變化。才稟於氣，變化才智卽是變化氣質，所以他對於養氣的工夫特別注意。(註一)

由此看來，伊川先生教育人材分着兩等：一爲中人以上，以盡心知性爲主；一爲中人以下，除盡心知性外，還要變化氣質。其目的皆是要識得聖人之道，以求至於聖人而後已。其工夫，不是學爲文章，亦不是講求訓詁，是由於躬行實踐。換一句話說，教育的工夫，不是從死的書本子上求來，是要從活的身體力行上得來。所以他平日答學生問道以『行處是』，所以他臨死時對學生以『道著用便不是』一語，留爲最後的訓詞。(註二)

(註一)(伊川語錄)氣有善有不善，性則無不善也。人之所以不知善者，氣昏而塞之耳。孟子所以養氣者，養之至則清明純全，而昏塞之患去矣。

(伊川語錄)螟蛉蜾蠃，本非同類，爲其氣同，故祝而肖之。又況人與聖人同類者。大抵須是自強不息，將來涵養成就到聖人田地自然氣貌改變。

(註二)(伊川語錄)尹焞偶學感書，伊川曰：『賢那得許多工夫』。(又)尹彥明問於程子，如何是道？程子曰：『行處是』。

(二程全書伊川年譜)於疾革門人進曰：『先生平日所學正今日要用』。先生力疾微視曰：『道着用便不是』。其人未出寢而先生沒。

五　研究法　『涵養須用敬，進學在致知』，這也是伊川先生最有名的兩句標語，——前一句指示修養的工夫，後一句指示研究的方法。修養的工夫留在後面另講，現在只敍述他底研究方法。進學在致知，其意是說求學之道全在『致知』，即是說一切學問須從『致知』二字得來。知有兩種，一爲『良知』，即德性之知；一爲『知識』，即聞見之知。聞見之知屬於外表的，由感官與外物接觸而始發生，接觸越多則知識越廣。德性之知屬於內心的，不必感官與外物接觸，只要心地淸明，則無物不照，無理不明。（註一）德性之知屬於先天的良能，是一種可知的能力；聞見之知屬於後天的經驗，是一種已知的內容。『致知』的意思即推展此良能以盡其聞見之知。（註二）不致知，則學不能進，事不能行，所以致知是爲學第一步且必要的工夫。何以致知？地說：『致知在格物』，則格物又是致知的工夫了。何謂格物？他說：『格猶窮也，物猶理也，猶曰窮其理而已矣』。換一句話，格物即是窮理。凡有形的物，可指的事，無形的觀念及一切所以然的法則；近自一身之中，遠至宇宙之大，天下萬事萬物，皆是所格的對象，即是所窮的內容。理的內容既如此的廣博，吾人將怎樣窮法？伊川不是用的歸納法，也不是演繹法，他以爲天下事物皆有一貫之道，今日窮一件，明日窮一件，積習既多，久後自通，所謂『所務於窮理者，非道須窮盡了天地萬物之理，又不道是窮得一理便到，只要積累多，後自然見去』。這種窮理法，我們名之曰『積習自通法』。着手之處亦有多端：或玩索書中的大義，或評論古今人物的得失，或從處事接物時到處留心。（註三）總括一句，窮理之法，還是自本身以及日常生活之中，設身體貼，細心玩索，由多聞多見中發現一個共同點，由疑難深思中得到一個解決法。這種方法，是積習的，又是一貫的；是由實際經驗的，又是憑理性來推理的；是近取諸身的，又是遠取諸物的。物格則知致，到了知致，纔是深知，纔是眞知。知得深纔行得篤。知得眞纔信得堅。於是思也通了，理也明了，人也覺悟了，恐懼也沒有了，見一善則不得不行，見一不善則不得不止。（註四）由此看來，伊川先生論求學的方法即本於大學底『格物致知』四個字。知識由實踐得來，再由實踐以深切其知識，再由知識以指導其行爲，知與行是連環的一貫的。以上俱見伊川語錄

（註一）（伊川語錄）聞見之知，非德性之知，物交物，則知之非內也，今之所謂博物多能者是也，德性之知，不假見聞。

（註二）（伊川語錄）知者吾所固有，然不之致，則不能得，而致之必有道，故致知在於格物。

（註三）（伊川語錄）窮理亦多端，或讀書講明義理，或論古今人物，別其是非，或應接事物而處其當然，皆窮理也。

（註四）（伊川語錄）學者須是眞知，纔知得便是，泰然行將去也。（又）人苟有朝聞道，夕死可矣之志，則不肯一日安其所不安也。何止一日，須臾不能。如曾子易簀，須要如是乃安。人不能若此者，只爲不見實理。實理得之於心自別，若耳聞口道者，若見得必不肯安於所不安。

六　敬的修養主義

『涵養須用敬』，伊川先生修養的工夫就是一個『敬』字。什麼是敬？『所謂敬者，主一之謂敬，所謂一者，無適之謂一』，這是他對於敬字的解釋。敬即主一之義，即心志專一的意思。心志專一，既不能或東或西，亦不能忽彼忽此，只是中，只是內。中則不偏，內則不外，此時呈一種安定不亂的狀態，純一不雜的狀態，果能修養到如此，則自然心如止水，萬物畢照。（註一）如何能做得到這步田地？他說：『但唯動容貌，整思慮，則自然生敬』。『一者無他，只是嚴肅整齊，則心便一』。這種情景，好似孔子所說：『出門如見大賓，使民如承大祭』，及孟子所說：『正其衣冠，尊其瞻視，儼然人望而畏之』的樣子。但伊川以爲這不過是居敬的態度，究未盡居敬的實功。居敬的實功須要集義，居敬而不集義，不過是一種空的表示而已，沒甚用處，所謂『只守一個敬，不是集義，卻是都無事也』。居敬必有止，如『爲人子，止於孝』之類，存心於孝雖是居敬，倘不集義則是不知所以爲孝之道及如何盡

孝；有何用處。徒知用敬爲消極的，由集義以盡其敬，纔是積極的，伊川底『涵養須用敬』一句標語，是包含集義主義的居敬之積極的修養說的。反過來說，凡吾人思慮所以紛亂，全由於沒有居敬的工夫，心志不能專一之故。心志不專一，則不能作爲主宰；不能作爲主宰，則外物自然常來侵擾。譬如瓷瓶，有水充滿於內，雖江海之大也不能侵入；倘若無水，雖溝渠之水亦可思逞。無主定又譬如破屋中禦寇，東面一人來未曾趕走，西面又進來了一人，勢必至於左右前後驅除不暇了。所以學者的修養務必從敬字上用工夫，能敬則內有主宰，外邪不能侵入；能敬則思慮專一，而不爲外物所紛擾；能敬則心地清明，而不能爲外物所蒙蔽；能敬則注意集中，而有所成功。由此看來，伊川於居敬兼以集義的工夫，是一種積極合理的修養，確爲精神訓練的好法子；不過講論居敬的態度，未免過於呆板，陷於靜的及閒雅的教育之毛病了。

（註一）（伊川語錄）敬只是主一也。主一則既不之東，又不之西，如是則只是中。既不之此，又不之彼，如是則只是內，存此，則自然天理明白。

第八節　程門弟子

一　謝上蔡　程氏兄弟在當時已爲宋學之正宗，一般青年學子羣相趨附於他們的門下，雖關中張氏也望塵莫及。但程門弟子雖衆，而被當時所稱道的只有四人，卽謝上蔡、楊龜山、游定夫及呂藍田，世稱程門四先生。（註二）這四人中，以上蔡才氣最高，所學亦深，議論非常明快。此外還有尹和靖一人，學力較這四人更爲純粹，遵守師說尤爲堅定，畢生以講學爲業，我們卻不能以他未曾列入四科而遂忽略了。

謝氏名良佐，字顯道，是壽春上蔡的人氏，所以學者稱上蔡先生。他生於仁宗皇佑二年，在四人中爲年紀最長的一個。神宗元豐八年登進士第，他已三十六歲了。登進士以後，做了幾任州縣官吏。在建中靖國初年，徽宗召他進京來，有意任用他，以其沒有誠意，乃擇得一閒官——監西京竹木場——以便講學。但後來以言語不愼，奪了官職，還他原來的平民資格。一生遭遇不大幸運，可是他是不甚注意這一道的。他說：『透得名利關，便是小歇』，語錄吾人可想見他在這時期定有不少的工夫了。未入程門之先，謝氏底學問原極該瞻博洽。及往扶溝見明道，尙自誇博雅，被明道以『玩物喪志』四字當面下一針砭，把他激得面紅耳赤，汗流浹背，而謝氏從此走進理學一路了。其後明道死了，他又從伊川學，在程門中資格是最老的。

謝氏死後，游定夫給他作的墓誌銘不見於世，宋史又沒有爲他立傳，所以關於他一生的生活史難得其詳。除論語說一篇及語錄三卷外，亦沒有其他的著述。但在語錄裏面，可以看出他底思想的一個大概，不過屬於形而上學及倫理學，關於教育理論的卻是很少。在倫理學方面，關於『天理』與『人欲』兩詞講得尙極透澈。他說：

『所謂天理者，自然底道理，無毫髮杜撰。今人乍見孺子將入於井，皆有怵惕惻隱之心，方乍見時，其心怵惕，卽所謂天理也。要譽於鄉黨朋友，內交於孺子父母兄弟，惡其聲而然，卽人欲也。天理與人欲相對，有一分人欲卽滅卻一分天理，有一分天理卽勝得一分人欲，人欲纔肆，天理滅矣。任私用意，杜撰做事，所謂人欲肆矣』。語錄

天理與人欲是反對的，凡屬於自然的道理謂之天理，凡屬於人爲的意思謂之人欲。換一句話，天理是公的，良能的，人心之所同然的；人欲是私的，造作的，各人所自生的。擴充其本然之善念，自然之同情心，是爲循天理而行，能

處處循天理而行，則人欲自然不生。反過來時，一味任私用意，則人欲伸張而天理亡了。學者能夠處處循天理而行，則本身卽天，天卽理，可以做到天人一致的地步。要認得天理，莫如格物窮理，以尋個是處。但凡事凡物皆有理，如何能夠窮得盡呢？謝氏的法子與伊川稍有不同，他是按着一貫的原則，只窮得幾條大經大緯，其餘可以類推，所謂『必窮其大者，理一而已，一處理窮，觸處皆通』。語錄

關於教育方面，沒有什麼精采的理論，還是以孔子『下學上達』一語爲工夫。下學卽灑掃應對之事，學者於灑掃應對做得安穩，則細而正心、誠意，大而治國平天下，皆是一理。但不可徒騰口說，須從事實上切實做去，遇到困難時更要加鞭，工夫做得久了自然漸進於純熟。他自己與伊川相別一年，只去得一個『矜』字，卽是這種工夫，所以伊川許他以『切問近思』了。

二　楊龜山

龜山較上蔡少三歲，生於仁宗皇祐五年，到南宋高宗建炎五年纔死，享有八十三歲的高齡，——這樣高齡要算程門中所有師弟的第一人。龜山姓楊氏，名時，字中立，籍隸南劍將樂，以現今省別，則爲福建的人物。當幼小時，天資格外穎異，八歲會作文章，前輩長者常目他爲神童。這個神童長大以後卻是性情曠達，於世事常夷然不以介意，其風格差不多與柳下惠相似。二十四歲，以太學生的資格登了進士，閑居三年，派爲徐州司法。但楊氏初不就任，卻走到潁昌投拜於明道之門，大爲明道賞識。明道後來死了，又往洛陽師事伊川。此時楊氏年已逾四十歲了，以名進士宦遊州縣多年，但毫不自驕，事伊川非常恭謹。伊川最喜靜坐。有一天，楊氏與他底同學遊定夫於將待雨雪的天氣往見，巧逢伊川正在瞑目靜坐。他二人恭立門前，不敢發一言，及伊川打開眼睛看時，門外已雪

深一尺了。這是千年來的教育史上最饒興趣的一段逸事，可是禪味也表現得不少。楊氏自三十一歲赴徐州當司法六年，三十七歲轉調爲虔州司法，四十二歲赴瀏陽做了知縣四年，五十歲往荆州當了州學教授四年，五十五歲爲餘杭知縣三年，又轉蕭山知縣。七十一歲被召入京，七十四歲乃以著作郎兼侍講。當是時，金人南逼，國事岌岌可危，太學諸生正爲愛國運動而有種種表示。欽宗以楊氏名望素高，又教他兼國子監祭酒，藉以平息風潮。那知楊氏狃於程門學說，極力攻擊王氏的三經新義，不合於當時一般學子的好尚，在太學不到三個月就被趕走了。

綜計楊氏浮沈州縣四十七年，在京以侍講兼國子祭酒僅九十日，迨汴京陷落，高宗南渡，而楊氏已老了——七十五歲。在南宋做官未久，七十七歲遂退居龜山故里，專門講學以終老。他的講學生活，始於二十一歲，除荆州州學教授四年及國子祭酒九十日擔任國家教育外，全爲私人講學時期。楊氏福建人，把伊洛的學說帶到南方，開南宋諸大師之先河，此所以在程門四子中關係比較重要，而明道『吾道南矣』之歎，竟成了讖語。

龜山關於教育的言論可分着兩類：一爲性論，二爲修學說。他論性大抵引伸明道的說法而兼採横渠的。大意謂：人稟五行二氣以生，陰陽二氣原是善的，故性沒有不善。人性之善乃人性之常，成形以後所以有不善者，如剛柔緩急之類，是氣質之偏處，反了常性。人之常性無不善，如水原沒有不淸；後來因氣質之偏而有不善者，猶如水含了泥沙所以濁了。水因泥沙而濁，濁究非水之本性，泥沙澄去則水自淸。吾人因氣質之偏而有惡，惡究非吾人之本性，只要矯正氣質之偏，自然得性情之正。（註一）矯正氣質之偏並非用計巧爭勝心所能成功，只要率性而行就是了，率性而行卽是循天理，能够處處循天理，沒有不善的。

求學的目的在『學聖賢之所爲』，求學的方法在『聞聖賢所得之道』。所謂『夫學者學聖賢之所爲也；欲爲聖賢之所爲，須是聞聖賢所得之道』。（語錄 羅仲素語）怎樣能够聞聖賢所得之道呢？在於『明善』。怎樣纔能明善呢？在於致知。怎樣纔能致知呢？在於『格物』。所以他說：

『爲是道者必先乎明善，然後知所以爲善也。明善在致知，致知在格物。號物之數至於萬，則物蓋有不可勝窮者，反身而誠，則舉天下之物在我矣。詩曰『天生烝民，有物有則』，凡形色具於吾身者無非物也，而各有則焉，反而求之則天下之理得矣。由是而通天下之志類萬物之情，參天地之化，其則不遠矣』。（龜山文集 答李杭）

天下物類萬殊，吾人決難逐一去格，但萬殊的物類必有一定的法則，這個法則全備在吾人的本身上，只要在本身上找得出一個定律來，必能觸類旁通，一以貫之。由是物格了自然知至；知至了自然善明；善明了，卽獲得了聖賢所得之道，而可以學爲聖賢之所爲了。由此看來，爲聖賢的工夫雖有許多層節，其實只在本身上體貼，倘反身而誠，則天下之理得了。換一句話說，要以誠意爲本，使心知不亂，由此而體驗之，自能『聞聖人所得之道』。所以他說：『夫至道之歸，固非筆舌能盡也，要以身體之，以心驗之，從容默會於幽閒靜一之中，超然自得於書言象意之表，則庶乎其至矣』。（龜山文集 寄翁好德書）

（註一）〔龜山語錄〕今夫水，清者其常然也，至於汨濁，則沙泥混之矣。沙泥旣去，其清者自常也。是故君子於氣質之性，必有以變之，其澄濁而永清之義歟。

三　游定夫

程門弟子以游、楊並稱，他們二人出世同年，師事程門也同年，交情又最深，其所造詣亦不相上下。不過楊氏解釋儒書多援引佛經，游氏解釋儒書多援引莊語，在思想方面卻不必盡同。楊氏倡道東南，以享年獨高，講學最久，南宋一般學者多直接間接出於其門下，且三傳而出了一位曠代教育兼哲學家的朱子，爲他生色不少。游氏門下殊嫌微弱，比較著名的僅一呂本中。游氏遺書既不傳於世，後人所輯定夫文集，關於表現思想的文詞亦不多見，關於教育方面的理論更少，且不及上蔡語錄之多，不無可惜了！游氏關於教育的理論，我們錄出兩點來說說：一點是解釋『時習』二字，一點是解釋『性善』二字。他說：

『理也義也人心之所同然也。學問之道無他，求其心之所同然者而已；學而時習之，則其心之所同然者得矣，此其所以說也，故曰「理義之悅我心，猶芻豢之悅我口」』。（論語雜解學而時習之章）

理義是人心之所固有的，又是人心之所共同的，時習的意義在求得此固有及共同的理義之實現與充滿，如孟子所謂『萃面盎背』境地。時習到了這個境地，則心與理義俱化了，所以格外慰悅。他說：

『夫道未始有名，感於物而出，則善之名立矣；託於物而生，則性之名立矣。善者性之德，故莊子曰：「物得以生謂之德」。性者善之資也，故莊子曰，「形體保神謂之性」。蓋道之在天地，則播五行於四時，百物生焉無非善者也，故曰「繼之者善也」。道之在人，則出作而入息，渴飲而飢食無非性者無妄也；苟得其性之本然，反身而誠，則天地萬物之理得而道自我成矣，故曰「成之者性也」。惟其同出於一氣，而氣之所值有全有偏，有邪有正，有萃有駁，有厚有薄，然後有上智、下愚、中人之不同也；猶之大塊噫氣，其各爲風，風之所出無異氣也，而叱者、吸者、叫者、號者，其聲若是不同，以其所託者物物殊形耳，其聲之不同而謂有異風可乎。孟子謂性善正類此也』。（論語雜解唯上）

智與下愚不移章

善爲性之德，性爲善之質，兩名實爲一物，其本源同由陰陽二氣所生，所以人類性善是相同的。但吾人受生之初，因所感有不同，所以產生上智、下愚及中人的種種差異出來；雖在氣質上有種種差異，而原來的性善沒有不同的。比方地面物類不齊，所以同時受着風吹，發出來的聲音有各色各樣，而風還是此風。游氏完全拿莊子的話來解釋『性善』二字，思想開放，是從來儒者所未曾有的，也是他們所不敢說的，無怪胡五峯罵他爲程門的罪人了。

游氏名酢，字定夫，是建州建陽人，也與龜山同屬福建省籍。二十歲領鄉薦，二十一歲補太學生，三十一歲登進士。自仁宗皇祐五年生，至徽宗宣和五年死，享年七十又一歲。在三十三歲至四十歲的八年中，爲擔任國家教育時期，兩次爲太學博士，一次爲潁昌府學教授。平生最得知遇於范純仁氏，其任府學教授及第二次任太學博士，皆是范氏推薦的。游氏對於教育方面還有一點積極的主張，——矯正士風。他以爲『廉恥之俗，忠義之風』，全以士人爲轉移。假若士人不肯潔身自好，與一般官僚同一卑污，風俗絕不會純正的。要矯正士風，須當提倡清議。此舉還當借政府的力量，政府竭力提倡於上，使地方人人皆知清議之所在，士人爲清議所束縛，知有所守，纔不敢同流合污，而士風自正。士風正了，平日講廉恥忠義的人多，一旦國家有事，自有可用的人材了。

四　呂藍田　藍田爲程門四子中享年最短的一人——僅活了四十七歲，但學力已到純粹的境地，其縝密與挺峻處有時超過其他三子。朱子說：『與叔惜乎壽不永，如天假之年，必所見又別。程子稱其深潛縝密，資質好，又能涵養，某若只如呂年，亦不見得到此田地了』。（語錄百零一）這是朱子對他最佩服的地方。

呂氏名大臨，字與叔，京兆藍田人，即現今關中的人物。父名蕡，官到比部郎中。祖名通，官至太常博士。他有昆仲六人，五人登了科第。仲兄大防爲當時名相，伯兄大忠，三兄大鈞及他本人，皆爲一代通儒，這種高貴兼優賢的家庭，在同時名儒中確屬罕見。大忠字晉伯，大鈞字和叔，與他俱遊於張、程之門，而呂氏年最少，成績最大；有此良好家庭，自然能給他學問上不少的陶養。著有藍田文集，其抱負處載在克己銘一篇中，其思想結晶處載在未發問答一篇中。未發問答係呂氏與程子討論『中』字的意義及喜、怒、哀、樂未發以前的心理狀態，似一種玄學的心理學。後來羅豫章與李延平以『看未發以前的氣象』爲講學之主腦，即從這裏萌芽的。呂氏爲關中人，氣質強固，遵守師說甚堅。初從學張橫渠，業已先入爲主，所以後來又從學二程時，常作極強項的爭辨，其結果雖被二程的學說折服不少，但終久自成其藍田學說。程子謂喜、怒、哀、樂未發之『中』，與單舉一個『中』字的意義不同，呂氏則認爲是一個意義。他以爲人類的性就可以這個『中』字形容，所以創出『中即性也』(未發問答)一句口號。吾人之性，當平居時，即一切感情不發生時，其狀態『寂然不動，虛明純一，與天地相似，與神明相一』，(語錄)這就謂之『中』。這個時候，如赤子之心，一片天眞，毫無私意，萬般春色，絕不板滯。倘使吾人即於此時直養之而無害，自然心地清明，能夠鑒別，能夠衡平，自然不爲物欲所遷動，所謂『先立乎其大者，則其小者不能奪也』。性即是中，凡人莫不相同，但後來『流行之方有剛柔昏明』種種差異，何以解釋？呂氏以爲這不是性，這全因各人所處的環境及所受的教育之不同所生的差異。他有一個比喻最好：『有三人焉，皆一日而別乎色。一居乎密室，一居乎帷簿之下，一居乎廣都之中，三人所見，昏明各異，豈目不同乎？隨其所居，蔽有淺深爾』。(學案附錄)

五　尹和靖

程門中資質最鈍的要推尹氏，而實體力行謹守師說不肯變異的也算尹氏。尹氏名焞，字彥明，世居洛陽，於師門爲同鄉。他生長在很講學問的一個家庭：他底祖父名源，字子漸，學者稱『河內先生』；叔祖名洙，字師魯，學者稱『河南先生』；他底父親名林，官至虞部員外郎，叔父名材，亦以學行知名於當時。既有這種優賢的家庭，幼小時所受的教育自有很深的根柢；再加以理學大家程門的陶冶，所以其功夫非常之篤實。尹氏當二十歲時從學伊川，業已舉了舉子。在哲宗紹聖元年，將往汴京應進士，看見試題內有『元祐邪黨』的語句，氣得發叫，不試而去，他自此終身不應進士舉了。尹氏從學伊川，差不多二十年，伊川死了之後，他自己卽在洛陽教起書來。他的性情之孤僻差不多勝過其師，在洛陽講學時，除吊喪問疾以外，一切應酬，完全謝絕，政府諸人召他進京去做官，他也不受。這樣清貧的生活過了十七年，『和靖處士』之號就在這個時候被人賜給的。當靖康元年，尹氏已五十五歲了，金兵南下，攻陷了洛陽，他的全家皆被殺害，他因門人的救援，從九死一生中逃到長安山谷中；後來又從長安流離到涪州。涪州卽從前伊川被謫貶的地方，他於是搜集他的先師的遺書，也在這裏講起學來。過了數年，高宗在臨安奠定了基礎，網羅許多名人學者裝飾門面，尹氏於是被邀請，幾經敦促，他纔由涪州順流而東下，來到南都謁見高宗。在南都四年，雖然官至禮部侍郎，其職務不過侍講經筵之類，所執的仍舊是講說生活。迨後因和議問題，與秦檜的意見不合，亟力求去，去職四年後纔死。死之年爲高宗紹興十二年，距生於神宗熙寧四年，共活了七十二歲。程門弟子以他與楊龜山爲後死，而他又後於龜山十一年。

朱晦菴說：『和靖直是十分鈍底，被他只就一個敬字做工夫，終做得成』。又說：『和靖不觀他書，只是持守得好，他語錄中說持守涵養處分外親切，可知學不在多，只在功夫專一』。（和靖學案百家案）尹氏的性格及爲學的方法，被朱子這幾句評語可算盡透了。惟有鈍人纔能做出實在功夫，所做出來的方是眞正自得的，故尹氏所說『動靜之理』及『義命之說』，莫不分外透澈，實見工夫。但他的思想完全是程門傳統的，關於教育理論很少，我們勿庸多引，只可以說他是一位謹守繩墨安於淸貧的教育家罷了。

本章參考書擧要

（1）宋史的道學列傳及儒林列傳
（2）宋元學案的各家學案
（3）理學宗傳的各家傳記
（4）周濂溪集
（5）張橫渠集
（6）王臨川全集
（7）二程全書
（8）楊龜山全集

第二十五章　南宋教育家及其學說

第一節　概論

本章八人中，可分着三派：一爲正統派，由羅豫章而李延平，而朱晦菴；二爲別系，有胡五峯與陸象山兩派。張南軒雖受業於胡氏，而與朱子爲學友；呂東萊雖自有家傳，他的學系也是朱子一派。朱子學問博大精深，不但是南宋教育界的霸王，且爲兩宋正統派之集大成者。他的直接弟子，我們收集了四人，再傳弟子，只錄了眞西山一人——這一般人的言語思想，皆不脫出老師的範圍。

正統派諸子，沒有人不討論『性』字，且全本於伊川的性卽理說，及橫渠的性之二元論。胡氏也討論過性，但所論與他們不同，他是偏重於楊氏的善惡混說的。他不但不把性分善惡，且把情也不分善惡，並認天理與人欲爲一體，此種言論，在當時爲異聞，所以常遭霸王朱子的攻擊。陸學則正式與朱子對壘了，他以『心卽理』一語與『性卽理』對抗，不承認心性情意一切心理狀態上實質的差異，不過是名詞的不同，其實是一物。關於教育宗旨，朱子以完人爲目的，陸子以做人爲目的，皆是學爲聖人的一句老話。

教授與學習方法，南宋諸子皆較北宋進步。關於教授方法，如羅豫章之自化主義，李延平之點化主義，朱晦菴之訓練主義，張南軒之致知力行主義，呂東萊之個性差異主義，陸象山之良心激發主義，皆有獨到的地方。關於學習方法，則以朱、陸、呂三家爲最，且各有獨到。朱子之格物窮理，純粹的下學工夫，所論研究與讀書法，極盡精密，實有科學的精神。陸子以『簡易』二字爲工夫，使人由易而難，由近而遠，不感絲毫困索的痛苦。呂東萊以『集義』二字爲工夫，與朱子的下學工夫相近，但從人倫日用上實體實踐，教育與生活差不多完全一致。修養方面，羅、李二氏是靜的教育家，以靜爲主；朱、張、呂、陸以『敬』爲主；而李氏之『默坐澄心，體認天理』的工夫，尤爲精到入微，也是一點特出。不過關於兒童教育的理論，除朱子外很少談及，而朱子所論鐵板式的訓練主義，似過於機械了。

第二節　羅豫章（1072——1135）與李延平（1093——1163）

一　羅豫章　豫章與延平二人同爲福建南劍人氏，且屬師弟關係，又皆爲靜的教育家；生平事蹟不多，關於教育學理的發表也很少，所以我們合編爲一節。豫章名從彥，字仲素，是楊龜山的傳統弟子。當年少時，從同郡吳儀學過經學。從來聽說龜山得河洛程氏之學，非常欣慕，遂徒步往從於將樂。見了龜山，聆略他的講說與氣象，三日之後，便受很大的感動，至驚汗浹背。『不至是，幾枉過一生矣！』當時曾這樣驚歎的說過。因此，龜山亦爲喜悅，一日親切一日，待遇之特殊，恐怕在一千多名弟子中都不能及他。羅氏得着此良師，益發篤實爲學，前後侍從龜山共計二十餘年。在二十餘年的前幾年中，曾賣了田產往洛陽見伊川問過易經，蓋因龜山的一言而發的，可見羅氏好學之篤了。自從學龜山後，即想以聖賢爲業，無意從事於政治生活，在山中築一別墅，體驗他所好的靜的學問，間或謁見龜山於將樂溪上，吟咏而歸，可以想見其悠然自得的氣象。平日工夫雖不見精深，卻很醇正，後世稱他在『善人有恆之間』，若與他的弟子延平比較，自然不及多了。自神宗熙寧五年生至高宗紹興五年卒，是六十四歲的中壽。在臨終前數年，以特科做過博羅縣主簿一次。

羅氏有高足弟子二人：一爲李延平，一爲朱韋齋；前者卽朱子的老師，後者是朱子的父親。他的學問從靜處得力，所以平日教授學生也是從靜坐入手。當朱、李二人來從游時，卽與他們相對靜坐，教他們於靜中看喜、怒、哀、樂未發以前作何氣象，而求出一個『中』來，我所以稱他爲靜的教育家。羅氏的教法，不尙口說，只給學生一種態度或暗示，令他們自化，此延平所稱『先生不言而飲人以和，與人並立而使自化，如春風發物，蓋亦莫知其所以然也』。豫章學案附錄 我們看他訓誨子姪的一篇文章，假設兩個不懂教育的父親和一個善教子孫的父親，描寫的頗有價值，與法國拉卑烈(Rabelaia)的加爾剛丘(Gargantua)相似，無妨抄錄在下面，也可以考見他的教育主張了。

東鄰有千條家，子孫不肖，博奕飲酒，馳馬試劍，挾彈持弩，與羣小爲伍，見士人則逃遁。西鄰有百貫家，子孫不羞里巷，不顧父母，日復如是。諸子前行，路人肉杖之曰：『爲人子孫固如是乎』？二家之長，一日聚議曰：『吾二家子孫不肖如是之深，治之恐傷骨肉之情，不治則恐敗先君之業，若之何而爲是乎』？旁有客曰：『此乃至愚至賤之徒，終遭刑責而後已。吾將拉汝二人訪諸南鄰萬斛之丈人，請問訓子孫之術矣』。南鄰萬斛之家共十八人，入孝出悌，且行忠信，口不絕咏於六藝之文，手不停披於百家之篇；閨門之內，肅肅如也，閨門之外，雍雍如也。君之子孫若是，夫何爲而至是哉？南鄰萬斛丈人曰：『吾之誨子孫也，非鞭非笞，非詬非罵，但寫唐文人杜牧示小姪阿宜二句，又寫本朝宰執諸公倣杜牧示姪聯句，又寫范文正公家訓題東軒壁句，時人謂之東壁句。吾將示之，倣傚寫於東壁，示子孫，尤佳』。東西二丈曰：『敬聞命矣，願得本以寫於壁焉！』（羅豫章文集誨子姪）

二　李延平　李氏名侗字愿中，學者稱『延平先生』。生於哲宗元祐八年，較豫章少二十一歲。當在二十四歲時，李氏寫一封陳情書求教於豫章之門。該書的大意：『久慕先生得河洛之學於龜山，亟欲領教，徒以爲舉子業所耽誤，但自覺求學的要求較飢渴之於飲食更迫切，務請收錄在門下，侗當死心踏地謹受教誨』。初從豫章，即教他靜坐要他於靜中看喜、怒、哀、樂未發前的氣象，間授以春秋、中庸、語、孟等書。李氏從容潛玩，有會於心，數年之後，遂絕意一切世俗的業務，隱居山田，專心體認他師門的靜的學問。李氏一生未曾作官，隱居四十餘年，一邊講學，一邊自修，而學問的精進因講學而益邃。宋學中心的朱子就是他的高第弟子，當朱子初來從游時，他已是六十歲的老人了。朱子的人格受他的陶醉極深，而他的學問亦因朱子的探討而相長。李氏修養的完粹，氣象的和平，工夫的純熟，差不多已到了明道的程度，對於豫章可算青出於藍了。朱子說：『先生姿稟勁特，氣節豪邁，而克養完粹，無復圭角，精純之氣達於面目，色温言厲，神定氣和，語默動靜，端詳閑泰，自然之中若有成法』。李氏氣象豪邁的少年，好飲酒馳馬，一經琢磨竟至温潤如美玉，瑩靜如秋月，則教育的效能亦可謂大了！李氏活了七十一歲，因應閩守汪應辰講學之約，於正在講話的時候，忽然死了，時爲孝宗興隆元年。

『默坐澄心，體認天理』八個字是李氏一生的學問。體認天理即觀察喜、怒、哀、樂未發以前的氣象，而求出一個『中』來。喜、怒、哀、樂未發以前的氣象，即是在情感未生以前的心理狀態。這時的心理狀態，不是動的，亦不是靜的，是一種靈活的渾然一氣的本體。這種本體沒有一毫人欲之私，是至誠至善的，中庸不偏的，這就謂之『中』。以此中爲本由是而發出的，『雖品節萬殊，曲折萬變，莫不該攝洞貫以次融釋，各有條理』，故又謂之『天理』。這個天理，只於情感未發以前的心理狀態纔能顯現；可又極其精微，不是目所能睹耳所能聞的，非過細體認不能覺得。但吾人平常多爲外物所擾，客氣所勝，思慮紛紜，心中不能寧靜，很難看得天理出來，所以要默坐以澄心，然後可以體認天理。工夫既是這樣細密，所以他平日主張靜坐，靜坐以後，使得心中沒有一點事了，則天理始出。迨得天理體認出來了，隨時持守之再加以涵養的工夫。體認又體認，涵養復涵養，積日累月，煉得心平氣和，私欲盡消，只剩得一點晶瑩明澈的本體。到了這時，渾身是元氣，滿腔皆中和，由是而『泛應曲酬，發必中節』，那末，學問成功，教育的效力，於此可見了。

李氏的學問，體認之後務須加以涵養，倘沒有涵養的工夫，徒是體認，亦不見受用。體認雖從靜中，而涵養須待隨時，體認之後，加以涵養，涵養了又復體認，到得工夫有頭緒了，則無地不可體認，無時不在涵養。這種工夫，既不是憑口說、憑懸想，亦不是一超直入的，是要從日用庶物上反復推尋，逐漸理會，久之而後有成功的。所以他答朱子說：『爲學之初，且當長存此心，勿爲他物所勝。凡遇一事，卽當且就此事反覆推尋，以究其理。待此一事融釋脫落，然後循序少進，而別窮一事。如此既久，積累之多，胸中自當有灑然處，非文字言語之所及也』。延平問答又說，『唯於日用處便下工夫，或就事上便下工夫，庶幾漸可合爲己物，不然，只是說也』。同上由此看來，我們把李氏的教育可以概括爲幾點：（1）關於學習方面：不要憑口說，須就日用上下工夫；不要儱侗弘闊，須就事實上一件一件的推尋，由此所得纔有意味。而初學入門，還須練習靜坐。（2）關於教授方面，不是徒憑講說，必令學者反身自得，而教者只須略用一番點化的工夫，所謂自動主義的教法；且平日多以問答式及討論式。（3）關於修養方面，還有存夜氣一段工夫，仍是靜的工夫。但存夜氣須兼旦晝存養之功，旦晝不枯亡，而夜氣自清，夜氣清則平旦之氣亦湛然虛明，——這是與爲學一致的。

第三節　胡五峯（?——1155）

一　胡氏家學　胡氏名宏，字仁仲，學者稱五峯先生。他是春秋大家胡文定的季子，理學大家張南軒的老師。文定名安國，字康侯，是一位負有經世大才及政治熱望的政治學者；但又是『風度凝遠，蕭然塵表，視天下萬物無一足以嬰其心』（宋史儒林列傳）的一位超世人物。在哲宗時，已負文名。高宗建都江東，尤其欽佩其人格，屢次招他進京供職，他總不肯輕於一出。他雖抱有大志，但對於出處去就毫不隨便一點，所以自登進士至致仕四十年中，實際作官不過六年。平日與謝、游、楊三人交游，他對於他們的關係在師友之間，雖然未曾拜過程門，也可以說是程門的私淑弟子。他的有名的一部春秋傳，據他自道是費了三十餘年的研究，纔把牠成功；所以明、清以來，國家莫不規定以胡氏春秋傳爲太學的教材。文定有兒子三個，長子名寅，字明仲，號致堂，在高宗時官至禮部侍郎兼侍講，著有論語詳說及詩文斐然集，是一位志節豪邁的學者。次子名寧，字和仲，號茅堂，在高宗時官至祠部郎官，文定作春秋傳時，與他檢討的地方很多，他自己作了一部春秋通旨，是一位正直不阿的學者。五峯生長在這優良的家庭，有這樣賢父賢兄，他的學業之成功自然比較一般人容易。著有五峯文集及胡子知言等書，而以後者爲他底思想的結晶。當他幼小時，嘗從過楊龜山、侯師聖。但性情恬淡，又不滿意於秦檜的賣國政策，所以弱冠以後，卽在衡山下優游講學了二十餘年，知言一書就在這個時期玩索出來的。可惜僅及半壽，迨秦檜於紹興二十五年死時，高宗再派人召他來京供職，而他竟以疾病而去世了。

二 心性說 胡氏對於心性的解釋，與正統派的程、朱學說殊不一致，所以後來朱子對他辨駁的很多；這不過主觀不同罷了，其實無損於胡氏的創見。他的學說最爲正統派所不贊同的，就是不主張「性善論」。換一句話，他不承認性有善惡之說。「性也者天地鬼神之奧也，善不足以言之，況惡乎哉」。知言疑義 他秉着家學的意思，說孟子之所以「道性善」的，不過歎美「性」之爲物，奧妙之極，發而爲「贊美」之辭，不是以「善」來形容性之「德」的。那麼性究竟是什麼呢？胡氏說：

「中者道之體，和者道之用。中和變化，萬物各正性命，而純備者人也，性之極也。故觀萬物之流行，其性則異，察萬物之本性，其源則一」。胡子知言

凡中和的爲「道」，由中和變化而成「性」，性之本源就是道。萬物皆由此發生，所以萬物皆具有此性；不過物類只具得一部分，人類得其純備，有這點不同。那末，心怎樣解釋？心與性有什麼區別？胡氏又說：

「天命爲性，人性爲心」。胡子知言

「有而不能無者性之謂歟，宰物而不死者心之謂歟」。上同

『性譬諸水乎，則心猶水之下，情猶水之瀾，欲猶水之波浪』。上同

『聖人指明其體曰性，指明其用曰心。性不能不動，動則心矣』。知言疑義

『心性二字乃道義淵源，當明辨不失毫釐，然後有所持循。未發只可言性，已發乃可言心』。上同

我們給他綜合起來解釋：性是天命的，心是性所生的。性爲本體，心爲作用。當其爲『性』時，是一種百感未發的狀態，定止的狀態，又謂之『中』。當其爲『心』時，情感將待發生，是一種活動的狀態，又謂之『和』。性譬如『水』，水就是本體，心譬如『水之就下』，『水之就下』就是作用。性既爲本體，所以無物不具，無往不在。心既是性之作用，所以有動作；這種作用又能中節而和，所以能主宰萬物。由此看來，性與心只是一物，皆是極其自然的，而又極其奧妙的，我們誠不能拿善惡二字去形容牠。性既不可以善惡形容，那末吾人的行爲何以有善惡？胡氏以爲這與本性無關，其關係全在情感發生時能够『中節』與否，假使吾人情感發生時能够『中節』，就是善的行爲；倘是發而『不中節』，就是惡的行爲。所以他說：『中節者爲是，不中節者爲非。挾是而行則爲正，挾非而行則爲邪。正則爲善，邪則爲惡；而世儒乃以善惡言性，邈乎遼哉』！聖人與衆人並沒有多大的差異，所不同的只在情感發生中節與不中節一點上。所以我們要學作聖人，原不必以情欲爲戒，情欲是性所固有的，只要求得『發而皆中節』就行了。但一般人往往任情所爲，唯欲是求，以致把本心都失掉了，那裏能够中節哩；所以要求『發而中節』，第一步還當『求其放心』，（註一）『求放心』三個字，是做學問的目的，也是做學問的起點。

第四節　朱晦菴(1130——1200)

一　朱子與宋學　自程伊川死後二十三年，南宋忽然產生了一位道學大家——我們正要講的朱子。我們所謂宋儒學派，雖開闢於胡安定，闡發於周濂溪，而卓然樹立此學之正統者則爲程伊川。朱子受業於李延平之門，爲伊川底四傳弟子，他底致知力行的工夫即由伊川的學說直接演繹下來的。他不但直承伊川的傳授，且以廣闊的胸襟，縝密的頭腦，好學深思的工夫，網羅濂溪以來諸家學說，上接孔、孟的言論，綜合貫通，而成一包羅萬象的朱子學系，可謂集宋學之大成了。不僅集宋學之大成，且以整理古籍的精神，立下研究學術的宏規，實開後世考證學之先聲。朱子生於高宗建炎四年，死於寧宗慶元六年，享年七十有一歲，恰爲十二世紀的人物。當這個時候，外有強敵如金人，年年南下壓迫；內有權奸如秦檜、韓侂冑輩，有的不惜媚外事仇，有的則乘機竊權，莫不專以排斥正類爲能事。朱子生當此內憂外患的時期，雖功名事業不得有大的表現，而他底學說的發展確如烈日當空，光燄萬丈，不及身死業已通行於全國，比較孔子更爲幸運。在中國學術史上有三個偉大人物：孔子集唐、虞三代以來的學術之大成，鄭康成集漢學之大成，朱晦菴又集宋學之大成。但其影響於教育思想上面的，除了孔子外，朱氏較鄭氏更爲偉大。鄭氏死後，他底學術雖盛行於魏、晉南北朝，不過機械的記問之學，於民族思想無大關係；而朱子底學說支配社會的思想歷元、明、清三朝六百餘年而不衰，這算孔子以後孫中山以前的第一人。不但他底學術思想在教育史上立了崇高的地位，而他底研究的精神，訓導的方法，綜合的頭腦，踐履篤實的人格，強立不屈的意志，處處足以啓發後世，爲後世所取法，所以我們在這裏有特別敍述的必要。至於思想的內容，有些含着時代的背景之不能適用於現代，當作別論。

二 生活小史 朱子名熹，字元晦，原籍屬於安徽婺源。他底父親朱松，號韋齋，亦知識界的人物，受過了宋學的洗禮的。韋齋先生爲人剛直，以不肯附和和議，被遣出到福建當尤溪縣尉，卽於建炎四年生朱子於隔溪鄭氏之書室，故後世稱爲閩人。朱子生來天資頴悟，五歲入學讀孝經，卽題『不若是，非人也』六個字於其書面上，他底人格已在五歲幼兒時期光晶晶地表現出來了。以這樣天性的人兒生在可風的家庭裏面，後來又得着許多良師的教導，怎得不造成不可一世的偉器。當他十四歲時，不幸父親去世，遵從遺囑，從學於籍溪的胡原仲、白水的劉致中、屏山的劉彥冲三人。但此時所得甚淺，到了二十四歲，纔往延平受業於李愿中。李氏也是韋齋先生底同門友，朱子初來受教時，他已是六十六歲了，此時給了朱子一番提撕與警醒，而朱子纔悟從前所學的空疏，從此努力於切實的研究。

朱子以十八歲登進士第，到六十九歲能官歸鄉。——自登進士第至告老五十年中，在外作官五任，在內作官纔四十日。二十二歲爲泉州同安縣主簿，約計五年；五十歲知南康軍，約計四年；五十四歲提舉浙東常平茶鹽，不滿一年；五十一歲出知漳州，約計二年；六十三歲改知潭州，又約二年；至派到中央爲寧宗當侍講時，已六十六歲了。他是一個踐履篤實的教育家，想以平日所學施於社會的教育家，每到一處，除政務外，則必開設學校，改良風俗，使一般民衆，不但得到他底政治的實惠，且得到他底教育的倡導。綜計他作官不過十四年，其餘則全爲私人講學時期，私人講學四十餘年，所以及門弟子遍天下，雖海外之人也有知其名而來頂禮的。但他底信徒愈多，則招忌愈甚：初被目之以『道學』，後被視之以『僞學』，最後且由僞學而誣爲『逆黨』了。當寧宗初年，朱子已是六十多歲的老人，此時正是韓侂胄當國，攻擊僞學較前日急，一般趨炎附勢之徒，且想加害於他底身體。在這個時期，正人君子的阨運到了，稍能謹守繩墨以儒學顯名的皆無所容其身；平日從游於他門下的人，意志堅強的避害遠藏，操守不定的更名他師；而他仍然講學如平日，毫不有所畏避，其意志之堅強，涵養之有素，正在此處表現出來。當他去世的時候，奸黨造出種種謠言，說他底僞徒擬乘送葬僞師的機會，圖謀不軌，特別監視，但弟子自四方而來會葬的仍及千人之多，吾人以此知朱子的精神爲不死，朱子底教育可爲有成功了。

朱子底學問是本着程伊川的——尤在於『涵養須用敬，進學在致知』兩句話，所以他底性格與爲人也極肖程伊川。『其色莊，其言厲，其行舒而恭，其坐端而直。倦而休也，瞑目端坐。休而起也，整步徐行』。這是他底學生黃勉齋形容他的幾句話。凡道學的舉止，紳士的態度，訓練主義的教育家，完全形容出來了。他一生著述很多，不能一一備錄，其中大有影響於後世的，爲四書集註、近思錄及小學集解三種，而以四書集註一種爲最有影響。此四子書，隋、唐以來只有論、孟二書行世，大學、中庸雖經北宋二程特別表彰出來，尚未與論、孟並列。使此四書合成爲一書通行於社會者，實始於朱子；此後七八百年，凡小學兒童莫不奉牠爲唯一的教科書，所以影響最大。(註一)

(註一)(陳北溪答蘇德甫)文公表出近思錄及四子，以爲初學入道之門，使人識聖門蹊逕。(黃東發)晦菴先生表章四書，開示後學。

三　教育生活　朱子自十九歲起，到老死爲止，凡公的，私的，合計講學五十餘年，這樣講學時期的長久，恐怕是古今少有的。他以講學爲生活，一日不講學就一日不快樂。平日教人，循循善誘，孜孜不倦，確有孔子當年『誨人不倦』的精神。『從遊之士，迭誦所習，以質其疑。意有未諭，則委曲告之，而未嘗倦。問有未切，則反覆戒之，而未嘗隱。務學篤則喜見於言，進道難則憂形於色。講論經典，商貫古今，率至夜半。雖疾病支離，至諸生問辨，則脫然沈痾之去體。一日不講學，則惕然以爲憂』。我們只看黃勉齋在他底行狀裏頭所敍的這一段話，則朱子的講學精神之可欽佩，也就可想而知了。但私人講學的事蹟，我們沒有方法可以詳述。現在只就他從政時期所關於教育事業的共有五起，按照年代的先後分述於下：

（1）同安主簿時代　先生以紹興二十一年爲同安縣主簿。除主簿職事外，即開辦縣學，招收縣民俊秀子弟充當學生。把縣學分爲『志道』、『據德』、『依仁』、『游藝』四齋，各置齋長一人，或由學生充當，或另聘職事。訓練取感化主義，不重條規，教授取問答式，講學內容即聖賢修己治人之道。平日策問很多，試舉一道爲例：『問古之學者始乎爲士，終乎爲聖人。此言知所以爲士，即知所以爲聖人矣。今之爲士者衆，而求其至於聖人者或未聞焉。豈亦未知所以爲士而然耶？將聖人者固不出於斯人之類，而古語有不足者耶？顏子曰：『舜何人哉，予何人哉？』孟子所願則學孔子；二子者豈不自量其力之所至而過有斯言耶？不然，則士之所以爲士而至於聖人者，其必有道矣。二三子固今之士，是以敢請問焉』。（見晦菴全集卷七十四）

（2）知南康軍時代　先生爲南康軍知事，始於孝宗淳熙五年，在此不過四年，而所得的成績最大。除就軍學時與生徒講論外，並重修白鹿洞書院爲專門講習之所。對於教育目的、訓練綱目、學習程序及修己治人的道理，一一規定詳細，當日師生講學的風度生活的整秩，不難想像而知。後世所傳有名的白鹿洞書院教條即在此時規定的，我們不妨把牠附載在下面：

（一）父子有親。君臣有義。夫婦有別。長幼有序。朋友有信。

右五教之目，堯使舜爲司徒，敬敷五教，即此是也。學者學此而已，而其所以學之之序亦有五焉，其別如左：

（二）博學之。審問之。愼思之。明辨之。篤行之。

右爲學之序，學、問、思、辨四者所以窮理也。若夫篤行之事，則自修身以至處事接物，亦各有要。其別如左：

（三）言忠信。行篤敬。懲忿窒慾。遷善改過。

右修身之要。

（四）正其誼，不謀其利。明其道，不計其功。

右處事之要。

（五）己所不欲，勿施於人。行有不得，反求諸身。

右接物之要。

在書院裏，先生自爲山長，常請知識界的名流來院講演，一新學生的耳目。陸子靜爲先生之勁敵，主張素與先生相左，可是還被邀來對學生講演。講題爲『君子喻於義，小人喻於利』。所講切中當時學者一般的毛病，朱子非常感謝，且把他底講演稿刻石爲記，使諸生時得警惕，朱子之虛心接物，眞不愧爲一代的大教育家。南康從前出過陶靖節、周濂溪一般有名人物，朱子特爲立祠二所，一祀周濂溪，配以二程；一祀陶靖節、劉西澗等五賢，無非使學者仰見古人的風範，有隨時感化的功效。南康經他這樣一提倡，教化大行，而朱子辦學的聲名也更其照耀了。

（3）知漳州時代　先生當六十歲時，目擊當時羣小用事，走進京來，上一大封書於孝宗，共陳利弊六則，反覆數千字，孝宗大爲感動，打算留京重用。不幸孝宗忽然禪位於光宗，遂委先生出知漳州。先生在漳州任內，除講求學校教育外，並注意於社會教育。關於學校教育者，所訓生徒與南康時無異，對於學行均優的學生特別獎勵，對於辦事勤勞的職員特別拔擢。關於社會教育則以改革風俗爲主。漳州風俗薄陋，不知喪葬嫁娶之禮，先生採掇古禮，製爲教條若干，以開示於當地父老，並訓勉他們底子弟。此地人民崇尚釋氏，男女老幼迷信極深，先生嚴厲禁止，懇切開導，風俗因此大大的改變。（註一）

（4）知潭州時代　光宗紹熙四年，委先生出知潭州。潭州人民久慕其德政，聽到先生來了，扶老攜幼，歡迎數十里，民衆之多，塡塞道路。先生到職以後，除『修武備，戢姦吏，抑豪民』外，即注意於教育事業；州學、縣學一一提倡。長沙人士素來肯於向學，經先生一提倡，他們益加奮勉。附近各郡聽到先生在此興學，不遠數百里而來聽講，學生發達，至學校不能容納。

（5）煥章閣侍講時代　寧宗爲諸王時，景慕先生之爲人，恨不得聘他爲講官，拜他爲老師。紹熙五年，寧宗做了皇帝，卽召他入對，委以侍講之職，遂正式對他執弟子禮了。先生得此機會，也竭盡忠誠，知無不言，言無不盡。正式教材爲大學一書，每講一章，必編成講義，首列經文；經文之下，附以小註；小註之後，附以意見，引經據典，反覆論列。

不僅講學如此，即關於行事，苟有所見，亦必編輯成册，呈教於這位皇帝學生之前。寧宗當初莫不開懷容納，每有講義，且傳及宮中誦讀，所謂『宦官宮妾』都做了先生底弟子，說來亦極有趣。不幸說話太多，寧宗頗爲厭煩，韓侂胄用事，把賢相趙汝愚趕走，先生也不得安於其位，竟在煥章閣教授四十日而罷了。韓氏恨先生極深，引用姦類誣先生以逆黨，即在此時，幸先生底聲望太大，不敢遽然加害，亦以年齡已老，爲寧宗所夙昔景慕之故，所以竟免於害。再過五年，先生遂在羣邪環攻，空氣緊張中與世長辭了！

（註一）（理學宗傳朱子）漳俗薄陋，至有父母要不服衰者。首述古今理律開喻之。又採古娶娶之儀揭示父老，令解說訓其子弟。俗崇尙釋氏，男女聚會佛廬爲傳經，女不嫁者私創爲菴舍以居。先生嚴禁之，俗爲大變。時詣學訓迪諸生，一如南康時。其至郡齋請業問難者接引之不倦。又擇士有行義知廉恥列學職爲諸生倡。知學錄趙師虙之爲人首薦之。

四　心理說　朱子說明心理現象及作用，比較以前各家都說得詳細：他不僅只論性之善惡，並將心、性、情、才、欲及意志種種心理名詞都一一下個解釋。大要以心爲人生之主，性是天所賦與的心之理，其他各種作用全是由心所發生，由心所指使的。我們分着三步逐一說明於下：

（1）心是什麼　朱子說：『心是管攝主宰者』。心即是吾人一身的主宰，管攝一切精神活動的；一切精神活動都是由心所發生的。心有兩種：一爲有形的，如肺肝五臟之心，是形而下的；一爲無形的，如操存舍亡之心，是形而上的。前者爲物質實體，如生理上的心臟；後者爲精神作用，如心理學所說的意識。吾人所討論的是精神作用——形而上的心。這個心又分着兩種：一爲人心，一爲道心。人心即是人欲，如肚子餓了想吃飯，渴了想飲水，全是人心作用。道心卽天理，如飢食渴飲而得正，是有道心爲之主宰。他說：『人心維危，人欲之萌也；道心維微，天理之奧也』。其實形而上的心只有一個，人欲一動，天理隱藏，成了人心；天理回復，人欲消滅，就是道心。天理與人欲不兩立，道心與人心亦不並存，教育在革盡人心以回復道心。

（2）性是甚麼　『性者心之理』，這是朱子學得程伊川的。理卽天理，天地自然之理賦與吾人者謂之性。性是太極渾然之本體無形象可攝無方所可指只是一種意思情狀。內中含具萬理，別爲仁、義、禮智四大綱目，而僅一仁字也可以包攝一切。（註一）朱子也如程伊川分性爲兩種：一爲天地之性，一爲氣質之性。天地之性指純理而言；氣質之性兼理、氣二者而言。前者渾然至善的，後者有善有不善的。天地之性就是天理，天理大公無私，故此性亦渾然至善。氣質由陰陽二氣所成，吾人稟氣有淸濁，故此性有善惡。人與禽獸的性所以不同，人與人的性亦各有不同者，皆是指着氣質之性說的。人得氣之正，其理全，所以性善。禽獸得氣之偏，其理闕，所以性惡。卽同一人類，稟氣也有昏濁不淸的，其得理自闕而不全，所以與禽獸相差不遠。（註二）他又說性雖有兩種，其實只是一種。因爲性只是理，理本不可以名言，一說性時便兼了氣質在內。所謂天地之性是說性之理，所謂氣質之性是說性之質，而理附於質內，所以實只一物。再者人性之惡，雖一方由於先天的稟氣不良，一方也由於後天所感不正，所謂『此性本善，但感動之後或失其正，則流於惡耳』。朱子全書性理試列一表在下面，當更明瞭。

性
- 天地之性—理——渾然至善
- 氣質之性—理氣相雜 → 善、惡 ← 先天的氣稟、後天的物誘

（3）心與性之關係　心與性的意義我們已經解釋清楚了，那末，這兩件東西有何關係？朱子對牠們的關係雖說得很多要以陰陽太極一個譬喻爲最明顯。他說：『性猶太極也。太極只在陰陽之中，非能離陰陽也。然至於論太極則太極自是太極陰陽自是陰陽。惟心與性亦然，所謂『一而二，二而一也』。（性理大全三十三）性爲自然之理，稟受於天；心爲吾人之精神，稟受於氣。有性無心，則虛渺而無依着；有心無性，則痲木而不仁。心性相合，纔有生意，纔有活動。雖然相合，還是二物；此二物必求相合而始發生作用。性之實體——仁、義、禮、智，雖爲至善之物，倘不根着於心，則無以生出惻隱、羞惡、辭讓、是非等善德；心雖是一件生長的東西，倘無仁、義、禮、智含容其中，必不能大顯作用，即有作用亦必暴厲恣睢如禽獸一班。

（4）心與其他精神現象之關係　我們再來將七個心理現象相互的關係作一整個說明。『性者心之理，情者心之動，才便是那情之會怎地者』。心所具之理爲性，所能表現活動的謂情，怎樣去活動謂之才；這是心、性、情、才四種關係的說明。『心譬如水也，性、水之理也。性所以立乎水之靜，性所以行乎水之動，欲則水之流而至於亂也。才者水之氣所以能流者，然其流有急有緩，則是才之不同』。水之本體爲心，在靜止的狀態而有流動之可能者爲性，水流時爲情，流而不平以致於泛濫潰決的爲欲，水流之力有緩急者爲才；這是心、性、情、欲及才五種關係的解釋。

『情是性之發，情是發出恁地，意是主張要恁地。如愛那物是情，所以去愛那物是意。情如舟車，意如人去使那舟車一般』。情是由性所發生的動作，如舟車之活動似的，如何駕駛舟車或東或西或南或北者謂之意；這是情意兩種關係的說明。『志是心之所一直去底，意又是志之經營往來底，是那志底脚』。由心所立定之目標爲志，按照此目標設法以求達到者爲意：這是意志兩種關係的說明。『性者心之理也，情者心之用也，心者性情之主也』。心爲吾人精神的主腦，此主腦所具種種屬性爲性，由此主腦發而爲動作者爲情：這又是心、情、性三者關係的說明。這一類的相互說明之處很多，我們不必再引。總括起來：心爲吾人精神作用的本質，所以主宰一切精神作用的。此精神本質，含着由天所命的仁、義、禮、智種種屬性而使精神本質發生意義的謂之性。此精神本質雖爲活動，卻呈靜止的狀態，因感而動者謂之情。情不過是一種動的表現，能够動出種種模樣者謂之才，動無節制而至於蕩檢踰閑者謂之欲。再者由心所發生一種動作而有一定目標者謂之志，如何設法以達到此目標者謂之意。再簡單些說，性乃心之體，其他一切作用乃心之用，其實只是一個心就包攝了。按朱子這種心理的解釋，雖不盡合於科學，但以心爲中心，分述一切，而於其他許多意義中側重一個性字，只要知性便可以盡心，片段之中卻有一個系統，他的一切教育理論莫不以此爲根據。

（註一）（晦菴文集答陳器之）性是太極渾然之體，本不可以名字言，但其中含具萬理，而綱領之大者有四，故命之曰仁、義、禮、智。

（又答林德久）須知性之爲體，不離此四者，而四者又非有形象方所可撮可摩也，但於渾然一理之中，識得個意思情狀，有界限而實非有牆壁遮欄分界處也。

（註二）（朱子全書孟子）人物只一般，卻不知人之所以異於物者，以其得其正氣，故具得許多道理。如物則氣偏而理亦昏了。犬牛稟氣不同，其性亦不同。性如水，流於清渠則清，流於污渠則濁。氣質之清者正者，得之則全人是也，氣質之污者偏者，得之則昧，禽獸是也。氣有污濁，人得清者，禽獸得其濁者。人大體本清，故異於禽獸；亦有濁者，故去禽獸不遠矣。

五　完人主義的教育論

朱子的教育目的，不是要造成一個忠臣孝子，而是要造成一個完人。完人之意卽在能『明萬事而奉天職』。（註一）所謂萬事卽社會上的一切人事：大則君臣、父子、兄弟、夫婦、朋友之際的關係，小則視聽言動、周旋食息等動作。所謂天職，凡上面所擧的一切事情皆是吾人分內所應當做的。萬事明了，天職奉了，則可以成爲完人。聖人不勉而中，不思而得，生來就是完人。常人做到完人，必須勉而後中，思而後得，此教育之所由起。做到完人卽可以至於聖人，而教育目的就達到了，所以他把荀子的一句話拿來告學生說：『古之學者，始乎爲士，終乎爲聖人』。見晦菴文集卷七十四筆問朱子以爲聖人是可以期許的，做到完人卽可至於聖人。他的理想中的完人是一個什麼模樣呢？不待說自然是循規蹈矩，踐履篤實的正人君子；博學多能，有爲有守的賢士大夫。『學者先須置身於法度規矩之中，使持於此者足以勝乎彼，則自然有進步處』，答潘叔昌這是說做人要有守。『自古無不曉事的聖賢，亦無不通變的聖賢，亦無關門獨坐的聖賢。聖賢無所不通，無所不能，那個事理會不得』，語錄這是說做人要有爲。我們只就他的白鹿洞書院教規及訓學齋規所開示的種種，便可以看得出他的教育標準來，卽他自己就是一個最好的完人之模範。

無形的心有兩種：一爲人心，一爲道心——人心卽人欲，道心卽天理，我們在前面已說過了。天理是稟賦於天的，所謂與生俱來的東西，爲人人之所同，牠是至善的。人欲是雜氣質而生，或因環境所習染而成，人各不同，是最害事的。聖人渾身是天理，已是完人了。至於一般人，常在天理與人欲交戰情形之中，若聽其自然不加以克治的工夫，往往人欲戰勝至流於禽獸一路。所以既爲人，必要學——卽須要受教育，教育的功用卽在存天理以去人欲。所謂『聖人千言萬語，只是教人存天理滅人欲』。語錄所謂『學者須是革盡人欲，復盡天理，方始是學』。語錄能够革盡人欲，使此心依然與天理渾然一體，則所有的皆是道心了。人有道心則神志清明，透澈如鏡，物來順適，無所不到，無往不宜。推此心於惻隱，無一非仁；推此心於羞惡，無一非義；推此心於辭讓，無一非禮；推此心於是非，無一非智。以牠來格物，無物不可格；以牠來讀書，無書不可讀；由是而修身而處事接物，自然合於規矩，中於法度，卽可以做一個純全的人了。

朱子對於小學教育與大學教育的意義說得很淸楚，恐怕是以前沒有的。他說，小學教授以『事』，到大學纔教授以『理』。所謂事，如『禮、樂、射、御、書、數及孝、弟、忠、信』之類，教兒童怎樣去作。所謂理，如『致知格物及所以爲忠、信、孝、弟者』之類，教生徒爲什麽要如此作。小學教以當然，偏重在動作方面；大學教以所以然，於動作之後且進而求得了解的。小學教育卽大學教育之基礎，大學教育爲小學教育之擴充與深究，雖然程度有深淺，而教材卻是一貫，生活自是整個的。見朱子全書卷一大學所用教材的次序，則以大學、論語、孟子及中庸爲初步，讀了四書再進而讀羣經，是由淺及深，由簡到繁的，這也不外他底『下學而上達』的原則。小學教材除四書以外，他又收集古來聖賢的嘉言諠行，編了一部近思錄及一部小學集解，都認爲初學必當讀的。

六　規範的訓練主義　關於訓育方面，朱子是主張嚴格主義的、規範主義的。卽前面所舉答潘叔昌一段話就可以看得出來。再看他底訓學齋規，一種嚴整的鐵面式的訓練更可以驚人了。不過他雖然如此嚴格，其方法都是採用積極的教導，不重消極的防範，是採取感化的自發活動，不重形式的條文規定。所有訓練，多半是指着行爲方面說的，即訓練學生以好的行爲，去掉其不好的行爲。去掉不好的行爲，在革盡人欲，是消極的；培養好的行爲，在復盡天理，方是積極的。倘使日日在於人欲的革除，而不從事天理的恢復，是沒有用的。所以他說：『但只於這個道理發現處當下認取，打合零星漸成片段，到得自家好底意思日長月盛，則天理自然純固，向之所謂私欲者自然消滅退散，久之不復萌動矣。若專務克己私欲，而不能充長善端，則吾心與所謂私欲者日相鬬敵，安伏得下，又當復作矣』。朱子語錄 再看他所定白鹿書院教規五條，除第二條關於學習外，其餘全屬於訓練方面的，即告以怎樣爲人，怎樣修身，怎樣處事，怎樣接物：無一不是積極的教導。他又說：『苟知其理之當然，而責其身以必然，則夫規矩禁防之具，豈待他人設之而後有所持循哉。近世於學有規，其待學者爲已淺矣』。這不但積極的訓導，且希生徒以自發的活動了。他在同安縣學告諭職事有一段話，更足以明瞭他對於訓練的主張：『嘗謂學校之政，不患法制之不立，而患理義之不足以悅其心。夫理義不足以悅其心，而區區於法制之末以防之，是猶決湍之水注千仞之壑，而徐翳蕭葦以捍其衝流也，亦必不勝矣』。晦菴文集卷七十四

他底訓練主義施之於兒童更其嚴格。讀他訓學齋規，眞是一篇對於兒童教育之訓練主義的好資料。內中共分五章：第一關於衣服冠履的規則，第二關於語言、步趨的規則，第三關於灑掃、涓潔的規則，第四關於讀書、寫字的規則，第五關於其他雜細事宜。凡衣服飲食几案器具，以及對上對下，一舉一動，莫不詳細標明，嚴格規定。內中固然

過於機械，過於瑣碎，有許多不合於兒童身心的發育，但這種縝密的精神，尤其對於兒童教育的注意，不得不令吾人佩服。

七　下學工夫的學習法

宋儒講學，不僅教學生以許多知識，且教他們以如何求知識——學習方法。關於這一點，朱子所說比較以前各家更爲詳細；但其學習原則仍本於程伊川底『格物致知』四個字。『格物致知』，卽窮理以致其知，理窮了而後知至。再約起來，學習原則，其實只有『窮理』兩個字。伊川言窮理只渾說一個工夫，朱子則分析爲多方，我們給他綜合爲兩類——一只就書本以內窮理，一兼就書本內外一切事物上窮理。前者我們可以叫做『讀書法』，後者叫做『一般研究法』。朱子對他底學生或朋友講論讀書方法很多，歸納起來，不外採取中庸上的五個步驟：博學、審問、愼思、明辨及篤行。這五個讀書的步驟，他已張貼於白鹿書院，指示他底學生了。元儒程端禮彙集朱子語錄，又分着六條，卽：『居敬持志，循序漸進，熟讀深思，虛心涵咏，切己體察，着緊用力』二十四個字。（見程氏讀書分年）第一條謂讀書時心要純一，不可雜亂，卽主敬之意。第二條要按照能力，逐步漸進，不宜躐等。第三條要多遍熟讀，精密思索，不可以一知半解而遂自止。第四條要憑着客觀的頭腦，揣摩古人的眞意所在，不可先立一個意見，牽強古人的言語入做自家的意思。第五條要將書中的道理拿來與己身四週的人生日用的事情對照，庶不致落於玄想與空疏。第六條更要振起精神，奮發前進，不可有一刻的懈怠。

關於一般研究法，我們也可以收集他的語錄，總爲五條：第一、要收拾放心，把心放在腔子裏面，則頭腦清明，注意集中，然後可以着手窮理。第二、要廣集材料，使天下事物無一不在我所窮究的範圍之中，卽研究時要作一遠大的計劃，兼收並蓄，不可囿於一方，所謂『萃百工然後觀化工之神，聚衆材然後知作室之用』。第三、要腳踏實地，從一件一件逐漸理會，今日格一物，明日格一物，日久自然融會貫通。第四、還要放開眼界，從大處用力，卽須找得一類事物的要點，用切實工夫努力一番，得着一個規模了，再來仔細修改。第五、更要多方證驗，看能否通達可靠。所謂多方證驗，卽是：把自己所已見到的一個道理，拿事實來證明，看合不合；如果合了，再設身體貼一番，看合不合；如果合了，再與其他道理來參證，看合不合；如果完全合了，則此時所見到的這個道理，纔算確切可靠。最要緊的還有三點：（1）爲學須要放開胸次，從大處着力。『譬如煉丹，須是將百十斤炭火煅一餉，方好用微微火養教成就』（2）讀書須如酷吏用法，要深刻，要縝密，不留絲毫人情，銖較寸度，千盤百詰，攻得牠體無完膚了，方罷休（3）每學一件事情，須用一番苦工，下全幅精神，拚命作去，要使『羣疑並與，寢饋俱廢』。越是遇到困難，越要努力，越是感覺無味，越要前進。這一番苦工用過了，以後自然迎刃而解。總結一句：『小立課程，大做工夫』，纔是求學之道。換一句話說，吾人爲學，要從高處落脈，低處下手，卽是應當立定遠大的計畫，從近處腳踏實地做起。計畫不遠大，無以成偉器；做事不踏地，無以成實學。所以他說：『愈細密，愈廣大，愈謹確，愈高明』。這種求學法，卽『下學而上達』的工夫。他把格物看做夢覺關頭，格得來是覺，格不來只是夢。物格而後知至，物格知至而後方能意誠心正、身修，又是蘇格拉底的有了知識才能道德的主張了。

八　敬的修養主義　朱子修養的工夫，同伊川一樣，也是以『敬』爲主。我們先敍述他對於敬字意義的解釋了，再研究他在敬字上所做的工夫。他說：

『敬不是萬慮休置之謂，只是隨事專一，謹畏，不放逸爾。非專是閉目靜坐，耳無聞，目無見，不接事物，然後爲敬。整齊收斂這身心，不敢放縱，便是敬』。語錄

『惺惺，乃心不昏昧之謂，只此便是敬』。同

『敬非別是一事，常喚醒此心便是』。同

由此，我們可以得到這樣的解釋：敬不是靜止的意思，牠是心地純一而不雜，精神凝聚而不散，神氣清明而不昧的一種狀態。能夠保持此種狀態便是主敬的工夫了。能夠如此主敬，便能收回已放的心，使此心常存在腔子裏面；故主敬的功用就是『收放心』，而修養的目的也不外這三個字。但如何能夠做到這步工夫？我們查他的前後語錄，可找出兩個要點：一是『當下認取』，二是『隨時喚醒』——前者是持養的工夫，後者是體察的工夫。朱子以爲天理在人，亙古今而不泯滅，吾人無論如何蔽錮，而天理依然自若，不過因錮蔽在下意識裏面，人不自覺罷了。雖錮蔽在下意識裏面，但未嘗不常自表現於外，且往往從私意中不知不覺地表現出來，此卽謂之良心。一遇到良心發現時，卽善端萌芽時，吾人須於此時當下認取，緊緊握住。如此涵養下去，到得自家好的意思日長月益，則天理自然純固；天地純固了，從前所有私欲，自然消磨退散，久之不復萌動了。他又以爲本心之所以放，並非眞實走到外面去了，只因平日逐物循欲，弄得精神昏昧，不知有心了。雖然不知有心，而此心未嘗不在，只要略綽一提醒，則心便在這裏；心在這裏，馬上頭腦清楚，能辨別義利和是非。吾人日與社會接觸，常被不良的環境所習染、所蒙蔽，所以最易陷於昏昧之中，但只能時時喚醒，馬上便可以轉爲清明，所以『學者工夫只在喚醒上』。前者謂之持養，後者謂

之體察，二者並進，纔是修養的全功。這種工夫，有事時如此，無事時也當如此，凡行時、坐時、讀書時、應事接物時無不如此。小大不懈，動靜咸養，良心未有不發現，天理未有不純固的。所以朱子底修養的工夫——求放心底工夫；不是消極的防欲，而是積極的長善；不是從寂寞空虛處用功，是要從人生日用上着手。（註一）這種工夫，纔是脚踏實地，纔是社會性的，與禪家之明心見性者迥然不同。朱子主敬的工夫雖本於程伊川的，而所言求放心之道則較程子詳密許多；至於修學與爲人全體一貫，則兩人是相同的。

（註一）（晦翁學案語錄）今人非無惻隱羞惡辭讓是非發現處，只是不省察。若於日用間誠省察此四端者，分明逆攢出來，就此便操存涵養將去，便是下手處。

（又）孔子卻都就用處教人做工夫。今雖說主靜，然亦非棄物事以求靜。既爲人，自然事君親、交朋友、撫妻子、御童僕。不成捐棄了，只閉門靜坐，事物之來，且日候我存養，又不可只茫茫隨他事物中走。

第五節　張南軒（1132——1180）

一　生活小史

張栻字敬之，號南軒，世稱南軒先生。他底父親張浚是南宋有數的名臣，出將入相，謀國盡忠，差不多與北宋的韓、范諸人並列。先生生來聰明，極受父親的鍾愛，而父親又日以忠臣孝子的模範行爲來感召，故先生自兒童時所受家庭教育莫非仁義忠孝之實。年齡稍長，即拜五峯的胡宏爲老師。胡氏初一見面便認識他是一個大器，即告孔門論仁親切的要旨。先生受了這一番指示，退而思索，好像有所得了，這是他的特別顯悟處，所以胡氏極口稱贊：『聖門有人，吾道幸矣』！先生得着這樣的良師教誨以後，更其奮志自勵，想模倣古人，做一個聖賢，曾作了一篇表見志願的希顏錄，可惜此書早已失傳了！

先生以父親勳舊的資格，補授承務郎。當孝宗新卽位時，他年將三十，在父親幕府參贊戎機，很得孝宗的賞識，但不久因父逝世而去職。服滿以後，由父執的推薦，派他出爲撫、嚴等州知事。當此之時，先生嘗以誠意、正心之說上奏章於孝宗，孝宗早已認識他，因此召他進京，委以吏部郎，兼侍講，以便長日聽他底啓導。但在宮庭教書不到一年，與宰相意見不合，乃被派出爲袁州知事。先生忠誠出於內心，勿論在內在外，總好直言極諫，而所議論的不外誠意、正心、致知、格物及親賢遠讒一套舊話，當然爲事功派所厭聽與畏忌，所以淳熙改元時，先生遂完全免職，退而居家了數年。在這個時候，正是他底專一講學時期，不爲不幸。迨後孝宗又思念他起來了，仍然召他出來，加他的官職，初知靖江府，後改江陵府。在兩府守任內，獎勵義勇，捕緝姦盜，剷除土豪劣紳，確是成績卓著。照這樣做下去，本來有公輔的希望，不幸享壽不長，遂一病而死了。

先生生於高宗紹興二年，死於孝宗淳熙七年，僅活了四十八歲。這樣不幸早死，世人莫不惋惜，尤其朱晦菴聽了這個消息，哀痛異常，曰：『吾道孤矣！』先生少年受學於胡五峯，中年又與朱晦菴、呂伯恭諸人交遊，學問之砥礪益切，所以成就較其老師更爲純粹。滂博宏大雖不及朱子，但進步極速，德業日新，其涵養有道氣象光昌之處，確蓋南宋一般儒者之上。假使得永其年，造就定不可限量。先生本是四川廣漢人，後來遷居到衡陽，遂爲湖南籍，所以他底學生以湖南人最多。湖南學風早已發達，但皆氣勢嶙莽，未到純熟，得先生與朱子講論於其間，去短集長，纔歸於平正，這也是教育的效力。（註一）

（註一）（南軒學案）宗羲案湖南一派，在當時爲最盛。然大端發露無從容不迫之氣象。自南軒出而與考亭相講究，去短集長，其言語之過者裁之歸於平正。有子考無咎，其南軒之謂與？

二　心性說　南軒以心爲人生的主宰，而性乃心之理，與朱子所說大致相同。其所不同的：朱子只就人類單獨而言，南軒則就人與萬物相提並論。性是什麼？人與物有何區別？我們先引他所說的兩段話了，再來解釋。南軒先生說：

『太極動而二氣形，二氣形而萬化生，人與物俱本乎此者也。原物之始，豈有不善者哉？其善者天地之性也，而孟子道性善獨歸之於人者何哉？蓋人稟二氣之正，而物則其繁氣也。人之性善，非被命受生之後而其性旋有是善也。性本善而人稟夫氣之正，初不隔其全然者耳。若物則爲氣既昏，而不能自通也。惟人全夫天地之性，故有所主宰而爲人之心，所以異於庶物者獨在於此也』。（存齋記）

『天命之謂性者，大哉乾元，人與物所資始也。率性之謂道者，在人爲人之性，在物爲物之性，各正性命而不失，所謂道也。蓋物之氣稟雖有偏，而性之本體則無偏也。觀天下之物，究其形氣中，其生理何嘗有一毫之不足者乎，此性之無乎不在也。惟人稟得其秀，故其心爲最靈，而能推之，此所以爲人之性而異乎庶物者也』。（答呂晦叔書）

性只有一個，卽宇宙的本體，所謂『天理』，卽易上所說的『乾元』。萬物皆由二氣化生，所以凡人與物莫不具有是性，而天地之性無往不在。性是至善的，又是同一的，何以有人物之別？蓋萬物之所以生存皆由於是性，而萬物之所以成形卻由於二氣。人與物受生之初，稟氣不同：人所稟的氣質淸而心最靈，物所稟的氣質濁而心不靈。人之心最靈，能通達於性而全之，所以爲善；物之心不靈，往往偏執而不能通達，所以爲不善。卽同一人類，而所禀的氣質也有淸濁的程度不同，所以人與人的性亦有差異。但勿論如何，性之本體只有一個，根源無有不善；而孟子言性善只就根源上說，不是指受生之後說的。我們不能因爲看見人有不善的而據謂性有不善，亦不能看見物類蠢然無知而據謂性有不全，如果這樣的看法，那是最大的錯誤。吾人本性，平時固然呈現靜止的狀態，但卻有動的可能。感物而動，則謂之情。假使此動係由性而發，發而中節，雖動亦不失爲善，此之謂『可欲之謂善』。倘或外物搖感無窮，吾人動蕩無節，此時心不能自主，失了本性，則流爲不善了。不善之動，全是人欲，倘不圖克治，則必愈演愈壞。南軒曾以水流比譬這種情形：『譬諸水，泓然而澄者其本性也。其水不能不流也，流亦其性也。至於因其流，激汨於泥沙，則其濁也豈其性哉』。（南軒答問）

心是什麼？其活動之情形怎樣？他說：

『人具天地之心，所謂元者也。由是而發見，莫非可欲之善也。其不由是而發，則爲血氣所動，而非其可矣。聖人者是心純全，渾然天理，乾知大始之體也，故曰乾聖人之分也。可欲之善屬焉。在賢者則由積習以復其初，坤作成物之用也，故曰坤學者之事也，有諸己之信屬焉』。（南軒答問）

凡人之所以與萬物不同，因人類具了天地之心，而物類沒有。人具天地之心以生，所以其氣淸明；人以此心爲主宰，所以有理性。天地原始之心，純全無二，渾然天理，沒有一點氣質之偏，沒有一毫人欲之雜。由是而發爲動作，自然中節，無有不善，——惟聖人纔有這種程度。至於一般人在先天多少有些氣質之偏，在後天多少有些人欲之雜，則心就不純了，所以需要教育。若以教育之功而存其良心，則天性昭明，依然復其本初，亦不失爲賢者。心是一身的主宰，是管攝動靜而又不可以動靜分的。不過有修養的人，操持得住，則常在腔子裏面，雖感物而動，不過物來順應，毫無損傷。若無操持之功，聽其放逸，則隨外感而奔馳，此時人欲橫行，心就不在了。但心未嘗不在，只是人欲勝而天理亡，此心全爲人欲所趨使罷了。

三　教育要旨

南宋除程、朱學說以外，還有兩派：一爲浙江的事功派，一爲江西的唯心派。前者失之於粗，後者失之於空；前者只務近功，後者專慕高遠；皆是南軒先生所反對的，因爲他平日講學是近於程、朱一方面的。「議論往往墮於一偏；孟浪者卽要功生事，委靡者一切放倒；爲害則均」，這是南軒痛心兩派之偏執，而對朱子說的話。但他以爲最足以壞天下人的莫過於後一派：「舍實學而駕虛說，忽下學而驟言上達，掃去形而下者而自以爲在形氣之表；此病不細，正所謂欲闢釋氏而不知正墮其中者也」，（與彪德美書）這該是多麼痛心的一番話。所以他平日教人，只是言「下學」，言「漸進」，言「格物致知」。至於教育的要旨，不外「致知力行」四個字，他說：

「考聖人之教人，固不越乎致知力行之大端，患在人不知所用力耳。莫非致知也，日用之間，事之所遇，物之所觸，思之所起，以至於讀書考古，苟知所用力，則莫非吾格物之妙也。其爲力行也，豈但於孝弟忠信之所發形於事而後爲行乎？自息養瞬存以至於三千三百之間，皆合內外之實也」。（答陸子壽書）

以知行並進爲教育的全功，所以他論小學以灑掃應對爲始，論大學以格物致知爲要，既不空虛，又不操切，是切着人倫日用循序漸進，纔合於儒家的教範，纔是士君子的模樣。教育的要旨既是如此，而爲人着手處只從「下學」二字用力。下學是因，上達是果，能够下學了自能上達，所謂『聖人教人以下學之事，下學工夫寖密則所上達者愈深，非下學之外，又別有上達之功也。致知力行皆是下學，此其意味深遠而無窮，非驚怪恍惚者比也』。答周允升下學不僅是爲人的工夫，就是讀書做事及研究問題皆須如此用力。這種工夫的原則，我們分着數條敍述於下：第一、要從近處做起，逐步前進，自可達於遠大。所謂『學之用極天地，而其端不遠乎視聽食息之間。識其端則大體可求，明其體則妙用可充』。與劉共甫書第二、要從密處用力。凡事須以分析的頭腦下縝密的工夫，使表裏透澈，無一毫含混，方爲有得。否則只求速效或專講皮毛，無大用處。所謂『力貴乎壯，工夫貴乎密。若不密，雖勝於暫，終不能持於久』。答喬得瞻書第三、要自博而約。博與雜不同，是有計畫有系統的收集，雜則漫無條理。但只顧博取而不守之以約，終是頭緒紛繁，難得一貫之道，故趨約亦須重看。所謂『旁觀博取之時，須常存趨約之意，庶不至溺心』。答問但其全部工夫則在『循序漸進』四個字，即腳踏實地，逐步前進的工夫，若『一超徑詣』或『驚怪恍惚』之論，皆落於空虛陷於躐等了。『所謂循序者，自灑掃應對進退而往，皆序也。由近以及遠，自粗以及精，學之方也。如適千里者雖步步踏實，亦須循序而進。今欲闊步一蹴而至，有是理哉』。答胡季隨書

至於他平日教人也不外乎這原則。呂東萊評論他的教法：『張荊州教人，以聖賢語言見之行事，因行事復求之聖賢語言』。即是說他平日教人要本着知識以施於行爲，再由行爲以證實知識，是致知力行的工夫也是知行互進的工夫。朱晦菴也評論他一段：『公之教人，必使之先有以察乎義利之間，而後明理居敬，以造其極；其剖析精明，傾倒切至，必切兩端而後已』。這是說他教學生必先令他們頭腦清明，能辨別義利了，然後告以窮理居敬之功

以求深造至於循循善誘，反覆詳說，孜孜不倦的精神，尤爲可佩。

四　敬的修養主義

南軒先生雖師事胡五峯，而他的學問還是直接伊洛，所以學力之純粹，超過胡氏很多。他底修養論差不多與伊川同一口吻——以居敬爲主；不過添了『持養省察』四個字。他還是以『主一』解釋『敬』字，所謂主一就是『心在焉』的意思。作一件事情，把心力放在該事上面，不少渙散，不少間斷，一而不二，純而不雜，纔謂之敬。（註一）假若與人談話，而心想他事，或未應事時此心先在，已應事後此心尙存，這種現象，則雜而不純，二而不一了，皆由不能敬的關係。但居敬只是主一，只是心在焉，不是另有一件事情。換言之，居敬只是精神專注的一種態度，這種態度常因事而表現。所謂『事』不外視聽食息，吾人整個的生活，沒有一刻間斷了視聽食息，卽無時不有居敬的工夫。且更要在無事時涵養此種態度，到有事時心纔專一。居敬是修養的工夫，持養省察又是居敬的工夫。持養卽收拾已放之心保持而涵養之，使無散失，且得到敬之自然及理之純全。省察是時時反省體驗，看存養的工夫到了什麽程度，有何錯誤，是輔助持養的。所以他寫信朱晦菴說：『大要持養是本，省察所以成其養之功者也』。修養的目的在去人欲而復天理，卽克己復禮之意。要達到此目的，先須對於理欲二字認識淸楚，卽辨明義利之別。要認淸理欲，必使心在焉。但吾人一睜眼便與社會接觸，便有許多人事的紛擾，如何能使此心常在？則有賴於居敬的工夫。平日能够講求居敬的工夫，無事時如此涵養，有事時切切省察，使此心常在而不亡，到得天理純全，則所流露的自然順乎天理，合乎人情，不致爲私欲所蒙蔽與搖撼了。且居敬的功用猶不止此。能够居敬則心有主宰，自無思慮紛擾之患；能够居敬，則氣度適中，收斂而不失於拘迫，從容而不失於悠緩；能够居敬則窮理益精，德性日明，天理之蘊亦可得而窮，太極之妙亦可得而識。

（註一）（南軒語錄）蓋主一謂之敬，敬是敬此者也。

（南軒學案附錄）許魯齋曰：東萊嘗云，南軒嘗言心在焉則謂之敬。且如方對客談論，而有他所思，雖言之善亦不敬也，才有間斷，便是不敬。

第六節　呂東萊（1137——1181）

一　生活小史　呂氏自公著歷六世至東萊，屢代都是純儒，對於學術的發表，教育的貢獻，皆有相當成績，至東萊所得尤多。他們先世本是河東人，後來搬家到壽春，又從壽春搬到開封，最後又遷居於婺州。婺州卽今浙江金華縣，東萊遂成了浙江人。東萊名祖謙字伯恭，生於高宗紹興七年，死於孝宗淳熙八年，只活了四十五歲，較南軒壽命尤短。他死了以後，朱晦菴在他底墓碑上親題曰：『宋東萊先生呂伯恭之墓』，後世遂稱爲東萊先生。先生本以先祖餘廕補將仕郎，於二十七歲登了進士第，隨後又中了博學鴻詞科，在場屋中可說幸運極了。乾道五年得了太學博士之官，兼管嚴州教授。此時嚴州守卽張南軒，南軒長東萊五歲，學問已有成就，東萊於此時得他的指點不少。六年，孝宗復以博士召先生進京來，兼國史院編修官，實錄院檢討官。是時孝宗命臣僚對話，輪到他的名下，他卽乘間勉勵皇帝以聖學，勿論聖學是否合於孝宗的個性，不過一般宋儒個個都想以皇帝爲領袖學生，只要把這個學生教好了，全國子弟自然聞風向化，不必家諭而戶曉——總算是對於教育的一番苦心。七年改任左教郎，召試館職。八年派他充當試考官，此時應考舉子有陸象山在內，照科舉成例，象山也可以說是東萊的門生了。考試未完，以父死之故，就把職辭了，回鄉守制。在家住了三年，四方學子來從游的非常之多，正好講經說法，而張南軒反不以爲然，說他忠厚有餘，果斷不足，沒有遺散拒絕哩，——我以爲大可不必。淳熙二年特往武夷訪朱晦菴，住了數月，將要東歸，晦菴送他到信州，鬨傳一時的鵝湖閦辯會就是他在此時召集的。三年，又被召入京，除祕書郎，兼史職如前。五年被派充殿試考官，仍兼史職。到淳熙八年就死於家中了。東萊爲人忠厚，與晦菴感情極好，朱、陸文字之戰，得他從旁調解，作和事老，功頗不少；自他一死，交戰之緩衝無人，所以差不多把晦菴的眼睛都哭瞎了。

南渡諸儒，雖各有師承，但論及家世，許多屬於崛起者。獨呂氏自仁宗朝以來，屢世純儒，代代有表現，所以中原文獻之傳獨落於東萊之家。東萊幼年既學有家風，長師林之奇、吳應辰、胡憲三人，而又與晦菴、南軒爲友，因此學業日就，講索益精。但他底學問所長在史學，不在理學，所以一生服務二十年，以充職史事較久。其他多是教育生活，對於獎掖後生之懃懃懇懇，不讓於時賢，故及門弟子遍天下，可惜與張南軒同一命運，不能竟其學而盡其能，卒以不壽而死！

二　敎厚主義的教育論　呂氏是一個態度誠懇氣象溫和的教育家，不立異同，不露鋒芒，終身以講學爲事，以昌明正學轉移風俗爲己任。所謂『正學』卽儒家的學術，孔、孟的道理，可以說『昌明正學，轉移風俗』八個字就是他的教育宗旨。他嘗對朱子說：『邪說詖行，辭而闢之，誠今日任此道者之責。竊嘗謂異端之不息，由正學之不明，此盛彼衰，互相消長。莫若盡力於此，此道光明盛大，則彼之消鑠無日』。又嘗對學生說：『嘗思時事所以艱難，風俗所以磽薄，推其病源，皆由講學不明之故。若使講學者多，其達也自上而下，爲勢固易；雖不幸皆窮，然善類既多，氣談必大，薰蒸上騰，亦有轉移之理』。（均見東萊遺集）我們讀此兩段文字，可以想見其憂世的苦心及對於教育的抱負了。要昌明正學轉移風俗，自然在於講學，——講明聖賢的道理。講學的人多，培養的人材必多；人材多了，善人必多，再繼以講學；由是造成一種風氣，使正學隨此風氣上騰，瀰漫於全社會，則異端自然消礫，風俗自然醇厚，而時事的艱難必定可以挽救。

呂氏以為當時教育的毛病有三：一為所教不切實際，二為訓練不以惇厚，三為學者無遠大志趣。他說：『古人為學，十分之中，九分是動容周旋灑掃應對，一分在誦說。今之學者全在誦說，入耳出口，了無涵養，所謂道聽塗說，德之棄也』。（麗澤講義）教育即日常生活，唯有在日常生活中纔可以找得出學問來；倘若拋開日常生活不講，而專在故紙堆中用工夫，記誦雖多，全無用處，且誦說愈多，則與實際生活相距愈遠，結果必造就一般廢人。一般賢士大夫，學業非不正，知識非不明，何以一上臺作事就捍格不入？其原因蓋由於實地欠工夫，平日未嘗在實地上體驗，而想在書本上把道理講得透澈了就去服官作事，當然沒有用處。他又說：『教國子以三德三行，立其根本，固是綱舉目張，然又須教以國政，使之通達治體。古之公卿，皆自幼時便教之以為異日之用。今日之子弟，即他日之公卿，故國政之是者則教之以為法，或失則教之以為戒；又教之以如何整救，如何措劃，使之洞曉國家之本末源委，然後他日用之，皆良公卿也。自科舉之說興，學者之視國事如秦越人之視肥瘠，漠然不知，至有不識前輩姓名者，一旦委以天下之事，都是杜撰，豈知名人所以教國子之義』。（麗澤講義）要培養某一種人材，就應施以某一種教育，這種教育更要與當時實際情形相合，纔有用處，這是呂氏這一段講義的大意。所以他主張教育要切於實際，使學生從日常生活上做起工夫。如飲食、衣服、居處、言語四種爲日常生活所不可少的，教者以此相教，學者以此體察，再進而研究高深學理時也不離此四者，則所培養出來的人材，必是社會有用的人材。（註一）呂氏這種說法，近於陸子的踐履工夫又近於杜威教育卽生活的主張。

『嗚呼！如伯恭者，可謂有志於温柔敦厚之教』，這是朱子序呂氏讀詩記所贊歎他的一句話。『温柔敦厚』四個字可說是呂氏底訓練標準，這種訓練標準，正髣髴其爲人。他爲人忠厚，大度包容，最看不見『輕捷便利』及『孑孑小諒』之人，所以平日訓練學生亦以温柔敦厚爲標準。他說：『後世人所見不明，或反以輕捷便利爲可喜，淳厚篤實爲遲鈍，不知此是君子小人分處。一切所見所爲，淳厚者雖常居後，輕捷者雖常居先，然一乃進而爲君子之路，一乃小人之門。而淳厚之資，或反自恨不如輕捷者，而與之角，則非徒不能及之，祇自害耳』。東萊遺集論語說 教育只有兩條路：在淳厚路上可進而爲君子，在輕捷路上便是小人，主張何等顯明，立言何等痛切。惇厚篤實就是仁者，唯仁者纔是生，不仁者纔是死，所以一切人間趣味，萬物生意，宇宙流行，莫不由惇厚之人而發生、而表現、而存在。（註二）所以平日訓練學生，『要須帥之以正，開之以漸，先淳厚篤實，而後辯慧敏銳，則歲晏刈穫，必有倍收』。與陳同甫書 所以他平日與人講論，往往以反省相勉勵，麗澤堂規以稱善不稱惡教學生，莫非忠厚之道。忠厚之教於讀史頗有關係，多識前言往行，反覆涵泳，氣味自厚，所以他說『大抵忠厚醇篤之風，本於前言往行。今之學者所以磽薄，皆緣先生長者之說不開，若能以此意反覆思之，則古人之氣味庶猶可續也』。麗澤講義

呂氏又說：『今之學者，病不在弱，只是小』。麗澤講義 所以病小，由於志不立。志不立，則器量狹小，難得入道之門；一

則勇氣缺乏，總是避難而就易。今世學者，多趨於富貴利達一途，而不肯志於聖人之道者，皆是這個原因。所以教育學生，應教其以立志為先，倘能立志，『至於大道，以聖人自期』，（遺集雜說）所培養出來的自然是大器材。

（註一）（東萊遺集雜說）為學者當自四事起：飲食、衣服、居處、言語，此最是為學者要處。中庸、大學只是此道。

（又）人須當做一個人，則為學是合做底事。

（註二）（東萊遺集與陳同甫書）惟篤志忠厚者，視世間盎然無非生意，故能導迎淑氣，扶養善端。

三　學習與教授　呂氏關於學習法的論點頗多，其原則不外伊川的集義工夫與晦菴的下學工夫，我們不必多述。（註一）不過他自己也有幾點獨到的地方，我們略敘於下：（1）求學要切實際，在日用生活上用力，前面已經說過了。（2）求學貴創造，要自己獨立研究各闢門徑，如此，纔能趨出習俗的見解以外，而有新的發明。他說：『今之為學，自初至長，多隨所習熟，為之皆不出於窠臼外，惟出窠臼外，然後有功』，（麗澤講義）即是此意。（3）求學須『泛觀廣接』，即是要『虛懷接納，集思廣益』的意思。他說：『吾儕所以不進者，只緣多喜與同臭味者處，殊久泛觀廣接，故於物情事理多所未察，而根本滲漏處，往往鹵莽不見，須要力去此病乃可』。（與劉子澄書）不要有成見，不要排斥異己，須多方接納，取他人所長，補我所知，則所學纔圓通，纔有進步，這是呂氏有感於朱、陸各執己見而發的；也是他的長處。（4）讀書要有閑暇的工夫。吾人不能不作事，也不能不讀書，要使兩者不廢，須要好整以暇，纔能於百忙中可以抽出時間讀書，而心中亦有讀書的閒暇了。（註二）（5）讀史很有益處，多識前言往行，可以蓄德，可以涵養忠厚醇篤之風。關於讀史的方法，他也說得很好：『看史須看一半便掩卷，料其後成敗如何。其大要有六：擇善、警戒、閫範、治體、議論、處事』。（東萊遺集雜說）他因長於史學，所以對於讀史的方法特別詳說，所舉六條大要，有價值與否，乃是時代的關係，我們不必刻意批評。至於（6）看書不要穿鑿，須以平易觀之；（7）爲學須一鼓作氣，不可有間斷，雖屬平常，確爲切要，我們不必一一詳舉了。

關於所論教授法，更有幾點精到的地方；呂氏說：『大凡人之爲學，最當於矯揉氣質上做工夫，如懦者當强，急者當緩，視其偏而用力』。（與朱侍講書）這是以氣質爲標準，隨其强弱緩急而施教的。又說：『學者氣質各有利鈍，工夫各有淺深，要是不可限以一律。正須隨根性、識時節、箴之中其病，發之當其可，乃善。固有恐其無所向望，而先示以蹊徑者；亦有必待其憤悱而後啓之者』。（與朱侍講書）這段講得最好，既根據學生的個性，又依照他們的程度，又考查此時心理的現象，因病以施診，隨機以示教，這纔謂之活的教授法。講說固不厭詳，但有時不可過詳，講說過詳，反易養成怠惰之病，所謂『講論形容之語，欲指得分明，卻恐緣指出分明，學者便有容易領略之病，而少涵泳玩索之功，其原殆不可不謹也』。（同上）這是引起學生自動研究的一種教授法。

（註一）（東萊遺集雜說）須是下集義工夫，涵養體察，平穩妥帖，釋然心解乃起。（與陳同甫書）登高自下，發足正在下學處，往往磊落之士以爲鈍滯細碎而不精察。

（註二）（與學生書）欲求繁中不妨課程之術，古人每言整暇二字，蓋整則暇矣。

四　麗澤書院　這個書院在東萊先生底家鄉，即他講學會友的根據地。先生自登第至病終，在外服務不到廿年，而講學於麗澤書院者前後合計八九年，其中以乾道二年及八年兩次丁艱時所講時間最長。在這裏頭，關於訓練標準，講授方法我們已在前面敍述過了。此處所要另述的，一爲講義，一爲學規。在書院中所授教材，不外四書五經。每講一章，則挑選出有關於涵養及治道的數章，加以特別說明，編成短篇的文字，謂之麗澤講義。朱子當侍講時，對寧宗講書，亦編有講義，不過說明較呂氏更詳，中國學校習用講義的辦法及名目，恐怕是從此時起的。關於學規，有乾道四年、五年及六年三種；此外還有乾道五年定的關諸州在籍人的通知書及九年的直日須知兩種。乾道四年規約共計十一條，除第一條以『孝弟忠信』爲講學宗旨外，其餘全屬於行動的規律，人格的陶冶。乾道五年規約共計六條，除第五條關於士檢的注重及第六條關於遷居的報告外，其他四條都是開示的讀書方法，內中並要學生每日作日記，及塡書院學務登錄簿。乾道六年規約共計七條，完全關於退學條例。我們把牠簡單的寫在下面：

凡諸生犯下列行爲之一者，着卽開除學籍：

（1）親在別居，（2）親沒不葬，（3）因喪昏娶，（4）宗族訟財，（5）侵擾公私，（6）諠譟場屋，（7）遊蕩不檢。

以上各條，以現代思想評論，固然有許多好笑的地方。但內中各條全屬於社會的行爲，無一語限於學校以內，以社會爲學校，化學校於社會，所培養的人材皆期爲社會優秀分子，不是注入知識的書呆子；這種教育總算是有價值的。

一　充滿書聲的家庭　南宋教育家的發達較北宋更甚，而以朱子一系門徒最多，勢力最大。其中新闢門徑，獨樹一幟，與朱子儼然對敵的則有金溪陸子。陸子的主張怎樣及一生的事業怎樣，等待下面再說，此時專敍他底家庭情形。

陸子本齊宣王的後人，到六世祖始遷居於撫州金谿，此地現屬江西豫章道，距九江不過數十里。他底父親名賀，是一個有規範的家長，喜歡研究典籍，考察古人修身治家的儀節，見之於行事，後來贈授宣教郎。他底母親姓饒，爲當地縉紳之家的女兒。饒氏生了六個兒子，個個都有成就，且每下一行所成就愈大，陸子於兄弟爲最末而成就最大——這也是一種異觀。他們兄弟六人，全是以九字取名，以子字取字。長兄名九思，字子強，曾與鄉擧，後封從政郎。次兄名九敍，字子儀，爲人『公正通敏』，善能治理生產，當時人皆稱他爲處士。又次九皐，字子昭，文學品行俱稱優良。中年與過鄉擧，晚年也曾做過小官；自名所居的齋爲庸齋，所以人稱他爲庸齋先生。又次九韶，字子美，性情恬淡，愛講學，不肯從事於場屋，對於太極圖說的懷疑而首先予以否認的卽是這位先生。他與學者講學於近地，把該地取名梭山，自號梭山居士。又次九齡，字子壽，生來就特別聰明，少時卽有大志，惟不得志於鄉擧，後來以太學上舍生畢業，始登進士第。一生未做大官，僅以教授終身，可謂一個純粹的教育家。自號所居的齋曰復齋，所以學者稱他爲復齋先生。再次則爲陸子了。陸子名九淵，字子靜，爲宣教公的季子，朱晦菴的學敵，陸氏家學的大成。他們昆仲六人，除長兄稍弱外，一個爲實業家，四個爲教育家，而子靜且爲當時思想最明澈的一個哲學家。他們沒有一定師傳，伯仲之間自爲師友，兄弟怡怡濟濟一庭，眞堪健羡！他們亦屬貧寒家庭，祖上並無田產，父親也未做過大官，僅有一個藥店，自先世遺給子孫的；但兄弟數人皆從容研究學問，不感匱乏者，實得力於其次兄子儀。兄弟們出外讀書應舉，獨子儀在家總理藥店，照料家務，供給他們的讀書費用，他們在外面需要款項時，一有信件到家，子儀則馬上匯寄，不使感受絲毫困難，子儀幫助於兄弟數人學業的成就，功績可爲最大。在社會合作未發達以前，家庭合作實爲重要，若陸氏者眞可謂難兄難弟，殊有令吾人敍述的必要。

二　生活小史　陸子生於高宗紹興九年，（公元一一三九年）較朱子晚生七歲。幼小靜重已像成人一樣，但好奇心特別發達，遇事必要問一個究竟，三四歲時卽以『天地何所窮際』一問把他底父親考住了。十三歲讀古書看到宇宙二字的解釋：『四方上下曰宇，往古來今曰宙』，乃忽然大悟，發明一貫之理，遂下一斷語：『宇宙內事乃己分內事，己分內事乃宇宙內事』，這樣聰明絕頂，可稱爲天才特出。他以孝宗乾道八年登進士第，時爲三十四歲。登進士以後，卽歸家講學，到淳熙元年以後纔兩爲縣內主簿，淳熙九年一充國子正。淳熙十三年以後，年屆四十八歲，又回到家來，築精舍於家鄉附近的象山之上，一共講學五年，這是最專一而有成績的一個教授時期。光宗紹熙二年，派他知荆門軍事，自七月啓行，自次年十二月，歷時不過一年又半載，竟死於任所了。他在荆門，皆以平日所學施之於政事，爲治的時間如此短促，卒使百廢俱興，吏民感化，刑獄之事由少幾至於無，此當道所以有『荆門之政，於以驗躬行之效』的贊揚。死耗傳出以後，吏民扶柩痛哭，街道都爲充塞；及運柩歸里，弟子門生奔哭會葬的將近千人，陸子平日以人格感人，於今已有收穫了。先生一生從政機會不如朱子幸運，除兩爲主簿，一爲國子正，一爲荆門軍守數年外，皆爲私人講學時期。講學的魔力較朱子更大，弟子自四方遠近而來，環繞座次的總是二三百人。一生不肯著書，有人勸他，他說：『六經注我，我注六經』，可以想見其氣概。死之年爲光宗紹熙三年，將近五十四歲，使天假以長年，如朱子之壽，所貢獻於社會當更大，所培植的青年當更多，不幸體質太弱，因肺病而死了。

陸子晚年講學於象山，自號象山翁，學者稱他爲象山先生。象山在信州西境，與他底故宅相距不遠，上有良田清池，蟠松怪石，他寫信與朱子形容其佳景極爲可觀。他在山上築一精舍爲書堂，學生相從結廬於精舍之旁，少亦數十百人。在精舍之外，又建一方丈，爲自己住居之地。講時定於上午，精舍鳴鼓爲號，先生由方丈乘簥而來，講畢退回方丈。學生多往精舍聽講，有時亦往方丈問難。大概每年自二月登山，到九月末下山歸家，中間也因應酬事故，往來無定。在山講學五年，四方學士來山訪問者踰數千人，先生亦覺快樂無比，很想久居於此，過他的清高教育生活。不意於紹熙二年有荆門之命，雖可以驗躬行之效於政事，但壽命不長，竟年半而去世，不僅是教育界的一大損失，也是思想界的一大損失。

陸子與他最大的學敵朱子，完全同時，但他們只有主張上的差異，並沒有感情上的衝突，主張任其不同，極意攻辯，而感情依然素好，這種精神眞足令吾人佩服！他們主張衝突的起點，在有名的鵝湖之會。此會由呂伯恭發起，與會的諸人，除朱、陸、呂三人外，還有陸子壽及浙江趙守景、劉子澄諸學者。呂氏本想調和兩家的學說，卒以不能一致，掃興而散。鵝湖之會開於淳熙二年，陸子時爲三十七歲，朱子則已四十四歲了。再過六年，朱子爲南康守，陸子往訪，朱子請他往白鹿書院講演，講題爲『君子喻於義，小人喻於利』，深中當時一般學者的通病，聽講的人莫不感動，朱子且特別道謝，並將他底講義刻石於院門以警學者。到晚年，又有太極圖說的辯論，發難的爲他底四兄梭山先生，梭山當然敵不過朱子，所以由他接手對抗，最後還是各執一說無結果而罷，但這種形而上的玄妙學說，到現在已無足重輕了。

三　心卽理說

陸子與朱子底主張不同的有三點：一爲本體論，二爲心性說，三爲教學法。關於第一點不是我們研究的範圍，可存而不論，現在先討論第二點了，再說及第三點。

孟子說：『盡其心者，知其性也』。這一句話，兩家都引爲說明心性的根據，但他們的解釋各有不同。朱子看重『也』字，他以爲吾人所以能盡其心由於已知其性，是以知性爲因，盡心爲果。陸子看重『者』字，他以爲吾人倘能盡其心，必可以知其性，是以盡心爲因，知性爲果。朱子以性爲本，所以採取伊川的『性卽理』說。陸子是以心爲本，所以他自己發明『心卽理』說。陸子對於心卽理說發明得很早，在十三歲看了宇宙二字的解釋時卽曰，『宇宙內事乃己分內事，己分內事乃宇宙內事』，是卽『心卽理』說的萌芽。其後更明顯地說：『東海有聖人出焉，此心同也，此理同也；西海有聖人出焉，此心同也，此理同也；南海、北海有聖人出焉，此心同也，此理同也；千百世之上，有聖人出焉，此心同也，此理同也；千百世之下有聖人出焉，此心同也，此理同也』。（象山行狀）這一段話雖說得暢達明顯，但尚未提出心卽理的口號，正式提出三字的口號要從他給與他底學生的信件裏面找出來。他與曾宅之的信上說：『蓋心一也，理一也，至當歸一，精義無二，此心此理，實不容有二。故夫子曰「吾道一以貫之」。孟子曰「夫道，一而已矣」。又曰「道二，仁與不仁而已矣」。如是則爲仁，反是則爲不仁。仁、卽此心也，此理也』。又與李宰的信說：『大人者不失其赤子之心，四端者卽此心也，天之所以與我者卽此心也。人皆有是心，心皆具是理，心卽理也，故曰，理義之悅我心，猶芻豢之悅我口。所貴乎學者爲其欲窮此理，盡此心也』。我們綜合這幾段話：心非別物，就是理，理無二樣，故心只有一個。這一個心縮小來，緊藏在身內，放大來充塞乎天地，無空間的限制，無時間的差異，有宇宙即有此理，有人類即有此心。聖人與凡民同具此心，即同具此理，不過聖人此心常存而能盡，凡民此心不常存而不能盡，倘能如孟子之求其放心，能夠操存而盡之，則『人皆可以爲堯、舜』。

心的解釋已明，那麼性是什麼？陸子說：『在天者爲性，在人者爲心』，這是他對黃伯敏不得已的一句答覆。其實他並不主張這樣分說。伯敏問他『性、才、心、情如何分別？』他說，『如吾友此言，又是枝葉。雖然，此非吾友之過，此舉世之弊。今之學者，讀書只是解字，更不求血脈，且如心、情、性、才都只是一般物事，言偶不同耳』。（象山語錄）或就某方面說，或就某作用說，因有性、情、心、才等名詞的差異，其實只是一件東西。因爲他之爲人治學說理皆是主張一貫之道，不喜巧立名目，作枝枝節節的區分，所以對於心、性、情、才這一類的名詞不多討論。若是談到性上，他主張孟子的性善說。他說：『人性本善，其不善者遷於物也。知物之爲害，而能自反，則知善者乃吾性之固有。循吾固有而進德，則沛然無他適矣』。（象山語錄）又說：『有善必有惡，眞如反覆手。然善卻自本然，惡卻反了方有』。（象山語錄）性本來是善的，後來被物欲所遷移所蒙蔽就惡了。倘能自反，物欲離去，本性立見，依然善體，這是吾人所應做工夫的地方。

四　做人主義的教育論　教人『做個人』，是陸子的教育宗旨。他說：『人生天地間，爲人自當盡人道。學者所以爲學，學爲人而已，非有爲也』。（語錄）他又說：『須思量天地之所以與我者，是甚底，爲還是要做人否？理會得這個明白，然後方可謂之學問』。（語錄）不學做人，不得謂之學問，爲學即所以學爲人的道理，非有旁的作用，此即陸子的教育宗旨。且吾人置身於天地之間，爲萬物中的靈者，何等堂堂，若不做一個人，豈不辜負此生？所以他又說：『上是天，下是地，人居其間，須是做得人方不枉』。語錄既名爲人，生來便是，何以說學做個人？蓋一般凡民不過徒具人的形體，其實本心已失，與禽獸相去不遠，不得謂之『人』。陸子所謂人，須要本心不失。心卽理，本心不失，則天理純全，仁、義、禮、智四端莫不渾然存在，當惻隱卽惻隱，當羞惡卽羞惡，當是非卽是非，當辭讓卽辭讓。這種人，渾身是天理，一舉動，一言語莫不自然與天理相吻合，置之宇宙，就是一個小天地，此卽吾人所要做的人，教育卽在教人做到這樣一個人。何以能够做到這樣一個人呢？第一步在辨志，第二步在求本心。所謂辨志，卽辨義利之志，志不辨則義利不分；且一般人往往先趨於利，趨於利則爲小人了。能够辨得義利分明而所志在義，則基礎純潔然後可以做第二步工夫。吾人本心原是團聚而淸明的，後因爲物慾所蒙蔽，所陷溺，所引誘，由是本心昏惑而四散於外。旣已辨別義利之分，而又志乎義，此心必日見淸明，不復爲物欲所蒙蔽，所陷溺，所引誘，可以漸漸收斂於內了。旣得其本心，由此優遊涵養，使牠日充月明，由是『萬物森然於方寸之間，滿心而發，充塞宇宙，無非此理』。此卽教育的功用，做人的基礎工夫。

爲學以做人爲歸，做人以辨志爲先。辨志卽立志做個大人，此大人卽孟子所說的不失赤子之心的大人。立志做大人要自有主張，能卓然樹立，能新闢門徑。能卓然樹立，則有根基有間架，纔不爲流俗所移轉。能新闢門徑，則不爲舊說所範圍，不肯襲他人的窠臼，竟可不顧一切而自由創造，竟可打破一切以表現自我。果能如此，纔能軒昂奮發，纔能掀天揭地，而做一個獨立自在的大人，不致於陷於小蹊小徑的樣子。(註一)一切眞理皆由此種人發明，一切眞僞是非皆由此種人辨別，教育應當培植這樣的人材纔是有價值的教育，學者能夠如此自修纔是有長進的學者。『仰首攀南斗，翻身依北辰，舉頭天外望，無我這般人』，語錄 此卽陸子所謂大人的氣象。但現在一般學者所以小蹊小徑的，皆是由於志不立。志不立，遂生出兩種毛病：一是隨俗移轉，不能自爲主張；一是義利不辨，惟在聲色利達上營求。有了這兩種毛病，怎樣能夠做人——怎樣能夠做個大人？有了這種毛病的人自然陷溺於其中而不自覺，負教育責任者應當隨時考察病源所在而施以診治。陸子以爲當今病人太多了，而皆陷溺於其中而不自知，所以平日教人專在攻伐學者的隱病，使其良心發現，徐徐培養，以引入做人的地步。（註二）

當時學者還有一種毛病，只騰口說，只誦詩書，不講求踐履，不重樸實，這也是陸子所不主張的。他說：『今天下學者有二途，惟樸實與議論』。語錄 又說：『爲學有講明，有踐履』。與趙運道書 他的教育是偏重於樸實與踐履一方面的，他一生所以不肯著書，不主張騰爲口說者，卽實行他的樸實與踐履的主張，他認爲學問，只是人情物理，倘能將精神收斂在內，將這個切身體察，已是學之不盡，已經做人不了，何必奔逐於外，何必專講口說！世人見陸子批評朱子的工夫支離，以爲他的教育必落空疎，其實陸子比任何人爲實在，因爲他是提倡踐履樸實的。所以他說：『千虛不博一實，吾平生學問無他，只是一實』，『道外無事，事外無道』，『古人皆是明實理，做實事』。不從實物上考察，實事求是，涵養血脈，發揮義理而只求誦說，攻字義，這種死板的空疎的沒有生氣的教育，最是陸子所反對的。有人問他學門自何處入手？他說：『不過切己自反，改過遷善』。象山年譜 他的五兄問他今在何處做工夫？他說：『在人情事勢物理上做些工夫』。一生踐履的工夫，於此二語已足以表現無餘蘊了。

（註一）（象山全集語錄）要當軒昂奮發，莫恁地沈埋在卑陋凡下處。（又）激厲奮迅，決破羅網，焚燒荊棘，蕩夷汚澤。

（註二）（象山全集行狀）先生深知學者心術之微，言中其情，或至汗下。有懷於中而不能自曉者，爲之條析其故，悉如其心。（語錄）老夫無所能，只是識病。

五　教授法

朱、陸不同的第三點爲教授法。象山年譜上說：『鵝湖之會，論及教人；元晦之意，欲令人泛觀博覽，而後歸之約；二陸之意，欲先發明人之本心，而後使之博覽。朱以陸之教人爲太簡，陸以朱之教人爲支離；此頗不合』。朱子教人的方法，先博後約，以道問學爲主，好似歸納法；陸子是由約而博，以尊德性爲主，好似演繹法。這樣教授法，不過提供一種原則，仍是他們的教育主張，不是西洋教育家所謂五段、三段等法。陸子以『先發明本心而後博覽』爲教，即孟子底『先立乎其大者』的主張，尤爲原則的原則了。他底學生毛伯綱說：『先生之講也，先欲復本心，以爲主宰；旣得其本心，從此涵養使日充月明。讀書考古，不過欲明此理，盡此心耳。其教人爲學，端緒在此，故聞者感動』。他自己也說：『吾之與人言，多就血脈上感動他，故人聽之者易』。均見年譜陸子施教最能引起學生的興趣，而能與奮他們的，不僅教育有端緒，尤在於能够鞭劈近裏，從血脈上喚醒人。這種教法，有精神，有血氣，不是呆板形式的五段、三段可比；所以每到一處，學生歸心求教之多，如雲騰雨集。這種講說的魔力，與法國盧梭相等，但他莊重不苟的態度，又非盧氏之浪漫可比。

陸子在象山講學五年，每於講授之前，必教學生『收斂精神，涵養德性，虛心聽講』，這即是他底教授準備段。有此一段準備，把放心收回，把注意集中，聽講纔容易入骨而有效力。講說經義，必從人情物理上發揮證驗；啓發學者的本心，亦間舉經語以證實所說的原理；態度嚴肅，音吐又清響；所以聽者莫不感動與奮，中心悅而誠服。這雖爲一種講演式，但中間亦有隨問隨答，運用自如，不拘一定的格式。訓練以身作則，以誠感人，不立教規，這又是與當時一般教育家不同的地方。所有聽講人的姓名及年甲，每日登記於一小牌上，以年齡爲先後，學生卽依此入坐，秩序整整，齋肅無嘩。先生始進講堂，學生羣起相互一揖以表示敬意，再靜坐數分鐘後，於是滔滔不絕的講演之聲浪沛然而起了。

六　讀書法

陸子所講讀書法亦與朱子不同：朱子主張吃緊用力，是沈潛的，近於小程；陸子主張平易用功，是高明的，近於大程。陸子的平易包涵兩個意思：一是平淡，一是簡易。平淡是深奧的反面，聖賢千言萬語莫非日用生活的事情，卽孟子所謂『夫道若大路然』。學者能以平淡的眼光，去看古人的書，在日用生活上體察，仔細玩味，切己致思，『優而柔之，厭而沃之』，自然有心得。（註二）簡易是繁難的反面，聖人贊易卻只是簡易二字，所謂『乾以易知，坤以簡能』，推之一切經籍都是很簡易的道理。不從簡易上用功，而卻自找些繁難，那就失了古人的意思，愈求愈晦，不是讀書的善法。讀書的原則既取平易二字，而讀書的步驟則須『先易而後難』。先從容易的着手，遇到艱深難曉處，不必苦思，權且放下，再讀其他容易處；如有所得，再加一番鞭策工夫，沈涵玩索，用力既久，必有觸類旁通之效，則昔日難曉的亦曉了。『學者讀書，先於易曉處沈涵熟後，切己致思，則他難曉者渙然冰釋矣。若先看難曉處，終不能達』，語錄這是他論讀書次序的一段話，此類議論很多，所與學生劉深甫一封信上說得更透澈。總之陸子的讀書法，主張平淡簡易，優游厭飫，不要看得太難，不要拉得太遠，尤不要用心太緊，先從容易可曉處着手，用力久了，難者自然融會貫通，其他枝枝節節，非陸子所肯注意的。其所以能夠如此，還是本着他的講學原則——『先立乎其大者』，所謂『大綱提掇來，細細理會去，如魚龍游於江湖之中，沛然無礙』。語錄

(註一)〔象山全集語錄〕讀書之法，須是平平淡淡去看，子細玩味，不可草草。所謂『優而柔之，厭而飫之』，自然有渙然冰釋，怡然順理底道理。〔又與劉深甫書〕學固不可以不思。然思之爲道，貴切近而優游，切近則不失己，優游則不滯物。

第八節　朱門弟子

一　蔡西山(一一三五——一一九八)　西山在朱子門弟中，年最高，學力精深，奇出，超過朋輩，誠不愧爲領袖門生，而志氣剛強，風骨磷磷，尤足以遺型後來，作一般人的模範。

西山姓蔡，名元定，字季通，是建州建陽的人，平生嘗在西山講學，死後遺骨也葬在西山，所以門人尊稱他爲西山先生。他生於高宗紹熙五年，較朱子生時僅後五歲，初次師事朱子時，年事已長，學力已深，所以於談話之間，令朱子很驚動地說：『此吾老友也，不當在弟子之列』！他底父親蔡發，自號牧堂老人，也是一代碩學。當西山初能讀書時，即以程氏語錄、邵氏經世、張氏正蒙授給他，說『此孔子正脈也』，故西山的學業多得之於家庭。及從朱子以後，四方學子，凡來求學時，朱子必教他們先往西山處質正，得到了一個門徑，再來正式聽講；而四方之士，拜別朱子後，也必得再往西山處深究一番，然後散歸。

當時政府以韓侂胄專權，國事愈弄愈糟。西山雖屢受推薦，不願作官，在西山築一別墅，預備久居講學之計，那

知不久而禍事來了。一般附和韓黨者，極力攻擊朱門，說朱子是妖人，西山爲僞徒的首領，果然被充軍到道州，而朱子也在危險之中。西山臨行時，朱子邀約師門設宴餞別於蕭寺，送者且感歎泣下，而西山泰然如平時，可以知其修養與志氣了。餞別終結，西山與他底季子蔡沈杖屨步行三千里，跋艱涉險，兩腳破皮流血，志氣不少挫。到道州以後，還講學不倦，道州士子慕其學行，莫不趨席聽講。但西山卒以此行不復能返，俾朱子也哭泣爲同志之孤了。死時爲寧宗慶元四年，享年六十四歲。

西山雖爲朱門的領袖，但學業卻不是朱子的正脈，他是以律呂象數之學著名於世，凡天文、地理、樂律、歷史、兵陳等學科莫不研究。對於性理之學雖沒有什麼理論，而以象證理，則爲宋儒之特色。他的學問近於邵堯夫一派，所以極力推崇邵子，所以關於教育理論方面很少表現。

二　蔡九峯　九峯是西山的季子，名沈，字仲默，嘗隱居九峯，不肯出來問世，故學者稱爲九峯先生。在家庭，他收了蔡學之大成，在師門，他又爲朱學之別支。他與西山不同的：西山所研究的是『象』，他所研究的是『數』，他以範數說明天地之大原，人生之究極，自成其爲數理哲學，不但遠駕他底父親，在兩宋學者中恐怕要數第一人。九峯有名的著作有兩種：一爲洪範皇極內篇五卷，二爲書集傳六卷，——前者是稟承家學而成的，後者是受諸師命而作的。洪範皇極內篇是一部純粹的數理哲學，於教育理論本沒有什麼關係，但他認宇宙的一切皆由數而生，因數可以明理，所以也常常說到與教育發生關係之處：

『數由人興，數由人成，萬物皆備於我，咸自取之也。中人以上達於數者也，中人以下囿於數者也。聖人因理以著數，天下因數以明理，然則數者聖人所以教天下後世者也。國家將興，必有禎祥，國家將亡，必有妖孽；善必先知之，不善必先知之；因天下之疑，定天下之志，去惡而就善，舍凶而趨吉；謁焉而無不告也，求焉而無不獲也；利民而不費，濟世而不窮，神化而不測，數之用其大矣哉』。洪範皇極內篇

聖人所以教天下後世，即『因理以著數』，吾人服膺聖人之教，即『因數以明理』，此九峯把數字關係到教育方面的理論。動靜由數而生，人心的動靜具有性情的作用，故性情亦可以說由數而生。心爲人生的主宰，其體爲性，其用爲情。當爲性時『渾然在中，無時偏倚』，極靜而又極幽，惟具有仁、義、禮、智等善端。及其受了外界的感動，則隨觸隨應，於是有惻隱、羞惡、辭讓、是非之情表現出來。這又是以數字說明人之性情的理論。

三　陳北溪　北溪名淳，字安卿，是漳州龍溪人。生於高宗紹興二十三年，死於寧宗嘉定十年，一一五三至一二一七年剛活了六十五歲。在少年時代，正習舉子業，被林宗臣一見警省之下，遂轉爲聖賢之業。當朱子被派爲漳州守時，陳氏執弟子禮往請受教。朱子告以『凡閱義理，必窮其源』；他得了這一點指示，由是進學益力。十年之後，再往見朱子，朱子已病了，在病中告以『下學之功』，雖晤對僅三月，而陳氏已得朱子爲學的次第了。自朱子死後，陳氏服膺先師的訓誨，更加切實研究，日積月累，貫通義理，遂成一代碩儒。平生既未應科舉，也未有從事政治生活，除應嚴陵府學一次講演外，數十年中全爲私人講學時期。

蔡氏父子，爲朱學的別支，陳氏則爲朱學的正脈。他的思想與學問完全不脫離朱子的範圍，平生雖沒有新闢的見解，但篤守師說，闡明而光大的地方，對於朱子之功力總算不小。著作中除論仁、論性、論天理人欲過於尋常外，

論爲學的功夫可很實在切要，我們不妨以簡單的方法介紹出來。陳氏的爲學工夫卽朱子的『下學之功』，內中分原則、大綱與節目三點。關於原則的：

『太極是理，理本圓，故太極之體渾淪。……聖人一心渾淪太極之全體，而酬酢萬變無非太極流行之妙用。今學問工夫須從萬事萬物中貫通湊成一渾淪大本，又於渾淪大本中散爲萬事萬物，使無稍窒礙，然得實體得渾淪至極者在我，而大用不差矣』。（北溪語錄）

此原則是歸納與演繹並用，先以歸納法作爲實地的證驗，再以演繹法獲得一貫之妙用。關於大綱的：

『道理初無玄妙，只在日用人事間，但循序用功，便自有見，所謂下學上達者，須下學工夫到，乃可從事上達，然不可以此而安於小成也。夫盈天地間，千條萬緒，是多少人事；聖人大成之地，千節萬目，是多少工夫，惟當開拓心胸，大作基址。須萬理明澈於胸中，將此心放在天地間一例看，然後可以語孔、孟之樂。須明三代法度，通之於當今而無不宜，然後爲全儒，而可以語王佐事業。須運用酬酢，如探諸囊中而不匱，然後爲資之深，取之左右逢其源，而眞爲己物矣』。（北溪語錄）

工夫雖從下學上做，可不是安於小成，是要從基礎上做起，而建築基礎還當要遠大廣博。在遠大廣博的基礎之上，須把心胸放開，窮萬理，通萬事，加以深造熟練，視萬事如己物了，纔是做到下學工夫，自然上達。他又說：

『聖人用功節目，其大要不過曰致知力行而已。致者推之而至其極之謂，致其知者所以明萬理於心而使之無所疑也。力者勉焉而不敢怠之謂，力其行者所以復萬善於己而使之無不備也。知不至則眞是眞非無以見，其將何所適從。……行不力，則雖精神入神，亦徒爲空言。……然二者亦非截然判先後爲二事也。故知之明，則行愈速，而行之力則所知又益精矣』。示學者文

以『致知力行』四字爲節目，但二者互相爲力，卻不可截判爲兩事，這些工夫既不是在呆板的書本上求，亦不能專從空虛的心境上捉摸，是要從日用人事上切實用功，纔能達到目的，——陳氏爲學工夫的大要不過如此。

四　黃勉齋

北溪雖能篤守師說，但非傳朱學的門徒，朱子平日所親信的還是勉齋。勉齋姓黃名幹字直卿，是福建閩縣人。他的父親黃瑀做過御史，以篤行直道見稱於世。自他的父親死後，勉齋以劉淸之的介紹，受業於朱子之門。朱子見他志堅思苦，可以繼承己志，遂把他自己的女兒嫁給勉齋了。勉齋生於高宗紹興二十二年，死於寧宗嘉定十四年，足活了七十歲。一一五二至一二二一年 平生在地方服官不下五六次，史言他『所至以重庠序先教養』，可知他是以教育者的態度去做官的。但黃氏非完全一位道學家，他頗有幹才，又敢於直言，所以多遭政府中人的猜忌。到了晚年，退歸故里，專門從事私人講學，弟子從四方來學的逐日加多。這個時期，黃氏工作很忙，一方要講學，一方還要編書，——大概編禮著書在白晝，講論經理在夜晚。

黃氏在地方儒學所講，有臨川府、隆興府、新淦縣、安慶府、漢陽軍及白鹿洞書院等數處，每講一次均編有講義，大概不外四書中的性命之學。黃氏既爲朱子的承繼者，平日講學自不能出過朱子的範圍，所以沒有什麼特色。我們只好摘其論性論學的兩點，以備一例罷了。關於論性的：

『人稟陰陽五行之氣以生乎天地之間，則亦具元亨利貞之德而爲仁義禮智之性。……人受天地之中，無

非此性，雜之以氣質，撓之以習俗，不能親師取友以致其學問之功，雖有此性亦未免於晦而不明窒而不通矣。……古之君子，博學之審問之愼思之明辨之篤行之，非誇多鬬博以爲能也，絺章繪句以爲工也，求其知吾性之至善以全其所固有也』。（臨川郡學所講）

意思是說，人皆具有仁義禮智之性，此性卽天地之性，沒有不善的。其所以有不善者，原因有二：一在受生之初，爲氣質所雜；一在成形之後，爲習俗所撓。教育在求知其本來的善性以回復其初的，所以吾人須要親師取友致其學問之功。關於論學的：

『學之爲義大矣，人心之所以正，人倫之所以明，家之所以齊，國之所以治，天地之所以位，萬物之所以育，未有不須學以成者。蓋嘗求其所以爲學之綱領者：曰致知，曰力行而已。……蓋始之以至知，則天下之理洞然於吾心而無所蔽；終之以力行，則天下之理渾然於吾身而無所虧。知之不至，則如擿埴索塗，而有可南可北之疑；行之不力，則如敝車羸馬，而有中道而廢之患。然則有志於聖賢之域者，致知力行之外無他道也』。（新塗縣學所講）

明理爲人，一切須由於學——教育。求學之綱領不外『致知力行』兩點；這兩點是並重的，不可偏廢的，由此功夫卽可做到聖賢的境地。黃氏其餘的議論，更覺老生常談，我們勿庸多舉了。

宋元學案引黃東發日鈔一段話：『乾淳之盛，晦菴、南軒、東萊稱三先生，獨晦菴得年最高，講學最久，尤爲集大成。晦菴旣沒，如閩中則潘謙之、楊志仁、林正卿、林子武、李守約、李公晦；江西則甘吉父、黃去私、張元德；江東則李敬子、胡伯量、蔡元思；浙中則葉味道、潘子善、黃子洪；皆號高第，獨勉齋先生強毅自立，足任負荷』。（勉齋學案附錄）勉齋學問雖沒有什麽開闢，而宋末元初，許多學者直接間接受過他的影響不小，朱門弟子中以他爲殿，表示朱學由他而傳的意思。

第九節　眞西山（1178——1235）

一　略傳

眞西山與魏鶴山爲南宋末年的兩大儒者，學力名望並稱於世，又皆程、朱一系；我們只舉一人以結束本期。西山姓眞氏，名德秀，字景元，福建蒲城人。他是詹體仁的門人，爲朱子的再傳弟子。十二歲入黨庠，十四歲通六經子史，二十二歲登進士，二十八歲中博學鴻詞科。以詞林起家，在外累任知州，在內累官舍人侍郎，以至翰林學士。在三十九歲時，曾充沂王府教授，至四十歲以後纔專一講學。這時，他在家鄉築西山精舍，與師友輩講習討論的有詹體仁、黃叔通等人，然講學不久又被派爲官吏了。自生於孝宗淳熙五年至理宗端平二年死時，享年只五十八歲。一生專門講學時期不長，而功業亦沒有可紀述的，但聲名洋溢於中外，當時幾與朱子相等。平生著作頗多，以大學衍義四十三卷爲精粹，次之爲讀書記四十卷，全收在眞西山全集裏面。

二　心性說

眞氏著作雖博，但無一點特色，只是敷衍程、朱一派的舊說，勿論直講或與學者問答。他以心爲神明之舍，爲吾人一生之主宰，是統御性情的。性具於心，爲心之理，發而爲知識思慮則爲情，故性爲體，情爲用。性有天地之性與氣質之性兩種：前者爲天所賦與，純粹至善，人人所同的；後者爲人所感受，有善有惡，品類至不齊一。因此，心亦有兩種：心具了仁義禮智之理，卽由天地之性而發，謂之道心；循聲色臭味之欲，卽由氣質之性而發，謂之人心。出於道心，則爲善，可以至於聖賢；出於人心，則爲惡，卽進於小人之域了。天雖予人以至善之性，但不能使人必全其性，所以需要教育。教育的意義卽在變化氣質不善之性以歸於天地至善之性。所以他說：

『天地之性則無不善，氣質之性則有善有不善焉。然苟有以反之，則雖不善者可復而善。然則反之之道奈何？曰，由治己而言，則有學，由治人而言則有教。閑邪存誠，克己復禮，此治己之學也；學之功至則己之善可復矣。道德齊禮，明倫正俗，此治人之教也；教之功至，則人之善復矣』。大學衍義卷五

『大凡爲學，只要變氣質正心術而已。蓋人之氣質，苟非聖賢，不能全善，必有所偏，故聖賢立下許多言語，欲人因其言以省察己之偏處。如醫經然，某病則有某方，某病則爲某藥，學者味聖賢之言，以察己之偏，正如看醫經以察己之病』。西山文集卷三十

像以上一類的話很多，無非如張橫渠所謂『學以變化氣質』——變化氣質之性以反於天地之性，且教育多在消極方面用工夫，較程、朱所論更其薄弱。

本章參考書擧要

（1）羅豫章先生集

（2）延平問答

（3）胡子知言

（4）朱子全書

(5)朱子語類

(6)朱子年譜

(7)晦菴文集

(8)朱子訓學齋規(青照堂叢書)

(9)白鹿書院教規(學海類編)

(10)南軒全集

(11)東萊遺書

(12)象山全集

(13)黃文肅公全集

(14)眞西山全集

(15)西山文集

第二期　元(1277——1367)

第二十六章　蒙古帝國之政治經濟與教育

一　帝國之政治組織與經濟情形

漢族自十世紀以來，在政治上久已失了東亞的領袖地位，替代而起的莫非北方民族，而以通古斯族最強。到十三世紀的後半期，通古斯族衰了，蒙古族又乘時起來。蒙古民族興起於黑龍江上游額爾古納河流域，在北緯五十度上下，天與以豐富的牧草及嚴寒的氣候，所以他們的體質非常強勇，習俗格外善戰。他們又得着蓋世英雄帖木眞爲其領袖，率其長勝的武力，東西征討，不及八十年，至世祖忽必烈遂殄滅了漢族的趙宋政府，自己建設一大帝國。此一大帝國，在政治方面不僅爲東亞惟一領袖，他們的勢力且遠及歐洲。我們算計他們的領域：北方越過漠北，西方深入歐洲，南方直抵海表，東方擴充到朝鮮半島。東南兩方不下漢、唐，西北兩方則超過漢、唐多了，跨歐、亞兩洲，統各色人種而組成蒙古大帝國，在東西歷史上總算曠代之一奇蹟。

蒙古本爲游牧民族，經八十年的發展，遂以統一亞洲，征服東歐，在此龐大帝國之下，所有種族、宗教、風俗、習慣、語言、文字，各各不同，故其政治組織及經濟情形也各隨舊慣不能一致。以經濟說，中國內地仍爲農村社會，與宋代比較沒有進步，惟沿海各要港及北平大同一帶，因與國外交通，商業經濟較前發達。朝鮮半島及交趾支那半島亦爲農業社會，而後者商業逐漸發展。長城及柳條以北均屬游牧民族，其經濟程度，較內地更後一階級。中亞及西亞各地，農村與游牧兩相錯處，且因與歐洲交通往來之故，沿塔里木河一帶商業稍形發達。所以帝國統治之下的社會經濟形態是多形的，非一般的。以政治說，中國內地在帝國政府絕對專制之下，繼續以前的官僚政治，而人民壓迫過甚，依然是半封建形態。西北兩方分封爲四大汗國，一切內政直接由汗王處理，又似一種典型的封建社會了。自種族、言語、宗教以及政治、經濟等等，各地方極不一致，所有各地的教育情形也當然不能一致，而舊史所載，多詳於中國內地而忽於四境，所以我們編元代教育史，此時難免偏枯之恨，所謂因襲宋代之舊而已。

二　帝國複雜情形下之教育政策　此處所敍蒙古帝國的教育，是就帝國直轄區域而言，其分封諸汗國，因社會情形極其複雜，教育情形很難考見，我們只有暫時從略。帝國直轄區域之教育也很複雜，且手段亦不平等，但他們政府卻有一個統一教育宗旨，曰『柔化教育』，——這種教育是根據帝國政府對於其支配區域所施行的『柔化政策』而來的。柔化政策有二：一則對於中國內地的漢民族，一則對於西部的西域民族。蒙古以游牧民族，慓悍善戰，雖以武力征服了柔弱的農業民族——漢族，但草昧初闢，幾無文化可言，當然爲漢族所不服，所以他們對於漢族，一方面以武力壓迫，一方面利用中國固有柔性文化——宋儒學說，爲教育的種種設施。蒙古原無文字，亦無宗教，自建設帝國以後崇奉喇嘛，一方命帝師八思巴創造蒙古文字，通令全國施行；一方以佛教化導自己的民族。那知其後夙具強勇善戰的蒙古民族反因佛化而柔靡了，想亦開國諸領袖所不及料的。

元朝對於中國民族，施行柔性教育情形，是在社會方面，極力提倡程、朱學說，程、朱學說到元代益加昌明；(註一)

在政府方面，一方提倡程、朱學說，一方通行蒙古文字，又一方播傳佛教，總之所施行的全是柔化政策。

（註一）（五禮通攷秦氏案）自河南二程子出，表章學庸；朱子爲大學、中庸章句，論語、孟子集註，由是有四書之名。嗣後理學日明，學者始知其爲治人修己之切要，共尊信之。而皇慶開科，遂以朱子四書之學首立於學官。自元、明以來，五百年間，相承無廢。此固儒術之效，而許、晉諸人亦可謂能尊其所聞者矣。

（晦翁學案附錄熊勿軒考亭書院記）當今治宇一統，京師首善之地，立胄學，興文教，文公四書方爲世大用，此又非世運方升之一幾乎。

第二十七章　元代教育制度及其實況

第一節　概論

元代教育形式，分着三項，與宋代大致相同。那三項？一爲學校，二爲書院，三爲科舉。學校在中央有三所：一爲蒙古國子學，二爲回回國子學，三爲國子學——漢學國子學。在地方有四類：一爲郡縣學，二爲蒙古字學，三爲醫學，四爲陰陽學。以系統說，則中央的國子學及地方的郡縣學，統稱直系；其餘的各種學校，應稱旁系。但勿論直系或旁系，全屬於大學或專門學校的性質；卽郡縣各校也只有設立的區別，沒有等級的區別。不過在世祖時，曾命江南諸路學及各縣學內各附設小學一所，選老成之士爲教師，似乎元代已注意小學了，其實徒屬具文而已。再者直系各校，如國子學與郡縣學並無隸屬的關係。科舉完全採取宋制，略爲變通，變通的地方較宋朝爲良，所以多爲明、淸兩代所取法。科舉與學校仍無多大的關係：應鄉試者絕不限定郡縣學生；國子學生可以應會試，亦可以直接受賜出身。元代書院較宋代尤爲發達，差不多成了一種官立書院，有路立的，有府立的，有州立的，其待遇與郡縣普通學校完全相同。

教育行政機關更不統一。科舉方面會試屬於禮部，鄉省則由天子另派大員主考。學校方面，中央的國子學三所，各有所轄的國子監；地方郡縣學校，每省設正副提舉二人掌管一切，上隸於漢學的國子監；諸路醫學另有提舉節制，上隸於太醫院；諸路陰陽學的管轄機關不詳，但上隸於蒙古國子監。書院的院長稱山長，其地位與諸路府州各學的教授相等，也歸各路提舉節制。元代所有教育制度及規程，到仁宗延祐以後纔有詳細的規定；從仁宗延祐元年到順帝北遁，不過五十多年，所以本期的教育實際上只有五十多年的歷史。

第二節　中央學校

一　蒙古國子學　立於世祖至元八年，至仁宗延祐二年始規定生徒名額爲一百五十八——蒙古學生七十名，色目學生二十名，漢學生六十名。入學資格只限於隨朝蒙古漢人百官及集賽臺官員的子弟，及庶民子弟之俊秀者。生徒分正額及陪堂二種；前者多屬於貴族子弟，每月有廩膳；後者多屬於庶人子弟，略給紙筆。以通鑑節要譯成蒙古語爲教材，並令好學者兼習算學。學成試驗，以所對精通者量授官職。教師有博士、助教、教授、學正等類，名額不詳。

二　回回國子學　設蒙古國子學所以提倡國學，設回回國子學以其文字便於關防。生徒名額定爲五十人，資格以公卿大夫及富民之子爲限。內中辦法與漢人入學之制相同。

三　國子學　國子學不加以冠詞者，即指漢學而言。此學創始於太宗二十四年，世祖至元六年又設立於北平，到仁宗延祐二年纔有詳細章程。

（1）生徒名額及資格　初時生員八十名，後來增到二百名。學生不分種別，凡蒙古、色目及漢人皆可入學，其入學資格有四：（一）隨朝百官近侍蒙古人子孫及俊秀者，（二）宿衞大臣子孫，（三）衞士子弟，（四）世家子弟。

（2）教材及教法　先授孝經、小學、論語、孟子、大學、中庸；次及詩、書、禮記、周禮、春秋、易。由博士助教親授句讀音訓，正錄伴讀以次傳習；次日回講用抽籤法，并記所講優劣於簿以憑考核。此係太宗時所定章程，到仁宗時又有變更，——以下三條全是仁宗時規定的。

（3）陞齋等第　國子學分爲六齋，東西兩兩相向。下兩齋左曰游藝，右曰依仁，凡誦書講說小學屬對等學程，屬於這兩齋。中兩齋左曰據德，右曰志道，凡講說四書，課肄詩律等學程，屬於這兩齋。上兩齋左曰時習，右曰日新，凡講說易書詩春秋科，習明經義等程文者，屬於這兩齋。每齋名額多寡不等。到一季之終，試驗他們所習經書的課業及格，及不違學規者，以次遞陞。

（4）私試規矩　凡私試每月舉行一次。學生屬於漢人，孟月試經疑一道，季月試策問表章詔誥內科一道。學生屬於蒙古或色目人，孟仲兩月各試明經一道，季月試策問一道。試卷如辭理俱優者爲上等，給予一分；理優辭平者爲中等，給予半分。到一年之終，將平日分數總計起來，如滿八分以上者，陞充高等生員，以四十名爲限，內蒙古、色目各十名，漢人二十名。凡應私試，須具備兩種條件：（一）如係漢人須有上齋生的資格，如係蒙古、色目人須有中齋生的資格；（二）在國子學內，尤須修學實際日期滿二週年以上，未嘗犯過者方許充試。試驗手續很嚴密，與科舉相同。又諸生在學滿三周歲以上者，許充貢舉應會試。

（5）黜罰科條　黜罰科條約計有四：（一）凡應私試積分生員，如有不事課業或違犯學規者，初犯罰一分，再犯罰二分，三犯開除名籍。（二）已補高等生員，如有違犯學規者，初犯停試一年，再犯開除名籍。（三）如在學生員，一年之終曠課滿二分之一以上者，卽行除名。（四）在學生員除蒙古色目別議外，其餘漢人生員三年不能通一經，或不肯勤學者，勒令退學。

第三節　地方學校

一　郡縣學　元朝地方行政分路府州縣四級，每級皆設有學校——由路立曰路學，由府立曰府學，由州立曰州學，由縣立曰縣學。各學生徒名額皆不可考。每一路學設教授學正學錄各一員，散府及上中州等學各設教授一員，下州學設學正一員，縣學設教諭一員。凡中原州縣學的學正學錄教諭，皆由禮部委任；各省所屬州縣學的學正學錄教諭由各行省或宣慰司委任。各級學校教官如服務有年及成績優良的得依次上升。在教授之上，各省設正副提舉二人，掌管一省內各級學校行政事宜。各學教材不外四書五經。各學學生名額及資格全沒有明文規定。這一班學生畢業後，或未曾畢業，可以應鄉試，可以經介紹充當教官或吏屬。

二　蒙古字學　此學與郡縣學略等，不過只有路府州三級設立，縣不設立。入學資格分二種，一爲諸路府官的子弟，一爲民間子弟。其名額，上路三十二人，下路二十七人，散府二十人，上中州十五人，下州十八。教材與蒙古國子學同。教官與郡縣學同，仍統於提舉。

三　醫學　中央無醫學，只有太醫院。地方惟諸路設立醫學，由諸路提舉節制，而隸屬於中央太醫院。生徒名額及教材不詳。內中考試分兩種，每月一私試，試以疑難，視其所對優劣，量加勸懲。每歲一公試，先期由學內教官出十三科疑難題目，具呈太醫院核奪，再發下諸路醫學令生徒依式習課醫義，到年終置簿解納送本司，以定其優劣。凡醫學生員平日得免本身檢醫差點等役；畢業後凡官廳有需用醫學人員時，得儘先補用。

四　陰陽學　中央無陰陽學，只有司天臺。地方於世祖至元二十八年，始置諸路陰陽學，至仁宗延祐初，按照儒學醫學之例於路府州均設教授員，凡陰陽人皆由管轄而上屬於中央之太史。教材不外天文術數之學，凡藝術精通者每歲備文呈送省府赴都試驗，成績相符，則於司天臺內許令近侍。

五　書院　元代書院繼承宋代之後，而數目且益加多，『凡先儒過化之地，名賢經行之所，與好事之家出錢粟贍學者，並立爲書院』。元史選舉志　其建立之始則爲燕京之太極書院，所以紀念周濂溪，即所以提倡宋學之意。其後昌平有諫議書院、河間有毛公書院、景州有董子書院，據續文獻通考所記四十院猶謂『約略舉之不能盡載』，可知當時書院之發達。

第四節　科舉

一　緒言　元朝取士之法，自太祖初得中原時，已具科舉的形式，中經太宗、世祖兩朝也曾數次舉行，但皆隨時運用，尙無一定程式。確定科舉程式，而施行較久的則始於仁宗延祐二年。自延祐二年至順帝北遁，除去五年的停罷，元代科舉正式取士法不過五十年，亦可謂各朝中之最短促的一朝。其中因襲宋代的有三點：一爲三年一開科，一分鄉試會試廷試三級（但鄉試一級宋名秋試），一爲榜第別爲三甲。其中由元朝創制得以通行於後代的有二點：一爲明定三場之制，一爲確定鄉會試的日期。至於蒙古色目人與漢人南人之分榜發表，則因民族複雜，程度難齊，是蒙古帝國之一特殊情形，不可以一概論。

二　科舉的手續　元朝取士，有由天子特科的，也有由學校充貢的，但極不常行，此處所敍還是貢舉常科。常科與宋朝中葉以後的情形相同，只有科而無目，內容是明經科，名則謂之進士科。考試分鄉試、會試及廷試三級，除廷試外皆無三場。鄉試第一場定於八月二十日，每閱三日再試一場。會試第一場定於次年二月初一日，每閱三日再試一場。赴鄉試的手續，各從本貫官司於諸色戶內推舉；推舉須年在二十五歲以上，『鄉黨稱其孝悌，朋友服其信義，經明行修之士』方有被推的資格。由本貫官司咨送府路，以後由政府另派大員考試，謂之鄉試。全國共取三百名，會試於省部，會試取中百名，再經廷試定其等第。發榜時蒙古色目人作一榜，謂之右榜；漢人南人作一榜，謂之左榜。

三　考試的內容　各級考試的內容，蒙古色目人與漢人南人均不同。（1）鄉試：如爲蒙古色目人，第一場經問五條，卽從四書內設出問題五條，所答義意以朱氏的章句集註爲標準。不限字數，只要義理精明，文辭典雅，方可中選。第二場，試策一道，以時務出題，限五百字以上。無第三場。如爲漢人南人第一場試題分二則：一則明經經疑二問，亦由四書內出題，答案以朱氏的章句集註爲標準，還可結以己意，限三百字以上。二則經義一道，以詩、書、易、禮記、春秋五經出題，任各治一經，限五百字以上。第二場，以古賦、詔誥、章表三種內任科一道。第三場試策一道，由經史時務內出題，文取直述，限一千字以上爲完成。蒙古色目人，如願意考試漢人南人科目者，中選後加一等注授。(2)會試。第一場，蒙古色目人試經問五條，漢人南人試明經經疑二問及經義一道。第二場蒙古色目人試策一道，漢人南人於古賦、詔誥、章表內任科一道。第三場，漢人南人又試策一道，蒙古色目人免試。廷試只有一場，蒙古色目人試時務策一道，限五百字以上爲完成；漢人南人試策一道，限千字以上爲完成。

四 結論 元朝以野蠻民族入主中原，始終不脫離野蠻氣味，對於儒生既然鄙視，對於教育尤不注重，故中國教育史在元朝是一個低降時期。在學校方面中央只有三所國子學，從前唐、宋所有醫、法、書、算、諸專科學校沒有了；地方學校雖然照設，據世祖至元年間的統計雖有二萬四千四百餘所，但只是『名存實亡』而已。在科舉方面，初無定制，到仁宗延祐二年，始有詳細的規定；雖有規定，其實並不常行，政府用人多由薦授，科舉不過偶一舉行罷了。不過當時研究學問的人，多投入書院，故書院之制較前發達；這也是帝國政府壓迫儒生所生的結果。

本章參考書舉要

(1)元史的選舉志
(2)續文獻通攷的學校考
(3)續通典的選舉二
(4)五禮通攷的學禮

第二十八章　元代教育家及其學說

第一節　概論

元朝以異族入主中原，對於漢族壓迫過甚，待遇極不平等，名義上雖說提倡宋學，實際不過以優俳看待，故民間有九儒十丐之謠，他們所尊崇的還是喇嘛佛教。當時中國一班學者，處在蠻橫的蒙古民族壓迫之下，日以道統中斷爲憂，故他們所以講學所以教育後進，雖對於朱、陸小有偏執，但無非以繼承宋學開示後來爲己身責任。生活旣在壓迫與侮辱之下，只求能够傳續固有的學說爲滿足，至于新的開闢及教育界的特殊貢獻，殊少概見，此元代思想界所以無大起色。他們論性，全採取張橫渠的二元論：一爲天地之性，二爲氣質之性。天地之性卽天理，又本於程伊川的『性卽理』說了。他們論教育，除了許魯齋的低能教育說，吳草廬的眞知實踐論，尤少精粹。至於修養的理論則更不多見，只有金仁山以『靜見天地之心』一點而已。不過熱心教育，善於教導，個個皆然，此元代教育家一大特色。

元朝統馭中國九十年，教育學者，有在朝活動的，有在野隱居的，不下數十輩，現在我們只取趙復、許衡、劉因、金履祥、許謙及吳澄六人爲代表。此六人中，除吳氏折衷於朱、陸之間以外，全是崇拜程、朱學說的，尤以許衡差不多爲朱子的後身。程、朱學說在元代爲最有力的學風，故這一班學者對於新的門徑雖不能有所開闢，但宋學——尤其程、朱之學——得他們的講貫而益昌明，我們卻不能一筆抹煞。又此六人中，除許衡、吳澄二人外，均含有幾分民族思想，但守志堅定不移，終身不肯臣事元朝的，只有金履祥與許謙二人，其餘概不能及了。

第二節　趙復

開元代宋學之江山的，要推趙江漢先生爲首功。先生姓趙名復，字仁甫，湖北德安人，江漢先生是學者給他的稱呼。他的生死年月，很難考見，但他被虜時在太宗滅金之後，卽宋理宗端平年間，其爲宋朝末年的人物無疑。只因他個人關係於元代的教育及學術很大，所以把他列爲本期教育家之首席。德安爲宋朝的領土，趙氏當然是純粹的宋人。當太宗遣將南下攻取宋領時，德安被害最慘，百姓數十萬或虜或殺，差不多沒有存留的。趙氏也在虜中，他的全家早被蒙古兵殺得乾淨了，他自然是憤不欲生。當時北方學者漢人姚樞在軍前，奉了元帝的使命，凡儒、道、釋、醫、卜、士只要有一藝之長的，皆令脫釋。在衆俘虜中，瞥見了趙氏人物，一談論便知道他是一個有學問有氣節的人物，極其欽佩，乃勉強勸喻他同已北上。到北平以後，姚樞與楊惟中特建太極書院及國子祠，並以二程、張、楊、游、朱六子配食，請趙氏爲講師，留此講學。燕、雲十六州，自五代割於契丹，久已淪於化外。北宋時雖有河南程氏講學於伊洛，仍與薊北不通聲氣，其學說只隨國力所至而南遷。趙氏以江漢學者，攜帶了程、朱學說，講學於燕、薊，由是北方始知程、朱之學，而宋儒的教育思想遂流被於北方了。趙氏著作有三：一爲傳道圖，一爲師友圖，一爲希賢錄，皆是纂述自堯、舜至程、朱許多聖賢的言行，以開示學者，這就是他的教育工作。後來姚樞退隱蘇門，請復傳其所學，並與許衡、郝經、竇默諸學者講學於其間，自此人材蔚出，宋學遂大顯於元代。

第三節 許魯齋（1209——1281）

一 生活小史 魯齋姓許名衡字仲平，是河內的人氏。河內即現今河南沁陽縣，此地在當時屬於金人管轄之下，許氏幼時稱爲金國之民亦無不可。許氏生於金之太和九年，即宋寧宗嘉定二年，當時正是蒙古領袖帖木眞即成吉斯汗位的第四年。其後蒙古勢力汹汹南侵，金國滅亡，許氏以姚樞的介紹，遂臣事元世祖，爲元朝立官制，定朝儀，與教育；可算元朝初年很有關係的一個人物。許氏是一個勤學的學者，幼年嗜學如飢渴，家貧無錢買書，見日者家有尙書疏義，則請寄宿，手抄以歸。迨後逃難岨崍山，始得王輔嗣易說，雖在兵亂，而晝思夜誦，孜孜不倦。此時間或教授，而學子亦稍稍來從。三年之後，世亂稍定，許氏回到故鄉。聽見姚樞講學蘇門，特往拜訪，得見程、朱遺書，知識陡然大進，始悟從前所學所講盡屬孟浪，全不可靠，而一一改從程、朱講習之法，教授門人，自此慨然以道爲己任了。許氏又是一個謹守繩墨的道學家。嘗當暑天往來洛陽，道傍有梨，衆人莫不爭先取食，他雖口渴，卻危坐樹下不動。有人問他，他說『非其有而取之，不義』。別人又說『世亂此無主』。他答道『梨無主，吾心獨無主乎？』當家貧時，即親身耕田，粟熟則吃粟，不熟則吃食菜羹與稗糠；稍有剩餘，即分給族人及貧苦學生；別人如贈送禮物，倘一毫不義，決不接收，爲人之耿介廉潔可見一班。

許氏獻身蒙古政府，始於蒙古憲宗五年，即宋理宗寶祐三年，是時他已四十六歲。從這一年起，到他死的前一年止，共計服官二十六年。此二十六年中，關於教育事業的合計四次：一爲提舉三爲祭酒。提舉所掌的是地方一路的教育行政大權，祭酒所掌的是中央的國子學教育行政大權。除服官以外，退休時也曾私設講壇，到處有成績，受學生的歡迎與愛戴。死之時爲元世祖至元十八年，享年七十有三歲。以其平日教導之殷，感人之盛，所以懷人不論貴賤少長皆哭泣於其門，四方學士聞訃聚哭，有由數千里來哭祭墓下的。教育家當年本極清苦，果能盡心職業，愛惜後進，死後不無相當之榮哀。在封建時代人間究竟尙有幾分道義與感情存在，享身後之精神的報酬，古今此例很多，不僅許氏一人。

二　品質論　許氏雖未明白如張橫渠所說天地之性與氣質之性，但觀他平日的言論確有這樣的主張。他說，『人之良心本無不善，由有生之後，氣稟所拘，物欲所蔽，而其私意妄作，始有不善』。小學大學 『良心』是天賦與人類的一種形體中間蘊藏着天地萬物之理謂之『性』亦謂之『明德』。此性，是『虛靈明覺』，神妙不測，與天地一般，此又是本着程伊川『性卽理』的說法，——就是天地之性。天地之性原來純粹至善的，只因受生之初，機會不等，而稟氣遂有差異，——有淸的有濁的，有美的有惡的。這就是氣質之性。受生之初，其氣稟得清的，則爲智；稟得濁的爲愚；稟得美的爲賢；稟得惡的爲不肖。全清全美，明德全明，謂之聖人。全濁全惡，明德全昧，謂之惡人。淸美之氣所得的分數，便是明德存得的分數；濁惡所得的分數，便是明德堵塞了的分數。淸的分數、濁的分數、美的分數、惡的分數，參差不齊，多寡不一，所以人類的品質便有千萬般的等第。但大概區分，可得三品：明德止存得二三分的，則爲下等品質；存得七八分的，則爲上等品質；存得一半，則爲中等品質。此各種品質，雖得自受生之初，並非固定了的，原可以變化的。所謂『明德在五分以下，則爲惡常順，爲善常難；在五分以上，則爲善常順，爲惡常難。明德正在五分，則爲善爲惡，交戰於胸中而未定，外有正人正言助之則明德長而爲善，外有惡人惡言助之則明德消而爲惡』。由此得一結論：人之良心本來是善的，其所以爲惡者，一因氣稟所拘，一因物欲所蔽。所以教育的功用有二：一則培養已有的善端，開發未來的善端；一則防止未來的惡端，革除已有的惡端。所謂聖人設教使養其良心之本善，去其私意之不善，其上者可以入聖，其次者可以爲賢，又其次者不失爲善人』。（均見小學大義對小大學問論大學明明德論生來所稟）

教育論及教授法　『用人當用其所長，教人當教其所短』，這是許氏對於教育主張的一句名言。所謂短者即明德不全。明德全明的人，不教而善，謂之上等品質。明德不全的人，即中等以下的品質，須有教育而後能進於善，所以教人當教其所短。教其所短，即特別注意低能兒童的教育，凡天資愚笨，性情不良，全包括在內，與提倡天才教育者適相反對。當許氏第二次掌國子祭酒時，世祖特擇蒙古子弟命他教授。他得了這個差事，非常喜悅地說：『此吾事也。國人子大樸未散，視聽專一，若置之善類中，涵養數年，將必爲國家用』，（見本傳）許氏可謂注重低能教育的教育家了。

關於教授方法，有數點可以敘述。（1）教兒童當培養他們的羞恥心，所謂『知恥近乎勇』。兒童有了羞恥心，則有所愛憎，施行獎懲，方有效力。當懲罰時施行懲罰，兒童因有所畏懼，遂不敢爲惡。當獎賞時施行獎賞，兒童因有所羨慕，遂樂於爲善。否則羞恥全亡，勿論如何施教，全不中用了。許氏嘗言爲學者以治生最爲先務，有了生理，則可以少分其向學之誠實，亦所以養其羞恥之心。（2）教兒童當因材施教。人類品質不一，有夙成的，有晚成的，有可成其大的，有可成其小的，有性情近於此科而遠於彼科的。人品千萬不一，決不可施以劃一的教法。因材施教，不僅適應其個性，還須按照其學力。不僅因其個性與學力，還須隨其動機，因勢利導，躐等固然不好，強注亦非良法。所以許氏平日教人，總以『因覺以明善，因明以開蔽，因其動息以爲張弛』。（見本傳）（3）教授要有次序。許氏把教育分爲兩個階段，一爲小學教育，一爲大學教育，先小學而後大學，乃一定的次序。小學教育以朱子的小學及四書爲教材，以灑掃、應對、進退爲實地練習；大學教育以詩、書、易、春秋爲教材，講求修己治人之道。許氏是崇拜朱子的，這一點是完全模倣朱子教人之法。

許氏亦善於教授之人，平日講學，取漸進不取急進，務了解不務貪多。以慈母的心腸對待兒童，以寬容的態度淘養諸生，以熱忱耿介的精神感化羣倫。（註一）史言『其言煦煦』，可以想見其教誨之親切。史言『懇款周折』，可以想見其誨人不倦之精神。所以先生每到一處，勿論貴賤賢不肖，莫不樂從與遊，隨材施教，皆有所得。離開之後，從遊諸子哭泣不忍舍去，服念其教如金科玉條，終身不敢忘。許氏可謂元代僅有的良善教育家了。牧菴姚氏評曰，『語述作先生固不及朱子之富，而扶植人極開世太平之功不慚德焉』，所謂扶植人極即指教育之功說，可謂定評。

（註一）（魯齋遺書古今儒先議論）牧菴姚氏曰，先生之學，一以朱子之言爲師，窮理以致其知，反躬以踐其實。……其教也，入德之門，始惟由小學而四書；講貫之精，而後進於易、詩、書、春秋。耳提面命，莫不以孝、弟、忠、信爲本，四方化之。

（歐陽元神道碑）其爲學也，以明德達用爲主，其修己也，以存心養性爲要；其事君也，以責難陳善爲務；其教人也，以灑掃應對進退爲始，精義入神爲終。雖時當枘鑿，不少變其規矩也。

第四節　劉靜修（1249——1293）

一　劉因與許衡之比較　元代學者，以魯齋、靜修及草廬三人爲著。草廬身世較晚，且爲南方學者，元朝初年所藉以立國的惟魯齋與靜修二人，此黃百家在靜修學案裏所說的幾句話。靜修卽劉因的別號，劉氏爲保定容城人，祖先屢代服官於金國，與許魯齋同爲北方學者。許氏臣事元朝，官階幾至宰相，功業炳然，而享年又永，門生故吏滿朝野，所以名位大著。劉氏家世雖然貴顯，而己身則以恬靜爲懷，終身不肯出山，享年又不永，所以影響所及比較許氏相差很大。以宋儒比較，許氏如同朱晦菴，而劉氏好似張南軒。他們同傳趙江漢之學，但許氏一生崇拜朱子，爲程、朱的正派；劉氏頗服膺周濂溪，而性行近於邵堯夫，此又一不同之點。後來的人以許氏北面臣事蒙古，頗有貶辭。其實他們祖先皆以漢族臣事金人，事元與否有何高下。且劉氏亦曾拜贊善大夫之命，再看他上宰相的書，何嘗存心於宋，與金履祥、謝翺之絕對不臣元者迥不相同，而金氏諸人纔算富有民族思想的教育家。

二　生活小史及其思想　劉因字夢吉，嘗愛諸葛孔明靜以修身之語，把他的住室表名靜修，故別人稱他爲靜修先生。靜修以宋理宗淳祐九年生於容城，死時爲元世祖至元三十年，享年只四十五歲，較宋儒張南軒還少活三歲。史稱劉氏『天資絕人，三歲識書，日記千百言，過目卽成誦，六歲能詩，七歲能屬文，落筆驚人』（見本傳）可以想見其天才了。他的希聖解作於弱冠時期，所以表示他一生的志願的。劉氏開始讀經學時，研究訓詁注釋之說，嘗不滿意。及得宋儒周、邵、張、程、朱、呂諸人的遺書，一見能發見內中的精義而極端稱許。嘗評論宋儒之所長，曰『邵至大也，周至精也，程至正也，朱子極其大盡其精而貫之以正也』，但他所服膺的還是以周子的學說爲宗。劉氏終身不願做官，至于至元十九年稍一應裕皇之請，在宮中教授近侍子弟，不到一年卽以母疾辭歸；故其二十五年之教育生活全屬私人講學——以其家庭爲學校。『師道尊嚴，弟子造其門者，隨材器教之，皆有成就』，見本傳 由此數語吾人於劉氏講學的態度與方法可見一班。

劉氏的著作有：四書精要三十卷，詩五卷，號丁亥集——是他自己撰的；又有文集十餘卷，及小學四書語錄——門生故友所錄的；易繫辭說，是他在病中時的作品。他的思想分見於希聖解、遂初亭說、宣化堂記及鼢鼠記等編，皆收在靜修文集裏面，而希聖解尤稱爲靜修思想的中心。在希聖解裏面假託夢中與三神人相問答：一爲梧溪拙翁，似指周濂溪；一爲西洛無名公，似指邵康節；一爲西土誠明子，似指張橫渠。問答結果，卒折服於拙翁『士希賢，賢希聖』之教。何以能够希聖呢？據拙翁所說，凡民與聖賢原無兩樣，同稟健順五常之性，後來所以不同的，一在有欲，一在無欲。所以我們要希求聖賢，只要做到『無欲』二字就行了，人人可以做到無欲，卽人人可以爲聖賢。希聖是劉氏爲人的標準，卽是他教人的目的，而『無欲』二字乃修養的工夫。做到無欲，自然與物無競；做到與物無競，纔能物我兩忘，而相與安然並存，最後物我一體了。此種工夫隨時隨地可以修養，修養成功而代天宣化時，亦隨時隨地可以表現，不拘物於出處，亦無分乎進退。此恬靜的思想在二十餘年的私人教授中，一定能够自由表現，劉氏的教育可謂恬靜的教育了。

第五節 金履祥（?——1303）與許謙（1270——1337）

一 金許之關係 我們所敍元代教育家六人中，眞正懷有民族思想，不肯以漢族華胄北面臣事蒙古的，只有金履祥與許謙二人，雖然他們生長在魯齋靜修諸人之後，以時代論他們自然是元代的人物；但以精神論，尙不愧爲宋朝的遺民。金氏字吉父，婺州蘭谿人，婺州卽現今浙江金華縣。許氏字益之，原籍本在京兆，五世祖南遷金華，遂與金氏爲同鄉。金氏生於何年，史書未載，但以他的成就及器量推測，決非短壽人，至少年在六十歲以上。他去世時爲元成宗大德七年，以六十五歲計算，其生年當在宋理宗淳祐初年。許氏卽金氏的高第弟子，生於元世祖至元七年，卒於順帝至元三年，享年六十八歲。

金氏幼年得力於家庭教育，天資敏睿而肯於勤學，凡天文地形禮樂田乘兵謀陰陽律曆等書，莫不研究，少年爲一才氣縱橫之志士。在年近三十時興趣一變，始傾向性理之學。當初師事同郡王柏，後來又從王氏直登何基之門，王氏爲金氏的老師，而何基等於太老師。講論數年，學問所造益深。當時尙有志匡復宋室，屢進奇策，卒不能用，其後遂屏居山中，不復與問世事。在仁山之下，一面著書，一面講學，以傳斯道於將來。三十年的隱居生活，卽其私人教授生活。門下士很多，而以許氏爲高第。學者以他嘗隱居仁山之下，故稱曰仁山先生。平生著作很多，而以通鑑前編及論孟考證二書爲最

元成德七年上距蒙古圍襄陽三十五年，是時金氏曾進擣虛牽制之策。此時以前彼已師事王柏、何基，學業早有成就，想必年已三十矣。以此推之，金氏享年至少在六十歲以上。

有關係的作品。

許氏幼年境遇很苦，生數年死了父親，不到十歲，宋室滅亡，家庭亦遭兵亂，隨着破毁了。僑寓他鄉，無力買書，乃借別人的書，分部晝夜勤讀，雖病也不廢。但初無師傳，有疑無從就正。後來知道鄉先生金仁山深明道學之要，遂拜金氏爲老師，委身而學。後來所學益博，品節之高與老師相等，而收穫更大。三十歲以後，卽開門授徒，設講壇於八華山中，四方學子，聞風接踵而來，遠自幽、冀、齊、魯，近則荆、揚、吳、越，前後著錄不下千餘人。綜計講學時期三十餘年，而以一身繫社會的重望者垂四十年，史稱『其晚節獨以身任正學之重，遠近學者以其身之安否爲斯道之隆替』。本見傳

由此看來，許氏的思想與人格可以爲當時民間的重心，——其講學方面，亦可謂元代有數的教育大家。

黃氏編宋元學案，將北山四先生並爲一案。北山四先生卽是以師弟相傳的金華四先生。——由何基傳授於王柏，再傳於金履祥，三傳於許謙，每傳一代而學術更昌明一代。何基爲黃勉齋的弟子，黃氏又親受業於朱子，金氏可謂朱子的四傳弟子，許氏可謂五傳弟子了。元代教育諸家雖多宗程、朱，若論其嫡派，須推仁山與白雲二先生，白雲先生卽許氏的別號。

二　金氏的修養論　金氏私人講學近三十年，平日所講貫的多關於哲學思想，尤重『理一分殊』之說。關於教育學理的發表只有性論及修養論兩點。性論見於所編孟子性命章講義，分天地之性與氣質之性爲二，與許魯齋主張略同，但說理精深過於魯齋。修養論見於所編復其見天地之心講義，立言較性論更爲透闢詳明。金氏說『天地之心者何也？仁也，生生之道也』。宇宙萬物，生生不已，循環無窮，乃是天地之心。此心卽是仁心，卽是天理；有

此仁心纔可以見人性，推此心而擴充起來，謂之完人，謂之聖人。教育的工用，一面教者的責任，在說明此心，啓發此心，一面學者的工夫在培養此心，擴充此心。但此心如同浩氣一樣，與天地終古，與宇宙並存，只因吾人被物欲所惑，視聽所蔽，所以不常看見。如要復見此心之明，莫如修養。如何修養，莫如以『靜』，故『靜』之一字即是金氏修養方法。靜的工夫，要『收視反聽，澄心定慮』。在此種情形之下，『玩索天理，省察初心』，必有柳暗花明之景象起來。天理復現了，即是仁心——天地之心，由此謹持不失，再加以擴充，於是天理彰而人欲泯，斯謂之完人，而教育纔算成功了。所以他說『學者須是於此下耐靜工夫，察此一念天理之復，充此所復天理之正，而敬以持之，學以廣之，力行以踐之，古人求仁之功蓋得諸此』。

三　許氏的講學要旨　仁山先生嘗告許氏說：『吾儒之學理一而分殊，理不患其不一，所難者分殊耳』。又說：『聖人之道中而已矣』。許氏一生學問完全遵守這兩句話，身體而力行。『理一』是學問的大綱，『分殊』是學問的細目，舍棄細目而高談大綱，此象山以來許多學者所患儱侗的通病，結果必落於釋氏之空談。許氏是朱學的嫡傳，所以特別致力於分殊之辨，無論巨細精粗，靡不研究；不務新奇，不尙異同，每事每物，只求合於中道，即爲可行。所以他送胡古愚序上說：『夫聖人之道，常道也，不出於君臣、父子、夫婦、昆弟、朋友應事接物之間，致其極則中庸而已耳；非有絕世離倫，幻視天地，埃等世故，如老佛之所云者』。許氏一生自修是如此，一生教人也是如此。學者求學當以聖人爲準的；要學聖人，必先得聖人之心，聖人之心全在四書，四書之義莫備於朱子，所以吾人讀書必以四書——朱子集註的四書——爲基本科目。概括起來，許氏講學的大要，不外四點：一以五性人倫爲本，二以開明心術變化氣質爲先，三以爲己爲立心之要，四以分別義利爲處事之制。第一點是教育宗旨，卽所以求聖人之心；第二點是訓練的工夫，印爲善去惡之意；第三點是教人力求實際學問不務虛名；第四點分別義利卽分殊之辨，爲君子爲小人皆從此分，屬於人格的陶冶，尤爲許氏所斤斤致意的。

第六節　吳草廬(1249——1333)

一　生活小史

吳澄字幼淸，撫州崇仁人，崇仁與金溪同屬於現今江西豫章道，則吳氏與南宋陸象山可謂同鄉人了。吳氏生於宋理宗淳祐九年，卽元朝統一中國前二十七年，死於元順帝元統元年。卽元朝滅亡前三十六年，享年八十五歲。說他是元朝初年的人物也可，說他是元朝後期的人物也可，其實在他三十歲以前還是一個宋朝人。他幼年時代穎悟而又勤學，當三歲時他的祖父卽授以古詩能誦數百篇。年甫五歲，出就外傅，每日讀書數十餘言，一閱過卽能成誦。到十五歲時，遂有志聖賢之學，不愛科舉業，吳氏受教育較早，其省悟處也較一般人爲早。二十二歲，中了鄉試的選。二十四歲，開始在山中設帳，從事於教授生活，其後時局大亂，乃隱居於布水谷數年。自此以前，吳氏尙純粹爲宋朝的一個靑年學者。元朝統一中原十年以後，訪求江南人材，始由程文海把他薦送到燕京，而吳氏時已四十歲了。但吳氏冷於宦途，雖經元廷諸臣屢次勸駕，而終以他故辭去，綜計在元只作官兩次：一在江西當儒學副提舉三個月，一在京師當國子監丞及司業約三年，而行年已爲六十多歲的老人。吳氏自二十五歲起到老死爲止，六十年間，除兩次三年多的宦業外，全爲私人講學時期，而兩次宦業亦不外教育，終身以教育爲生活者，吳氏可謂當之而無愧。元朝名儒，前有許魯齋，後有吳草廬，可謂兩個頂柱，但論功業之大，吳不如許，論教授之專，則許卻不如吳。草廬卽吳氏的別號。

總計吳氏講學的地方有樂安、宜黃、福州、龍興、揚州、袁州、眞州、永豐、建康及燕京，約十處。或以特被延聘，或以過從所及，或臨時演講，或居住講學，每到一處，四方學子莫不聞風遠赴，如蟻聚雨集，此史書所謂『出登朝著，退歸於家，與郡邑之所經由，士大夫皆迎請執業，而四方之士不憚數千里躡屩負笈來學山中者，常不下千數百人』。見元史本傳講學之餘，卽執筆著書，到老不倦，所以他一生的著作也很豐富，此一點恐要算元代學者之最了。在國子司業職任內，吳氏曾參酌宋儒胡、程、朱三家的成法，定爲教法四條，卽將國學課程分爲四系，令學生自由選入。一爲經學系，包含易、書、詩、儀禮、周禮、禮記、春秋二傳等科目。二爲行實系，包含孝、弟、睦、姻、任、恤六目。三爲文藝系，包含古文及詩等科目。四爲治事系，包含選舉、食貨、水利、數學、禮儀、樂律、通典、刑統等科目。但法制業已草定，因事辭歸，卒未施行。

元代朱學風氣極盛，我們以上所舉各家，皆是崇拜朱子的，而吳氏則是會合朱、陸兩家學說爲一的一個學者。他在送陳洪範序上有一段話：『朱子之教人也，必先之讀書講學，陸子之教人也，必使之眞知實踐。讀書講學者，固以爲眞知實踐之地，眞知實踐者亦必自讀書講學而入。二師之爲教一也，而二家庸劣之門人各立標榜，互相詆訾，至於今學者猶惑。嗚呼甚矣！道之無傳，而人之易惑難曉也！』草廬文集由此一段話，可以證明他是朱、陸二家的調和派。所以他論爲學的基礎，絕對主張陸子『尊德性，明本心』之說；論研究的工夫，卽主張朱子『格物誠意』之說，至於論性，則又主張程子『性卽理』之說。

二　性論　吳氏論性並無創見，不過一則主張程子的『性卽理』之說，一則解釋張子的『天地之性與氣質之性』二句的意義。他說天地之大，不外陰陽二氣。二氣流行，變化無窮，於是有形。而二氣之所以變化不亂的則有理爲之秩序，而秩序卽是理。故氣外無理，理外亦無氣。理在天地曰元、亨、利、貞，賦於人曰仁、義、禮、智，謂之性。形聚而後有人的身體。性寓於人的體中，如同理寓於天地的氣中，所以說性卽天理。天理沒有不善，故人性亦沒有不善；天理只有一個，故人性沒有不同的。但吾人受氣之初有淸有濁，成質之後有美有惡，此等淸濁美惡的程度萬有不齊，所以人的氣質亦萬有不齊。氣質至淸至美的人，本性之眞無所汚壞，謂之上聖。氣質至濁至惡的人，本性之眞完全汚壞，謂之下愚。除此二等以外，中間或淸或濁，或美或惡，分數多少萬有不齊，本性之受汚壞亦參差不一，此世間人類的個性所以有千差萬別。以張子的解釋，前者所云性卽理，乃天地之性，孟子常言性善，卽指這個性說的。後者所云氣質萬有不齊，乃氣質之性，告子所謂生之謂性，荀子所謂性惡，揚子所謂善惡混，及一般人所謂性緩性急，性剛性柔，種種不一，卽指這個性說的。但吳氏以爲氣質之性，不過受生之初，所稟受的一種氣質，原不得謂之性，成年以後，若此種氣質固定不復變易，遂成爲第二天性了。假如有良善的教育，極力滌除，勿使氣質害性，使本性之眞日就光明而擴充工夫久了，氣質變好，本性自恢復其初了，所謂『善反之則天地之性存焉，故氣質之性君子有佛性者焉』。

三　教育論　吳氏教育論，雖兼採朱、陸兩家學說，但以陸子爲基礎。『聖人教人使人順其倫理，克其氣性，因其同，革其異，所以同其同也』，（送某教驗序）這幾句話卽吳氏的教育宗旨。『倫理』卽天理卽本性，凡人皆相同的，氣質是因人而異的順適兒童的本性，卽因其同者而利導。變易兒童的氣質，卽革除其不同者使歸於同。簡單一句話：教育宗旨，一方在培養兒童相同的善良的天地之性，一方在消除他們相異的不良的氣質之性。要達到這個目的，須先明其本心；因天性附着於心中，倘心爲物欲所蔽昏而不明，而本性也受其汚壞。必也使心地清明，一塵不染，待根本肅清了，則已有的善良可以發育滋長，外面的事事物物可以明白認取。心爲一身的主宰，教育第一步在先明本心，此吳氏之學所以又稱求心之學。他說：

『夫學孰爲要，孰爲至，心是也。天之所以與我，我之所以爲人者在是，不是之求而他求焉，所學何學哉。聖門之教，各因其人，各隨其事，雖不言心，無非心也。孟子始直指而言先立乎其大者。噫！其要矣乎，其至矣乎！邵子曰：「心爲太極」。周子曰「純心要矣」。張子曰「心淸時，視明聽聰，四體不待羈束而自然恭敬」。程子曰，「聖賢千言萬語，只是欲人將已放之心約之使入身來」。此皆得孟子之正傳者也』。草廬精語

他又說：

『夫人之生也，以天地之氣凝聚而有形，以天地之理付畀而有性。心也者，形之主宰，性之郛郭也。此一心也，自堯、舜、禹、湯、文、武、周公傳之以至於孔子，其道同。道之爲道具於心，豈有外心而求道者哉。而孔子教人未嘗直言心體，蓋日用事物莫非此心之用，於其用處各當其理，而心之體在是矣。操舍存亡惟心之謂，孔子之言也。其言不見於論語之所記，而得於孟子之傳，則知孔子教人非不言心也，一時學者未可與言，而言之有所未及耳。孟子傳孔子之道，而患學者之失其本心也，於是始明指本心以教人……此陸子之學所從出也』。草廬精語

觀他這兩段說法，偏於陸子明心之學極其顯然。但不說承繼陸子，而說直接孔、孟，且謂這種學說爲古代聖賢相傳之大道，此吳氏掩護偏於陸子之誚，亦所以自高其價值的意思。

求本心在回復本性，本心淸明以後怎樣呢？第二步則在讀書窮理，關於朱子的學說也必兼採。他說『若曰「徒求之五經而不反之吾心，是買櫝而棄珠也」。此則至論，不肖一生切切然惟恐其墮其窠臼。學者來此講問，每先令其主一持敬以尊德性，然後令其讀書窮理以道問學。有數條目警省之語，又採擇數件書以開學者格致之端，是蓋欲先反之吾心而後求之六經也』。草廬精語 此數句話，卽先明本心而後讀書窮理，——先尊德性而後道學問的意思，朱、陸兼採，不過有先後次第。道學問而不尊德性，則屬於聞見之知，記誦之學，如無源之水，無根之草，所得皆是死知識。但若只尊德性而不道問學，則又流於空虛，不免爲釋氏異端之學。要內外合一，本末兼顧，所知方爲眞知，所學纔是實學。所以他說：『蓋聞見雖得於外，而所聞之理，則具於心，故外之物格則內之知致。此儒者內外合一之學，固非如記誦之徒博覽於外，而無得於內；亦非如釋氏之徒專求於內而無事於外也』。草廬精語

吳氏雖反對記誦之知，亦反對空虛之學，他是最重實踐的。在日用人倫上求知識，亦在日用人倫上實踐所得的知識。換一句話，要行以求知，知必本於行。不從行上求知，謂之假知識；知不本於行，謂之死知識。所以他說：『窮物理者多不切於人倫日用，析經義者亦無關於身心性情，如此而博文，非復如夫子之所以教，顏子之所以學者矣』。草廬精語 他更有一段話說得最明顯，我們引在下面作一個結束：

『今不就身上實學，卻就文字上鑽刺，言某人言性如何，某人言性如何，非善學者也，孔、孟教人之法不如此。

如欲去燕京者，觀其行程節次，即日僱船買馬起程，兩月之間可到燕京，則見其宮闕如何，街道如何，風沙如何，習俗如何，並自了然，不待問人。今不求到燕京，卻但將曾到人所記錄逐一去挨究，參互比較，見他人所記錄者有不同，愈添惑亂。蓋不親到其地，而但憑人之言，則愈求而愈不得其眞矣」。（草廬精語）

本章參考書舉要

(1) 元史的各家本傳
(2) 宋元學案的江漢學案、靜修學案、草廬學案、北山學案
(3) 理學宗傳的元儒考
(4) 許魯齋集
(5) 靜修文集
(6) 吳草廬集

第三期　明(1368——1643)

第二十九章　蒙古帝國瓦解與漢族主權恢復

一　革命後之新統治者更專制化　從一千二百七十七年以來，漢族在蒙古帝國政府的壓迫之下，任其蹂躪與宰割者，差不多有百年之久。蒙古政府之對於漢民族，在政治方面施行高壓手段，在教育方面施行柔化政策，所以百年之間漢民族只有屈伏，只有呻吟，沒有擡頭歡呼的日子。到了元朝後紀，一般貪汚權奸，無知番僧，擾亂社會的秩序，破壞民衆的經濟，更無所不用其極。壓迫到了極點，自然發生革命運動，況當時尚有民族主義爲推動主力，號召尤爲容易，所以十餘年間就把曠代無比的蒙古帝國政府打倒了。當時革命軍雖然蜂起雲湧，但最後完全統一於朱元璋底旗幟之下，組織了朱明政府來統治中華民族。久受異族壓迫的民衆，現在革命已成功了，國家主權已奪回來了，應當過着一點自由的生活，得着一點解放的教育，那知道朱明政府之專制更嚴刻於蒙古政府。中國自秦始皇帝開了官僚政治新紀元以後，千餘年來，帝王權力日增一日，到了明朝可算登峯造極。我們民衆所受的政治與教育，不見有絲毫的進步，只見去掉一個壓迫者，又來了一個壓迫者，民族革命不過爲一二野心家作工具罷了。從前帝王雖專制，而國家大政尙由宰相主持；到了明朝，大權集中於皇帝一人，宰相僅備顧問而已。從前君臣會見，莫不對坐；至宋朝羣臣朝見皇帝，尙有站立之權；到了明朝，立也不敢立了，非跪不可。帝王高坐在上，羣臣匍匐於下，說話且須小心謹愼，倘不幸於一言半語，冒犯了皇帝的虎威，就立刻有在殿廷之上被打的危險。這一班朝臣莫非厠身士大夫階級，而被君王視之如犬馬，明朝帝王的淫威可以想見。士大夫既被視如犬馬，至被壓迫於士大夫之下的民衆眞螻蟻之不若了。

二　專制淫威下之士大夫的習氣　在農業經濟的社會沒有崩潰以前，士大夫階級的勢力決無動搖的日子，且隨着歷史的推進而勢力愈見鞏固。這一階級，在政府就是官僚，在鄉村便成豪紳，而豪紳之欺壓民衆，作威作福不亞於政府中的官僚，明政府的開國者朱元璋大帝本由流氓階級出身，以流氓崛起而爲帝王，統治全國各階級的民衆，其政治之專制獨斷化也是自然的趨勢，無足怪了。我們推究這個趨勢的原因有二：一因士大夫階級同是知識分子，他們在社會上及政治方面的勢力具有很長的歷史，他們喜標榜，又好議論，且具有一種誇大的氣習，對於下層的民衆及流氓階級素來是壓迫的，是看不起的。朱氏自己出身本來微賤，今一旦以武力起爲帝王，反來統治他們，要使他們不敢輕視，不敢誇大，非用極端的嚴厲的手段不能有效，不能鞏固其帝王之業。二因朱氏以貧寒出身，知道民間的疾苦，深知士豪劣紳在地方之權威，民衆時時受其欺壓的。今日雖然做了皇帝，對於其自己所從出之被壓迫的小民階級不無幾分同情，非用極端的嚴厲手段，不足懾服這一般士豪劣紳使不爲惡。所以明朝帝王雖然專制，直接受其壓迫的不過是一般士大夫階級，而下層民衆有時還有叫苦申寃的機會。士大夫階級既然受着極大的壓迫，他們又不得不做官，不得不寄食於政治以圖生存，所以他們只有屈伏，只有獻媚，只有忍氣吞聲受帝王之駕馭與鞭笞。因此明代士子的氣習，是卑躬屈節的，是寡廉鮮恥的，是忍氣吞聲的。帝王之積威既已養成，依附於帝王肘腋下的一般羣小，也仗着帝王的積威對待士大夫亦如帝王。這一般士大夫反守着『君要臣死，不敢不死』的信條，勿論如何受辱，反以爲應分。反以爲榮譽，眞堪笑了！但他們在政府裏面，對着帝王，雖極盡卑躬屈節的能事，一旦到了地方，不是貪官汚吏，就是土豪劣紳，對於下級民衆則又作威作福起來了。下級民衆縱有叫苦申冤的機會，無如『天高皇帝遠』，從何處申訴起！所以在明代是很顯然的形成三個階級：上爲帝王，中爲士大夫，下爲庶民，一層壓迫一層，構成當時的社會形態。

第三十章　明代學風之三變

一　社會講學的趨勢　明代初年政府雖然改組，而社會情形未見有什麽變更，所有學術思想，依然承繼宋、元的程、朱舊說而政府裏面也以程、朱之說號召全國。代表時代的人物有曹月川、薛敬軒、吳康齋、胡敬齋諸人，不過他們都是謹守繩墨，篤行踐履的一般教育家，對於思想界上貢獻很少，卽有時發表些言論，也不過蹈襲宋、元諸家的糟粕。可是自弘治以後，則漸漸變了。主動者初爲陳白沙，後爲王陽明。陳氏以『體認天理』爲宗，其影響雖不及王氏之大，但得他的弟子湛甘泉給他一提倡，勢力非同小可，——差不多與王學爭天下，謂之江門學派。王氏以直接透達的思想，提倡『致良知』的學說，又藉他自己底煊赫的地位爲之推動，講學二十餘年，門生弟子遍天下，而王學遂爲一時的雄風，——後世稱爲姚江學派。此兩派約近於陸子，而不與陸學盡同，不過於朱學衰敝之後，另闢的一條新門徑。王學出而朱學勢力日衰，自嘉、隆而後，篤信程、朱不爲遷移的無復幾人了。但朱學卻非絕對消滅，在社會方面的勢力還是根深蒂固，且與陽明同時出了呂涇野、羅整菴諸人，而整菴尤爲王學的勁敵。萬曆以後，思潮又變，一因王學到了末流愈講愈空疏，流弊很多；一因國勢日弱，外患日逼，王學末流不足以挽此頽風，於是東林一派人出了世。東林諸子確實是對王學末流所生的反動，擁護朱學而不同於朱學，他們都是一般豪傑風的學者，且極力提倡氣節以挽救時弊爲責任的。自此以後，程、朱學說仍然延續下去以至於滿清初年。不過明末還有一位劉蕺山，他在思想界的地位爲陽明以後第一人，他的學說是融和程、朱、陸、王爲一家的，其融通滲透處有時駕乎陽明之上，可爲本期末了放一異彩。

二　國家教育的趨勢　至於國家教育的趨勢怎樣？在太祖初年，本來極力提倡學校教育，凡由國子監畢業的，卽可予以出身，卽可出而服務政治。但再傳之後，科舉盛而學校日微，天下學子莫不趨附於科舉一途，科舉遂完全支配了教育界，學校僅成爲有名無實的機關了。科舉以四書五經爲範圍，以程、朱學說爲標準，論文以八股爲程式。思路旣窄，而工夫又機械，凡獵取官位奔走場屋的人們莫不按此標準與方法爲進身的階梯。國家以此取士，父兄以此敎子，於是天下皆養成空疏割裂及機械無實用的人材了。有明三百年，除了少數講學大家外，全國讀書人莫不埋頭於八股，諷詠於四書五經大全，其他一概不懂，所以到了末年，雖經東林諸人之提倡，亦不足以挽救危亡。這種趨勢自然受了國家教育政策的影響，也是封建社會纔能產生的。

第三十一章　明代教育制度及其實況

第一節　概論

明代帝王的專制淫威旣如彼，士大夫的寡廉鮮恥又如此，在他們底政府之下所施行的教育，自然沒有新的希望，除了繼承前代的學說及制度外，他們所增加的只有『專制』與『機械』，其結果不過養成在朝爲順臣，在野爲豪紳的一般士大夫。在半封建時代，這種現象歷朝相同，我們勿庸對此時特持苛論，不過此時較爲顯著罷了。但明代的教育制度之完備，及初年辦理學校之嚴格，比較前朝確實進步，我們也不能一筆抹煞。

明朝開國的教育制度，多出於劉基、宋濂等文臣的謀議，計畫非常詳備，凡入學、升格、考試、教導、管理及給假等皆有定章。不僅學制詳備超越唐、宋，卽待遇學生之優厚與管束學生之嚴緊，也非前代所可比擬。自隋、唐以來，學校與科舉雖稱並行，但兩者的關係卻不緊切，有時有學校而無科舉，有時有科舉而無學校，或輕或重，殊不一定。到了明朝，情形則與前不同。他們視學校爲重，視科舉亦重，兩者不可偏廢，雖學校有時可以直接取得出身的資格，而科舉出身必要經過學校一期的培養，而始有應試的資格。此明朝教育制度與前不同的地方，亦卽隋、唐以來之科舉制度到明朝纔有此一大進步，纔與學校發生密切的關係。這種制度一直行到淸朝三百餘年未曾大改。

學校教育分中央與地方兩等。中央教育，有國學、宗學，有武學。地方教育，有府、州、縣三級所立的學校，也有宗學及武學，此外還有衛學及社學。國學名國子監，屬大學性質，府、州、縣立的學校似屬於中學性質，社學屬於小學性質：這一類的學校，統名儒學，謂之直系，其他旁支各校，性質各異，制度也不一定。惟府、州、縣學的生員纔有應科舉的資格，而社學辦理不久，就已停廢，所有小學教育，從此則盡由民間自辦了。試看下面的學制系統圖當更明瞭。……學校之外，還有書院，不過沒有宋、元兩代的發達，且在嘉靖、萬曆年間經過幾次摧殘，更難維持不衰。但到晚年，首善與東林二書院曾出過許多人材，在社會上很佔有一部分勢力，鬧過一次黨禍，這也是宋、元所沒有的。

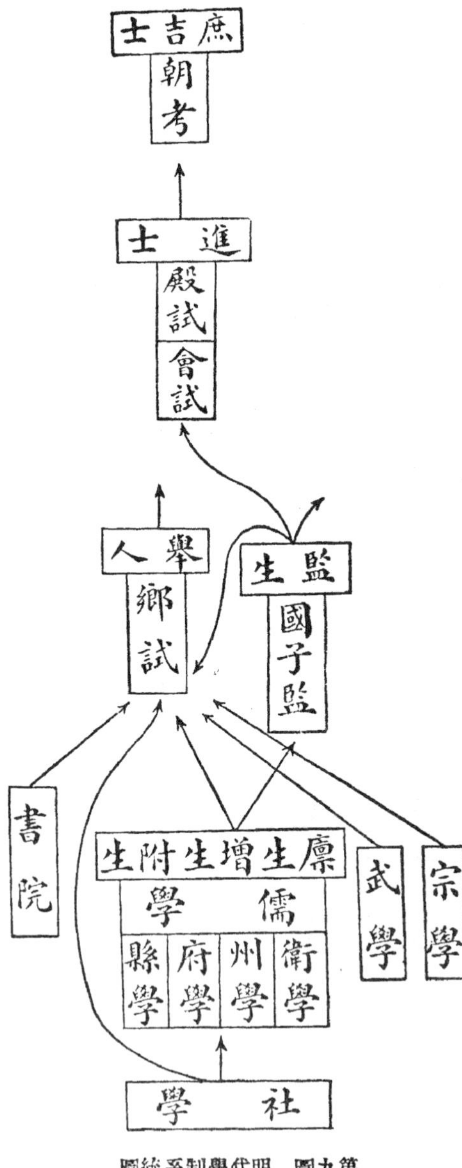

第九圖　明代學制系統圖

教育行政機關，與元代沒有什麼差異。關於學校方面，在中央屬於國子監，長官稱『祭酒』；在地方屬於提舉司，長官稱『提學官』。提學官每省設置一員，管轄全省各級學校。此外各府州、縣，設有儒學教官，管轄各學的學生，有時也擔任教課。關於科舉方面，在中央屬於禮部，在地方屬於各省地方長官，不過每逢鄉試時由中央另簡大臣赴各省主考，地方長官不過備位監試而已。至於書院制獨立於學校與科舉之外，主持的領袖稱『山長』，與宋、元全同。

第二節　國子監

中央大學初名國子學，其後改名國子監。太祖建都南京，即建校址於雞鳴山下，名曰京師國子監。迨後成祖把國都搬到北京了，即在北京建設京師國子監，將原來的改名南京國子監，於是國子監有兩所，而太學生有南北監之分了。現把該監辦法分述於下：

一　入學資格及手續　凡入國子監讀書的，名叫監生。監生之資格有四：一爲舉監，二爲貢監，三爲廕監，四爲例監。前二種爲常例，生員較多；後二種爲變例，生員很少。舉監是由舉人充當，凡在京會試下第的舉人，由翰林院擇其優者送入監內讀書，謂之舉監。這一種監生，一面讀書，一面還領教官的俸給，到下次會試仍可出監應試的。貢監是由地方學校的生員選貢到國子監來肄業的。照洪武初年的規定，凡天下府州、縣，各學，每年貢舉一名，到監肄業，謂之歲貢。到嘉靖以後，名額略有變更；府學每

是時會試有副榜，大抵署教官，故令入監者亦食其祿也。

年舉二人，州學每二年舉三人，縣學一年舉一人。當初貢舉時，必考其『學行端莊，文理優長者』爲標準，其後只以在學所食廩米年限較久者爲標準。弘治以後，舉人多不願入監，監生人數日少，加以歲貢生員因限於成例，大率皆頹唐老朽之徒，在監毫無成績；於是有人提議令天下府、州、縣各學於歲貢之外另選年富力強，累試優等的生員，不拘廩膳或增廣，三年或五年選貢一名入監，謂之選貢。廕監是品官子弟或勳戚子弟送入監內讀書的學生。例監是較後的例子，或以監生缺額或因國家有事，人民如有捐貲於政府者，政府特准他們的子弟送入監內讀書，這種監生又謂之民生。自開了選貢之例，監內頓呈一種生氣，而歲貢不免相形見絀。但自開了納粟之例，流品遂雜，而監生在社會上的地位遂日漸輕了。

二　名額　明代監生名額沒有明顯的統計可查，但由盛而衰，由多而少，是可以看得出來的。據南京祭酒章懋在弘治中的奏章上說：『洪、永之間，國子生以數千計，今在監科貢止六百餘人』，是監生名額，初年本有數千，到了中年已減至六百餘人了。又據嘉靖時教育長官的話：『今國子缺人，視弘治間更甚』。又據調查：『隆、萬以後，學校廢弛，一切循故事而已』，則知自嘉靖以後，生員之遞減較弘治間當更甚。再考明朝的地理志，除都督府及衛所不計外，共有府一百四十，州一百九十三，縣一千二百四十六，各府、州、縣學每年貢送一名，歲貢生當有一千五百八十人之譜。加上舉監與恩監，約計五百名，合計有二千一百八人之譜。且當時邊徼如雲南、四川的土官生，國外如日本、琉球、暹羅諸國的留學生，每年當不下二百人。還有四百九十三衞的學生每年可貢三百人之譜。由此，我們得一結論，明代太學生除選貢及例貢較後不計外，當國家鼎盛時，名額至多亦不過三千人，是明代學規較前代嚴格，而生徒之盛反不如宋代發達之時，但較元代則增加多了。

三　課程及教法　自永樂年間製定四書五經大全以後，四書五經遂爲明代各學校的主要教材。國子監內除四書五經外，還加授劉向說苑及律令、書數、御製大誥。此外還有習字一科，字法以二王、智永、歐、虞、顏、柳諸帖爲藍本。但我們考查永樂年間的掌故，除頒行四書五經大全外，還頒行了性理大全一書，而明初政府方面又規定以程、朱學說爲思想的標準，我想性理大全一書也必被採入爲監內的教科書，雖然史書上沒有明文規定。監生除讀書習字以外，每月朔望還有習射一科，等於現今的課外活動，幷分別奬勵。擔任教課的有祭酒司業及博士助教諸人。除朔望二日例假外，每日皆有課業。課業分早午二次：第一次在晨旦舉行，由祭酒司業率領屬官全體出席。祭酒司業坐在堂上講演，學生拱立靜聽。第二次舉行於午餐後，此時則爲會講、復講、背書、論課，大概由博士助教等擔任。諸生入監肄業每月有月考，考試內容，每月試五經及四書大義。

四　編制考課及升級　全監共分六堂，卽六齋之意。六齋中以正義、崇志、廣業三齋爲初級，以修道、誠心二齋爲中級，以率性一齋爲高級。凡諸生只通四書未通五經的，編入初級肄業。在初級肄業一年半以上，如文理條暢者則升入中級。在中級肄業一年半以上，如經史兼通文理俱優者則升入高級。到了高級則有積分，積分卽每次試驗的成績。每季於孟、仲、季三月考試三次，孟月試本經義一道；仲月試詔誥表內科一道；季月試經史策一道，判語二條。每次試卷分三等：文理俱優的給與一分，理優文劣的給與半分，文理俱劣的無分。在一年之內，積滿八分了爲及格，不滿八分的爲不及格。及格的人准予畢業，政府給一張出身資格——畢業證書，可派充相當的官職；不及格的仍留堂肄業。但如有天資特異學術超羣的學生，則可不拘年限，奏請皇帝破格錄用。開國之初，因政府注意學校，監生在監畢業後，直接授職的很多。再傳以後，社會人士傾向於科舉，不僅監生多往應鄉試，即入監讀書者也日漸零落了。

五　教職員及管理　監內設有祭酒、司業及監丞、博士、助教、學正、學錄、典籍、掌饌、典簿等官，他們分掌的職務，與前代無異。其管理規則頗爲嚴格；凡上課、起居、飲食、衣服、澡浴及告假出入等事，皆有定規。每班設齋長一人，管理齋務事宜。齋長有集愆簿，登記學生平日不規則情事，以犯規次數的多寡而定其處分的輕重。凡省親或完婚，可給假回籍，期限以道里遠近爲差，逾限者謫罰。學校管理既取嚴格，對於教職員人選亦很愼重，尤其對於司業一席特別重視——以大學士尚書或侍郎充當，故南北國學成材很多。（註一）

六　待遇　明朝待遇監生較前代優厚：（1）膳食由國家供給；（2）衣服冠履衾被也由國家按時發給；（3）每逢令節，必有節錢賞給；（4）已婚的養及其妻子，未婚的如爲歷事生，則賜錢婚聘；（5）凡省親回籍，每人賜衣一件，賜錢一錠，以作川資。有時對於邊遠士官生及外國留學生且厚賞他們的僕從，以資勸獎。明朝學校內容勿論好壞如何，由以上種種看來，初年諸帝提倡教育的熱心尙覺差強人意。

養及妻子爲孝慈皇后積糧以待諸生者。

七　歷事　歷事即實習吏事之意。凡國子生在監肄業十餘年，即分派到各機關實地練習，謂之歷事生。歷事三個月後，由所司考核，分列上、中、下三等：上、中二等送吏部候補，下等仍留監再習。這與古代希臘、羅馬學校，凡學生滿了在學期，卽派入公共場所練習相當時期方准畢業，畢業後纔有服務的經驗，同一有價值。考當時的歷事機關不同，因之名稱各異，有正歷、雜歷及長差等名目。

（註一）《續文獻通考·學校考》國學之政，莫備於明。初其諸生則取之公卿之子，拔之郡國之秀，廣爲號舍以居之，厚其衣食以養之，在學十餘年始撥歷出身，往往仕至顯宦。而所重尤在司成一席，特簡大學士尚書侍郎爲之。及至中葉，名儒輩出，如李時勉、陳敬業、羅欽、呂柟分教南北，晝則會饌同堂，夜則燈火徹旦，如家塾之教其子弟，故成材之士多出其門。

第三節　郡縣學校

一　學校類別　明代地方行政區劃別爲二類：第一類分省、府、州、縣四級，屬於內地的；第二類分邊及衞所二級，屬於邊疆及特殊地方的。此外更有特殊的，如宣慰司、軍民府及土官司等，又可以說是第三類了。當時地方教育所到的區域，以第一類爲主，第二類較少，第三類更少。第一類的行政區劃雖有四級，而教育區域只有三級——府、州、縣。由府設立的曰府學，由州設立的曰州學，由縣設立的曰縣學，由衞設立的曰衞學，通名曰『儒學』。全國有府一百四十有州一百九十三，有縣一千二百四十六，每府、州、縣各設儒學一所，共有儒學一千五百七十九所。衞學的設立與前不同，他們是聯立的——有四衞共設一所的，有三衞或二衞共設一所的。全國有四百九十三衞，平均以三衞一所計算，約有一百八十四所。以一二兩類區域的學校相加，明代地方學校，最盛時合計有一千七百餘所。各府、州、縣的學校之規模雖有大小，而他們的性質并無大小，似乎皆相當於近代中等學校的性質，所以彼此不相統屬，皆有升入中央國子監的資格。

二　名額及資格　學生在學分三等資格：第一等名廩膳生，第二等名增廣生，第三等名附學生。廩膳生與增廣生名額多寡相等，附學生無定額。凡京府學校，每校廩增生員定爲各六十名；凡外府學校廩增生員定爲各四十名；凡州學各定爲三十名；凡縣學各定爲二十名。全國一千五百七十九個府、州、縣學，除附學生不計外，共有學生七萬三千五百名。若每校平均有附生十名，合計有七萬五千餘名了。到憲宗、成化時，規定衞學條例：四衞以上軍生八十名，三衞以上軍生六十名，二衞或一衞軍生四十名，有司儒學軍生二十名。平均衞學每所六十名，以一百八十四所計算，衞學學生亦有一千一百餘名。兩類相加，可推知當時全國地方的生員至少有七萬六千餘名之譜。但這個數字當然不大眞確，凡邊外特府及土司等地，我們尙未統計，若要全體計算起來，總不下八萬人，因明代提倡學校教育較前代爲力，當時學生亦應較多於前代。我們再看明史選舉志上所說：『蓋無地而不設之學，無人而不納之教，庠聲序音，重規疊矩，無間於下邑荒徼，山陬海涯，此卽明代學校之盛，唐、宋以來所不及也』，可想而知了。

三　課程　洪武初年所定課程，生員專治一經，以禮、樂、射、御、書、數設科分教。到二十五年，重行規定，頒布於天下，計分禮、射、書、數四類：（1）關於禮的課程，有經史律誥禮儀等書，凡生員皆須熟讀精通；（2）關於射的課程，凡朔望日演習射法，由長官引導比賽，中的中采皆有獎賞；（3）關於書的課程，爲書法，依臨名人法帖，每日習五百字；（4）關於數的課程，務須精通九章之法。

四　考試　諸生入學以後，有月考、有歲考、有科考三種。月考每月由教官舉行一次，與前代通行法沒有什麼差異。明代地方學校所與前代不同的爲歲科二考。此二種考試，皆由提學官舉行。提學官掌管一省的教育行政大擢，任期三年，兩試諸生。第一次考試爲『歲考』，別諸生成績爲六等。第一、第二兩等發給獎勵，第三等平常，第四等懲責，第五等降級，第六等除名。凡諸生當初考取入學肄業時，謂之附學生；經過歲考後，以一等前列補廩生，其次則補增廣生。若考到第五等，原是廩生的降爲增生，增生的降爲附生，附生的降爲青衣。第二次考試爲『科考』。科考提取歲考時所取一二等生員來覆試，結果分爲三等。考取到第一等成績了，方有應鄉試的資格，其次亦有補廩增及獎賞等辦法。這兩種考試，雖同屬於提學官，而性質大不相同。歲考是考查學生在學的成績的，相當於現今學年試驗；科考是挑選少數俊秀生徒以應科舉的，相當於現今畢業試驗。前者考後，雖有獎賞與進級，但仍留原校肄業；後者考取第一等了，卽直接應鄉試，不必再留原校。

五　待遇及升格　明代待遇國子監生固極優厚，待遇府、州、縣學的學生亦然。洪武初年，除教官按等支俸外，凡師生每名每月支廩米六斗，另外由有司供給魚肉。到洪武十五年，規定學田之例，師生廩米較前又增加了。凡府、州、縣有田租入官的，皆令撥歸所屬學校的基金，謂之學田。這種基金亦分三等；凡府學定一千石，州學八百石，縣學六百石，應天府學一千六百石，每學設一會計專員經管收支。學校經費既然增加而且確定，所以師生的月廩由六斗也增加到一石了。明代學校的規定，使教育經費與政費劃開，這一點值得注意！諸生初進校，就有廩米；到後來向學的人數日增，於是於額外加取一倍，謂之增廣生，以原額名曰廩膳生；再後向學的愈多，又於額外增加，謂之附學生，此廩、增、附三等名稱之由來。到後來，把增加的名額成爲定例，凡初次取入的通稱附生，其廩、增二等則以歲科二考的高下逐次遞補。這一般生員，雖以升入國學爲正當途徑，但爲定章所限，應科目的人數反多，升入國學的人數反少；因爲每屆三年，凡科考一等的皆有應科目的機會，而升入國子監的，非在學廩膳生食米年限最久的不能充選。升大學的機會既少，所以明代諸帝雖然極力提倡學校教育，而再傳之後天下士子莫不趨向於科擧。

六　學規及懲罰　明代政府所以待遇學生這樣厚者，期以養成實學爲國家治術人材之用的。他們所謂實用人材，不僅長於學問，尤在優於品性，除月考、歲考外平時還有稽考簿。稽考的內容分德行、經藝及治事三種：三種兼長的，列入上等簿；長於德行而短於經藝或劣於治事的，列入二等簿；如經藝與治事兼長，而德行或有缺陷的則列入三等簿。所謂德行，自然是要能孝親敬長，謹守繩墨，不敢犯上作亂的學生，纔是優等學生。學生如果在學十年，學業仍無所成，或犯有大過的，則罰充爲吏，且要追繳學費。明太祖猶恐日久玩生，乃頒禁例八條於全國學校，將此禁例刻勒臥碑，置在明倫堂上，令全國師生務必謹遵。倘有違犯的則以違制論，我們聽了這一句話也覺毛骨悚然。（註一）

七　教官　每府學設教授一人，訓導四人。每州學設學正一人，訓導三人。每縣學設教諭一人，訓導二人。此項教官，或由下第舉人充當，或由貢生充當，但以俸給微，地位輕，舉人多有不願就的，故以貢生爲多。據明初統計，全國共有教官四千二百餘員，當其盛時，尚有五千二百餘員，至於邊徼衛學及土司尚未計算在內。

（註一）〔續文獻通考學校考〕洪武十五年頒禁例於天下學校，鐫勒臥碑置明倫堂，不遵者以違制論。臥碑禁例：（一）府、州、縣生員有大事干己者許父母兄弟陳訴，非大事毋親至公門。（二）生員父母欲行非爲，必再三懇告，不陷父母於危亡。（三）一切軍民利病，農工商賈皆可言之，惟生員不許建言。（四）生員學優才贍，年及三十願出仕者，提調正官奏聞考試錄用。（五）生員聽師講說，毋恃己長，妄行辨難，或置之不問。（六）師長當竭誠訓導愚蒙，毋致懈惰。（七）提調正官務常加考校，敦厚勤敏者進之，懈怠頑詐者斥之。

（八）在野賢人有練達治體數陳王道者，許所在有司給引赴京陳奏，不許在家實封入遞。

第四節　其他學校

一　宗學　宗學之設，不分中央與地方，亦不以普通行政區域爲限，大概校址在兩京所屬的地方。學生以世子長子衆子及將軍中尉等官的子弟爲合格，這一干人的子弟凡年在十歲以上俱應送入宗學讀書。內中教材以皇明祖訓，孝順事實，爲善陰隲諸書爲主科，以四書、五經，通鑑性理等書爲輔科。教師以王府長史紀善伴讀教授等官中之學行優長的選充。主管宗學行政的有宗正一人，其後又增設宗副二人。這一般宗學子弟的衣冠，就提學官考試及應鄉試皆與其他儒學生員差不多完全相同。後來宗室漸多，『頗有致身兩榜，起家翰林者』。

二　武學　武學創設於洪武年間，當初卽於大寧等衛儒學內設置武學科目，教導武官子弟。到英宗正統中，乃正式設立兩京武學，規模大備，到莊烈帝崇禎時，又命天下府州縣皆設武學。此後武學雖然遍全國，不久而明室就亡了。入學資格，以都司衞所應襲子弟年滿十歲以上者，由提學官選送入學；或都指揮等官年長失學的亦令五日來學聽講一次。內中分六齋，卽居仁、由義、崇禮、宏智、惇信、勸忠。設教授訓導各一人，擔任管教事宜。學科分兩類；以小學論語、孟子、大學爲一類，五經、七書、百將傳爲一類。每人於各類中任習一書，對於大義務使通曉。明代立國方針，是右文左武，所以武學課程與儒學無大差異。內中待遇及考試，與儒學生員相同。

三　社學　明代官立小學曰社學，設立於鄉鎮，凡民間幼童十五以下可送入讀書。課程爲四子書之類，兼讀御制大誥及本朝律令，並講習冠婚喪祭等禮節。教師即聘請地方儒生充當。生徒之俊秀的亦有補儒學生員的資格。這種小學始於洪武八年，到弘治十七年加以推廣，令天下府州縣治所一律設立，但行之不久，就被停廢，小學教育乃由民間自辦了。

第五節　科舉

一　科舉之手續　明代科舉比較以前，有一顯然不同之點：從前是科舉與學校『相並而行』，現在是『相輔而行』。此時的知識分子，凡是要取得科名，非進學校不可。換一句話說，非由學校出身，不能應科舉，雖然間或也爲童生開一條鄉試的路徑，究屬例外。這個時期的制度，雖然較以前完備，而科目制度簡單——只有進士一科。考試的手續也分做三步：第一步在各省會舉行，名曰『鄉試』；第二步在京師由禮部舉行，名曰『會試』；第三步在殿廷舉行，名曰『殿試』。每三年舉行一次，謂之『大比』。鄉試定於子午酉卯年的秋季。會試定於辰戌丑未年的春季。殿試則在會試完畢後接着舉行。當大比的年月，各府州縣的學生，經過科考認爲有應鄉試的資格者，齊集省會，按期入場應試。取中以後，謂之『舉人』。此次中試的舉人以及從前各屆中試的舉人，皆可預備行裝，赴會京師，應會試。當會試時，凡國子監的舉監生也可與地方舉子一同應試。取中了以後，隨時由天子覆試於殿廷，覆試取中了稱做『進士』。這一般中試的進士，分三甲發榜：第一甲只有三名，賜進士及第；第二甲若干人，賜進士出身；第三甲若干人，賜同進士出身。第一甲第一名稱曰『狀元』，第二名稱曰『榜眼』，第三名稱曰『探花』；這三名是最

第六節　結論

榮貴的進士了。鄉試派主考二人，同考四人，由教官充當。會試派主考二人，同考八人，多由翰林充當。殿試本由天子主考，但皆派翰林或優於文學的大臣充閱卷官，天子不過掛一名義，爲定進士前列之上下罷了。殿試對於會議所取錄的姓名，或有所去留，或變更其名次，但通常變更很少。

二　考試之內容　明代科舉考試的範圍，較前更狹。內中可分爲三類：一爲經義，二爲當代的詔誥、律令，三爲史事及時務策。經義中只限於四書，及易、書、詩、春秋、禮記五經。開國之初，四書以朱子集註爲主，易經以程傳朱子本義爲主，書經以蔡氏傳及古註疏爲主，詩經也是以朱子集註爲主，春秋以左氏公羊、穀梁及胡安國、張洽五人所傳爲主，禮記以古註疏爲主。到永樂年間，頒布四書五經大全，爲科舉考試的唯一教本，廢除註疏不用，此後於是純粹以宋儒程、朱學說爲中心了。鄉試舉行於八月，會試舉行於二月，皆分三場考試，每場所試內容及分量完全相同。第一場考試四書義三道，每道限二百字以上；經義四道，每道限三百字以上。第二場考試論一道，限三百字以上；詔誥表內科一道；判語五條。第三場考試經史時務策五道，俱限三百字以上，但力有未足的可許減少二道。試卷的文體略倣宋代的經義，語氣摹倣古人，體格多用排偶。這種場屋的文體，通謂之『制義』，流俗名曰『八股』。據顧炎武所考，八股文的形式始於成化以後，在此以前，場屋文字不過類演傳註，或對或散，初無定形。自成化以後以至滿清末年，數百年間皆爲八股所支配，而天下聰明才智之士，莫不消磨在這裏面。

明太祖雖以遊僧出身，不大了解字義。但取得帝位以後，對於學校教育則非常注重。國子學的設立在統一天下以前三年；及統一天下後二年，又命全國府、州、縣皆設置儒學；所以朱明政府成立不到十年，全國學校業已林立。他有鑒於元代學校的廢弛，很想從嚴整頓，在洪武二年曾對中書省下了一道指令，雖係命令天下地方一律設學，也含了整頓學風的意思。他說：『學校之教，至元其弊極矣。上下之間，波頹風靡，學校雖設，名存實亡。兵變以來，人習戰爭，惟知干戈，莫知俎豆。朕惟治國以教化爲先，教化以學校爲本。京師雖有太學，而天下學校未興，宜令郡縣皆立學校；延師儒，授生徒，講論聖道，使人日漸月化，以復先王之舊』。（明史選舉志）洪武十五年頒的臥碑禁令八條，整頓學風尤爲嚴厲。從表面上看，好似洪武大帝非常提倡學校教育，其實他的目的在網羅天下優秀分子於學校，以消滅他們的暴戾恣睢之氣，而子孫帝王萬世之業庶能長保。所以他以訓練『忠順臣僕』爲其教育宗旨，試看他對待士大夫階級的態度就可想而知了。

專制帝王開辦學校固有其特殊用意，但明初以辦理的認眞，尙能表現一點成績，不過再傳以後，社會人士多趨於科舉，學校也走到元代的『名存實亡』之舊路了。科舉發達以後，虛榮牢籠之術較前代更盛，而缺點亦最多。我們只舉摘其重要的三點：（一）考試的範圍太狹，（二）試文的格式太呆，（三）政府的任用太促。明代鄉、會兩試，雖明定三場之制，實際只能算得一場，因爲當時的習慣，只重頭場，如頭場的卷子做得很好，能中主試者的意旨，就有被取的希望，其餘二、三兩場的卷子視爲不足重輕。頭場考試的範圍，雖然限於四書五經，其實只有四書一經。此四書一經中可以出題的不過一二百道，只要將這一二百道題平日完全作好了，或熟記前人所作的文章，到入場時，十分之九可以猜中；若是猜中了，只要抄謄一番，十分之八九便可以僥倖獲取。所以地方的富家巨族，平日常延請經師到家設館，其目的不在教他們的子弟如何讀書，是要教師替他們的子弟做夾帶。教師入館以後，卽選擇四書中可以出題之處各擬一篇，令生徒熟讀牢記，到入場時，考題相同，卽可全篇抄去，一旦僥倖獲取了，便是貴人。這一種貴人，對於本經原文，全然不曉；卽或能讀一經，其他四經亦屬茫然莫曉；卽或四書五經都能背誦，亦不知其全經大義之所在；況能背誦全經者百不得一，而一經不知者比比皆是。既不科以眞實的學問，那能取得有用的人材，以這種倖進速成之士，而委以政權，怎得不僨事。此顧先生所謂『率天下而爲欲速成之童子，學問由此而衰，心術由此而壞』（註一）考試的範圍限制這樣的狹隘，既率全國士子不肯讀書；而試文的格式又規定非常呆板，士子雖肯讀書，所讀亦屬流俗膚淺之書，所習盡是機械無用之文，則更壞了。所謂機械無用之文，卽當時場屋所通行的八股。八股是怎樣一種形式？我們只看顧先生日知錄所舉弘治九年會試進士所出『責難於君謂之恭』便可以知道一個大概。（註二）這種文字，只重形式，不取實質，專意摹倣古人的語氣，毫無創作的精神，汨沒個性，柔化民族，其貽害更甚於唐之詩賦，宋之策論；此顧先生所謂『八股之害等於焚書，而敗壞人材有甚於咸陽之郊所坑者』。（見日知錄科舉）這一般讀書分子既無實學，可反驕貴。他們一旦取得科名以後，便自以爲社會上的優秀分子，特殊階級，可以享受一切特權，可以驕傲天下民衆了。這一個毛病，由於政府任用太促，寵遇太過的原故。士子在殿試取得進士以後，天子卽授狀元以修撰，授榜眼、探花以編修，二、三甲卽可考選庶吉士。考選了庶吉士以後，卽可進入翰林院，或拔入館選，或命其觀政，

當時規定各人於五經中任習一經，祇投考時塡寫某一經，卽於該經內出題，各人所習經不同，皆只習一經，其餘四經可以不讀。

儼然將來的宰輔，爲滿朝之所推許，而自己亦以此自期待。此明史所謂『非進士不入翰林，非翰林不入內閣，而庶吉士始進之時已羣目爲儲相』，可以想見當時進士之地位了。不僅進士有這樣的驕貴，就是鄉試取中以後，凡舉人在地方已屬威風不小。他們已取得了士大夫的資格，可以不耕而食，不織而衣，可以欺壓民衆頤指氣使了。說到這裏，我們又要引出顧先生的話來：『科名所得十人之中其八九爲白徒，而一舉於鄉，卽以營求關說爲治生之計。於是在州里則無人非勢豪，適四方則無地非遊客，而欲求天下之安寧斯民之淳厚，豈非卻行而求及前人者哉?』

（註一）（日知錄科舉）明初三場之制雖有先後而無重輕。乃士子之精力多專於一經，略於考古。主司閱卷，復護初場所中之卷，而不深求其二三場。夫昔之所謂三場非下帷十年，讀書千卷，不能有此三場也。今則務於捷得，不過於四書一經之中，擬題一、二百道，竊取他人之文記之。入場之日，抄謄一過，便可僥倖中式，而本經之全文有不讀者矣。率天下而爲欲速成之童子，學問由此而衰，心術由此而壞。

（又）今日科舉之病，莫甚於擬題。且以經文言之，初試場所習本經義四道，而本經之中場屋可出之題不過數十。富家鉅族，延請名士館於家塾，將此數十題各撰一篇，計篇酬價，令其子弟及僮僕之俊慧者，記誦熟習。入場命題十符八九，卽以所記之文抄謄上卷，較之風簷結構難易迥殊。四書亦然。發榜之後，此曹便爲貴人。年少貌美者多得館選。天下之士靡然從風，而本經亦可以不讀矣。

（註二）（日知錄科舉）經義之文流俗謂之八股，蓋始於成化以後。股者對偶之名也。天順以前，經義之文不過敷傳註，或對或散，初無定式，其單句題亦甚多。成化二十三年，會試『樂天者保天下』文，起講先提三句，卽講樂天，四股中間過接四句，復講保天下，四股復收四句，再作大結。弘治九年會試『責難於君謂之恭』文，起講先提三句，卽講責難於君，四股中間過接二句，復講謂之恭，四股復收二句，再作大結。每四股之中，一反一正，一虛一實，一淺一深。其兩扇立格，則每扇之中各有四股。其次第之法亦復如之，故今人相傳謂之八股。若長題則不拘。此嘉靖以後，文體日變，而問之諸生，皆不知八股之何謂矣。

本章參考書舉要

（1）明史的選舉志

（2）五禮通考的學禮

（3）續通典的選舉三

（4）續文獻通考的學校考

第三十二章　初明教育家及其學說

第一節　概論

在有明初年，教育家有澠池的曹月川、河東的薛敬軒、崇仁的吳康齋及吳氏弟子陳白沙、胡敬齋、婁一齋等人。一齋門下雖出過一代思想界的雄風王陽明，他本人的事蹟可記的卻是很少。白沙雖同爲康齋的弟子，他的思想已走到了中明的領域。除開這兩人外，所以在本章我們只摘取四人，因爲只有此四人的精神纔是一致的，可稱爲程、朱的信徒。不過明初的程、朱已不是宋元的程、朱了，例如曹、薛、吳、胡諸人勿論他們的口裏和心裏表示得對於程、朱如何信仰，他們的精神卻不能與程、朱完全相合，他們與程、朱相合的：一爲主敬的修爲，二爲下學的工夫。他們所與程、朱不同的，卽尊德性重於道學問，涵養重於致知。因爲他們全是實踐主義者，以刻苦自修，躬行實踐爲學問，不主張多讀死書以誇博雅的一般教育家。他們的教育主張，只要用克己復禮的工夫，鍊得自己成一個模型的人物——循規蹈矩，守死善道的君子，教育就算成功了。這種教育既不主張記誦，在古籍裏頭討生活；亦不主張高談闊論，專務虛玄；是要以實際生活爲環境，以己身爲對象，以日積月累的精神從事於修爲工夫的。這種教育，本近於『教育卽生活』的主義，但除康齋一人外，其餘全是文雅式的生活，紳士派的教育。康齋實行耕讀主義，從勞作裏面求知識，驗修養，似從前代許魯齋『學者以生活爲急務』一語得來，而後來顏習齋的實習主義可從吳氏得來。總之，明初的教育家偉大之點雖不若宋儒，但他們全是抽出朱、陸之實在點，形成躬行實踐主義者，顯然演爲一代的風氣，是無可疑的；因爲此時已非程、朱之舊，所以有弘治以後的學風之大變。這四人中，除敬軒外，對於性論全不大討論，而敬軒謂『天下無性外之物，而性無不在』，此種廣大而不精微的論調，在陸、王辭典中纔能有過，程、朱決不肯道的。

第二節　曹月川(1376——1434)

一　生活小史　宋代理學以周濂溪爲開山老祖，元代理學以趙江漢爲開山老祖，曹月川即明之濂溪，元之江漢，因爲他是明代最早的一位理學家，他也是本期最早的一位教育家。

曹氏名端，字正夫，是河南澠池縣的人。自幼小時即喜研究天文學，如河圖、洛書、太極圖之類，嘗作川月交映圖以比太極，故學者稱他爲月川先生。月川生於洪武九年，三十三歲始中鄉試，獲得舉人的資格。三十四歲赴京會試，以取得副榜之故，委派往霍州爲學正，自此始從事於地方教育生活。先生從事地方教育生活，前後共計二十一年，兩爲霍州學正，一爲蒲州學正。第一次在霍州，自己丑至丁酉，教授了九年，因兩遭內難，把職辭了。第二次以服喪期滿之後，改調到蒲州，由壬寅至甲辰，教授了三年。第三次以受考績之後，又回到霍州，以致於老死，執教鞭者又九年。先生是一個謹守繩墨的教育家，是一個躬行實踐的教育家，每設帳一處，莫不本其體驗的工夫，教化生員以孔門之大道，所以學者翕然歸服。到處受人歡迎。當乙巳年受了考績之後，霍、蒲兩州學生，爭先奏請政府，要求先生重來他們本州設教，卒以霍州所請在先，爲霍人所得，是蒲人最喪氣的。第二次回到霍州，又當了九年教官，到甲寅之年，先生遂病死於客鄉之官所了，剛剛活了五十九歲。當先生死耗傳出時，霍州人罷市巷哭，雖童子亦皆流涕，門人爲服心喪三年，先生平日感人之深可以想見了。

二　論學大旨　曹氏爲程、朱的信徒，一生學問重在克己自修，身體力行；平日教導學生，也是本着這個方法；所以於學理方面，不過蹈襲前人的糟粕，沒有新的發揮。關於教育理論，我們只可以提舉兩點出來：修養重在「動機」，求學本着「體驗」。他因爲提倡動機論，所以修養之道，要從心上做工夫，即從心之萌上着力。「萌」即動機，吾人的行爲所有好惡善惡皆在一萌上來分辨，關係是極危微而工夫是極謹嚴的。他說：「爲仁之功，用力特在勿與不勿之間而已。自是而反，則爲天理；自是而流，則爲人欲。自是克念則爲聖；自是罔念，則爲狂。特毫忽之間，學者不可不謹」。月川語錄 這一段話，是他最透澈的動機論。要使動機不壞，必謹愼於一萌之頃。要使所萌皆善，無一點私欲，須於做事時件件不離一敬字。吾人能够敬以處事，則心地純一明靜，邪念不生，人欲自無，於是表現於外的無一非善。以此做工夫，即可以「入孔門底大路」。教育的目的，在入聖人之門，學爲聖賢。吾人要達到這個目的，既不可悠悠忽忽，亦不在多讀書，死記些聖經賢傳。工夫是要從實地體驗，憂勤惕勵向前去作。聖經不過告吾人以入門的知識，得到了知識，就要心領神會切實去作，非僅得到知識就算完事；所以他說「六經四書聖人之糟粕也，始當靠之以尋道，終當棄之以尋眞」。同上 憂勤惕勵，就是無一毫懈怠。既知道體驗，尤須下勤奮的工夫，所謂「人要爲聖賢，須是

猛起，如服瞑眩之藥以黜深痼之疾，眞是不可悠悠』；『聖人之所以爲聖人，只是這憂勤惕勵之心，須臾毫忽不敢自逸』。（同上）

第三節　薛敬軒（1389——1464）

一　生活小史　薛瑄字德溫，號敬軒，山西河津縣的人，是河東學派的領袖，也是明代北方首屈一指的教育家。薛氏生於太祖洪武二十二年，死於英宗天順八年，享年七十六歲，較南宋朱子多活五年。他底家庭，可以說是一個教育家庭，因他的祖父以教授爲生，他的父親也是以教育爲生——前者所從事的私人教育，後者所從事的地方政府教育。薛氏初出母懷時，格外奇特，幼年又極聰明，所讀書史一過目即能背誦。當十二歲時，從他的父親薛貞到滎陽官所，受業於魏希文、范汝舟二儒，得讀濂溪諸書，於是慨然有志於聖賢之道，以教育爲己任，不肯從事於科舉之學，其爲程、朱之學，卽從此時開始。後來以遵從父親的意思，勉應鄉試，中了永樂庚子第一名；明年入京會試，又得了進士第，此時薛氏年已三十三歲了。薛氏一生服官凡五次：——在湖南一次，在山東一次，在南京一次，在北京兩次。初次爲監察御史，出監湖廣銀場，對於宋、元理學，攻苦研究，日夜風雪不輟。在山東任提學僉事，卽管理學校事務，很合他的志願。到任開始，卽以朱子的白鹿洞學規開示學者。每訓育諸生，則先力行而後文藝，因材施教，優秀的樂其寬，低劣的憚其嚴。在職並不久，而諸生受其人格的感化，至呼爲『薛夫子』。在京師兩次，一忤宦官王振，已處死刑，因廚丁營救，遂放還鄉里；一忤權奸曹石輩，乃自動請老致仕，故他的鄉居生活也是二次。鄉居生活卽是他的私人講學生活，第一次居鄉講學六年，第二次居鄉講學八年。每次講學，弟子自遠方而來學的總是上百餘人，洛陽的閻禹錫咸寧的張鼎，尤爲薛門中之著者。

薛氏性情剛毅，守正不阿，一生以維持世道人心爲己任，與朱晦菴很相類似，所以他對於朱子極端崇拜。他說：『使堯、舜、禹、湯、文、武、周、孔、顏、曾、思、孟、周、程、張子之道昭然明於萬世，而異端邪說莫能雜者，朱子之功也。韓子謂孟子之功不在禹下，余亦謂朱子之功不在孟子下』。讀書錄可謂推崇備至了。其實他較朱子更覺細謹，不僅視聽言動不肯輕忽，即坐立的方向及器用的位置稍有不正，他的心中就感覺不安似的。（註一）道學到了此時，業已模型化了，眞不愧爲薛夫子！薛氏常說：『自考亭以還，斯道已大明，無煩著作，直須躬行耳』；明史儒林列傳所以一生沒有什麽著作，只有劄記式的讀書錄二十卷。

二　性論　薛氏論性完全本於程伊川的『性卽理也』一句話。在宋代以前，講論『性』之一字的，異說紛然，各各不同。自程伊川提出『性卽理』一句口號出來，又經朱晦菴加以切實的宣傳，千載以來成了定論，卽反程、朱的陸、王派也沒有顯然的異議，而薛敬軒擁護尤力。他說：『宋道學諸君子有功於天下萬世者，不可勝言。如性之一字，自孔子以後，荀、揚以來，或以爲惡，或以爲善惡混，議論紛然不決，天下學者莫知所從。至於程子『性卽理也』之言出，然後知性本善而無惡；張子氣質之論明，然後知性有不善者，乃氣質之性，非本然之性也。由是性之一字大明於世，而無復異議者，其功大矣』。讀書錄他不僅這樣的擁護，且把性的意義極力擴充。先儒只說性具於心，薛氏則謂性在天下。性卽是理，凡物有理，卽凡物有性。這個性不僅具於心中，凡耳、目、口、鼻、手、足之類，皆具有此性，凡天地萬事萬物亦皆具有此性。譬如君臣、父子、夫婦、長幼、朋友爲物，而其人倫之理卽爲性。譬如耳、目、手、足之類爲物，而其動靜之理卽爲性。總括一句說：『天下無性外之物，而性無不在』。理是什麽？他說：『只是合當如是便是理』，凡事物之當然，動靜之咸宜卽是理。此理原出於天，故曰『天理』。不過在天曰命，在人曰性，所以呼天、呼命、呼理或呼性，不過是一物的異名。理無不善，故性無不善也可以說『善卽性也』。不僅性與理爲一，卽性與氣亦不可分着兩樣，性與氣也是一致的。他說：『蓋理氣雖不相離，亦不相離。天下無無氣之理，亦無無理之氣。氣外無性，性外無氣，是不可二之也。若分而二，是有無氣之性，無性之氣矣』。（讀書錄）薛氏把性的意義擴充到這樣廣泛，簡直跑到了自然界的形而上學裏面，與人類的天性之說毫不相干了。

三　修爲論　薛氏對於修爲方面也提出了兩個字的口號——『知止』。知止並不是止足的意思，他解釋得很廣泛：

『知止所包者廣。就身言之，如心之止德，目之止明，耳之止聽，手之止恭，足之止重之類，皆是。就物言之，如子之止孝，父之止慈，君之止仁，臣之止敬，兄之止友，弟之止恭之類，皆是。蓋止者止於事物當然之則，則卽至善之所在，知止則靜安慮得，相次而見矣。不能知止，則耳目無所加，手足無所措，猶迷方之人，搖搖而莫知所之也。知止則動靜各當乎理』。（讀書錄）

止旣謂止於事物當然之則，卽凡吾人所應作的事情，盡心竭力去作，就謂之止。換一句話：止卽注意集中於合理的事情上之義，某事爲我所當作，卽注全力在某事上面，此時應作什麽事，卽注全力在什麽事上面；某一部分應當如去作，何動作，即務必如何動作。作其所應當作的謂之『止』，作其所不應當作的就非止了。作其所應當作，且盡心竭力去作，毫不務及以外謂之『知止』；雖作其所應當作，而雜念叢生，精神不能貫注，就非知止了。所以他所謂『知止』的意義很廣泛，很活動；即隨時隨地注意你所應當注意的事情，毫不要務乎其外，能够作到這一地步，則中心有一定的主宰，態度自然安詳，一舉一動無不恰當——修養的工夫可以說是成熟了。要達到知止的地步，則要一個『敬』字。他說：『人不持敬，則心無安頓處。人不主敬，則此心一息之間，馳騖出入，莫知所止也』。又說：『只主於敬纔有卓立，不然東倒西歪，卒無可立之地』。（均同上書）敬即收斂此心不使散漫，把捉此心不使馳騖，而使心有所樹立，有所安頓。心有所樹立與安頓，則知所止了；所以居敬又是知止的工夫。

別的儒者把居敬窮理分爲二事，薛氏則認爲一事。他說：『初學時，見居敬窮理爲二事。爲學之久則見得居敬時敬以存此理，窮理時敬以察此理，雖若二事，而實則一也。居敬有力，則窮理愈精；窮理愈得，則居敬愈固』。（讀書錄）由此看來，居敬又是窮理的工夫，窮理藉居敬而愈切實，雖有時分而爲二，也須交相爲用。所以他說：『程夫子所謂涵養須用敬，進學在致知者，正欲居敬窮理交互用力，以進於道也』。（答李賢司封事）

四　教育論　觀薛氏教子一書，則知他是以『倫理』二字爲教育宗旨。他說：『人之所以異於禽獸者，倫理而已。何謂倫？父子、君臣、夫婦、長幼、朋友五者之倫序是也。何謂理？即父子有親、君臣有義、夫婦有別、長幼有序、朋友有信五者之天理是也。於倫理明而且盡，始得稱爲人之名。苟倫理一失，雖具人之形，其實與禽獸何異哉！……聖賢憂人之陷於禽獸也，如此；其得位者，則修道立教，使天下後世之人，皆盡此倫理；其不得位者，則著書垂訓，亦欲天下後世之人皆盡此倫理』。薛敬軒集戒子書這種常談之常談，本無敍述的價值，不過中國學者的教育主張，自周代以至明朝，二千年來，毫無改變，可以推知中國歷史之不進步。但他的教育宗旨雖然陳腐，而他的求學方法卻極切實。他是一個實踐主義者，所以不尙空虛，力求實學。所謂實學，不是謂能多記些知識，多讀些聖賢經傳，是要能够本着聖賢所垂訓的道理切實去行的。這些道理雖然載在聖賢經傳上，但所載的不過一種名，而道理之實則具於天地萬物之中。所以要求實學，必從日常生活上切實體驗出來，時時體驗卽時時實行，處處體驗卽處處實行。他說：『工夫切要在夙夜飲食男女衣服動靜語默應事接物之間，於此事皆合於天則，則道不外是矣』。又說：『爲學時時處處是做工夫處，雖至陋至鄙處，皆當存謹畏之心而不可忽。且如就枕時，手足不敢妄動，心不敢亂想，這便是睡時做工夫，以至無時無事不然。工夫緊貼在身心做，不可斯須外離』。俱見讀書錄我們由這兩段話看來，可以想見薛氏做工夫的切實。如果以此爲教育，則教育卽生活，是很有價值；不過他的生活全爲文雅的生活，又近於修道式的生活。他最反對以書本爲知識，以作文爲學問，而全無修養的科舉之士。『學舉業者讀諸般經書，只安排作時文材料用，於己全無干涉。故其一時所資以進身者皆古人之糟粕，終身所得以行事者皆生來之氣習，誠所謂書自書，我自我，與不學者何以異』，讀書錄這一段痛切語，卻可以發人深省。

（註一）《讀書錄》言要緩，行要徐，手要恭，立要端，以至作事有節，皆不暴其氣之事。怒至於過，喜至於流，皆暴其氣也。余於坐立方向器用安頓之類，稍有不正卽不樂，必正而後已。非作意爲之，亦其性然。

本節參考書舉要

（1）明儒學案的河東學案一

（2）理學宗傳的薛子

（3）明史的儒林列傳

（4）讀書錄

（5）薛敬軒集

第四節　吳康齋（1391——1469）

一　生活小史　康齋名與弼，字子傅，江西崇仁縣的人，是國子司業康溥的兒子，他生於洪武二十四年，八九歲爲兒童時，在鄉塾讀書，已經表現不凡。年近十九歲，承父命來京師，從學於文定楊溥。楊氏授以伊洛淵源錄，遂慨然有志於聖賢之道；及讀到程伯淳『見獵心喜』一句，而志氣益壯。他以爲聖賢也是一個人，只要立志，那有學不到的，乃廢棄舉子業，專門從事於聖賢的工夫。這個時候，謝絕一切人事，獨居小樓上，日夜展開四書、五經及諸儒語錄，玩索而善讀，體貼於身心，足不下樓達二年之久，可謂專一而勤了。當二十一歲時，還家結婚，往來都是粗衣敝履，沒有一點驕泰氣，別人也不認識他是司業的兒子。

吳氏自結婚以後，學業稍有成就，乃從事於教育生活。他的教育生活是從田園中過來的，卽一邊耕田，一邊教書。他不肯徒託空言，亦不肯寄食他人，所以一生與學生躬耕於農畝，以自食其力。勿論飲食的粗細，衣服的好壞，莫不與弟子相共耕田就是讀書，讀書就是耕田，教育簡直是與生活一致的。有時天氣不好，他披着簑衣，戴着斗笠，負着耒耜，與諸生在雨中並耕，暢談乾坤，並謂乾坤八卦等象，卽可於所耕的耒耜上看出。耕罷以後，卽解犂歸來，又與諸生飯糲共食。當這個時候，貧賤也忘了，勞苦也忘了，甚至一切世事都忘了，不僅教育生活化，且有孔門風雩詠歸的氣象，吳氏可謂寫實的教育家了。但吳氏的教育並非藝術化的，乃是刻苦化的，他之躬耕及與弟子並耕，正所以表示他們刻苦自勵的精神。陳白沙是他的出色弟子。當陳氏在他門下讀書時，康齋必教他早起，必教他做些家庭瑣事。（註一）有一天早晨，剛能辨日光，康齋卽手自簸穀，而陳氏尙未起牀。康齋乃大聲訶斥曰：『秀才若爲懶惰，卽他日何從到伊川門下，又何從到孟子門下？』康齋爲學的精神，及對於弟子訓練之嚴謹，由此可以推見一般。不僅教陳氏如此，凡在吳氏門下的人們，必要躬親細事，從工作裏頭求知識，非在書本上求知識的。（註二）

吳氏過這種的教育生活，——田園的教育生活，將近五十年。在他六十八歲時，年紀已老了，朝中有一般當道交相推薦，皇帝也想請他輔教太子。他以時機不宜，入京不久，仍然款段回鄉，從事於舊日生活。不過從前很貧，長年典借度日，自此稍受國家的廩祿，較以前稍稍寬裕一點。到憲宗成化五年，以壽終，一共活了七十九歲。

二　修爲論　吳氏是張橫渠、李延平一流的人，少時性情剛忿，氣象豪邁，到中年以後則恍然一團和氣，如光風霽月了。他的性格所以有這樣劇變的原因，全靠他自己修爲的工夫。他一生在修爲方面用過很大的苦功，差不多一生就在修爲方面苦做工夫。黃宗羲說：『先生之學，刻苦奮勵，多從五更枕上汗流淚下得來。及夫得之而有以自樂，則又不知足之蹈之手之舞之。蓋七十年如一日，憤樂相生，可謂獨得聖賢之心精者』。明儒學案師說 我們再看他所作的日記，眞可以想見他的修爲工夫之苦了。他的修爲工夫，卽顏淵的克己復禮工夫。他說：『聖賢所言，無非存天理，去人欲。聖賢所行亦然。學聖賢者，舍是何以哉？』則知他的克己復禮工夫，卽以『存天理去人欲』爲目的。要達到這個目的，非刻苦奮勵不能有成；非一心於道，勿動於外物，隨時隨地痛下工夫，不許有毫釐間斷，不能有成；非經過幾次困難，受過幾次挫折，使志氣益加磨鍊，不能有成。所以他的修爲工夫，要專一，要誠篤，要安貧吃苦，要心平氣和，且要不使有毫釐的間斷，且要從困苦憂患中益發養成，這簡直帶了一種苦行味。『一事少含容，蓋一事差，則當痛加克己復禮之功，務使此心湛然虛明，則應事可以無失，靜時存養，動時省察，不可須臾忽也。苟本心爲事物所撓，無澄淸之功，則心愈亂，氣愈濁，梏之反覆，失愈遠矣』。他一段日記，已把他自己的修爲工夫，完全寫出。簡單些說，卽是靜時存養，動時省察，不可須臾忽的工夫。吳氏思想一稟宋人成說，絕無新的表現，厭惡箋註浩繁，有害無益，所以不輕於著述，卽著述也不過敷衍陳說而已。所以他是一個實行的教育家，更可以說是一個苦行的教育家。想到那裏，卽做到那裏，做到那裏，卽教到那裏，他平日所做的，卽其所教的。做爲聖賢卽教以聖賢，這個聖賢是從身體力驗刻苦奮勵得來，不是憑口說憑書本得來。這個聖賢是要做一輩子，毫無間斷的得來，不是一暴十寒或始勤終怠得來。所謂『敬義夾持，明誠兩進，而後爲學問之全功』，則又是朱子的下學工夫。

（註一）（理學宗傳吳康齋）白沙來受學，公絕不講說，使白沙劚地植蔬編籬，公作字使白沙研墨，或客至則令接茶。如是者數月而歸。

（註二）（明儒學案婁一齋）一齋聞康齋在臨川，乃往從之。康齋一見喜之，云老夫聰明性緊。一日康齋治地，召先生往視，云學者須親細務。先生素豪邁，由此折節，雖掃除之事必躬自爲之，不責僮僕，遂爲康齋入室。

本節參考書舉要

（1）明史的儒林列傳

（2）明儒學案的崇仁學案一

（3）理學宗傳的吳康齋

第五節　胡敬齋(1434——1484)

一　生活小史　吳康齋講學崇仁，弟子很多，而以陳白沙、胡敬齋、婁一齋三人最著。白沙多帶禪門語氣，已另成一派；一齋亦稍近於陸子；至善體康齋學說而得其眞傳的，只有敬齋一人。敬齋名居仁，字叔心，是江西餘干縣的人，因他平日講學的工夫以居敬爲主，所以學者稱他爲『敬齋先生』。他是生長於農業家庭，家計貧寒較康齋更甚，所以他底嚴毅淸苦的性格，安貧樂道的精神，較康齋尤爲自然。他每日必立課程，詳書一日生活之得失；行動必中繩矩，雖器物之微亦必區別精審——他是這樣謹嚴的一個學者。在他弱冠的時候，卽厭棄科舉，有志於聖賢之學，聞康齋講學於崇仁，所以往遊其門。學業稍有成就，乃回鄉在梅溪山中蓋一所房子，自己也講學起來。他在山中除講學事親之外，不干外事。四方學子聞其名來從他學的也多了。他的講友，有婁諒、羅倫、張元禎等輩，常與他們以研究的精神，相會於弋陽的龜峰，餘干的應天寺。當時提學李齡、鍾域相繼請他主講白鹿書院，諸生又請他到貴溪講學桐源書院。淮王欣慕他的名聲，特別館他到府中請講易經；他皆謝絕，所以他一生教育事業，完全在私人講學中過去，閉修自守以布衣終其身，絕不涉及官廳的意味，這與他的老師康齋『以學名於世受知朝廷』者又有不同。胡氏生於宣宗宣德九年，卒於憲宗成化二十年，享年僅五十一歲。著有居業錄一書，議論純正，設使天假以長壽，其造詣當更未可量。

二　修爲論　康齋一生學問在『涵養省察』四個字，敬齋一生學問在『居敬窮理』四個字。居敬屬於修爲方面的工夫，窮理屬於研究方面的工夫。胡氏把敬的工夫看得極重要，所以對於敬字一義講得很清楚。吾人所以修養，其目的在存天理於此心之中，使心與理合而爲一。能夠使心與理一，則動靜語默自然恰當。要使心與理一，必要收斂此心使在腔子內，則精神纔專一，態度纔安詳，而無昏亂狂蕩之病。要達到這個目的，只有居敬的工夫。敬即『主一無適』的意思，即約束此心，收斂此心使內中有一個主宰的意思。內中有主宰，則不致於虛寂，主一無適，則外物不得動搖。這種工夫，是與生命同流的，不能有一時一刻間斷的，所以他說『敬爲存養之道，貫徹始終』。所謂『涵養須用敬，進學在致知』，是未知之前，先須存養此心，方能致知。又謂『識得此理，以誠敬存之而已』，則致知之後又要存養，方能不失。蓋致知之功有時，存養之功不息』。居業錄因敬與生命同流，所以他是該動靜兼內外的。靜時須敬，動時也須敬，在內要敬，在外也要敬。所謂『敬該動靜；靜坐端肅，敬也；隨事檢點致謹，亦敬也。敬兼內外：容貌莊正，敬也；心地湛然純一，亦敬也』。同上至於『端莊整肅，嚴威儼恪，是敬之入頭處，提撕喚醒，是敬之接續處；主一無適湛然純一，是敬之無間斷處，惺惺不昧，精明不亂，是敬之效驗處』一段話，則又形容敬之步驟。

胡氏於主敬之外，兼反對佛、老之說，尤其於儒、釋之辨再三致意。他說，『學一差便入異教』，即把存心的工夫講錯了。釋氏講存心要使此心空無一物，以致於絕思絕慮。這種狀態如同死物，不是儒家的氣象。儒家之所謂存心，既不是放蕩於外，又不要空寂於內。內中有主宰而非空寂，行爲一循天理而不放蕩，這纔是儒家的氣象。這種氣象完全由主敬得來，胡氏本人確也達到了這一地步。他對於儒、釋之辨再三致意，頗含有一番衞道的精神，他是一個熱心的衞道主義者。他說：『高者入於空虛，卑者流於功利，此二句說盡天下古今之病，自古害世教只有此兩般人，正學不明，名教無主，學者纔要自心上用功，便入空虛，纔有志事業便流入功利，蓋見道不明，以近似者爲眞故也』。同上這該是多麽沈痛的刺人語，由此可以推知其他的教育主張了。

三　求學方法　胡氏雖爲康齋學說的眞傳，但他的性格頗近於程伊川，他的修爲工夫，亦本於伊川的『涵養須用敬』一句得來，不過他最欽佩的還是程明道。至於他的求學方法，則又本着朱晦菴的『窮理以致其知』的工夫。他說：『凡事必有理，初則一事一理，窮理多則會於一。一則所操愈約，制事之時必能挈其總領，而理其條目，中其機會而無悔吝』。居業錄求學在窮理，窮理須從萬事萬物一件一件地去窮究，待窮究得多了，自然能够融會貫通，發現一個共通的道理出來。窮理是下學工夫，必要下學纔能上達。窮理又是歸納的研究法，必要從萬殊上一一去研究，纔能會而爲一本。若不用此笨拙的方法，謬想一步登天，非學問難成，便要流入異端，所以他說：『學者須從萬殊上一一窮究，然後會於一本。若不於萬殊上體察，而欲直探一本，未有不入異端者』。同上窮理既是從萬殊上一一去研究，所謂萬殊當是指着生活的環境中各種實在事物，從這事物方面實地去研究一般的道理，並非是懸空尋得一個道理來。所以讀書是窮理，講論也是窮理，思慮是窮理，行事也是窮理，不過各自所得的程度不同罷了。

（註一）〔居業錄〕窮理非一端，所得非一處，或在讀書上得之，或在講論上得之，或在行事上得之。讀書得之雖多，講論得之尤速，思慮得之最精，行事得之最實。

本節參考書舉要

（1）明史的儒林列傳
（2）明儒學案的崇仁學案二
（3）居業錄
（4）理學宗傳的胡敬齋